Über dieses Buch Dieses ›Buch nur für meine Freunde‹ faßt hundert kleine Werke in einer Auswahl; es setzt sich zusammen aus »zum Teil sehr frühen Kleinwerken« der Jahre 1908 bis 1954 des weithin als Erzähler bekannten Lion Feuchtwanger – Essays zur Literatur und zum Theater, autobiographischen Skizzen, Äußerungen zum Judentum, Aufsätzen und Porträts aus der Zeit der Emigration sowie einigen wenigen »wenig bekannten Dichtungen Feuchtwangers«. Ein Reiz dieser Sammlung liegt darin, daß sie die Weite seines Interesses an Literatur- und Kulturgeschichte sowie seine außerordentlich große Belesenheit, die ihm vielfache Assoziations- und Vergleichsmöglichkeiten gab, aufzeigt – ein anderer in der Anordnung nach Themengruppen.
Zusammengenommen bilden diese Essays eine Art geistigen Porträts Feuchtwangers, das der besseren Kenntnis seiner Persönlichkeit und dem gerechteren Verständnis seines Werkes dient. Seine Freunde werden, hat er selbst bekannt, »hier auf manche Frage Antwort finden«. Und dazu läßt sich leicht anführen, was er über einen Sammelband der unter dem Pseudonym »Vicomte de Launay« schreibenden »Ahnfrau des modernen Feuilletons«, Delphine de Girardin, geäußert hat: »Jedenfalls wird der Literaturkritiker ... die merkwürdigsten Entdeckungen machen, und auch der Laie wird finden, daß das Buch, wo er es aufschlägt, interessant ist.«

Der Autor Lion Feuchtwanger, geboren am 7. 7. 1884 in München, gestorben am 21. 12. 1958 in Los Angeles, wurde nach vielseitigem Studium Theaterkritiker und gründete 1908 die Kulturzeitschrift ›Der Spiegel‹. Im Ersten Weltkrieg in Tunis interniert, gelang ihm die Flucht. Er wurde vom Militärdienst beurlaubt, um für Soldaten Stücke zu inszenieren. Von München ging er 1925 nach Berlin. Bei einer Vortragsreise durch die USA wurde er vom nationalsozialistischen Umsturz überrascht, lebte 1933–1940 in Sanary-sur-mer (Südfrankreich) und besuchte 1937 die Sowjetunion. 1940 wurde er in einem französischen Lager interniert, floh und gelangte über Portugal in die USA. Bis zu seinem Tode lebte er in Pacific Palisades (Kalifornien).
Von Lion Feuchtwanger sind außerdem im Fischer Taschenbuch Verlag erschienen: ›Erfolg‹ (Bd. 1650), ›Jud Süß‹ (Bd. 1748), ›Goya oder Der arge Weg der Erkenntnis‹ (Bd. 1923), ›Exil‹ (Bd. 2118), ›Die Geschwister Oppermann‹ (Bd. 2291) – Fernsehfilm ›Die Geschwister Oppermann‹ von Egon Monk (Bd. 3685) – ›Simone‹ (Bd. 2530), ›Waffen für Amerika‹ (Bd. 2545), ›Die Allianz‹ (Bd. 2546), ›Der Preis‹ (Bd. 2547), ›Die häßliche Herzogin Margarete Maultasch‹ (Bd. 5055), ›Narrenweisheit oder Tod und Verklärung des Jean-Jaques Rousseau‹ (Bd. 5361), ›Die Brüder Lautensack‹ (Bd. 5367), ›Der jüdische Krieg‹ (Bd. 5707), ›Die Söhne‹ (Bd. 5710), ›Der Tag wird kommen‹ (Bd. 5711), ›Jefta und seine Tochter‹ (Bd. 5730), ›Die Jüdin von Toledo‹ (Bd. 5732).

Lion Feuchtwanger

Ein Buch nur für meine Freunde

Fischer Taschenbuch Verlag

Die Erstausgabe erschien 1956 unter dem Titel
›Centum opuscula. Eine Auswahl‹ im Greifenverlag zu Rudolstadt

Ungekürzte Ausgabe
Veröffentlicht im Fischer Taschenbuch Verlag GmbH,
Frankfurt am Main, Mai 1984
Lizenzausgabe mit freundlicher Genehmigung
des Aufbau-Verlags, Berlin und Weimar

Umschlagentwurf: Jan Buchholz/Reni Hinsch
unter Verwendung einer Zeichnung von Lou Albert-Lasard
Gesamtherstellung: Clausen & Bosse, Leck
Printed in Germany
1680-ISBN-3-596-25823-5

INHALT

I. Historisch-philologische Studien

II. Theatergeschichtliche und dramaturgische Studien

III. Theaterkritiken

IV. Über epische Dichter und epische Dichtungen

V. Autobiographisches

VI. Über das eigene Schaffen

VII. Aus den zwanziger Jahren

VIII. Über jüdische Belange

IX. Aus den Jahren der Emigration

X. Gefährten der Exilzeit

XI. Wenig bekannte Dichtungen Feuchtwangers

I.

HISTORISCH-PHILOLOGISCHE STUDIEN

Die Quellen des »Faust«-Vorspiels
(1912)

»Vorgänger gehabt zu haben«, meint Goethe gelegentlich, »ist immer vorteilhaft.« Und so mag es ihn auch nicht gestört haben, daß die äußere Form der Einleitung zum »Faust« schon vor ihm angewandt worden war, daß die Idee eines Vorspiels auf dem Theater nicht Goethesches Eigentum ist.
Wohl das bekannteste derartige Vorspiel auf dem Theater vor Goethe ist der Prolog zur Sakontala des Kalidasa. Die Tradition des indischen Dramas bevorzugte diese Einleitung, »Purva Ranga« ist ihr Terminus, und Kalidasa fügt sich gern dieser Technik. Auf Goethe machte die »Sakontala«, die er 1791 in der Übersetzung Georg Forsters kennenlernte, den stärksten und nachhaltigsten Eindruck. Er beabsichtigte, das Werk für die deutsche Bühne zu bearbeiten; er widmete der »Sakontala« die berühmten Distichen: »Willst Du die Blüte des frühen, die Früchte des späteren Jahres, Willst Du, was reizt und entzückt, willst Du, was sättigt und nährt, Willst Du den Himmel, die Erde mit einem Namen begreifen, Nenn ich, ›Sakontala‹, Dich und so ist alles gesagt.«
Und an Chézy, den französischen Übersetzer der »Sakontala«, schrieb er noch zwei Jahre vor seinem Tod: »Ich begreife erst jetzt den überschwenglichen Eindruck, den dieses Werk früher auf mich gewann. Hier erscheint uns der Dichter in seiner höchsten Funktion, als Repräsentant des natürlichsten Zustands, der feinsten Lebensweise, des reinsten sittlichen Bestrebens, der würdigsten Majestät und der ernstesten Gottesbetrachtung: zugleich aber bleibt er dergestalt Herr und Meister seiner Schöpfung, daß er gemeine und lächerliche Gegensätze wagen darf, welche doch als notwendige Verbindungsglieder der ganzen Organisation betrachtet werden müssen.«
Daß Goethe dem »Sakontala«-Vorspiel mit die Anregung zu seinem Vorspiel verdankt, darüber sind alle »Faust«-Forscher sich einig. Schon Heine konstatierte kurz und bündig:

»Goethe, im Anfang des ›Faust‹, benutzt die Sakontala.« Eine Vergleichung der beiden Vorspiele im einzelnen aber ergibt sehr wenig. Was Goethe übernehmen konnte, ist nur das Allgemeine, das technische Prinzip, das Theater auf dem Theater. In der »Sakontala« wie im »Faust« unterhält sich ein Theaterdirektor mit Mitgliedern seiner Truppe über das harrende Publikum und das Stück, das er diesem Publikum bieten soll. Sonst sind keine Berührungspunkte da.

Viel mehr Berührungspunkte im einzelnen ergeben sich, wenn man die Prologe Ludwig Tiecks heranzieht. Nicht nur den Prolog zum »Gestiefelten Kater«, wie dies Minor getan hat, sondern auch die ein Jahr vorher, 1796, entstandene »Verkehrte Welt«, die mit der Vorschrift anfängt: »Das Theater stellt ein Theater vor.« Wenngleich Goethe später die spezifisch Tiecksche Art, das Theater auf dem Theater zu gestalten, ob ihrer Regellosigkeit tadelte, so muß doch konstatiert werden, daß Goethe die unmittelbare Anregung zu seinem Vorspiel eben den Prologen Tiecks verdankt. Nicht nur die vielen Anklänge im einzelnen sind hier anzuführen, die Minor in seinem »Faust«-Kommentar zusammengestellt hat, sondern vor allem das Moment, daß hier wie dort der Dichter auf dem Theater seine nur poetische Intention darlegt, sein Poetenrecht gegenüber dem Rationalismus und der zweckbewußten Nüchternheit der Banausen verteidigt.
Endlich muß noch erwähnt werden, daß das Erscheinen der Tieckschen Prologe und die Entstehung des Vorspiels auf dem Theater in die gleichen Jahre fällt. »Die verkehrte Welt« erschien 1796, »Der gestiefelte Kater« 1797. Und zwischen dem 23. und dem 27. Juni 1797 ist allem Vermuten nach das Vorspiel zum »Faust« entstanden. Ein bestimmtes Zeugnis Goethes für diese Entstehungszeit läßt sich freilich nicht beibringen; aber abgesehen von äußeren Wahrscheinlichkeitsgründen (vgl. Graef, Goethe über seine Dichtungen II, 2, 62 ff.), ist es die Übereinstimmung gewisser Briefstellen mit Versen aus dem Vorspiel, die dem Betrachter diese Chronologie nahelegen. Wenn etwa Goethe am 27. Juni 1797 über die Arbeit am »Faust« an Schiller schreibt: »Ich werde sorgen, daß die Teile anmutig und unterhaltend sind und etwas denken lassen«, drängen sich da nicht die Verse des Vorspiels auf:

»Wie fang ich's an, daß alles frisch und neu
Und mit Bedeutung auch gefällig sei?«

Bedenkt man nun dieses alles und hält Tiecks Prologe und Goethes Vorspiel zusammen, so ergibt die Übereinstimmung der vielen Einzelzüge, des Grundmotives und der Zeit doch wohl mit ziemlicher Gewißheit, daß Goethe die unmittelbare Anregung bei Tieck fand. Man mißverstehe aber nun diese Feststellung ja nicht dahin, als ob der Wert des Goetheschen Vorspiels durch sie gemindert werden sollte. Hat doch Tieck selbst das Motiv älteren Dramen, besonders der Posse »The knight of the burning pestle« von Beaumont und Fletcher entlehnt. Und als man gegen ihn den Vorwurf des Plagiats erhob, opponierte Hebbel und behauptete, »ein schöpferischer Geist verfalle auch ohne alle Überlieferung von selbst immer wieder auf dieses Moment«.

Die erste Anregung, zum »Faust« ein Vorspiel auf dem Theater zu schreiben, empfing Goethe in Italien zu Rom. In jenen glücklichen Tagen, die neben so vielem anderen auch den ersten ausführlicheren Plan zum »Faust« brachten, im Winter 1787 auf 88.

Ich habe hierbei nun nicht die komische Oper »L'Impresario in angustie« von Cimarosa im Auge, die Goethe sehr schätzte und die er in der Bearbeitung von Vulpius mit eigenen Zusätzen in Weimar zur Aufführung brachte. Obwohl Minor auf diese Oper viel Gewicht legt, glaube ich nicht, daß sich ohne Gewaltsamkeit zwischen dem »Faust«-Vorspiel und den »Theatralischen Abenteuern« – so lautet der Titel der deutschen Bearbeitung – Beziehungen herstellen lassen. Aber eine andere italienische Oper muß als erste Quelle des »Faust«-Vorspiels herangezogen werden, eine Oper, die merkwürdigerweise zugleich die textliche und musikalische Quelle des Mozart-da Ponteschen »Don Giovanni« ist: die Oper »Il Capriccio Darmatico«, deren Text von Bertati und deren Musik von Gazzaniga stammt.

Bertati-Gazzanigas Oper behandelt im Hauptakt unter dem Titel »Il Convitato di Pietra« (»Der steinerne Gast«) den Don Giovanni-Stoff. Diesem Hauptakt vorausgeschickt ist ein Vorspiel auf dem Theater, ein »capriccio dramatico«. Dieses

Vorspiel weist genau die nämliche Situation auf wie das »Faust«-Vorspiel. Der Direktor einer Wandertruppe ist in eine deutsche Stadt gekommen und ist nun in Nöten, was er dem gespannten Publikum für eine Novität vorsetzen soll. Er bespricht sich mit seinen Spielern, klagt über das schwer zu befriedigende Publikum, zeigt sich dabei als Lustige Person (im Sinne dieses Terminus), und so werden dem Publikum sehr geschickt die Vorzüge des nun folgenden »Steinernen Gastes« auseinandergesetzt, dessen Aufführung die Truppe beschließt. Man vergleiche die Situation des Goetheschen Vorspiels mit der Situation des Capriccio, wie sie der Eingangsmonolog des Impresario kennzeichnet:

Sia maledetto quando
Il Diavolo avversario
Di fare l'Impresario
Mi venne un dì a tentar!
Il Publico talora
Si mostra indulgentissimo:
Talor dificilissimo
E poi da contentar.
Ma adesso siamo in ballo
E quì convien ballar.

(»Verflucht, daß der böse Feind mich eines Tages in Versuchung brachte, den Theaterdirektor zu machen! Das Publikum zeigt sich zuweilen höchst nachsichtig; zuweilen ist es dann sehr schwer zu befriedigen. Aber jetzt sind wir einmal auf dem Tanzplatz, und hier heißt's tanzen.«)
Es handelt sich indes nicht um eine Vergleichung der Einzelzüge. Goethe hat ja sein Vorspiel erst ausgearbeitet, nachdem er Bertatis Capriccio zehn Jahre vorher kennengelernt hatte, und es ist sehr unwahrscheinlich, daß ihm Bertatis Text dabei vorlag. Viel wesentlicher ist, daß das Capriccio die gleiche Situation und den gleichen Zweck aufweist wie Goethes Vorspiel, daß sich hier schon der Direktor und die Lustige Person, freilich in einem, finden, und besonders fällt ins Gewicht, daß, abgesehen von etlichen belanglosen Prologen von Hans Sachs, Bertatis Capriccio das überhaupt erste derartige Vorspiel ist, das Goethe kennenlernte.

Bertatis Text erschien zu Anfang des Jahres 1787 zu Venedig. In Venedig fand auch im Karneval 1787 im Teatro Giustiniani di S. Moisè die Uraufführung der Oper statt, und von hier aus errang sie einen europäischen Erfolg. Aufführungen sind bezeugt in Paris und in London und fast überall in Italien: in Bergamo, Mailand und Lucca, in Ferrara, Bologna, Varese und in Rom. Goethe sah diese römische Aufführung, die einen ungeheueren Erfolg hatte, in den ersten Monaten des Jahres 1788; also leider erst zu einer Zeit, da seine Interessen sich vom Theaterwesen abgewandt hatten. »Die Opern unterhalten mich nicht«, schreibt er unterm 5. Januar 1788. Dennoch hat die Aufführung offenbar einen nachhaltigen Eindruck auf ihn gemacht. Kurz vor seinem Abschied von Rom bestieg er, in einer klaren Mondnacht, das Kapitol, »und die Statue Marc Aurels rief den Kommandeur in ›Don Juan‹ in Erinnerung«. Die Reminiszenz kann nur aus Bertatis Text stammen; denn Mozarts »Don Juan« ist erst später entstanden. Und noch 28 Jahre später erinnerte er sich des Bertatischen Werkes. Am 17. April 1815 schreibt er an Zelter: »Bei lebhafteren Nationen können die Stücke, die einmal gegriffen haben, ins Unendliche wiederholt werden, weil die Schauspieler, das Stück und das Publikum einander immer mehr durchdringen, ferner auch ein Stadtnachbar den anderen anregt, ins Theater zu gehen, und das allgemeine Wochengespräch zuletzt die Notwendigkeit hervorbringt, daß jeder die Neuigkeit gesehen habe. So erlebte ich in Rom, daß eine Oper, »Don Juan« (nicht der Mozartsche), vier Wochen alle Abende gegeben wurde, wodurch die Stadt so erregt ward, daß die letzten Krämers-Familien mit Kind und Kegel in Parterre und Logen hauseten, und niemand leben konnte, der den Don Juan nicht hatte in der Hölle braten, und den Gouverneur als seligen Geist nicht hatte gen Himmel fahren sehen.«

»Vom Himmel durch die Welt zur Hölle«: klingt nicht der Schlußvers des Goetheschen Vorspiels in diesem Bericht an? Um die Zeit, da Goethe Bertatis Capriccio sah, beschäftigte er sich eifrig damit, den »Faust« »auszuarbeiten«, hofft, »den Faden wiedergefunden zu haben«, entwirft einen neuen Plan zum »Faust« und müht sich, das Vorhandene notdürftig zu runden. Liegt da nicht die Vermutung nahe, daß der Plan, seinem neuen und ungewohnten Werk eine Erklärung und

Entschuldigung des Kantigen und Fragmentarischen, ein Vorspiel auf dem Theater voranzuschicken, eben durch Bertatis Capriccio angeregt wurde?
Neun Jahre später, 1797, macht er sich dann daran, das italienische Schema zum »Faust« weiter auszuführen. Und ein merkwürdiger Zufall will es, daß er eben in diesem Jahr, in das also die Ausarbeitung des Vorspiels fällt, wieder an Bertatis Text erinnert werden mußte. Im Mai 1797 bittet ihn Schiller: »Wenn Sie mir den Text vom ›Don Juan‹ auf einige Tage schicken wollten, werden Sie mir einen Gefallen erweisen. Ich habe die Idee, eine Ballade daraus zu machen, und da ich das Märchen nur vom Hörensagen kenne, so möchte ich doch wissen, wie es behandelt ist.« (Schiller hat denn auch etliche, nicht eben glückliche Verse einer Don Juan-Ballade geschrieben.) Gegen Ende des Jahres wurde dann Mozarts »Don Juan« in Weimar aufgeführt, und Goethe schrieb darüber sehr befriedigt an Schiller.
Schließlich sei noch einer Vermutung Raum gegeben, für die sich freilich keine strikten Beweise, sondern nur Wahrscheinlichkeitsgründe beibringen lassen. Es ist verschiedenen Forschern aufgefallen, daß Goethe in der »Italienischen Reise« in einem vom 1. März 1787 datierten Schreiben die »Sakontala« erwähnt, die er damals noch nicht kennen konnte. Vielleicht erklärt sich die »offenbar bei einer späteren Redaktion eingeschlichene Zeitverrückung« aus folgender Assoziation: Auf seiner italienischen Reise lernte Goethe Bertatis Capriccio kennen, dem er die erste Anregung zum »Faust«-Vorspiel verdankt; auch der »Sakontala« dankt er dazu wichtige Anregungen: mag ihm nicht unbewußt diese Parallele vorgeschwebt haben, als er seine Bekanntschaft mit dem indischen Gedicht in die Tage seiner Italienfahrt verlegte?
Fassen wir zusammen, was wir bisher gefunden, so ergibt sich: Eine wichtige Quelle des »Faust«-Vorspiels ist die »Sakontala«; für viele Einzelstellen hat Goethe Tiecks Prologe verwandt. Die erste Anregung aber dankt er Bertatis »Steinernem Gast«, der auch die Quelle für Mozarts »Don Giovanni« ist.
So schlingt sich ein merkwürdiges Band vom »Don Juan« zum »Faust«, ein anderes freilich, als es Grabbe geknüpft hat.

Heinrich Heine und Oscar Wilde

Eine psychologische Studie

(1908)

Diese Untersuchung hat nicht die Absicht, in Heines Werken neue Quellen zum Schaffen Wildes aufzustöbern. Sie will lediglich eine Parallele zwischen beiden Dichtern ziehen, eine Parallele, die meines Wissens bislang nicht gezogen ist, und die vielleicht für die Psychologie der beiden Männer nicht ganz unergiebig erscheint.

Denn so verschieden der trotz seines lebemännischen Anstriches so wenig weltläufige, zappelige Jude und der aristokratisch-lässige, hypermondäne Engländer auf den ersten Blick sich präsentieren: ein tiefer schürfender Vergleich wird so viel Verwandtes in ihrer Art und in ihrer Kunst zutage fördern und in ihrer literarischen Stellung so viele bedeutsame Ähnlichkeiten bloßlegen, daß ihre Zusammenkoppelung nicht mehr eine willkürliche Spielerei gescholten werden darf.

1. Das Gemeinsame ihrer Art

Grundverschieden sieht zunächst die Lebensführung der beiden Dichter aus. Da ist Heinrich Heine trotz aller Sehnsucht nach Glanz und Prunk und trotz aller leichtsinnigen, zigeunerstolzen Rederei ein zwar selten glücklicher, aber immer sorglicher Rechner, der in seinen besten Jahren für seine gesamte Wirtschaft kaum das verbrauchen darf, was Wilde der lächelnden Laune eines Augenblicks opfern kann, dem man sogar zu Zeiten den Vorwurf ›propter vitam vivendi perdere causas‹ nicht ersparen mag – Oskar Wilde der strahlende king of life, der grand viveur, der blendende Beherrscher der Mode, der trotz seiner ungeheuren Einnahmen – 9000 Pfund betragen in der Zeit seines Glanzes seine jährlichen Einkünfte – mit seinen Finanzen nie zurechtkommen kann, dessen Leben bis zu seiner jähen, grausigen Peripetie eine Kette erlesenster, verschwenderischster Genüsse darstellt. Da ist Heinrich Heine, der zeit seines Lebens so gerne den Weltmann spielen möchte und doch den kräftigen Schuß Kleinkrämertumes nie verleugnen kann, der ihm vom Vater her im Blute steckt – Oscar Wilde, der geborene Dandy, der unumstrittene König der Londoner und der Pariser Salons, der klare Spiegel alles Mondänen. Da ist Heinrich Heine fanfaron de vice durch und durch, dessen brave, traditionelle Moral immer wieder zum Vorschein kommt, Oscar Wilde von wundervoller Gewissenlosigkeit, die sein kranker, widerspruchsvoller Zuchthausbrief, von uns gemeinhin und falsch ›De profundis‹ genannt, schlecht maskiert. Da ist Heinrich Heine Tendenzmensch ganz und gar, sein Leben lang ein zweibeiniger Leitartikel, der irgend etwas mit möglichster Wärme verfechten muß – Oscar Wilde der kalte, glatte Nurkunstmensch, der jeder Tendenz, jeder Politik kühlsten Gleichmut entgegensetzt, der nie einen andern zu überzeugen, immer nur sich selbst auszusprechen bemüht ist.

Und doch spürt man über alle diese Verschiedenheiten hinaus eine gewisse Zusammengehörigkeit, eine aus dem letzten, verborgensten Keim ihrer Persönlichkeit aufquellende Verwandtschaft.

Gemeinsam haben die beiden Dichter die Quelle dessen, was an ihrem Charakter tragisch ist.

Als das Tragische im Wesen Heines empfinde ich jenen Zwiespalt zwischen seiner großen, wehen Sehnsucht nach einem starken, unbedingten Glauben und seinem bitteren, alles rein Gefühlsmäßige jäh zerstörenden Skeptizismus. Sein Leben lang suchte Heine ein Ideal, an das er sich mit ganzer, leidenschaftlichster Hingabe klammern könnte: aber immer wieder zerstörte sein ätzender Kritizismus solchen Glauben, solang er noch im ersten Blühen war. So warf sich der Sechzehnjährige einem unklar katholisierenden Mystizismus in die Arme, so suggerierte sich der Jüngling eine byronisierende Leidenschaft für seine Cousine, so schwärmte der Berliner Student für national-jüdische Phantastereien, so trug sich der Pariser Literat mit den verschiedensten politischen Utopien. Alle diese Ideale aber hielten nicht stand vor seiner wertenden Vernunft, sie zerbarsten unter dem Angriff seines hiebkräftigen Witzes.

Wie so vielen Kulturjuden des neunzehnten Jahrhunderts umrankten auch ihm satirische Gedanken jegliches Gefühl, um es schließlich in vergiftender Umarmung zu ersticken. Der Dichter selbst fühlte sehr wohl diese qualvolle Doppelbeseelung. Denn was ist der von ihm konstruierte Zwiespalt zwischen Nazarenertum und Hellenentum, der seine ganze Dichtung durchklingt, anders als eben der Gegensatz zwischen seinem romantisch ironisierenden Kritizismus und dem harmonisch naiven, selbstsicheren Idealismus, den er wohl fühlt, aber nie erjagen kann? Und was anders kündet der wehe Sang von der nie gestillten Sehnsucht nach der Wunderinsel Bimini als eben dieses heiße, süße, schmerzvolle Begehren? Heine hat sich selbst wundervoll charakterisiert, wenn er einmal von Ary Scheffer sagt, alle seine Werke »zeigten ein Heraussehnen aus dem Diesseits, ohne an ein Jenseits recht zu glauben – vaporöse Sehnsucht«. Dieser Durst nach Ganzheit, nach Religion, nach Harmonie der Persönlichkeit ist in Heines Wesen der echteste Kern. Diese flügellahme, zuletzt in leidiger Resignation verklingende Sehnsucht ist in seinem Wesen das in Wahrheit Tragische …

Es mag im gut bürgerlichen Sinne richtig sein, wenn man behauptet, Oscar Wildes wesentlichste Eigenschaft sei Affektation, seine Liebe zur Kunst sei nichts als Spiel und Anmaßung gewesen. Aber eine solche Erklärung fördert uns nicht, sie banalisiert und verphilistert das Problem und rückt uns seiner Lösung keinen Deut näher. Es ist auch nichts getan, wenn wir, wozu Hofmannsthal mit seiner ganzen, süß betäubenden Beredsamkeit uns bekehren möchte, die Tragik Oscar Wildes in der dämmerbangen Ahnung seiner furchtbaren Peripetie erblicken, in jener unheimlichen, fast bis zum Wunsch gesteigerten Ahnung seines jähen Sturzes, die sein Leben schwer umsäumt wie das Orakel des Oedipus Leben. Ich glaube vielmehr, der tragische Grundton in seinem Wesen ist der nämliche wie bei Heine, der nie gestillte, immer wieder aufbrennende Durst nach Harmonie, nach Religion, nach Totalität der Persönlichkeit. Sein scharfer, grausamer Verstand zeigt ihm mit unwiderleglicher Klarheit die klaffenden Widersprüche seines Lebens, das überall Fragmentarische seines Charakters. Er sucht ein Mittel, dieser schmerzvollen Erkenntnis zu entfliehen, er sucht einen Glauben, an den er sich klammern könnte: er suggeriert sich die Überzeugung von der Allmacht der Kunst, die ihre Gläubigen und ihre Priester befreie von allen Unzulänglichkeiten des Daseins. Er schmäht, er verlacht, er erniedrigt die Wirklichkeit. Vor der paradoxen Kühnheit seines Angriffs »entfliehen Fakta wie das Wild des Waldes«. »Um den Leiden des Lebens zu entgehen, wird er der Zuschauer seines eigenen Lebens« (Dorian Gray), »setzt er sein Leben unter Kunst, versucht er, sich durch Schönheit vollkommen zu machen.« Er flieht vor der Leere seines Lebens in die Kunst. Aber er muß erkennen, daß auch hier die große Sehnsucht, die er dürstet, nicht zur Ruhe kommt, und in Stunden solchen peinvollen, verzweifelten Erkennens rächt sich die geschmähte Wirklichkeit an ihrem Vergewaltiger, zwingt sie ihm mit hohnvoller Brutalität ihre ekelste Jauche auf, zwingt sie ihn, sich zu besudeln, wie Dorian Gray sich besudelt, um sich zu betäuben.

Schon aus dem gewaltigsten Panegyrikus auf die Kunst, den er geschaffen, eben aus dem Dorian Gray, vermögen feine Ohren diese endliche Resignation an der Allmacht der Kunst herauszuhören. Vernehmlicher klingt diese Resignation aus dem Märchen »Der Fischer und seine Seele«, vernehmlicher aus dem Zuchthausbrief. Auch plumperem Verständnis aber wird sie erkennbar in jener kleinen Parabel »Der Erzähler«, die Wildes Freund André Gide uns erhalten hat. Ein Mensch, der nicht mehr sieht, als wir alle sehen – dieses ist der Inhalt der Parabel – weiß wundersame Geschichten zu erzählen, was alles er erschaut habe. Eines Tages nun sieht er wirklich Faune und Sylphen und Sirenen. Von jetzt an aber schweigt er und weiß nichts mehr zu erzählen. Da haben wir die bittere Erkenntnis: Wer das wirkliche Leben hat, der erzählt nicht und dichtet nicht und flieht nicht in den Bereich der Kunst. Nur wer das Leben nicht hat, nur der Zwiespältige, sucht ihr jenen beseelenden Hauch abzuringen, der seinem leeren Dasein Fülle geben könnte.

Diese Sehnsucht also nach Ganzheit, nach Religion, nach Harmonie der Persönlichkeit ist das Beste und Echteste von Oscar Wilde. Diese flügellahme, zuletzt in leidiger Resignation verklingende Sehnsucht ist in seinem Wesen das in Wahrheit Tragische.

Dieser unselige Zwiespalt zwischen dem Willen und dem Unvermögen zum Glauben an ein allversöhnendes Ideal macht Heinrich Heine und Oscar Wilde zu Wesensverwandten.

2. *Das Gemeinsame ihrer Kunst*

Weder Heine noch Wilde hat je aus innerstem Bedürfnis geschaffen. Außer etwa, wenn jene Sehnsucht aus ihnen klingt, von der wir eben sprachen. So überreich ihr Talent ist, jenes höchsten, reinsten Geistes, der einen Goethe, einen Kleist, einen Gottfried Keller zu schaffen zwingt, verspürt man in ihren Werken keinen Hauch. Ja, Heines Feder konnte in einer bösen Stunde der Satz entschlüpfen: »Schließlich ist die Poesie doch nur eine schöne Nebensache.« Immerhin haben sie, die alles andere mit einem ironischen Aphorismus abzutun geneigt waren, die Kunst mit möglichster Ernsthaftigkeit aufgefaßt.

Beide haben ihre Meinungen über das Wesen der Kunst des öfteren zu analysieren versucht. In allem, was von Belang ist, decken sich diese Anschauungen durchaus.

Beide trennen zunächst völlig Charakter und künstlerische Betätigung. Heine schilt auf die Literaturgelehrten, die immer Beziehungen zwischen der Person des Dichters und seinem Werk herstellen zu müssen glauben, sie »entjungferten das Gedicht«, und Wilde meint: »Daß jemand ein Giftmörder ist, sagt nichts gegen seine Prosa. Häusliche Tugenden gehen die Kunst nichts an.«

Beiden ist die Kunst Selbstzweck, beiden steht sie im Gegensatz zum Leben, zur Wirklichkeit. So heißt es etwa bei Heine: »Die Daguerreotypie ist ein Zeugnis gegen die irrige Ansicht, daß die Kunst eine Nachahmung der Natur sei – die Natur hat selbst den Beweis geliefert, wie wenig sie von der Kunst versteht, wie kläglich es ausfällt, wenn sie sich mit Kunst abgibt.« Und bei Wilde: »Die Kunst stellt nur sich selbst dar; sie führt ein abgeschlossenes Leben, unabhängig, gerade wie das Denken, und entwickelt sich rein organisch.« Oder: »Die wahre Lehrmeisterin der Kunst ist nicht das Leben, sondern die Kunst.« Es ergibt sich als beinahe selbstverständliche Konsequenz solcher Anschauung, daß beiden Dichtern alles

Stoffliche gänzlich belanglos erscheint. »Ob jemand faulenden Käse schildert«, lesen wir bei Wilde, »oder die schöne Helena, gilt gleich, wenn seine Schilderung nur Kunst ist.« Und Heine rühmt jene Spanier, »die an der Abbildung eines Betteljungen, der sich laust, das gleiche Vergnügen empfanden wie in der Darstellung der hochgebenedeiten Jungfrau«. Kunst ist ihnen Form, Kunst ist ihnen Stil. »In der Kunst«, doziert Heine, »ist die Form alles, der Stoff gilt nichts. Staub (ein großer Pariser Schneider) berechnet für den Frack, den er ohne Tuch geliefert, denselben Preis, als wenn ihm das Tuch geliefert worden. Er lasse sich nur die Fasson bezahlen, und den Stoff schenke er.«

Mit dieser Andacht zur Form im engsten Zusammenhang steht der unbedingt aristokratische Charakter ihrer Poesie. Sie lieben den Prunk, den Reichtum, stilvolle Eleganz; das Kostbare, Seltene. Gern und sicher bewegen sie sich in alten, edlen Kulturen. Niemand hat in so wundervoll geschliffenen Worten das Lob der Eleganz gesungen wie Wilde im Dorian Gray, und durch allen Spott Heines klingt wieder und wieder der Stolz auf seinen Stamm, manchmal bis zum Dithyrambus gesteigert. Selten fand ein Dichter so geistvolle Worte feinster Ironie für das Vulgäre, Plebejische wie Heine, wie Wilde, selten Worte so hohnvollen, funkelnden Hasses, wie Wilde, wie Heine sie gegen den gesellschaftlichen und den literarischen Pöbel geschleudert. »Demokratischer Haß gegen die Poesie« – spottet Heine, »der Parnaß soll geebnet werden, nivelliert, makadamisiert, und wo einst der müßige Dichter geklettert und Nachtigallen belauscht, wird bald eine glatte Landstraße sein, eine Eisenbahn ...« Oder: »Die Demokratie führt das Ende der Literatur herbei: Freiheit und Gleichheit des Stils.« Und er münzt das scharfe Wort: »In der Poetenwelt ist der tiers état nicht nützlich, sondern schädlich.«

Beide sind Romantiker durch und durch. Sie hassen den Alltag, die Wirklichkeit. Sie verzerren die Menschen, die Geschehnisse des Werkeltags ins Satirische, Groteske; sie verhöhnen das Ewig-Gestrige, die Konvention. Sie lieben das Neue, das Andere, das Auffallende. Sie lieben das Kostüm, die Geste, die Maske, das Theater. Das Erlesene, Fremdartige, Schwer-Zugängliche. Vor dem Allgemein-Menschlichen bevorzugen sie das Fernliegende, Skurrile, Seltsame.

Ihr liebster Bereich ist das Gebiet der Träume, der Spukgestalten, der Perversionen. Der schöne Schein, die Pose geht ihnen über alles. Skrupellos opfern sie wohl manchmal der Hülle den Inhalt. Wilde versteigt sich zu dem Paradoxon: »Nur die Oberflächlichen halten die Oberfläche für etwas Oberflächliches.« So gleichen sie zuweilen jenem Stendhalschen Selbstmörder, der sich, dieweil er sich aus dem Fenster stürzt, noch bemüht, eine graziöse Figur zu machen, wenn er auf dem Pflaster anlangt.
Romantisch ist ihre Kunst. Sie hassen das Gut-Bürgerliche und machen das épater le bourgeois sich zum Prinzip. Sie lieben den buntschillernden, betäubenden Reiz des großen Verbrechens. Sie hassen das Derbe, Gesunde. »Der Hauptzug der jetzigen Dichter«, spottet Heine, »ist Gesundheit – westfälische, österreichische, ja ungarische Gesundheit.« Und sie lieben das Zarte, Kränkelnde, Perverse.
Romantiker sind sie. Die Plastik ist ihnen eine Kunst minderen Ranges, und Heine glaubt, die Griechen und Goethe herabzusetzen, wenn er ihnen vorwirft, sie seien Plastiker. Farbe und Klang lieben sie über alles. Eher vergewaltigen, verfälschen sie einen Gedanken, ein Bild, ehe sie auf Farbe und Klang verzichten. Sie hassen die Farblosigkeit und empfinden ein großes Grauen vor der Langeweile.
Die Sache selbst ist ihnen häufig durchaus gleichgültig. Wie geschickte Advokaten könnten sie oft auch das Gegenteil von dem verfechten, was sie verteidigen. Sie haben vor nichts Ehrfurcht, vor sich selbst nicht und nicht vor anderen.
Große Schöpfer sind sie nicht. Sie haben ausnehmend glückliche Einfälle, aber es gilt von ihnen das Grillparzersche Wort:

> Einfälle sind keine Gedanken.
> Der Gedanke kennt die Schranken.
> Der Einfall setzt sich darüber weg
> Und kommt in der Ausführung nicht vom Fleck.

Gedanken durchzudenken, logisch zu konstruieren, harmonisch zu komponieren fehlt es ihnen an Energie. So wagen sie es nicht, neue Stoffe zu komponieren, wiewohl sie geschickte Fabeln zu ersinnen wissen. Ich erinnere daran, wie sehr Heine Richard Wagner in der Zimmerung des Tannhäuser- und des Holländerstoffes vorgearbeitet.

In der Erkenntnis ihres Mangels an Kompositionsgabe halten Heine und Wilde sich lieber an überkommene Stoffe, die kompositorisch bereits bewältigt sind und beschränken sich dann auf subtile Ausgestaltung der Einzelheiten. Auf die Frage: Ist die Teilung der Arbeit auch im geistigen Produzieren vorteilhaft? antwortet Heine: Das Höchste wird nur dadurch erreicht. Und er weist hin auf Homer, auf Shakespeare, auf Goethe, die ihre Stoffe so gern entlehnt hätten. Und Wilde benützt bekanntlich gerade für seine vollendetsten Schöpfungen die Stoffe und sogar die ersten Umrisse fremder Werke. Für die »Florentinische Tragödie« eine Novelle aus des Straparola »Piacevoli notti«, für den Dorian Gray eine Erzählung Edgar Allan Poes und des Balzac »La peau de chagrin« und für die Salome die »Hérodias« des Gustave Flaubert.

Heine und Wilde sind klein in allem Großen, groß in allem Kleinen. Sie versagen im mehraktigen Drama und in der längeren Erzählung: aber sie sind unübertroffen im Aphorismus, in der Ballade, in der Schilderung des Augenblicks, im Lyrikon Heine, Wilde im Einakter: kurz, in jeder Art Kleinkunst. In allem Technischen sind sie feinste Kenner und Könner. Sie verfügen über einen reichen Schatz kühner, neuer Bilder, über wundervoll farbige Schilderungen, über treffsicheres Stilgefühl, über packende Kontraste, über graziöseste Eleganz, über die feinste sprachliche Kultur. So wissen sie – im Kleinen – Wirkungen jeglicher Art zu erzielen, ja, sogar – und dies scheint mir der Triumph ihrer Virtuosität – den Eindruck des Schlicht-Rührenden wissen sie mit den Mitteln raffiniertester, kompliziertester Technik hervorzurufen.

Beide sind nicht eins mit sich selbst: so fehlt ihnen aller Humor. Dafür verfügen sie über den glänzendst geschliffenen Witz, über einen so unheimlich gewandten, beißenden Witz wie in der gesamten Weltliteratur vielleicht nur noch Aristophanes, Aretin, Cervantes, Rabelais, Grimmelshausen, Beaumarchais, Voltaire, Lessing und Ibsen.

Mit der gleichen Sicherheit aber, mit der sie die lächerlichen Seiten eines Dinges herauszufinden wissen, verstehen sie auch, alles aufzuspüren, was an einem Menschen oder an einem Ding Gutes ist. Niemals behandeln sie einen Künstler oder ein Werk als Ganzes, immer nur seine Vorzüge oder seine Mängel. So sind sie Kritiker von bewußter Einseitigkeit. Es gilt von ihrer Kritik, was von ihrer Dichtung gilt: Das Hauptgewicht liegt auf der Form. Wilde schreibt einen glänzenden Essai darüber, daß »das Kunstwerk dem Kritiker nur der Ausgangspunkt für ein neues eigenes Werk sein dürfe«, und verhöhnt in der feinen Satire »Das Bildnis des Mr. W. H.« die Auswüchse professoraler Literaturforschung. Und Heines Anschauungen über die Kritik zeigen sich charakteristisch in dem Aphorismus über Gervinus Literaturgeschichte: »Die Aufgabe war, was H. Heine in einem kleinen Büchlein voll Geist gegeben, jetzt in einem großen Buche ohne Geist zu geben: Die Aufgabe ist gut gelöst.« Die gemeinsamen Züge, die wir bis jetzt fanden, bedeuten gesondert nichts, gesammelt alles. Suchen wir sie unter einen Begriff zu bringen.

Wir fanden bis jetzt: Gemeinsam ist beiden Dichtern die Überzeugung von der völligen Unabhängigkeit der künstlerischen Betätigung vom Charakter des Künstlers, die Überzeugung vom Selbstzweck der Poesie, die Verachtung des Stoffes, die Andacht zur Form; gemeinsam ist ihrer Kunst der romantische Grundzug: der aristokratische Charakter, die Vernachlässigung des Allgemein-Menschlichen, die Vorliebe für das Seltsame, Kränkelnde, Perverse, die Huldigung vor Farbe und Klang; gemeinsam ist ihnen weiter das Unvermögen, Großes, die Meisterschaft, Kleines zu gestalten, die Virtuosität in allem Technischen, der Mangel an Humor, der blendende Witz, die Gabe künstlerischer Kritik.

Dies die einzelnen Posten unserer Addition: was ist die Summe? Heine und Wilde sind wundervolle Meister ihres Handwerks. Es ist kein Makel an ihrem Material, am Klang ihrer Worte, am Bau ihrer Sätze; an der Harmonie ihrer Gedichte, ihrer Erzählungen kein Fehl. Aber der sorglichst feilende Fleiß, den sie an ihre Menschen, ihre Dinge wenden, durchwärmt sie nicht, er beleuchtet sie nur. Sie schildern ihre Menschen, ihre Dinge mit wunderschönen, farbigen, meinethalb sogar mit warmen, lebendigen Worten: aber sie gestalten sie nicht. Sie reden darüber allerlei kluge, geistvolle Dinge, sie werten, sie kritisieren: aber sie bilden nicht, sie schaffen nicht. Ihre Gestalten mit Blut von ihrem Blut zu durchtränken, fehlt es ihnen an Liebe. Nie spricht das Gefühl aus ihnen,

immer nur sprechen sie über das Gefühl. Es gilt von ihnen, was Heine einmal – mit Lessing exemplifizierend – meint: »Es gibt Menschen, denen alles von außen kommt, die sogenannten Talente – nichts ist in ihrem Geiste, was sie nicht durch die Sinne aufgenommen. Es gibt aber auch Menschen, denen alles aus der Seele kommt, Genien, wie Raffael, Mozart, Shakespeare, denen das Gebären aber schwerer wird wie dem sogenannten Talente. Bei jenen ein Machen ohne Leben, ohne Innerlichkeit, Mechanismus – bei diesen ein organisches Entstehen.« Immer und immer bleibt ein Restchen Kritik, immer und immer wird definiert, psychologisiert. Sie schließen das Leben von der Kunst aus: so gleicht ihre Kunst jenem Fischer ohne Seele, von dem Wilde erzählt.
Natürlich hat dies nicht unbedingte Gültigkeit. Es ist klar, daß in den gesammelten Werken beider Dichter zuweilen Töne echtester Poesie erklingen: aber was beweisen einzelne Stellen gegen den Charakter der Gesamtwerke. Bestenfalls mag man den Verehrern beider Dichter das Zugeständnis machen, daß ihre Kunst dem Grenzgebiet zwischen Talent und Genie angehöre. In dem Sinn, in dem Heine sagt: »Das Genie schafft synthetisch, das Talent analytisch. Es gibt aber auch Charaktere, welche zwischen beiden schweben.«
Heine und Wilde verstanden sich zu gut auf ihr Handwerk. Sie waren zu feine Kenner und Könner, um das Höchste in der Dichtkunst zu erreichen. So paradox es klingen mag, sie scheiterten an ihrer Meisterschaft im Technischen. Oder, um mich der Heineschen Terminologie zu bedienen, sie waren zu große Künstler, um große Poeten zu sein.
Was Heine, was Wilde vom Herzen kommt, muß immer erst den Umweg durchs Hirn mache. Ihre Kunst besteht letzten Endes aus poetifizierter Kritik.
Dies ist das Gemeinsame ihrer Kunst: sie ist nicht Poesie des Herzens, sondern Poesie des Hirns.
Man sieht, wie der Zwiespalt zwischen Herz und Hirn, der ihr Leben tragisch macht, auch an ihrer Kunst nagt. Ihr überwuchernder Kritizismus hat sie bewogen, ihr Leben von ihrer Kunst zu lösen, damit sie diese rein erhalten könnten. Es ist ein mephistophelischer Witz des Weltgeists, daß eben dieser Kritizismus und eben diese Trennung von Leben und Dichten sie das Höchste ihrer Kunst nicht erreichen läßt.

3. Das Gemeinsame ihrer literarischen Stellung

Heines und Wildes Dichtung trägt durchaus kosmopolitischen Charakter. Beide Dichter waren international durch und durch. Beide liebten sie Paris, die internationalste Stadt der Welt, die französische Literatur, die sie genau kannten und der sie mannigfache Quellen und Anregungen verdankten, und die französische Sprache, die sie geläufig sprachen und schrieben. Bekanntlich sind von Heine verschiedene Prosaschriften, von Wilde die »Salome« zuerst in französischer Sprache erschienen. Der internationale Charakter ihrer Poesie erklärt es, daß kein deutscher Dichter, selbst Goethe und Schiller nicht, im Ausland so verbreitet ist wie Heine, und daß nach Shakespeare und Byron Wilde der im Ausland am meisten gelesene englische Dichter ist. Kein deutscher Dichter fand so treffliche Übersetzer wie Heine, kein Engländer des neunzehnten Jahrhunderts, selbst Byron und Dickens nicht, so gediegene Übertragungen wie Wilde. Diese Überspringung der nationalen Schranken ist das erste gemeinsame Moment ihrer literarischen Stellung.

Ein weiteres derartiges Moment ergibt sich aus ihrer Verachtung des Stofflichen. Da sie jedem Stoff das Recht auf dichterische Behandlung zugestehen, erweitern sie den Stoffkreis der Weltliteratur um ein Beträchtliches. Man darf mit Richard M. Meyer behaupten, die Poesie des Meeres habe Heine neu, die Poesie des physischen Schmerzes wieder entdeckt. Nicht entdeckt, aber popularisiert hat er die Poesie der kleinen, schmutzigen, niedrigen Seelenregungen, die Poesie des Gerngeheimgehaltenen, die Poesie der kleinen Sünden. Wilde seinerseits hat in unerhörter Kühnheit der Dichtkunst das Gebiet der sexuellen Perversität erschlossen. Mag man diese Entdeckung bewundern oder verdammen: als literarische Tat wird man sie immer gelten lassen müssen. Denn Dichter aller Nationen sind ihrem Schöpfer auf dies neue Gebiet gefolgt.

Aus ihrer Nichtachtung des Stoffes und ihrer Vorliebe für den Witz ergibt sich ein weiteres gemeinsames Moment: gemeinsam zogen sie die letzten Konsequenzen der romantischen Ironie. Diese letzte Konsequenz besteht darin, einem Dichtwerk, das bis zum letzten Satz auf das Empfinden des Lesers wirkte, durch eine unerwartete Schlußwendung ein neues

Gesicht zu verleihen: so daß es jetzt auf den Verstand des Lesers wirkt. Ich meine die berühmten »cynischen« Gedichtschlüsse Heines, von Wilde den Schluß der »Florentinischen Tragödie«. Wenn man der künstlerischen Eigenart Heines und Wildes gerecht werden will, darf man diese Schlüsse – die übrigens rasch Schule machten – nicht als willkürliche, affektierte Anhängsel betrachten; sie wollen vielmehr als organische Bestandteile, als das Hirn der Gedichte, angesehen sein.

Die Lyrifizierung des Witzes, des Skeptizismus, wie Heine und Wilde sie pflegten, hat also rasch Schule gemacht. Doch darf nicht verkannt werden, daß dieser Einfluß viel Gefährliches mit sich brachte. Viele haben den Dichtern das Äußerliche ihrer Methode abgeguckt, ohne die unbedingte Beherrschung der Form zu erlernen, und glaubten, schon mit solchen Waffen gerüstet, sich an die Poetifizierung jedes beliebigen Gedankens heranwagen zu dürfen. Nun wird aber gerade diese Art Kunst, die trotz aller scheinbaren Lässigkeit das Hauptgewicht auf die Form legt, ganz ungenießbar, wenn sie eben das Höchste in der Form nicht erreicht. Kommt hinzu, daß viele die literarische Methode, die sie von Heine (für das Lyrikon) und von Wilde (für das Drama) erlernt hatten, als Schutzmarke pornographischer Erzeugnisse schlimmster Sorte mißbrauchten. So trat denn ein, was schon Goethe von Heinen sagte: »Er ist der Gott derer, die gern wie er negativ wären, aber nicht das Talent dazu haben.« Heine hat dadurch, daß er Schablonen schuf, mittels deren auch Gedanken, die aller Empfindung bar sind, sich lyrifizieren lassen, eine Massenproduktion minderwertiger Lyrik bewirkt; Wilde hat dadurch, daß er Schablonen schuf, mittels deren um jedes Weib, das in der Geschichte handelnd aufgetreten ist, ein neuromantisches Drama sich schreiben läßt, eine Massenproduktion minderwertiger neuromantischer Dramen in die Wege geleitet. Es ist eine ironische Fügung, daß ihre reiche, durch und durch aristokratische Kunst dem Parnaß einen so starken Zug ordinärster Plebejer verschaffte.

Natürlich haben sie sich auf der andern Seite durch die Betonung des formalen Prinzips um die Entwicklung der literarischen Kultur die größten Verdienste erworben. Der wunderfeinen Rhythmik der Heineschen Verse hat sich kein deutscher Lyriker zu entziehen vermocht. Und kein deutscher Prosaiker, und auch mancher Franzose nicht, konnte dem Einfluß seiner erlesenen Prosa widerstehen, die das Ideal Nietzsches vollauf erfüllt: ganz nah an die Poesie heranzutreten, ohne zu ihr überzutreten. Und das gleiche gilt für England von Wildes Prosa. Wenn wir heute Feuilletonisten haben, die literarisch gewertet werden dürfen, so ist dieses vornehmlich ihnen zu danken. Ihnen in erster Linie zu danken ist die Erhebung der Kritik zur Kunst, der Impressionismus in der Kritik. Eine lange Reihe von Kritikern ersten Ranges fußt durchaus auf ihnen.

Wir kommen nun zu dem entscheidenden Merkmal, das ihrer literarischen Stellung gemeinsam ist.

Stellen wir uns einmal vor, ein Literaturhistoriker sähe hinweg über die Schranken der Nationalität und schriebe eine Geschichte der europäischen Romantik im neunzehnten Jahrhundert. Es wäre außerordentlich interessant, das wellenartige Hin- und Zurückfluten der Romantik über das ganze literarische Europa zu verfolgen. Eine Unterscheidung zwischen älterer und jüngerer Romantik müßte dann wohl wegfallen. Denn es wird wohl kein Dezennium im neunzehnten Jahrhundert geben, in dem nicht zum mindesten in einer europäischen Literatur die Romantik die Oberhand gewonnen hätte. Ja, vielleicht erwiese sich sogar die große naturalistische Strömung der siebziger- und achtziger Jahre als nichts weiter, denn als verirrte, verkappte Romantik.

Als die Gipfelpunkte dieser europäischen Romantik aber ergäben sich die Namen: Heinrich Heine, Viktor Hugo, Friedrich Nietzsche, Oscar Wilde.

Es zeigt sich sofort, daß Heine und Wilde hier wieder in engerer Parallele stehen. Sie sind unter diesen vieren die Vertreter der Kunst des Hirns. Sie sind unter den Romantikern des neunzehnten Jahrhunderts die größten Virtuosen.

Hier ist eine kulturelle Kette. Wie in so vielem, so hat auch hier Wilde vollendet, was Heine begann. Und wenn wir Heine als den Johannes unserer jüngsten Romantik bezeichnen dürfen, so mögen wir füglich Wilde, den ein prophetischer Zufall im Jahre 1856, im Todesjahr Heines, geboren werden ließ, als den Messias dieser Richtung ansprechen …

Wir lesen in Heines »Romantischer Schule«:
»Die große Ähnlichkeit zwischen beiden Dichtern besteht wohl darin, daß ihre Poesie eigentlich eine Krankheit war. In dieser Hinsicht hat man geäußert, daß die Beurteilung ihrer Schriften nicht das Geschäft des Kritikers, sondern des Arztes sei …
Aber haben wir ein Recht zu solchen Bemerkungen, wir, die wir nicht allzusehr mit Gesundheit gesegnet sind? Und gar jetzt, wo die Literatur wie ein großes Lazarett aussieht? Oder ist die Poesie vielleicht eine Krankheit des Menschen, wie die Perle eigentlich nur der Krankheitsstoff ist, woran das arme Austertier leidet?« …

Das historische Urbild des Landvogts Geßler
(1910)

Im Jahre des Heils 1614 weilte der Züricher Patrizier Rudolf von Waid zu Baden im Aargau. Hier führte er mit einem Kurgast aus Uri ein politisches Gespräch und nannte dabei den Wilhelm Tell, ohne dessen historische Existenz zu leugnen, einen Mörder*. Daraufhin erschienen Gesandte des Kantons Uri in Zürich und verlangten Rechenschaft vom Rat wegen dieser Äußerung eines Züricher Bürgers. Herr von Waid wurde denn auch gezwungen, kniend und mit einem Strick um den Hals vor den Gesandten Uris Abbitte zu tun, am 17. Heumonat 1615; außerdem wurde er in den Wellenberg in strenge Haft getan und mußte eine schwere Geldbuße erlegen. So im 17. Jahrhundert. Aber noch im neunzehnten wachte man in der Schweiz eifersüchtig über die Ehre des Nationalhelden. 1833 hatte irgend jemand behauptet, der berüchtigte Verfasser der reaktionären »Restauration der Staatswissenschaft«, Carl Ludwig von Haller, habe den Tell als Meuchelmörder bezeichnet. Daraufhin erließ der Gelehrte im Solothurner Amts- und Wochenblatt (Jahrgang 1833, S. 357) eine Anzeige, in der er demjenigen die Summe von 400 Schweizerfranken versprach, der aus seinen, Hallers, Schriften eine solche Äußerung nachzuweisen vermöge.
Heute hat die Forschung Wilhelm Tell und seine Abenteuer längst endgültig in das Gebiet der Sage verwiesen; etliche gutgemeinte Versuche, ihn als historische Persönlichkeit urkundlich zu erweisen, wurden mit leichter Mühe als Fälschungen erkannt; die Frage, ob die Ermordung des Landvogtes eine moralische Tat war oder nicht, ist nur mehr für den Ästhetiker von Belang, und an die Existenz des Tell glaubt selbst in der Schweiz kein Schulkind mehr. Gründliche Forschung – vor allem E. L. Rochholz ist hier zu nennen – hat gezeigt, daß die Tellsage letzten Endes ein Naturmythos ist,

* Rochholz, ›Tell und Geßler in Sage und Geschichte‹, Heilbronn 1877.

Urzeiten entstammt und weit über die Grenzen Europas hinaus verbreitet. »Eine Person, namens Hermann Geßler«, so resümiert Rochholz in seinem genannten, außerordentlich gründlichen Werk, »die angeblich bis 1307 als österreichischer Vogt in den Urkantonen regierte und dorten getötet wurde, besteht in der Geßler-Sippschaft damaliger Zeit noch gar nicht. Ein Hermann Geßler von Brunegg hat bis und nach 1307 gleichfalls nicht gelebt. Noch viel weniger hat je ein Geßler die Burg Küßnacht am Waldstättersee besessen oder bewohnt. Von einem an den Geßlern jemals verübten Morde wissen deren Urkunden, die wir vom Jahr 1250 bis 1350 gesammelt haben, nichts ... Auch war um 1307 das Amt des Reichsvogtes der drei Länder noch gar nicht vorhanden, weil in der ganzen Zeit Albrechts, als Herzog und als König, Uri und Unterwalden kein Reichsland waren, in Schwyz aber die Landesverwaltung durch Amtmänner geführt wurde.« Als winziger historischer Kern der ganzen Sage bleibt nur die Tatsache, daß Papst Innozenz IV. in einem Breve vom Jahr 1247 die Leute von Schwyz und Sarnen als Aufrührer gegen den Grafen von Habsburg bezeichnet, und daß am 1. August 1291 Uri, Schwyz und Nidwalden ein ewiges Bündnis abschlossen, in welchem sie sich gegenseitige Hilfe gegen alle feindlichen Angriffe versprachen.

Wie hat nun die Sage allmählich ihre charakteristische Gestalt gewonnen? Ursprünglich setzt sie sich aus zwei scharf gesonderten Bestandteilen zusammen: von Tell dem Schützen berichtet der eine, der andere von der Befreiung der drei Lande durch eine Eidgenossenschaft. An sich ist die Sage von dem Zauberschützen – in Urzeiten war der Frühlingsgott gemeint, der den Winter erschlägt – die ältere, aber in der Schweiz fand der andere Teil der Sage früher literarische Entwicklung. Schon der Berner Stadtschreiber Conrad Justinger weiß in seiner um die Mitte des 15. Jahrhunderts geschriebenen Chronik von Vögten und Amtleuten der Herrschaften Habsburg und Österreich zu berichten, die immer neue Rechte und »Fünde« (Schikanen) suchten, um die Länder zu tyrannisieren, und die mit frommen Leuten, Weibern, Töchtern und Jungfrauen mit Gewalt ihren Mutwillen trieben. Diese Angaben sind indes ganz allgemein gehalten. Zum ersten Mal erscheint die Sage, charakteristisch gefärbt und zusammengefügt mit ihrem andern Teil, mit dem Tell-Schuß, zu Beginn der 70er Jahre des 15. Jahrhunderts; und zwar sogleich in zwei verschiedenen Fassungen. Als umständliche Erzählung in der Chronik des Weißen Buches zu Obwalden und als Volkslied, »von der eidgenossen pundt« oder auch wohl »vom ursprung der eidgnoschaft« betitelt. Diese Zeit unmittelbar vor den Burgunderkriegen, die Jahre 1473 und 1474 etwa, müssen wir als die eigentliche Entstehungszeit dessen, was man gemeinhin als die Tellensage bezeichnet, betrachten. In diesen Jahren wurden alle die Momente organisch ineinandergefügt, die der Sage ihr charakteristisches Gepräge leihen, und die Fassungen dieser Jahre sind es, die Aegidius Tschudi und Johannes von Müller und durch diese beiden wieder Schiller die Grundlinien der Darstellung liefern.

Es liegt nun die Frage nahe: Wie kam es, daß gerade um diese Zeit Sagenbestandteile, die schon lange vorhanden waren, von verschiedenen Bearbeitern völlig unabhängig voneinander zusammengefügt wurden, und welche Strömungen ließen die Sage, die doch schon lang-lange bestand, gerade jetzt populär werden? Denn daß sie es jetzt wurde, beweisen die vielen Bearbeitungen, die das Lied fand.

Um diese Frage, an der die vielen Kommentatoren der Tellsage merkwürdigerweise vorbeigingen, lösen zu können, müssen wir die politischen Läufte der Schweiz vor den Burgunderkriegen ins Auge fassen. Von allen deutschen Staatsgemeinschaften waren die der Schweiz die freiesten, unabhängigsten. Seit fast zwei Jahrhunderten hatten diese Länder einen schier ununterbrochenen Kampf um ihre Freiheit geführt, einen heldischen Kampf voll Glanz und Gloria, und die großen Erfolge, die diese Kriege ihnen gebracht und die ihren Waffenruhm weithin über Europa getragen, hatten ihren demokratischen Sinn derart gefestet, daß sie mit Recht für das freiheittrutzigste Volk in der Christenheit gemeinhin galten. Der herrenstolze, von seinem Gottesgnadentum zutiefst überzeugte Adel des Reichs haßte sie als die stärksten und glücklichsten Vertreter des demokratischen Prinzips, man nannte sie Türken und Heiden, und »Schweizer werden« wurde der geläufige Ausdruck für Aufruhr und Rebellion. Die Eidgenossen aber errangen Erfolge auf Erfolge, und

Schweizer Humanisten durften treffend den Bund dieser kleinen Republiken mit den freiheitstolzen hellenischen Staaten zur Zeit der Perserkriege vergleichen. Nach den Niederlagen der österreichischen Ritterschaft im Mühlhäuser und Waldhuter Krieg, 1468, schien die Unabhängigkeit der Schweiz völlig gesichert, und die Lieder dieser Zeit schwellen über von Siegeszuversicht.

Da drohte plötzlich von einem neuen Gegner der Unabhängigkeit der Schweiz unerwartete Gefahr: die Expansionspolitik Karls des Kühnen von Burgund suchte immer deutlicher auch Schweizer Gebiet mit einzubegreifen. Im Westen, in Savoyen, regierte Jolante, des elften Ludwigs, des Franzosenkönigs, ränkevolle Schwester; das Wallisertal bis Sitten hinauf gehörte zu ihrem Gebiet. Ihr Schwager, Karls des Kühnen burgundischer Statthalter, Jakob Graf von Romont, war Herr der Waadt; sein Bruder Ludwig saß auf dem bischöflichen Stuhl in Genf. So trieb man überall im Westen burgundische Politik. Und als nun gar im Jahr 1469 der ewig geldbedürftige Erzherzog Sigmund von Österreich seine Landschaften und Städte im Elsaß, Sundgau und Schwarzwald Karl dem Kühnen verpfändete, saß der gefährliche Feind auch im Norden. Hierher, ins Elsaß, sandte Karl der Kühne seinen Hofmeister, Herrn Peter von Hagenbach, als Landvogt mit ziemlich unbeschränkten Vollmachten. Dieser Hagenbach, eine Condottiere-Natur, herrenhaft und ungezügelt, führte in seinen Landen ein Regiment voll Strenge, Gewalt und Willkür, und bald war er bei seinen Untertanen wie der Tod verhaßt. Die Schweizer sahen in ihm nicht nur den mächtigsten Vertreter des ihnen so bitter verfeindeten Adels, sondern auch den kraftvollsten Gegner ihrer heldisch erkämpften republikanischen Freiheit. Dieser Landvogt war es, der nach allgemeiner Annahme den Pfandvertrag zwischen Österreich und Burgund vermittelt, dieser Landvogt hatte es dem Burgunder ermöglicht, an den Grenzen der Schweiz festen Fuß zu fassen. Immer von neuem reizte er seinen Herrn zum Kriege gegen die Schweiz; er war der Beschützer des kleinen Adels im Sundgau und Breisgau, der Bilgeri von Heudorf, Thomas von Falkenstein, Peter von Regisheim, Johann von Lupfen, Friedrich Kappeler, Reinhart von Zessingen, der Hohenfürst und Eptingen, die sich in hundert Plackereien gegen die Eidgenossen gefielen, ihre Kuriere wegfingen, ihre Kaufleute brandschatzten, burgundische Fahnen auf Schweizer Gebiet aufpflanzten. Er war der Patron all der vielen kleinen Adeligen, die vom Kampfe gegen die Schweizer Bauern lebten. In Basel, in Mühlhausen hatte er die Eidgenossen aufs schmählichste verhöhnt. Was man von ihm zu erwarten hatte, falls er ans Ruder kam, zeigte sein Schreckensregiment in seinen eigenen Landen: immer neue Steuern, erhöhte Zölle, willkürliche Eingriffe in die alten Freiheiten der Landschaften und Städte, Erpressungen gegen die begüterten Bürger, Gewalttaten gegen Frauen, unerträgliche Roheiten seines Hofstaates, seiner picardischen Söldner vor allem. Kurz, der Ritter Peter von Hagenbach, Landvogt Burgunds an den Schweizer Grenzen, war zu Anfang der siebziger Jahre des fünfzehnten Jahrhunderts der gefährlichste Gegner der Eidgenossen.

Auch der am meisten gefürchtete. Und die Besorgnis vor ihm trieb die Schweiz zu einem unerwarteten Schritt: sie verband sich mit dem alten Erbfeind, mit Österreich. Am 3. April 1474 schloß die Eidgenossenschaft mit Erzherzog Sigmund die »ewige Richtung«, und nun gelang es rasch, den Landvogt zu stürzen. Der Breisgau empörte sich; Hagenbach ward gefangengenommen, vor ein Gericht der verbündeten Städte und der Eidgenossen gestellt, gefoltert, verurteilt und am 9. Mai 1474 enthauptet.

Hagenbachs Glück und Ende war das interessanteste Thema, das die politische Dichtung dieser Jahre in der Schweiz, im Elsaß und im Breisgau behandelte. Drei lateinische Gedichte über Hagenbach sind erhalten und drei deutsche: ein Spruch von Hans Judensint von Speyer, ein Liederspruch eines Ungenannten und ein Lied von einem »Krämerlein«, das durch einen Hagenbachischen »von seiner frischen Buhle verdrängt wurde«. Außerdem gibt es eine unglaublich umfangreiche, moralische, kleinbürgerliche und ungeschickte Reimchronik, von einem Breisacher Anonymus verfaßt, die in 165 gutgemeinten Kapiteln das »öde« Leben und »erbärmliche« Ende des »Wüterichs und Toberichs« Hagenbach besingt.

Auch in der Schweiz fand das Geschick des Landvogts naturgemäß lauten poetischen Widerhall. Als am 20. April Erzherzog Sigmund in Basel einritt,* sangen ihm die Buben auf der Straße folgende Parodie des Ostersanges entgegen:

Christ ist erstanden,
der lantvogt ist gefangen,
des sollend wir fro sin,
Sigmund soll unser trost sin,
Kyrie eleison!

Wär er nit gefangen,
so wär es übel gangen,
sit er nun gefangen ist,
hilft im nüt sin böse list,
Kyrie eleison!

Rudolf Montigel, der 1474 ein schönes Lied von der »ewigen Richtung« sang, leitete dies Lied mit ein paar erbosten Strophen über den Landvogt ein, und der größte politische Dichter, der zu jener Zeit in den eidgenössischen Landen blühte, Veit Weber, gedachte Hagenbachs als eines »wütenden Ebers«, eines »unsinnigen Stiers«.

Wer nun weiß, welch außerordentliche Bedeutung das politische Volkslied in der Schweiz hatte und wie gern die eidgenössischen Dichter alte Sagen und Geschichten zu chauvinistischen Zwecken neu aufputzten, den wird es nicht wundernehmen, daß jetzt die alten Geschichten von Gewalttaten der Vögte neu auftauchten und ein neues Gesicht gewannen. Wenn man jetzt von einem tyrannischen Landvogt erzählte und von seinem schmählichen Ende, so konnte man an keinen andern denken als an Peter von Hagenbach. Und auch die Parallele lag nahe zwischen der Schließung des ersten eidgenössischen Bundes, zu dem die Übergriffe der Vögte genötigt, und der Schließung der »ewigen Richtung«, zu der die Furcht vor dem burgundischen Vogt die Lande getrieben. Nicht gegen einen österreichischen Herrn, sondern gegen Peter von Hagenbach richtet sich also die Tendenz der Sage um die Zeit ihrer Entstehung.

* Liliencron, Historische Volkslieder, II, 31.

Betrachten wir die Darstellungen der Vogtgeschichten, die uns aus den Jahren 1473/74 erhalten sind, unter diesem Gesichtspunkt, d. h. als politische Tendenzdichtungen, dann lösen sich alle Fragen, die man daran knüpfen mag, klar und einfach. Zunächst fällt auf, daß, während die früheren Berichte die Niederwerfung der Vögte zu den Schlachten am Morgarten und bei Sempach in unmittelbare Beziehung bringen, jetzt jede Anspielung auf Österreichs Niederlagen peinlich vermieden wird. Das Lied nennt Österreich mit keiner Silbe, und der Chronik des weißen Buchs liegt jede antiösterreichische Tendenz fern: die Landvögte sind an allem Unheil schuld. Interessant ist es, wie die Eidgenossen diese Umkehrung der ursprünglichen Tendenz der Sage diplomatisch zu verwerten wußten. Im September 1473 unterhandelte nämlich Kaiser Friedrich III. in Basel mit eidgenössischen Gesandten über die Herausgabe gewisser Territorien an Österreich. Da stellte nun nach der Chronik des Kaplans Knebel der Sprecher der Schweizer, der Edle Niklaus von Diesbach (der übrigens dem Richterkollegium über Peter von Hagenbach angehörte), die historischen Beziehungen seines Landes zu Österreich folgendermaßen dar: Vor mehr als hundert Jahren habe das Hohe Haus Österreich die Provinz durch eingeborene Beamte und adelige Statthalter nicht nach Schicklichkeit, sondern auf tyrannische Art regiert. Die Vögte ließen zu, daß ihr eigenes Land geplündert werde, begingen unter denen, die sie hätten weiden sollen, Wollust, Ehebruch und viele andere unerträgliche, fluchenswerte Handlungen und legten ihnen Steuern und andere ungewöhnliche Bedrückungen auf. Hierdurch bewogen, widerstanden Städte und Landbewohner den besagten Vögten, nahmen ihre Burgen ein und brachen sie. Die vom Adel suchten sich zu rächen und verbanden sich mit ihren Fürsten, ihnen fälschlich von Zerstörung und Umsturz sprechend, nicht nach der Wahrheit der Sache, sondern mit Lug und Trug. Sie brachten es so weit, daß, zur Notwehr gezwungen, die Eidgenossen sich auch dem Herzog Leopold widersetzten. Als dieser aber auf seinem Kriegszug vor Sempach kam, ward er, der erlauchte Fürst, den die Vögte durch Schlechtigkeit und Arglist zum Angriff gereizt, von den Eidgenossen in der Notwehr leider erschlagen. Dieser ausgezeichnete Fürst

ist von den Seinen in den Tod geliefert worden. – Soweit der Sprecher der Eidgenossen. Man ersieht hieraus, wie trefflich die Schweizer es verstanden, die im Volk umlaufenden alten Geschichten zu ihren Zwecken auszudeuten und die ursprünglich antiösterreichische Tendenz umzubiegen.
Deutlich ergeben sich nun folgende Parallelen zwischen Peter von Hagenbach und dem Landvogt der Sage: der Landvogt der Sage tyrannisiert das Land aus eigener Willkür ohne Befehl des Fürsten; von Peter von Hagenbach heißt es in der Reimchronik:

»Peter von Hagenbach
thate der statt Breysach
gross schmach und hertzeslayd
hatts weder bevlch (Befehl) noch b'schaydt ...«

Der Landvogt der Sage ist ein eingeborener Adeliger, ein Ritter, ebenso Peter von Hagenbach. Die gleichen Vergehungen sind es, deren man den erdichteten wie den wirklichen Landvogt beschuldigt: willkürliche Schatzung, ja Hinrichtung einzelner Bürger, Gewalttaten an Frauen, Verhöhnung alter Freiheitsrechte in Wort und Tat, Verspottung kirchlicher Institutionen, kurz, jede Art von Gottlosigkeit und Übermut. Um die Vögte zu stürzen, tun sich in der Sage die Eidgenossen zusammen, wie man zu Hagenbachs Sturz die »ewige Richtung« schließt, und wie mit dem Sturz des Vogts in der Sage die Siege am Morgarten und bei Sempach und die Befreiung von Österreich, so hängen mit Hagenbachs Fall die Siege bei Granson und Murten und Nancy und die Befreiung vom burgundischen Joch zusammen. Bis in einzelne kleine Züge hinein läßt sich die Parallele verfolgen. Vogelin heißt Hagenbachs Söldnerführer, Vogelin des Landvogts Adjutant noch im ersten Tellenspiel; in der Chronik Knebels heißt es von den Vögten: Unter denen, die sie hätten weiden sollen, begingen sie Wollust und Ehebruch. Die Reimchronik über Hagenbach berichtet, wie der Landvogt eine Breisacher Bürgerstochter vergewaltigt, und fügt an:

»O du untrewer lantvogt,
forchtestu nit gott,
du solltest ir schirmer sein geweßen,
so mocht sy selber vor dir nit genesen.«

Solcher Parallelstellen ließen sich außerordentlich viele anführen.

Am meisten charakteristisch aber ist das Lied »vom ursprung der eidgnoschaft«, das, aus verschiedenen älteren Teilen kompiliert, den Tellenschuß, die Untaten der Vögte, den Krieg gegen Burgund und Karls des Kühnen Ende aufs naivste zusammenwirft, der Kriege gegen Österreich aber mit keinem Worte gedenkt. Es ist in unzähligen Drucken verbreitet und muß sehr beliebt gewesen sein. Spätere Drucke betonen schon in der Überschrift die Tendenz. So ist etwa ein Baseler Druck von 1623 betitelt: »Ein schön Lied vom Ursprung der Eydgnossenschafft vnd dem ersten Eydgnossen, Wilhelm Thell genandt, auch von dem Bundt mit sampt einer lobl. Eydgnoschafft wider Carle Hertzog von Burgund vnd wie er ist erschlagen worden.« Das Lied setzt ein:

»Von der eidgnoschaft so wil ich heben an,
des glichen hort noch nie kein man,
in ist gar wol gelungen!
sie hand ein wisen vesten pundt,
ich wil uech singen den rechten grund,
wie die eidgnoschaft ist entsprungen.

Ein edel land, guot recht als der kern,
das lit beschloßen zwüschen berg
vil vester dann mit muren,
do huob sich der bund zuom ersten an,
si hand den sachen wislich getan,
in einem land heißt Ure.

Nuon merkent, lieben herren guot,
wie sich der pund zuom ersten anhuob
und land uech nit verdrießen,
wie einer muost sim eigenen sun
ein epfel ab der scheitel schon
mit sinen henden schießen.«

Es folgen nun drei Strophen, in denen Tells Apfelschuß erzählt wird. Der Landvogt wird dabei nicht mit Namen genannt, es wird auch nicht berichtet, wessen Landvogt er ist. Eine ganze Strophe – dies blieb bisher völlig unbeachtet – betont mit Nachdruck, daß der Schuß Gottes Werk gewesen sei. Dies war offenbar nötig zur Rehabilitierung Tells; denn die Kirche verurteilte derartige Treffschützen als Zauberer und Teufelsbündler zum Scheiterhaufen. Noch der Hexenhammer nennt, freilich auf Umwegen, den Tell einen maleficum* und urteilt, Volk und Land, das einen solchen Missetäter nicht an die Inquisition ausliefere, müsse mit Kirchenbann und Exkommunikation belegt werden. Nach der Erzählung des Apfelschusses fährt das Lied fort:

»Domit macht sich ein großer stoß
do entsprang der erste eidgenoß,
si wollten die landvögt strafen;
si schuechtent weder got noch fründ,
wenn eim gefiel wib oder kind,
so woltent si bi im schlafen.

Übermuot triben sie im land, –
böser gewalt der wert nit lang!
also vindt mans verschriben.
Das hand des fürsten vogt getan,
drumb ist er um sin herrschaft kan
und uß dem land vertriben.

Es folgen dann noch 21 Strophen, die die Eidgenossenschaft und ihre Siege über Karl den Kühnen verherrlichen. Es ist nun undenkbar, daß ein Eidgenosse, der während der 70er Jahre des 15. Jahrhunderts die zitierten Strophen hörte, an einen andern denken konnte als an Peter von Hagenbach.
Bleibt noch die Frage: Wie kam es, daß man den Landvogt Geßler nannte? Das Lied nennt keinen Namen, auch Knebels Chronik nicht. Der Name findet sich zum ersten Mal im weißen Buch. Nicht im Volksmund also, sondern im Werk

* Vgl. die Frankfurter Ausgabe des Malleus Maleficarum, 1582 mit der Randnote des Bassäus und Rochholz, ›Tell und Geßler‹ S. 109.

eines Einzelnen. Erklärt wird der Name dadurch, daß im 15. Jahrhundert die Gesler in aargauischen Landen Vogtrechte innehatten. Somit ist auch dieser Name ein Beweis dafür, daß alles Wesentliche an der Sage erst im 15. Jahrhundert entstand. Als übrigens durch die »ewige Richtung«, 1474, die Gesler ihre Ansprüche auf Vogtrechte verloren, schlug sich ihre Sippschaft zu jenen kleinen Adeligen, die die eidgenössischen Grenzgebiete auf Raubritterart belästigten, und als deren Schutzpatron eben wieder Hagenbach galt.

Antiburgundische Tendenzen waren es also, die in der zweiten Hälfte des 15. Jahrhunderts die Sage neu aufleben ließen und ihr die charakteristischen Züge liehen. Und Peter von Hagenbach war der Tyrann, auf den die Sage zunächst gemünzt war. Die bewegte Geschichte der Schweiz ließ diese Tendenzen aber bald in den Hintergrund treten; auch überwog das Interesse an dem spannenden Stoff in politischen Momenten. Man schob die Schließung des Bunds und die Vertreibung der Vögte in den Hintergrund und betonte vor allem Tells merkwürdige Schicksale. So als erster Petermann Etterlin (1507) und dann besonders Aegidius Tschudi (1570). Die antityrannischen Tendenzen der Sage blieben freilich immer gewahrt, vornehmlich in den Tellschauspielen. Das älteste Tellschauspiel z. B. trägt das Motto:

»Tyrannen und ein hund, der tobt,
Wer die erschlegt, der würt gelobt«

und schließt mit den Versen:

»Das wir keynen tyrannen mer dulden,
Versprechend wir bei unsern hulden.
Also soll gott vatter mit seim sun,
Auch heiliger geyst uns helffen nun.«

Noch die fünfaktige Tragödie »Grisler, ou l'ambition punie« jenes Samuel Henzi, den Lessing in den Mittelpunkt eines Trauerspiels stellen wollte, atmet republikanischen Geist; auch Schillers Dichtung ist noch von antityrannischen Tendenzen beflügelt.

Der Mann aber, gegen den die Sage ursprünglich ihre Angriffe gerichtet, wurde bald vergessen, gründlich vergessen. Je mehr Bearbeiter die Sage fand, je mehr Beziehungen man an sie knüpfte, um so weniger gedachte man dessen, dem zu Schimpf sie geschmiedet war: des burgundischen Landvogts Peter von Hagenbach.

Was bedeutet journalistisch? (1911)

1.

Die Journalistik spielt – besonders seit der gewaltigen Entwicklung der Presse im 19. Jahrhundert – in unserer gesamten Kultur eine so bedeutsame Rolle, daß die Wissenschaft nicht wohl achtlos an ihr vorübergehen konnte. Aber trotzdem man seit dem Erscheinen der ersten Zeitungen oft und mit Nachdruck auf die Bedeutsamkeit und auf die Notwendigkeit der wissenschaftlichen Erkenntnis der Journalistik hinwies, hat man sich in Gelehrtenkreisen recht wenig um sie gekümmert, und was an Literatur über sie zutage gefördert wurde, ist zum weitaus größten Teil sehr oberflächlich, unmethodisch und lückenhaft und somit für den ernsthaften Forscher ohne Belang. Ungleich reicher an Umfang jedenfalls als an Inhalt. Ich kann hier die Werke über journalistische Dinge – es sind mir immerhin an siebenhundert bekannt – nicht im einzelnen charakterisieren; ich kann nur feststellen, daß auch die gründlichsten und umfassendsten dieser Bücher bestenfalls vom nackt historischen Standpunkt aus die Journalistik betrachten und aller psychologisch-kritischen Vertiefung ermangeln. Zum Beweis dieser Behauptung muß ich mich hier darauf beschränken, das monumentalste Werk über Journalistik und die beiden bekanntesten Bücher über die Geschichte des deutschen Journalismus in aller Kürze zu analysieren.
Das wichtigste Werk über journalistische Dinge wurde in Frankreich geschrieben. Hier hatte schon Bayle eine Geschichte des Journalismus angeregt, Sainte-Beuve mit Nachdruck auf die Notwendigkeit einer solchen hingewiesen. Das ganze 18. Jahrhundert hindurch registrierte und katalogisierte ein früher Sammeleifer die verschiedensten Journale, und man schrieb viele und interessante Monographien (die wichtigste, Camusats »Histoire critique des journaux«,

Amsterdam 1834). Bis dann 1859 Eugène Hatin seine »Histoire politique et littéraire de la presse en France« erscheinen ließ, zweifellos das reichhaltigste Buch, das je auf dem Gebiet der Geschichte des Journalismus geschrieben wurde. Das Werk umfaßt vier Bände und wird von des gleichen Autors »Bibliographie historique et critique de la presse périodique française«, Paris 1866, glücklich ergänzt. Mit außerordentlichem Fleiß, mit wahrhaft goedekeschem Eifer hat Hatin alles Material beigebracht, das sich über französische Journale sammeln läßt, es übersichtlich geordnet und nicht ohne Anschaulichkeit dargestellt; eine ungeheure Summe von Wissen ist in seinem Werk niedergelegt. Doch alle Breite und Klarheit kann die mangelnde Tiefe nicht ersetzen. Die tieferen Probleme der Journalistik, das Wesen der journalistischen Begabung, die Zusammenhänge der äußeren Entwicklung des Journalismus mit der Artung eines einzelnen oder gar einer ganzen Generation, sind kaum gestreift und keineswegs ausgeschöpft, und es fehlen dem Verfasser, was schon die (zeitgenössische) Kritik Barbey d'Aurevillys rügt, alle weiteren psychologischen und kritischen Gesichtspunkte.
Die bekannteste »Geschichte des deutschen Journalismus« schrieb Robert Prutz (1845); aber die staunenswerte Arbeit, die der gescheite und temperamentvolle Gelehrte an das Werk gewandt, mißlang. So sehr er sich dagegen sträubt, er gibt nicht mehr als eine Geschichte der Journale und muß so eine ungeheure Menge gleichgültigen Wusts mitschleppen, der das Werk breit und breiig macht, ohne daß es an Tiefe gewinnt. So nimmt es nicht wunder, daß Prutz verzagt, nachdem er kaum die ersten Anfänge hinter sich hat, und es erschien denn auch nur der erste Band seines Werkes, der lediglich einen ganz kleinen Bruchteil des Gesamtstoffes umfaßt. Bedenklich sind auch, so gern man Prutzens allgemeine literarhistorische Prinzipien anerkennen mag, seine politisch-historischen Maximen, die, in der Zeit wurzelnd, jetzt ein wenig banal-tendenziös und veraltet erscheinen. Bei dem allem leistet diese Arbeit auch heute noch gute Dienste und steht jedenfalls turmhoch über dem Versuch der neuesten Zeit, den deutschen Journalismus historisch darzustellen, über Ludwig Salomons »Geschichte des deutschen Zeitungswesens« (2. Aufl., Oldenburg 1906). Salomon berücksichtigt zwar so

ziemlich die ganze bisherige deutsche Literatur über journalistische Dinge und bringt auch einiges selbstgefundene Material; aber sein Stoff ist nicht so lückenlos zusammengestellt, sein Fleiß schürft nicht so tief, daß, wie etwa bei Hatin, solche Vorzüge den Mangel an Perspektive ersetzen könnten. Er reiht Tatsachen aneinander, und die eingestandene Tendenz, ein lesbares, d. h. populäres Buch zu schreiben, verleitet ihn, vor allem darauf zu achten, ob wohl diese Tatsachen vom breiten Publikum als interessant empfunden werden. So bekommt das Werk einen peinlich feuilletonistischen Beigeschmack; da gibt es verstimmende Überschriften wie »Die Erwartungen und Hoffnungen«, »Im Banne der Karlsbader Beschlüsse«, »Im Strudel der Preßfreiheit«; langatmige, platte historische Stimmungsbilder und etliche schlimme Stilblüten verstärken diesen Eindruck. Natürlich finden sich dann wieder einzelne Partien, die Neues bringen und anregender geschrieben sind, wie überhaupt das ganze Buch den Eindruck des Fleißes und einer gewissen Ehrlichkeit zur Sache hinterläßt; nirgends aber ist auch nur der Versuch gemacht, die Gründe einer Entwicklungsphase von innen her aufzuzeigen.

Die Ursache, warum die Untersuchungen journalistischer Dinge bei aller aufgewandten Mühe nur so kärgliche Resultate zeitigten, scheint mir vor allem darin zu liegen, daß die Autoren den volkstümlichen Begriff Journalismus = Summe aller Journale ohne weitere Kritik übernahmen. Nicht »die superiore Verachtung unserer Gelehrten gegen den Journalismus«, wie Prutz meint, trägt die Schuld an dem Tiefstand dieser Literatur, sondern allein der Umstand, daß man den Begriff des Journalismus ungeklärt ließ und ihn recht äußerlich als Gesamtheit der Journale faßte. Denn es ist ja die Quantität des Journalismus eine so ungeheure und seine Beschaffenheit eine so mannigfaltige, daß eine wissenschaftliche Bewältigung dieser Materie für den einzelnen schlechthin unmöglich, selbst für eine Gesellschaft von Gelehrten noch ungeheuer schwierig ist. Der Journalismus im alten Sinn ist demnach kaum wißbar: aber, was wesentlicher ist, er ist auch nicht wissenswert. Den unendlichen Wust der Myriaden von Journalen, deren Gestaltung wieder von unzähligen Zufälligkeiten abhängig war und ist, zu durchstöbern hat kein selbständiges wissenschaftliches Interesse. Höchstens als Begleiterscheinung anderer, wichtiger Kulturdinge, als Quellenmaterial, als Nebenfaktor kommt dieser Journalismus in Betracht. Soll aber eine selbständige Untersuchung des Journalistischen ernsthafte wissenschaftliche Resultate ergeben, so müssen wir vor allem den vieldeutigen Begriff des Journalistischen kritisch klären und möglichst scharf umzirken.

2.

Das Wort journal (journel), auf ein vulgärlateinisches diurnale zurückgehend, hatte eine bewegte Geschichte hinter sich, ehe es in der Bedeutung, die man ihm heute gemeinhin unterlegt, in weitere Kreise drang. Dem Luzifer, dem Morgenstern, ward das Adjektivum beigesellt und dem zu schwerem Taglohn Tauglichen, dem Kräftigen; journal ward die Mühe des Tages genannt, journal der Todestag, und heute noch bezeichnet der Dialekt in der Vendôme und in Poitou, im französischen Flandern und in etlichen anderen Gegenden ein gewisses Erdmaß mit diesem Wort. Frühzeitig gab man auch dem Brevier des Geistlichen diese Benennung, später dem Eintragbuch des Kaufmanns und Tagebüchern jeder Art. Allmählich löste sich dann der Begriff des Täglichen von dem Wort und ward vom Begriff des Periodischen verdrängt. So legte man auch periodischen Veröffentlichungen literarischen und wissenschaftlichen Charakters die Bezeichnung bei; ja man engte schließlich das Wort auf diese Bedeutung ein und ließ nurmehr die Bedeutung »Tagebuch« neben ihr bestehen.

Zunächst blieb nun die Benennung journal ausschließlich den literarischen und wissenschaftlichen Revuen vorbehalten. Die »Encyclopédie« definiert: »Un journal est un ouvrage périodique, qui contient les extraits des livres nouvellement imprimés, avec un détail des découvertes que l'on fait tous les jours dans les arts et dans les sciences.« Im Gegensatz zum journal steht die politische Zeitung, die »gazette«, ein »cahier, feuille volante qu'on donne au public à certains jours de la semaine, et qui contient les nouvelles des divers pays«. Langsam verdrängte dann das Wort »journal« den Begriff

»gazette«, und jetzt findet man im »Dictionnaire« der Akademie folgende Erklärung: »Journal se dit particulièrement (wobei an die Bedeutung Tagebuch gedacht ist) d'un ouvrage quotidien ou périodique, qui se publie par feuilles, par numéros, et qui fait connaître, soit par de simples annonces, soit par des articles raisonnés, les nouvelles politiques, scientifiques et litteraires, les ouvrages nouveaux etc.«

In Deutschland hat sich das Wort früh eingebürgert. Ursprünglich bedeutet es ein »tagzîtbuoch«, wohl auch Brevier. Der Luther des Mathesius (1583) fügt das Fremdwort mit der deutschen Bezeichnung zu einem vorsichtigen Hendiadyoin zusammen. Den Bedeutungswandel machte das Wort in Deutschland mit. Auch hier wurde es eine Zeitlang nur für periodische Druckschriften literarischen und wissenschaftlichen Charakters angewandt im Gegensatz zu dem der »gazette« entsprechenden Wort »Zeitung« oder besser »Zeitungen« (ursprünglich wohl: Begebenheiten, vgl. Pauls Deutsches Wörterbuch).

Das Wort »journaliste«, den Zeitungssetzer sowohl wie den Zeitungsschreiber bedeutend, wurde schon 1718 von der Akademie zugelassen; das Wort »journalisme« hingegen läßt sich nicht vor 1781 belegen, und die Akademie hat es gar erst 1878 zugelassen.

Ist aber der Sinn des Wortes Journal in Deutschland wie in Frankreich im Lauf des 19. Jahrhunderts zu einem klaren und einheitlichen Begriff geworden, so haben sich mit der steigenden Verbreitung des Zeitungswesens die Begriffe »journalistisch« und »Journalistik« = Summe des Journalistischen immer weiter verzweigt, und das moderne Feuilleton hat das Seine dazu beigetragen, das Wort recht vieldeutig zu machen. Noch Wilhelm Scherer definiert einseitig, aber schlicht und bündig Tatsächliches betonend, in dem Kapitel seiner Literaturgeschichte, in dem er die »varnden liuta als »wandernde Journalisten« bezeichnet: »Journalist ist, wer von Zeit zu Zeit, in kürzeren oder längeren Pausen, das Publikum über wichtige Vorkommnisse der Gegenwart unterrichtet.« Bald aber beginnt man, höchst subjektiv, jeweils einzelne Eigenschaften einzelner Journalisten ins Auge zu fassen, Vorzüge oder Mängel, und Menschen und Dinge, die diese Eigenschaften aufweisen, schlechthin als »journalistisch« zu bezeichnen. So wird das Wort aus einem konstatierenden, einem Tatsachenbegriff, zu einem bloß wertenden. Im Jahre 1836 bezeichnet Jules Janin, der berühmte, von Barbey d'Aurevilly als Vater des französischen Feuilletons gefeierte Kritiker des »Journal des Débats« den Alcibiades als einen Journalisten um seiner Wankelmütigkeit willen. Und seither wird das Wort je nach der persönlichen Anschauung des Autors bald als Schmähwort, bald als Epithetum ornans gebraucht. Ich greife aus der Fülle willkürlich ein paar Belege. Theodor Mundt nennt den Aristophanes journalistisch, da er von den Interessen des Tages schrieb; Nestor Roqueplan freut sich, daß Victor Hugo in jedem seiner Dramen sich nicht nur als großer Dramatiker, sondern auch als beredter Journalist erweise; Leo Berg nennt Ibsen einen Journalisten, denn seine Interessen seien die Tendenzen des Tages; Otto Weininger gar schilt Schiller journalistisch um der Versatilität willen, mit der er sich verschiedenen Kunstrichtungen angepaßt habe; Bernhard v. Jacobi charakterisiert Wieland als journalistisch wegen seiner Beweglichkeit und Flüchtigkeit, und Friedrich Schlegel gar nennt die Affen die Journalisten des Tierreichs. So wurde das Wort vielen zum Inbegriff des Oberflächlichen, Hohlen, Äußerlichen, Flüchtigen, während andere es als Generalbezeichnung für Agilität, Gewandtheit, Schmiegsamkeit, Eleganz gebrauchen.

Es erhellt ohne weiteres, daß das Wort als ein derartiger willkürlicher Wertbegriff von dem, der sich wissenschaftlich mit der Journalistik beschäftigen will, nicht übernommen werden darf. Aber wie dieser Begriff sich zu weit von den Tatsachen entfernt, so klebt der Begriff, den man gemeinhin unter Journalistik versteht (Summe der Journale), wieder viel zu eng am Tatsächlichen, als daß eine wissenschaftliche Betrachtung dieser Journalistik lohnte. Es ist wirklich nichts getan, wenn die ganze ungeheure Flut von Nachrichten, Artikeln, Anzeigen, Inseraten usw., die alle unter die Journalistik in diesem Sinne fallen, registriert, gesichtet, charakterisiert, kritisiert wird. Ganz abgesehen von den schier unüberwindlichen Schwierigkeiten, die die Bearbeitung eines solchen schier unübersehbaren Materials auch dem eifrigsten Gelehrten bereitet. Dazu kommt das Äußerliche, Zufällige, das der Journalistik in dieser Definition anhaftet. Es ist in sehr vielen Fällen ohne jedes wissenschaftliche Interesse, festzustellen, ob ein Aufsatz, eine gelehrte Abhandlung, ein Gedicht, ein Roman, ein Drama in einem Journal oder sonstwie veröffentlicht wurde. Sage ich etwa über Kleists »Penthesilea« etwas Charakteristisches aus, wenn ich konstatiere, daß sie zuerst in der Zeitschrift »Phöbus« erschienen ist? Oder geht es an, das Werk deshalb als journalistisch zu bezeichnen? Der moderne Literaturbetrieb hat es mit sich gebracht, daß ein großer Teil aller neueren Literaturwerke zuerst in Zeitungen oder Zeitschriften erscheint: darf ich diese Schöpfungen deshalb der Journalistik zuzählen? Ist es nicht irreführend, wenn ich etwa der Handel-Mazzetti »Jesse und Maria«, Hauptmanns »Elga«, Bartschens »Haindlkinder«, weil diese Werke im »Hochland«, in der »Neuen Rundschau«, in der »Frankfurter Zeitung« erschienen sind, journalistisch, diese Dichter Journalisten nenne? Oder sind die Abhandlungen des »Euphorion«, der »Revue Germanique« journalistisch? Auf der andern Seite gibt es eine Menge von Schriftwerken, die trotz ihres ephemeren Charakters nicht in Journalen veröffentlicht wurden. Darf, wer sich wissenschaftlich mit den Problemen der Journalistik befassen will, die ganze Literatur vor der Erfindung der Journale beiseite lassen? Ich glaube, nein. Ich glaube, eine Geschichte der deutschen Journalistik ist lückenhaft, wenn sie Martin Luther nicht betrachtet, und ich glaube, Pietro Aretino muß als Journalist angesprochen werden, trotzdem er die »Lettere« weder in einer Gazetta noch in einem Giornale veröffentlicht hat. Ebenso glaube ich, daß die berüchtigten Angriffe des Geheimrats Schmalz gegen die Demagogen deshalb nicht weniger journalistisch sind, weil sie nicht in einer Zeitung, sondern als Broschüre erschienen. Auch scheint es mir nicht statthaft, den nachgelassenen Feuilletons Ferdinand Kürnbergers oder den nachgelassenen Zeitsatiren Grillparzers die Bezeichnung journalistisch zu versagen, weil sie nicht in periodisch erscheinenden Druckschriften publiziert wurden.

Die Definition, die von der gewöhnlichen äußeren Erscheinungsform der Journalistik ausgeht, genügt nicht. Sie ist zu weit auf der einen, auf der andern Seite zu eng und betont einen zufälligen, äußeren Umstand als wesentlichstes Merkmal.

3.

Wollen wir der wissenschaftlichen Betrachtung der Journalistik eine feste Basis schaffen, so müssen wir versuchen, eine Definition zu finden, die, obgleich elastischer, den Boden des Tatsächlichen nicht verläßt, nicht zu einem willkürlichen Wertbegriff herabsinkt.
Eine solche Definition gewinnen wir wohl am leichtesten, wenn wir statt der Periodizität das Prinzip ins Auge fassen, von dem der größte Teil aller Journale sich leiten läßt, das Prinzip, das die Eigenschaften, das die wohlwollenden wie die übelwollenden Beurteiler der Journalistik zuschreiben, in nuce in sich birgt oder doch mit einiger Notwendigkeit erzeugt, das Prinzip, das die allgemein übliche, wissenschaftlich nicht brauchbare Bedeutung mit dem ursprünglichen Wortsinn noch gewissermaßen zusammenhält: ich meine das Prinzip der Aktualität. Dieses summum principium kann sich stofflich äußern oder formell. Stofflich insofern, als der Journalist sich in der Wahl des Gegenstands durch die Rücksicht aufs Aktuelle wird beeinflussen lassen. Er wird mit Vorliebe Dinge von temporärer Wichtigkeit behandeln oder doch solche, die sich leicht zu den Interessen des Tages in Relation setzen lassen oder sonstwie modisches Interesse haben. Formell wird sich das Prinzip der Aktualität insofern äußern, als der Journalist die Form wählen wird, die seiner ja zunächst nur für ephemere Wirkung bestimmten Arbeit den sichersten und leichtesten Erfolg gewährleistet. Er wird also aktuell, d. h. populär, angenehm faßlich: feuilletonistisch schreiben.
Wenn wir nun vom Prinzip der Aktualität ausgehen, dann gelangen wir zu folgender Definition: Journalistik ist die, sei es durch Inhalt oder Form, jeweils aktuelle Schriftstellerei, die von Tagesereignissen handelnde und die von Rücksichten auf den Tag bestimmte. Journalistisch ist, was über den Tag und was für den Tag geschrieben ist.
Die Periodizität, von der die gewöhnliche, wissenschaftlich unbrauchbare Definition ausgeht, hat sich erst aus dem Prinzip der Aktualität entwickelt. Der Trieb, über Tagesereignisse zu berichten, war von jeher vorhanden; dieser Trieb erst führte zur Erfindung der Zeitungen. Man mußte eben, wollte man aktuell bleiben, mehrmals, periodisch berichten; sonst wäre ja

das Aktuelle veraltet. Es gab also eine Journalistik, bevor es Journale gab.
Ebenso ist das Prinzip des Effekts, des Feuilletonistischen, das dem Wertbegriff »journalistisch« unmittelbar zugrunde liegt, nicht selbständig, sondern geht erst aus dem der Aktualität hervor. Man will neu bleiben, immer Neues, Überraschendes, Unerwartetes bringen. Reicht der Inhalt nicht aus, so muß eben die Form es bieten. Man strebt also zunächst nicht eine künstlerische, sondern eine neue, aktuelle Form an, die übrigens nebenher auch eine künstlerische sein mag. Wer die Geschichte der Journalistik ohne Vorurteil durchläuft, wird finden, daß sich alle Vorzüge und alle Mängel des feuilletonistischen Stils ebenso leicht, ja leichter aus dem Prinzip der Aktualität als aus dem des Effekts herleiten lassen. Hieraus erklärt es sich auch, daß jede feuilletonistische Manier so rasch altbacken wird.
Eine Definition also, die die Aktualität zum Ausgangspunkt nimmt, trägt dem Periodizitäts- und dem Effektsprinzip gebührende Rücksicht.
Nun wird man vielleicht die Grenzen unserer Definition als willkürlich und zu weit gezogen beanstanden. Man könnte zugeben, daß die erst zurückgewiesene Definition nicht frei von Zufälligkeiten und Äußerlichkeiten ist und unsere Definition das Wesen der Journalistik klarer umzirkt: könnte aber, um dem allgemeinen Gebrauch des Worts gerecht zu werden und gleichzeitig die erste Definition von den ihr anhaftenden Mängeln zu befreien, eine Synthese beider Begriffserklärungen versuchen, die Periodizität und Aktualität in gleicher Weise berücksichtigt. Diese Definition müßte lauten: Journalistik ist die Schriftstellerei über den Tag und für den Tag, soweit sie in Journalen niedergelegt ist.
Aber diese Erklärung, so bestechend sie einen Augenblick scheinen mag, erweist sich nicht als stichhaltig. Denn wenn einer die Betrachtung der Journalistik irgendwie psychologisch vertiefen will, dann darf er sich nicht durch den Zufall der äußeren Erscheinungsform Grenzen setzen lassen, darf nicht die ganze Literatur bis zum Jahre 1600, darf nicht Tagebücher, Festspiele, zeitgenössische Chroniken und die ganze aus irgendwelchen Gründen nicht in Journalen niedergelegte Tagesschriftstellerei außer acht lassen.

4.

Ich fasse zusammen: Der Journalismus als die in Journalen niedergelegte Literatur ist etwas Zufälliges, kaum Wißbares und kaum Wissenswertes. Die Journalistik hingegen als die von dem Tag und für den Tag bestimmte Schriftstellerei ist von größtem psychologischem Interesse, und ihre Erforschung ist eine wichtige Obliegenheit, ja geradezu eine kategorische Aufgabe der Literaturgeschichte.

Die deutschen Reimchroniken des 14. und 15. Jahrhunderts (1912)

Die deutsche Schriftstellerei des 14. und 15. Jahrhunderts wird in den populären Literaturgeschichten gewöhnlich mit wenigen Worten abgetan, und auch der gebildete Laie weiß gemeinhin aus dieser Epoche kaum einen einzigen deutschen Dichternamen zu nennen. Man hat denn auch ästhetisch recht wenig verloren, wenn man die Literatur dieses Zeitraums nicht kennt. Um so interessanter aber ist es für den liebevollen Beobachter psychologischer Zusammenhänge, gerade in dieser nüchternen Epoche die Einwirkung der äußeren Ereignisse auf das Schrifttum, mit anderen Worten den journalistischen Einschlag in der Literatur zu studieren. Vor allem die äußerst reichhaltige politische Dichtung dieser Jahrhunderte gibt immer neue reizvolle kulturpsychologische Aufschlüsse.

Einen politischen Dichter vom Rang Walthers von der Vogelweide hat diese arme Zeit nicht hervorgebracht. Das literarisch Wertvollste, was die deutsche Politik damals hat erstehen lassen, haben Ausländer geschrieben; Italiener zumeist und in lateinischer Sprache. Da sind etwa die flammenden Sendschreiben Dantes an Heinrich VII. und sein Buch »De monarchia«; da sind Petrarcas Briefe an Karl IV., des Paduaners Marsilio de Mainardinis, Wilhelm Occams, Johann von Jandunums theologisch-politische Streitschriften über die Kompetenzen der Kirche und des Staats; oder die anschaulichen Chroniken Albertino Mussatos, Johann de Carmenatos und anderer Italiener über die Romfahrten deutscher Kaiser und die klugen, kühlen, formal sehr reizvollen Berichte Enea Silvios. Kommt noch dazu, daß ein gut Teil dessen, was Deutsche über deutsche Politik schrieben, und gerade das Interessanteste, in lateinischer Sprache verfaßt ist. Literarisches Gut von Wert also hat die deutsche politische Schriftstellerei jener Epoche bei allem Umfang recht wenig gezeitigt.

Vor allem die chronikalische Dichtung des vierzehnten und fünfzehnten Jahrhunderts ist recht matt und kalt. Ausgeübt von Männern, die sich aus rein erwerbsmäßigen Gründen mit ihr abgeben, von Pedanten mit engstem Gesichtskreis, entbehrt sie zumeist jener Wärme, die allein sie zur Kunst erheben könnte. Es fehlt die Freude an der großen Persönlichkeit, die Lust, irgendein buntes Erlebnis weiter phantastisch auszuspinnen. In den meisten Fällen ist eine solche Reimchronik nichts anderes als der trockene Bericht eines bezahlten Schreibers, der mit überschwenglichen Floskeln den Herrn lobt und den Gegner schmäht, so ohne jede innere Anteilnahme, daß er später häufig ganz naiv mit der gleichen Fertigkeit die Dinge vom entgegengesetzten Standpunkt aus schildern kann.

Es waren ja in jener spießbürgerlichen Zeit nicht nur in der politischen, sondern in der Literatur überhaupt fast ausschließlich materielle Rücksichten die Prinzipien der Dichter. Ganz weniges nur dürfte aus tieferer Innerlichkeit, aus einem notwendigen Gestaltungsdrang heraus entstanden sein: etliches von Hugo von Montfort, von Oswald von Wolkenstein, von Heinrich Laufenberg, Werke der Mystiker sodann und Volkslieder. Den weitaus größten Teil jener Literatur aber hat der Zufall des Tages geboren, haben platt utilitaristische Rücksichten gezeugt. Sehr oft auch gestehen die Dichter solche Motive mit derber Naivität ein. Der Schmied Regenbogen und der Weber Michel Beheim erklären ausdrücklich, sie hätten ihren Beruf mit dem Meistersingergewerbe vertauscht, weil es besser rentiere; Johann von Soest bekundet, er betreibe seine Dicht- und Sangeskunst nur um Gunst und Geld; Philipp Colin gibt im Epilog seines Parcival eine genaue Kostenberechnung seiner Arbeit und schließt mit dem Wunsch, mit dem Ertrag des Werkes sein Goldschmiedegeschäft wieder betreiben zu können. Ganz zu schweigen von den Reimsprechern, »die von den wappen tihtens phlagen«, Nekrologe, Ehrenreden und ähnliches schrieben, den Peter Suchenwirt, König vom Odenwald und so weiter, Nur-Handwerkern ohne einen Funken Poesie. Nach Brot, nur nach Brot schrie die Dichtkunst jener Tage, und bezeichnend ist die ängstliche Abwehr eines deutschen Kaisers am Ende jener Epoche (Karls V.), der nach Bartholomäus Sastrows Be-

richt einem Dichter sagen ließ, sein Poem habe dem Kaiser gefallen, er möge nur seine Wünsche äußern, er könne den Adelstitel, die Dichterkrone erhalten, nur kein Geld. Ein Prinzip, nach dem schon Kaiser Sigismund verfuhr, der doch frei war von aller spießbürgerlichen Kleinlichkeit.
Ließen sich schon im allgemeinen die Dichter nur ganz nebenher von artistischen Motiven leiten, so traten bei den Verfassern der Verschroniken alle künstlerischen Prinzipien völlig in den Hintergrund. Daß man die metrische Form beibehielt, erklärt sich daher, daß man durch diese Versifikation die Wirkung zu vertiefen, den Bericht leichter zu verbreiten hoffte. Ich kann hier nicht diese oft ungeheuer langen Chroniken im einzelnen analysieren; ich muß mich darauf beschränken, Details herauszugreifen, die mir für die ganze Art dieser politischen Dichtungen symptomatisch erscheinen.
Da übersetzt etwa um die Mitte des 14. Jahrhunderts ein gewisser Nikolaus von Jeroschin das Chronicon terrae Prussiae des Peter von Dusburg, ein einseitiges Machwerk, das die Tatsachen entstellt und alle Erfolge des Ordens abergläubisch auf das unmittelbare Eingreifen der Gottheit zurückführt. Unser guter Nikolaus von Jeroschin also macht aus dem lateinischen Buch 27838 deutsche Verse, stellt sein ganzes Können in den Dienst der Tendenz, verzichtet ganz auf eigenes Gestalten, schreibt alles Verdienst seines Werkes seinem Hochmeister Dietrich von Altenburg zu und erklärt mit einer etwas schmierigen Bescheidenheit, er sei »tummer sinne, meisterlicher kunste wan«, könne »darzû lutzil dûtschis« (obendrein wenig deutsch), und als er dann seinen Namen nennt, begründet er es so:

»Nû sol ich ouch hi nennen mich,
zwâr nicht in rûmis gere,
want ich des gerne impere,
sundir durch di geschichte,
ob iman min getichte
anssprêche, daz iz wêre tum,
valsch, unglîch, sinnes krum,
daz des in mîme namen ich
schuldic stê, nîman vor mich.
Darum wil ich mich kundin.«

War die Art, wie dieser Dichter seine Tendenz betont, durchaus unkünstlerisch, so war sie doch wenigstens ursprünglich und ehrlich. Andere aber huldigten einer ganz widerspruchsvollen Tendenz voll naiver Unlogik, oder sie bekannten sich zu beschränktester Kirchturmpolitik, zu engbrüstiger Philistermoral oder auch zum Standpunkt des kleinen Krämers. Da übersetzte etwa ein braver Anonymus die Rymovaná Kronika Cèská, die böhmische Reimchronik des sogenannten Dalimil, ins Deutsche. Das böhmische Original feiert nun die alten tschechischen Sitten, predigt Liebe zum Tschechentum und erbitterten Haß gegen alles Deutsche. Der wackere Übersetzer will die ursprüngliche Tendenz nicht preisgeben, kann aber doch wohl als Deutscher die erbitterten Angriffe des Tschechen nicht mitmachen. Da verfällt er denn auf den merkwürdigen Ausweg, den sprachlich-nationalen Gegensatz zu einem lokalen zu machen, an Stelle des Tschechentums die äußere Landeszugehörigkeit als Basis zu setzen. Die heimischen, in Böhmen ansässigen Deutschen nennt er »Tutschin« und stellt sie auf eine Stufe mit den Tschechen: die nichtböhmischen Deutschen aber sind ihm »Fremde«, und er haßt sie wie der tschechische Original-Autor. Minder harmlos als diese naive Beschränktheit ist der Standpunkt des schwäbischen Lehrers Johann Lenz, der in seiner fast 12000 Verse umfassenden Chronik des Schwabenkriegs die Ereignisse zu Gunsten der Schweizer färbt, obwohl er selbst Schwabe ist. Er erhält denn auch zum Lohn seiner Gesinnungslosigkeit von der Stadt Bern eine Gratifikation von 12 Pfund, von Freiburg ein Honorar von 6 Gulden. Auch der Schwabe Nikolaus Schradin stellt sich in seiner Reimchronik, die den gleichen Gegenstand behandelt, auf Seite der Schweizer. Das Machwerk dieses Kanzleisubstituten und späteren Gastwirts ist, wenn möglich, noch trister und gesinnungsloser als Lenzens Versgeleier, und es waren sicher rein äußerliche Gründe, die den in Luzern wohnhaften Verfasser zu seiner Arbeit bewogen. Die (zeitgenössischen) schwäbischen Schriftsteller Wimpfeling und Bebel schelten denn auch entrüstet Schradins Gesinnungslosigkeit.

Außerordentlich charakteristisch ist auch die Reimchronik des Christoph Triermann, der als Augenzeuge den Landshuter Erbfolgekrieg von 1504 in 1438 »Pritschenmeisterschen

Reimen« beschrieb. Er steht auf einem durchaus krämerhaften Standpunkt und berichtet weit ausführlicher über die jeweils erbeuteten Pferde, Kühe und Schafe als über die militärischen und diplomatischen Operationen. So zieht er zum Schluß folgendes in seiner spekulativen Naivität gewiß ergötzliche Fazit:

»Und machten ein jahrmarkt öffentlich
Und hielten da feil ihr vieh.
Als man uff einem roßmarkt thut
Pferdt und kühe böß und gut,
Schwein und schaf, auch bachen fleisch,
Manche kleider schwarz und weiß,
Und mancherley stücke von haußrath,
Der ward do geben um ein spott.
Ich wills auch für ein wahrheit jehen,
Daß ich manches pferdt hab gesehen,
Um 8 schilling pfenning kauffen,
Das stark war und konnt sehr laufen,
Das vor der zeit ohn alles wehrn,
Hätt 8 gulden golten gern.
Auch zu derselben zeit bey tag,
Es ist wahr, wie ich euch sag,
Daß manche kuhe ward verkaufft
Umb drey schilling pfenning nach Lauff,
Nicht mehr auch minder ohngefehrd,
Ein schaf kauft man um 40 pfenning werth.
Aber das nächst jahr hernach
Viel leuten ward nach kühen jach,
Ein kuh galt 5 gulden gern,
Wann sie nur feil wär, ohn alles wehrn,
Darum hab ichs hierhergesetzt,
Daß mancher seines schadens werd ergötzt,
Und habe es auch darum gesagt.
Ich habe von manchem gehört die klag,
Daß er so bescheid nicht sey gewesen,
Hätte es auch in keiner g'schicht gelesen,
Wie sich einer halten solt
In solchen krieg, wenn er wolt
Geld und guet überkommen.

Wer das liest, der hats vernohmen:
Daraus mag er ein unterricht nehmen,
Wo sich ein krieg würde erheben.
Daß er sein Handel schick gar eben.
Ich wolt selbst etwas drum geben,
Daß ich nicht mehr als soviel
Hätte gewußt in der still.
Hätte pferd und kühe thun kauffen,
Dann heu und stroh einen großen hauffen;
Galt alles nicht viel, war unverwehrt,
Ein pfenning hatt 10 pfening gemehrt.
Auch viel wolt ich sonsten kauft haben
Mir zu nuz in kriegs tagen.
So hat man dieß vieh alles vertrieben,
In Franken, Schwaben, still geschwiegen,
Das alles im land wäre blieben,
Hätt ich ein solches gefunden geschrieben.
Darum hab ichs uff zukünftige Jahr
Wer nach mir kommt in solchen aufruhr,
Und ist in diesem krieg nicht gewesen,
Der soll do diese geschichte lesen ...«

Minder krämerhaft, aber dennoch ebenso kleinlich ist die Anschauung jenes Breisacher Bürgers, der in einer überaus umfangreichen, 165 Kapitel umfassenden Reimchronik das Leben Peter von Hagenbachs beschreibt. Hagenbach war von 1469 bis 1474 burgundischer Landvogt im Breisgau, er ist (vergl. Aufsatz Nr. 3 dieser Auswahl. D. H.) das historische Urbild des Landvogts Geßler, und sein abenteuerliches Wesen und Schicksal entbehrt keineswegs einer gewissen Größe. Dafür hat nun unser Breisacher Anonymus durchaus keinen Sinn. Er ist vielmehr ein braver, biederer Mann von engstem Horizont, der in Karl dem Kühnen und in seinem Landvogt nichts sieht als Störenfriede der öffentlichen Ordnung, die Gott schließlich bestraft. Für die Größe Karls, für die Kühnheit, den condottierehaften Stolz Hagenbachs hat er kein Auge; der Landvogt ist ihm bestenfalls »wunderlich«. Im übrigen legt er an Menschen und Geschehnisse den Maßstab engster, kleinlichster Moral an, und selten offenbart sich die ganze karge Nüchternheit der Epoche so deutlich wie in dem

Mißverhältnis zwischen der Anschauungsweise und dem Gegenstand dieser gutgemeinten, rechtschaffen parteiischen Chronik.
Und nun zu dem wichtigsten unter den Reimchronisten, dem bedeutendsten Journalisten jener Zeit, dessen Name auch heute noch selbst dem Laien bekannt klingt: Michael Beheim.
Michael Beheim ist am 27. September 1416 zu Sulzbach bei Weinsberg im Württembergischen geboren. Er selbst führt sein Geschlecht auf einen gewissen Cuntz Bilsner zurück, der, aus Böhmen eingewandert, sein Vermögen verlor und sich kümmerlich als Schankwirt nährte. Auch Michaels Großvater Heinrich und sein Vater Hans waren wohl sehr arm, und Michael konnte zunächst nur daran denken, das Handwerk seines Vaters, das Weben, zu erlernen. Günstige Umstände brachten ihn im Alter von 23 Jahren in den Dienst seines Grundherrn Konrad von Weinsberg, der ihn als Kriegsknecht aufnahm. In dieser Stellung »fand er seine Kunst«, aus der er trefflich Kapital zu schlagen verstand. Er begleitete seinen Herrn auf seinen Reisen und lernte so »der fursten hof suchen«. Nach Konrads Tod, 1448, trat er in den Dienst des Markgrafen Albrecht Achilles von Brandenburg. Als er aber von den Rotenburgern, die mit dem Markgrafen in Fehde lagen, gefangen worden war, sagte er seinem Herrn den Dienst auf, trotzdem ihn dieser »sogleich seiner Sorge entledigte«, und verschwor sich, wie er selbst naiv erzählt, »für den Markgrafen nit me zu kummen«, bis die Gefahr vorüber sei. Abenteuernd zog er nach Dänemark und Norwegen, von dem freigebigen Christian I. freundlich aufgenommen. Nach seiner Rückkehr finden wir ihn am Hof Albrechts III. von Bayern. Da es indes bei diesem stillen, kunstliebenden Fürsten keine Händel gab, in denen Beheim sich hätte wichtig machen können, trat er bald in die Dienste Albrechts VI. von Österreich. Wohl lobte er nun den Herzog unmäßig; aber er fand sich in der verwickelten Wiener Politik nicht zurecht, machte Dummheiten, und als es bei dem Konflikt zwischen Albrecht und seinem kaiserlichen Bruder Friedrich III. schließlich galt, entschieden Partei zu nehmen, machte sich Beheim aus dem Staub. Er zieht nun 1456 im Gefolg des Grafen Ulrich von Cilly vor Belgrad und wendet

sich nach des Grafen Ermordung an den Hof des Königs Ladislaus von Ungarn. Hier wird er gut aufgenommen und fühlt sich recht wohl, bis seine ungeschickten Angriffe auf die Hussiten ihn zwingen, Ungarn zu verlassen. Jetzt wird er von Kaiser Friedrich als »Knecht« angeworben – später nennt er sich großsprecherisch »unseres hern des römischen Kaiser teutscher Poet vnt Tichter« – und leistet Kriegsdienste während der Belagerung der kaiserlichen Pfalz durch die Wiener. Natürlich schmäht er jetzt aus Kräften Albrecht VI., des Kaisers Gegner, den er früher, dieweil er noch sein Brot aß, so sehr gelobt. Dadurch macht er sich aber bei den Wiener Bürgern, Albrechts Parteigängern, dermaßen verhaßt, daß man einen Preis auf seinen Kopf aussetzt und schließlich, nach der Aussöhnung mit dem Kaiser, seine Entlassung erwirkt. Schnurstracks geht unser Beheim zu des Kaisers bitterstem Feind, zu Friedrich I. von der Pfalz, über und besingt in einer langen Chronik dieses Fürsten Taten. Als aber der Pfalzgraf einen Feldzug gegen den Herzog Heinrich von Veldenz rüstet, sucht Beheim auch jetzt wieder sorglich der Gefahr auszuweichen und begibt sich zu Eberhard von Württemberg: doch der Pfalzgraf zwingt ihn, an dem Krieg teilzunehmen. Nach diesen Fährnissen hat Beheim das wilde Leben satt; er kehrt in die Heimat, nach Sulzbach zurück, baut sich an und wird Schultheiß. Doch es ist ihm kein Friede vergönnt: er, der in hundert Schlachten jede Gefahr so übervorsichtig zu meiden wußte, wird in seiner Heimat mitten im Frieden auf mysteriöse Weise erschlagen. Vielleicht erschlug ihn ein Strauchdieb, vielleicht fiel er durch die Hand gereizter Feinde, die sein Lied beleidigt, ein Opfer seines Berufs.
Man sieht, Beheim führte das Leben eines abenteuernden Kriegsreporters. Das Gesetz, nach dem er angetreten, hieß ihn dem Tag frönen, jeweils den Vorteil des Tages suchen, nie die Dinge sich, sondern stets sich den Dingen unterordnen. »Es ist gewiß nicht leicht, einen Meistersänger zu finden«, urteilt Gervinus, »der an Gesinnung und Charakter so versehrt wäre wie dieser Beheim.« Mir scheint dies Urteil des höchst moralischen Literarhistorikers zu streng; doch auf der andern Seite scheinen mir die Versuche Karajans, Beheim zu retten, nicht geglückt. Es entbehrt sicher nicht einer gewissen eigensinnigen Größe, mit welch rührender Beharr-

lichkeit dieser ganz untergeordnete Versifex an seiner »Kunst« festhielt, und der Gedanke, er sei kein Berufener, er tue besser daran, Tücher zu weben statt Verse, ist ihm wohl kaum gekommen. Um so erschreckender wirkt der naive, beschränkte Egoismus der Zeit, der die äußerlich heruntergerechnete Zahl der Silben alles, die Gesinnung aber und die innere Form nichts gilt und die in der Kunst ein Mittel zum Broterwerb sieht, nichts sonst.
Michael Beheim ist von allen politischen Dichtern, die Deutschland je hervorgebracht, der weitaus fruchtbarste. Mit Ausnahme von ganz wenigem, ein paar geistlichen Liedern vor allem, weist aber seine ganze reiche Produktion nur Journalistisches auf, d. h. nur solche Dichtungen, die entweder aktuelle eigene Erlebnisse behandeln oder doch unmittelbaren, sofort ersichtlichen, materiell-aktuellen Zwecken zu dienen bestimmt sind. Immer rückt er seine armselige Persönlichkeit in den Vordergrund, und selbst wenn er etwa ein verhältnismäßig ganz kleines geistliches Lied »Von den sieben Gaben des heiligen Geistes« schreibt, kann er es sich nicht versagen, sich sogleich im Eingang zu nennen. Da das Lied in der »hohen güldin weiß« geschrieben ist, in der Wort für Wort auf höchst manierierte Art gereimt ist, wirkt diese Nennung zwiefach ungereimt:

»Kung (König) Her Der
Hersten Mersten Reiche
Ich Mich-el
Pehen (Beheim) Flehen Wel, Sel
Dich Pis Mein Ein
Tichtens Richtens Helffer ...«

Seine politische Schriftstellerei ist durchaus gesinnungslos. Charakteristisch dafür sind die beiden Strophen, mit denen er seine Chronik des Pfalzgrafen Friedrich beschließt:

»Nun bitt ich fursten; graven, hern,
Daz sie mir kein ungnad zukern
noch unwillen durch diss geticht,
wan die schuld werlich myn ist nicht.
Wer by den wolffen wonet,

Darff (bedarf), daz er mit in honet.
Der furst mich hett in knechtes miet,
ich aß sin brot und sang sin liet.
ob ich zu einem andern kum,
ich ticht im auch, tut er mir drum,
ich sag lob seinem namen.
Dyss buch ein end hat, amen.«

Seine Armut zwingt ihn zu außerordentlicher Fruchtbarkeit. Er klagt zwar:

»Was hülff mich mein gesang,
Daz ich dapey verdürbe,
kein narung erwürbe?
pesser ist mir geton,
Daz ich mich zieh davon,
wil mich kein fürst versehen,
so muß ich vorter spehen,
ein anders vahen an,
wan ich kan nit bestan
in solchem wesen mer,
wan ich mich nie so sehr
verzert bei meinen tagen;
mein armut muß ich clagen,
ich wart nie mehr so ploß.«

Leider aber bleibt er dennoch seiner Kunst treu; ja, gelegentlich verschwört er sich ihr mit Leib und Seele:

»In singens kunst han ich mich ganz ergeben,
und muß es treiben biz an meinen tot.«

So besingt er denn alles, von dessen Besingung er sich Lohn verspricht. Er besingt Konrad von Weinsberg und Albrecht von Brandenburg, den König Christian von Dänemark, Ladislaus von Ungarn, Wladislaw von Polen, den Feldherrn Johann Gisgraw, Albrecht VI. von Österreich, seinen feindlichen Bruder, den Kaiser Friedrich III., dessen Feind, den Pfalzgrafen Friedrich den Streitbaren, Eberhard von Württemberg und den Bayernherzog Albrecht. Er macht sich nichts daraus, heute den zu beschimpfen, den er gestern gelobt hat, und während er im Dienst des Fürsten sich nicht scheut, die niederen Stände, denen er selbst angehört, auf jede Weise zu schmähen, schilt er, wenn's ihm schlecht geht, nach Kräften Fürsten und Adel. Er neidet dem Meistersinger Muscatblut Ansehen und Verdienst; aber er entblödet sich nicht, ein Spezifikum dieses Dichters, die »große Lüg«, nachzuahmen. Die Art des Stoffes gilt ihm ganz gleich, wenn er nur aktuell ist und seine Behandlung klingenden Erfolg verspricht. Mit der nämlichen inneren Leerheit und äußerlichen Technik singt er von der Genealogie des Hauses Habsburg und von seiner Minne, von der Hohen Schul zu Wien und den Ursprüngen seiner Kunst, von dem Türkenkrieg des Königs Ladislaus und seiner eigenen Anmut. Sein Formprinzip ist die genaue Zählung der Silben, sein Stoffprinzip die Anhäufung möglichst vieler Detailzüge. Besonders sein Buch von den Wienern ist überladen mit der Schilderung von Einzelheiten; wie er die Edelknaben und Köche, die Kellner und Barbiere mit Namen aufzählt, das stellt die Akribie der modernen Hofberichterstatter in Schatten. Keinen vergißt er, der ihm je das Geringste zu lieb oder zu leide getan hat; unmäßig ist sein Lob, und sein Tadel kennt kein Ziel; sein Reichtum an Schimpfworten ist ohne Grenzen und seine Aufgeblasenheit ohne Ende. In einem »Exempel« macht er sich von hoher Warte aus lustig über die »singer, die sich vil mit singen außtun, und doch kunst nit verston«. Und es gilt wahrlich von ihm selber, wenn er sagt:

»Wie rein
dunkt sich daz swein,
es machet großen grein.
Es tut mir zorn dem hertzen mein,
daz sich ein muck ein vogel duncket sein,
und sie wil fliegen über Rein,
daz ist hie worden schein:
ein cleines schnoeckelein
zeuht ein
ein turn und wil da hausen.«

Dieweil er die Taten Friedrichs des Streitbaren beschreibt, zieht er gar mit großäugiger Naivität allen Ernstes eine Parallele zwischen sich und jenem Poeten Homerus, der vom Zorn des Achilles singt. Also schreibt unser wackerer Beheim:

»... Der gross Alexander,
da dieser mechtig hoh und her
uff Achilles grab kommen was
und da die ubergeschrifft lass,
die dan gemachet hätte
Homerus der poete,
erhub Alexander sin stimm:
mit gar hellem und luten grimm
er da zu schrien anefinng:
o du gluckhafftiger jungling.
Achilles, ich dich meyne,
du stolzer degen reyne!
Wan du doch hast mit brises rum
diesen poeten Homerum
verdienet hie an dyser stett
dein hohen ritterlichen tet
und geschicht zu beschriben
sunder on wydertriben.
Diss red Alexandri magni
hat mir Michel Beheymen hie,
und mynen gesellen Mathis
die grösten ursach geben, dis
hystori Friderichen
zu beschriben warlichen.

Die beiden großen Reimchroniken Beheims sind das Buch von den Wienern und die eben zitierte Reimchronik Friedrichs von der Pfalz. »Unsäglich roh und langweilig« nennt Gervinus diese Bücher, und sein Urteil besteht zu Recht trotz der eifrigen Rettungsversuche Karajans. Uns Heutigen ist Michel Beheim nichts anderes, kann uns nichts anderes sein als eine Kuriosität.

Die politischen Sprüche und Lieder der Deutschen im Mittelalter (1912)

Die kürzeren politischen Dichtungen des deutschen Mittelalters bezeichnet man gemeinhin nach dem vortrefflichen Sammelwerk Rochus von Liliencrons als historische Volkslieder. Daß indes diese Bezeichnung einigermaßen schief ist, bemerkt schon Liliencron. Er schreibt: »Ich habe mich – vielleicht verkehrter Weise – nicht entschließen mögen, den einmal üblich gewordenen Namen der historischen Lieder, obwohl er gleichmäßig in seinen beiden Teilen unzutreffend ist, gegen eine andere Bezeichnung zu vertauschen; richtiger hätte es heißen müssen: politische Volksdichtungen. Was nach abgeschlossenem Verlauf zur Geschichte wird, das ist, während es geschieht und für diejenigen, unter denen und mit deren Mitwirkung es sich vollzieht, Politik. Zu den bestimmenden Eigentümlichkeiten unserer Dichtungen aber gehört es eben, daß sie nicht, auf einen schon abgeschlossenen Verlauf zurückblickend, geschichtliche Begebenheiten in objektiver Auffassung darstellen, sondern daß sie in den noch fortdauernden Verlauf hineingehören, daß sie aus den Begebenheiten selbst als unmittelbare Folge hervorwachsen, und daß ihre nächste Absicht dahin gerichtet ist, auf den weiteren Gang der Dinge einzuwirken, indem sie die Gemüter stimmen und die Geister im Volk für eine bestimmte Auffassung der Sachlage gewinnen.« Sie sind mit anderen Worten durchaus journalistisch, ja sie sind die wichtigsten journalistischen Denkmäler jener Epoche.

Wichtiger sogar als die großen Reimchroniken. Obgleich nämlich auch diese aus dem Tag geboren und für den Tag bestimmt waren, so schränkte doch ihr Umfang, ihre Umständlichkeit und ihre Gelahrtheit den Effekt und die Popularität dieser Machwerke ein. Anders die kurzen politischen Dichtungen. Die konnten sich viel leichter einbürgern. Oft waren sie zum Singen bestimmt, sie gingen von Mund zu Mund, flatterten über weite Gebiete und übten so tiefe politische Wirkungen aus, daß man ihre Bedeutung füglich mit der Importanz der heutigen politischen Tagespresse vergleichen kann. Als gar die Erfindung des Drucks die Verbreitung der politischen Lieder durch Flugblätter ermöglichte, stieg ihre Bedeutung ins Ungemessene.

Zahlreiche Zeugnisse belegen den Einfluß dieser Lieder. Wenn auf eine Schlacht oder sonst auf einzelne Ereignisse Lieder gesungen wurden, dann konstatieren dies die Chronisten gern als eine Sache von Belang. Vor allem die Lüneburger Chronik legt Gewicht auf solche Feststellungen, aber auch sonst findet sich oft ein derartiger Vermerk. Zum Jahr 1336 berichtet Justingers Chronik, die Berner hätten einem neuen Krieg ohne Besorgnis entgegengesehen, nachdem sie die meisten Schlösser umher zerstört, »als dann das an etlichen liedern gesungen ward, die den herren nit wol gefielent«. Und über den alten Züricher Krieg (1443–46) berichtet Tschudi: »Es wurden ouch diser Zeit mengerlei Liedlin ze Rapperschwil und ze Zürich denen von Schwitz gesungen, daruß vil Widerwillens enstund, und man inen andere Lieder hinwider sang, und halff je ein Boeß das andere meren.« Vom Schwabenkrieg (1499) berichtet Anshelm: »Hant sich erhoben ohn Zweifel vom Hasser alles Friedens, dem Tuefel selbs erdachte schändliche unmenschliche Schmähwort Lieder und Mukken.« Und auch Lenz klagt in seiner Reimchronik des Schwabenkriegs, von den Liedern, die man den Eidgenossen zur Schmach weit und breit im Elsaß und in Schwaben sang, habe sich viel Jammer, Krieg, Brand und Totschlag erhoben. Auch der Ausbruch des Markgrafenkriegs 1449/50 wurde vor allem durch Hetzlieder herbeigeführt, ebenso der Krieg zwischen Herzog Wilhelm und den thüringischen Vitztums 1452. Der in der Aufzählung von Nebensächlichem gewiß sehr sparsame Aeneas Sylvius berichtet über den Aufstand der Wiener von 1452: »Viri, matronae, pueri innuptaeque puellae exclusi Caesaris carmina cantant.« Nach der Eroberung Konstantinopels durch die Türken bediente man sich offiziöser Reichspoeten, um das Volk aufzustacheln. Oft ließen es sich die Fürsten schwere Geldopfer kosten, einen gegnerischen Poeten auf ihre Seite zu ziehen. So läßt sich etwa der Meistersinger Rosenblüt, 1459 ein erbitterter Feind der

Fürsten, erkaufen, 1460 pathetische Loblieder auf die Bekämpften zu dichten. Für die Verbreitung dieser Lieder im Volk spricht auch ihre lange Nachwirkung. Ein inhaltlich und formal ganz reizloses Lied über den Seeräuber Klaus Störtebeker aus dem Jahr 1402 wurde etwa auf Rügen bis ins 18. Jahrhundert, in Friesland noch im 19. gesungen.
Welch hohe Bedeutung die Zeit diesen Liedern beimaß, geht am besten aus den Belohnungen und den Strafen hervor, die die Dichter empfingen. Ein Hans von Westernach, der in der Schlacht von Seckenheim (1462) gefangen wurde, durfte hoffen, durch ein Lied auf den Sieger sich die Freilassung zu ersingen. Ein Hans vom Hof hingegen, der im Bamberger Immunitätenstreit 1435 ein Lied gegen die geistlichen Herren sang, scheint für sein Gedicht gehängt worden zu sein. Sicher ist, daß der Has, Sänger des Bischofs Johannes von Würzburg (1455 bis 66), nach des Bischofs Tod um seiner Spottverse willen von dem aufgebrachten Janhagel gelyncht wurde. Lorenz Fries berichtet darüber in der »Geschichte der Bischofe zu Wirtzburg«: »Bischof Johannes hatte unter andern seinen Dienern auch einen leibknecht Haaß genannt, einen Burger zu Wirtzburg, der konte wohl singen, und was in der gantzen stadt geschah, klein und groß, das erfuhr bischoff Johannes durch diesen Haasen: doch wollte man sagen, daß er nicht allwege die wahrheit fürbrächte, sondern vielmahl mit dem seinen zumischete, nachdem er einem günstig oder feind war, dadurch mancher unschuldiger geschmitzt und dagegen mancher schuldiger ungestrafft bliebe. Derowegen ihn fast jedermann abhold und haß trug. Er war auch sehr prächtig stoltz und üppig und was er fürnahm, das unterstund er hindurch zu bringen, darum er auch von männiglich geforcht war. Alsbald aber der bischoff Johannes mit tod verschied, ward er von dem hofgesind gefangen herab in die stadt geantwortet, und bald darnach gebunden im Mayn geworffen und ersäufft. Das war sein verdienter lohn, und soll dieser Haaß ... einem jeden hofgesinde beyspiel und exempel geben, daß sie sich des gemeinen sprichworts »lieber kittel reiß nicht, herrndienste sterben nicht« erinnern und bey den lebendigen herren also halten, daß sie sich bey den künfftigen, wo es sich aus ordnung gottes also zutragen würde, keiner verschuldeten ungnade noch anderer beschwerden besorgen dürfften.« Es gibt

auch einen bissigen Spruch vom Hasen, der in 205 Versen das schlimme Ende und die Höllenfahrt des Sängers meldet. – 1445 verbot Philipp der Gute von Burgund, als er den Parteihader der Hoeken und Kabbliaus zu unterdrücken trachtete, das Singen oder Hersagen beleidigender Lieder und Gedichte. Zum Jahr 1457 erzählt Eschenloer, zu Breslau habe der Rat vergebens versucht, den von der katholischen Geistlichkeit angeregten Schmähgedichten gegen Podiebrad Einhalt zu tun; »ie mehr und mehr erhuben sich neue Gesenge und Gedichte in den Kretschamheusern und die Prediger dabei helfende, daß kein Ratmann noch kein weiser Man darwider mehr reden durfte.« Zum Jahr 1488 erzählt das Braunschweiger »Schichtbok«, daß Ludeke Holland und seine Gesellschaft, die das Regiment in Braunschweig an sich gerissen, eine eifrige Untersuchung angestellt wegen eines »schanfernollekens«, d.h. Spottgedichts. Und als im Jahr 1493 in Würzburg ein fliegendes Blatt mit einem Spruch gegen den Herzog von Sachsen verbreitet wurde, ließ der Bischof die Verkäuferin, ein Mädchen aus Bamberg, greifen und die noch vorhandenen Exemplare verbrennen; auch wandte er sich an den Bischof Veit von Bamberg um Bestrafung des Druckers. Der Herzog von Sachsen gab sich aber damit nicht zufrieden. Am 27. Mai 1494 erhob er harte Klage zum König Maximilian, Bischof und Kapitel von Würzburg hätten einen Schmähspruch gegen ihn öffentlich verkaufen und im ganzen Reich verbreiten lassen; unter den Kapitelherren seien die Dichter zu finden; die Majestät möge dieselben an einen Ort bringen lassen, darin sie recht dichten lernten. Bischof und Kapitel wurden denn auch zur Rechenschaft gezogen. Unterm 25. Juni entschuldigten sie sich: die strengste Untersuchung, zu der auch die abwesenden Domherren beigezogen worden seien, habe nur die völlige Unschuld ihrer aller ergeben; um die Bestrafung des Druckers habe man den Bischof von Bamberg sogleich ersucht. Der Drucker, Meister Sporer vermutlich, scheint denn auch infolge dieser Angelegenheit Bamberg verlassen zu haben. – Auch anläßlich der Niclashäuser Wallfahrt 1476 galten die von dem Hirten Böhm, einem religiösen Schwärmer, und seinen Anhängern gedichteten und gesungenen Lieder als ein Hauptmittel der sektiererischen Erregung, und weltliche und geistliche Behörden suchten diese Lieder durch Verbote zu unterdrücken. – In einem Ausschreiben des Königs Wladislaus an die Zittauer, d. d. Ofen 29. Nov. 1496, heißt es: »Auch kommt glaubwürdig an Uns, wie ihr denen von Görlitz wie auch Uns zu Schimpf aber neue Lieder tichten und singen, auch durch die ewren und in ewrer Stadt viel Schmach zufügen laßt: wo ir nicht davon abstehet, werdet ir Uns bewegen, andere Befehle abzufertigen.« Bei dieser Gefährlichkeit der politischen »Tichterey« nimmt es nicht wunder, wenn 1492 der Herold Hans Schneider von Augsburg, »der küniglichen majestät (Maximilians) sprecher«, also klagt:

»Man spricht mir oft umb dichten zu,
ich soll mich brauchen spat und fru,
daß ich die newen leuf betracht.
Ich pesorg ich wurd darumb veracht
Dann niemand will für gut mer han
Die straf, die man hat etwan tan:
vor zeiten dorften d' Herold strafen,
wo trew und warheit wolt entschlafen
und wenn die heupter meil entfiengen,
daß sie die rechten straß nit giengen,
so schneit man in die tischtuch ab,
das mindert in der eren hab.
Sol man jez solich zipfel schneiden,
so muß sich menges tischtuch leiden,
doch wil jeder der beßer sein!« –

Bei der Bedeutung, die dem politischen Lied jener Zeit eignet, läßt sich denken, daß sein Stoffgebiet ein außerordentlich großes war. Es ist sicher, daß ein großer Teil dieser Dichtungen unterging, sowie die besungenen Ereignisse aus dem Denken des Volkes schwanden; viele auch sind nur verstümmelt erhalten, und oft setzte man, wenn das besungene Ereignis verblaßte, allgemeinere Ausdrücke an Stelle der besonderen und verwirrte die Beziehungen. Dennoch läßt sich aus dem erhaltenen Material das Stoffgebiet der politischen Volksdichtung mit ziemlicher Sicherheit bestimmen.
Man sang politische Lieder überall in deutschen Landen, von der ungarischen Grenze bis zur burgundischen, vom Tren-

tino bis zu den friesischen Inseln. Wo Fürsten herrschten, war die Produktion naturgemäß nicht so groß wie in den freien Städten und auf dem Boden der Eidgenossenschaft, denn die minder strenge Zensur und das stärkere politische Interesse in den demokratischen Gemeinwesen förderte die politische Dichtung außerordentlich; vor allem in der Schweiz entstanden sehr zahlreiche derartige Lieder, die auf das rege Interesse breiter Volksschichten an staatlichen Dingen zurückzuführen sind.

Allgemeine Richtlinien dafür, was die Wahl des Stoffes beeinflußte, lassen sich schwer aufweisen. Ob ein Ereignis politisch bedeutungsvoll war oder nicht, kümmerte die Sänger wenig. Auch die charakteristischen Werte einer prominenten Persönlichkeit wußte man nur selten zu erfassen und zu gestalten. Johann von Luxemburg-Böhmen ist in keinem dieser Lieder erwähnt, an dem komplizierten Genießertum Kaiser Sigmunds ging die nüchterne Zeit achtlos vorbei, und nirgends in den Liedern über die burgundischen Händel findet sich Verständnis für die Größe Karls des Kühnen. Nur die Bilder etlicher Raubritter und die Gestalten einiger städtischer Gewalthaber treten klarer hervor.

Vor allem sind es Kriegsabenteuer, die man besingt; hier vornehmlich stehen die Schweizer, die ja in diesen Jahrhunderten die gewaltigsten kriegerischen Erfolge errangen, obenan. Dann sind es Angelegenheiten der Städte, die die Sänger beschäftigen: Zwistigkeiten der Städte mit geistlichen und weltlichen Herren und innere Streitigkeiten zwischen den patrizischen »Geschlechtern« und dem Pöbel. Manchmal sind da Lieder beider Parteien – die »Alten« und die »Newen« heißen sie sich gewöhnlich – vorhanden, und manchmal nehmen dann diese Lieder Bezug aufeinander. – Man dichtet ferner über allgemeine Angelegenheiten des Reichs, die Not, die von den Türken und Hussiten droht, die Judenmorde, Klosterbrände, das Konzil von Konstanz; fünf Gedichte darüber sind erhalten, darunter ein ganz besonders unflätiges über die Dirnen auf dem Konzil und eine schrecklich lange, unbeholfene dem Kaiser Sigmund gewidmete Reimerei.

Einen großen Raum nehmen die Loblieder auf einzelne ein und die Klagelieder auf Verstorbene, der Lobsprüche auf einzelne Städte nicht zu gedenken. Diese Hymnen und Nekrologe stammen zum größten Teil von bezahlten Schreibern, sehr viele sind überschwenglich bis zur Komik, sehr viele bewegen sich in kalter, erkünstelter, umständlicher Allegorie. Manche rühmen auch recht ungeschickt große Herren gerade um solcher Tugenden willen, deren Mangel sie berüchtigt gemacht hat; so preist etwa Tomas Prischuch von Augsburg in seinem Konzilsgedicht sehr heftig die hohen Tugenden der Königin Barbara, der Gemahlin Sigismunds, die wegen ihres lasterhaften Lebenswandels allüberall berüchtigt war. Einzelne Klagelieder aber erheben sich zu größerer Innerlichkeit. Vor allem bemerkenswert scheint mir ein Lied vom Jahr 1437 auf Jean Villiers, Herrn von Lisle-Adam. Dieser tapfere Offizier Philipps von Burgund fiel im Kampf für seinen Herrn, und ein Feind, ein Bürger von Brügge, widmete ihm dies Lied ehrenden Andenkens.

Eine für die Zeit sehr charakteristische Stellung unter den Liedern auf einzelne nehmen diejenigen Dichtungen ein, die sich mit dem Raubrittertum beschäftigen. Das brave, ordnungsliebende Bürgertum, das recht eigentlich diese Epoche beherrschte, haßte natürlich den Raubadel, der die mühsam sich gestaltende Ordnung immer wieder gefährdete, die Kaufleute brandschatzte, die Straßen unsicher machte, Handel und Wandel hinderte und lähmte, ja, die Bürger selbst hinter den Mauern ihrer Städte bedrohte. Auf der andern Seite aber hatte man besonders im niedern Volk sehr viele Sympathien für die Raubritter, diese letzten Überbleibsel aus der Ritterzeit, die nur auf sich selber gestellt, trotzig und frei, der Reichsacht und der städtischen Söldner spottend, ihr sorgloses, heftiges, herrenhaftes Leben lebten. So spielten denn Raub- und Mordgeschichten dieser Ritter in der Phantasie des Volkes eine große Rolle; sehr viele Lieder beschäftigen sich mit ihnen, und der Zwiespalt des Volkes, dessen nüchterner Ordnungssinn die Friedensstörer haßte, während seine ausgehungerte Phantasie sie bewunderte, spiegelt sich deutlich in diesen Dichtungen. Vor allem Eppele von Gailingen, Klaus Stortebeker, die Quitzows und Hans Lindenschmid sind die Helden solcher Lieder.

Die Autoren der politischen Dichtungen sind wohl die einflußreichsten journalistischen Persönlichkeiten der Zeit. Wir finden unter ihnen auch sehr gute Namen, die Meistersinger

Rosenblüt und Muscatblüt und Beheim, den Chronisten des Kaisers Sigismund Eberhart Windsbeck und den Dichter des »Narrenschiffs« Sebastian Brant. In den Literaturgeschichten findet man gewöhnlich Peter Habsuters Lied über die Sempacher Schlacht als die bedeutendste dieser Dichtungen angeführt; sehr zu Unrecht: denn abgesehen davon, daß dieses sehr lange Gedicht sicherlich kompiliert ist, entbehrt es völlig der Frische und Keckheit, die die übrigen Schweizer Kriegslieder jener Zeit auszeichnet, und kann höchstens stoffliches Interesse erregen. Mir erscheinen unter den politischen Volkslied-Dichtern, deren Namen bekannt sind, Peter Müller und besonders der warmblütige Veit Weber als die bedeutendsten.

Ein gut Teil der Lieder, und nicht die schlechtesten, sind anonym. Da schließt etwa einer:

> Mein haimlichkeit thu ich euch kund,
> ich habs geredt aus herzen grund;
> der troffen hund gar laute greint,
> wer bös leut straft, der schafft im veind.
> Gibs nieman wider ist mein nam,
> wer mich wil sehn, vindt zu Nusquam.

Der Dichter des Spottlieds »Up de papen und den nien rat to Lüneborch« 1456 schließt:

> »De uns dut led gesungen het,
> konde he, he sunge it gerne bet
> und wolde des nicht sparen,
> men he fruchtet, dat öne de prawst to Lune
> dat keren mochte to varen.«

Oft nennt der Dichter nur seinen Heimats- oder Aufenthaltsort, oft begnügt er sich mit der Versicherung, er sei dabeigewesen; häufig nennt er nur seinen Stand: da finden sich Landsknechte und Beckenknechte, Berggesellen, Wirte, Krämer, Reiter und Gelehrte unter den Dichtern. Sehr oft geben die Verfasser wie auch sonst im Volkslied Nachrichten ganz allgemeiner Art über ihre Person, gerne mit schalkhaftem oder ironischem Unterton, gern auch mit einer Bettelei verknüpft. Etwa:

»Der uns dis liedlin neuwe sang,
der tuot vil manchen irren gang,
guot leben ist im tuere!
in siner teschen ist er swach,
er claget ser sin ungemach,
daß ir im koment zur stuere!«

oder:

»Jez far ich von euch dahin;
an (ohne) par geld ich oft pin.«

oder auch:

»Der uns das lied hat new gedicht,
sin seckel stet im ler!«

Etliche Dichter gebärden sich recht kriegerisch:

»Er hat mengen Swaben erstochen
und mit den Straßburgern gerungen«,

versichert einer von sich und ein anderer noch trutziger:

»Der uns das liedli hat gesetzt,
er ist uß berner biet;
sin halbarten hat er gewezt
vor Gotlieben in dem riet,
da die Schwaben woltend wichen
und erstochen wurdend bhend;
er wil noch mengen erstechen,
e der krieg hab ein end!« – –

Für uns Heutige haben diese Lieder fast allesamt nur mehr Kuriositätswert. Das satirische Element, in dem diese Dichter am stärksten sind, können wir nicht mehr recht würdigen; denn es fehlen uns ja die lebendigen Beziehungen zu den ironisierten Ereignissen, und wir können sie nurmehr auf dem Umweg der gelehrten Forschung recht verstehen; das öde moralische Gesalbader und die hölzerne Allegorisierwut der meisten dieser Poeten muß uns ebenso verstimmen wie ihre Verständnislosigkeit für jede innere Form. Am frischesten noch klingen jene Lieder, die aus dem Volk heraus entstanden sind. Eines davon, das mir die stärkste und lebendigste politische Dichtung der ganzen Epoche scheint, will ich hierher setzen.

Im Jahr 1403 wurde es gesungen, und dies ist seine Vorgeschichte: die Holsteiner wollten das kleine, auf seine Freiheit trutzende Gebiet der Ditmarsen erobern. Zu diesem Ende bauten sie in Delbrügge, in unmittelbarer Nähe von Meldorf, der einen Hauptstadt Ditmarsens, eine Zwingburg und verlangten Zins und Tribut. Die Ditmarsen aber sammelten sich unter Rolf Boikenson, zogen aus, um die Zwingburg zu brechen, und sangen folgendes schöne Freiheitslied:

»Dar is ein nie rat geraden
to Gottorp up dem schlate,
dat hefft her Claes von Alefelde gedaen
sinen edlen heren to bate.

He let wol buwen ein gut schlot,
unsem erlichen lande to gramme,
do sprack sick Roleffs Bojeken sone,
de beste in unsem lande.

»Tredet herto, gi stolten Ditmarsen!
unsen kummer willen wi wreken,
wat hendeken gebuwet haen,
dat können wol hendken tobreken.«

De Ditmarsen repen averlut:
»dat lide wis nu und nummermere,
wi willen darumme wagen hals und gut
und willen dat gar ummekeren.

Wi willen darumme wagen goet und bloet
und wille dar alle umme sterwen,
er dat der Holsten er avermut
so scholde unse schone lant vorderven!«

Die Ahnfrau des modernen Feuilletons
(1913)

Als bei der Uraufführung von Victor Hugos »Hernani« Delphine Gay ihre Loge betrat und sich über die Brüstung neigte, um das Haus zu betrachten, schwieg mit einem Male das erregte Getümmel, das das Theater füllte, und das Publikum huldigte der schimmernden Schönheit der blutjungen Dame mit einer dreifachen Salve des Applauses. »Diese Kundgebung«, bemerkt Théophile Gautier hierzu, »zeugte vielleicht nicht eben von Takt, aber man bedenke: das Parterre setzte sich zusammen aus Dichtern, Bildhauern und Malern, die schönheitstrunken und berauscht von Begeisterung sich um die Gesetze der Gesellschaft nicht kümmerten.«

Von da an galt Delphine Gay oder, wie sie nach ihrer Verheiratung hieß, Madame Émile de Girardin als die Muse von Paris. Schon 1822 war die Achtzehnjährige von der Akademie gekrönt worden, 1827, mit dreiundzwanzig Jahren, ward sie zu Rom auf dem Kapitol gekrönt. Ihr Salon war der glänzendste in Paris, ihre Feuilletons sprachen das letzte und entscheidende Wort über alle gesellschaftlichen und künstlerischen Ereignisse Frankreichs, und Lamartine und Victor Hugo, Balzac und Gautier und Musset priesen die schöne, stolze, königliche Frau in Prosa und in Versen.

Aber schon mit vierundvierzig Jahren verbannte sich Madame de Girardin, verärgert durch die französische Politik, freiwillig aus ihrer Machtstellung. Die kluge Frau hatte schon früh erkannt, daß ihre Poesien mit ihr sterben würden, aber von ihren Feuilletons hatte sie geglaubt, daß sie sie überleben würden. Es erschien dann auch noch dreizehn Jahre nach ihrem Tode 1868 eine Neuauflage ihrer gesammelten Feuilletons mit einer ausgezeichneten Einleitung von Théophile Gautier. Und jetzt, sechzig Jahre nach ihrem Tode, hat der Verlag Payot u. Cie. in Paris eine wohlfeile Auswahl ihrer »Pariser Briefe« erscheinen lassen unter dem Titel »Der Vicomte de Launay«. Unter diesem Pseudonym hat Madame de Girardin geschrieben. Das Buch ist vortrefflich ausgestattet und enthält eine Reihe artiger Vignetten von Will Heer; leider ist das Vorwort von Roger-Cornaz recht flüchtig, und die Auswahl, eingestandenermaßen mehr für Damen und Weltleute als für Literaten und Forscher bestimmt, ist nicht eben glücklich. Dennoch scheint es mir für alle literarisch Interessierten und besonders für die deutsche Literaturforschung von Belang, daß der »Vicomte de Launay«, der in der Gautierschen Ausgabe nicht leicht erhältlich ist, jetzt wieder der größeren Menge vor Augen tritt.

Madame de Girardin wurde 1804 zu Aachen geboren als Tochter des Generalsteuereinnehmers Gay und über dem Grab Karls des Großen auf den Namen einer Heldin der Madame de Staël, auf den Namen Delphine, getauft. Ihre Großmutter war Francesca Peretti, ihre Mutter Marie-Françoise Nichault de la Valette, beide Frauen ausgezeichnet durch Geist und Schönheit. Unter der Leitung ihrer Mutter hielt die junge, ganz in den Ambitionen der Literatur und der großen Welt erzogene Delphine strahlenden Einzug in den Salons der Hauptstadt. Ihre Schönheit war ohnegleichen, war so sieghaft, daß selbst in der frivolen Gesellschaft der Restaurations-Epoche sich niemand fand, der ihre jubelnden Verse über »das Glück, schön zu sein« zu bespötteln gewagt hätte. Ihre Erziehung war vollendet, ihre Manieren und ihre Toiletten tonangebend, berühmt ihre Art zu plaudern. Nicht nur auf dem Kapitol und in der Akademie war sie gekrönt worden: ganz Paris, das Paris der Romantik, neigte sich ihr.

Ihr äußerer Lebenslauf ist ohne viel Interesse. Sie begann früh zu schreiben, machte mit dreiundzwanzig Jahren die übliche italienische Reise und heiratete mit siebenundzwanzig Jahren den ziemlich belanglosen Herrn Émile de Girardin. Sie schrieb Gedichte, Epen, Romane und Dramen, vor allem aber unter dem durchsichtigen Pseudonym Vicomte de Launay Pariser Briefe für die von ihrem Gatten begründete »Presse«. Trotzdem sie viel geliebt wurde, scheint sie keinerlei Abenteuer gehabt zu haben. Sie hatte auch keine Zeit dafür: sie hatte zu repräsentieren und zu schreiben. Im Jahre 1848 machte sie ihrer journalistischen Tätigkeit ein freiwilliges Ende, um sich mit um so mehr Leidenschaftlichkeit auf den Roman und aufs Drama zu werfen. 1855 starb sie, ein-

undfünfzigjährig, mitten unter Plänen und Entwürfen. Auf dem Friedhof Montmartre liegt sie begraben.
Madame de Girardin ist der vollendetste Typ der großen Dame aus der ersten Hälfte des 19. Jahrhunderts. »Femme comme il faut« wurde sie selbst von ihren Neidern genannt. Die Eleganz ihres Palais, den Geschmack ihrer Toiletten kann Gautier nicht genug rühmen. Ihre Triumphe und eine auf die Pose hinzielende Erziehung vermochten sie nicht zu Abgeschmacktheiten zu verführen; ihr Geist und ihr Geschmack bewahrten sie davor, sich auf die Göttin hinauszuspielen, bewahrten sie vor allem Lächerlichen. Die »femme littéraire« war ihr ein Greuel, alles Blaustrumpfgehabe lag ihr weltenfern, und so sehr sie Madame de Staël verehrte, so sehr hütete sie sich davor, ihre burschikosen Manieren nachzuahmen. Dabei war sie gutmütig und ehrlich, »wie ein Erzengel hinter jeder Niedrigkeit her« (Gautier) und ihren Freunden ein ehrlicher Kamerad, ein »bon garçon«, ein guter Kerl (Lamartine). Zu plaudern verstand sie wie keine zweite, und ihre geistvolle Liebenswürdigkeit scheuchte ihren Freunden die Sorgen von der Stirn und ermutigte sie zu neuen Leistungen. Vor allem aber und von allen ward ihr sicherer Takt bewundert und der kindliche Humor, der oft zu ihrer statuenhaften Schönheit einen pikanten Kontrast bildete. Sie war jeder Zoll eine Dame, ein Spiegel der Weltläufigkeit; sie war der Gesellschaft ihrer Zeit das, was ein Menschenalter später Oscar Wilde seiner Epoche sein wollte.

Die Jugenddichtungen der Madame de Girardin, Elegien, kleine versifizierte Novellen und ähnliches, schwanken zwischen Klassizismus und Romantik unentschlossen hin und her. Die Verse sind elegant und sicher und wagen zuweilen eine schüchterne Kühnheit. Als Vorläufer Bulwers ist vielleicht »Le dernier jour de Pompéi« nicht ohne Interesse. Am meisten von Belang unter diesen alles in allem recht belanglosen Dichtungen ist der manchmal an Byron erinnernde Roman in Versen »Napoline«, in dessen ersten Zeilen die Verfasserin ein Selbstportrait entwirft. Ich setze die Alexandriner in möglichst treuer Übersetzung hierher:

Befreundet war sie mir; wie gerne sah ich sie
Vom Morgen bis zur Nacht voll Scherz und Ironie.
So stolz und zart und doch so schelmisch war ihr Sinn.
Und Weise lauschten ihr, und Toren riß sie hin.
Und jedem wußte sie auf seine Art zu schmeicheln
Und jede Eitelkeit mit klugem Wort zu streicheln.
So kindlich frohgemut, zur Güte stets bereit;
Erhabnen Muts im Zorn und rührend sanft im Leid.
Ein wenig stolz vielleicht, zu kühnen Sinnes voll:
Doch ein Genie gewiß und Dame jeder Zoll.

Unter ihren sieben Dramen sind nur die von Balzac so sehr gerühmte, von der Zensur verbotene »École des journalistes« von Bedeutung und für die deutsche Literaturgeschichte die »Judith«. Diese »Judith« entstand ungefähr gleichzeitig mit Hebbels Drama, zwischen 1838 und 1843 – leider kann ich das genaue Datum nicht beibringen – und wurde mit der Rachel in der Titelrolle in der Comédie Française aufgeführt. Gautier urteilt über das Werk: »Außer durch ihre reinen Verse zeichnet sich die Tragödie durch eine geniale Grundidee aus. Die Verfasserin gibt nämlich der biblischen Heldin als Motiv eine vage Liebe für den assyrischen Feldherrn, den zu morden ihre Mission ist.« Man sieht, es ist die nämliche Grundidee, der Hebbels »Judith« ihre überragende Bedeutung verdankt. Die Hebbel-Forschung mag nun feststellen, ob das Werk der Madame de Girardin Hebbels unmittelbare Quelle ist. Oder umgekehrt.

Im Jahre 1844 schrieb Madame de Girardin: »Wir entdecken betrübt die beleidigende Wahrheit, daß von all den Werken, die wir mit so viel Sorgfalt und Hoffnung geschrieben haben, ein einziges Aussicht hat, uns zu überleben: just dasjenige, auf das wir uns am wenigsten zugute tun.« Ihr scharfer kritischer Blick hat nicht getrogen: was heute noch von ihren Werken lebt, sind einzig und allein ihre Feuilletons, jene Pariser Briefe, die unter dem Titel »Der Vicomte de Launay« jetzt in dritter Auflage erschienen sind.

Diese Pariser Briefe wurden zuerst 1836–1848 in der »Presse« gedruckt und fanden unzählige Freunde und viele

Nachahmer. Sie plaudern von allem, was Paris während dieser Jahre bewegte: von der Politik und vom Theater, von der Gesellschaft und von der Mode, von den Qualitäten des Ministerpräsidenten und von den letzten Erwerbungen des Zoologischen Gartens, von der sozialen Frage und von der modernsten Art, die Krawatte zu binden. »Die Pariser Briefe«, heißt es im Vorwort Gautiers, »geben die Geschichte vom Paris der Jahre 1836 bis 1848, soweit sie sich der Geschichte entzieht. Die Geschichte malt die Schlachten, die Siege und Niederlagen, Herrscher und Parteien und Regierungssysteme: aber sie hält sich nicht damit auf, die Sitten und Bräuche zu zeichnen, die Flüchtigkeiten und Nichtigkeiten, das Auf und Ab der Stimmungen einer Epoche. Diese Schattierungen des Gemäldes wollen die Pariser Briefe geben.«
Und sie geben sie wirklich. Ich lasse wieder Gautier sprechen: »Wie ganz weiblich diese Feinheit der Beobachtung, wie ganz männlich dieser gesunde Menschenverstand! Wie viele entzückende Seiten, die unter den besten Mustern guter Prosa dauern werden, wie viele Details, frivol dem ersten Anschein nach und doch schon fast historisch! Was für eine unerschöpfliche Fundgrube für die Romanschriftsteller der Zukunft, die diese Epoche schildern wollen!
Wahrhaftig, hier ist sie, diese Epoche, ganz und leibhaftig, Woche um Woche, mit ihren Sitten, ihren Moden, ihren Lächerlichkeiten, ihren »Puscheln«, ihren Redensarten, ihren Torheiten, ihren Festen, ihren Bällen, ihren intimen Abenden und ihrem ganzen Klatsch und Tratsch!«
Was nun Madame de Girardin ihren dauernden Platz in der Literaturgeschichte sichert, das ist der Stil oder, wenn man will, die Stillosigkeit dieser Briefe. Es ist das Muster des »style parlé«, es ist der Ton eleganter und salopper Salonplauderei, es ist der Stil des modernen Feuilletons, als dessen Schöpferin Madame de Girardin füglich angesprochen werden muß.
Sie schreibt nicht, sie plaudert. Sie hat für die ernstesten Dinge wie für die leichtesten eine Ungezwungenheit des Tons, die ihr gestattet, ohne weiteres die kühnsten Übergänge zu machen. Sie ist oft geistreich und häufig bedenklich geistreichelnd. Sie tändelt gern im frivolsten Plätscherplauderton über die ernsthaftesten Dinge, und ebensogern verbreitet sie sich mit größter Gravität über die nichtigsten. Sie zeigt fast

nie ein wirkliches Sentiment, doch wird sie gern sentimental: am liebsten aber wird sie ironisch oder paradox. Sie ist oft von ermüdender Geschwätzigkeit und dann wieder von erstaunlicher Präzision. Sie prüft offenbar alle Dinge zwischen Himmel und Erde nur von einem Gesichtspunkt aus: ob sie Gelegenheit bieten, interessant darüber zu plaudern. Der Braten ist ihr nichts, die Sauce alles.

Man sieht, es ist der Stil des modernen Feuilletons. Und diese Art zu plaudern, diese Art, bald große Dinge aus dem kleinlichsten Sehwinkel anzusehen, bald vom lächerlichsten Krimskrams aus eine überraschende und geistvolle Perspektive ins Allgemeine zu eröffnen, diese Art, die großen Ereignisse und den Klatsch des Salons, die sozialen, philosophischen und ästhetischen Strömungen der Zeit und ihre albernsten Modetorheiten zu einer Chronik zu verweben, die manchmal von überraschender Tiefe, häufig von empörender Oberflächlichkeit, aber immer interessant ist, diese Art der Schriftstellerei ist von Madame de Girardin erfunden. Im Deutschland dieser Epoche gibt es höchstens eine Erscheinung, die etliche Vergleichsmöglichkeiten aufweist: Rahel Levin. Aber der Rahel lag es fern, was sie plauderte, zu Büchern zu gestalten. So bleibt also festzustellen: Madame de Girardin war die erste Schriftstellerin, die Feuilletons im modernen Sinne schrieb, Madame de Girardin ist die Ahnfrau des modernen Feuilletons.

Ihr Einfluß auf das zeitgenössische Schrifttum war ein außerordentlicher, in seinen letzten Fernwirkungen kaum übersehbarer. Ihrer Schüler und Nachahmer ist Legion. Vor allem interessant aber ist ihr Einfluß auf Heinrich Heine. Man hat so viel von den starken und mannigfachen Eindrücken gesprochen, die Heine bei der Rahel empfangen hat: den Einfluß der Madame de Girardin aber hat meines Wissens noch niemand erwähnt. Und doch ist die Einwirkung der Girardin auf Heine um so viel stärker als die der Rahel, wie Paris ihn tiefer beeinflußte denn Berlin. Die Pariser Briefe Heines und die der Girardin zeigen eine ständige Wechselwirkung, die manchmal bis zu wortgetreuen Entlehnungen geht. Jedenfalls wird der Literarhistoriker im »Vicomte de Launay« die merkwürdigsten Entdeckungen machen, und auch der Laie wird finden, daß das Buch, wo er es aufschlägt, interessant ist.

II.

THEATERGESCHICHTLICHE UND DRAMATURGISCHE STUDIEN

Das Erlebnis und das Drama
(1909)

1. Von den Zusammenhängen der Realität und der dramatischen Kunst

Wir wissen, daß es keine andere Lyrik gibt als erlebte. Trotz der sehr erlesenen, leblosen Kunst Rainer Maria Rilkes und Stefan Georges. Goethe, sein Wesen, sein Werk und seine Theorie haben uns das Dogma für alle Zeiten ins Hirn gehämmert. Und wir wissen, daß es keinerlei andre Epik gibt als erfühlte. Trotz der eisigen Schönheit Paul Ernstscher Novellen, trotz und wegen Oscar Wildes. Wie aber steht es um das Drama, diese künstlichste aller Künste, die von ihrem Priester kühlste Gelassenheit, sicherste Wägekraft, beherrschteste Technik verlangt? Muß nicht der Dramatiker seinem Stoff in ganz andrer Weise als der Lyriker und Novellist kühl, fremd, feindlich fast gegenüberstehen, um ihn ordnen, spitzen, runden, zwingen zu können? Erklärt sich nicht die Bühnenschwäche des ›Faust‹, des ›Manfred‹ eben daraus, daß die Dichter dem Stoff allzunahe standen, daß zuviel des Erlebten, Erfühlten in die Breite drängte, undramatisch ausladenden Überschwang sich forderte? Und sind nicht die Mannesdramen Ibsens den Werken des Greises nur deshalb überlegen, weil die Altersschöpfungen überlastet sind mit der weisen und undramatischen Schwere des Erlebnisses?
Der Zusammenhang zwischen dem Erlebnis und dem Drama liegt viel tiefer als der Zusammenhang zwischen den beiden andren Dichtungsarten und dem Leben. Der an der Vollendung des ›Demetrius‹ verzweifelnde Goethe führt sein »theatralisches Versagen« mit Recht auf »die undramatische Ruhe seines Lebens« zurück. Shakespeares Dramen konnten nur in einer an Taten schwangern Zeit von der Hand eines Schicksalbewegten geformt werden. Ohne den Hintergrund eines sturmreichen Lebens und jäher Napoleonischer Zeitläufe ist

Heinrich von Kleists Drama undenkbar. Nur aus der Härte eines willensknorrig vorwärts wuchtenden Daseins ist die stählerne Konsequenz Hebbelscher Dramaturgie zu erklären; nur aus der ruhevollen Schönheit stiller Dichterlebensläufte, die an Taten so arm sind wie reich an Farben und Empfindungen, die bilderfrohe und konturenarme Versonnenheit unsres neuromantischen Theaters. Conrad Ferdinand Meyer, dessen Tage friedlich am Schreibtisch dahinflossen, vermochte kein Drama zu gestalten, so dramatisch er sah, und der vom Leben gerüttelte Wedekind vermag Dinge, deren Wesen die Form eines ruhigen Aufsatzes verlangt, nicht anders auszusprechen als in Gestalt eines Dramas.
Kann so die Bühnenkraft eines Dichters nur aus einem bewegten Leben und einer bewegten Zeit heraus geschöpft werden, so sträubt sich auf der andern Seite die Realität der Menschen und der Dinge ebenso heftig gegen die Einfügung ins Drama, wie sie der Hand des Epikers und Lyrikers willig sich fügt. »Ob ich die schöne Helena oder faulenden Käse schildere, ist Nebensache: wenn meine Schilderung nur Kunst ist.« Diese These Oscar Wildes gilt unbedingt für Lyrik und Novelle; der Dramatiker aber, der frisch ins volle Menschenleben hineingreift, wird es zwar überall interessant, aber selten für seine Zwecke geeignet finden.
Denn alles Erleben an sich ist zunächst episch, bestenfalls lyrisch und niemals dramatisch. Das Drama fordert Gipfelpunkte, Einseitigkeiten, Richtungen, steile Konsequenzen: alles Erleben aber ist breit und untermischt mit Nebendingen und in flutenden und ebbenden Wellen sich hebend und senkend. Ist nur die ϑυναμις des Dramas, wie der Felsblock die ϑυναμις der Natur. Der dem Leben zuschaut, und wohl auch der Nurdichter, Nichtdramatiker, sieht einen alten Juden, der so und so gekleidet ist, die und jene Neigungen hat, der seinem Beruf nachgeht, mit seiner Tochter liebevoll und brummig schwatzt, die und die Sprechweise hat, auf dem Rialto Börsenwitze kolportiert, der ißt und trinkt, sich über die Konkurrenz der christlichen Kaufleute giftet, sich mit seinem Diener herumzankt und wohl auch von mancherlei Beschwerden des Alters heimgesucht sein mag: aber dem Dramatiker darf Shylock nichts sein als rachgierig. Der Dramatiker muß des Juden Benehmen gegen seine Tochter, seinen

Diener, seine Gespräche auf dem Rialto in Relation setzen zu seiner Rachgier. Oder alle diese Dinge tilgen. Daß Shylock ißt und trinkt und wie er ißt und trinkt, kümmert ihn nicht. Ihn kümmert nur, daß er nicht mit Antonio ißt, und daß er zu Bassanios Gastmahl geht. Aus Rachgier.
Niemals produziert die Wirklichkeit einen Menschen so rein und klar und typisch, wie der Dramatiker ihn braucht. Zuzeiten wird der Jarl Skule einheitlich sein und Håkon Håkonson zerrissen und schwach: aber die Ökonomie der ›Kronprätendenten‹ fordert einen Håkon, der immer umstrahlt ist von Königsherrlichkeit, und einen Skule, immer zerrissen und zerklüftet. Alle Bühnenwirksamkeit beruht auf der συστασις των πραγματων, auf der klaren Ineinanderstaffelung der Begebenheiten. Aristoteles hat das ewige Gesetz erkannt. So müssen nicht nur die Eigenschaften, sondern auch die Handlungen seiner Menschen vom Dramatiker gesiebt werden. Keine Tiefe der Idee, keine noch so abgründig schürfende Seelendeutung, kein Schmelz der Sprache, keine Pracht der Färbung kann die fehlende Ordnung der Handlungen ersetzen. Hauptmanns Kaiser Karl weist uns seine ganze reiche Menschlichkeit. Und doch verpufft das Drama. Von Romeo erfahren wir nur, daß er liebt. Er tut gewiß noch hundert andre Dinge: aber seine dramatische Sendung ist, nichts andres zu sein als ein Liebender und nichts andres zu tun, als ausschließlich, immerzu und unentwegt zu lieben.
Die künstlerische Siebung des Erlebnisses muß also vom Dramatiker viel handwerksmäßiger und viel brutaler vorgenommen werden als vom Lyriker und Epiker. Solange ihm das Erlebnis noch nicht kaltes Objekt geworden, ist seine Hand nicht geeignet, Erlebtes dramatisch zu gestalten.

2. Von der Identifikation des Dramatikers mit seinen Personen

Und doch sind Grillparzer und Gervinus völlig unabhängig voneinander zu dem Schluß gekommen: Shakespeare müsse ein Mörder gewesen sein, um seine Mörder so lebenswahr gestalten zu können. Allgemeiner ausgedrückt: der Dramatiker müsse die δυναμις seiner Gestalten sein.

Der Dramatiker muß die δυναμις alles Menschlichen in sich haben, um sein Drama zur Entelechie alles Menschlichen gestalten zu können. ›La lutte de deux forces opposées‹, das Ringen zweier Kräfte im Busen, das macht, nach Victor Hugos um die vierziger und fünfziger Jahre des vorigen Jahrhunderts vielbewunderter Definition, das Wesen des Bühnendichters. Die Wurzeln der dramatischen Kunst sind die nämlichen wie die Wurzeln der mimischen. Schauspieler im eigentlichsten Sinn des Wortes muß der Bühnendichter sein. Tausend Leben in sich haben. Alles Leben in sich haben, um es in jedem Augenblick, achtlos der Fülle, unversiegbar verströmen lassen zu können. Ganz König muß er sein und ganz Bettler, Schurke ganz und ganz Heiliger. Kaltbeherrscht und zügellos, länderverschwendend und um den Heller geizend, in tausend wollüstigen Kitzeln sich wälzend und mönchisch streng, den eisigen Äther der Firne mit der gleichen Selbstverständlichkeit atmend wie die Stickluft der Gosse und die Nöte seiner eigenen Zufälligkeit immer vergessend. Der nicht alles erlebt hat, alles hinter sich geworfen, der ist kein rechter Dramatiker.
Darum ist keines Künstlers Haß gegen seine Kunst größer als der des Bühnendichters, weil er das Leben, die Wirklichkeit immer wieder, in jedem Augenblick seines Schaffens, ganz durchkosten, ganz in sich saugen und ganz von sich wegweisen muß. Darum rührt der gereifte Shakespeare keine Feder mehr an, er, der vielleicht nicht nur der größte Bühnendichter, sondern auch der größte und weiseste aller Menschen war. Darum schuf Kleist seine ›Penthesilea‹, die wildest verzweifelnde und liebeheißeste Verwünschung der Kunst, die je geschaffen ward. Darum wirkte Ibsen seinen unheimlichen Epilog voll medusenhaft starrer Verzweiflung. Darum stirbt Hebbel mit dem wehen Wort: »Menschenlos: bald fehlt der Wein, bald fehlt der Becher.«
Kein heißeres, stärkeres Erleben gibt es als das des Dramatikers. Er lebt, lebt durch, erlebt, und muß nach dem kalten und feindlichen Gesetz der Kunst Leben töten, um Leben zu schaffen, und Leben schaffen, um Leben zu töten.

Napoleon, vielleicht der reinste Typ des Tatsachenmenschen, der je existiert hat, pries in der denkwürdigen Erfurter Unterredung mit Goethe den Werther über die Maßen. Nur eine Stelle wollte ihm nicht gefallen: eine Stelle, wo Erlebnis und Fiktion sich am innigsten durchdringen. Der Schüler Talmas wollte der Kunst ihre sazerdotalen Airs, die feiertägliche Betonung der Nichtwirklichkeit nicht nehmen lassen, der Realmensch drang auf reinliche Scheidung zwischen Realität und Poesie. Und so entsprach es der Ästhetik der Zeit. Einen ganzen, wirklichen Menschen mit seinem Dunstkreis skrupellos in ein ernsthaftes Kunstwerk handelnd, sprechend einzuführen galt der zeremoniösern Kunstanschauung jener Epoche als »nicht angängig«. So meint wenigstens Baumgarten, der bestgeachtete Ästhetiker unter Goethes Zeitgenossen.
Aber schon Goethe selbst mischte unbekümmert aus Wahrheit und Dichtung das Kunstwerk seiner Lebensbeschreibung. Und mit der fortschreitenden Kunsterkenntnis wuchs die Verachtung des Stofflichen, wuchs die Rücksichtslosigkeit des Artisten der Wirklichkeit gegenüber. Heine, der tausendmal einem guten Witz, einer schönen Schlußwendung, einer edel gerundeten Periode die faktische Wahrheit preisgab, antwortete auf den Vorhalt der Freunde mit zerstreutem Lächeln: »Aber ist's nicht schön ausgedrückt?« Und Wildes blendende Theorien »spielen mit den Tatsachen, wie Hunde das Wild des Waldes jagen«. Von denen um uns verweben wohl die Brüder Mann die ›physikalische‹ Wirklichkeit am unbedenklichsten in ihre Kunst. In den ›Buddenbrooks‹, in der ›Jagd nach Liebe‹, im ›Schlaraffenland‹ sind Menschen und Dinge der jüngsten Vergangenheit jedem erkennbar gezeichnet.
Da taucht dann die Frage auf: Wie weit darf der Dichter die unretuschierte Wirklichkeit in sein Kunstwerk aufnehmen, ohne daß das Sensationelle des Inhalts das Künstlerische der Form erdrückt?
Ein Staatsanwalt zu Lübeck erklärte im Jahre 1906: »Ich stehe nicht an, laut und offen zu behaupten, daß auch Thomas Mann sein Buch à la Bilse geschrieben hat, daß auch ›Buddenbrooks‹ ein Bilse-Roman ist, und ich werde diese Behauptung

vertreten.« Und schließlich vertritt jeder gute Bürger die Ansicht, daß die Kunst da aufhört, wo das Ärgernis beginnt, ohne daran zu denken, daß er in wackerer Einfalt Aristophanes, Dante, Goethe mit verdammt.

Thomas Mann hat nun dem Lübecker Herrn eine entzükkende Erwiderung geschrieben: ›Bilse und ich‹, einen Essai, der, abgesehen von einer wenig übersichtlichen Disposition, formal zu dem Reizvollsten gehört, was in den letzten Jahren solcher Art geschrieben ward. Der Dichter verteidigt in dieser Studie mit einer für ihn ganz ungewöhnlichen Wärme die unbedingte Freiheit des Dichters in allem, was Stoffwahl anlangt. Und er setzt als künstlerisches Kriterium die ›Beseelung‹ an, die ›subjektive Vertiefung‹. (Man denke an Goethe: »Nur wo Subjekt und Objekt sich durchdringen, ist Leben.«) »Die Wirklichkeit«, meint Thomas Mann, »die ein Dichter seinen Zwecken dienstbar macht, mag seine tägliche Welt, mag als Person sein Nächstes und Liebstes sein; er mag dem durch die Wirklichkeit gegebenen Detail noch so untertan sich zeigen, mag ihr letztes Merkmal begierig und folgsam für sein Werk verwenden: dennoch wird für ihn – und sollte für alle Welt! – ein abgründiger Unterschied zwischen der Wirklichkeit und seinem Gebilde bestehen bleiben, der Wesensunterschied nämlich, welcher die Welt der Realität von derjenigen der Kunst auf immer scheidet.« Und dieser Wesensunterschied besteht eben in der ›Beseelung‹, in »jenem dichterischen Vorgang, den man die subjektive Vertiefung des Abbilds einer Wirklichkeit nennen kann«. Da nun Thomas Mann schlankweg die letzte Konsequenz aller l'art-pour-l'art-Theorie zieht und das Wesen literarischer Kunst allzu einseitig in der Wortzucht erblickt, läßt sich seiner Definition ein gewisser scholastischer Nominalismus leicht nachweisen: immerhin mag man seinem Kriterium als für den Roman und die Lyrik zu Recht bestehend beipflichten.

Fürs Drama aber ist mit seiner Theorie nichts anzufangen. Zum mindesten verschieben sich hier die Grenzen zwischen Kunstwerk und Sensation sehr bedeutsam.

Dem Dramatiker fehlt vor allem ein wesentlichstes Mittel künstlerischer Beseelung: er kann nur handelnd gestalten, nicht schildern. Mit Adjektivum und Verbum wirkt der Novellist: dem Bühnendichter eignet nur das Verbum. Statt des

Adjektivums muß er mit fremdem, gewordenem, fertigem Material sich begnügen, mit dem Schauspieler. Mit Worten und Handlungen, denen erst ein fremdes Medium Körper leihen kann, muß er erreichen, was der Novellist eben durch seine Schilderung wirkt.
Aber sehen wir ab von diesem einer starken Begabung und glückhaften Zufällen nicht unüberwindlichen Hindernis. Denken wir an die Wirkungsmodalitäten des Buchs und des Theaters. Das Buch wirkt langsam. In die Weite. In die Zukunft. Der Vorgang, der Mensch eines Buches, ist an sich nebensächlicher als seine Bedeutung, seine Beseelung, seine Form. Das Drama aber muß für den Augenblick berechnet sein: die Bühne wirkt weniger nachhaltig als die gedruckten, bleibenden Seiten des Buchs, und dafür im Augenblick um so intensiver. Ein Symbol auf der Bühne wirkt also nur, wenn es im Augenblick erfaßt, begriffen werden kann. Nur das Greifbare wirkt auf der Bühne. Das heißt: es wirkt letzten Endes nur der nackte Vorgang, nur der unmittelbare Mensch. Nicht die Bedeutung des Menschen. Nicht die Symbolik des Vorgangs. Alles wirkt roher, dreister, unkünstlicher, wirklicher, unkünstlerischer. Das Distanzgefühl vor dem Künstler, der im Drama hinter seinem Werk völlig sich verliert, verschwindet gänzlich. Die Intensität der Bühne macht den Alltag doppelt alltäglich, die Realität zweifach real: die Kunst verpufft, die Sensation bleibt.
Und dann ist der Dramatiker dem Publikum ganz anders untertan als der Epiker. Das Buch wirkt auf die Einzelseele, das Bühnenwerk auf die Psyche der Masse. Die Masse aber – und ihrer Suggestion unterliegt wohl im Theater auch der kunstbewußte einzelne – empfindet die Realität, die Sensation viel stärker und die Bedeutung, den Formreiz der Dinge viel schwächer als das Individuum. Auch nimmt das Theaterpublikum einen Verstoß gegen tatsächliche Wahrheiten sehr übel und zwingt so den Dichter, die innere poetische Wahrheit der Dinge ihrer physikalischen Realität oftmals preiszugeben. Selbst der Shakespeare der Königsdramen und der Römerdramen machte solche Konzessionen, und fast alle künstlerischen Schwächen des ›Clavigo‹ – freilich auch seine theatralischen Effekte – erklären sich daraus, daß Goethe den Tatsachen allzu willig folgte. Es muß also die Kunst subjekti-

ver Vertiefung beim Bühnendrama viel intensiver sein als in der Novelle, sie muß von schier ungeheuerlicher Kraft sein, um in der Masse, die mit tausend leibhaftigen Augen leibhaftige Personen auf der Bühne stehen und gehen, handeln und wandeln sieht, das Sensationsgefühl in Kunstrespekt zu verwandeln.

Ein Beispiel. Ich lese in Heinrich Manns ›Jagd nach Liebe‹: »Archibald kam auf Schnallenschuhen, sah niemand an, dachte an nichts als seine Wirkung, lehnte sich gegen den Schreibtisch, kreuzte die Beine in ihren seidenen Strümpfen, die Arme über der Brust voll gestickter Palmen neben sonnenähnlichen Ordenssternen und zog den Hals ein. Der Kopf, von dem gefärbten Rest eines schwarzen Schopfes spitz beleckt, saß dick auf der rundlichen Gestalt mit dem kühnen Magen. Archibald ließ einen fettigen Glanz von Marmor seine aufgeblasenen Wangen bestreichen und über seinen edlen Nasenrücken spiegeln und befahl seinen Augen, zu blitzen. Sein Mund, blau vom Messer und gewulstet, bebte, bevor er sprach, wie ein Rennpferd, ehe man es losläßt. Er sprach mit sehr hoher, metallischer Stimme, ebenso leicht und sieghaft wie sein Schritt.« Ich bemerke sofort, daß zu diesem Archibald Ernst Possart Modell gestanden: aber das Gefühl des Sensationellen und alle die damit verbundenen Untergefühlchen (Lokalinteresse, Personalinteresse, historisches Interesse, lüsterne Schadenfreude) treten zurück hinter einer starken, kunstgenießerischen Freude an der eigenartigen Anschaulichkeit der Form, an der treffsichern Wortzucht des Dichters. Wenn ich hingegen die Personen von Wedekinds ›Oaha‹ betrachte, vermag das Vergnügen an der bluthaft drastischen Symbolik einzelner Szenen das Sensationsgefühl nicht zu unterdrücken. Die Qualitäten des Charakteristikers Wedekind reichen nicht aus, diesen Eindruck zu verwischen, trotzdem sie ebenso stark sein mögen wie die Heinrich Manns.

Ein Mann, erfüllt von einem starken, weltfremden, unverkünstelten Ethos, mit einer seltenen Macht der Gestaltung begabt, sieht unsre verkünstelte, erschreckend fein veräderte, unheimlich gescheite, unwahrscheinlich phrasenhafte und bis in den Kern ästhetische Kultur in ihrer ganzen erhabenen Lächerlichkeit. Und weiß sein großes, schreckhaftes und entrüstetes Erstaunen an unsrer Gesellschaft und den Formen unsrer Weltanschauung mit Glück in Dramen zu gießen, fast zu Tragödien aufzurecken; denn ihm eignet wie dem Grimmelshausen des ›Simplizius Simplizissimus‹ eine kraftvoll und naiv zupackende Faust.
Lange Jahre hindurch wird der befremdende Fremdling grotesk verkannt, seine Gesichte werden als dumme und schmutzige Fratzen verhöhnt, sein naiver, holzschnittkräftiger Stil derbe Unmanier und Naturburschenpose gescholten. Plötzlich wendet sich alles. Alle Welt wird aufmerksam auf den Dichter, betrachtet den Mann und sein Werk neugierig, skeptisch und respektvoll von allen Seiten. Nimmt ihn ernst, allzu ernst vielleicht. Ist es ein Wunder, wenn sich da der naive, verhöhnte, mißverstandene Wedekind jetzt plötzlich ungeheuer wichtig vorkommt? Wenn er den Blick von den Dingen der Außenwelt auf die eigene Person richtet? Wenn er es verlernt, zwischen seinen kleinen und kleinlichen Eigeninteressen zu scheiden und den großen ethischen Dingen, die er früher verfocht?
So mischt Wedekind mit der alten Kraft und den alten großen Hohepriestergebärden aus kleinlichen Eigendingen, die nur ihn kümmern, sein neues Werk ›Oaha‹. Es wurde eine arme, stillose Mischung, rührend-grotesk und bettelhaft-groß. Von pöbelhafter Plumpheit und von aristokratischem, herrischherrlichem Künstlertum. Von gaminhafter Insolenz und sazerdotaler Würde. Und jedenfalls dazu angetan, das Bild Wedekinds grausam weiter zu verzerren in den Augen aller derer, die ohne liebendes Verständnis das schwingenlahme Bestreben des Dichters betrachten, seine Erlebnisse zum Drama emporzugestalten.

Dichter und Deklamator
(1909)

Epos und Lyrik aus erster Hand zu fordern und zu empfangen, wie es die Alten heischten und genossen, haben wir uns längst entwöhnt. Wir haben eine starre Grenze gezogen zwischen der nur schildernden und erzählenden Poesie und der für und durch die Bühne gestaltenden. Während jeder Dramaturg, jeder Bühnenleiter weiß, daß nicht der Eindruck des Buches für die Wertung des Dramas entscheidet, sondern seine Bühnengestalt, erachtet für die Wertung eines Gedichtes, einer Novelle ein jeder den Eindruck des Buches für genügend.
Das ist ein betrübliches Zeichen dafür, wie verkünstelt unsere Kunst geworden ist, wie schmerzlich weit sie von ihrer natürlichen Urform sich entfernt hat. Die Poesie (ποιησις), die heilige Kunst des Schaffens dem ersten Wortsinn nach, ist uns herabgesunken zur Literatur (literatura), zur Kunst des Buchstabens.
Alle ursprüngliche Poesie ist im letzten Sinn dramatisch. Arbeit und Rhythmus, Wort, Ton und Geste sind ihre Grundbedingungen, die Schrift nur Surrogat. Der Dichter naiverer Zeiten war nur dann vollwertig, wenn sein Lied von seinen Lippen am besten tönte: er, sein Wesen, seine Stimme und seine Gebärde waren die notwendige Ergänzung seines Werkes. Heute kann das Werk längst des Schöpfers entraten, und während früher die Dichtung der schöne Schatten eines Menschen war, Lebensäußerung im tiefsten Kern, haben wir sie losgelöst von ihrem Schöpfer, haben wir sie zum Buch vertrocknen lassen.

Wenn heute ein Dichter seine eigenen Werke vorliest, dann lächelt wohl mancher kluge literatisch-literarische Mann überlegen ob solch törichten Unterfangens. Denn er weiß, daß gewöhnlich ein beliebiger kleiner Vorstadtmime eine Dichtung besser vortragen kann als der Autor. Unzweifelhaft

hat der kluge literarische Herr recht, wenn er behauptet, daß die weihevollen Rhythmen eines Dehmelschen Gedichtes aus dem Munde eines Deklamators klingender rauschen, daß die lindrieselnden Worte einer Schnitzlerschen Novelle von den Lippen einer Schauspielerin melodischer fallen als von den Lippen der Dichter. Und dennoch erklingt das heimlichste Leben eines Werkes nur aus dem Munde des Dichters.
Der kluge literarische Herr argumentiert: »Was bedeutet mir der Dichter als Mensch, wenn ich Kunst will? Der Dichter mag vielleicht ein kleiner, unangenehmer Mann sein mit gelben Zähnen, mit verflicktem, fettigem Anzug und schmutzigen Röllchen, der mit heiserer Stimme dialektische Worte quäkt: was kümmert mich das, wenn sein Werk sauber ist und Klang hat? Und wenn sein Werk Stümperei ist und nicht von selbst tönt, dann wird es auch der appetitlichste Mann im modischen Anzug mit der schönsten Stimme und den mondänsten Gesten mir nicht zum Tönen bringen. Gewiß kann auch der gute Vortrag eines schlechten Werkes ein Kunstgenuß sein: dann aber bewundere ich die Vollendung des Vortrags und verlache die Stümperhaftigkeit des Werkes um so mehr. Denn die Kunst des Vortrags ist eine andere, auf ganz anderen Voraussetzungen ruhende als die des Dichters: sie ruht auf den Wesensbedingungen der mimischen Kunst.«
Der kluge literarische Herr bedenkt nicht, daß der Dichter wohl zu den Menschen und Dingen, die er gestaltet, Distanz haben muß, aber nicht zu seinem Werk. Das Werk als solches ist, soweit es Dichterwerk ist, ein organischer Teil des Autors, ein Teil, der wohl selbständiges Leben hat, aber erst mit dem Autor vereint sein eigenstes, bluthaft lebendigstes Sein gewinnt. Für die Literaturwissenschaft ist das eine selbstverständliche Voraussetzung: für den Literaturgenießer – und der Genuß besteht hier letzten Endes in Erkenntnis – ergibt sich als ebenso selbstverständliche, nur nicht ebenso allgemein bekannte und anerkannte Prämisse der Satz, daß ihm erst die Einheit von Dichter und Werk sein Letztes und Bestes erschließen kann.
Die hervorragendste deklamatorische Wiedergabe kann die intimen Reize eines Dichtervortrages ebensowenig ersetzen wie die schönste Ausgabe des Inselverlags die Reize eines Dichtermanuskripts. Wenn die empfindsamen Dichter der

Wertherzeit in Mondscheinnächten sich versammelten, um sich ihre mehr oder minder Ossianischen Gedichte vorzuschwärmen, wenn Goethe tränenden Auges »Hermann und Dorothea« vorlas, wenn Schiller bis zur Lächerlichkeit linkisch und mit rührend ehrlichem Pathos den Mannheimer Spielern seine republikanische Tragödie rezitierte: klang da die Seele, die diesen Werken eingebannte, nicht ganz anders als der fiebrige Wirbelsturm Kainzens; als Ernst Possarts große Sprechzucht sie klingen lassen kann? Schon die Schilderung einer solchen Lesung aus der Feder eines Zeitgenossen erhöht uns Nachgeborenen die Wirkung des Dichterwerks: um wieviel stärker muß der Eindruck auf die Hörer des Dichters gewesen sein.

Ein Imponderabile freilich geht zum Teufel, wenn ein Dichter liest: das Distanzgefühl, das der Bürger trotz allem vor dem Künstler hat. Wenn die Persönlichkeit des Dichters keine ganz große ist, dann scheitert die Wirkung seines Vortrags nur allzuleicht an der Enttäuschung des Bourgeois, der sich seine Künstler noch immer seherhaft und mit einem Einschlag sazerdotaler Würde vorstellen möchte. Der Dichter aber, in dem auch der Mensch der kritischen Lauge einer mit Respekt und mißgünstiger Skepsis durchsetzten Neugier standzuhalten vermag, wird, wenn er nur ehrlich liest, wie's ihm ums Herz ist, durch seine Lesung die Wirkungen der höchsten Kunst, der dramatischen, sich mühelos erobern.

Schauspielkunst und Religiosität
(1909)

Die Dänin Anna Larsen hat ihre Bühnenlaufbahn aufgegeben, um sich einem christlichen Leben zu widmen. Kurz vorher war das Mitglied des Hofburgtheaters Fräulein Cornelia Kögl Krankenpflegerin geworden mit dem Entschluß, in die Kongregation der Töchter des göttlichen Heilands einzutreten. (Peter Altenberg hat in der ›Schaubühne‹ darüber gesprochen.) Vor wenigen Jahren verließ Herr Victorien Gueulemer, Mitglied der Comédie Française, die Bretter, wurde Mönch und machte im Klosterkrieg von Combes von sich reden. Den alten Mitterwurzer mußte man des öftern aus der Michaelerkirche zur Probe schleppen. Die alternde Rachel wand sich in Zweifeln um ihr Seelenheil. Mister Macklin, der als Shylock den Garrick übertraf, trat auf einer Romfahrt zum Katholizismus über und beschloß sein Leben in einem Kloster zu Siena.

Diese alle empfanden ihren Beruf als eine im Blut brennende Sünde und lechzten nach Entsühnung. Wie war dies möglich? Wie konnten Künstler die Kunst, der sie geboren, schmähen und, gewiß nicht ohne Schmerzen, abschwören? Wenn der Bürger von der Antimoralität des Schauspielers spricht, so mag dies schließlich verständlich sein: wie aber konnten Künstler von der Schändlichkeit einer Kunst sprechen, deren Erhebungen sie doch sichtbarlich am eigenen Leib verspürt?

Der große Schauspieler schafft aus sich selbst. Nicht daß er beobachtet und nachahmt, ist seine Kunst, sondern daß er die Empfindungen, die der Dichter ihm vermittelt, neu, naiv, ohne Vorurteil ganz in sich aufnimmt, daß er der Mensch wird, der zu sein der Dichter ihm vorschreibt. Nur der kann ein großer Schauspieler sein, der immer jung, immer naturnah, dem neuen Eindruck immer empfänglich bleibt. Unkritisch aus der Fülle schafft der Schauspieler. Auf den Unkritischen aber wirkt die Religion mit der gleichen Kraft wie die stärkste Kunst. Aus der gleichen Wurzel wie die Kunst saugt sie ihre Wesenheit; wie die Kunst kommt sie dem Sehnen des Menschen entgegen, sich an ein Weites, Zweckloses, Endloses zweck- und bedingungslos zu verlieren. Der Schauspieler nun ist gewohnt, sich an etwas Fremdes zu verlieren; ganz sich hinzugeben ist sein Beruf, seine Kunst. Warum sollte er der Religion, dieser sanftesten und stärksten Bindung – schon der Wortsinn besagt es – diesem lauesten, lullendsten Zwang sich versagen? Es findet sich denn auch unter diesem leicht beweglichen Volk viel mehr Religiosität, als man gemeinhin vermutet.

Die Religion aber verschließt sich dem Schauspieler, brandmarkt sein Werk. Schon der alte Bund verbietet seinen Bekennern, daß ein Mann Weiberkleidung trage, ein Weib in Männertracht einhergehe. Als unter Herodes griechische Spiele in Jerusalem eingeführt wurden, prophezeiten die Rabbinen den Untergang der Religion. Unter den Patristen eifert Tatian am heftigsten gegen die Mimen. Ungefähr gleichzeitig erklären die Vollender des babylonischen Talmud den Besuch des Theaters für eine Todsünde und wenden auf den Frommen, der den Theaterbesuch meidet, jenes Eingangswort der Psalmen an: »Heil dem Manne, der nicht wandelt im Rat der Frevler und auf dem Weg der Sünder nicht stehet und auf der Bank der Spötter nicht sitzet.« Die irischen Apostel geiferten gegen die Schauspieler, und als der Einfluß ihrer Lehre in den germanischen Ländern sich durchzusetzen begann, erwirkten sie, daß die scurrae, die histriones und mimi, diu varnden, gernden liut für ehrlos erklärt und der Glaubwürdigkeit, der Fähigkeit des Eides beraubt wurden. Noch zu Gottscheds Zeiten versagte die protestantische Kirche dem Komödianten Sakrament und ehrliches Begräbnis, und aus Shakespeares Sonetten weiß man, wie trotz aller Hofgunst selbst in der goldenen Zeit der Elisabeth der englische Schauspieler unter dem Haß der Puritaner zu leiden hatte.

Warum dies alles? Warum brandmarkt die Kirche das Theater? Nicht aus äußeren Gründen. Denn die Bühne hat bis zur Zeit der Aufklärer das Interesse der Kirche fast durchweg warm verfochten. Die maßgebenden Ästhetiker, Scaliger und Corneille, Jonson, Lope, Johann Elias Schlegel bis hinunter zu Garve bauen alle die Ästhetik des Dramas auf durchaus moralischer Grundlage auf. Und man denke an die großen Dienste, die das Drama der Spanier der Kirche geleistet. Basiert doch schließlich selbst der Hamlet auf dem Glauben an die Realität des Fegefeuers. Warum also brandmarkt die Kirche den Schauspieler?

Ein Edikt des sechsten Alexander gibt vielleicht einen Fingerzeig. Alessandro Borgia liebte als Kardinal die Darbietungen der Bühne mit der ganzen Leidenschaftlichkeit des Spaniers; noch als Papst ließ er sich mit größtem Vergnügen die ›Mandragola‹ des Niccolò Macchiavell vorspielen. Plötzlich verbannte er die Komödianten aus Rom. In diesem Edikt heißt es: »... da sie zu vielen Prunk entfalten und den Sinn des Volkes von ernsten Dingen auf ihre Eitelkeiten (vanitates) ablenken.« Der kluge Papst, der Klügsten einer, die je auf Petri Stuhl saßen, erkannte, daß die Komödie die Autorität der Machthaber gefährde. Machthaber sein heißt: Pomp entfalten, heißt: sich pathetisch gebärden, heißt: schauspielern. Augustus starb, das nunc plaudite! des Komödianten auf den Lippen: Nero dünkte sich ein grandioser Schauspieler und beklagte nicht den imperator, sondern den artifex, der in ihm zugrunde gehe; Alexander zündete Persepolis an, um sich effektvollere Kulissen zu schaffen; Napoleon ging bei Talma in die Schule, um von ihm den großen Faltenwurf, des Cäsars Geste zu erlernen.

Machthaber sein heißt: schauspielern, heißt: der Menge ein stetes, starkes Pathos vortäuschen. Heißt: durch beschwingte Schritte, weltumspannende Gebärden, würdevolle Mienen, sonore Worte auch das Nichtige zur Bedeutsamkeit emporrecken. Orden und Bänder, prunkende Gewänder und strotzende Dekorationen, zahlreiche Statisterie, Flitter und Tand sind die notwendige Folie des Herrschers, des Herrschens. Nun aber identifiziert die Menge leicht die äußern Symbole der Macht mit der Macht selbst; ihr gilt als König, wer die Krone trägt, und wenn der rechte König in Unterhosen einherwandelt, dann mag sie ihn nicht anerkennen. Die boshafte Kritik der hebräischen Volkstradition erzählt von dem schlimmen Pharao, der die Kinder Israel in Ägypten festhielt, er sei täglich ohne Gefolge an den Nil gegangen, um der Sonne Audienz zu erteilen; in Wahrheit, um sein Wasser abzuschlagen, welche menschliche Schwäche er, der Gott, vor seinem Volke verbergen wollte. Nun aber sieht die Menge den Komödianten im Besitz aller Attribute der Macht, sieht ihn frei von allen menschlichen Begrenzungen, sieht ihn königlicher vielleicht als den König, der ihm zuschaut. Muß sie nicht stutzig werden? Muß sie sich nicht sagen: Hinter der glänzenden Maske steckt ein armer, verrunzelter Komödiant – vielleicht steckt hinter der Herrlichkeit des Herrschers auch nichts weiter? Darum wittert der Mächtige in dem Schauspieler seinen heimlichen Feind. Heliogabal, der Cäsar-Gott, ließ einen Histrionen enthaupten, weil er den Zeus allzu göttlich spielte.

Von allen Machthabern ist die Religion, die Kirche, der zielbewußteste, herrschsüchtigste, eifersüchtigste. Sie am wenigsten duldet einen Rivalen. Die Schauspielkunst aber ist ihre gewaltigste Nebenbuhlerin; denn sie erwächst aus der nämlichen Wurzel, entspricht dem gleichen Bedürfnis, wirkt mit den gleichen gewaltigen Mitteln und dem gleichen gewaltigen Erfolg. Auf der εκστασις und ευστασις, auf der Gabe, außer sich zu sein, aus sich herauszugehen und in ein Anderes, Fremdes völlig unterzutauchen, auf dieser Gabe beruht die Schauspielkunst sowohl wie die Prophetie. Die Propheten des alten Bundes haben etwas eminent Schauspielerhaftes an sich. Wenn einer etwa ein Loch in die Mauer Jerusalems gräbt und dann durchkriecht und der Menge verkündet: So werden die Babylonier die Stadt erobern; oder wenn einer auf dem Markt einen Topf zerschlägt und prophezeit: So wird der Herr euch vernichten – so sind es doch die Mittel des Schauspielers, mit denen der Prophet wirkt. Mit Gepräng und Kulissen, mit großen Gesten und größeren Worten arbeitete die Bühne von Roscius Amerinus bis Reinhardt. Mit den gleichen Mitteln arbeiteten die Hohepriester Jerusalems, die Päpste Roms, der dionysisch-ekstatische Cäsar Julian, arbeitete Mahomet und Jan van Leyden.

Und wie die Mittel, so sind auch die Wirkungen die nämlichen. Kein Ort der Welt kann stärkere Resonanz geben als die Kirche und das Theater. »So gewiß sichtbare Darstellung mächtiger wirkt als toter Buchstab und kalte Erzählung, so gewiß wirkt die Schaubühne tiefer und dauernder als Moral und Gesetze.« Die Teilnehmer des Essex-Aufstandes ließen sich durch eine Vorstellung von Shakespeares ›Richard dem

Zweiten‹ begeistern; eine ähnliche politische Rolle spielte Aubers ›Stumme von Portici‹ und vor allem des Beaumarchais ›Hochzeit des Figaro‹. Eine Aufführung des ›Kaufmanns von Venedig‹ verhinderte die Annahme einer Bill, die den Juden die Rückkehr nach England gestatten wollte; auf der andern Seite wirkte Lessings ›Nathan‹ mehr für die Emanzipation der Juden als hundert wohlgemeinte Schriften. Dem Schauspieler Catley übersandte nach einer Vorstellung des ›Lear‹ ein Anonymus zweihundert Pfund, weil er ihn vor der Sünde kindlichen Undanks bewahrt habe; einen Lüstling, der zwei kranke Kinder in die Welt gesetzt, erregte eine Aufführung der ›Gespenster‹ (im Circolo Filodrammatico zu Genua) derart, daß er aus dem Theater ins Irrenhaus überführt werden mußte. Am gewaltigsten hat Shakespeare diese religiöse Macht der Schauspielkunst gefeiert, wenn er im ›Hamlet‹ das Schauspiel die Schlinge sein läßt, in die den König sein Gewissen bringt.

Die Bühne hat dies theatralische Element im Religiösen gut erkannt und aus dieser Erkenntnis ihre stärksten Wirkungen gesogen. Ins Potenziert-Religiöse mündet das Werk des größten Theatralikers des neunzehnten Jahrhunderts, Richard Wagners Werk. Hier liegt das Histrionische in ihm, das ihm Nietzsche entfremdet. Und Faust konstatiert, daß der Pfarrer zuweilen ein Komödiant sein mag – und endet schließlich im katholischen Himmel.

Die Kirche ihrerseits hat natürlich diese tiefe innere Verwandtschaft von Religion und Schauspielkunst keinen Moment verkannt und ebensowenig die Gefahr, die ihrem Streben, allein die Seelen der Masse zu beherrschen, aus dieser Verwandtschaft erwuchs. Erst hatte es den Anschein, als sei die Kunst der Komödie nichts als eine harmlos gefügige Tochter der Religiosität; da entpuppte sie sich mit einem als ebenbürtige Schwester. Die Kirche wurde eifersüchtig, sah sich vor. Es ist kein Zufall, daß derjenige Patrist, der Psychologie der Gläubigkeit und der Lust am Glauben vielleicht am tiefsten erschaut hat, daß jener Tertullian, der das Wort prägte: credo, quia absurdum est, zu den heftigsten Feinden der Histrionen zählt. Denn auch Melpomene verlangt von ihren Verehrern blinden Glauben, zielt auf die Sehnsucht der Menschen, sich blind und bedingungslos an etwas Fernes,

Vages, mit dem Hirn nicht Faßbares, an ein schönes absurdum hinzugeben.

Die Komödie selbst zu ächten gelang der Kirche nur zeitweilig: so ächtete sie wenigstens den Komödianten. Dies war ja auch wohl das Wesentlichste. Denn war der Komödiant geächtet, so war erstens verhindert, daß man ihn irgendwie mit dem Priester identifizierte, und sodann war damit der Schauspielkunst die Realität genommen, die der Kunst des Priesters gebührendermaßen zukam. Die Religion, von würdigen, heiligen Männern getragen, griff immerwährend in den Alltag ein: Die Schauspielkunst war eine (leider notwendige) Zerstreuung, aber, da es zu ihrer Ausübung zweifelhafter, ehrloser Gesellen bedurfte, etwas an sich Zweideutiges und jedenfalls sehr Unheiliges, Unverbindliches, nur für die Stunde, nicht fürs Leben Gültiges.

Wie fing es die Kirche an, den Schauspieler zu ächten? Sie suggerierte der Menge etliche sehr naheliegende Schlüsse, die aber falsch sind, weil sie die Welt des Scheins, die nur aus der Ferne betrachtet werden darf, aus plumper, die Perspektive fälschender Nähe bekritteln. Da heißt es zunächst: Das Leben gehört der Arbeit und der Furcht Gottes; das Vergnügen ist ein notwendiges Übel; wer aber sein Leben berufsmäßig dem Vergnügen und der Unterstützung des Vergnügens widmet wie der Schauspieler, ist kein vollwertiger Mensch. Sodann: Des Schauspielers Kunst, sein Beruf ist es, sich zu verstellen: wird ein solcher nicht auch im Leben lügen? Endlich: Der Schauspieler zeigt seinen Körper und mehr als das gegen Geld. Er reißt sein Innerstes auf, offenbart, wie er Freud und Leid empfindet, gegen Geld. Der Makel der Prostitution haftet ihm an.

Emil Geyer hat an dieser Stelle aufgezeigt, inwieweit diese scholastischen Vorwürfe zu Unrecht erhoben werden. Sicher ist, daß jetzt die Überzeugtheit von der ›Charakterlosigkeit‹ des Schauspielers mehr oder minder bewußt der Menge im Blut sitzt. Ja, solche Treffkraft haben diese Gründe bewiesen, daß sie selbst den Künstlern ins Herz drangen, daß sie selbst – eingangs bracht' ich Exempel – Schauspieler an ihrer Kunst irregemacht.

Was ist dagegen zu erwidern? Man könnte reinlich scheiden, man könnte Grillparzer zitieren: »Die Religion ist die Poesie der Poesielosen«, oder Goethe:

»Wer Wissenschaft und Kunst besitzt,
Hat auch Religion.
Wer jene beiden nicht besitzt,
Der habe Religion.«

Aber am klügsten hält man sich an jenes schöne Wort aus der Ethik des Spinoza: »Wahrlich, nur ein gräßlicher und finsterer Aberglaube verbietet, sich zu erheitern. Denn warum sollte es sich eher geziemen, Hunger und Durst wegzuschaffen, als den Trübsinn auszutreiben? Ich meinerseits denke so und bin folgendermaßen gesinnt: Kein Gott und niemand, es sei denn ein neidisches Wesen, freut sich meines Unvermögens und Unbehagens und rechnet uns Tränen, Schluchzen, Furcht und andres von der Art, was doch alles nur Zeichen eines schwachen Gemütes ist, zur Tugend an, sondern im Gegenteil – von je größerer Lust wir erregt werden, desto vollkommener werden wir, das heißt: notwendig werden wir der göttlichen Natur desto mehr teilhaftig ... Es ist Sache eines weisen Mannes, sage ich, sich an angenehmen Speisen und Getränken mit Mäßigung zu erholen und zu stärken, ebenso auch an Wohlgerüchen, an der Schönheit blühender Pflanzen, an stattlicher Kleidung, an Musik, an Leibesübungen, am Theater und ähnlichem, was ein jeder ohne irgendwelche Beeinträchtigung des andern genießen kann.«

Shylock auf unseren Bühnen
Eine dramaturgische Studie
(1909)

Reinhardts Versuch, aus der Tragödie des um sein Recht betrogenen Juden Shylock das gefällig heitere Spiel des königlichen Kaufmanns Antonio und seiner daseinsseligen Freunde zu gestalten, dieser Versuch, der jetzt in München noch besser gelungen ist als vor vier Jahren in Berlin, rückt das Problem Shylocks, das Philologen, Juristen, Philosophen, Schauspieler und Dichter von je beschäftigt, von neuem in den Vordergrund.

Soll sich uns das Problem enthüllen, das Shakespeares Ausleger immer neu verwirrten, so gilt es zunächst festzustellen: etwas anderes ist der Shylock, der dem Dichter während der Konzeption vorschwebte, der unter seiner Ägide in Burbages Verkörperung das erste Mal die Bühne betrat, etwas anderes der Shylock, den die Dichtung uns entgegenstellt, den das heutige Theater verlangt.

»Shakespeare hegte vielleicht die Absicht, zur Ergötzung des großen Haufens einen gedrillten Werwolf darzustellen, ein verhaßtes Fabelgeschöpf, das nach Blut lechzt und dabei seine Tochter und seine Dukaten einbüßt und obendrein verspottet wird.« So Heine. Shakespeare hegte diese Absicht. Er war nicht der Mann, seinem Publikum zum Mißbehagen zu dichten, und hätte er, wie schnellfertige Kommentatoren behaupten, den Juden das Wort reden wollen, so hätte sich sein Publikum empört; denn dieses haßte die Söhne des fremdartigen, hinterhältigen und allzu geschäftsklugen Geschlechts. Mit dieser Stimmung rechnete der kluge Theatermann, wie seine dramatischen Vorläufer. Der Hochverratsprozeß gegen den getauften Juden Rodrigo Lopez, den angeblich von Spanien bestochenen Leibarzt der Königin, hatte den Judenhaß in England neu aufleben lassen, und Lees Hypothese, Shakespeare habe, um diese Strömung auszunutzen, seine Komödie geschrieben, hat viel Wahrscheinlichkeit für sich. Sicher ist, daß Burbage, der erste Darsteller des Shylock, von Shakespeare autorisiert, den Juden mit rotem Bart und häßlicher Nase als lächerliches und ekles Geschöpf spielte und mit dieser Auffassung den Beifall des Parterres errang. Den geprellten Wucherer wollte Shakespeare zeichnen, dessen Art Widerwillen und Hohn, dessen Schicksal Befriedigung und Gelächter weckt.

So auch faßte man Shylock zwei Jahrhunderte hindurch auf. In diesem Sinn sind die deutschen Bearbeitungen aus dem Anfang des siebzehnten Jahrhunderts gehalten, und eine judenfeindliche Tendenz war es wohl, die in England im Jahr 1652 eine Neuaufnahme der Komödie bewirkte, um die Zeit, da man über die Zulassung der Juden eifrig debattierte. Und noch im Jahr 1777, als Schröder in Hamburg das Werk aufführte, hielt man es für nötig, einen Prolog Ramlers vorauszuschicken, um den Anschein zu vermeiden, als wolle man »im klugen Berlin die Glaubensgenossen des weisen Mendelssohn« beleidigen. So auch spielten die großen Darsteller dieser Zeit den Shylock. Hören wir, was der feinste, deutsche Schauspielkritiker des achtzehnten Jahrhunderts, Lichtenberg, im Jahr 1775 seinem Freund Boie über den berühmten Shylock Macklins aus London berichtet:

»Es ist nicht zu leugnen, diesen Juden zu sehen, ist mehr als hinreichend, in dem gesetzten Mann auf einmal alle Vorurteile der Kindheit gegen dieses Volk wieder aufzuwecken. Shylock ist keiner von den kleinlichen, beredten Betrügern, die über die Tugenden einer goldenen Uhrkette aus Tombak eine Stunde plaudern können; er ist langsam, in unergründlicher Schlauheit stille und, wo er das Gesetz für sich hat, bis zur Bosheit gerecht. Stellen Sie sich einen etwas starken Mann vor, mit einem gelben, rohen Gesicht und einer Nase, die an keiner der drei Dimensionen sonderlichen Mangel leidet, einem langen Unterkinn und einem Mund, bei dessen Schlitzung der Natur das Messer ausgefahren zu sein scheint, bis an die Ohren, auf einer Seite wenigstens, wie mich dünkte. Sein Kleid ist schwarz und lang, seine Beinkleider ebenfalls lang und weit, und sein Hut dreikantig und rot, nach Art der italienischen Juden vermutlich. Die ersten Worte, die er sagt, wenn er auftritt, sind langsam und bedeutend: Three thousand Ducats. Das doppelte th und das zweimalige s, zumal das letzte nach dem t, das Macklin so leckerhaft lispelt, als schmeckte er die Dukaten und alles, was man dafür kaufen kann, auf einmal, geben dem Mann gleich beim Eintritt einen Kredit, der nicht mehr zu verderben ist. Drei Worte, so und an der Stelle gesprochen, zeichnen einen ganzen Charakter. In der Szene, wo er seine Tochter zum ersten Mal vermißt, erscheint er ohne Hut, mit aufgesträubtem Haar, wovon einiges fingerlang vom Wirbel senkrecht in die Höhe steht, bei dieser Miene wie von einem Galgenlüftchen gehoben. Die beiden Hände sind geballt, und seine Bewegungen kurz und konvulsivisch. Einen sonst ruhigen, entschlossenen Betrüger in solchen Bewegungen zu sehen ist fürchterlich ...«

So urteilte das siebzehnte und achtzehnte Jahrhundert: das neunzehnte schürfte tiefer und spürte die Tragik des gehetzten Juden aus. Am schönsten hat Heine sie in seiner berühmten Kritik formuliert. Er verkennt nicht die Tendenz des Dichters; doch nachdem er Shakespeares Absicht dargelegt, fährt er fort:

»Aber der Genius des Dichters, der Weltgeist, der in ihm waltet, steht immer höher als sein Privatwille, und so geschah es, daß er in Shylock trotz der grellen Fratzenhaftigkeit die Justifikation einer unglücklichen Sekte aussprach, welche von der Vorsehung aus geheimnisvollen Gründen mit dem Haß des niedern und vornehmen Pöbels belastet worden und diesen Haß nicht immer mit Liebe vergelten wollte ... Shakespeare zeigt in Shylock nur einen Menschen, dem die Natur gebietet, seinen Feind zu hassen ... Wahrlich, mit Ausnahme Portias ist Shylock die respektabelste Person im ganzen Stück ... Die Familiengefühle treten bei ihm mit der rührendsten Innigkeit hervor.«

Heines Auffassung fand rasch Anhänger; man übersah geflissentlich, was für die Gegenspieler und gegen Shylock sprechen mochte, und reckte Shylock zum Typ des geknechteten Judentums empor. So Grätz in seiner Studie »Shylock in der Sage, im Drama und in der Geschichte«, so vor allem Jhering in seinem »Kampf ums Recht«. In des großen Juristen eindrucksvollem Plaidoyer heißt es:

»Wenn er selbst dann zusammenbricht unter der Wucht des Richterspruches, der durch schnöden Witz sein Recht vereitelt, wenn er, verfolgt von bitterem Hohn, geknickt, gebrochen, mit schlotternden Knien dahinwankt, wer kann sich des Gefühls erwehren, daß es nicht der Jude Shylock ist, der von dannen schleicht, sondern die typische Figur des Juden im Mittelalter, jenes Parias der Gesellschaft, der vergebens nach Recht schrie. Die gewaltige Tragik seines Schicksals beruht nicht darauf, daß ihm das Recht versagt wird, sondern darauf, daß er, ein Jude des Mittelalters, den Glauben an das Recht hat – man möchte sagen: gleich als wäre er ein Christ! – einen felsenfesten Glauben an das Recht, den nichts beirren kann und den der Richter selber nährt; bis dann wie ein Donnerschlag die Katastrophe über ihn hereinbricht, die ihn aus seinem Wahn reißt und ihn belehrt, daß er nichts ist als der geächtete Jude des Mittelalters, dem man sein Recht gibt, indem man ihn darum betrügt.«

Der Bühne, dem Virtuosentum kam diese Auffassung, die sich allgemach auch im breiten Publikum Bahn brach, sehr willkommen. Nun schritt nicht mehr der lächerliche, mauschelnde, kindisch boshafte Krämer über die Bretter, um mit seinem Sturz allgemeines Gelächter auszulösen: Shylock wurde zum Helden, zum Märtyrer, seine Gegner zu Lumpen und Dummköpfen. Die ersten, die dem Juden auf der Bühne diese Tragik geliehen, dürften in England Garrick, in Deutschland der große Schröder und der von Lessing so hoch gepriesene Fleck gewesen sein. Später machte Edmund Kean aus dem Shylock einen in seiner Zerbrechlichkeit zwiefach rührenden Märtyrer; den gewaltig trutzenden Herold seiner Rache gestaltete Ludwig Devrient. Mounet-Sully lieh der Tragik Shylocks seine preziöse und erarbeitete Kunst, Ermete Novelli die prachtvollen Ströme seiner Leidenschaft. Tausend Kleinere, denen die Nachwelt keine Kränze flicht, taten's ihnen nach und versuchten einen Menschen von schmerzhafter Größe zu gestalten, den Typ des Juden, wie er, ein niedergeknirschter, rachetoller Sklave, durchs Mittelalter schreitet, zerstört und zerstörend: Shylock-Luzifer-Ahasver. Shylock-Luzifer-Ahasver!

Franz Grillparzer wollte einst eine Tragikomödie schreiben: Prokrustes, König des Normallands. Er wollte in diesem Werk die Mittelmäßigkeit geißeln und vornehmlich jenes anmaßende Philistertum in Kunst und Wissenschaft, das jede Größe und Genialität auf das eigene Normalmaß reduzieren will. In dem Plan zu dieser Tragikomödie erscheint eine Herde, die aus teils grotesk verkürzten, teils gestreckten Autoren jeder Art besteht. Der tüchtigste Schafbock dieser Herde ist William Shakespeare, der nur dadurch unschädlich gemacht werden kann, daß ihn ein paar Lämmer ständig beengen und bedrängen: diese Lämmer sind etliche von seinen Erklärern.

Betrachten wir den Rattenkönig von Ideen, den die Ausleger dem »Kaufmann von Venedig« unterlegen, so erscheint diese Satire vollauf berechtigt. Da wollte etwa, nach Rötscher, Shakespeare in unserm Drama eine Dialektik des abstrakten Rechts geben, nach Ulrici eine Illustration zu dem Satz: summum jus summa injuria; Meißner sucht den Grundgedanken in dem Begriff der Wertschätzung, Gervinus in dem Verhältnis des Menschen zum Besitz; nach Franz Horn will der Dichter die rein christliche Liebe veranschaulichen im Gegensatz zum formalen Recht; Hebler sieht die Grundidee des Stücks in dem Kampf wider das Scheinwesen; nach Wilhelm König will der Dichter diesen Kampf und außerdem noch die Lehre vom relativen Wert aller Dinge verkündigen; nach Josef Kohler will er den egoistischen Widerstand des einzelnen gegen die Gesamtheit brandmarken. Man sieht, Grundideen sind feil wie Brombeeren; aber die Suche führt uns nicht weiter. Shakespeare ging eben nicht von der Idee aus; er machte seine Kunst nicht zur Handlangerin der Philosophie.

Auch nicht zur Handlangerin der Psychologie. Auch nicht der Charakter, der Einzelmensch ist Shakespeares Ausgangspunkt. Nicht um Shylock dreht sich das Werk. Und hier liegt der Fehler der Ausleger, die Shylocks Tragik verfechten. Der Jude ist eine episodische Figur, seine Charakterzeichnung fügt sich der (dem Dichter wesentlicheren) Komposition der Fabel, sie ist nicht so konsequent, wie man behauptet, sie ist der Situatin unterworfen, nicht ohne Widersprüche durchgeführt. Man hat erklärt, Shylock sei in allem und jedem »ein rechter Jude«. Seine Wuchergier und seine Blutgier, selbst Äußerlichkeiten, die vielen Wendungen aus dem Alten Testament, das Festkleben am Ritus seien Kennzeichen der Rasse. Man muß aber bedenken, daß die Details der Charakterzeichnung jeweils der Situation untergeordnet sind. Shylock ist wucher- und blutgierig; aber der Jude Barabas von Malta ist ihm kein nachahmenswertes, sondern ein abschreckendes Beispiel; und der Vorschlag des Leihvertrags an sich – bei der Ausstellung scheint es ja unmöglich, daß die Schuld verfällt – zeugt weder von Geldgier noch von sonderlichem Geldverstand. Shylock zitiert gern das Alte Testament; aber wie reimt es sich, daß er gelegentlich auch das Neue zitiert? Shylock hängt am strengen Ritus seines Glaubens und schlägt es ab, mit den Christen zu essen und zu trinken; aber später, damit Jessika freies Spiel habe, nimmt er Bassanios Einladung an und begibt sich zu seinem Gastmahl. So fügt sich die Darstellung von Shylocks Wesen immer der höheren Rücksicht auf die Komposition der Fabel.

Nicht von der Idee und nicht vom Charakter also geht Shakespeare aus, sondern von der Fabel. Man vergleiche die Quellen, und man wird staunen, wie treu er auch scheinbar Nebensächliches bewahrt, wie er seine beste Kunst dareinsetzt, es harmonisch und lebendig seiner Fabel einzuwirken. Man unterschätzt gemeinhin das Rein-Artistische in Shakespeare, und doch ist es oft so wundervoll zu beobachten, wie er alle andern Rücksichten, ethische, selbst psychologische hintansetzt, um nur das Formale, das Nur-Ästhetische klar und unberührt zu erhalten. Ebenso wie auf der Wahrheit seiner Menschen, so auch auf der reinen, schönen Rundung seiner Kompositionen beruht die über die Zeiten erhabene Bühnenkraft seiner Schöpfungen.

Nicht die Gestaltung der einzelnen Menschen ist es, die den »Kaufmann von Venedig« so herrlich macht, das Wundervollste ist die Meisterschaft, mit der Shakespeare eine märchenhafte, durchaus unrealistische, von »physikalischen Unmöglichkeiten« (Lessing) strotzende Handlung mittels realistischer, höchst menschlicher Menschen lebendig macht. Der Vertrag, Antonios Verarmung, die plötzliche Rückkehr seiner Schiffe, die Kästchenwahl, ist dies alles nicht märchenhaft? Und Shylock, Bassanio, Portia, sind sie nicht von saftreichstem Leben? Daß ihre Realistik das Märchen nicht parodiert, daß das Märchen ihre Realistik nicht zerstört, darin gipfelt die Kunst des Dichters. »Shakespeare«, rühmt Victor Hugo, »comme Michel-Ange, semble avoir été crée pour résoudre ce problème étrange dont le simple énoncé parait absurde; – rester toujours dans la nature, tout en en sortant

quelquefois, admirable toute – puissance du poète! Il fait des choses plus hautes que nous; qui vivent comme nous.«
»Der Kaufmann von Venedig«, meint Hippolyte Taine, »ist klar und edel und aus einem Stück gefügt wie die Brücke des Rialto.« Ist dies richtig, dann muß der Kunstgenießer von jeder ethischen und soziologischen Wertung Shylocks absehen, wie Shakespeare selber jeder solchen Wertung sich enthält. Er wertet nicht, er erkennt und stellt dar. Es ist ein eminent mondäner und aristokratischer Dichter, der den »Kaufmann von Venedig« geschrieben. Ganz aus der Höhe sieht er seine Personen, und er schaut ihnen zu, lächelnd, ein wenig grausam und sehr wohlwollend, und spielt mit ihnen wie ein überlegener Schachspieler mit seinen Figuren. Es ist ein königlicher Triumph seiner Kunst, wie er Shylock ethisch ins Recht und ästhetisch ins Unrecht setzt. Natürlich ist Shylock zu seiner Rache berechtigt, juristisch, meinethalb sogar moralisch. Aber was kümmert das den Dichter? Lächelnd entkräftet er Shylocks Recht mit einem einzigen Moment: Er ist inmitten lauter freier, fröhlicher, schöner Menschen und Dinge, inmitten lauter Schönheit das einzige Unschöne. Er ist klein, geduckt, querulierend: er stört. Der Dichter verdammt unter allen nur einen: den Mann, der nicht Musik hat in sich selbst. Und ein solcher ist Shylock. Er hat kein Aug für die Herrlichkeit der stolzen Stadt, die ihn umgibt; verdrossen und hämisch verschließt er sich vor dem hinreißenden Jubel ihres Karnevals »und stopft die Fenster zu, daß nicht der eitlen Geckerei Getöse sein ehrbar Haus durchdringe«. Selbst sein Verteidiger Heine tadelt: »Wie trübe, kneifend und häßlich sind die Gedanken und Reden des Shylock; sein Witz ist krampfhaft und ätzend, seine Metaphern sucht er unter den widerwärtigsten Gegenständen, und sogar seine Worte sind zusammengequetschte Mißlaute, schrill, zischend und quirrend.« Darum also, weil Antonio, Bassanio und Portia schön sind und er häßlich, darum ist Shylock im Unrecht. Und darum hat jene schöne, blasse Britin ihr Mitleid an einen Unwürdigen verschwendet, die in Drury Lane hinter Heine in der Loge stand und am Ende des vierten Akts heftig weinte und mehrmals ausrief: »The poor man is wronged!« (»Dem armen Mann geschieht unrecht!«)
Auch die Bühne hat erkannt, daß Shylocks Schicksal nur eine

Episode ist, die das Drama sprengt, wenn sie sich zu sehr in den Vordergrund drängt. Um dieser Gefahr zu entgehen und dennoch dem Shylock keinen seiner Effekte zu rauben, hat man in Wien unter Mitterwurzer das ganze Drama kurzerhand als Märchenstück gegeben. Antonio war ein Wunder an Edelmut und Größe, Portia eine Göttin. So konnte Mitterwurzers Shylock ein Teufel sein, und es blieb dennoch, da sich dieser Teufel nicht unter Menschen, sondern unter Göttern bewegte, das edle, schöne Ebenmaß des Werkes gewahrt.

In diesem Zusammenhang möge noch ein anderer Shylock erwähnt sein, ein höchst merkwürdiger, durchaus falsch erfaßter und gleichwohl immer fesselnder, längst verklungener Shylock: der Shylock Ernst Possarts. Dieser Jude war nicht von unserer Welt; wenn Possart den Juden spielte, dann war es nicht unsere Sache, die da oben verhandelt wurde: es war ein stilisierter Shylock, der irgend einem alten Bild entsprungen sein mochte. Aber im Rahmen dieses Bildes, dieser Pose, dieser Unwirklichkeit war jede Bewegung, jedes Wort, jede minutiöseste Kleinigkeit von herrlicher Echtheit. Vor diesem Juden graute uns nicht, und dieses Juden Schicksal empörte uns nicht: doch dieser Shylock, seine Art und sein Werk, fesselte uns mit schier unerhörter Gewalt. Im Sinn der Rampe war Possarts Jude von Venedig letzte, höchste Kunst. Freilich nur Kunst, nur Stil.

Schildkrauts vielbesprochener Shylock ist mehr und weniger zugleich. Er verpufft in einer konventionell besorgten Aufführung des Kaufmanns; er wirkt durchaus im Sinn des Dichters, er wirkt als der einzig mögliche Shylock, wenn ihm durch eine vollwertige, lebendige Darstellung des süßen, tollen, von Jugend überwallenden und kraft seiner Jugend und Schönheit prachtvoll egoistischen Venedig das Gegengewicht gehalten wird.

Herrn Schildkrauts Shylock ist ein mittelgroßer, fettiger Mann. Er agiert gern und viel mit den kurzen, dicken Händen; sein Gang ist wiegend und schwer, seine Sprache schmalzig, talmudistisch summend. Was er sagt, ist ohne subjektive Färbung, klar konstatierend, logisch, daß man nichts Triftiges entgegnen kann. Er weiß das auch; er ist tiefinnerlich von sich überzeugt und lächelt überlegen, wenn ihm ein anderer etwas sagen will. Er lächelt noch im vierten Akt, wenn schon alles verloren ist. Er ist Materialist. Ihm gilt nur, was da ist, was er greifen kann. Dagegen wehrt er sich nicht, und er wundert sich, daß seine Feinde sich dagegen wehren. Daß Dulden das Erbteil seines Stammes ist, ist ihm eine Tatsache, die er konstatiert, ein wenig melancholisch vielleicht, aber ohne viel Pathos. Wie er zum Schlusse sieht, daß ein geschriebenes Gesetz gegen ihn spricht, fügt er sich ohne viel Gerede. Er ist Tatsachenmensch. Er beweist sein Recht zu existieren durch das einfachste Mittel, das es gibt: durch seine Existenz. Ebenso gebraucht er das einfachste Mittel, sich ästhetisch ins Unrecht zu setzen: er ist unendlich schmierig. Dabei hat er nicht einmal positive Merkmale der Häßlichkeit: er wirkt nur dadurch so unsagbar gemein, daß ihm unter lauter schönen, freien Menschen jedes winzigste Restchen von Größe, Grazie, Fülle, Schönheit mangelt. Schließlich sind es wohl nur die vertus de ses vices, die diesen Shylock so überraschend echt machen, und wie der Mangel an Würde seinem Lear die Niederlage, bereitet er seinem Shylock den Sieg. Sicher ist, daß Schildkrauts Shylock nur unter Reinhardts vollendeter Regie seine Wirkung erzielen kann. Es war erstaunlich zu sehen, wie elend etwa dieser Shylock im vorigen Jahr versagte, als er im Rahmen eines von dem Impresario Maximilian Burg geschmacklos zusammengestellten Ensembles im Münchener Schauspielhaus gastierte.

Solange daher Max Reinhardt der einzige deutsche Regisseur ist, der den »Kaufmann« auf der Bühne dem Sinn des Dichters gemäß interpretieren kann, erscheint es verzeihlich, ja fast wünschenswert, wenn große Spieler den Shylock auf ihre Art gestalten, mag dadurch auch der Gesamteindruck des Werkes verfälscht werden. Clemens Brentano weiß in seiner scherzhaften Abhandlung »Der Philister vor, in und nach der Geschichte« eine solche Versündigung gegen den Geist des Dichters sehr hübsch zu entschuldigen. »Der treffliche Schauspieler«, meint er, »muß immer von neuem wieder spielen, um das Werk, das ihn begeistert, in sich allein geehrt und ringsumher mit Füßen getreten zu sehen. Wunderbar ist es, wie oft durch einzelne Vortrefflichkeit ein Schauspiel eine ganz andere Wendung erhält. Zum Beispiel sah ich einstens im »Kaufmann von Venedig« den Shylock so herrlich dargestellt, daß ich ihm hätte helfen mögen, dem Antonio das Fleisch aus den Rippen zu schneiden, wenn nicht die Portia als Advokat ebenso herrlich ihren Freund verteidigt hätte; der Moment, wo jener Schauspieler als Shylock lachend dem Antonio den Vorschlag des infamen Scheines macht, ist mir der größte Kunsteindruck, der mir jemals auf der Bühne gegeben worden, jenes Lachen vergesse ich nie, es liegt ewig wie ein Silberblick vor mir, mit dem mich die Schauspielkunst, außer damals, nie wieder angesehen; und hätte ich jenen Künstler nie wieder gesehen, außer damals, so wär mir sein großer Beruf und seine tiefe Einsicht dadurch allein schon ewig ehrwürdig.«

Die Anfänge der französischen Theaterjournalistik (1910)

In den drei Jahrzehnten, die der Französischen Revolution vorausgingen, nahm der Journalismus in Paris eine unglaubliche Ausdehnung an. »Die Leute von der Feder«, heißt es in den Memoiren Mallet du Pans, »bilden nicht mehr eine kleine Klasse: es ist vielmehr eine ungeheure Menge, voll Hunger und ohne Ordnung, die die Stadt überschwemmt. Paris ist voll von jungen Leuten, die ein bißchen Gewandtheit für Talent nehmen; Kleriker, Kommis, Advokaten, Militärs werden Schriftsteller, verhungern und schreiben Broschüren.« Literarische Zeitschriften entstehen über Nacht; für die Kritik des ausländischen Schrifttums werden eigene Journale gegründet: eine Bibliothèque anglaise, ein Journal britannique, eine Bibliothèque germanique, eine Histoire littéraire de l'Italie. Die Regierung wirft mit Privilegien nur so um sich. Marmontel erhält seine Konzession, weil er mit dem Leibarzt der Pompadour befreundet ist. Der Herzog von Choiseul bezahlt die Gunst einer galanten Dame mit dem Privileg einer literarischen Zeitschrift. Die politisch wohl emeritierten Redakteure der offiziellen Gazette versuchen, ihrem Journal eine Gazette littéraire de l'Europe anzugliedern. Ihr Projekt findet den Beifall des Königs und des Herzogs von Praslins, und die Vertreter Frankreichs im Ausland erhalten gemessene Ordre von der Regierung, nach Kräften für die Verbreitung des Blattes Sorge zu tragen.

Die Presse dieser Jahre ist von größtem Einfluß. Die literarischen Zeitungen von Rang haben einen weiten Leserkreis und erhebliche Einnahmen; als Marmontel (wegen Wahrung des Preßgeheimnisses) die Redaktionsräume des Mercure mit der Bastille vertauschen mußte, betrug die jährliche Rente des Blattes fünfzehn- bis achtzehntausend Livres. Die Meinung der Kritiker von Namen, der Fréron und La Harpe, Prévost und Marmontel, interessiert ganz Paris, und beim Getöse der

Revolution verfolgt man mit Aufmerksamkeit das literarische Gezänk zweier belangloser Schmöcke in der Année littéraire. Die Kritik entscheidet über Erfolg oder Mißerfolg eines literarischen Werkes. Voltaire schreibt von seiner Zurückgezogenheit am Genfer See aus unzählige Briefe an seinen Pariser Vertrauten Thiériot mit genauen Anweisungen, wie man die Kritik jeweils beeinflussen müsse, und je nachdem die Referenten ihn gelobt oder getadelt, schmeichelt er ihnen oder beschimpft er sie.

Bei dieser gewaltigen Ausdehnung der französischen Journalistik mag es verwundern, wie spät und dürftig sich die Theaterkritik entwickelte. Wohl nahm die Rezension der dramatischen Produktion schon frühzeitig in den Literaturblättern einen breiten Raum ein; aber man beschränkte sich auf eine Kritik der Autoren und auf eine behutsame, fast immer sehr anerkennende Erwähnung der Schauspieler. Im Jahr 1751 gründete dann der Abbé de la Porte, ein bekannter Rezensent, Redakteur des vielgelesenen Blattes Le Pour et le Contre, einen Anzeiger: Les Spectacles de Paris ou Calendrier historique et chronologique des Théâtres, der sich bis zur Schließung der Comédie française durch die Revolution behauptete; aber dieser Anzeiger war nichts weiter als eine trockene Aufzählung der aufgeführten Stücke ohne jegliche kritische Anmerkung.

Der Grund zu dieser merkwürdigen Zurückhaltung der französischen Rezensenten, die den Autoren gegenüber den Mund recht voll nahmen, lag in dem gewaltigen Einfluß der sehr empfindlichen Pariser Schauspieler. Vor allem die Mitglieder der Comédie hatten recht gute Beziehungen zum Hof und zur Regierung, die sie rücksichtslos und geschickt auszunutzen verstanden. Das mußten alle die erfahren, die die Sensibilität der Schauspieler zu reizen wagten.

Da war etwa der Sohn des berühmten Voltaire-Gegners Fréron. Der hatte nach seines Vaters Tod die privilegierte Redaktion der Année littéraire übernommen und einen anonymen Artikel gebracht, in dem der Heldenvater der Comédie, der Sieur Desessarts, ein Bauchredner (ventriloque) genannt worden war. Der Schauspieler fühlte sich schwer gekränkt und lief zu seinem Gönner, dem Marschall Herzog von Duras. Dieser wurde bei der Regierung vorstellig, und die Behörde befahl Fréron, seine Beleidigung zu widerrufen. Inzwischen meldete sich der Verfasser des Artikels, ein gewisser Salaun, und erklärte sich bereit, dem Schauspieler Abbitte zu tun. Doch der Zensor bestand darauf, daß Fréron unter seinem Namen Genugtuung gebe. Die von dem Redakteur vorgeschlagene Form des Widerrufs genügte dem rachgierigen Heldenvater nicht, und da Fréron die Aufnahme einer andern Erklärung verweigerte, wurde das altberühmte Blatt suspendiert.

Manchmal befahl auch irgendein großer Herr geradezu, daß der oder jener Schauspieler gelobt werde. So schrieb, als Madame Vestris sich vom Publikum nicht genügend gewürdigt fand, der allmächtige Lenoire an die Herausgeber des Mercure und der Petites Affiches: »Die Wunden der Madame Vestris sind tief, und wenn man nicht ein wenig Balsam auflegt, werden wir Madame ganz verlieren.« Nun, die Redakteure legten Balsam auf.

Unter diesen Umständen ist es nicht weiter verwunderlich, daß das erste französische Theaterjournal nicht in Frankreich, sondern im Ausland erschien. Im Jahr 1762 gab nämlich im Haag ein Herr de Chevrier ein Blatt heraus unter dem Titel L'Observateur des Spectacles ou Anecdotes théâtrales, ouvrage périodique. Das Motto des Blattes waren die Verse Voltaires:

Toujours prêt à me rendre à vos justes raisons,
Je vous donne un conseil et non pas des leçons.

Der Prospekt des Blattes versichert, daß der Observateur alle Theater in ganz Europa berücksichtigen werde und überall unparteiische Korrespondenten angestellt habe, und schließt mit dem charakteristischen Passus: Der interessanteste Teil des Blattes wird der sein, der den Lebenswandel (les mœurs) der Schauspieler und vornehmlich der Schauspielerinnen behandelt. Man wird dieses Gebiet kultivieren weniger, um die Leser zu erfreuen, als um das Theater wieder ernsthaftern Persönlichkeiten näherzurücken, ihm die ganze Dezenz und Ehrbarkeit zu geben, die man ihm abspricht. Es braucht hier nicht erwähnt zu werden, daß der Observateur keinen indiskreten, neugierigen Blick auf die Liebeshändel der Schauspielerinnen werfen wird. Eine Leidenschaft ist weniger ein Laster als eine menschliche Schwäche; die davon ergriffenen Frauen sind durchaus achtenswert. Warum sollte man die weniger schätzen, deren Herz der Leidenschaft sich überliefert und der Gebrechlichkeit Tribut zahlt?« Der mildherzige Sieur de Chevrier konnte aber nur wenige Hefte seines ›Beobachters‹ redigieren: schon im Juli 1762 starb er. Der Observateur wurde noch bis um die Mitte 1763 fortgesetzt.

Das erste Pariser Theaterjournal erschien im Jahr 1770. Ein Herr Le Prévost d'Exemes hatte das Privileg erhalten und gründete nun eine theaterkritische Zeitschrift unter dem Titel Le nouveau Spectateur ou Examen des nouvelles pièces de théâtre tant français, italien qu'opéra, dans lequel on a ajouti les ariettes notées.« Aber Herr Le Prévost hatte kein Glück. Nur drei Nummern erschienen, mit mehr Gewissenhaftigkeit übrigens als eigenem Urteil redigiert. Im Jahre 1775 nahm der Herausgeber einen neuen Anlauf, und diesmal brachte er es auf vier Hefte. Jetzt aber, der undankbaren Aufgabe überdrüssig, verkaufte er sein Privileg um sechshundert Livres an einen jungen, unternehmenden Schriftsteller, den Sieur Le Fuel de Méricourt, Verfasser eines erfolgreichen Briefromans Lettres de Monsieur Le Hic à Madame Le Hoc. Herr Le Fuel ging scharf ins Zeug. Schon am ersten April 1776 erschien die erste Nummer unter seiner Redaktion. Der alte Titel war beibehalten, aber mit der großsprecherischen Beifügung: par une société d'amateurs et de gens de lettres les plus distingués. Der alte fromme Brauch der Lobhudelei auf die Schauspieler der Comédie war gründlich gebrochen. Mit animosem Witz, cum ira et studio, zersetzte und zerfetzte Le Fuel die vergötterten Akteure. Später wurde er etwas gemäßigter; er änderte auch den Titel der Zeitschrift und nannte sie Journal des théâtres, unter welcher Bezeichnung sie gewöhnlich in der französischen Literaturgeschichte zitiert wird; aber der Grundton blieb der gleiche.

Die zeitgenössische Presse stand dem Unternehmen recht skeptisch gegenüber. Der angesehene Journalist Grimm weist auf die Schwierigkeiten der Theaterkritik hin, die »das feinste Unterscheidungsvermögen, den geübtesten Geschmack, das delikateste Urteil« verlange; die Mémoires secrets, unter den der Regierung übrigens wohlbekannten, ohne Privileg zirku-

lierenden Blättern das bedeutsamste, befürchten von Anfang, daß die Kühnheit des Redakteurs den Schauspielern gegenüber zur Unterdrückung des Journals führen werde.
Schauspielerränke waren es denn auch, die Le Fuel stürzten. Die andern literarischen Blätter hatten zwar stolze, freiheitliche Motti, etwa: Incedo per ignes – Suppositos cineri doloso; oder: Je suis ce téméraire, ou plutôt ce vaillant; oder Si fractus illabatur orbis, Impavidum ferient ruinae; aber sie verharrten trotz der von Le Fuel geschlagenen Bresche in der alten kriechenden Devotion vor den Schauspielern. Le Fuel hatte rasch eine nicht unansehnliche Zahl von Abonnenten gefunden: aber er stand ganz allein. Man weiß, wie ein Jahrzehnt vorher Lessing es hatte aufgeben müssen, in der Hamburgischen Dramaturgie schauspielerische Leistungen zu besprechen, da der Dünkel der Komödianten auch gegen verblümten Tadel sich wehrte. Le Fuels Tadel war ungleich schärfer, die Sensibilität der Pariser Akteure ungleich größer, und ihr Einfluß reichte viel weiter. Dennoch hielt Le Fuel zunächst allen Intrigen wackern Widerpart. Bis ihn eine schwere Erkältung aufs Lager warf. Zwei, drei Mal war er totgesagt und genas. Doch die Schauspieler hatten sich inzwischen an den Generaldirektor der Druckerei herangemacht, Herrn Camus de Néville, und den Zensor, Herrn Coqueley de Chaussepierre, der noch dazu Syndikus der Comédie war. Der wiedergenesene Le Fuel fand sich von lauter unbesiegbaren Widersachern umringt. Rebellische Abonnenten drängten, der Zensor genehmigte keine einzige Zeile, Herr Camus blieb unsichtbar und stumm auf alle Reklamationen des unglücklichen Redakteurs. Eine Broschüre des Chevalier de Rutlidge aus dem Jahre 1777 gibt weitere Einzelheiten. Der Zensor Coqueley, behauptet diese Broschüre, war befreundet mit dem Komiker der Comédie, Préville. Herr Préville hatte nun etliche Nichten zu verheiraten, und ein Herr Le Vacher hatte ihm versprochen, er werde eines dieser Geschöpfe ehelichen, falls man ihm das Privileg des Journal des Théâtres verschaffe. Der gute Onkel steckte sich hinter seinen Freund, den Zensor; dieser schüchterte den Verleger durch Drohungen ein und schikanierte unsern Le Fuel so lange, bis er klein beigab. Nun wurde Le Vacher Redakteur des Theaterjournals, heiratete die besagte Nichte und spendete in stän-

digen Güssen den Spielern der Comédie das lang entbehrte Manna des Lobs. Die Direktion und die Akteure der Comédie ließen denn auch auf seinem Grab Kränze niederlegen.
Le Fuel indes gab sich noch nicht ganz besiegt. Er ging nach London und gründete unter dem Schutz der englischen Preßfreiheit ein dreisprachiges Journal, das Journal anglais, italien et français dramatique, lyrique et politique mit dem Motto: Amicus Plato, sed magis amica veritas. Diese Zeitung beschäftigte sich vornehmlich mit dem Theater. Herr Le Fuel konnte sie aber nicht lange führen. Unterm 27. November 1778 berichten nämlich die Mémoires secrets: »Das neue Journal des Herrn Le Fuel de Méricourt hat nur wenige Monate gedauert. Man hört, daß der Tod das traurige Leben dieses Schriftstellers beendigt hat. Er war nicht ohne Verdienste, machte sich aber durch seine übergroße Schärfe viele Feinde.«
Erst die Revolution schuf dann der französischen Theaterjournalistik die Möglichkeit einer von äußern Rücksichten unbehinderten Kritik.

Der Wald- und Wiesenregisseur (1919)

Nicht der Mangel an Stücken, nicht die Starwirtschaft: der Wald- und Wiesenregisseur ist der Verderb unseres Theaters. Er beherrscht die deutsche Bühne. Von hundert Spielleitern neunundneunzig sind Durchschnittsregisseure, Wald- und Wiesenregisseure. Drei Haupttypen. Der Direktor, der aus Machthunger oder aus Sparsamkeit neben der Theater- auch die Spielleitung besorgt: »Bin ich hier Herr oder Sie? Wem gehört das Theater?« Der Jurist oder Germanist, den der Zufall auf die Bühne verschlagen hat: »Lessing sagt – Hebbel meint – Die Synthese eines idealdeutschen Stils mit ...« Der Schauspieler mit einer gewissen Bühnenpraxis: »Siebenunddreißig Jahre bin ich beim Theater, und immer ist der sechste Bürger links gestanden.«

Der Wald- und Wiesenregisseur entwertet das Theater zu einem schlechten Ersatz für das Buch. Er ist schuld daran, daß das Publikum von heute nur mehr die Oper gelten läßt und die Posse und für das Schauspiel weder Verständnis noch Organ hat. Er ist es, der einem großen Teil der Geistigen unsere Schauspielhäuser verekelt hat. Und wenn heute das deutsche Drama seinen Weg mehr oder minder abseits von der lebendigen Bühne sucht, ist er der Grund.

Der wahre Regisseur, der aus innerem Beruf, geht entweder von Farbe und Klang aus oder vom Wort, von Logik und Psychologie oder vom Rhythmus, vom schwingenden Gang, von der inneren Musik der Menschen und Geschehnisse. Der Wald- und Wiesenregisseur kennt nur ein Ziel: den jeweils größtmöglichen Augenblickseffekt. Dem opfert er hundertmal in jedem Akt das Ganze, die Linie, die Seele. Auf den arbeitet er hin mit immer den gleichen banalen, erprobten, wohlfeilen Mitteln. Darum sehen sich auch die Inszenierungen der Wald- und Wiesenregisseure alle so verzweifelt ähnlich: alle haben Effekte und kein Gesicht. Maeterlinck sieht aus wie Sudermann, Shakespeare wie Wildenbruch, und

Wedekinds Menschen machen die gleichen Gesten wie die Presbers.
Der Aktschluß ist alles. Er wird unterstrichen. Stürmisch und mit Überzeugung. Der Einzeleffekt stellt sich dann auch gewöhnlich ein. Das Publikum brüllt, etwa nach dem Gerichtsakt im »Kaufmann von Venedig« oder dem Streit der Königinnen in »Maria Stuart« oder nach dem zweiten Akt von »Kabale und Liebe«. Und wenn dann Ferdinand forteilt – der Wald- und Wiesenregisseur läßt ihn natürlich fortstürmen – um der Stadt zu erzählen, wie man Präsident wird – der Wald- und Wiesenregisseur hat ihm vorher vorsorglich außer dem fürchterlichen Blick gen Himmel noch ein tiefes Atemholen und leichtes Zähnefletschen gegeben: dann tritt der Spielleiter mit stolzer Demut an die Rampe und sagt: »Voilà« oder auch: »Das haben wir wieder hingelegt.« Er weiß nicht, daß er nur das aus dem Stück herausgeholt hat, was auch der Film hätte geben können, den nackten, kinematographischen Effekt. Er weiß nicht, daß das Problem wo ganz anders liegt, darin, den sentimentalen und pathetischen Überschwang als rein stilistische Erscheinung aus der Zeit des Dichters zu gestalten und dennoch das, was uns angeht, das Revolutionäre, den Grimm, das brennende Mitleid nicht abzudämpfen. Atem zu haben und Geschmack.
Für den wahren, den geborenen Regisseur ist die Dichtung Rohstoff, aus dem er Neues formt. Er pfeift auf Pietät und Tradition. Er weiß, daß die griechischen Tragödien, würden wir sie aus dem Sinn ihrer Dichter spielen, mit Maske und Kothurn, bestenfalls kuriose Monstrositäten wären, er weiß, würden wir Schiller und Goethe nach ihren Regeln für Schauspieler inszenieren, sie wirkten befremdend, hohl, pathetisch, und eine Shakespeare-Aufführung im elisabethanischen Stil brächte uns gewiß zum Lachen. Der Regisseur aus innerem Beruf weiß, daß er dem Drama die Seele des Theaters, seines Theaters, seine Seele zugesellen muß, daß das Theater nichts ist, ein fleischloses Gerippe, wenn es nicht mehr gibt als den Text des Dichters; denn dann wird es von der Phantasie jedes einigermaßen musischen Lesers überflüssig gemacht. Der Dichter gibt den Menschen, wie er in ein paar Gipfelsituationen haßt, liebt, glüht, verbrennt. Der wahre Spielleiter muß seine Menschen auch in den Tal-Situa-

tionen, in den Alltagssituationen, gegenwärtig haben und immer gegenwärtig machen. Er muß nicht nur wissen, daß Romeo liebt: er muß auch wissen, wie er geht und steht und schläft und Wein trinkt und Orangen schält und in der Etsch schwimmt – denn sicher ist er ein guter Schwimmer – und ein zotiges Liedchen pfeift und ein Butterbrot ißt und in der Schenke sein Trinkgeld hinwirft. Der Dichter gibt »Zimmer« und »Wald« oder »Freier Platz«. Die Stühle und Tische und Tapeten des Spielleiters müssen lebendig sein, zwischen seinen Bäumen, auf seinem Moos, unter seinem Himmel müssen bestimmte Menschen ihr bestimmtes Schicksal leben, und Bäume, Moos, Himmel, Luft müssen ein Teil dieses Schicksals sein. »Freier Platz«: einmalige Häuser, Brunnen, Tore müssen Beziehungen haben zu einmaligen Menschen einmaligen Geschicks. Alles das, Stühle, Bäume, Häuser, muß jetzt breit und schwer und lastend, jetzt beschwingt, leicht, tanzend sein, muß, immerzu und immer anders, leben, dasein, mitspielen.
Wie ist in »Hannibal«, wenn da hinter der Bühne der Ruf erklingt: »Kraniche!«, wie ist da mit einem das Meer da, die Weite zwischen Italien und Afrika mit den wandernden Vögeln, und wie doppelt schmerzvoll zerrt und reißt der Abschied.
Der Wald- und Wiesenregisseur läßt nicht »Kraniche!« hinter der Szene rufen; denn der Dichter hat es nicht vorgeschrieben. Und der Wald in »Wie es euch gefällt« ist der gleiche wie im »Freischütz« oder in der »Versunkenen Glocke« oder in den »Räubern«. Das Lied aber in »Tage des Lebens«, das kommt nicht in Frage; denn so ein Stück ohne Effekte, das spielt der Wald- und Wiesenregisseur von vornherein nicht. Er ist ein braver, pflichttreuer Beamter. Die szenischen Vorschriften werden pedantisch durchgeführt, es wird gewissermaßen ein Formular ausgefüllt, immer das gleiche. Klischees für alles sind vorhanden. Indien: braune Schminke, ein Buddha, ein Kaktus, ein Pantherfell. Renaissance: schwüle, fiebrige Atmosphäre, entzügelte Begierden: ein roter Teppich. Der Wald- und Wiesenregisseur ist fleißig, er ist wacker, er hat Tradition, er hat Praxis. Er sieht darauf, daß der Text gut gelernt, daß deutlich gesprochen wird, daß kein Schauspieler den andern deckt, daß es auf der Bühne niemals ganz finster

wird und daß es immer hübsch glaubhaft zugeht, nach gut bürgerlichen Vorstellungen. In Liebes- und Abschiedsszenen, vor allem gegen Aktschluß, läßt er Abendrot leuchten, und wenn Könige auftreten, läßt er Trompeten blasen. Wenn Heil gerufen wird, gehen alle Arme hoch, und wenn Wehe geschrien wird, lassen alle Statisten trauernd den Kopf hängen. Manchmal auch ist der Wald- und Wiesenregisseur »modern«. Dann läßt er etwa seine Schauspieler zuweilen dem Publikum den Rücken kehren. Oder er erzeugt Innerlichkeit, indem er leise, Stimmung, indem er langsam, Geist, indem er stockend, mit Pausen zwischen den einzelnen Worten sprechen läßt. Zügellosigkeit markiert er, indem er die Darstellerin manchmal mit dem Fuß wippen läßt, höchstgesteigerte Sinnlichkeit, orgiastischen Taumel, indem er sie veranlaßt, zwei bis drei Mal das Kleid über die Schulter rutschen zu lassen.

Häufig auch legt sich der Wald- und Wiesenregisseur einen Trick zurecht, den er mechanisch bei jeder Gelegenheit anwendet. Er läßt etwa scharf pausieren: »Einschnitt«. Oder er stachelt an: »Ausbruch«. Oder er läßt auch in wichtigen Situationen Zigaretten rauchen: »Natur«. Mit jeder dieser »Noten« kommt ein Wald- und Wiesenregisseur sein Leben lang aus. Daß Einschnitte keine Gliederung und Ausbrüche keine Herztöne gewährleisten, daß einer eine Zigarette rauchen und dennoch ölig sein kann wie eine Sardine, davon weiß er nichts, davon spürt er nichts.

Er spürt überhaupt nichts, was mit Kunst zu tun hat. Er ist mit Überzeugung kunstfremd. Er ist fleißig, zuverlässig, im besten Fall literatisch. Seine ganze Betätigung geht auf eine Grundanschauung zurück: auf die Verwechslung von Kunst mit Fertigkeit. Im Grund ist er überzeugt, daß die Fähigkeit, ein Stück zu inszenieren, Sache des Fleißes, der Übung, der Praxis ist. Daß sie einen Fachmann erfordert, einen Sachverständigen, nichts mehr. Daß Spielleitung eine Kunst ist, unabhängig von der Dichtkunst wie von der des Darstellers, daß Theaterwirkung ebensoweit jenseits des Bucheindrucks wie jenseits des Kinematographeneffekts liegt: Dieser Erkenntnis und dem Kunstgefühl, das aus ihr entspringt, stemmt er sich entgegen: derb, grobknochig, fleißig, überzeugt, gutmütig und unentwegt. Und mit ihm die kompakte Majorität seiner Kollegen, der Wald- und Wiesenregisseure.

III.

THEATERKRITIKEN

Zur Psychologie der Bühnenreform
(1908)

In der »Neuen Rundschau« hat vor kurzem Karl Scheffler in einem scharfsichtigen Artikel »Falsche Idealisten« den Herren vom »Kunstwart« und vom »Türmer«, den Henry Thode, Harnack, Wildenbruch und Hans Thoma, den allzu Biederen, allzu Jünglinghaften und allzu Patriotischen böse Fehde angesagt. Die Verständigen hatten an diesem mutigen Feldzug Schefflers ihre helle Freude. Doch wurde diese Freude durch zwei gewichtige Bedenken getrübt. Einmal verschonte der Berliner Kritikus alle diejenigen, die dem Verlag von S. Fischer oder gar der »Neuen Rundschau« irgendwie nahestehen, und dann versteckte er das Wesentlichste, was er zu sagen hatte, zwischen den Zeilen, wo nur die Auguren es erkennen konnten. Es gilt, folgendes ohne Umschweife festzustellen: Seit Goethes Tod zerklafft die deutsche Literatur in zwei Richtungen. Die eine ist harmonisierend, betont die Idee, die Bedeutung der Menschen und der Dinge und ist im innersten Kern durchaus germanisch, nordisch. Die andere ist kritizistisch, sondernd, betont bei Menschen und Dingen die Psyche, ist temperamentvoll, aber ohne Gemüt und stark durchsetzt mit romanischen und jüdischen Wesenselementen.

Die idealistische Richtung liebt das Einfache, in sich Geschlossene, Gemüt- und Sinnvolle, das »Gesunde«, und haßt das Zwiespältige, das Komplizierte, das »Kranke«. Sie spricht gern und voll Überzeugung von höherer Einheit, von Totalität, Simplizität. Gefühl ist ihr alles. Sie sinniert und spintisiert gern: aber mit Kritik will sie sich nicht abgeben. Sie spricht häufiger von Herzen als von Hirn und immer mit Überzeugtheit. Sie liebt das Holzschnittartige, Dürerhafte, das Süße und das Derbe, das Herzhafte und das Sinnige. Sie liebt große erhebende Symbole, die mehr zum Gemüt als zum Verstand sprechen. Sie liebt das Gutbürgerliche, den Sonntag, den Bratenrock, das Handwerk, das Feierliche, das Gravitätische, das Stille und Ernste. Sie liebt alte, ehrbare Trinkstuben, sonnige, versonnene Frühlingsmorgen, ehrenwerte Jünglinge und tugendhafte Jungfrauen, erfreulich knusperige Gänsebraten, dann Märchen und Schnurren, das Vaterland, altnordische Mythen, die Natur – breite, langsame Flüsse vor allem und Mittelgebirg –; die Kinder und die lautere Wahrheit. Die Welt, die Schillers »Glocke« und sein »Spaziergang« umspannt, ist ihre Welt, und was darüber hinausgeht, möchte sie am liebsten leugnen: et si est vita, non est ita. Diese Partei ist größer, als man bei flüchtiger Umschau wohl denken mag, und zählt stärkste Könner zu ihren Jüngern: Gottfried Keller und Theodor Storm, Wilhelm Raabe und Hermann Hesse, Fritz Lienhard und Wilhelm Fischer, den Dichter von »Auch einer«, Adolf Bartels und Wildenbruch. Deutscher Dichter, die nicht mindestens zuweilen in ihren Bann gerieten, gibt es sehr wenige. Hauptmann mußte ihr seinen Tribut zollen und Paul Heyse; selbst Friedrich Hebbel vermochte sich ihr nicht zu entziehen (»Mutter und Kind«). Gefährlich sind die Kleinen von den Ihren, die zahlreichen, im einzelnen belanglosen, in ihrer Gesamtheit aber durchaus nicht harmlosen Mitläufer, in denen die mannigfachen leidigen Unarten dieser Richtung erschrekkend ausgewachsen sich zeigen. Denn diese Partei wird nur allzuleicht starr, einseitig, anmaßlich und grob. Haßt dann alle Orthodoxie, während sie doch selber im schlimmsten Sinn orthodox ist. Verachtet alle Eleganz, alle Form, alle Manier, alle Aristokratie. Verurteilt die Bar, den Smoking, den Salon mit ebenso leichtsinniger, himmelblauer Treuherzigkeit, wie sie Formkunst, Nervosität, Semitentum, verästelte Psychologie, Perversität, Satire, Witz, mondäne Objektivität, Galliertum, Kritik, Aphorismen und Elzevirausgaben in ahnungsvoller Unschuld nicht leiden mag. Sie liebt Prologe und Begeisterung und schilt diejenigen, die den doppelten Boden aller Dinge erkennen, »Cyniker«. Sie wird gern gesinnungstüchtig auf Kosten des Verstandes und humorvoll auf Kosten des Witzes. An der Psyche der Dinge geht sie vorbei, aber sie schnuppert mit viel Behagen nach ihrer tieferen Bedeutung. Immer lodert sie in Begeisterung oder in Entrüstung und verabscheut beherrschte Gelassenheit. Ihre Jünger rühmen sich dionysisch und sind doch weise Toren ebensowenig wie sie törichte Weise sind.*

Die andere Richtung liebt die Weltstadt, das rege, tosende Leben, das Moderne und Modernste. Den Komfort, die Verweichlichung, die tausenderlei Raffinements entwickeltster Kultur. Das Nachtleben, die Eleganz, müde, intellektuelle Krawatten und erklügelte Geschlechtskitzel. Sie hat keine Pietät vor dem Schweiß ehrenfester Arbeit, ja sie erdreistet sich, ihn als unästhetisch zu empfinden. Sie interessiert sich für den Menschen und immer wieder für den Menschen. Mehr als für die Natur und alle Metaphysik. Sie seziert die Empfindung und kritisiert selbst im Pathos und im Sentiment. Sie steht dem Volkstümlich-Naiven sehr fern und ist im Wesen esoterisch. Sie hält große Stücke auf eingehende Analyse. Sie ist im Innersten zwiespältig und ist sich wohl bewußt, daß sie zwei oder gar drei und vier Seelen hat: so klingt selbst ihr echtestes Pathos und ihr echtester Gefühlsausbruch leicht gewollt und ironisch.

Jede dieser Parteien hat ihr Drama und, was uns hier vor allem interessiert, ihr Theater.

Die idealistische Richtung verzichtet auf die Augenblickswirkung und legt vor allem auf den »Ewigkeitszug« Gewicht. So pflegt sie naturgemäß Roman und Epos mehr als das Drama. Das Sensationelle, das Spannende, das atemlos Hastende, das nun einmal mit dem Begriff Drama und vor allem mit dem Begriff Theater wesenhaft verknüpft ist, liegt abseits von ihrem Weg. Ihr hat sich das religiöse, mythische Moment, des Schauspiels ursprüngliche Seele, vom Drama noch nicht losgelöst. So ist ihr im letzten, höchsten Sinn das Drama immer noch Kulthandlung, das Theater Kultstätte. Gipfelpunkte dramatischen Schaffens in ihrem Sinn sind etwa die Orestie des Aischylos, Goethes Iphigenie, Ibsens Brand und trotz aller Theatralik Wagners Parsifal. Ohne sich selbst ihres letzten Zieles bewußt zu sein, strebt sie dunkel und unklar nach des Aristoteles dunkler und unklarer καθαρσιζ. Die andere Rich-

* Natürlich sind die Grenzen beider Parteien fließend, und es ist schier unmöglich, sie in der hier nötigen Kürze genau zu umschreiben. So müssen wir uns in diesem Zusammenhang begnügen, festzustellen, daß diese beiden Richtungen da sind. Wie sie sind, zu schildern, möge einer späteren eingehenderen Darstellung vorbehalten bleiben.

tung hingegen hält mit leidenschaftlicher Gewalt den Moment fest. Das rastlos, sinnlos immer weiterwuchtende Walten eines grauenhaft blinden Geschicks oder die nackte, wunde Psyche stellt sie auf die Bühne. Ohne priesterliche Gebärde. Nicht Andacht will sie wecken, sondern Mitleid und Furcht: reflektive Sensation.

Diese zweite Richtung hat unser Theater zu dem gemacht, was es heut ist. Ihrem Wesen gemäß, ihrem Drama, ihren Kunst- und Kulturanschauungen entwachsen ist die »Illusionsbühne«. Der gewaltige Einfluß des romanischen Dramas ist kein Zufall, und kein Zufall ist es, daß die Direktoren der beiden führenden Berliner Bühnen Juden sind. Diese Illusionsbühne, die schon den äußeren, materiellen Umständen gemäß nur in der Großstadt gedeihen kann, mit dem Prunk und der raffinierten Technik ihrer Ausstattung, mit ihren befrackten Premièrentigern und ihren sensitiven, überwichtigen und überwitzigen Rezensenten, mit ihren romantisch überhitzten oder blasiert reflektierenden Novitäten hat sich ganz Deutschland erobert. Hier ist ganz anders als im Epos oder in der Lyrik überall die gallisch-semitische Richtung zur Herrschaft gelangt. Und verständlich erscheint die bewegliche Klage eines gefühlvollen Antisemiten: »Wenn wir einer Première bei Brahm oder bei Reinhardt anwohnen, fühlen wir uns nicht wie in einer semitischen Oase auf märkischem Boden? Ein jüdischer Direktor läßt durch jüdische Schauspieler vor jüdischem Publikum das in jüdischen Kreisen spielende Werk eines jüdischen Autors aufführen. In der ersten Reihe sitzt der jüdische Rezensent eines jüdischen Blattes und andern Tags verkündet der jüdische Professor für germanische Philologie, die deutsche Literatur sei um ein wertvolles Werk bereichert worden.« – – Die idealistische Richtung hatte bislang wenig getan, sich die Bühne zu erobern. Von überragenden Vertretern dieser Partei ist hier vielleicht einzig und allein Immermann zu nennen. Jetzt aber, gegen Ende des neunzehnten Jahrhunderts, begann sie endlich reger zu werden. Sie bekämpfte die »Illusionsbühne«, die sie ihren Prinzipien gemäß als geschmacklose Protzerei, als »verlogen« verurteilen mußte. Sie suchte sich ein deutsches Drama zu schaffen, unterstützt von der kräftig einsetzenden Bewegung der Heimatkunst. Sie pflegte Volks- und Festspiele, förderte

Krippenspiele, Mysterien, Schattenbühnen und errichtete sich Bergtheater und Taltheater.
So waren es – trotz Benno Beckers – letzten Endes diese germanisch-idealistischen Motive, von denen die Gründer des Münchener Künstlertheaters bewußt oder unbewußt sich leiten ließen.
Man braucht nur den Spielplan dieser Bühne zu beschauen, um sogleich ihre Zugehörigkeit zu jener idealistischen Richtung zu erkennen. Außer dem »Faust« und »Was ihr wollt« hat man nur relativ belanglose Miniaturen gewählt: an dem Grundstock der dramatischen Produktion des neunzehnten Jahrhunderts, der eben jener anderen Richtung eigen ist, an Hebbel, Kleist und Ibsen, an Schnitzler, Hauptmann und Hofmannsthal geht der Spielplan des Künstlertheaters geflissentlich vorbei.
Und die Vorstellungen selbst, wiesen sie nicht unverkennbar eben jener Herren eignen Geist? Greifen wir die bislang vollendetste heraus: »Was ihr wollt«.
Liegt nicht eben in der wundervollen Mischung germanischer und romanischer Elemente Shakespeares Größe? Germanisch gewichtige Tiefe und romanisch leichte Grazie, harmonisch verschmolzen, leihen dem Werk seine Eigenart. Georg Fuchs aber, der Dramaturg des Künstlertheaters, hat aus jenen Tendenzen heraus alles Romanische nach Möglichkeit zurückgedrängt und »Was ihr wollt« zu einem »nordländischen, dumpfigderben Fastnachtspiel« zu machen versucht. Nur ein Jünger jener idealistischen Partei kann finden, daß die humoristisch-sentimentalen Betrachtungen des Narren, die beinah an Arthur Schnitzler gemahnen, »für uns zum größten Teil unverständlich oder witz- und humorlos geworden seien«, nur ein Jünger jener Partei kann den Narren, aus dem auf Reinhardts Bühne Moissi eine Gestalt von bewegendster innerer Beweglichkeit schuf, als »leiblichen Bruder des Exzentrik« anschauen. Nein: »Was ihr wollt« ist und bleibt uns doch was mehr, als was Georg Fuchs will.
Freilich hat das gesunde Stilempfinden von Julius Diez sich von vornherein gegen Fuchsens Bearbeitung gesträubt, und so kam trotz allem merkwürdigerweise eine Vorstellung heraus, die in vielem Wesentlichen an den Erbfeind der Reliefbühne, an Reinhardt, gemahnte. –

Die unentwegten Bewunderer jubelten nach der »Faust«-Aufführung:

»Das Unbeschreibliche,
Hier ist's getan.«

Die unentwegten Spötter hielten dem entgegen:

»Das Unzulängliche,
Hier wirds Ereignis«.

Wir warten ab:

»Alles Vergängliche
Ist nur ein Gleichnis«.

Eine Welle hat die kritizistisch-psychologische Richtung von heut emporgetragen. Schon ebbt sie ab und neue Wellen tragen neue Werte ans Land: Werte der idealistischen Partei. Ob ihr starke Könner erstehen, wie sie der Richtung der Gegner zum Sieg verhalfen, ob ihr Dramatiker erstehen, die das können; was die Georg Fuchs, Fritz Lienhard und Genossen bislang nur wollen, das muß die Lebensfähigkeit des Künstlertheaters entscheiden.

Reinhardts Feldzug an der Isar
(1908)

Drei Jahre sind's her, daß Reinhardt das erstemal nach München kam. Er kam damals mit der Totalität seiner Spieler und seiner Kulissen. Er spielte Kabale und Liebe, Minna von Barnhelm, Elektra, Nachtasyl, Erdgeist. Kein Fünkchen Staub lag noch auf seinem frischen Ruhm, auf seiner jungen Tat. München, vor allem seine Studentenschaft, jubelte ihm zu, und Hans von Gumppenberg, der Theaterreferent der »Münchner Neuesten Nachrichten«, mußte sich schlimme Angriffe gefallen lassen, weil er an der Darstellung der Berliner etliches zu mäkeln hatte.
Mittlerweile wurde Reinhardts Ruhm matter. Und an der Isar erstand ein neuer Pharao, der von Josef nichts wissen wollte. Georg Fuchs und die Seinen gründeten im bewußten Gegensatz zu Reinhardt das Künstlertheater und schufen künstlerische Potenzen, die selbst durch die quasselnde, grölende Reklame und den kritiklosen, ranzigen Lokalpatriotismus der Unentwegten nicht ganz entwertet werden konnten.
Wir haben in unserem vorigen Heft die psychologischen Unterströmungen aufzuzeigen versucht, die die Gründung des Künstlertheaters notwendig herbeiführen mußten. Wir haben aufzuzeigen versucht, was Reinhardts Bühne zum Gegenpol der Bestrebungen des Ausstellungstheaters macht. Und wenn schon vielleicht aus anderen Gründen, sicherlich hat man auch in allerweitester Öffentlichkeit das Künstlertheater als Gegenaktion gegen Berlin empfunden.
Und nun, unter so veränderten Umständen, kam Reinhardt ein zweites Mal nach München. Mußte man sein Kommen nicht als zielbewußte Verteidigung auffassen? Forderte sein Kommen nicht heraus, zu messen zwischen ihm und den Gegnern?
Wenngleich den Direktor die Urlaubstätigkeit seiner Darsteller nicht zu kümmern brauchte, dieses mußte er sich sagen, als seine Leute nach Bayern zogen. Der Direktor des Deut-

schen Theaters zu Berlin durfte bei so gelagerten Verhältnissen nur eine ganze ungeschwächte Streitmacht entsenden. Und vor allem: er selbst mußte hier die Leitung übernehmen.
Statt dessen führte das Kommando ein gewisser »Direktor Maximilian Burg«, ein Strateg sechsten Ranges, der, trotzdem er in München lebt, die Bajuwaren für Botokuden hält. Er zerrieb Reinhardts Streitmacht, deren Kampfkraft in ihrer Geschlossenheit, ihrer trefflichen gegenseitigen Einschulung wurzelt, und er nahm ihr die wundervoll angepaßte Rüstung. Er ließ sie nicht die Manöver ausführen, die sie groß und stark gemacht, sondern mattere Evolutionen, die einen geschulten Feind zu schrecken oder gar zu überwinden schlecht taugten.
Wir bekamen bis jetzt zu sehen den Kaufmann von Venedig, Frau Warrens Gewerbe und Erdgeist. Unverfälschter Reinhardt war nur Erdgeist; in Frau Warrens Gewerbe konnte man wenigstens noch einen Hauch Reinhardtschen Geistes spüren. Aber Frau Warrens Gewerbe und Erdgeist sind Werke, deren künstlerische Potenzen nicht im letzten Sinne allbezwingend sind. Mit Shakespeare galt es zu siegen, mit Reinhardts Shakespeare, dem die Herren des Künstlertheaters ihren Shakespeare entgegengestellt hatten.
Am 1. Juli 1908, im Jahre des Münchener Künstlertheaters, abends 8 Uhr, spielten im Münchener Schauspielhaus Mitglieder des Deutschen Theaters und der Kammerspiele zu Berlin (die Damen Hartwig, Wangel und Kühnberg, die Herren Steinrück, Biensfeldt, Ekert und Schildkraut) unter Leitung von Direktor Maximilian Burg und unter Regie Albert Steinrücks im Verein mit etlichen zweitrangigen Darstellern des Münchener Schauspielhauses Shakespeares Kaufmann von Venedig.
Ich entsinne mich der Erstaufführung, fast möchte ich sagen, Uraufführung des Kaufmanns im Berliner Deutschen Theater. Ich entsinne mich, wie wir nach dem langsam und betrüblich zerstaubenden Sommernachtstraum mit Freude und Staunen und mit neuem Vertrauen zu dem begnadeten Entdecker dieses Kaufmanns aufschauten, zu dem genialen Entdecker dieses Shakespeare, des Shakespeare des zwanzigsten Jahrhunderts, unseres Shakespeare. Und nun kam irqend ein ουτις – ich weiß nicht, heißt er Maximilian Burg oder heißt er Albert Steinrück – kam ins Lager der Feinde, die eben mit schmettern-

den Tubentönen und sich brüstenden Barditen einen jungen Sieg feierten, und verhunzte einen der schönsten Kränze Reinhardts, besudelte eine seiner stolzesten Fahnen.
Wer immer dieses schauderhafte Ragout zubereitet, wer immer diese erbärmliche Sudelei gebraut hat – der unklar geschmacklose Zettel verschweigt den Schuldigen –, hat Reinhardts guter Sache den schlimmsten Dienst erwiesen in einem Augenblick, als alles darauf ankam, ihm einen Sieg zu schaffen.
Über den in solchem Wust verlorenen Shylock Rudolf Schildkrauts muß noch ein Wort gesagt werden.
Wir haben hier in München lange Jahre hindurch den in seiner Eigenart vollendetsten Shylock bewundern dürfen, den Deutschland seit fünfzig Jahren besaß: Possarts Shylock. Dieser Jude freilich war nicht von unserer Welt; wenn Possart den Juden spielte, dann war es nicht unsere Sache, die da oben verhandelt wurde: es war ein stilisierter Shylock, ein höchst unwirklicher, posierender Shylock, der irgendeinem alten Bild entsprungen sein mochte. Aber im Rahmen dieses Bildes, im Rahmen dieser Pose, dieser Unwirklichkeit, war jede Bewegung, jedes Wort, jede minutiöseste Kleinigkeit von herrlicher Echtheit. Vor diesem Juden graute uns nicht, und dieses Juden Schicksal empörte uns nicht: doch dieser Shylock, seine Art und sein Werk, fesselte uns mit schier unerhörter Gewalt. Im Sinn der Rampe war Possarts Jude von Venedig letzte, höchste Kunst. Weil aber dieser Jude nur Kunst, nur Stil war, konnte er in jeder Umgebung die ihm eigene Wirkung wirken.
Nun hat uns Schildkraut Heines Shylock gespielt, unsern Shylock, den Shylock-Lucifer-Ahasver, der ewig war, ist und sein wird. Solche Gestaltung des Juden an sich ist ein Kunstwerk. Wird ihr aber nicht das Gegengewicht gehalten durch eine vollwertige, lebendige Darstellung des süßen, tollen, von Jugend überwallenden und kraft seiner Jugend und Schönheit prächtig egoistischen Venedig: dann wird der Kaufmann herabgewürdigt zu einem Spiel für zirzensischen Pöbel. Und so entwürdigten Reinhardts Leute den Kaufmann an diesem 1. Juli.
Freilich haben sich Reinhardts Gegner bald darauf eine Niederlage geholt, die wegen der emphatischen und im Grund

recht kleinstädtischen Reklame, mit der der Sieg im vorhinein prophezeit worden war, doppelt kläglich ausfiel. Die Uraufführung von Ruederers »Wolkenkuckucksheim« war die schlimmste Schlappe des Künstlertheaters.

Das offizielle Programmbuch des Künstlertheaters schließt mit den Worten: »In den Aufführungen von Wolkenkuckucksheim dürfte sich Münchens kulturelle Eigenart wie in einem Gesamtbilde spiegeln, das Dichtkunst, bildende Kunst, Musik und Schauspielkunst zu einer eben nur in München möglichen Einheit künstlerischen Humors zusammenschließt.« Herr Georg Fuchs hat mit diesen Worten der Münchener Kunst ungefähr die schlimmste Beschimpfung angetan, die er ihr antun konnte. Denn das Kindchen, das aus dem erdrückenden Wickelkissen einer ungeheuerlichen Reklame sich herausschälte, war ach! so schwächlich, daß es, ein mißgestalteter Zwitter von verständnisbarer Wut und lendenlahmem Witz, kaum zur Welt gekommen, unter Krämpfen und Nöten verblich.

Josef Ruederer hat uns zwei Komödien geschenkt, crasso filo zwar, aber erdenfest und frisch. Er hat uns weiterhin ein erfreulich gedrungenes Skizzenbuch geschrieben, »München«, dem nur wieder kritikloser Lokalpatriotismus und skrupellos plumpe Reklame einen allzu schweren, kostbaren Mantel umgeworfen haben, der ihm sehr übel zu Gesicht steht. Warum mußte sich der breitspurige, grobfäustige Bajuware an der erdbefreiten Grazie des Attikers messen? Der Versuch, Nagelschuhe und Lodenjoppe mit dem Sokkus und der »Toga« (so nennt Ruederer das attische Gewand) zu vertauschen, mußte er nicht mißlingen? Und er mißlang so gründlich, daß man kopfschüttelnden Mitleids voll der Versuchung widersteht, die naive Kunstlosigkeit dieses salzlos behaglichen, rohgezimmerten Bierulks im einzelnen darzutun. Eines aber hat mich an diesem üblen Gehopse, an diesem leidigen Schuhplattler, zu dem Herr Ruederer aus München Fräulein Thalia aus Grācia zwang, schier betrübt: ich meine die schlimme Einseitigkeit, die traurige Befangenheit, zu der ein Mann von Ruederers Gaben sich hier bekennt. Dieses »Wolkenkuckucksheim« ist eine der fatalsten Früchte vom Baum jenes falschen Idealismus, dem das Künstlertheater huldigt. Wenn man sich selber so ungeheuer wichtig nimmt wie unser

Münchener Aristophanes, dann darf man nicht die mächtig sich emporringende Strömung einer ganzen lebensträchtigen Kultur mit fünf fest, aber nicht eben schön einherstapfenden Jambenversen abtun wollen. Und wer August Scherl nicht schärfer treffen kann, als daß er ihn Banausios schilt und ihn den Olymp um 50 Milliarden einsteigern läßt, der ist nicht der rechte Mann, an dem gigantischen Organismus zu rütteln, den Scherl, wenn auch zum Bösen gewirkt. Und wer gar glaubt, durch zwei geschmacklos mauschelnde Ästheten des Chors auch nur die äußerste Oberfläche unserer neuromantischen Dichtung treffen zu können, der beweist nur beklagenswerte Blindheit für die starken inneren Werte derjenigen Richtung deutschen Schrifttums, die heute trotz allem immer noch die am meisten lebensfähige ist.

Die Münchener Tagespresse hat aus allgemeinen und besonderen, im übrigen berechtigten Gründen sich gehütet, Ruederers Rosinante eine Rosinante zu schelten; sie hat lediglich konstatiert, daß er kein Bucephalus ist. Aber ich fürchte, der wahre Aristophanes des neunzehnten Jahrhunderts, Heinrich Heine, hätte, minder glimpflich, diesen bajuwarischen Spötter als zweiten Maßmann verlacht. –

Das sind Dinge, die Reinhardts Niederlage an der Isar minder schlimm erscheinen lassen. Immerhin legt sie den Gutgesinnten den ernsten, besorgten Wunsch nahe, Reinhardt möge, wo immer es gilt, treu und fest vor seinem Werke stehen, das uns bislang noch immer der deutschen Bühnenkunst Hochburg dünkt.

Die Braut von Messina
(1909)

Es sind diese drei Fragen zu stellen: Was verlangt der Dichter von der Bühne? Was verlangt die Dichtung von der Bühne? Was gibt Reinhardt?

Was verlangt der Dichter von der Bühne? Während der Arbeit schreibt er: »Für das Theater möchte es keine Spekulation sein und am wenigsten für das eurige, weil man da auf das Poetische gar nicht eingerichtet ist. Die Handlung wird zwar theatralisch genug sein, aber die Ausführung ist durchaus zu lyrisch für den gemeinen Zweck, und, ich darf mit gutem Gewissen hinzusetzen, für das Talent gemeiner Schauspieler zu antik.« Da aber das Werk vollendet vorliegt, meint er: »Bei gehöriger Anordnung kann ich mir auch auf den Brettern eine bedeutende Wirkung von dem Chore versprechen.« Und gar nach der Aufführung in Weimar: »In der Vorstellung der ›Braut von Messina‹ bekam ich zum ersten Mal den Eindruck einer wahren Tragödie ... Goethen ist es auch so ergangen, er meint, der theatralische Boden wäre durch diese Erscheinung zu etwas Höherem eingeweiht worden.« Schillers Weihefestspielstimmung hält aber nicht lange vor; bei der ersten Vorstellung von Goethes ›Natürlicher Tochter‹ erkennt er das Antidramatische »solcher antikischer Versuche« und faßt den Vorsatz, »künftig viel bestimmter und zweckmäßiger für das Theater zu schreiben, ohne der Poesie das geringste zu vergeben«. Er verspricht sich nur noch geringen Erfolg von der Berliner Aufführung, und als sie dann trotzdem »einen lebhaften Sukzeß« erringt, ist er »aufs angenehmste überrascht«. Auch das Vorwort der Buchausgabe betont geflissentlich die nur experimentelle Natur des Werks.
Ich führe dies alles an, um zu zeigen, daß Schiller selbst sich über die Wirkungsmöglichkeit der ›Braut von Messina‹ durchaus im unklaren war, daß also dem Regisseur hier noch weniger als sonst der Vorwurf der Pietätlosigkeit gemacht

werden darf, wenn er die spärlichen dramaturgischen Weisungen des Dichters nicht mit philologischer Treue befolgt. Vor allem die Andeutungen, die Schiller über die Darstellung des Chors gibt, sind tastend und widerspruchsvoll. Da heißt es etwa: »Sie sollen mir das Stück spielen, ohne nur zu wissen; daß sie den Chor der alten Tragödie auf die Bühne gebracht haben«, dann aber wünscht er »den Gebrauch des Chors, so wie er in der alten Tragödie vorkommt«, und schärft dem Regisseur ein, »feierlich, pathetisch, antikisch« zu sein. Er wünscht, daß Zelter die lyrischen Intermezzi komponiere, gibt Andeutungen über die Kompositionsmöglichkeiten, um schließlich wieder von der musikalischen Begleitung des Chors abzustehen; noch die Weisungen an Iffland sind ganz allgemein.
Aber wenn sich Schiller auch im unklaren ist über die Art, wie die ›Braut von Messina‹ am besten aufzuführen sei: klar ist ihm das letzte Ziel, das eine theatralische Versinnlichung des Werks erreichen soll. Er fordert, daß die Aufführung durchaus abweiche von der gemeinen Realität des Theaters, er verbietet streng jeden Naturalismus, er verlangt vom Einzeldarsteller nicht etwa Seelenzergliederung, sondern die große Geste, den wuchtigen und gemessenen Schritt des Kothurns und heischt von der Gesamtdarstellung »Großheit, Schönheit, Würde und Bedeutung«.
Mag sich somit der Regisseur über die einzelnen Winke Schillers hinwegsetzen und nach Herzenslust alles Mögliche ausprobieren – dies muß sein letztes Streben sein: Großheit, Schönheit, Würde und Bedeutung.

Was verlangt die Dichtung von der Bühne? Die ›Braut von Messina‹ ist im Stoff und in der Komposition der Handlung romanisch, in der Form gräzisierend, in der Idee schwäbisch und in der Diktion über alle örtlichen und zeitlichen Grenzen erhaben.
Der Stoff, die Handlung ist theaterhaft, naiv und schrecklich; will lediglich Rohstoff sein, an sich belanglos, »rohes Element«. Da es in der Absicht des Dichters lag, den Personen alles Persönliche, Einzelmenschliche zu nehmen und ihre Taten als Schachzüge einer höhern, mystischen Gewalt hinzustellen, fehlt alles, was wir gemeinhin dramatisch nennen.

Manchmal erscheint die Handlungsfolge so gequält, daß man sie füglich als romanisch-ritterlich parodierende Mischung aus den ›Phönizierinnen‹ und dem ›Ödipus‹ ansprechen möchte, Form und Idee –: heute weiß jeder Gymnasiast, daß Schillers Ringen um die Antike ein großer und rührender Irrtum war, das Schwäbisch-Kleinbürgerlichste an Schiller. Und dieses Irrtums reifste Blüte – Schiller hat das Antikische gelegentlich selbst als antidramatisch bezeichnet – ist die ›Braut von Messina‹. Am deutlichsten zeigt diesen Geist die berühmte Vorrede, die so viel Verworrenes und Vieldeutiges über Idealität, Illusion, Gaukelei und Symbolismus des Theaters bringt, daß man sich nur wundern muß, wie die Theoretiker der Münchner Reliefbühne eine solche Fundgrube übersehen konnten.
Betrachten wir das Werk nicht vom philologischen und historischen, sondern nur vom dramaturgischen Gesichtspunkt, so bleibt als einziges Lebendiges, auf der Bühne Wirksames: »das lyrische Prachtgewebe, in welchem sich, als wie in einem weitgefalteten Purpurgewand, die handelnden Personen frei und edel mit einer gehaltenen Würde und mit hoher Ruhe bewegen«. Bleibt die prachtvoll satte, stürmende, rauschende Lyrik, deren machtvoll breiter Strom jeden Zweifel fortreißt und auch das naivste Pathos schwingen, lebendig werden läßt. Es ist wirklich erreicht, was der Dichter erstrebt (auf anderm Wege freilich): der Stoff ist aufgesogen, nebensächlich; auf den Gipfeln des Dramas aber schreitet der Chor »wie mit Schritten der Götter, von der ganzen sinnlichen Macht des Rhythmus und der Musik begleitet«. Neben Byrons ›Manfred‹ ist die ›Braut von Messina‹ das einzige dramatische Lyrikon, das sich auf dem Theater behaupten konnte. Es wird uns also derjenige Regisseur das Drama am stärksten sinnenfällig machen, der seine lyrischen Qualitäten am wirkungsvollsten gestaltet.

Was gibt Reinhardt? Das Drama trägt den Untertitel: Ein Trauerspiel mit Chören. Dieser Untertitel ist natürlich als Hendiadyoin, also etwa als: ein lyrisches Trauerspiel, ein dramatisches Lyrikon zu fassen. Reinhardt möchte beides geben: das Drama und das Lyrikon, und neben beidem noch das lyrische Trauerspiel. Er gibt: die vortreffliche Aufführung eines mißglückten Dramas, die mißglückte Aufführung eines trefflichen Lyrikons und ein paar Ansätze zur Aufführung eines Trauerspiels mit Chören.

Er gibt, sage ich, die vortreffliche Aufführung eines mißglückten Dramas. »In einer höhern Organisation«, meint Schiller, »darf der Stoff oder das Elementarische nicht mehr sichtbar sein. Die chemische Farbe verschwindet in der feinen Karnation des Lebendigen ... Der Stoff hat lediglich die Funktion, die Formen, die er umgibt, geltend zu machen, anstatt sie durch seine Schwere zu erdrücken.« Schiller hat deshalb die Menschen seines Werkes möglichst unpersönlich gehalten und hat der Handlung keine Farbe, nur Linien gegeben. Reinhardt verwischt die Linien, nimmt der Handlung den Reiz des Zeitlosen, Mystischen und macht die großen, typischen Gestalten, die starren Blickes statuenhaft wandelnden, zu kleinen, nervösen, höchst persönlichen Menschlein. Doppelt seltsam, daß er dann wieder, dem ausdrücklichen Willen des Dichters entgegen, die Einheit des Ortes zu wahren sucht mit Gewaltmitteln, die auch der bestwillige Zuschauer als störend empfinden muß.

Von diesen prinzipiellen Ausstellungen abgesehen, verdient die Herausgestaltung des Dramas Bewunderung. Das erste Auftreten der Brüder, ihre Feindschaft und Versöhnung, das Eingreifen des Chors in die Handlung, Don Manuels Liebestragödie, das Hereindonnern des Schicksals in die gelassene Hybris Isabellens, Don Cesars sühnender Selbstmord: alle diese Geschehnisse waren wohl noch nie so von innen heraus, so aus dem Wesen der Personen heraus motiviert, so fest psychologisch verankert wie in dieser Vorstellung. Wie Messina gen den Palast brandete, da die Brüder, sich zu versöhnen, ihren Einzug hielten; wie der Chor wuchtig aus der Tiefe in den Saal wuchs; wie Manuels Mannen, fernher immer näher dröhnend, die schicksalsträchtige Leiche des Gebieters vor die Mutter brachten: das war frisch und neu und mit Bedeutung auch gefällig gestaltet. Die Sandrock war eine würdige Mutter, wenngleich nicht eben sehr königlich, und wußte die Erschütterungen des vierten Aktes nicht ohne Größe zu durchringen. Die Beatrice der Heims liebte und litt mit aller Heftigkeit, die Schillers Wort irgend zuließ; sehr naturalistisch freilich und den Weisungen des Dichters strikt zu-

wider. Herr Beregi suchte die Wallungen Don Cesars psychologisch, zum Schlusse gar psychophysiologisch zu begründen; sein Tod war nicht eine edle Tat der Sühne, sondern eine Tat still wütenden, krampfigen Wahns. Wundervoll war Moissis Manuel; er als einziger wußte Mensch zu sein und zugleich auf dem Kothurn zu wandeln.
Alles in allem hatte Reinhardt die Handlung so verständlich, fließend und erregend, die starren Maskengestalten so menschenähnlich gemacht wie irgend möglich, und man bedauerte nur, daß so viel Kunst unnütz vertan war. Denn so vortrefflich die (nebensächlichen) dramatischen Qualitäten des Werks herausziseliert waren, so mißglückt war die Gestaltung des (entscheidenden) lyrischen Moments.
Zunächst: Reinhardts Spieler brachten dem Wesen, der Dynamik des fünffüßigen rhetorischen Jambus wenig, des Trimeters durchaus kein Verständnis entgegen. Wie da Herr Beregi vor allen, dann aber auch die Heims und selbst die Sandrock, die es doch besser kann, Cäsuren verklammerten, Senkungen gewaltsam hoben, Hebungen rücksichtslos senkten, den schönen Fluß des Verses grausam zerrissen, ward dem zu doppeltem Schmerz, der weiß, mit welch unendlich liebender Sorgfalt Schiller den Rhythmus und die Dynamik seiner prachtvollen Verse gefügt hat. Einzig in Moissis Munde gewannen diese Verse ihr rechtes Leben; ihm klangen sie auf und verklangen sie, gefügig, tausendnervig und dennoch voll gelassen beherrschter Würde.
Sodann der Chor. Reinhardt hat ihn mit sicherm Instinkt in den Mittelpunkt geschoben; doch hat er ihm von den beiden Funktionen, die er erfüllen soll, nur die eine gelassen und hat überdies den Rhythmus der Chorverse ihrer Dynamik geopfert. So mußte die stärkste Wirkung der Dichtung, die lyrische, versagen, das Werk zum schlecht gefügten und herrlich gespielten Drama und zugleich zum wundervoll erfundenen und schlecht vorgetragenen Lyrikon werden.
Reinhardt nahm dem Chor von den beiden, schuldigen Funktionen die eine. »Im Chor«, bemerkt Schiller, »hatte ich einen doppelten Charakter darzustellen: einen allgemein menschlichen nämlich, wenn er sich im Zustand der ruhigen Reflexion befindet, und einen spezifischen, wenn er in Leidenschaft gerät und zur handelnden Person wird. In der ersten

Qualität ist er gleichsam außer dem Stück und bezieht sich also mehr auf den Zuschauer. Er hat, als solcher, eine Überlegenheit über die handelnden Personen, aber bloß diejenige, welche der Ruhige über den Passionierten hat. In der zweiten Qualität, als selbsthandelnde Person, soll er die ganze Blindheit, Beschränktheit, dumpfe Leidenschaftlichkeit der Masse darstellen, und so hilft er die Hauptfiguren herausheben.«
Reinhardt betont nur diese zweite Eigenschaft des Chors. Ihm ist der Chor ständig Mitspieler, Förderer der Geschehnisse. Er ist voll immerwährender Bewegung; nie verläßt er den engen Kreis der Handlung. Die Stellung des Chors in der Tragödie verlangt aber, daß er diesen Kreis verlasse, »daß er Ruhe in die Handlung bringe, die schöne und hohe Ruhe, die der Charakter eines edeln Kunstwerks sein muß, daß er das tragische Gedicht reinige«. Ebenso wie in Reinhardts Aufführung die tragischen Personen selbst niemals »ideale Personen und das Tiefe der Menschheit aussprechende Repräsentanten ihrer Gattung« sind, sondern immer nur »wirkliche Wesen, Individuen«, ebenso ist Reinhardts Chor niemals der »Repräsentant des reflektierenden Zuhörers«, sondern immer nur Handlung fördernder oder doch zum mindesten verbindender Akteur. Den eigentlichen Zweck des Chors, eben die Reinigung des tragischen Gedichts, vermag somit Reinhardt nicht zu erreichen.
Des weitern opfert seine Regie die Rhythmen der Chöre ihrer Dynamik. Es sei zugegeben, daß diese bis ins Einzelnste geschmackvoll abgestufte Dynamik machtvolle, bis jetzt kaum geahnte Wirkungen erzielte: aber dies rechtfertigt nicht die Preisgabe des Rhythmus, Reinhardt fugt die Chöre, verstärkt sie durch unsichtbares Echo, durch Wiederholungen, zerteilt sie in Bewegung. Zunächst nun beeinträchtigen diese Mittel – sonst die schönsten Tugenden der Reinhardtschen Chorregie – die durch Metron und Rhythmus klar vorgezeichnete Versakzentuierung. Reinhardt gibt nämlich den Wiederholungen verschiedene Betonung, so daß man an jene berühmte Fidelio-Stelle erinnert wird, die Beethovens Komposition, da er sich über die Akzentuierung im unklaren war, dreimal verschieden betonte. Dann greifen solche Wiederholungen mehrfach selbst in die Handlungsfolge störend ein. So setzt, zum Exempel, Schiller mit gutem Grund an den Schluß des

dritten Aktes das handlungsbindende und -fördernde Motiv der Furien; Reinhardt aber läßt retardierend und weit ausholend die Totenklage von neuem ertönen und die Szene beschließen.

Doch diese Bedenken sind fast nebensächlich, hält man die Zerstörung des Rhythmus dagegen, die Schillers Lyrik in ihrem Innersten trifft. Ich greife willkürlich ein Beispiel heraus. Bei Schiller heißt es:

Heil dir, o Jungfrau,
Liebliche Herrscherin,
Dein ist die Krone,
Dein ist der Sieg!

Sinn und Rhythmus ist klar: es ist der Rhythmus der beschwingten, panegyrischen Anrede. Reinhardt macht daraus etwa folgendes:

Heil dir, o Jungfrau! Jungfrau, Heil!
Liebliche Herrscherin Heil dir, o Jungfrau!
Dein ist die Krone, Dein ist der Sieg!
Heil dir, o Jungfrau,
Heil dir, o Jungfrau, Jungfrau Heil!

Ich sehe nun ganz ab von der ungebührlichen Betonung des Wortes ›Jungfrau‹ und verweise lediglich auf den Rhythmus. Schillers Verse zeigen sich (ihrem Rhythmus zufolge) als beschwingter Auftakt, als dienendes Glied. Reinhardts Rhythmen sind ein Dithyrambus für sich, etwas in sich Geschlossenes, und ihr Versmaß ist das Metron eines Militärmarsches oder, gelinder, eines Hurragedichts. Ähnlich sind, aus dynamischen Gründen, fast alle Partien des Chors behandelt, und so bringt in Reinhardts Gestaltung Schillers ruhevolle Lyrik statt Ebbe Flut in die Handlung.

Die einzelnen Sprecher waren nicht alle glücklich gewählt. Am wuchtigsten in Wort und Gebärde ragte Diegelmanns gehaltene Würde, gewiß durchaus im Sinne Schillers; wundern mochte man sich freilich, daß diesem Darsteller trotz den vielen Proben noch immer störende Betonungs- und Gedächtnisfehler unterliefen. Wegener war in der Maske ohne Würde, in der Sprache ohne Bedeutsamkeit. Hartau sprach gut, aber zu unruhig.

Fassen wir zusammen. »Der Sukzeß der ›Braut von Messina‹«, schreibt Schiller an Iffland, »auf dem berliner Theater hat mich aufs angenehmste überrascht; es ist Ihr Triumph, nicht meiner, denn alles, was ich von Augenzeugen darüber vernommen, kommt darauf hinaus, daß der Vortrag des Chors meistermäßig angeordnet gewesen und in der ganzen Darstellung überhaupt die größte Würde und Bedeutsamkeit beobachtet worden sei.« An Reinhardts Experiment hätte Schiller wenig Freude gehabt. Denn alles war hier meistermäßig angeordnet, nur nicht der Vortrag des Chors, und keinen Vorzug ließ die Aufführung vermissen, nur Würde und Bedeutsamkeit wurde nicht beobachtet.
Reinhardt suchte die ›Braut von Messina‹ aus ihrer Sphäre in seine herüberzuziehen. Der Versuch mußte mißglücken. Reinhardts Element ist Bewegung und Farbe, Handlung und Seelenzergliederung; die Sphäre der ›Braut von Messina‹ ist Ruhe und Linie, Reflexion und Typisierung. Heine hätte vielleicht von Nazarener- und Hellenentum gesprochen.
Ein schlechtes Drama wurde trefflich gespielt, ein treffliches Gedicht schlecht vorgetragen. »Es ist eine mißliche Sache«, meinte Schiller kurz vor seinem Tode, »mit den griechischen Dingen auf unserm Theater.«

Judith
(1909)

Quando he de escrivir una comedia
Encierro los preceptos con seis Ilaves –

Wenn ich eine Komödie zu schreiben habe, verschließ' ich die Regeln hinter sieben Riegeln. Mit diesem Trutzsprüchlein des Lope de Vega erklärte ums Jahr 1830 der junge Victor Hugo den Autoritätszöpfen seiner Zeit frisch-fröhliche Fehde. Zehn Jahre später stand in Deutschland einer auf, schmiedete Regel an Regel zu drakonischem Gesetz, verpönte alle sich selbst genügende, sich selbst bezweckende Gestaltung, griff mit scharfgezahnter Polemik Kants Ästhetik an, verkündete die Verlebendigung nicht des Menschen, sondern des Problems als letzten Zweck des Dramatikers, erklärte die Kunst als »realisierte Philosophie«, das Drama als »ernsteste Provinz mitten im Reich der Philosophie«, preßte seine gewaltige Gestaltungskraft in das Prokrustesbett seiner Theorien und schuf Werke, die man lieben und hassen und immer bewundern muß. Dieser Mann war Friedrich Hebbel.

Und so ein Stück realisierter Philosophie ist die ›Judith‹. Warum ärgert uns dieses Drama trotz seinen Herrlichkeiten vom ersten bis zum letzten Wort? Nicht weil, wie Walter Calé erklärt, Judith eine geistvolle Dame ist, deren Peinlichkeit wir nicht überwinden können, sondern weil der Dichter die Gestaltung seiner Menschen wie etwas Nebensächliches betreibt und uns immer wieder zu verstehen gibt: Seht ihr, ich könnte wohl ein schönes Spiel um seiner selbst willen schaffen, aber ich will nicht. Ich will philosophieren! Neben Platon, Dante und dem Prediger Salomonis hat vielleicht kein Dichter der Welt seinen Beruf und die Grenzen seiner Kunst so titanisch verkannt wie Friedrich Hebbel. Und rührend und erschütternd ist die Beflissenheit, mit der er erklärt, »der Bänkelsängerstab widre ihn an, und er werde daher nicht über seine Stücke und ihre Ökonomie reden«, und wie er dann gleich-

wohl fast zu jedem seiner Werke Vorwort oder Nachwort oder Kommentar schreibt und modifiziert und verwirft und schließlich doch veröffentlicht, um uns und sich selbst zu überzeugen, daß die Kunst potenzierte Philosophie und »ein sittliches Problem die Achse des Dramas« sein müsse.
Wie steht es um die Darstellbarkeit eines solchen Dichters? Hebbel fordert: »Eine Dichtung, die sich für eine dramatische gibt, muß darstellbar sein, jedoch nur deshalb, weil, was der Künstler nicht darzustellen vermag, von dem Dichter selbst nicht dargestellt wurde, sondern Embryo und Gedankenschemen blieb.« Man sieht, die Darstellbarkeit ist ihm nicht Zweck, sondern nur eine Eigenschaft des Dramas, das dargestellte Drama nicht Entelechie, sondern nur Dynamis. »Das Drama«, fordert der Dichter, »soll den jedesmaligen Welt- und Menschenzustand in seinem Verhältnis zur Idee veranschaulichen.« Der Bühne ist das unmöglich; es liegt außerhalb ihres Rahmens. Sie kann nicht menschliche Probleme, sie kann bestenfalls problematische Menschen geben.
Hebbel selbst hat den schwersten Einwand formuliert, der sich gegen die Darstellbarkeit seiner Werke erheben läßt: »Darstellbar ist nur das Handeln, nicht das Denken und Empfinden.« Und in der ›Judith‹ heißt es: »Der Gedanke ist der Dieb am Leben.« Hebbel, oder doch zum mindesten der jüngere Hebbel, glaubt nun, das Gedankliche schon in Handlung umgemünzt zu haben, wenn er seine Menschen schlechthin und unumwunden – noch dazu sehr häufig in seiner eigenen, die Idee abstrahierenden Sprache – äußern läßt, was sie letzten Endes nur im Unterbewußtsein empfinden können. Solche Äußerungen bleiben aber Empfindungen, Glossen des Dichters, die nicht darstellbar sind. Hebbels Dialektik – auch die Taten seiner Menschen sind zuweilen dialektisch – ist der schwerste Hemmschuh seiner Bühnenwirkung.

Hebbel wollte der ›Judith‹ ursprünglich ein Vorwort mitgeben. Darin heißt es: »Ich wollte, in Bezug auf den zwischen den Geschlechtern anhängigen großen Prozeß, den Unterschied zwischen dem echten, ursprünglichen Handeln und dem bloßen Sichselbst-Herausfordern in einem Bilde zeichnen, und jene alte Fabel, die ich fast vergessen hatte und die mir in der Münchner Galerie vor einem Gemälde des Giulio Romano einmal an einem trüben Novembermorgen wieder lebendig wurde, bot sich mir als Anlehnungspunkt dar. Auch reizte mich nebenbei im Holofernes die Darstellung einer jener ungeheuerlichen Individualitäten, die, weil die Zivilisation die Nabelschnur, wodurch sie mit der Natur zusammenhingen, noch nicht durchschnitten hatte, sich mit dem All fast noch als eins fühlten, und aus einem dumpfen Polytheismus in die frevelhafte Ausschweifung des Monotheismus stürzend, jeden ihrer Gedanken ihrem Selbst als Zuwachs vindizierten und alles, was sie ahnten, zu sein glaubten. Diese paar Bemerkungen über das, was ich beabsichtigte, schienen mir als Fingerzeige für die Aufführung nicht überflüssig, deshalb hielt ich sie nicht zurück.«

Er hat sie aber zurückgehalten. Erst in seinem Nachlaß fand sich diese Vorrede. Hat er schließlich doch erkannt, daß diese Auslassungen über das Problem dem Regisseur nicht von Nutzen sind? Oder schien ihm diese Formulierung nicht treffend genug? Erst drei Jahre später, als er erkannt hatte, daß man »ihm die ›Judith‹ fast auf den Kopf stellte und ihm die Tugend geradezu als Sünde anrechnete« – so hatte ihm der Bayernkönig Ludwig der Erste auf eine lange Auseinandersetzung über das sexuelle Problem erwidert: »Ja, ja, Herr Doktor, die Schweinerei muß drin sein!« – nach drei Jahren also gab er dann folgenden Kommentar: »Das Moment, worin das ganze Verdienst der ›Judith‹ liegt, ist die Verwirrung der Motive in der Heldin, ohne die sie eine Katze, wenn man will, eine heroische, geworden oder geblieben wäre, und die Ableitung der Tat aus eben dieser Verwirrung, die nur dadurch eine tragische, das heißt: eine in sich, des welthistorischen Zweckes wegen, notwendige, zugleich aber das mit der Vollbringung beauftragte Individuum wegen seiner partiellen Verletzung des sittlichen Gesetzes vernichtende werden konnte.« Dies Problem kann die Bühne nicht gestalten. Wie will der Regisseur es anstellen, daß die Tötung des Holofernes uns als welthistorische Notwendigkeit erscheine? Wie will er es zuwege bringen, daß das Sittengesetz, das Judith verletzt, uns mehr werde als das individuelle Sittengesetz der Judith, daß es unser Sittengesetz werde? Er kann das Reich des Nebukadnezar nicht zum Symbol der Welt, den Holofernes nicht zum Symbol aller menschlichen Kraft, das Gewissen der Judith nicht zum Symbol aller menschlichen Ethik emporrecken. Selbst wenn der Dichter es vermocht hätte – aber auch der mußte ja allzuhäufig künstliche Aufgeblasenheit geben, um übermenschliche Fülle vorzutäuschen – die Bühne kann der ›Judith‹ nicht die vom Dichter geforderte allgemeine Tragik, sie kann ihr nur individuelle Tragik abringen.

Jenes Hemmnis aber, das Hebbels Bühnenwirkung am meisten gefährdet, stört in der ›Judith‹ minder als sonst: die Dialektik. Er selbst hat gefühlt, was seine Diktion gemeinhin so schwer und düster und drohend macht. Unwirsch klagt er einmal: »Wenn die Unschuld des Worts nicht respektiert und von der dialektischen Natur der Sprache, deren ganze Kraft auf dem Gegensatz beruht, abgesehen wird, so kann man mit jedem eigentümlichen Ausdruck jeden beliebigen Wechselbalg erzeugen, man braucht nur einfach in die Bejahung der eben hervorgehobenen Seite eine stillschweigende Verneinung aller übrigen zu legen.« Hierin liegt auch wirklich das Aufreizende der Hebbelschen Diktion, daß jedes einzelne Wort so steinern und feindselig starr für sich dasteht, daß wir notwendig aus so gewaltsamer Betonung der einen Seite die Verneinung aller übrigen schließen müssen. Trotzdem Hebbel sich dagegen verwahrt. Seine Worte stehen und starren wie Granitblöcke und sind so voll eigensüchtigen, selbstherrlichen Trotzes, daß sie zum Widerstand herausfordern, selbst wenn man sie für richtig hält. Diese Diktion aber ist die Diktion der Bibel. Auch sie ist in diesem despotischen, granitenen Stil geschrieben, und es ist kein Zufall, daß die Exegese des Talmuds im wesentlichen auf dem von Hebbel gerügten Auslegungsmodus beruht. Im Munde der biblischen Personen klingt Hebbels Diktion harmonisch, hier wird es glaubhaft, wenn Kritik und Empfindung immer wieder unauflöslich sich ineinander ranken, sich ineinander verfleischen. (Dies ist natürlich cum grano salis zu verstehen. Der Stil der ›Judith‹ ist noch lange nicht so ausgeglichen wie der des spätern Hebbel, und die philologische Kritik wird zahlreiche Anklänge an Goethe, Schiller, Shakespeare, Grabbe und den Sturm und Drang mühelos nachweisen können. Eine philologische Betrachtung der ›Judith‹ dürfte übrigens, auch auf den

Stoff ausgedehnt, nicht unfruchtbar sein. Hat man, zum Beispiel, schon daran gedacht, daß Hebbel in den Apokryphen von der Judith aus nur wenige Seiten vorblättern mußte, um, im Buche Tobias, die Erzählung von der jungfräulichen Hochzeitsnacht zu finden, oder daß ihm die Bücher der Makkabäer für die Szenen in Bethulien eine wichtige Quelle waren?) Aus diesem Grunde, weil im Munde der biblischen Personen Hebbels Diktion harmonisch klingt, kann die Bühne von allen Hebbelwerken, neben ›Herodes und Mariamne‹, am leichtesten die ›Judith‹ sich gewinnen.

»Die Charaktere der ›Judith‹«, schreibt Hebbel gelegentlich, »stehen so an der letzten Grenze des Darstellbaren, daß die Aufführung allenthalben mißlingen muß, wo ich nicht auf große Künstler rechnen kann.« Reinhardt hatte nicht eben große, aber außerordentlich intelligente und feinnervige Spieler ins Feld zu schicken. Die starken geschlechtlichen Qualitäten, die Tilla Durieux mitbringt, hätten sie leicht verführen können, aus der Judith eine (monumentale) Salome zu machen. Sie wußte sich indes mit kluger Kunst zu mäßigen und sich alle visionären ethisch-heldischen Akzente abzuringen, über die irgend sie gebieten kann. Vier Akte hindurch. Wie dann aber im letzten Akt für die große Szene mit Holofernes die Natur übermächtig zurückkehrte, wie alle Süchte der Wollust über diesen Leib hinbrausten, ihn niederduckten und wieder emporrissen und die Züge dieses Gesichts zu weißer, starrer Geilheit verzerrten, da war alle Mäßigung fortgeschwemmt, das durch vier Akte so mühsam betonte heldische Daimonion entpuppte sich als Schminke, und dieser Judith, die nun wirklich nichts weiter war als eine heroische Katze, konnte man vielleicht noch die Tötung des Holofernes glauben, aber sicher nicht mehr die ethische Selbstzernichtung. Paul Wegener sucht die Großheit des Holofernes durch mosaikartige Zusammensetzung lauter treffender Einzelzüge zu fügen. So überlegen sein Holofernes angelegt, so geschickt er gezimmert, so wohlberechnet er gesteigert ist: in der Kunst gibt die Addition vieler kleiner Zahlen keine große. Hebbels Holofernes ist von prachtvoll naiver Großheit, und was er tut, läßt sich aus einem einzigen Wesenszug ableiten: aus seiner Kühnheit, die an Tollheit grenzend, blind, unaufhaltsam,

nur sich selbst bezweckend, einherwuchtet und mit sich reißt, was sie berührt. Er ist kein asiatischer Wald- und Wiesendespot: Wollust und Blutgier sind nicht Wurzeln, sondern Äste seines Wesens. Er ist nicht Zweckmensch, er handelt nicht aus Kalkül, nicht seine Tücken, sondern seine Süchte machen ihn gefährlich; der Augenblick ist sein Gott. Wegeners Holofernes aber ist bei aller aparten, erarbeiteten Feinheit der Darstellung im Grunde der übliche orientalische Tyrann, das usuelle Gemisch von Geilheit und Mordgier. Sein Gesicht mit den gern sich schleiernden Augen, der platten, gemeinen Nase und dem bartlosen, fliehenden Kinn ist immer durchlauert von heimlichen Listen, gespannt von giftigen Brünsten. Seine Gesten sind schleichend, jäh und tückisch. Er macht aus Hebbels statuenhaftem Halbgott, der, wie die Gebilde Max Klingers, sich aus dem Block, daraus der Meister ihn geschaffen, noch nicht losgelöst, aus dieser lebendig gewordenen Statue einer fratzenhaften, schwerlinigen Zeit macht Wegener einen tausendnervigen Menschen unsrer Tage, dessen Handlungen sich zumeist aus geschlechtlichen Motiven erklären lassen: er opfert der Farbe die Monumentalität. Meisterhaft weiß er die schwer gebauten Sätze Hebbels zu gliedern, wie auch der Durieux die knorrige Diktion schmiegsam sich fügt.
Prachtvoll ist die Stimmung kriechenden Grauens, bedrükkenden, überhitzten Prunkes, fliegenden Gehorsams, die Reinhardts Regie, die Julius Diezens Farbenkünste um den Holofernes breiteten. Die Volksszenen in Bethulien hingegen waren unfertig und entbehrten jeglicher Gliederung. (An vielen Mängeln mochte die enge Bühne die Schuld tragen.) Die einzelnen Episoden hoben sich nicht heraus, die Szene mit dem Greis Samuel und seinem bis zur Parodie berlinisch psalmodierenden Enkel (Wilhelm Bendow) schien mißverstanden, und Hunger und Verzweiflung, Fanatismus und Rettungsjubel blieb in bescheidenen Grenzen.

Ich überlese, was ich über Reinhardts ›Judith‹ geschrieben, und sehe, daß ich von Reinhardt nicht nur verlangte, was Hebbel gab, sondern auch, was er erstrebte. Das ist nun freilich eine Forderung, die man unter allen deutschen Spielleitern nur an Reinhardt stellen darf. Und wenn ich's recht bedenke, seh' ich jetzt, nach Matkowskys Tode, keinen andern Weg, das Riesenmaß des Holofernes auszufüllen, als den klugen, kritizistischen, den Wegener gewählt. Und solange selbst der jüngsten Elevin Salome, Elektra, Elga noch im Blut stecken, wird es schwerhalten, eine Judith zu finden, die über den erotischen Lockungen der Holofernes-Szenen das Ethisch-Heldische nicht vergißt. So ist wohl schließlich der Versuch, das kritizistische Werk mit kritizistischen Mitteln sich zu gewinnen, auch wenn er nicht zur Vollkommenheit führen kann, der einzig mögliche. Und wenn ich Reinhardt am Ziel zurufe: »Wohl kamst du durch – so ging es allenfalls!«, so laß ich mir's gern gefallen, wenn er mir das Goethewort erwidert: »Mach's einer nach und breche nicht den Hals!«

Hanneles Himmelfahrt
(1909)

Es ist kein Zufall, daß unter den deutschen Dramatikern kein zweiter so viele Kindergestalten auf die Bühne gestellt hat wie Hauptmann: Rautendelein und Ottegebe, Pippa und Gersuind und Hannele. Wie wundervoll kinderhaft ist dieser Poet! Wie weich und wund und verträumt ist sein Gestalten, wie fernab allem logischen Kritizismus, von wie tiefer Intuition sein Erkennen! Das Kinderhafte ist das stärkste Merkmal seiner Kunst; in seiner Kindlichkeit wurzelt seine Größe und seine Schwäche. Naturnähe, Animalität, Insichhineinschauen, ενστασις, Weichheit, Verträumtheit, Plötzlichkeit sind die wesentlichsten Eigenheiten der Hauptmannschen Menschen. Lauter kinderhafte Eigenschaften. Selbst seine männlichsten Männer weisen diese Kinderhaftigkeit: Florian Geyer, der Markgraf von Saluzza; Fuhrmann Henschel. Aus rauhestem Trutz fallen sie plötzlich in weichste Weichheit.

Das Beste in Hauptmanns Kunst, seine merkwürdige Art, von etwas höchst Belanglosem plötzlich eine Brücke zu schlagen nach etwas ganz Hohem, Fernem, Herrlichem, ist kinderhaft. Kinderhaft ist seine Symbolik, die manchmal neben etwas urgründig Tiefes, Erhabenes etwas ganz Flaches, Albernes, Fratzenhaftes zu stellen sich nicht scheut, die bei allem, was geschieht, großäuigig nach der Bedeutung fragt. Was ihn mit gewissen Griechen, was ihn mit der mittelalterlichen Lyrik, mit der pietistischen Mystik der Deutschen, was ihn mit Grillparzer verbindet, sind solche kindlichen Züge.

Hier ist auch die Quelle seiner Schwächen. Seine Kunst ist durchaus naiv, kritiklos, sprunghaft, setzt wahllos Höchstes neben Niedrigstes, gibt oft statt einer Entwicklung ein bloßes Nebeneinander, knüpft Fäden und läßt sie fallen, mischt kantigste Wirklichkeit mit weichlinigster Fabel und schreitet vom Himmel durch die Welt zur Hölle, dumpf, triebhaft, jedem Eindruck empfänglich, durch keinen Zweifel beirrt, unbekümmert, kinderhaft und verträumt.

Kinderhaft und verträumt.
Der fünfzigjährige Lessing tut sich was darauf zugute, daß er nie im Leben geträumt habe, und knüpft daran die Bemerkung, er sei wohl kein Dichter. Hauptmann ist am meisten er selbst und wohl auch am meisten Dichter, wenn er Träume, und gar wenn er Kinderträume gestalten kann.
›Hanneles Himmelfahrt‹ ist echtester Hauptmann. Man fühlt ordentlich, wie freudig befreit von den engen Regeln des Dramas Hauptmann aufatmete, als er diese Traumdichtung schuf. Der Techniker hat denn auch vieles auszusetzen. Die Exposition ist zu lang geraten, das Armenhaus ist zu sehr um seiner selbst willen geschildert, das Auf und Ab der Personen ist umständlich und nicht sehr glücklich motiviert, die Zweiteilung stört, die sorgliche physiologische Begründung einzelner Traumszenen beeinträchtigt die (äußere) Glaubhaftigkeit andrer, willkürlich hingesetzter, die naturalistische Diktion des Armenhauses nimmt der Sprache Hanneles die physikalische Möglichkeit, der Höhepunkt ist ... Aber wozu diese Kritikasterbedenken? Wozu Hauptmann vorhalten, daß er uns nicht more geometrico beweist, was er uns suo more sagen will! Verschwinden diese Bedenken nicht sogleich vor der einfältigen, herzlichen Herrlichkeit des Traumes? Vor der versonnenen, in sich gekehrten Süße dieser Verse? Seitdem der deutsche Minnesang verklungen, hat keiner mehr so kinderliebe, inbrunstzitternde, sonnenäugige, glockenklare Verse geschrieben.
Was kümmern uns die peinlichen naturalistischen Schnörkel, was die theatralisch-technischen Mängel! Das Werk gibt sich ohne Prätension als ein melancholisches Gedicht, das auf pathetische Tragik, auf verschlossene Bedeutung keinen Anspruch macht. Erst die Ausleger wollten einen heimlich tiefern Sinn hineinlegen und haben so die schöne Dichtung vielen verleidet. Wenn wir ihre klare, tiefe Lyrik genießen ohne die krampfhafte Sucht, eine heimliche, tiefere Bedeutung aufzuspüren: dann nur können wir ihren Schönheiten nahekommen. Die allzu eifrigen Kommentatoren aber, die sich über den Sinn des Werkes den Kopf zerbrechen, mögen sich mit der Antwort begnügen, mit der Walther von der Vogelweide am Schluß seiner Traumdichtung solche neugierigen Frager abfertigt:

Waz der troum bedüte,
daz merken wise lüte:
zwêne und einer daz sîn drî ...

Das Kinderhafte, Traumhafte muß die Bühne betonen, wenn sie einen Eindruck vermitteln will, der stärker sein soll als die Lektüre. Man hat das Werk bei seinem Erscheinen vielfach verkannt, hat über der Mitleidstendenz die Ästhetik vergessen, hat die naturalistischen Szenen gelten lassen und die Traumszenen verunglimpft. So auch wurde in den neunziger Jahren die Dichtung vielfach gespielt, die Armenhaus-Szenen mit Behagen betont, die äußerlich naturalistische Motivierung der Traumeinzelheiten nach Möglichkeit unterstrichen, das Pubertätsmoment klinisch verstärkt. Sehr zum Schaden der Dichtung. Ihr tut man den besten Dienst, wenn man nichts weiter gestaltet als das schöne Fabulieren eines armen, heißen Kinderhirns und sich darauf beschränkt, die Armeleutszenen als notwendigen Rahmen zu lassen. Wenn man das Werk zu dem ausladenden, heißfarbigen Monolog eines zu Tode gehetzten, langsam verzuckenden, naturnahen Menschen macht, in dem zum letzten Mal alle Lebenssüchte schwingen, fiebern, verzittern.
Reinhardts Kunst ist dialektisch, auf den Kontrast gestellt: sie taugt keinem monologischen Lyrismus. (Schon die ›Braut von Messina‹ hat's klärlich erwiesen.) So suchte er denn auch die Traumdichtung zum Drama zu gestalten, stellte sie auf den Kontrast. Aus ›Hanneles Himmelfahrt‹ sollte ›Hannele‹ werden. Hannele mit allem, was drum und dran ist, Hannele das heimliche Herrenkind mit dem peinlichen Beigeschmack des Hintertreppenromans und des Kinderverwahrlosungsprozesses, und Hannele, die verwunschene Prinzessin, die liebe Träumerin seliger Gesichte.
Um den Kontrast wirksam zu verlebendigen, legt Reinhardt Gewicht und Bedeutung auf die Armenhausszenen und schwächt die Traumhandlung. Das heißt: er unterbindet der Dichtung die Flügel und gibt ihr dafür handfeste Krücken. Es ist gar nicht gut anzuhören, wie das Gezeter der Armenhäusler ins Endlos-Breite gezerrt wird (dabei wird der Dialekt nicht einmal recht getroffen). Es ist gar nicht gut anzuschauen, wie der arme Waßmann krampfhaft und vergeblich

sich müht, dem ach! so blassen Amtsvorsteher Farbe zu geben, wie Viktor Arnold sich abzappelt, aus den paar Worten des Arztes einen rechten Menschen zu zimmern, wie die Heims die schlichte, bleiche Diakonissin zu hoheitsvoller Symbolik aufzurecken sucht.

Und was hat man aus Hanneles liebem Kinderhimmel gemacht! Reinhardts klargliedernder, scharfliniger Art liegt das dumpfe, triebhafte, ins Blaue fabulierende Traumwesen Hanneles weltenfern. (Wie überhaupt dem Semitentum solche sich selbst bezweckende, nicht symbolisierende Traumlyrik, an der seine Psychologie versagt, schwer lebendig werden mag; schon in der Genesis wissen Josefs Brüder dem Dichter keinen schärfern Hohn als »Siehe, da kommt der Träumer!«)

Nicht als ob nun die Traumhandlung auf Reinhardts Bühne der Schönheit im einzelnen ermangelt hätte. Fritz von Uhde hat sie in gar liebliche Farben getaucht, und wie man die Traumbilder belichtete, wie etwa das Dunkel die hellen Gestalten ruckweise einschlang, das war sehr schön und geschickt; und von seltsam schnurriger, putziger, Hoffmannscher Traumhaftigkeit war der Märchenschneider Richard Großmanns. Wie die Menge dem Maler Mattern ihr »Mörder! Mörder!« entgegenzischte, das war von furienhafter, gespenstischer Suggestion. Und wenn gar Moissis Gottwald-Christus sprach, dann tönte aus Urtiefen alles Leid der Kreatur, dann läutete reine, aller Schwere freie, blau-blaue Himmelsherrlichkeit.

Aber was waren das für werkeltägliche Engel, die am Schluß ders ersten Teils flügellos – den Worten Hanneles stracks zuwider – hereinhatschten und ihre wunderschönen Verse lesebuchmäßig herunterleierten? Warum die Sehnsucht des armen Hannele so hanebüchen grausam verspotten? Und warum mußte Schwester Martha den Schlaf der Kranken so brutal stören und zweimal gar so umständlich mit dem Licht hantieren und ihre ganz unwesentlichen naturalistischen Einschiebsel so ins Breite dehnen? Und was wurde aus dem Maurer Mattern, dem menschenfresserischen Unhold, der Hanneles Träume ängstet, für ein gemütlicher Prolet! Wenn der Herr Jesus ein bißchen populärer hätte sprechen wollen: diesen Sünder hätte er gewiß rasch zur Raison gebracht.

Aber freilich, dem Hannele der Eibenschütz erscheinen Gesichte wie der gemütliche Maurer Mattern mehr angemessen als der liebe Herr Jesus. Hauptmanns Hannele steht in einer Reihe mit Hartmanns von der Aue kleinem Gemahl; wenn man weit gehen will: mit Kleists Käthchen. Hauptmanns Hannele will – ehedem hat's Elsa Brünner auf unsrer Hofbühne uns gezeigt – als großäugiges Kind gespielt sein, dessen schüchterne Sinnlichkeit in seiner starken, gottseligen, märchengläubigen Sehnsucht scheu verzittert. Die Eibenschütz war ein lüsternes, sehr ahnungsvolles Geschöpf voll kätzchenhafter Begierden, dessen Visionen erregtem Sexus entsprossen sein mochten. Diesem altklugen, gewitzten Kind mußten die Engel freilich ohne Flügel erscheinen.
Das Publikum aber schien die Flügel zu vermissen und verließ das Theater in peinlichem, betretenem Schweigen.

Die schöne Helena
(1911)

Was hat man uns in diesen letzten Wochen nicht alles über Offenbach expliziert! Von allen Seiten her hat man ihn ›belichtet‹, historisch, philosophisch, ästhetisch. »Die Deutschen versehen ein Epigramm mit einer Vorrede und ein Liebesmadrigal mit einem Sachregister«, spöttelt gelegentlich Jean Paul. Nicht nur mit Heine und Shaw hat man den grazilen Karikaturisten verglichen, nein, der Theoretiker des Künstlertheaterzettels glaubte auch den zweiten Teil des ›Faust‹ und die ›Meistersinger‹ heranziehen zu müssen, um sein Evangelium: Offenbach als Notwendigkeit würdig und gewichtig zu fundieren.
So kommt ihr dem rheinischen Juden nicht bei, meine kundigen Thebaner! Bedenkt einmal: Was gingen den Jacques Offenbach aus Cöln die Helden des Homer an, daß er sie hätte entzaubern sollen? Diese Menschen aus Graecia haben ihn wahrhaftig nicht etwa durch ihr überlebensgroßes Format geärgert, und seine Zeitgenossen hatten, beim Zeus, durchaus keinen religiösen oder auch nur humanistisch-ästhetischen Respekt vor ihnen. Nein, Meister Jacques hatte nicht den geringsten innern Anlaß, den wackern Heroen zu nahe zu treten: ob sie Achill oder Agamemnon, Helena oder Menelaus hießen, ihm waren sie allesamt Hekuba. Ich glaube auch nicht, daß es ihm ernstlich darum zu tun war, die Gloire unter dem dritten Napoleon zu karikieren oder gar eine Entzauberung des Heroentums überhaupt zu versuchen; ja, selbst die Ironisierung der Großen Oper scheint durchaus Nebenzweck. Jedenfalls zeigt der berüchtigte Spötter uns Heutigen ein recht zahmes und harmloses Gesicht. Der Satire seiner Texte zum mindesten sind alle Zähne ausgefallen, und was heute noch seine Buffo-Opern lebendig erhält, ist beileibe nicht das Gehabe des großen Pamphletisten, sondern lediglich sein Charme, seine Beschwingtheit, die helle, artige, gleitende, hüpfende, tänzelnde und bei alledem ein wenig

bubenhafte Anmut seines Melos und seines Rhythmus. Da ist nirgends Schwergewicht, nirgends Ernst, nirgends ein Konflikt, da ist ein ewiges Schaukeln, Wiegen und Gleiten, ein ewiges Sichschlingen und Sichlösen, und diese ganze bunte Nichtigkeit ist nur deshalb erlaubt, weil sie so gefällig ist.
Von dieser Seite her ging denn auch Reinhardt an die Inszenierung heran. Die Versuchung lag nahe, den manchmal recht stumpfen Text zuzuspitzen und zu schärfen. Reinhardt hat's nicht getan, sondern sich mit einem flüchtigen Aufputz begnügt. Er hat die satirischen Zutaten des Werks als putzige Nebensächlichkeiten behandelt und sich darauf beschränkt, die lichte Bewegtheit, den bunten, liebenswürdigen, immer regen Tanzrhythmus, der den Nerv der Operette bildet, ins Szenische zu übersetzen. Tänzelnde Buntheit, lichte Bewegtheit ist ihm alles, und er hat Chaos genug in sich, um ein singuläres, tanzendes Sternlein zu gebären. Da sind die lichten, heitern, ganz leis und schalkhaft nur satirisch verschnörkelten Dekorationen und Kostüme, durch die Ernst Stern das Stück in einen anmutigen und amüsanten Rahmen spannte, da ist der Blumenweg, jener Steg, der von der Mitte des amphitheatralischen Zuschauerraums auf die Bühne führt, und der in ›Sumurun‹ plump und stillos gewirkt hat, hier aber mit Bedeutung auch gefällig ist. Denn er stellt zunächst, gemäß dem Übermut der Buffo-Oper, einen intensiven Kontakt zwischen Publikum und Bühne her, verbindet Thorax und Smoking zu einem possierlichen Hendiadyoin und schlägt eine Brücke zwischen nebulos pathetischer Vergangenheit und höchst real befrackter, kritizistischer Gegenwart; er erweitert sodann die begrenzte Bühne des Künstlertheaters mit viel Glück, gibt viele neue Möglichkeiten, das Auftreten und Abgehen der Spieler und Chöre zu nuancieren, und verstattet endlich dem Regisseur, die Illusion je nach Bedarf zu verstärken oder zu mindern. Lichte Bewegtheit ist alles! Das zuckt und wirbelt und flattert immerwährend und immer anders, tänzelt irgendwo aus der Mitte des Publikums heraus und huscht über die Bühne und läßt einem nicht Zeit, über all den wirbelnden Unsinn mit ernster Trockenheit nachzudenken. Wie entzückend sind die englischen Mädels, die die Tänze agieren! Wie rank und weiß und rutenbiegsam! Peter Altenberg müßte sie besingen. Und in was für grazile, erden-

restbefreite Rhythmen hat sich hier die öde Operettenhopserei gewandelt, die sonst des Landes der Brauch ist. Und wenn zum fröhlichen Ende, nachdem das Tanzmotiv erst Einzelne, dann die ganze Masse ergriffen hat, auch noch die Kolossalstatue der Venus zu tanzen beginnt, so ist das mehr als ein guter Witz. Es ist ein Einfall, der mit schier symbolischer, bildhafter Eindringlichkeit den heitern Sinn des Werks zusammenfaßt.

Leider muß ich ein paar Bedenken nachhinken lassen. Die Handlung der ›Schönen Helena‹ ist an sich recht dürftig und nicht eben geschickt aufgebaut. In der Inszenierung des Künstlertheaters wirkt sie noch dünner und noch schlechter komponiert. Dies rührt daher, daß der eigentliche Mittelpunkt des Stücks sich verschoben hat: im Paris von 1864 hieß er Paris und Helena, im München von 1911 heißt er Menelaus. Außer ihm kommt keiner der Könige zu seinem Recht auf ein Quentchen eigener Psychologie und selbständigen Anteils an der Handlung; vor allem dem hitzigen Achill hat man übel mitgespielt. Nun ist gewiß heis koiranos esto ein guter homerischer Spruch, aber für die ›Schöne Helena‹ durchaus nicht passend. Sodann ist die Exposition viel zu sehr ins Breite gezogen, ein viel zu massiger Sockel für das armselige Säulchen von Handlung, das sich auf so respektablem Unterbau nur noch kümmerlicher ausnimmt. Man sollte ruhig ein paar der manchmal recht krampfhaften, geschmacklosen und gar nicht dionysischen Dialogstellen ausmerzen und das Tempo der ersten Szenen nach Kräften beschleunigen, so fein auch das langsame Anschwellen aus gelassener Anmut zu berauschtem Taumel berechnet ist.

Ich sagte, Helena und Paris vermöchten nicht den Mittelpunkt zu behaupten. Die Maßgebenden verkünden zwar, Rudolf Ritter, der Paris, sei ein Sänger von guten Qualitäten, und für die Gesangskunst des Fräuleins Jeritza, der Helena, haben sie Worte höchsten Lobs, und dies wahrscheinlich mit allem Recht. Aber die Dame spricht einen ungeschlachten, gar nicht mondänen Dialekt, hat eine peinliche Art, die Pointen hinzustreichen, und ihre ganze derbe Artung atmet keinen Hauch der raffiniert perversen Atmosphäre der Helena. Rudolf Ritter gar ist ein Herr von der üblichen Tenorschönheit. Agamemnon, Achill, die Ajaxe haben in dieser Fassung ohnehin recht wenig Gesicht. Bleibt der überhitzte, aber von innen her prachtvoll belebte, sprudeltolle Orest der Eibenschütz und Gustav Charlés angenehm diskreter, sehr weltmännisch leichter Kalchas, dem man nur weniger Routine wünschen möchte. Der Mittelpunkt aber ist Pallenbergs Menelaus. Er packt die Gestalt, wo sie am zwiespältigsten ist. Er spielt einen rührenden Trottel, der die Aufgabe hat, König von Sparta und Mann der schönsten Frau der Welt zu sein, und der weiß, daß er ein Trottel ist, und dem es ein Rätsel ist, wie gerade er zu einer solchen Aufgabe kam; da er aber diese Pflicht einmal hat, sucht er sie mit einer grotesken und ergreifenden Hilflosigkeit zu erfüllen, ein ins Lächerliche verzerrter Hamlet, ein Don Quixote, sehr menschlich und in der höchsten Komik noch ein bißchen traurig. Ganz prachtvoll seine phantastischen Verrenkungen, die jähen, linkisch schnappenden Anläufe, seine Würde zu wahren (die manchmal in ihrer nervösen Plötzlichkeit wie karikierte Moissi-Gesten aussehen), der unbeschreiblich klägliche, dumme Ausdruck seiner wässerigen blauen Augen. Durch seinen Menelaus erhält die Komödie spezifisches Gewicht; ganz nah ans Tragische herantretend, vermeidet sie es doch mit Glück und Gewandtheit, tragisch und stillos in dies fremde Gebiet einzufallen.

Themidore

»O laßt ein ewig Schweigen diese Tat …«

Voraus ging unangenehmes Gezänk zwischen Roda Roda und dem Künstlertheater. Man sprach davon, daß das Künstlertheater von 1911 das Unternehmen eines begüterten Dilettanten sei, daß die ganze Operettenstagione nichts weiter sei als der prunkvolle Rahmen für das wertlose Libretto eines Industriellen und Snobs. Im Verlauf machte Roda Roda Reinhardt zum Vorwurf, daß er sich zum Regisseur eines so unkünstlerischen Machwerks hergegeben, und vergaß dabei, daß er, der doch durch eigene Zutaten das Machwerk herauszuputzen versucht hatte, wahrlich kaum mehr berechtigt war, in dieser Affäre als zweibeinige Allegorie der Literatur

gravitätisch aufzutreten. Es gab noch mehr Possen: gebrochene Ehrenwörter, komisch pathetische Erklärungen und dergleichen. Aber was geht es schließlich uns an, wenn ein Ehrgeizling mit Barmitteln sich ein Steckenpferd leistet, das so viel frißt wie ein Dutzend Rennpferde? Und was für armselige Pedanterie ist es, dem Reinhardt übelzunehmen, daß er gegen anständiges Honorar eine Nullität inszeniert! Ich für meine Person würde es ihm nicht einmal verdenken, wenn er, gegen angemessenes Entgelt natürlich, die Oberammergauer Passion inszenierte. Oscar Wilde sagt einmal: »Ob ich die schöne Helena schildere oder faulen Käse, gilt gleich, wenn meine Schilderung nur Kunst ist.« Nun, ob Reinhardt die Schöne Helena inszeniert oder Themidore, gilt gleich, wofern er in beiden Fällen dartun kann, was alles er vermag.
Als dann endlich nach dieser tristen Ouvertüre Themidore in Szene ging, entstand ein allgemeines Schütteln des Kopfes: Tant de bruit pour ... Die Musik des Iren Digby La Touche enthält ja ein paar Nummern von gefälliger Belanglosigkeit: die Schrecken des Steffanschen Textes aber zu malen bietet die deutsche Sprache keine Worte. Ich konstatiere nur rasch, daß das Beste an dem Werk die Namen der Personen sind: sie stammen offenbar aus ›Themidore, mon histoire et celle de ma maîtresse‹. Das Wirksamste aber sind Steffans Witze. Im ersten Akt hält er mit der Beschränktheit, in der sich der Meister zeigt, noch zurück; im zweiten Akt aber – aufgepaßt nun also! – wird jemand, der, ich glaube, d'Alembert heißt, mit Camembert und dann auch noch mit Roquefort und Gervais angeredet; fernerhin wird der Polizeipräfekt Polizeidefekt genannt. Im dritten Akt gar klettert ein Clown eine Wand hinauf und unterstützt sich dabei durch groteske Handgriffe am Hintern. Diesen Trick – in Paris seien die Männer »voll Trick«, meint Steffan – als die Glanznummer des Werks verlangte das Publikum da capo. Im übrigen besteht der dritte Akt aus einem Couplet mit dem einige zwanzigmal wiederholten Refrain

So ein Luderleben
Ist ein Hochgenuß!

Das ›ben‹ in Luderleben wird betont: das ist der Humor davon. Wahrlich, unendlich reich ist der Schickungen Art und seltsam der Weg oft der Gottheit. Um dieses betonte ›ben‹ herum ward offenbar das Couplet und um das Couplet herum der dritte Akt und um den dritten Akt herum ›Themidore‹ und um ›Themidore‹ herum die Operettenstagione des Künstlertheaters geschaffen.

Reinhardts Orestie
(1911)

1. Aischylos

In dem Orest-Mythos, wie Homer ihn kennt, erschlägt nicht Klytaimnestra, sondern Aigisthos den Agamemnon. So berichtets im dritten Gesang der ›Odyssee‹ Nestor dem Telemach, so im vierten Proteus dem Menelaos. Spätere bürdeten dann der Klytaimnestra den größern Teil der Schuld auf, vor allem jener Dichter, der im elften Gesang der ›Odyssee‹, in der ›Nekyia‹, den Agamemnon erschütternd sein schnödes Ende bejammern läßt:

> »Aber am gräßlichsten drang mir der Priamostochter Kassandra / Schreien ins Ohr: Klytaimnestra, die tückische, jagte sie mordend / Um mich her. Da reckt' ich vom Boden die Hände, und sterbend / Zückt' ich im Krampfe das Schwert. Sie aber, die schändliche Hündin, / Wandte sich ab, und es drängte sie nicht, mir, der ich zum Hades / Niederstieg, mit den Händen den Mund und die Augen zu schließen. / O, nichts Grausigeres, nichts Schamvergeß'neres gibt es / Als ein Weib, das solche Verruchtheit heget im Herzen.«

Auf dieser Auffassung beruht dann die Gestaltung der Jüngeren, des Epikers Stesichoros, des Lyrikers Pindaros und des Tragikers Aischylos. »Denn wenn nur ein Feind den Feind erschlägt«, meint mit deutlichem Bezug auf eine von Vollmoeller leider ausgemerzte Stelle der ›Eumeniden‹ die Poetik des Aristoteles, »da ist nichts Tragisches: aber wenn von der Freundschaft das Leid kommt, das Weib den Gatten, der Sohn die Mutter erschlägt, das ist Stoff fürs Drama.«
Aischylos also hat diesen blutrünstigsten Stoff der blutrünstigen hellenischen Sage in seiner grausigsten Form aufge-

griffen und zu einer Triologie gestaltet, deren erster Teil streckenweise mißglückt und matt, deren letzter Teil für uns Heutige gänzlich belanglos, kalt und tot ist. Da uns aber die ›Orestie‹ als einzige Trilogie aus dem Altertum erhalten ist, hat man sich trotz dieser Ungleichwertigkeit gewöhnt, sie nicht anders zu werten denn als einheitliches Ganzes. Man tut damit dem Aischylos wie dem ›Agamemnon‹ großes Unrecht. Denn wenn auch gewisse äußerliche Zusammenhänge unverkennbar sind, so berechtigt diese äußere Zusammenkoppelung der drei Stücke noch nicht, ein gemeinsames inneres Problem oder so was in den drei Dramen zu suchen. Seit dem Vorgang August Wilhelm Schlegels aber haben fast alle Interpreten und Bearbeiter eine solche innere Bindung herzustellen versucht, haben in die ›Eumeniden‹ allerlei Symbolistisches, in das Gesamtwerk eine mehr oder minder banale Grundidee hineingeheimnist und haben dadurch nichts andres gewonnen als eine Verwässerung des ersten Dramas, des ›Agamemnon‹. Der einzige Wilhelm von Humboldt in der Einleitung seiner 1816 erschienenen Übersetzung wertet den ›Agamemnon‹ für sich allein. »Unter allen Werken der griechischen Bühne«, heißt es da, »kommt keines dem ›Agamemnon‹ an tragischer Erhabenheit gleich. Sooft man dies wundervolle Stück von neuem durchgeht, empfindet man tiefer, wie bedeutungsvoll jede Rede, jeder Chorgesang ist, wie alles Einzelne, wenngleich äußerlich locker verbunden, innerlich nach einem Punkte hinstrebt, wie jeder aus zufälliger Persönlichkeit geschöpfte Bewegungsgrund entfernt ist, wie nur die größesten und dichterischsten Ideen die überall waltenden und herrschenden sind … Schon der ›Agamemnon‹ allein enthält, in Erinnerung und Andeutung, die ganze Folge von ihrem Ursprunge an, die Kassandras Weissagungen auf die erhabenste Weise aneinander knüpfen. Auch daß Orestes diesem Verderben den Gipfel aufsetzen wird, verkündet sie, sodaß das aufgeregte Gemüt schon in diesem Stück allein die Beruhigung findet, ohne die jede künstlerische Wirkung ihre wahre Auflösung vermißt.« Man hat doch den ›König Ödipus‹ auch allein gegeben ohne irgend einen Laios oder Sphinxtöter und ohne den ›Ödipus auf Kolonos‹: warum soll der ›Agamemnon‹ nicht vermögen, was der ›Ödipus‹ wirkte? Gerade weil der ›Agamemnon‹ so rund und geschlossen ist,

weil er alles Spätere vorausnimmt, darum versagen die ›Choëphoren‹ und die ›Eumeniden‹. Der Dichter wiederholt sich, wird weitschweifig, bei seinem Verzicht auf Psychologie geradezu langweilig, und was im ›Agamemnon‹ stark und voll klang, klingt zuletzt leer und hohl und pathetisch. Und wenn wirklich die eintausendsechshundertdreiundsiebzig Verse des ›Agamemnon‹ nicht genügen sollten, wenn man auf einer Trilogie der ›Pelopidensage‹ besteht, dann füge man statt der ›Choëphoren‹ die sophokleïsche ›Elektra‹ und statt der ›Eumeniden‹ die euripideïsche ›Iphigenie‹ an. Der äußere Zusammenhang bleibt auch dann gewahrt, und die tragische Kunst der Attiker wird in solcher Zusammenspannung eine viel mächtigere und harmonischere Wirkung üben.
Aber das sind Träume, schön und pietätlos. Kehren wir immer mal wieder, seufzend, zur Pietät und zur ganzen, ungeteilten aischyleïschen Orestie zurück. Es sind fünf Eigenschaften, die dem modernen Betrachter an diesem Werk vor allem auffallen müssen. Drei negative: erstens, der Mangel jeglicher Psychologie; zweitens, die sittliche Idee; drittens, der Lokalpatriotismus der Dichtung – und zwei positive: erstens, die Wucht der Gipfelszenen und, zweitens, das prachtvolle Pathos, die düstere, hallende Gewalt der aischyleïschen Lyrik.
Erstens. Den Mangel an Psychologie hat die Orestie mit allen andern hellenischen Dramen gemein. Aber wenn Sophokles und Euripides psychische Probleme wenigstens zuweilen streifen, geht Aischylos jeder psychologischen Motivierung in weitem Bogen aus dem Weg. Die Handlung ist ihm alles, die Menschen sind ihm nichts als Träger der Handlung, fatalistische Erfüller göttlicher Schickungen und Gebote bestenfalls. Wie jene berühmten Gestalten frühhellenischer Bildnerkunst, die Aigineten, siegend und sterbend und kämpfend immer das gleiche starre, sprichwörtlich stupide Lächeln zeigen, so ändern auch die Menschen des Aischylos nicht im Glück, nicht im Unglück, nicht in der Ruhe, nicht in Kampf und Krampf und Tod ihr Wesen.
Zweitens. Die sittliche Idee wird von allen Oberlehrern sehr gerühmt, gefährdet aber in Wirklichkeit die künstlerische Wirkung der Trilogie recht bedenklich. Ich habe im Vorjahr, nach der Ödipus-Aufführung, zu zeigen versucht, wie

Sophokles den Schicksalsbegriff und die Idee des Geschlechterfluchs von dem Begriff der Schuld trennt. Aischylos jongliert unklar und gewollt dunkel zwischen der Idee der Vergeltung und der Idee des blinden Schicksals, des Geschlechterfluchs, des ›Alastor‹, hin und her. Der konservative Dichter hütete sich wohl, von der orthodoxen Anschauung wesentlich abzuweichen: er war ja, wie es nach einer antiken Interpretation scheint, durch einen Theaterskandal und eine Anklage wegen Verletzung der Mysterien zur Genüge gewarnt. Er hält also fest an der Schicksalsgebundenheit des Menschen, und wenn eine sittliche Idee vorhanden ist, wie der deutsche Wald- und Wiesenoberlehrer mit Nachdruck behauptet, dann lautet sie höchstens recht banal dahin, daß jede Schuld auf Erden sich räche. Diese These wird mit breitester Umständlichkeit und in stetem Widerspruch mit den auch sehr breiten Betrachtungen über die Macht des Verhängnisses ausgeführt, und schließlich wird das ›Problem‹ auf die derbste, die Schlußwirkung bis zur Komik gefährdende Weise gelöst; denn der Schiedsspruch des Areopags ist eine Farce, gegen die der berüchtigte Spruch der Porzia im ›Kaufmann von Venedig‹ letzte Rechtsweisheit ist. So abstrus sind die juristischen und medizinisch-theologischen Sophismen, auf denen der Freispruch des Orestes, der flaue Vergleich zwischen Apollon, Athena und den Eumeniden beruht. Die deutschen Oberlehrer mußten denn auch die merkwürdigsten Drehungen und Wendungen vollführen, um hieraus eine einigermaßen tief und bedeutungsvoll klingende Idee zu konstruieren. Wie sie das machten, das beweise etwa ein Zitat aus Kleins Geschichte des Dramas. »Uns will es scheinen«, lesen wir da, »daß der tragisch-spekulative Grundgedanke, der die andern Trilogien tragen mochte und der, für uns, auf den harmonischen Einklang von Natur und Geist, Herrschergewalt und Recht hinzielt, in des Aischylos letzter Trilogie, in der ›Orestie‹, zu innerem Abschluß kommt. Jener ungeheure Prozeß zwischen naturdämonischen und sittlichen Weltmächten, alten und neuen Götterordnungen, jener Macht- und Rechtsstreit, der zwischen griechischer, auf apollinische Lichtverbreitung, weises Maß und vernunftbestimmte Gesetzlichkeit hinwirkender Kulturmission und einem nächtlichen, in Naturdämonismus verstrickten Barbarentum ausgefochten

ward: in der ›Orestie‹ wird er als Gewissenspflichtenkampf geschlichtet, veranschaulicht als der folgenreichste, zur heilsamsten Staatspraxis gediehene Rechtsstreit zwischen den Göttergeschlechtern der alten und jüngeren Ordnung, Göttern der Urnacht und des segenlichten Tages.«
Drittens. Sind die sittlich-religiösen Partien der ›Orestie‹ dem künstlerischen Gesamteindruck mehr Störung als Förderung, so versagen naturgemäß auch die lokalpatriotischen Tendenzen des Aischylos für uns Heutige durchaus. Dem athenischen Hörer war es von größtem Interesse, wenn der patriotische Dichter (der in seinem Epitaph seine militärischen, nicht seine poetischen Verdienste pries) die Handlung von Mykene nach dem befreundeten Argos verlegte, wenn er die Heiligkeit und Gottgefälligkeit der Entente mit Argos feierte, wenn er in den Kämpfen um die Reform der athenischen Strafprozeßordnung für die unveränderte Beibehaltung des alten Schwurgerichts eintrat. Wenn der alte Marathonkämpfer das letzte Stück, die ›Eumeniden‹, zu zwei Dritteilen mit poetischen Hinweisen auf solche Fragen füllte, so durfte er im Athen des fünften vorchristlichen Jahrhunderts geneigten Gehörs gewiß sein: was aber kümmern diese Dinge die germanischen Barbaren des zwanzigsten nachchristlichen Säkulums?
Neben und unter all diesem Wust aber sind uns zwei Eigenschaften der Orestie machtvoll lebendig. Die Wucht der Gipfelszenen, der dramatische Atem, der den ganzen ›Agamemnon‹, den Schluß der ›Choëphoren‹ und den Anfang der ›Eumeniden‹ durchbraust – und die Lyrik des Aischylos, seine bei aller Dunkelheit so einfachen, bei allen sizilischen Dialektanklängen so prachtvoll erhabenen, vom adeligsten Pathos beschwingten Rhythmen. Wir wollen feststellen, was Vollmoeller und Reinhardt damit angefangen haben.

2. Vollmoeller

Die noch lebendigen Werte des Aischylos uns zu vermitteln übernahm Karl Gustav Vollmoeller, den sein eklektischer Lyrizismus und die prachtvoll sich einfühlende Übersetzung der ›Francesca‹ d'Annunzios zu solchem Unterfangen zu prädestinieren schienen. Vollmoeller glaubt denn auch, »das Ziel einer künstlerischen Übertragung erreicht zu haben«. Er erklärt, er habe sich bemüht, dem griechischen Wort die größte grundsätzliche Treue zu wahren, er habe anstrengende textvergleichende Vorarbeiten nicht gescheut, und er glaube, »die eigene Person äußerlich dem Werk gegenüber ganz ausgeschaltet und sie innerlich dem Werk ganz gegeben zu haben«.

Wenn Vollmoeller dies wirklich glaubt, dann irrt er. Ich will ihm hier kein ins Detail gehendes Vademecum schreiben, sondern nur in aller Kürze feststellen: seine Übersetzung ist nicht treu, ja, sie weicht so weit vom Text ab, daß, so heftig er dies bestreitet, überhaupt nicht mehr von Übertragung, sondern nur von Bearbeitung die Rede sein kann. Er hat umfängliche, aber manchmal gar nicht glückliche Kürzungen vorgenommen und willkürliche, oft recht störende szenische Vorschriften gemacht. Er hat durch eingeschobene Achs und Ohs, durch moderne Wendungen, Sentiments und Reflexionen den geraden Sinn des Aischylos oft verschnörkelt und verbogen. Hat viele absichtlich dunkle Stellen ernüchternd erhellt und primitive Sentenzen durch kecke Konjekturen vertieft.

Trotz diesen Freiheiten hat Vollmoeller seiner Bearbeitung nicht, wie er wollte, den (inneren) Stempel seiner Persönlichkeit aufgedrückt. Denn es ist doch nichts getan, wenn er etwa, das Schwert, mit dem bei Aischylos Agamemnon erschlagen wird, in ein Beil verwandelnd, die Klytaimnestra mit diesem (blutigen) Beil auftreten läßt oder wenn er der Kassandra statt ein paar primitiver Aischyleïscher etliche selbsterfundene Verse in den Mund legt. Wollte er wirklich »seine Person innerlich dem Werke ganz geben«, dann wäre es, scheint mir, darauf angekommen, Verse und Rhythmen zu finden, die von keinem andern Deutschen hätten sein können als von Karl Gustav Vollmoeller. So ist alles eklektisch, Sprachgut eines Wald- und Wiesen-Neuromantikers. Der Vers könnte von Schiller sein, jener von Schlegel, jener wieder von Hofmannsthal. Und was ein deutliches Symptom innerer Stilunsicherheit ist: ein paar dieser Verse stehen in der Übersetzung des ›Agamemnon‹, die Humboldt 1816 veröffentlicht hat.

Alle diese Mängel aber werden aufgewogen durch einen großen, für die Bühne ausschlaggebenden Vorzug der Vollmoellerschen Bearbeitung: durch ihre Prägnanz. Es stand zu erwarten, daß Vollmoellers Verse weich und weit, bauschig und unmännlich geraten würden. Statt dessen sind sie im besten Sinne dramatisch, stark und voll und von wirklich bewundernswerter Schlagkraft. Sehr merkwürdig, daß ihm, dem Lyriker, eigentlich die dramatischen Szenen viel besser geglückt sind als die lyrischen. In den Chorgesängen taumelt er unsicher auf dem Gebiet der Metrik umher, und sehr vieles, zum Beispiel: das Bannlied der Eumeniden, das schon Schiller in den ›Kranichen des Ibykus‹ verwässert hatte, ist arg mißglückt. Doch in den dramatischen Partien zwingt er sich zu heilsamster Straffheit, ohne Gewaltsamkeit preßt er die sechsfüßigen griechischen Jamben in fünffüßige deutsche; ja, es gelingt ihm, achtfüßige Trochäen, ohne Wesentliches vom Sinn preiszugeben, in Blankverse umzuschmieden. Ganz meisterhaft sind vor allem die Stichomythien und, bei aller Unpersönlichkeit oder vielleicht gerade deshalb, schlechthin vollendet die ganze Schlußszene des ›Agamemnon‹. Auch sonst finden sich, überall verstreut, Verse, die besondere Klangwirkungen und sprachliche Feinheiten des Aischylos mit blendendem Raffinement wiedergeben und es bedauern lassen, daß Vollmoeller auf die Arbeit als Ganzes nicht mehr Zucht und Akribie verwendet hat.

3. Reinhardt

Die ›Orestie‹ wurde in München als Volksfestspiel gegeben. Schon die Idee dieser Volksfestspiele schmeckt nach verstiegenem Pathos und verdächtigem Idealismus. Im Theater der Fünftausend, im Theater der Masse wird immer die Psyche der Masse den Ausschlag geben; die Instinkte der Herde werden das feinere Gefühl des einzelnen überrumpeln, sein Wertungsvermögen mindern, lähmen. Kommt mir nicht mit dem Beispiel der Athener! Zum ersten war der Demos, der das Theater füllte, gesiebt: das eigentliche Proletariat, das ja einen guten Teil unsres Festvolkes bildet, war leibeigen und somit vom Besuch der Spiele ausgeschlossen; sodann aber saßen die sozialen und ethischen Prinzipien, auf denen die Dramen basierten, den Männern Athens im Blute, es bestand eine wirkliche Einheit zwischen Dichter, Spielern und Volk, zwischen Mythos, Tragödie und Alltagsleben, und Religion und Politik gaben dem tragischen Spiel harmonischen Unterton. Während bei uns der Sonntagsrock des Kleinbürgers und das Himation des Choreuten ein schlimmes Oxymoron bilden. Was in aller Welt geht den Metalldreher Vordermeier das Schicksal des Orest oder den Briefträger Hinterhuber die Stiftung des Areopags an? Und kein Volksschwärmer der Welt wird mir weismachen, daß dem bajuwarischen Kleinbürger die schöne Form der Hellenen etwas bedeute.

Können doch selbst die Kultivierteren nur auf dem Umweg über die Philologie zu den ›Choëphoren‹ und ›Eumeniden‹ ein Verhältnis gewinnen. Reinhardt hat offenbar keines gewonnen. Hat er an die Gestaltung des ›Agamemnon‹ noch etliche seelische Intensität gewendet, so hat er sich in den ›Choëphoren‹ darauf beschränkt, der Darstellung mit lässiger Routine ein paar Effekte aufzupfropfen, die wir von früheren Aufführungen kannten, und die ›Eumeniden‹ hat er gehen lassen, wie's Gott gefiel. Natürlich waren durch die vier Stunden, die wir in der großen Festhalle der Ausstellung zubringen mußten, etliche sehr schöne Bilder und Einzeleffekte verstreut. Agamemnons Ankunft war prächtig herausgestaltet, der Schluß des ›Agamemnon‹ mit der dumpfen Drohung der Choreuten: »Noch lebt Orest« mit glücklicher Rhythmik herausgearbeitet; etliche Gesänge der ›Choëphoren‹ ergriffen, und das wimmelnde Gewürm der Erinnyen bot ein Bild voll phantastischer Reize.

Aber damit hab' ich ziemlich alles gesagt, was diesmal an Reinhardts Regieleistung zu rühmen ist. Wollte ich hingegen alles aufzählen, was an jenem unseligen Abend mißlang: zwei Nummern der ›Schaubühne‹ könnte ich damit füllen. Entsetzlich, wie die läppisch beglatzten und viel zu vielen Greise des ›Agamemnon‹ ihre Gesänge zerfetzen und zerhacken, Unwesentliches endlos repetieren und Wesentliches fallen lassen, wie die ganze erste Hälfte des Stücks dadurch gedehnt wird; albern, wie die Badewanne des toten Agamemnon den Zuschauern präsentiert wird; unerhört nachlässig und störend, wie in den ›Choëphoren‹ das Grabmal entfernt und

dann doch darauf angespielt wird; ganz geschmacklos, psychologisch und stilistisch verlogen, wie Orestes die Klytaimnestra durch die Manege hetzt; höchst inkonsequent, daß die Leichen das zweite Mal nicht sichtbar werden. Ganz gottverlassen dann die ›Eumeniden‹. Wie konnte man den herrlichen Prologos der Pythia streichen und uns die Farce der Gerichtsverhandlung in ihrer ganzen Öde vorführen! Wie konnte man die Erinnyen von Anfang an sichtbar sein lassen! Wie konnte man von den Stühlen der Erinnyen sprechen, nachdem man sie gestrichen! Wie konnte man statt zwölf Erinnyen ein ganzes Heer auftreten lassen! Wie konnte man den Areopag in Nebel und Dämmer statt in Sonne tagen lassen! Wie konnte man statt mit einer würdigen Jubelprozession die ganze Vorstellung mit dieser zuchtlosen, läppischen Gesangvereinsparade abschließen. In Athen, berichtet der anonyme antike Biograph des Aischlyos, habe der Dichter mit dem Auftreten der Eumeniden, die er nacheinander erscheinen ließ, eine so ungeheure Wirkung hervorgebracht, daß Frauen Fehlgeburten taten. In München lachten wir.
Zu den Einzeldarstellern. Hier scheint mir die größte Gefahr dieser Zirkusexperimente zu liegen. Die Manege schlägt jede intimere schauspielerische Wirkung tot. Hier klingt nur das hallende Wort, nur die große Geste prägt sich hier ein, und jeder ernsthaftere Versuch, irgend etwas Psychologisches zu geben, geht entweder spurlos vorbei oder wirkt lächerlich. Es ist doch keine Frage, daß etwa die Eysoldt unvergleichlich stärkere Qualitäten besitzt als Frau Anna Feldhammer: aber die Kassandra der Eysoldt wirkte verzerrt, und man mußte immer befürchten, der Kothurn werde sie, wirklich und bildlich, zu Fall bringen, während die Klytaimnestra der Feldhammer breit und brutal und skrupellos bestand. Das Publikum wird durch solche Experimente im Urteil verwirrt, und nachdem ihm kaum die dämmernde Erkenntnis aufgedrängt worden ist, daß es letzten Endes auf andre Qualitäten ankommt als die der Meininger, bietet man ihm eine Kunst, in der heute zweifellos Herr von Possart der größte Meister ist. Will es unter diesen Umständen etwas besagen, wenn ich konstatiere, daß Diegelmanns Agamemnon sehr ruhig und würdevoll, Moissis Orest hysterisch und zerfahren und die Athena der Heims schlechthin komisch wirkte? Gänzlich

farblos blieb die Elektra der Terwin, und alle Mängel ihrer Sprechtechnik wirkten mit entwaffnender Deutlichkeit.
Mit der Aufführung der ›Braut von Messina‹ und des ›Ödipus‹ betrat Reinhardt eine Sackgasse. Jetzt hat er, mit der ›Orestie‹, sich bös verrannt. Weder in Berlin noch in München hat Reinhardt jemals für eine so schwache Vorstellung verantwortlich gezeichnet. Gesteh' ich's nur, ich, dem Reinhardt so oft liebe Erfüllung und immer liebste Hoffnung gewesen, ich also war ein bißchen desperat nach dieser tristen Irrfahrt. Stellt auf dem Theater der Fünftausend einen Schauspieler hin, der mit schrecklicher Stimme brüllt: »Ha, Schurke! Du hast meinen Vater gemordet! Rache dir, Verräter! Du sollst mir schrecklich büßen!«, laßt die Situation noch so sinnlos sein: die Masse wird jubelnd johlen. Hoffentlich läßt sich Reinhardt, dem so oft Undank zum Lohn ward, jetzt dadurch nicht bewegen, einen Weg weiterzuschreiten, auf dem ihn alle Gutgesinnten nur sorgenden Herzens sehen.

Aischylos, Syrakus und Reinhardt (1914)

»Von vielem unlängst zeitgemäß Gesprochenem
Sag ohne Scham ich jetzt das Gegenteil.«

Als Reinhard 1911 in Münchens Ausstellungshalle die ›Orestie‹ spielte, schrieb ich hier, die Idee solcher Volksfestspiele schmecke nach verstiegenem Pathos und verdächtigem Idealismus. Der Sonntagsrock des Kleinbürgers und das Himation des Choreuten seien ein schlimmes Oxymoron. Im Theater der Masse, schrieb ich, werden die Instinkte der Herde das feinere Gefühl des einzelnen überrumpeln, sein Wertungsvermögen mindern. Ich fand, daß Reinhardt eine Sackgasse betreten hätte, und sah ihn nur mit Sorge auf diesem Weg.

Ich muß jetzt nach den Vorstellungen des ›Agamemnon‹ im antiken Theater von Syrakus mein Urteil revidieren. Diese Aufführung ist schlecht, was sag' ich: jämmerlich, schmachvoll, von arroganten, empörend-impotentem Pseudophilologentum geleitet, barbarisch stillos, voll von himmelschreienden Verstößen gegen die Elemente jedweder Schauspielkunst, eine Art Schülervorstellung, die die Elefantiasis gekriegt hat. Und es ist ein tragikomischer Beweis für das Elend der italienischen Prosa-Szene, daß die ganze Nation, Regierung, Parlament und Presse, dieser größenwahnsinnigen Unzulänglichkeit umfänglich begeisterten Beifall zollt.

Und dennoch bewies diese monströse Dilettanten-Vorstellung, was alle Künste Reinhardts nicht hatten beweisen können: nämlich erstens die unverwelkte und wahrscheinlich unverwelkbare Frische der antiken Tragödie, ihre starke, lebendige Wirkung auf ein modernes, laienhaftes, jeder besondern Vorbereitung entratendes Publikum; und zweitens die Möglichkeit des Theaters der Massen, die ungeheure Wirkung des Theaters der Myriade, die den einzelnen nicht lähmt, sondern beschwingt. Freilich sind solche Wirkungen nur möglich in den ganz wenigen großen antiken Theatern.

Und vor allem eben im Theater von Syrakus. Dieser Bau, wahrscheinlich die älteste und größte Szene Europas, ist das stolzeste und mächtigste Theater, das meine armen Augen je gesehen. Wie es sich dem Felsen einschmiegt, wie es sich dem weiten, hellen, klassischen Gelände ringsum anpaßt, der stolze Schwung seiner Linien, die kühne Selbstverständlichkeit seiner Einteilung: das alles ist von einer so grandiosen Simplizität, daß auch der Stumpfste davon gepackt werden muß. Mit einer stupenden Sicherheit sind in diesem himmelragenden Rund, in diesem wahrhaft titanischen Theater alle optischen und akustischen Probleme gelöst. Und wer hätte je gedacht, daß die Hellenische Harmonie dieses Baus und ein modernes Publikum zusammenstimmen würden! Aber – es ist ein Wunder! – als dies Theater von modernen Menschen erfüllt war, da trat die edle Großheit seiner Formen und Linien nur um so klarer hervor. So vollkommen genügte das Theater auch jetzt noch, verwittert, verstümmelt, von den Barbaren aller Jahrhunderte geplündert, den vielerlei Ansprüchen eines Publikums von heute, daß man nicht begreift, wie man es durch zwei Jahrtausende als Ruine, als etwas Totes, unbenutzt hat liegen lassen können.

Und dann: für diese Szene hatte Aischylos gedichtet, auf dieser Szene als Spielleiter gewirkt. Das ist kein unfruchtbares, philologisierendes Sentiment: sondern das will bei der tiefen und innerlichen Harmonie griechischer Kunst besagen, daß seine Tragödien unlöslich verbunden sind mit dem griechischen Theater. Ganz anders als der ›Parsifal‹ mit Bayreuth. Hier sprechen wirklich die Quadern des Theaters eine hochtönende und eindringliche Sprache. Und die Landschaft ringsum, das Land des Aischylos, gibt seinem Werk Rahmen, Echo, Seele, ganz anders, als sonstwo auch die vollendetste Kunst es vermöchte.

Und dies war es auch, was diese ganze große, ungebärdige Menge, von den Ministern und obersten Kunstbeamten unten auf den Ehrensitzen bis zu dem Volk da oben auf den höchsten Stufen, was diese ganze südlich bunte, südlich laute Masse von fast fünfzehntausend Menschen in lautlosem, fast religiösem Schweigen einte: das dumpfe Gefühl einer gigantischen Kunst in einer später nie mehr erreichten Harmonie.

Gebt nicht einem paduanischen Stümper, gebt Reinhardt diese Szene! Laßt ihn hier den ›Agamemnon‹, den ›Ödipus‹, die ›Antigone‹, die ›Medea‹ spielen! Gebt ihm diese Sonne, dies Meer, dies Land! Und Europa wird Weihefestspiele haben von nie geträumter Herrlichkeit.

Klassische Spiele im antiken Theater von Syrakus (1914)

»Unter allen Werken der griechischen Bühne«, schrieb Wilhelm v. Humboldt, »kommt keines dem Agamemnon an tragischer Erhabenheit gleich. Sooft man dies wundervolle Stück von neuem durchgeht, empfindet man tiefer, wie bedeutungsvoll jede Rede, jeder Chorgesang ist, wie alles einzelne, wenngleich äußerlich locker verbunden, innerlich nach einem Punkte hinstrebt, wie jeder aus zufälliger Persönlichkeit geschöpfte Bewegungsgrund entfernt ist, wie nur die größten und dichterischsten Ideen die überall waltenden und herrschenden sind.« Wenn dem so ist, dann war es eine gute Tat der Syrakusaner, in ihrem antiken Theater, dem mächtigsten und schönsten Theater der hellenischen Welt, den Agamemnon des Aischylos zu neuem Leben zu erwecken. Hier, in diesem Theater, für das Aischylos gedichtet, auf dieser Szene, über die er selbst als Spielleiter geschritten, inmitten dieser weiten, mächtigen, klassischen Landschaft klingt sein Wort tiefer, erhabener, bedeutungsvoller als auf irgendeiner modernen Bühne. Wie der Riese Antaios der Sage neues Leben gewinnt, wenn er den mütterlichen Boden berührt, so gewinnt die gewaltige Tragödie des Aischylos neuen, tieferen Sinn hier, wo sie wurzelt, hier, wo die Landschaft ringsum, wo das mächtige, menschenwimmelnde, himmelragende Rund, die gigantische Harmonie dieses Theaterbaues zu ergreifenden Mitspielern werden. Und nicht nur der historisierende Snob, sondern jeder, der Augen hat zu sehen, und Ohren zu hören, jeder, der je das Land der Griechen mit der Seele suchte, muß hier den geheimnisvollen Zusammenklang von Dichters Wort und Dichters Land tief und erschüttert empfinden.

Dies vorausgeschickt, stellt man nur ungern fest, daß für diesmal die Syrakusaner mehr wackeren Willen als wackere Werke gezeigt haben. Die zahlreichen hochtönenden Propagandaschriften, mit denen man Europa und Amerika überschwemmt hat, die Tausende und aber Tausende von Artikeln, mit denen die italienische Presse die klassischen Spiele – die fortan alljährlich stattfinden sollen – angekündigt hat, sie alle laufen schließlich darauf hinaus, daß Syrakus der geeignetste Ort der Welt sei, so eine Art Bayreuth des klassischen Dramas zu werden. Ohne weiteres zugestanden: nur genügt zu solchem Ziele nicht die ehrliche Begeisterung, nicht die Masse der zur Verfügung stehenden Menschen und Mittel, nicht die fleißige und geschickte äußere Organisation. Sondern es handelt sich darum, Männer zu finden, Literaten und Spielleiter, die Wort und Bild und Geste ohne Affektation der erhabenen Simplizität des Raumes, der Landschaft, der gewaltigen Tradition anzupassen wissen. Solche Männer zu finden ist schwer, ist fast unmöglich bei dem heutigen Tiefstand der italienischen Prosa-Szene. Die Syrakusaner haben sie denn auch für diesmal wenigstens nicht gefunden.

Herr Ettore Romagnoli, dem man die Übersetzung, die Komposition der Begleitmusik und die oberste Spielleitung anvertraut hat, gilt als tüchtiger Hellenist. Da seine Schüler in den Propagandaschriften ein bißchen herausfordernd verkündet haben, er könne so manchen deutschen Philologen in die Tasche stecken, sei erwähnt, daß selbst ich, der Laie, in seiner Übersetzung ein schweres Schock philologischer Mängel feststellen konnte. Ihn als den Messias einer neuen Renaissance feiern heißt Ansprüche herausfordern, denen der im übrigen eifrige und sympathische Mann nicht gewachsen ist. Seine Übersetzung ist ehrlich und beflissen. Unter den deutschen Übersetzungen gleicht sie am meisten der des Wilamowitz und gar nicht der Vollmoellerschen. Sie ist nüchtern und brav; statt des Aischyleïschen Halbdunkels gibt sie klares Tageslicht, statt seiner absichtlichen und tiefen Zweideutigkeiten gibt sie ebenso absichtliche, aber minder tiefe Eindeutigkeit. Herr Romagnoli verbürgerlicht den Aischylos. Die Sprache Romagnolis ist viel weicher, umgänglicher. Zum Schluß gibt er statt der gewaltigen männlichen Versschlüsse des Griechen weibliche Reime. Immerhin ist seine Übersetzung treuer als die verbreiteten italienischen Versionen der Monti, De Spucchos, De Bellis. Alles in allem, was den Philologen Romagnoli angeht: ich kenne bessere; doch auch er ist gut.

Regisseur freilich kenne ich keinen schlechteren. Aischylos hat seine Menschen mit den Augen seiner Zeit gesehen, sie im äußeren und inneren Kostüm seiner Zeit gezeichnet. Herr Romagnoli verlegt die Handlung in uralte, vorhomerische Zeiten. Dagegen ist an sich nichts einzuwenden. Auch Reinhardt hat's getan, als er im September 1911 in München die Orestie aufführte. Aber an dieser Stätte, wo alles an unsere Ehrfurcht vor einer ungeheueren Tradition appelliert, an dieser Stätte, wo auch der Stumpfste vom Geist der griechischen Tragödie einen Hauch verspüren muß, an dieser Stätte nicht die stolze Einfachheit der griechischen Szene aufzubauen, sondern einen barbarischen Holzpalast, halb Blockhaus, halb Zigarrenkiste, wie ihn zweifelhafte Erkenntnisse moderner Wissenschaft jener barbarischen Vorzeit zusprechen, die erhabene Symmetrie des gewaltigen Theaters durch den Einbau einer naturalistisch kyklopischen Stadtmauer mit dem Löwentor von Mykene und eben jenes Holzpalastes zu verhunzen: das, Herr Professor Romagnoli, ist eine Sünde am Geist der Kunst, der auch die scharfsichtigste philologische Akribie keine Verzeihung erwirken könnte. Und eine ebensolche Sünde ist es, ein gut Teil der herrlichen Chorgesänge zu streichen und sie durch Hymnen eigener Prägung zu ersetzen, deren Text gar kein, und deren Musik das einzige Verdienst hat, daß Griechen vielleicht – vielleicht! – ähnlich musiziert haben. Und welche Barbarei, das Stück nicht mit dem Streit zwischen dem Chor und Aigisthos zu schließen, sondern mit der Grablegung des Agamemnon, die wiederum ganz Romagnolische Erfindung ist. Um diese Grablegung überhaupt zu ermöglichen, mußte man den schönsten Chorgesang – den zwischen Klytaimnestra und dem Chor nach dem Mord – greulich verstümmeln. Und lesen Sie doch, Herr Professor Romagnoli, Herr Philolog, der Sie die deutsche Philologie in die Tasche stecken können, lesen Sie doch gefälligst den zweiten Teil der Trilogie, die Choëphoren: da werden Sie finden, daß Klytaimnestra den Gatten »verscharrt, ohne Bürgergeleit, ohne Trauergepräng, ohne Klagelied, wie man im Feld die Toten eingräbt«. Was soll also Ihre Komödie der feierlichen Grablegung? Und was soll die ganze Farce der archäologisch-wissenschaftlichen Aufmachung, wenn man solche Fehler begeht, die man keinem Gymnasiasten ungestraft hingehen lassen kann?

Sieht man von diesen prinzipiellen Erwägungen ab, so verdient das Werk des Malers Duilio Cambellotti, Dekorationen und Kostüme, fast schrankenloses Lob. Auch die zahllosen Komparsen waren redlich bemüht: aber wo blieb der Regisseur, der die Bewegungen dieser bunt und reich gekleideten Massen aufeinander abstimmte, der Auf- und Abgänge dieses bei aller Aufregung so toten Statisterei-Gepränges nach einigermaßen begreiflichen Prinzipien regelte, der die Greise des Chores, die am Boden klebten und sich abzappelten wie Vögel an der Leimrute, aus ihrer peinlichen Lage befreite? Von den Einzeldarstellern waren Agamemnon, der Herold und Aigisthos gute Sprecher, und die unkomplizierte Psychologie des Aischylos verlangt ja vom Schauspieler nicht viel mehr als gute Deklamation. Kassandra ist eine treffliche Spielerin: aber sie vergriff sich von Anfang an im Ton. Wo blieb der Regisseur? Und wo blieb der Regisseur, der dieser ganzen elenden, kleinbürgerlichen Klytaimnestra wenigstens die gröbsten Betonungsfehler vorwies? Und wo blieb –

Aber ich wollte ja nur die notwendigsten Einwände bringen. Denn was will es schließlich besagen, daß die Menschlein auf der Szene mehr oder minder versagten, hier, wo die Quadern des Theater, wo die Sonne des Aischylos, sein Meer und sein Land dem Wort des Dichters auch im Mund der Stammelnden eine tiefere und vollere Bedeutung leihen als anderswo im Munde des Kundigsten? Den Syrakusanern aber, die für diese Neubelebung ihres Theaters die Hilfe der Regierung und des ganzen Landes beansprucht und erhalten haben, die zu diesem Schauspiel ganz Europa eingeladen haben, den Syrakusanern dieser Rat: Wählt euch künftighin keinen Mann, der sein eigenes kleines Ich an die Stelle des antiken Tragikers setzen möchte, sondern sucht einen, der ein treuer Diener am Werk ist und Ehrfurcht hat vor der gewaltigen Tradition eures herrlichen Theaters! Dann kann, dann muß von diesen klassischen Vorstellungen eine Bewegung ausgehen, die dem geistigen Leben der ganzen Nation zum Heil werden kann.

Die Perser des Aischylos
(1914)

1.

Am Anfang der dramatischen Literatur der Europäer steht, riesengroß und einzigartig wie die Pyramiden der Ägypter, das Siegesdrama des Aischylos, das einzige uns erhaltene historische Theaterwerk der Alten: Die Perser. Der Einfluß, den dieses Drama auf unsre Anschauungen über hellenische Art und hellenische Geschichte ausgeübt hat und wohl auch für alle Zukunft ausüben wird, ist unermeßlich. Wir alle sind gewohnt, die Perserkriege als einen der wichtigsten Abschnitte der Menschheitsgeschichte, als den wundervollen Sieg einer winzigen Minderheit über eine ungeheure, rohe und barbarische Masse anzuschauen. Es steht aber zu vermuten, daß in Wirklichkeit diese Kriege nur eine keineswegs belangvolle Episode der persischen Geschichte waren und daß diese Strafexpedition gegen Athen ihren Zweck zum mindesten teilweise erreichte; denn schließlich wurde ja Athen zerstört und ein großer Teil der griechischen Wehrmacht vernichtet. Jedenfalls steht fest, daß, selbst wenn diese Expedition mißlang, die Kernmacht der Perser dadurch nicht getroffen wurde.

Das Übermenschliche und Heroische an den Kämpfen der Griechen scheint im wesentlichen literarische Mache. Wir sehen diese Kämpfe so, wie die Späteren nach zweitausend Jahren unsern Krieg sehen müßten, wenn etwa nur patriotische Dichtungen der Franzosen und die Berichte des »Temps« erhalten blieben. Nur eben mit dem Unterschied, daß die ›Perser‹ des Aischylos und die von ihnen gefärbten Erzählungen des Herodot eine viel eindringlichere und wuchtigere Sprache sprechen, als sie irgendeinem der Heutigen erreichbar ist.

»Die Poesie der Griechen«, sagt Friedrich Schlegel, »steht insofern unerreichbar hoch über allem, was von den nachgriechischen Völkern gedichtet wurde, als sie in sich vollendet ist. Sie ist objektiv schön; ihre Schönheit ist die Schönheit der Blume oder irgendeines natürlichen Organismus, der sich nach innern Gesetzen makellos entfalten muß. Das Bewußtwerden aber hat die organische Triebkraft im Menschen gestört. Vom Bewußtsein ausgehend, fehlt der modernen Poesie das Abgeschlossene, Einheitliche, was im Organischen so selbstverständlich ist; der sondernde Verstand zerteilt immer wieder, was sich zum Ganzen schließen will.«

Wenn Schlegel recht hat, dann erhellt ohne weiteres, warum unsre patriotische Dramatik nie und nimmer erreichen kann, was dem Griechen so selbstverständlich glückte. Ist doch schon unser Patriotismus begrifflich; zum mindesten, soweit er imstand ist, sich literarisch zu äußern. Hassen wir die Insel Wight? Das Britische Museum? Bernard Shaw? Herrn Smith oder Herrn Johnson? Nein, wir hassen England. Den Begriff, den Staat. Wie aber soll ein solcher Haß literarisch etwas andres als Phrasen, wie soll der Haß eines höchstens begreifbaren, aber nie greifbaren Begriffs eine Dichtung gebären?

Es ist eminent charakteristisch, daß in der wuchtigsten vaterländischen Dichtung aller Zeiten, eben in den ›Persern‹, das Wort Persien überhaupt nicht vorkommt. Aischylos spricht von persischem Boden, von persischen Kriegern, Frauen, Heeren, Göttern, von persischer Sprache und persischem Brauch: aber er spricht nicht von Persien. Sein Patriotismus ist eben nicht begrifflich, sondern naiv, gegenständlich. Auch das Wort Vaterland, mit dem die hellenischen Redner und Geschichtschreiber gern um sich werfen, kommt in den ›Persern‹ nur ein einziges Mal vor. Der Patriotismus des Aischylos ist, so volltönend er klingt, nicht rednerisch, sondern bildkräftig, gestaltend. Und wie seine Götter greifbar sind, wie er seine Religion, sobald sie ins Übersinnliche schweifen will, sogleich wieder ins Wahrnehmbare zwingt, so ist auch sein mit Religion durchsetzter Patriotismus keine Angelegenheit des philosophierenden Verstandes, sondern der Sinne. Daher seine maßvolle, zuchtvolle Stärke, seine Gestaltungskraft, seine überzeugende Überzeugtheit.

2.

Die ›Perser‹ sind technisch ziemlich ungeschlacht und wollen sich den strengen und schönen Regeln der griechischen Tragödie nicht recht fügen. Das Stück ist aus dem Episch-Lyrischen noch nicht völlig ins Dramatische hinausgewachsen. Man hat das Werk mit Recht jenen altertümlichen Statuen verglichen, die die Beine geschlossen und die Arme anliegend haben. Auch sonst ist das Stück prachtvoll naiv. Zeitereignisse, die der Dichter und seine Zuschauer am eigenen Leib groß und gräßlich verspürt haben, läßt er weg oder dreht sie gradezu um, wie es ihm eben in die Ökonomie seines Stückes paßt. Er selber hat in der Schlacht bei Marathon mitgefochten, und nur dies, nichts von seinen Siegen im tragischen Agon, wollte er auf seinem Epitaph vermeldet wissen: aber er tut, als hätte Dareios niemals einen unglücklichen Feldzug gegen Hellas geführt. Dareios hatte den thrakischen Bosporus überbrückt und hatte selber das Heer auf dem unseligen Zug gegen die Skythen befehligt: der Dichter tut, als seien diese bedeutsamsten Ereignisse nie vorgefallen. Die Königin Atossa war nach den griechischen Berichten eine gefährliche Intrigantin, eine Art antiker Kaiserin Eugenie, die eigentliche Anstifterin der hellenischen Kriege: Aischylos verwandelt sie in eine ehrwürdige, schier göttliche Frau; denn nur so paßt sie seinen Zwecken. Auch sonst ist er voll unbekümmerter Treuherzigkeit. Seine Perser bezeichnen sich selbst unentwegt als Barbaren, was freilich im Griechischen milder klingt, und ihre Sprache als Mißgetön.

In prachtvollem Gegensatz zu dieser im Grund harmlosen Subjektivität steht seine Objektivität in der Auffassung der großen Zusammenhänge. Da ist überall Maß und nirgends Überheblichkeit. Eine Flut persischer Namen wird genannt, fremdartiger, um das orientalische Kolorit zu kennzeichnen; aber kein einziger Griechenname. Selbst nicht der des bewunderten Lieblings des Aischylos, des Aristeides. Kein einzelner hat, nicht List, nicht Tapferkeit, nicht überlegene Strategie den Sieg errungen, sondern die Gottheit. Die Perser werden nicht geschmäht, es ist nirgends vom perfiden Persien die Rede: im Gegenteil, sie sind tapfer; ja, selbst der göttertrotzende Übermut des Xerxes wird mit des Königs

Jugend entschuldigt, und der alte Dareios gar wird – gegen das bessere Wissen des Dichters – als milder, erhabener, gottgleicher Herrscher geschildert. Es ist kein trunkenes Hurra-Schreien in dem Stück, sondern überall starkes, stolzes, selbstverständliches Vertrauen in die Fügung der Götter. »Kein Grieche«, schrieb vor hundert Jahren Heinrich Voß, »hat die Idee der den Übermut strafenden Nemesis so groß und so tief gefaßt wie Aischylos, und Napoleon, der im Wahne stand, sich als Kaiser des Orients krönen zu lassen, und jetzt auf der Insel Elba sitzt, wäre so recht ein Gegenstand für seinen Pinsel gewesen. Es muß eine furchtbare Wirkung getan haben, wie seine ›Perser‹ in Athen sind aufgeführt worden. Ein Bote tritt auf und berichtet der Mutter des Xerxes vom klagenden Piano an bis zum schaudervollen Fortissimo hinauf die Niederlage der vielen Millionen; und jedes seiner Worte wird zum Preis- und Ehrenlied des winzigen Griechenhaufens, der, den Göttern vertrauend und voll heiligen Willens, den Sieg über die rohe Masse davontrug. Bei dieser Gelegenheit wurde das Bild der Nemesis geschaffen aus einem Marmorblock, den der Perserkönig zu einem Siegesdenkmal für sich mitgebracht hatte.«

Man kann den ›Persern‹ Mangel an Handlung vorwerfen. Man kann sagen, das Stück sei nichts als eine Folge von Variationen über das Thema: Weh! Wir armen Perser sind geschlagen! Schön, aber was für eine Folge! Da ist der grandiose Bericht der Schlacht von Salamis, da ist das seltsame, klagende, einprägsame Lied, das den toten Dareios aus dem Hades beschwört, da ist die trübe, resignierte Weissagung des alten Königs, da ist die altertümelnd schlichte, fast behagliche Verherrlichung der frühern Zeit, da ist schließlich die orientalisch wilde, naturalistische Trauer-Orgie am Schluß, dieses wirre, wimmernde, winselnde, schreiende, heulende, sich immer mehr berauschende, sich zu Boden werfende, die Brust zerfleischende, das Haar zerraufende Bacchanal exotisch trunkenster Trauer.

Und dies in der Sprache des Aischylos, in der alles Bewegung, Bild, Anschauung, Leben, Seele wird. In seinen langhin gewitternden Senaren, in dem einprägsamen Wechsel seiner Chorstrophen, die bei aller Wucht jeder Stimmung sich anschmiegen. Die Kühnheit seiner Alliterationen, seiner Tonmalereien läßt sich nicht übersetzen. Seine naturalistisch orientalischen Interjektionen jagen den Jammer der Perser durch alle Tonleitern bis zum Grotesken, so daß Aristophanes ihn drum verspottet. Aber Aischylos darf wagen, bis zur Grenze zu gehen, und wir Heutigen bewundern die sichere Zucht seines Geschmacks. Wo ist der Regisseur, der dieser orientalischen, in hellenische Rhythmen gebändigten Trauer-Orgie das rechte Bühnenmaß zu finden weiß?

3.

Die ›Perser‹ sind die wuchtigste Kriegs- und Siegesdichtung aller Zeiten. Die naivste, geschlossenste, ihres menschlichen und künstlerischen Rechtes sicherste.
Und die überzeugendste. Dieses Werk wirkt Wunder. Es ist vom Anfang bis zum Ende erfüllt vom Leidensüberschwang der Besiegten. Kein Hellene tritt auf. Kein jauchzender Ruf erschallt. Und dennoch strahlt ein helles Pathos von ihm aus, und es klingt durch alle Verse wie Fanfaren.

Sophokles und Hofmannsthal
(1910)

1.

Was bedeutet uns die alte thebanische Sage von Ödipus? Weil Lajos den Sohn des Pelops geraubt, muß Ödipus unwissentlich den Vater morden, die Mutter freien und diese Schuld an sich selber fürchterlich ahnden. Ein höchst schauderbares Märchen zunächst, das nirgends den Anspruch macht, Menschen zu gestalten, geheime Bedeutung zu künden. Philologischer Spürsinn wittert einen Sonnenmythus, dann wieder eine Wintersage hinter der Fabel: doch schon die Kritik der Alexandriner sieht in dem unverarbeiteten thebanischen Sagenstoff nichts weiter als ein wüstes, vom Pöbel ersonnenes Märchen. Wie wir, wenn wir unbefangen und pietätlos urteilen, im Ödipus des Mythos (nicht der geformten Dichtung) nichts andres erblicken können als einen grandiosen Pechvogel, einen ins Gigantische gereckten Schlemihl, so empfand auch hellenischer Geschmack den armen Thebanerkönig oft als komisch. Eubulos schrieb eine Komödie über den Sphinxtöter, Varro machte ihn zum Gegenstand einer seiner Menippeïschen Satiren; selbst Aischylos schrieb eine Sphinx satyrike. Auch die bildende Kunst der Antike travestierte den unseligen Kadmos-Sproß und sein Geschick: eine unterirdische Kanne vor allem ist mir im Gedächtnis (aus der Sammlung Bourguignon in Neapel), die Ödipus darstellt, wie er mit ziegenbockartiger Maske und mächtigem Phallus vor der nackten Sphinx steht.

Aber trotz dem leise mitschwingenden komischen Unterton reizte der Stoff auch die tragischen Dichter, wie wenige Stoffe sonst. Außer Aischylos, Sophokles und Euripides sind uns acht hellenische Tragiker mit Namen und ein Anonymus bezeugt, die sich an der Gestaltung des Mythos versuchten: die römischen Dramatiker und das lateinische Schuldrama, die klassische Tragödie der Franzosen und der Italiener, die schlesische Schule mühten sich an ihm, und Schiller plante einen Ödipus. Was an dem Stoff mag die Dramatiker aller Zeiten so sehr angezogen haben? Ich glaube, es ist ein formales Moment und ein inhaltliches. Ein formales: der Ödipus ist ein Schulbeispiel fürs analytische Drama. Wir Heutigen sind ja durch Ibsen in diesem Punkt leidlich verwöhnt: wie aber Frühere diesen Vorzug einschätzten, darüber lese man etwa in Schillers Briefen. Und dann das inhaltliche Moment. Kein Mensch der griechischen Sage stürzt so jäh aus besonnter Höhe in so tiefen Grund, keiner leidet so schuldlos wie Ödipus. Sein Schicksal nennt des Aristoteles Poetik vorzüglich geeignet, Mitleid und Furcht zu erwecken. Denn die Antike, harmonisch und unkompliziert, brauchte nicht tief hinein in den Menschen zu schürfen, um Tragik aufzuspüren. Ihr genügte das Walten des großen, gigantischen Schicksals. Ihr war Glück schlechthin Tugend, Unglück schlechthin Laster. Schicksalswandlung und Seelenwandlung galt ihr gleich. Ihr klaffte kein Zwiespalt zwischen Sein und Tun, und wenn an einem Menschen, um einen Menschen Interessantes geschah, so war ihr dieser Mensch schlechthin interessant, mochte sein Wesen an sich noch so belanglos sein; und wenn ein Mensch litt, so war ihr dies Leiden tragisch. Ein Geschlecht, welches schon den Körperschmerz des Philoktet als etwas des Tragikers Würdiges empfand – welche Schauer mußten es anwehen, wenn es von dem Fluchgeschick des Ödipus hörte! Gerade daß dieses Geschick so gar nicht ethisch verankert ist, lockte den hellenischen Dramatiker und gefiel seinem Publikum, und es ist für die Geschichte des griechischen Geschmacks sehr aufschlußreich, wie die spätere Sage die Passion des Ödipus von Theben, die prachtvoll amoralische, mit der so tief im Ethos wurzelnden Passion des Jesus von Nazareth zusammenkoppelt und wie sie schließlich den unseligen Kadmäerkönig mit dem zum Fluch erkorenen Judas Ischarioth in einen Menschen verwebt.

Was also die attischen Menschen am Ödipus lockte, liegt begründet in ihrer naiven Freude am Leiden, am ›Pathos‹ des tragischen Helden. Das kindhaft glückliche Geschlecht, dem das Leben so leicht und einheitlich dahinfloß, dem alle unsre Zerrissenheiten erspart waren, sehnte sich nach Bitternissen,

und wie Polykrates den Ring, so opferte Athen die Heroen seines Dramas den bösen Launen der finstern Moira. Denn so etwa ist die Katharsis des Aristoteles zu verstehen: Es ist dem Menschen bestimmt, zu leiden und zu fürchten; von dieser Bestimmung aber löst er sich am reinsten und edelsten durch die Sensationen des Mitleids und der Furcht, die das Schicksal des tragischen Helden in ihm erweckt. In solchem Sinn bleibt das Drama immer Opferdienst, Kulthandlung, und in diesem Sinn mag auch Aristoteles den Ödipus als Schulbeispiel des Dramas bezeichnen. Wie Kinder eine schmerzhafte Freude daran finden, Lieblingstiere zu quälen, so mag es den Athenern eine bittre Wollust, ein heiliger Kitzel gewesen sein, die Martern des Ödipus schauernd zu bestaunen.
Was aber kümmern alle diese tief im Wesen der Alten haftenden Anschauungen uns Heutige? Alle religiösen Voraussetzungen der Antike fehlen uns, und es fehlt uns die leichte und unkritische Einheitlichkeit hellenischen Empfindens. Apoll ist tot, seine Seher sind uns Hypnotisierte oder Schwindler, und die Moira ist uns ein Popanz. Die Hybris aber, der Wille, allen Gewalten zum Trutz sich zu erhalten, das Streben zum Herrentum, zur Persönlichkeit, von den ethischen Dramatikern Athens verdammt, ist uns höchstes Glück, letztes ethisches Ziel. Was also kann uns das Schicksal des Ödipus bedeuten? Es kann uns, wenn wir ehrlich sein wollen, nichts andres sein als ein blutiges Ammenmärchen, nur dadurch vor der Lächerlichkeit bewahrt, daß es einst ein edles Volk in Furcht und Mitleid erschauern ließ.

2.

Wie aber kommt es, daß wir trotzdem vor dem ›Ödipus‹ des Sophokles starren und staunen und klein werden und von dem Werk nicht loskommen können? Sophokles hat doch, es ist keine Frage, kein Quentchen seines Griechentums preisgegeben. Er verzichtet auf alle Psychologie; sogar Schiller, seiner wärmsten Bewunderer einer, gesteht zu, daß das Interesse nicht sowohl in den handelnden Personen wie in der Handlung liegt, »welches eine gewisse Kälte erzeugt«, und »daß die Charaktere mehr oder weniger idealische Masken und keine eigentlichen Individuen sind wie bei Shakespeare und auch bei Goethe«. Ferner tilgt Sophokles die letzten Reste des Schuldbegriffs; er gibt das Motiv preis, daß Lajos durch den Raub des Pelops-Sohnes den Zorn Apollons gereizt habe, und sein Ödipus ist frei von freventlicher Überhebung. Alle philologisch-dramaturgischen Bemühungen, eine Schuld des Sophokleïschen Ödipus zu konstruieren, sind mißglückt: nicht sein Wesen, eine äußere Schickung stürzt ihn. Weder der Stoff noch die Menschen der Tragödie können uns berühren, und es fehlt die wichtigste Basis der dramatischen Wirkung, die Gemeinsamkeit der ethisch-ästhetischen Wertung.

Es ist also die Form, einzig die wundervolle Form des Ödipus, die uns bannt. Sie ist die letzte, schönste Blüte einer ganz auf die Linie gerichteten Kultur. Von prachtvoller Einheitlichkeit, tief verwurzelt mit dem Wesen des Dichters, atmet hier alles einen einzigen Rhythmus, strebt hier alles nach einem einzigen Ziel. Sophokles duldet kein Nebenmotiv. Mit einer unerhörten, für alle lockenden Abwege blinden Straffheit ordnet er alle Mittel der Gestaltung der Fabel unter. Schon die Exposition ist Fortschritt, und nun wächst die Handlung weiter, prachtvoll gegliedert, palmenschlank, spult sich ab, ungeknäuelt, wie ein gelöstes Seil. Es eignet dem Ödipus eine technische Vollendung wie keinem zweiten attischen Drama. Nirgendwo sonst ist die tragische Ironie mit so geglückter Selbstverständlichkeit angewandt, und ganz selten nur strafft sich eine so einfache Handlung zu solcher Spannung.

Aber bei aller Vollendung der Technik bliebe uns der Ödipus innerlich gleichgültig, flößte uns die launische Hetzjagd des Schicksals auf den Thebanerkönig höchstens das Interesse eines Schachspiels ein, das mit einem hundertfach überlegenen Gegner gespielt wird, wenn das Werk nicht durchseelt wäre von dem ernsten, tiefen, großäugigen Glauben des Dichters an die Moira. Es handelt sich nämlich in dem Drama letzten Endes gar nicht um Ödipus, sondern um das Schicksal, um die launische und grauenvolle Moira, vor der der Grieche voll demütigen Verzichts sich beugt, gegen die aber unser Empfinden sich aufbäumt. Und der Anteil des Orakels an der Tragödie müßte lächerlich auf uns wirken, wenn nicht der starke

Glaube des Sophokles uns mitrisse, uns auch zu Gläubigen Apollons machte, wie uns die Divina Commedia an Himmel und Hölle glauben macht. Die Andacht zum Leiden schuf den Ödipus, die Überzeugung, daß Leiden Menschenlos und Mitleiden Genießen ist. Nicht Ödipus greift uns ans Herz, sondern Sophokles, der so inbrünstig vom Leiden singt. Es ist die gewaltige lyrische Grundstimmung, die uns mitreißt, die prachtvolle Konfession des Sophokles, der alles Leben erkannt hat, daß es Leiden ist. So wächst ihm und uns Ödipus zum bekränzten Opfer, das auch für uns leidet, leidend uns reinigt und erhebt, aus Furcht und Mitleid Erlösung uns erblühen läßt: Ödipus-Christus.

3.

Was Hofmannsthal zu Sophokles und seinem Ödipus hinzog, mag wohl eben die lyrische Grundstimmung gewesen sein, die ich zu analysieren versucht habe. Denn wer vermöchte wie er, der aus allen Quellen trank, Furcht und Mitleid genießend zu erfühlen. Und staunendes Erleiden und angstvolles Sehnen nach dem Unbekannten, dem Schicksal, ist ja das Thema seines gesamten Werks. Wenn sein Unternehmen, den Ödipus für uns zu erneuern, dennoch von vornherein mißglücken mußte, so liegt dies in der Griechheit des Werks, in seinem attisch-religiösen Grundcharakter. Nehmt der Tragödie diese lyrische Unterströmung, und ihr nehmt ihr Blut und Leben. Hofmannsthal hat's getan. Er hat zunächst in ›Ödipus und die Sphinx‹ das Ungeheuerliche gewagt, den Ödipus aus einer tragischen Maske zu einem Menschlein unsersgleichen zu machen, das seinen Willen den »Hunden des Geschicks« entgegensetzt. Dies allein genügt, die sophokleïsche Idee in ihr Gegenteil zu verkehren. Sophokles läßt uns den Ödipus als Typus empfinden, als den Menschen schlechthin, den der Moira blind unterworfenen, mit dem wir wohl tiefstes Mitleiden fühlen dürfen, der aber ein befreiendes Opfer ist, der zur Unterwerfung unter das Geschick, nicht zur Empörung mahnen soll: es sind harmonische Menschen, harmonisch noch im letzten Leid. Hofmannsthal hingegen hat versucht, das Orakel in die Brust seiner Menschen zu legen, hat das wirksamste

Motiv des Sophokles, die Ahnungslosigkeit, die Sicherheit des Ödipus und der Jokaste, getilgt und sie dafür zu Menschen umgewandelt, erfüllt mit tausend Widersprüchen, empört wider die Moira und uns empörend. Er psychologisiert sehr fein und umständlich und gefährdet, je feiner seine Psychologie ist, um so mehr den Sinn der ganzen Tragödie. Denn je menschlicher Ödipus ist, um so alberner erscheint sein Schicksal. Hofmannsthal hat den Ödipus aus der gewaltigen Bekenntnisdichtung eines ganzen Volkes zum Drama eines recht besondern einzelnen gemacht: hat die Tragödie entgöttert.

Dadurch hat er aber außerdem aufs schärfste betont, was wir am Ödipus als fremd empfinden. Vor vier Jahren schrieb der Herausgeber an dieser Stelle: »Nachdem Hofmannsthal in ›Ödipus und die Sphinx‹ die Voraussetzungen des ›König Ödipus‹, die wir angeblich nicht mehr lebendig fühlen, sozusagen vermenschlicht, nachdem er alles entfernt oder in den Hintergrund gerückt hat, was unsern Glauben an die Götter Griechenlands und ihr Orakelwesen heischen würde, wird er in seiner Übertragung des ›Königs Ödipus‹ die psychologische Entwicklung wohl oder übel wieder durch den starren Schicksalsbegriff, das übermenschliche Eingreifen persönlicher Gottheiten ersetzt sehen müssen.« Das ist jetzt geschehen; und nun fallen die beiden Dramen wesensfremd auseinander. ›Ödipus und die Sphinx‹ gibt nicht, sondern nimmt dem ›König Ödipus‹ seine innern Voraussetzungen und raubt ihm ein gut Teil seiner dramatischen Spannkraft.

Aber wir haben es ja hier nur mit Hofmannsthals ›König Ödipus‹ zu tun, und der stellt sich doch wenigstens zunächst als eine ziemlich getreue Bearbeitung des Sophokles dar. Ja, die Bearbeitung ist leider nur ziemlich getreu. Beim Sophokles greift aber ein Wort ins andre, die Chorgesänge sind an sich aufs Mindestmaß beschränkt; hier ein Wort ändern oder gar tilgen heißt dem Werk an die Seele greifen. Vor vier Jahren hat der Herausgeber befürchtet, daß »der ›König Ödipus‹, der kein Wort zuviel enthält, für Hofmannsthal viele zuwenig enthalten werde«. Nun ist merkwürdigerweise das Gegenteil eingetreten. Vielleicht reizte es den Lyriker Hofmannsthal, dem man seine Breite so oft vorgehalten, einmal zu zeigen, welcher Knappheit er fähig sei, die Dramatik des Griechen

noch zu steigern. Leider tat er's auf Kosten des lyrischen Nervs.
Und dann die Sprache. Hofmannsthals Diktion tötet den Geist des Sophokles. Biegt die grade Klarheit des Griechen um. Gibt Farbe statt der Linie, verträumte, deutelnde Psychologie statt Religion, Nazarenertum statt Hellenentum. Ich kann's hier nicht im einzelnen begründen, wie die Sprache des Wieners die ruhevolle Ergebung des Attikers immer wieder in flackernde Nervosität verwandelt. Es liegt im Rhythmus, im Tonfall, in einer weggelassenen oder hinzugefügten Interjektion. Wer ernstlich das Land der Griechen mit der Seele sucht, sollte ihre heiligsten Gesetze höher achten, als es Hofmannsthal getan.

Vasantasena
(1915)

Dieses Stück heißt im Original Mritschakatika, zu deutsch Das Irdene Wägelchen. Es führt diesen Titel nach der Szene des kleinen Rohasena. Die tönerne Spielkutsche des Knaben, die Vasantasena mit ihrem Schmuck anfüllt, um sie in eine goldene zu verwandeln, bildet ja auch, da dieser Schmuck als Schuldbeweis gegen Tscharudatta dient, gewissermaßen den Angelpunkt der Handlung. Auch kann man den Titel unschwer symbolisch ausdeuten, besonders wenn man die Schlußworte des Werkes heranzieht:

> Wir sind wie Krüge an dem Brunnenrad.
> Das Schicksal leert den einen, füllt den andern.
> Zieht hoch und senkt und kettet Feindliches,
> Sich Streitendes zusammen, launisch, bunt,
> Ein spielend Kind. Sein Spielzeug ist die Welt.

Der Prolog schreibt das Stück einem sagenhaften König Sudraka zu mit der nämlichen Geste, mit der etwa biblische Dichtungen den König Salomo ihren Verfasser nennen. Den wirklichen Namen des Dichters wissen wir nicht. Man nimmt an, daß das Stück in seiner ursprünglichen Form auf den Dichter Bhasa zurückgeht. Doch fehlen schlüssige Beweise. Auch wann das Werk geschrieben wurde, können wir nicht genau bestimmen. Sicher ist nur, daß die Fassung, in der es uns jetzt vorliegt, zwischen den Jahren 450 und 650 unserer Zeitrechnung entstand.

Das Drama ist also ein rundes Jahrtausend jünger als die großen Tragödien der Griechen, ein rundes Jahrtausend älter als Shakespeare.

Ein rundes Jahrtausend älter als Shakespeare. Und doch um kein Quentchen weniger lebendig. Die Vasantasena vereint süße, weisheitsvolle Resignation mit lichter, anmutiger Schalkhaftigkeit. Die brachmanisch-buddhistische Überzeugung des Dichters, daß diese Welt nur Schein und Tand ist, leiht dem Werk einen Grundton liebenswürdig spielerischer Melancholie, nimmt seinem Pathos die Schwere und verbrämt seine Schalkhaftigkeit mit einem Hauch nachdenklicher Trauer. Nur eine vollkommen harmonische Weltanschauung, die Herz und Hirn, Denken, Schauen und Empfinden in letzte Übereinstimmung setzte, konnte dies vollkommen harmonische Werk hervorbringen. Hier ist kein Erdenrest zu tragen peinlich. Diese Dichtung tanzt, schwebt, löst alle irdische Diskrepanz in unirdische Harmonie. Hier ist Spiel im letzten Sinne des Wortes. Dieses Drama spielt mit allem. Selbst mit der buddhistischen Grundüberzeugung des Dichters. Denn wenn er auch tief durchdrungen ist von der Wahrheit seiner Philosophie, so kann er es sich doch nicht versagen, die Äußerlichkeiten des Systems zu ironisieren, lächelnd zu zeigen, wie verschieden sich die nämliche tiefe Weisheit in den verschiedenen Köpfen malt, wie sie dem Flachen flach, dem Schlauen willkommene Verbrämung eigensüchtigen Tuns, dem Armen im Geiste einfältige Zuflucht wird. Die spielerische Grazie des Inders ist uns Heutigen ebenso unbegreiflich wie seine unendliche Güte, seine ruhvolle Weisheit und seine Naturnähe. Seine Menschen sind in Wahrheit wie Blumen und nur zu begreifen aus der Natur, die sie umgibt. Es ist kein Zufall, daß ihnen Regenzeit und Liebe zusammenfällt und daß sie alle Ereignisse ihres Seins nur durch Naturvergleiche sich klären können. Die harmonische Schönheit der Vasantasena ist so wenig zu fassen oder gar in Worten auszuschöpfen wie die Schönheit besonnten Meeres, ihr Reichtum so unbegreiflich wie der Reichtum tropischen Urwaldes.

Es gibt kein europäisches Drama, das das Leben so vielfarbig abglänzt wie dies indische Schauspiel, keines, das so voll inniger Freude die launisch sinnlose Buntheit der Welt bestaunt, belächelt, beweint, bespiegelt. Auf immer neue Art offenbart sich, wie Sinn Unsinn, Glück Unglück, Unheil Segen wird. Wie eitel alles menschliche Planen, wie gewichtig folgenschwer eitle Launen sind. Absicht ist nichts, Zufall alles.

> Schicksal, du spielst mit Menschenlos, wie Wind
> Mit Tropfen Wassers spielt auf Lotusblättern.

Die mühsam absichtsvolle Saat langer Jahre verdirbt, und aus einem längst vergessenen, verlorenen, irgendwohin verstreuten Samenkorn flüchtiger Laune sprießt überreiche Ernte.
Eine vollendete Fabulierkunst, die scheinbar Unabsichtliches mit der lässigen Hand des Meisters zu sinnvoller Wirkung verknüpft, beherrscht den Zufall. In diesem Werk, in dem äußerlich der Zufall eine so große Rolle spielt, gibt es künstlerisch nichts Zufälliges. Ein hochgehäufter Schatz epischen Literaturguts lieferte dem Dichter die bunten Bausteine, eine hochentwickelte dramatische Konvention die Leichtigkeit der Technik, sie kunstvoll zu fügen. Das Entlegenste hat Beziehungen, alles webt sich zweckvoll zum Ganzen, Klang zu Klang, Farbe zu Farbe. Jede Nuance ist weise Berechnung und die einzig mögliche. Menschen und Geschehnisse sind Farbenflecke in einem großen Gemälde. Sinnlose Buntheit ist der Inhalt des Lebens: wandeln wir sie für ein paar flüchtige Theaterstunden in sinnvolle Buntheit. So die Vision des Dichters. Dabei ist es äußerst reizvoll, wie im Original das Dramatische aus dem Epischen noch nicht ganz herausgearbeitet ist, so etwa wie gewisse Statuen noch im Stein stecken. Die dramatische Technik der Inder verstattete auf der einen Seite dem Bühnendichter (durch den Verzicht auf Dekorationen) alle die Freiheiten, die bei uns der Verfasser eines Films hat, nämlich, das Nacheinander in ein Nebeneinander aufzulösen, den einen Satz im Haus, den andern auf der Straße spielen zu lassen, ja sogar die Zeit zurückzudrehen, d.h. die Handlung an einem andern Ort, an einem frühern Zeitpunkt wieder anzuknüpfen. Bhasa oder wer immer dies Werk geschrieben hat macht nun von diesen Freiheiten nur in so beschränktem Maße Gebrauch, daß das eigentlich Dramatische nicht gefährdet wird, ja, die dramatische Steigerung ist vor allem in der zweiten Hälfte des Werkes mit solcher Meisterschaft durchgeführt, daß sie sich von der episch naiven Basis des Dramas doppelt wirkungsvoll abhebt.
Der erste europäische Übersetzer der Vasantasena, Horace Hayman Wilson, hat den Dichter den indischen Shakespeare genannt. Gewisse indogermanische Chauvinisten haben aus den frappierenden Ähnlichkeiten, die das Werk mit Shakespearischen Dramen verbinden, einen neuen Beweis für die alleinseligmachende Überlegenheit indogermanischen

Geistes und indogermanischer Kunst herleiten wollen. Ein klerikaler Literaturhistoriker fand, dem heidnischen Autor fehle zur Vollendung Shakespeares nur noch der christliche Geist. Ohne irgendwelche verstiegenen Folgerungen daraus zu ziehen, muß der objektive Betrachter erstaunt und bewundernd feststellen, wie nah die überlegen spielerische und dabei doch so warme und humorhafte Weltauffassung des Inders, seine kräftige, sichere und doch so zarte Linienführung und vor allem der kühne Wurf seiner Psychologie, wie nah dies alles dem Shakespeare verwandt ist. Auch dem Laien wird, abgesehen von zahllosen äußerst charakteristischen Einzelzügen, die Ähnlichkeit der Vasantasena mit König Cymbeline (Cloten und Samsthanaka) und vor allem mit dem Kaufmann von Venedig (Antonio und Graziano, Portia und Nerissa, die Episode mit dem Ring, der Prozeß) in die Augen springen. Ganze Seiten des Dialogs, vornehmlich in den burlesken Szenen (die Szene des Kumbhilaka, der beiden Hauptleute, der beiden Henker), könnten geradewegs in das Werk Shakespeares verpflanzt werden.
Besonders aber ist es des Inders Menschengestaltung, die ihn dem Shakespeare verwandt macht. Man muß das ganze Jahrtausend von ihm bis Shakespeare überspringen, um einen Dramatiker zu finden, der mit so naiver Selbstverständlichkeit, mit so treffsicherer Schlagkraft, in so farbiger Fülle lebendige Menschen auf die Bühne stellt. Da ist der Kaufherr Tscharudatta, ein Vetter Timons von Athen und älterer Bruder des königlichen Kaufmanns Antonio, fürstlich freigebig wie dieser, von einem gewissen melancholischen Fatalismus wie dieser, den Wandel des Glücks, die plumpe Bosheit der Menschen mit adelig verächtlicher Schwermut betrachtend. Da ist sein Freund Maitreja, dessen Brachmanenwürde in drastischem Gegensatz zu seiner Armut steht, prachtvoll plump und derb, ganz von dieser Welt, voll ewiger Sehnsucht nach den entschwundenen Genüssen behaglichen Lebens, erfüllt von der praktischen Klugheit bürgerlichen Alltags, ein guter Kerl und hundetreu. Da ist der elegante, gewandte Hofmeister, der sein Schmarotzerdasein bei Hof nur widerwillig erträgt und seinen prinzlichen Zögling von ganzem Herzen verachtet. Da ist der herabgekommene Brachmane Sarvilaka, ein Katilinarier, ein seltsames Gemisch aus Eigennutz und Idea-

lismus, ein Feind des Königs teils aus politischer Überzeugung, teils aus Profitgier, ein Kerl, der seine tiefe Kenntnis buddhistischer Weisheit dazu verwendet, einen gemeinen Einbruch mit den Fetzen spitzfindig trübseliger Philosophie entzückend metaphysisch zu verbrämen.
Wo aber in der Weltliteratur gibt es eine Gestalt, so ganz aus heller Anmut, so ganz aus milden Mondstrahlen gewebt wie diese Heldin des Schauspiels, die edle Bajadere Vasantasena, »so fern von aller Bajaderenart«? Wo gibt es in der ganzen dramatischen Literatur ein Mädchen, das feinste Sensibilität und lieblichste Schalkheit, erlesenste harmonische Kultur und heitersten natürlichen Takt zu einem so blumenhaft reinen Gebilde vereint wie diese? Goethe, der Sakontala mit den Versen begrüßte:

Willst du die Blüte des frühen, die Früchte des späteren Jahres,
Willst du, was reizt und entzückt, willst du, was sättigt und nährt,
Willst du den Himmel, die Erde mit einem Namen begreifen,
Nenn ich, Sakontala, dich, und so ist alles gesagt,

wie hätte er unsere Vasantasena gefeiert, wenn nicht ein unseliger Zufall ihm das Werk in einer Gestalt entgegengeführt hätte, in der der vernachlässigte Druck sich »als unauflösbares Hindernis dem Lesen entgegenstellte«. Vasantasena ist Bajadere (vesja) nicht ihrer Art nach, sondern durch den Zwang der Geburt, der Kaste. Sie ist Hetäre im attischen Sinn, bewandert in allen Künsten, vergeistigt durch alle Verfeinerungen einer üppigen Kultur und dabei doch von liebenswürdiger Natürlichkeit. Sie ist die umworbenste Frau der Stadt, eine Hofhaltung mit allem Prunk des Märchens ist ihr untertan, ohne daß die ätzende Wirkung dieses begehrten und verachteten Glanzes die süße Einfalt ihres Gemüts anfressen kann.
Die kühnste Gestalt des Schauspiels aber ist Samsthanaka. Er ist der Affe in dem Tiergarten der Vasantasena, ein Affe, dessen gefährliche Tücke und groteske Possierlichkeit sich die Waage halten. Er ist der Bruder einer Kebsfrau des Königs

und sein Liebling. Er ist größenwahnsinnig von ganz besonderer Art. Sein Glück und sein Stand haben ihm das Hirn verwirrt, er dünkt sich ein menschgewordener Gott. Daß Vasantasena seiner Geilheit sich weigert, ist ihm ein Eingriff in seine Rechte, ein Schimpf, den er nur durch Blut sühnen kann. In der Ausübung des Mordplans ist er von der Schlauheit der Irrsinnigen. Er ist eine geniale Mischung aus dem Größenwahn Clotens, dem Rachedurst Shylocks, der tierisch dummen Tücke Calibans. Dämonisches und Groteskes, Tücke und Geckenhaftigkeit gehen ineinander über, verfilzen sich unlösbar, ergötzlich und gefährlich in einem. Ein anderer Nero, will er nicht nur Herrscher, sondern auch Künstler sein. Er kleidet und frisiert sich »verwunderlich und wunderbar«, spricht höchst affektiert, wirft mit mißverstandenen mythologischen Zitaten um sich und glaubt, Poet zu sein, wenn er sinnlos Synonyma aneinanderreiht, irrsinnige Komposita bildet und die Verba bizarr vertauscht. In ihm wuchern alle grotesken Triebe entzügelter Ichsucht in tropisch geiler Üppigkeit. Und wunderbar offenbart sich an ihm die lächelnde, sokratische Güte des Dichters, dem Bosheit nichts anderes ist als Dummheit, Dumpfheit, Erkenntnislosigkeit, eine Art Irrsinn. Wer weise ist, ist ihm an sich gut. Der Böse ist ihm ein belächelns- und bedauernswerter Narr, dessen possierliche Tücke der notwendig dunkle Fleck ist in dem launischen Bunt der Welt und dem er lächelnd verzeiht, nachdem er ihn unschädlich gemacht hat. Man denke sich den Hebbelschen Holofernes ganz von oben gesehen, das Tragische zurückgedrängt, das Komische gebührend in den Vordergrund gerückt; man denke sich eine Synthese aus dem Holofernes Hebbels und Nestroys, von einem sachten, milden Meister gerundet und geglättet: dann hat man ein Bild des Samsthanaka. Um diese Hauptgestalten reiht sich ein farbiges Gewimmel von Nebenfiguren. Alle, Spieler, Büßer, Gerichtsherren, Bettelmönche, Sklaven und viele andere, mit wenigen sicheren Strichen gezeichnet und shakespearisch lebendig. Alle von der Kunst des Dichters aus indischer Vergangenheit in europäische Gegenwart herübergerettet.

Sprachlich ist das Stück von ungeheurem Reichtum. Höchst lebendig schon dadurch, daß der Dichter außer dem Sanskrit seine Menschen noch sieben verschiedene Prakrit-Dialekte sprechen läßt, vom Tschandali der beiden Henker bis zum Maghadi des kleinen Rohasena. Die Zusammenhänge mit der Epik verleugnen sich auch sprachlich nicht. Vor allem in den breiten Schilderungen. Freilich darf man nicht vergessen, daß die Dekorationslosigkeit der indischen Bühne dem Dichter breite, eingehende Schilderungen nicht nur erlaubte, sondern geradezu abzwang. Denn er hat kein anderes Illusionsmittel als eben das Wort. In diesen Schilderungen strömt dem Dichter Wohlredenheit in unendlicher Fülle, die Bilder jagen sich, verdrängen sich und umranken den Grundgedanken manchmal fast allzu üppig, wie tropisch wucherndes Schlinggewächs, das die Lebenskraft des Baumes zu ersticken droht. Wenn dem Dichter noch ein Vergleich einfällt, dann setzt er ihn mit einem naiven »und ferner« zu den übrigen. Es scheint, daß er manchmal Bilder und Vergleiche nur deshalb häufte, um dem Schauspieler aus vielem die Wahl zu lassen. Wundervoll sind die Naturschilderungen, die Schilderung des Gewitters, des Parkes, Puschpakarandaka, des tropischen Mittags, ein Meisterstück die Beschreibung des Palastes der Vasantasena. Auch die didaktischen Partien, die Betrachtungen über Menschen, Schicksal, Armut, über Religion, Musik, Leidenschaft, Tugend, Jenseits sind von tiefer, weiser Schönheit und manchmal, wie die Ergüsse über die Spielwut oder über die Geldgier der Huren, von warmer Humorhaftigkeit. Ganz einzigartig aber ist es, wie der Dichter die Diktion der einzelnen Personen als Psychologisierungsmittel verwendet. Entzückend, wie er durch die Art, wie verschiedene Personen den nämlichen Gedanken ausdrücken, diese Menschen charakterisiert. Genial, wie er den Snobismus des Samsthanaka auch sprachlich durch seine pedantisch pretiöse Ausdrucksweise, seine irrsinnigen mythologischen Zitate, seinen ungereimten Euphuismus, seine abstrusen Assoziationen gestaltet.

Eine reife Süße kennzeichnet die Sprache des Inders, ein mondlich mildes, mondlich stilles Glänzen und eine blumenhafte Anmut, die auch das Gewagteste sagen kann, ohne grob oder auch nur unzart zu wirken. Dazu eine Sensibilität, die jede leiseste Nuance, jede feinste Schattierung einfängt und festhält. Außerordentliche Wirkungen weiß er durch geschickte Verwendung des umständlichen Höflichkeitszeremoniells zu erzielen, und eine Art Parallelismus der Glieder sowie die leitmotivische Wiederholung markanter Stellen sichern seiner Sprache bei aller weisen Mäßigung Wucht und Nachdruck, daß sie mächtig und gelind hinhallt.

König Johann
(1909)

Kilian hat uns Shakespeares Historie vom Leben und Tod König Johanns gespielt. Man weiß, daß sie einer politischen Zeitströmung ihre Entstehung verdankt und daß sie tendenziös englisch-elisabethanisch ist. Ludwig Tieck nennt diese Haupt- und Staatsaktion, deren Übersetzung er an die Spitze seines ›Altenglischen Theaters‹ stellte, aus eifrigen und liebevollen Studien heraus sehr übereilt ein ›düsteres und großartiges Werk‹. Nun enthält zwar dieses beim Publikum des jungen Shakespeare offenbar sehr beliebte Stück etliche Szenen von Macht und Wirkung, doch entbehrt es jeglicher Komposition, ist wirr bis ins Innerste und voll schlimmer patriotischer Tiraden. Nur das starke Bedürfnis der Zeitläufte nach einem antipäpstlichen Spektakeldrama erklärt es, daß Shakespeare sich dazu entschloß, das etwas unmodisch gewordene ›troublesome Raigne‹ neu aufzuputzen. Sehr schwer hat er sich diesen Aufputz nicht gemacht. Vor allem hat er an der Komposition überhaupt nichts geändert; vielleicht wagte er es nicht, an die allgemein bekannte Handlungsfolge zu rühren. Die Gestalten sind bluthafter, lebendiger geworden, der Dialog hat von seiner scholastischen Eckigkeit viel abgeschliffen, und die Tiraden der patriotischen Phraseure klingen minder hochtrabend: aber die Handlung bleibt wirr und uninteressant. Kriege werden begonnen und verlaufen im Sand und beginnen wieder, Rebellion entsteht und vergeht, und Träger der Handlung werden gerettet und sterben, man weiß nicht warum; nirgends ist innere Notwendigkeit. Aus gewissen Gründen, die mit der ästhetischen Theorie der Zeit eng zusammenhingen, haben Goethe und Schiller den ›König Johann‹ sehr hoch eingeschätzt; später hat man das Werk als Prolog zu den Schauspielen aus der englischen Geschichte betrachtet und ihm deshalb viel Beachtung geschenkt; aber ein innerer Zusammenhang mit den andern Historien läßt sich ohne Gewaltsamkeit nicht herstellen, und die Gründe, die die

klassische Zeit bestimmten, haben für uns an Überzeugungskraft verloren. So mag das Stück dem literarhistorisch Interessierten von Belang sein: eine Aufführung läßt sich nur dann rechtfertigen, wenn eine Bühne zufällig über ein geschultes Shakespeare-Ensemble verfügt.
In München ist das nicht der Fall. Es sind auch keine Einzelleistungen da, die die Aufführung erklärlich machen. (Wie man etwa von Garricks Zeitgenossen Mr. Macklin berichtet, er habe dem begeisterten London über achtzig Mal hintereinander den König Johann spielen können.) Die Vorstellung ist treu besorgt und nüchtern. Die eingefügte unechte Mönchs-Szene im letzten Akt stört nicht. Dem Philipp von Frankreich des Herrn König wünschte man doch etwas mehr Würde und Physiognomie, dem Österreich des Herrn Ullmer eine minder absichtlich alberne Maske. Überraschend gut liegt Herrn Graumann die frisch zupackende, launige Derbheit des Bastards Faulconbridge; Constanzes Mutterschmerz aber, wie Emma Berndl ihn leidet, ist mehr repräsentativ als innerlich. Steinrück ist ein interessanter König Johann. Er verzichtet mit Glück auf Pathos und Königlichkeit, ist jäh von Gesten und rauh von Wort und greift rasch und fest zu, um ebensoschnell wieder fahrenzulassen. Mehr ein großer Spekulant, der viele Unternehmungen und unbehagliche, sorgenbringende Geschäfte hat, als ein Herrscher. Eine Leistung, die immer interessiert und nie erwärmt. Die einzige bühnenwirksame Szene des Dramas, die Blendung des Prinzen Arthur, hat man durch eine Fehlbesetzung ihrer Wirkungsmöglichkeit beraubt. Man hat nämlich den Prinzen Arthur Fräulein Reubke anvertraut, einer Darstellerin, die für die Rolle nichts mitbringt als dralle Beine und seelenlose Deklamation. Hätte in dem von Goethe inszenierten ›König Johann‹ Fräulein Reubke an Stelle der lieblichen Christiane Neumann den Arthur gespielt, dem Alten wäre viel Aufregung erspart, die Elegie ›Euphrosyne‹ wäre nie geschrieben worden, und die Germanistik hätte sich über ihre Entstehungszeit nicht die Köpfe zerbrechen müssen.

Coriolan
(1909)

Gelehrte Männer haben die Komposition des ›Coriolan‹ vor der Technik der andern Shakespeare-Dramen gerühmt. Der wackere Viehoff geht so weit, das Werk als das kompositorisch schlechthin vollendetste des Dichters zu preisen. Als ich in Unterprima saß, hat uns ein wohlerfahrener Philologus die Vortrefflichkeit dieser Technik ausführlich und geflissentlich und an Hand der Theorie vom allgemeinen ins einzelne und vom einzelnen ins allgemeine gehend darzulegen versucht. Leider haben die planvollen und eifrigen Auseinandersetzungen dieses Biedermannes mich nicht überzeugt. Ich halte vielmehr die vielgelobte dramaturgische Einheit des ›Coriolan‹ für eine äußerliche, scheinbare, akademische Einheit. Ich sehe keinen klaren, einheitlichen Konflikt, ich sehe nur eine Heldenhistorie, eine dramatisierte Lebensgeschichte, die in zwei Teile zerklafft: Coriolans Kampf mit der Plebs, Coriolans Kampf mit Tullus Aufidius. Der Zusammenhang dieser beiden Teile ist lose; etwas Gemeinsames, Folgerichtiges läßt sich nur mittels angestrengter Sophistereien aufzeigen. Seien wir ehrlich: der ›Coriolan‹ ist ein schlechtes Drama. Und was schlimmer ist: er ist langweilig. Er ist schulmäßig, plutarchisch. Ohne Nervosität, eng. Es läßt sich eine Linie ziehen vom ›Coriolan‹ bis zu Gottscheds ›Sterbendem Cato‹.

Da sind die Frauen, das Volk, Coriolan. Alles andre ist belanglos, blaß. Blasser als sonst irgendetwas bei Shakespeare. Dieses ganze Heer von Konsuln, Senatoren, Wachen, Tribunen, Feldherren, Dienern, Römern, Volskern, diese ganze papierene Fülle von Gestalten kommt, zieht, plappert, schlägt sich und macht Frieden, und das alles so reizlos, daß es uns nicht mehr Eindruck macht, als läsen wir in einem Schulbuch: Im Jahr 491 besiegte der Konsul Cominius die Volsker. Da sind dann die paar farbigern Gruppen. Die Frauen: Volumnia, eine strenge Matrone, groß, hart, voll Wildheit und Sturm und von pathetischer Beredsamkeit; und

Virgilia, zart und schlicht und schmiegsam und von beredter Schweigsamkeit – »sie schweigt wie die errötende Rose, wie die keusche Perle, wie der sehnsüchtige Abendstern, wie das entzückte Menschenherz«, preist Heine ihre holde Stummheit. Und das Volk? Mit königlicher Überlegenheit hat da der Aristokrat Shakespeare ein wüstes Gewimmel gezeichnet, zu klein zur Verachtung, einen eklen Schwall armseliger, schmieriger Wesen, zu elend, als daß der einzelne ein Gesicht hätte, nicht gut und nicht schlecht, aber widerlich in der Masse, ein Haufen Kot, immer wieder anders geformt von jedem Fuß, der auf ihn tritt.
Aus diesem Gesindel heraus steigt die Gestalt des Coriolanus. Cajus Marcius, ein edler Römer, heißt er im Personenverzeichnis. Und leider hat sich Shakespeare auch damit begnügt, ihn als edlen Römer zu zeichnen und als nichts weiter. Nun ist allerdings sein Adel, sein Patriziertum von herrlicher, skrupelloser Ganzheit und prachtvoll seine Verachtung des Pöbels: aber sein Römertum, wie es Shakespeare versteht, ist etwas sehr Armes und Kahles. Fast nirgends weist Shakespeare seine Schranken, seine Abhängigkeit vom Zeitgeist so deutlich wie bei der Gestaltung römischer Helden (Brutus, der Cäsar der Cleopatra, Coriolanus). Diese Helden sind lauter elisabethanische Römer, naive Männer, merkwürdig bornierte Stoiker, deren Heroentum sich in blindem Drauflosgehen äußert, in einer fast tierischen Andacht zur rohen, körperlichen Kraft. Solche Gestalten konnten nur in bewegten Zeitläuften entstehen, in einer Zeit des Krieges, die physische Vorzüge außerordentlich hoch einschätzt und den Heldenroman des Vergil über die nervösen Dramen des Euripides stellt. Merkwürdig nur, daß Shakespeare das Heldenideal seines Zeitalters so ohne jede eigene Zutat, so undifferenziert übernimmt. Cajus Marcius Coriolanus ist ohne Kritik und ohne Ethos, sein Leben ist gleichgültig, klein und sinnlos wie sein Ausgang, er ist der Held eines Indianerromans, er erlebt belanglose Abenteuer, kämpft mit belanglosen Gegnern und stirbt einen belanglosen Tod.
Man wende mir nicht ein, daß im Grunde eines Helden Leben und heldischer Tod immer etwas Tragisches in sich berge; man halte mir nicht Achilleus und Götz, den Brand und den Volksfeind entgegen. Der Pfarrer kämpft für das Recht Got-

tes, für das Recht der Menschen der Doktor; des Peliden stolz steigende und jäh stürzende Bahn ist von tiefer, schöner Symbolik, und Götz verteidigt die Farbe, die Buntheit seines Lebens gegen die andringende graue Nüchternheit. Coriolan kämpft für nichts, hat lächerliche Gegner und wird von einem οὖτις umgebracht. Was ist uns dieser Mann? Man bemerke übrigens auch, wie lieblos der Dichter mit Ausnahme weniger Volksszenen das ganze Werk behandelt hat. Wie abrupt der Schluß, wie kalt die Sprache! Alles in allem, ein schlechtes Drama, ein langweiliges Stück.

Die Aufführung des Münchner Hoftheaters unter der Regie Kilians fand »auf neuer Shakespeare-Bühne« statt. Man liebt jetzt in München solche Reförmchen. Die neue Shakespearebühne brachte ein paar hübsche Dekorationen, die man sich trotz philologischen Bedenken wohl gefallen lassen mochte. Recht glücklich stilisiert waren vor allem ein neutraler freier Platz in Rom, die Szene vor dem Tor und die Straße vor dem Haus des Aufidius. Geschickt betonte Kilian die Zerlumptheit, die innere und äußere Armseligkeit des Pöbels. Aber Herr Jacobi ist kein Coriolan, dem man das Recht zugestehen möchte, den Pöbel zu verachten. Ein sonores Organ und ein schöner Kopf machen noch keinen Helden, und statt der innern Glut, die sich und die andern verzehrt, vermag Jacobi nur bengalisches Feuer zu entflammen. Die Volumnia der Frau Schwartz ist viel weniger beredt als die lieblich schweigsame Virgilia der Lossen. Unglaublich farblos sind die Tribunen. Wohlmuth, ein Molièrespieler von seltenen Gaben, ist für den Menenius zu steif und höfisch, Schröder zu hölzern und stereotyp für den Cominius. Unter den Statisten, die die zahlreichen kleineren Rollen gestalteten, machte sich ein Herr Kalkum durch einen herausfordernd edeln und geistlosen Römerkopf bemerkbar.

Maß für Maß
(1909)

›Maß für Maß‹ ist ein Werk des reifen Shakespeare. Des Shakespeare, der auch seine äußere Bühnenstellung so sicher fundiert hatte, daß er keine andern Rücksichten mehr nehmen mußte als die gelassen spielende Kühle seiner künstlerischen Prinzipien. Dieser Shakespeare durfte auf die komplizierten Intrigen und plumpen Clownspäße, die sein schaulustiger Parterre-Pöbel forderte, ebenso ruhig verzichten wie auf den verschnörkelten Euphuismus, den seine pedantischen, rhetorisch prunkenden gelehrten Kunstrichter heischten, und auf die biderbe, brave Moralität, die sein Bürgerpublikum verlangte. Dieser Shakespeare konnte gelassen die theatralische und im letzten Sinn kunsthemmende Spannung des Stoffes zerstören. Er weist immer wieder darauf hin, daß alle diese beklemmenden Geschehnisse nur ein kunstvoll verschlungenes, nachdenkliches Spiel seien, das der Herzog, ein experimentierfroher Sinnierer voll kritischer Bewußtheit, von vornherein zum guten Ende glücklich eingeleitet. Kein andres Werk Shakespeares betont so geflissentlich seine nur sich selbst bezweckende Artistik wie Measure for Measure. Und ganz im Gegensatz zu dem in den Anschauungen der Zeit wurzelnden Euphuismus der frühern Werke ist hier die Sprache von wundervollster Gedrängtheit. So bluthaft innerlich ist jedes Wort mit dem letzten psychischen Kern des Ganzen verwebt, daß auch der strichfroheste Regisseur nur ganz wenige Sätze tilgen kann, ohne an den Nerv des Dramas zu rühren. Da steht kein Bild nur um seiner eigenen Schönheit willen, kein noch so tiefer Satz ohne zielbewußte Verknüpfung mit dem Gesamtorganismus. Noch das ärmste, scheinbar verlorenste Wörtlein ist durchpulst von dem starken, ruhvollen Atem des Ganzen, und man denkt an Emerson: »Zerschneide diese Worte und es fließt Blut daraus.« Und wie überlegen-künstlerisch ist die sichere, aller Tendenz bare Ruhe, mit der die offizielle Moral und die auf ihr basierende

Gesetzgebung sine ira, aber cum studio bloßgestellt wird. Nicht nur so grobfädiges Zeug wie Thomas ›Moral‹, nein, selbst Molières ›Tartuffe‹ wirkt ungeschlacht, rauh gewebt, künstlerisch blaß neben des Briten feinem, nur ganz leis ironischem und bis ins letzte Äderchen künstlerischem Erkennertum. Zwiefach groß wirkt dieser selbstverständliche Mangel alles pathetischen Moralisierens, aller poetischen Gerechtigkeit in einer Zeit, die die Schaubühne nur als moralische Anstalt gelten ließ. Man halte neben Shakespeares skeptischen, an Michel Montaigne mahnenden Titel die umständliche moralische Aufschrift der Whetstoneschen Vorlage: »Die vortreffliche, weltberühmte Geschichte von Promus und Cassandra, in theatralische Gespräche eingekleidet. Der erste Teil zeigt den unerträglichen Gewaltmißbrauch einer obrigkeitlichen Person, das tugendhafte Betragen eines keuschen Mädchens, die zügellose Ausschweifung einer schönen Courtisane und die unverdiente Schätzung eines gefährlichen Schmarotzers. Der zweite Teil handelt von der erhabenen Großmut eines edlen Königs in Vertilgung des Lasters und Beschützung der Tugend, wodurch der Sturz und Untergang schändlicher Tücke und der Triumph redlicher Handlungsweise bewiesen wird.« Bei Shakespeare wird kein Laster getilgt, keine schändliche Tücke gestürzt. Alle Gelegenheit, über Gnade und Recht, über Schein und Tugend tönende Sentenzen zu predigen, wird achtlos verabsäumt, und nur ein einziges Mal wird der Dichter didaktisch, in jener Szene, da der Herzog den Claudio mit der schönen, weisheitsvollen Rede über die vanitas des Lebens zum Tode bereitet. Die Verzweiflung des Sonettendichters, der, müd der morschen Gemeinheit der Welt, nach Ruh im Tode schreit, hat sich in die tiefe, resignierende Ironie des Betrachters gewandelt, dem die Wirklichkeit nicht mehr ist als das Objekt sinnvoll verschlungenen Spiels, dem nicht die Gestalt gilt, sondern nur die Gestaltung. Und weil ihm die Farbe gilt, der tiefe, schöne Schein, so malt hier der farbigste aller Bühnendichter mit seinen vollsten, sattesten Tönen. Achtlos, wie man Wasser zur Erde schüttet, sind hier Schönheiten verstreut. Aus welch ungeheurer Fülle des Lebens heraus sind diese Menschen gezeugt, die im Verlauf von drei Stunden zutiefst in die Grundströme des Seins tauchen, in Kunstspiel, Liebe und Tod. Wie unerhört lebendig ist vor allem der Herzog. Wenn irgendwo, so hat Shakespeare hier Ureigenstes geoffenbart. Der Herzog ist nicht gütig und väterlich im landläufigen Sinn, wie er dem flachen Betrachter vielleicht erscheinen mag. Er ist ein Künstler, ein Dichter, ein Erkenner. Wie etwa der zweite Hohenstaufen-Friedrich. Er schreckt nicht davor zurück, selbst die Geliebte, sich zu genießerischer Erkenntnis, durch ein grausames Trugspiel zu martern. Ihm sind Menschenseelen nichts als verschlungene Urwälder, schön zu durchforschen. Wenn er gütig ist, ist er es nicht aus moralischen, sondern lediglich aus ästhetisch-psychologischen Rücksichten. Er ist im Innersten überzeugt von der Gebrechlichkeit alles Lebendigen und von der alle Prinzipien zernichtenden Macht des Augenblicks. Er richtet nicht: er erkennt. Und nun der Triumph Shakespearescher Objektivität. Dieser ungeheuer objektive Erkenner, der jede Schuld verstehend vergibt, ist doch nicht objektiv genug, ein Vergehen wider die eigene Person zu verzeihen. Er begnadigt Angelos gleißnerische Schurkerei, selbst Bernadins stumpfe, tierische Gemeinheit: aber er verdammt Lucios seichte Geschwätzigkeit, die ihn schmäht, zu Schande und Tod.

Und wie der Herzog ist das ganze Werk. Erkennerisch-kritisch und voll weiser Resignation. Vornehm und hoch, frei von allem Bürgerlichen. Und da das Drama nebenher voll ist von unerhörter Bildkraft, von eminenter Gestaltungsstärke und von schönster, machtvollster Wucht in allem Sprachlichen, so bedeutet es uns vielleicht am meisten von allem, was Shakespeare geschaffen. Sicherlich ist es unter allen Renaissancedramen der Renaissance sowohl wie der modernen Neuromantik das bedeutsamste.

... Kein Werk Shakespeares hat so viele Mißdeutungen erfahren wie ›Maß für Maß‹. Schon 1673 hat ein Sir William Davenant das Werk durch eine Verballhornung der Bühne zu retten gesucht, und auf unsern deutschen Theatern spielte man, trotzdem der große Schröder eine verhältnismäßig pietätvolle, wirksame Bearbeitung geschaffen, bis in die letzte Zeit eine albern willkürliche Bearbeitung des Wiener Theaterdichters Brömel. Der Bourgeois merkte, daß der Dichter von ›Maß für Maß‹ ihn lächelnd verachtet, und lehnte das Stück ab. Entweder voll sittlicher Entrüstung oder mit zotigen

Randglossen. Noch Schiller forderte, daß das Werk nur vor einem Parterre von Männern gespielt werde, Kleist sprach seine Meinung bedingungslos nach. Und unter den zünftigen Shakespeare-Forschern der Jahre 1820 bis 1880 erhoben viele schwere sittliche Bedenken gegen das heikle Stück. Es war vorauszusehen, daß auch in München nur ein ganz kleiner Teil des Publikums den rechten rein-ästhetischen Standpunkt bei der Wertung des Stückes werde finden können. Ein Herr Haas, der die Münchner Aufführung im führenden Zentrumsblatt der bayrischen Residenz rezensierte, glaubte denn auch Shakespeare, dem er übrigens etliche künstlerische Fähigkeiten nicht absprach, den Vorwurf nicht ersparen zu dürfen, daß ihm in diesem Werk schwere sittliche Verirrungen passiert seien.

Eugen Kilian spielte das Drama in der runden, geschickten Übersetzung Baudissins mit nur ganz wenigen, glücklichen Strichen. Er wußte, daß er sonderlich bedeutsame schauspielerische Leistungen nicht werde bieten können, und betonte mit Glück die farbenfrohe Grundstimmung. Julius Diez schuf mit den einfachsten Mitteln Dekorationen, Bilder, Gruppen, Kostüme, die den Sinn des Dichters eindringlichst unterstützten. Mit satten, schweren Farben war in der Ausstattung der Menschen und Dinge die reiche, fast überreife Kultur einer lebefrohen Renaissance-Stadt wiedergegeben. Das lärmige, bewegte Düster der alten Schenke und die mondhelle, keusche Stille des Klostergangs, Angelos steif und prunkvoll prahlendes Staatsgemach und die kahle Melancholie des Gefängnisses waren mit der gleichen großen, alles Stuckwerk verschmähenden Simplizität, mit einer dem Dichter würdig sich anpassenden, reifen, reichen Anschaulichkeit dargestellt, die selbst durch die berüchtigten theoriegrauen Türme des Künstlertheaters kaum gemindert werden konnte. Die Darsteller steckten in schweren, Maske und Charakteristik kräftig unterstützenden Kostümen. Schade, daß, was sie gaben, nur braver Durchschnitt war. Vollkommen mißglückt waren der ebenso sonore wie unbedeutende Herzog Jacobis, Birrons kalter, äußerlicher Claudio und die steife Marianne der Reubke. Hingegen war Lina Lossen von überzeugend warmer, schlichter Beredsamkeit und Lützenkirchen von herrlich echtem Pharisäertum. Das Ganze war mit Liebe und

Sorglichkeit einstudiert (man hatte sogar etliche der belanglosen Bordellrollen mit ersten Spielern besetzt) und verstärkte den Eindruck, daß man im Hofschauspiel fleißig, ehrlich und, in wohltuendem Gegensatz zum Künstlertheater, ohne Lärmen arbeite.

Die natürliche Tochter
(1909)

Eugen Kilian sucht das Repertoire des Münchner Hofschauspiels dadurch individuell zu gestalten, daß er ihm klassische Dramen einfügt, die man anderorts selten zu sehen bekommt. Die Methode ist vielleicht ein bißchen zu einfach und philologisch; aber bei der äußern Lage und bei dem Spielerbestand der Hofbühne verspricht dieser Weg im allgemeinen gutes Gelingen und ist wohl der klügste, unserm Hofschauspiel auch über München hinaus Ansehen und vielleicht eine gewisse Bedeutung im gesamten Theaterleben des Reichs zu gewinnen.

Der Versuch, ›Die natürliche Tochter‹ dem Repertoire einzubürgern, war dankenswert und versprach von vornherein freundlichen Erfolg. Denn derartige typisierende Dramen erfordern von den Spielern in erster Linie Würde, Gemessenheit, geschmackvolle Deklamation, und die psychologisierende Gestaltungskunst, die man gemeinhin als des Schauspielers beste Tugend rühmen wird, stiftet bei solchen Aufführungen – Reinhardts ›Braut von Messina‹ hat es gezeigt – mehr Schaden als Nutzen. Da nun die Hofbühne eine Anzahl geübter und repräsentativer Sprecher besitzt und da auch die wertvollern darstellerischen Qualitäten ihrer Spieler gerade bei einer Aufführung dieses Dramas zu angemessener Geltung kamen, konnte Kilian eine runde, schöne Vorstellung schaffen, mit der Goethe und Erich Schmidt gewiß zufrieden gewesen wären.

›Die natürliche Tochter‹ ist undramatisch, ja antidramatisch. (Es bleibt charakteristisch für den Dramatiker Goethe, daß den Höhepunkt im dritten Teil der Eugenien-Trilogie, die alle Greuel der Revolution zu schildern bestimmt war, die Auffindung eines höchst harmlosen Sonetts bilden sollte.) Die Geschehnisse sind nicht um ihrer selbst willen da; sie sollen lediglich die Korruption eines großen Reiches versinnbildlichen. Diese Korruption selbst wird aber nicht gestaltet; man hört nur in sorglich glatten, schönen Versen fernher davon sprechen. Die Verhältnisse des Reiches, wie sie dem Zuschauer sich zeigen, sind wohlgeordnet, gesund; der eigentliche Urheber der Intrige, der Sohn des Herzogs, tritt nicht auf, und die Vollbringer seines Willens zeigen sich als so weise, menschliche Menschen, daß man ihnen die hinterhältig kleinlichen Pläne schlechthin nicht glaubt. Doch vielleicht kam es Goethen weniger auf die Schilderung der Hofintrige an; vielleicht sollte vor allem die stumpfe Trägheit, mit der Volk, Obrigkeit und Geistlichkeit der Entführung Eugeniens zuschauen, den allgemeinen Verfall kennzeichnen: aber wie es um die Ordre des Königs bestellt ist, durch die die Hofmeisterin diese allgemeine Tatenlosigkeit bewirkt, erfahren wir nicht. Ist dieses Schriftstück gefälscht? Ist es dem König unter harmlosem Vorwand zu verbrecherischem Zweck entlockt? Ist der König in das Komplott mitverwickelt? Sicher ist, daß »das bangende Gefühl einer zerfressenen Gesellschaft« kaum auf dem Umweg über etliche ziemlich mühselige Syllogismen, geschweige denn durch die bloße Anschauung entsteht.

Kilian hat deshalb klug daran getan, das Werk nicht als die Exposition einer Trilogie, sondern als geschlossenes Ganzes aufzufassen und Goethes Untertitel ›Trauerspiel‹ in ›Schauspiel‹ zu verwandeln. Freilich hat das Stück auch so nur geringe theatralische Qualitäten. »Das Publikum«, schreibt Schiller über die Uraufführung, »konnte sich in die erstaunlichen Longueurs, die den Gang des Stücks aufhalten, nicht recht finden, und ich werde Goethen sehr anliegen, es merklich zu verkürzen. Die Ansicht eines neuen Publikums gibt mir viel neue Blicke über das theatralische Wesen ... Goethe hat sich in der Natürlichen Tochter des Theatralischen noch nicht bemächtigt, es ist zu viel Rede und zu wenig Tat, aber die hohe Symbolik, mit der er den Stoff behandelt hat, so daß alles Stoffartige vertilgt und alles nur Glied eines ideellen Ganzen ist, diese ist wirklich bewundernswert.«

Kilian hat diesen Stil glücklich erfaßt. Er gab Dekorationen und Kostüme, die schön und würdig waren und die typisierten, ohne zu langweilen (nur den Platz am Hafen mochte man anders wünschen). Und er stimmte die ganze Aufführung sorglich und mit Erfolg aufs Gemessene, Rhythmische, Deklamatorische ab.

Lützenkirchen war ein König von schöner Repräsentation, würdig auch in Schwäche und Sorgen. Jacobis tönendes Organ schöpfte alle Schönheiten aus den edelgegliederten Versen, die der Dichter dem Herzog zugeteilt: er war goethisch in der Ruhe und mehr noch im Schmerz. Überraschend gewandt wußte Steinrück seine kantige Gestaltungskunst der weichen Rhythmik der Dichtung anzupassen, und in den Händen Graumanns wurde die am tiefsten erfühlte Gestalt des Dramas, der (brackenburgische) Gerichtsrat zu einer erlesenen Mischung von Enge und Nüchternheit und schüchterner, rührender Sehnsucht. Selbst die bei der Lektüre peinlich blasse Hofmeisterin gewann in der Verkörperung Anna Dandlers ein wenig Farbe.

Die Lossen war Eugenie. Seitdem man weiß, daß diese Spielerin dem Lessingtheater verpflichtet ist, hat man sich angewöhnt, sie mit ungemessenem Lob zu überhäufen. Es sei nun gerne zugegeben, daß etwa ihre Inge in Babs ›Blut‹ etwas sehr Lichtes und Schönes war: aber ihre Eugenie sprengte den Rahmen des Werkes und der Aufführung. Sie wollte noch mehr Anmut und ›stolze Lieblichkeit‹ geben als der Dichter und opferte diesem Bestreben das Schönste ihrer Rolle: die ruhvoll atmende Herrlichkeit der Verse.

Maria Stuart
(1909)

Nirgends, selbst in der ›Braut von Messina‹ nicht, ist Schillers Psychologie ärmer, der Prunk seiner Diktion kälter als in ›Maria Stuart‹. Auch fehlt hier die klingende Philosophie, die »nach Großheit und Humanität eifernde schöne Harmonie«, die atemlos stürmende, alle Schranken kritischer Bedenklichkeit niederbrausende Dramatik, die in andern Schillerwerken alle Mängel verdeckt. Im Gegenteil, hier ist nirgends »der Hintergrund sich streitender Weltanschauungen« auch nur angedeutet; den Gestalten mangelt »die erhabene Simplizität hellenischer Charaktere«, ja, sie sinken wider den Willen ihres Schöpfers aus der Höhe steifer historischer Repräsentation auf Momente in jene kleinbürgerlichen Sphären hinab, in die Shaws Skepsis Helden der Geschichte niederzudrücken liebt. (Der Streit der Königinnen, das Schuljungengezänk Leicesters und Burleighs entbehrt nicht solcher unfreiwilligen Komik.) Auch fehlt ein dramatisches Zentrum, die Handlung fällt auseinander, das Werk ist im Innersten undramatisch.

Gleichwohl ist ›Maria Stuart‹ nächst dem ›Wallenstein‹ und dem ›Tell‹ das am meisten gespielte und somit wohl auch das beliebteste aller Schillerschen Dramen. Der rhetorische Glanz des Werkes wirkt mit stärkstem Reiz. Das unglückselige Los der jungen, blonden, schönen Königin greift der Masse ans Herz, die schwarze Tücke der Elisabeth erregt ihr die Galle. Ehrfürchtig staunt der Bürger vor dem Prunk der Titel und Würden der hohen und höchsten Personen, die sich da vor ihm herumzanken, gespannt und interessiert lauscht er den klingenden politischen Phrasen der Haupt- und Staatsaktion, die sich knarrend vor ihm abspult. Ihn kümmert's nicht, daß Maria keine andre Eigenschaft hat als ihr Unglück, daß Elisabeth nur tückisch, Burleigh nur diplomatisch kalt ist, daß der Dichter die Intrige viel weniger gewandt gewebt hat als die romanischen Vorbilder. Ihn rührt der Appell an seinen

Edelmut, er entrüstet sich über Elisabeth, verzeiht der Maria, nicht ohne ihre Jugendsünden zu mißbilligen, und verläßt gehoben das Theater.
Eine Aufführung dieses Stückes muß vor allem würdig sein. Repräsentativ. Muß die »würdigen Personen der Lords« in würdige Kostüme stecken, vor würdige Kulissen stellen. Muß das Rhetorische stark unterstreichen. Die schönen, hohen, pathetischen Verse geschulten Sprechern in den Mund legen. Und darf ja nicht etwa den Versuch machen, uns die Personen des Dramas menschlich näher zu bringen, sie naturalistisch-psychologisch zu erfassen. Was sonst des Spielers höchste Tugend sein mag: psychologisch gliedernde Gestaltungsgabe, wird ihm hier zum Hemmschuh.
Die Münchner Hofbühne verfügt über gute Tradition, geschulte Sprecher und einen schönen Fundus. Und auch die mangelnde Gestaltungskraft ihrer Spieler trug zum Gelingen der von Kilian treulich besorgten Neueinstudierung bei. Vor reichen Kulissen aus der besten Meininger Zeit bewegen sich in geschmackvollen, historischen Kostümen wohlanständige Sprecher. Emma Berndls Maria weiß ihr Leid mit Hoheit zu tragen und mit einer Gelassenheit in den Tod zu gehen, die alle höhern Töchter entzückt. Birrons geschäftige Gesten und seine rasche Zunge reichen für den Mortimer. Lützenkirchen ist ein beweglicher, ölglatter, alle Klippen geschmeidig meidender Leicester, der Schillern vorschwebende Typ des intriganten bel homme. Die oft und mit Unrecht gerügte Elisabeth der Frau von Hagen ist schön und versteht zu repräsentieren; ein bißchen mehr Tücke freilich könnte nicht schaden. Albert Steinrück ist ein zu guter Spieler, als daß er das dem Burleigh nötige Pathos aufbringen könnte.
Erwähnt sei die unglaubliche Hilflosigkeit, mit der die Münchner Tageskritik der Aufführung gegenüberstand, die gleiche Kritik, die wenige Tage vorher Herman Bang für einen Rezitationsabend wie einen Schuljungen abgekanzelt hatte.

Die Hermannsschlacht
(1909)

Man hatte allgemein erwartet, daß zur Wiedereröffnung der Schackgalerie die Münchener Hofbühne eine der Tragödien des Grafen vorbereiten werde. ›Timandra‹ und ›Die Pisaner‹ sind zweifellos die besten Dramen, die die Münchner Schule (Geibel und die Seinen im weitesten Sinn) geschaffen, und trotz den psychologischen Unzulänglichkeiten hätten die beiden Werke bei ihrer formalen Schönheit und technischen Vollendung den Versuch einer Aufführung wohl gelohnt. Mehr jedenfalls als Martin Greifs gräßliches Trompetenstück ›Prinz Eugen‹, das man uns in einer lärmenden, schülerhaften Vorstellung zu hören gab. Zudem hatte die Hofbühne ›Die Pisaner‹ schon bei Lebzeiten Schacks mit Erfolg gespielt; zur ›Timandra‹ hatte der junge Münchner Komponist Hartmann-Trepka eine Ouvertüre geschrieben, die im Konzertsaal Aufsehen erregte, und das Hofschauspiel taugt gerade in seinem gegenwärtigen Bestand vortrefflich zur Bewältigung derartiger rhetorisch-repräsentativer Aufgaben. Kilians Zusammenstellung des Repertoires zeigt, daß er diese stärkste Seite des Ensembles auch sehr wohl erkannt: warum ging er an Schack vorbei und wagte das ganz aussichtslose Experiment, Kleists ›Hermannsschlacht‹ mit seinen Spielern zu gestalten? Kilian hat das patriotische Pathos, das das Drama durchweht, zurückgedrängt, hat überhaupt den Schlachtenlärm gedämpft, der das Werk durchhallt. Es beweist nun gewiß die rechte Einsicht in Kleists Kunst, wenn man das Roh-Äußerliche dämpft, um das Menschliche zu betonen, das alle die wirren Geschehnisse durchschimmern soll. Aber was nützt es, dies Stoffliche behutsam in den Hintergrund zu schieben, wenn das Seelische nicht gestaltet werden kann? Kilians Regie offenbarte gerade dadurch die ganze Unzulänglichkeit seiner Spieler. Er mag sich richtig gesagt haben, daß das Stück sinnlos wird, wenn die Fürsten und Hauptleute der Cimbern und Katten und Sigambrier und wie sie alle heißen nichts weiter sind als bärtige, wild angezogene Männer, daß jeder einzelne für sich etwas bedeuten muß: aber was nutzt diese Erkenntnis, da doch nur ein paar dieser Rollen mit Spielern von Eigenzügen besetzt werden konnten und der Rest peinlichste Konvention bleiben mußte? Da man die Germanen nicht zu Kleistsschen Einzelmenschen machen konnte, warum sie nicht als Masse taciteïsch wirken lassen? An den paar ärmlichen Jubelgreisen, die so unter Kilians Leitung, jeder für sich und keiner für alle, Germanien verkörperten, hätte weder Kleist noch Tacitus Freude gehabt.

Und was war das für ein Hermann, der diese Germanen befreite! Wie konnte Kilian, der doch ›Maß für Maß‹ und den ›Bruderzwist‹, Babs ›Blut‹ und ›Die natürliche Tochter‹ so respektabel inszeniert hat, wie konnte er Deutschland von diesem Hermann befreien lassen! Gewiß hat Kleists Cheruskerhäuptling manches Bürgerliche an sich: aber wie diese tief wurzelnden Bürgerinstinkte ihm den klaren, graden Tatensinn keinen Augenblick verwirren, wie er sie im rechten Moment ohne Zögern herrisch von sich weist, just das ist's, was Kleist gestalten wollte, just das ist's, was das Werk zu dem tyrtäisch-festlichen Gesang macht, um den der Dichter heißen Herzens rang. Kleist ist nicht Shaw, und sein Hermann ist was mehr als der liberal-rhetorische Großpapa, der er durch Herrn Ulmer wurde.

Für die Thusnelda die rechte Spielerin zu finden dürfte überall schwerhalten. Hermanns Thuschen ist eine späte, ungeschlachte Enkelin der Penthesilea, ein gigantischer Backfisch, der, aus dem Geleise geraten, den armen, eleganten Ventidius – weil er sich, in der Ödnis der Barbarei zu Tod gelangweilt, einen kleinen harmlosen Flirt gestattet – wuchtig zerschmettert. Emma Berndl spielte die täppisch anmutige Heldin mit guter Routine und ohne jedes Verständnis.

Lebhaft bedauerte man die Römer, die von der Hand solcher Germanen fielen. Denn Lützenkirchen war ein so geschmeidiger, weltmännischer, stolzer, sicherer Varus und Birrons Ventidius ahmte ihm diese Tugenden so treulich nach, daß man der bieder brutalen Schläue Hermanns zwiefach gram sein mußte.

Ein Bruderzwist in Habsburg
(1909)

Ein nachdenkliches, versonnenes, sehr grillenhaftes Werk. Ziemlich viel Shakespeare, viel Schiller, sehr viel Grillparzer. Neben etlichem sentenzenprägenden Klassizismus die modernste skeptische Charakteristik. Neben dürrer, pergamentener Historie wärmstes, aus eigensten, heimlichsten Urtiefen geschöpftes Leben. Blasse Hegelsche Theorien vermengt mit einer aus schmerzhaftem Erleben quellenden Weisheit. Neben verunglückten shakespearesierenden Wendungen, neben tönenden Schillerjamben Verse von tiefster, wundervollster Süße, von innerster, innerlichster Melodie. Alles umsponnen von einem feindlichen, schrullenhaften Eigensinn, der trotz aller heißen Sehnsucht nach Liebe und Verständnis jeden Fremden mit einer grimmigen Cave-canem-Grimasse zurückscheucht. Langweiliger, aber zum Verständnis unentbehrlicher Kleinkram nötigt zu breiten, kahlen Szenen, zur Breite drängt auch des Dichters Freude am Detail, zur Breite drängt sein Bemühen, den leeren Prunk der Haupt- und Staatsaktion durch die Gestaltung eigener Leiden zum Leben zu erwärmen. Fast rührend kindlich wirkt des Österreichers ehrfürchtige Freude am Alten, Historischen, Nationalen, die durch allen Skeptizismus immer wieder durchbricht, und des Wieners Liebe zum stark Sinnenfälligen, zu reichen Aufzügen, lärmigen Volksszenen, zu bewegt-beweglicher Sentimentalität.

Bedeutsam tritt in diesem Alterswerk hervor, was Grillparzer zum Ahnherrn der jungwiener Dramatiker stempelt: die duldsame, bei aller kritischen Bitterkeit so unstrenge Charakteristik und die runde, melodische, frauenhaft weiche Sprache. Diese Sprache, mit dem Nibelungensang, mit Walther von der Vogelweide urverwandt an anmutig gebändigter Kraft, geschult an Schillers Rhethorik, an Shakespeares wuchtiger Kürze, an Lopes, an Calderons feuriger Süße, hell und bewußt durch Kritik, hat auf Hauptmann, Schnitzler,

Hofmannsthal stark und bezeichnend eingewirkt. Und Grillparzers Art zu charakterisieren, das Janusartige der Menschen zu betonen, aus kleinen, scheinbar sich widersprechenden und doch zum Ganzen artig sich rundenden Strichen seine Bilder zusammenzusetzen – wie ist sie durchaus modern! Wenn Ibsen seine Doppelgesichter schärfer umreißt, so ist Grillparzers Art sauberer, artistischer, aristokratischer. Es fehlt das Propagandistische, die wuchtige Brutalität des Hohns. Die Freude, die rein künstlerische Freude des Gestalters ist stärker als das Weh des Erkenners. Den Gestalter ergötzt die Mannigfaltigkeit der Geschehnisse, die lichte Buntheit der Menschen. Matthias ist ein bis ins Mark untüchtiger, vom Augenblick beherrschter Mann, Ferdinand ein intriganter, letzten Endes beschränkter Starrkopf, Don Cesar ist zuchtlos und wüst, Bischof Klesel ein streberischer Bauer. Der Dichter erkennt alle diese Eigenschaften, die ihm, dem reservierten und ein wenig pedantischen Altwiener, im Innersten zuwider sind: aber der Erkenner ist zu objektiv, sie zu verdammen, und der Gestalter liebt sie, weil sie sind. Am ergreifendsten wirkt des Dichters Ehrfurcht vor dem, was ist, seine Andacht zum Detail der Psyche in der Charakterisierung Kaiser Rudolfs. Wie wundervoll tief geschaut ist die rührende Skurrilität dieses stillen Mannes, der zu einem entrückten, kontemplativen Gelehrten geboren und zum Herrscher einer zuchtlosen Zeit bestellt ist. Mit welch biedermeierhaft graziöser Sorgfalt ist hier Strich an Strich gesetzt, wie taktvoll ist jedes laute, aufdringliche Charakterisierungsmittel vermieden, und doch, wie unauslöschlich prägt das Bild des stillen Mannes sich ein, der kein König ist, weil er nicht handelt, und den die Zeit zerbricht, die Taten von ihm fordert. (Hier ist das Problem, das auch, ins Hebbelisch-Grüblerische gewendet, Julius Babs ›Blut‹ bewegt.) Um dieser einen, aus heißestem Erleben herausgeborenen Gestalt willen, die mit so unendlicher, leiser, liebevoller Sorgfalt gezeichnet ist, bleibt uns die Dichtung, so schwer sie zugänglich scheint, lebendig.

Die Dichtung. Aber kaum das Drama.

Schon daß das Drama auf keiner Bühne des Reichs gespielt wurde, scheint bezeichnend. Und die als Experiment verdienstliche, von Eugen Kilian treulich besorgte Münchner

Aufführung versagte. Sie nivellierte, statt zu markieren. Der erste Akt war von Interesse, die Unterzeichnung des Majestätsbriefs (im dritten), die letzte Rudolf-Szene (im vierten Akt) von Wirkung: aber alles andre war blaß, verstaubt, oberlehrerhaft. Und alles in allem gaben Grillparzers Regiebemerkungen mehr als die Spieler der Hofbühne. Trotzdem man mit Lust, Kraft und Liebe arbeitete und selbst zu Nebenrollen zuverlässigste Darsteller heranzog: die paar Verse der Lucretia sprach die Lossen, der Zwei-Minuten-Wallenstein war Steinrück. Aber Jacobi wußte mit dem Erzherzog Matthias nichts anzufangen, ein Herr Bogenhardt schleppte sich hilflos mit dem Leopold, Birron mit dem Don Cäsar ab, und Schröder fehlte die Wärme zum Herzog Julius, Leßmann die Kraft zum Seyfried Breuner. Höfer gar verzerrte die brutale Bauerngröße des Bischofs Klesel zu galizisch merkantiler Streberei. Basil, ein gemütlich feister Erzherzog Max; Graumann, ein Ferdinand von starrer, überzeugter und intriganter Borniertheit; Gura, ein Wolfgang Rumpf von würdiger Wärme – sie konnten die Langeweile des Nebenwerks nicht bannen.

Bleibt Lützenkirchens Kaiser Rudolf. Eine Gestaltung von stärkster Wirkung mit Momenten erfühltester Kunst, immer interessant und sehr oft falsch. Das verbissene, stumme Leid der Unkraft, das an dem edlen Sein des Kaisers zehrt, wußte Lützenkirchen nicht zu gestalten. Seine Gesten waren zu rund, von zu bewußter Nervosität, sein willfähriges, geschultes Organ zu jung, von selbstgefällig schönem Schmelz. Von der vertrockneten Eigensinnigkeit, von dem stummen, tiefwühlenden Zürnen des allzu scharfsichtigen und tatverdrossenen Grüblers war wenig zu spüren. Um so besser gelang alles Sentenzenhafte, alles Visionäre, gelangen vor allem die breiter ausladenden Ausbrüche. So baute sich eine schöne Steigerung zu dem prachtvollen Schwung des dritten Aufzugs und zu dem wehen, harmonischen Verklingen der letzten Rudolf-Szenen.

Ernst Possart und Clara Ziegler oder Über die Würde in der Münchner Schauspielkunst (1910)

1.

Ernst Ritter von Possart, Geheimrat und weiland Generalintendant der Königlichen Hoftheater zu München, auch Professor, hat sich in den Münchner Neuesten Nachrichten zu den Nekrologen für Clara Ziegler geäußert wie folgt: »Gerade am Sarge Clara Zieglers erscheint es geboten, das Kulissengeschwätz vom falschen Pathos und der alten Schule, deren hervorragendste Repräsentantin die dahingeschiedene Künstlerin gewesen sein soll, mit ihr ins Grab zu senken. Es gibt keine alte Schule – es hat nie eine gegeben, wie es auch keine neue gibt; man müßte denn das Schullose der modernen Richtung, in bezug auf deutliche Aussprache und Tonbildung, Schule nennen. ... Clara Ziegler hat Jahrzehnte hindurch mit eisernem Fleiße daran gearbeitet, die den Klassikern gebührende und ihrem Geist entsprechende richtige Darstellungsform zu finden, deren Wesen darin gipfelt: Das rein Menschliche in der Wiedergabe der dichterischen Gestalten mit der Großzügkigkeit ihrer Charakteristik zu verbinden und bei der angestrebten Wahrheit des sprachlichen Ausdrucks niemals den Schwung und die Schönheit der Diktion zu verletzen.« Und schließlich zitiert Herr von Possart ›den Bayreuther Meister‹: »Es muß der Gehalt der Sentenz vom Pathos abgestreift und in verständiger Weise – nach der ihm beizulegenden Färbung des Gefühls – zum Vortrag gebracht werden. ... Es muß für jenen Gehalt auch der verklärende musikalische Ton der Rede gefunden werden, vermöge dessen der didaktische Kern sich wiederum in die Sphäre des reinen Gefühls auflöst und somit selbst zum leidenschaftlichen Akzent des Dramatikers wird. Erst durch die Aneignungen dieses Akzents werden die Gesetze eines idealdeutschen Stils aufzufinden sein.« Den idealdeutschen Stil unterstreicht Herr von Possart, da auch er sich zu ihm bekennt, und er beendet seine Ausführungen mit einer Verbeugung vor der jungen Poetengeneration, die sich anschicke, »in der Diktion wiederum Wahrheit mit Schönheit zu verbinden und ihre Gaben in idealdeutschem Stil zu offenbaren«.

Es wäre zu wohlfeil, diese Darlegungen des fast Siebzigjährigen mit einem ironischen Lächeln beiseite zu legen. Denn die Worte, mit denen er die verstorbene Kollegin feiert und die uns so leer und sekundanerhaft-pathetisch und unbeschwert von aller Gedanklichkeit erscheinen, sind mehr als die Verteidigung eines alten Mannes, der für sein Leben und sein Werk tönend kämpft, mehr als die Erbitterung eines abgetanen Kunstgreises gegen die Jugend, die ihn aus dem Sattel gehoben hat: es ist die künstlerische Überzeugung einer ganzen Generation, eine Überzeugung, die sehr langsam zu Grabe wankt und überall noch in unser Theaterwesen Zwiespalt und Mißverständnis trägt.

2.

Das Geschlecht, das in den sechziger und siebziger Jahren die deutsche Kultur führte, war hart, stramm, fleißig und materiell. Leistete mit stählerner Anspannung ein Werk, über unsre Begriffe reich an Umfang und Erfolg, rechnete, schuf und erwarb. Was Wunder, daß diese Menschen nach einer mühseligen Tagesarbeit ihren Feierabend nicht mit einer Kunst belasten wollten, die an Herz und Hirn neue Forderungen stellte, den Nerven und dem Intellekt statt ersehnter Erholung unwillkommen rüttelnde Anregung bot. Was Wunder ferner, daß dieses Werkeltagsgeschlecht das Feierliche, Priesterliche, Weihevolle, das ihm sein betriebsames, rechnerisches Leben versagte, von der Kunst verlangte. Man führte ein Leben der Tätigkeit, ein Leben ohne Pathos und Pose, ohne große Worte und Gesten, ein schlichtes, höchst bürgerliches Leben. Alle die Würde nun, den Schimmer, das Pathos und Erhobensein, das diesen Menschen der Alltag weigerte, verlangten sie von der Kunst. Die Kunst sollte sie, ohne anzu-

strengen, mit heitrer Würde erheben: im Theater fühlten sie sich wie in ihrer Sonntagsstube.
Solchen Anschauungen entsprach die Schauspielkunst. Sie gab sich pathetisch und würdevoll. Getönt, geglättet wurden die Extreme, gerundet die Kanten. Über Jagos wundervoll moduliertem Organ mochte man seine Bosheit, über den gepflegten Bewegungen Medeas ihre nächtige Leidenschaft vergessen. Der Schönheit der Geste opferte man ihre Wahrheit, dem Ton des Wortes seinen Sinn. Wort und Geste waren alles. Wie diese Spieler zu repräsentieren, wie sie zu deklamieren verstanden, war denn auch, an sich betrachtet, letzte, mit allen Mitteln erarbeitete Kunst. Und mit die wesentlichsten Vertreter dieser alten Schule waren Ernst Possart und Clara Ziegler.
Heute nun schreibt Herr von Possart: »Es gibt keine alte Schule.« Laßt ihn diese Worte sprechen, und ihr werdet sogleich erkennen, was diese alte Schule eigentlich ist. Herr von Possart wird nämlich leicht und sieghaft dastehen, »den Kopf« – ich zitiere Heinrich Mann – »von dem gefärbten Rest eines schwarzen Schopfes spitz beleckt, dick auf der rundlichen Gestalt, mit dem kühnen Magen. Ein fettiger Glanz von Marmor wird seine aufgeblasenen Wangen bestreichen und über seinen edlen Nasenrücken spiegeln, und er wird seinen Augen befehlen, zu blitzen. Bevor er spricht, wird sein Mund, blau vom Messer und gewulstet, beben wie ein Rennpferd, ehe man es losläßt, und mit hoher, metallischer Stimme, ebenso leicht und sieghaft wie sein Schritt, wird er sagen: Es gibt keine alte Schule! Er wird singen, Glocken läuten«, und der Ton, den er auf ›gibt‹ legt, wird lange im Raum nachhallen, ein wenig wehmütig, ein bißchen resigniert und sehr würdevoll und überlegen …
Dieses sind die Ziele der alten Schule: Würde und Schönheit, schöner Schein; dieses sind ihre Mittel: repräsentative, gehaltene Gesten und eine raffinierte Sprechkunst, die Rhythmus und Dynamik vollendet beherrscht; dieses sind ihre Tugenden: Wohlklang und schöne Linien; dieses sind ihre Fehler: Affektation, Theatralik, Unwahrheit, Unbeseeltheit. Nicht, als ob nun diese Mängel jederzeit klar und schreckhaft zutage träten. Gewiß machen auch die Jünger der alten Schule glückliche Versuche, zu charakterisieren. Aber ihre gestaltende

Tendenz ist ohne Konsequenz; sie geht nur so weit, als die Schönheit und Würde nicht in Frage kommt, und wird dem Prinzip der Repräsentation unbedenklich geopfert.
Man könnte nun sagen: Dieses sei alles richtig, aber es sei nur für die Theatergeschichte, nicht für unser lebendiges Theater von Belang. Clara Ziegler ist tot, und Ernst Possart beschränkt sich auf Rezitationsabende. Aber dieser Schluß ist falsch: die alte Schule ist nicht tot. An allen Bühnen, von der letzten Schmiere bis zu den Theatern Brahms und Reinhardts, wirken ihre Jünger. Besonders aber der Spielerbestand der Hoftheater, und unter diesen vor allem das Münchner Hofschauspiel, ist durchsetzt mit ihren Gläubigen. Dies war Possarts Testament, daß er uns eine Reihe von Schauspielern hinterließ, die in seinem Geiste Würde und Schönheit weiterzeugen.
Nun vermag ja der Schauspieler Werken wie ›Iphigenie‹ und dem ›Tasso‹, dem größern Teil der Schillerschen Dramen, dem halben Grillparzer, dem ganzen Wildenbruch und manchem andern mit Würde und Schönheit schlechthin am besten gerecht zu werden. Es ist außer Frage, daß Schiller selber den Franz Moor Possarts dem Kainzschen vorzöge. Aber Kleist, Hebbel, Ibsen, fast der ganze Shakespeare und die Produktion der Neuromantik wird in der würdevollen Gestaltung der alten Schule zur Travestie. Am peinlichsten empfindet man naturgemäß alle Mängel des rhetorisch-pathetischen Stils, wenn Vertreter des Würde-Prinzips mit nervös-psychologischen Spielern zusammenwirken. Fontane bemerkt von Clara Ziegler: wenn man erst einmal auf den Kardinalfehler, den Mangel an Wahrheit, aufmerksam geworden, dann sei die Entzauberung da, dann zweifle man auch an dem unbedingt Gelungenen herum und erkenne schließlich mit Recht oder Unrecht überall die Anfänge der Krankheit. Wenn nun neben Spielern vom Wesen Possarts und der Ziegler solche von der Artung Kainzens oder der Eysoldt stehen, so wird naturgemäß in dem kritizistischen Zuschauer von heute sogleich der Zweifel wach, und er empfindet die gehaltene Geste als alberne Pose, die glatte, im Wohllaut schwelgende Sprechkunst als verlogene Salbung.

3.

In München also besteht das Hofschauspiel ungefähr zu gleichen Teilen aus Jüngern der alten Schule und aus psychologisch gestaltenden Spielern. Solche, die sich die Tugenden der Alten, den bel canto vor allem, erworben, ohne Einbuße der seelischen Intensität der Gestaltung, sind wenige; und die beiden Künstler, die, in den Maximen der Meininger großgeworden, dennoch das wertvolle Neue sich zu eigen machten, Suske und Häusser, sind tot. Nun lassen sich gewiß gerade durch den Kontrast zwischen Klassizismus und Romantik, zwischen naiv-heroischem Pathos und gliedernd-skeptischer Psychologie zuweilen höchste Wirkungen erzielen: so hat seinerzeit Reinhardt die Sandrock in ›Ödipus und die Sphinx‹ zwischen lauter moderne Spieler gestellt, so hat durch seine eigentümliche Konstellation unser Hofschauspiel eine nahezu vollendete Wiedergabe des ›Hannele‹ erzielt. Aber gemeinhin müssen die beiden Stile, nebeneinander gestellt, sich aufs gefährlichste beeinträchtigen. Laßt Possart den Don Philipp spielen, und Lützenkirchens Pathos wird glaubhaft wirken: Steinrücks Philipp aber macht dies Pathos jedem aufgeweckten Sekundaner verdächtig. Birrons ölig deklamierender König Alfons gar zwischen der erfühlten Königin der Lossen und der nervös beweglichen Jüdin der Terwin ist von einer schließlich geradezu empörenden Komik.

Man sondere und trenne! Der naiv-pathetische Stil darf mit einer gewissen Berechtigung an den deutschen Hofbühnen ein Plätzchen verlangen. Wohl hat er sehr häufig etwas peinlich Festspielhaftes, äußerlich Repräsentatives, Maskiertes an sich (daß Schiller im Ernst die Frage aufwerfen konnte, ob ein Dilettant nicht einem Berufsschauspieler vorzuziehen sei, ist natürliche Konsequenz). Dennoch wird man ihn nicht ganz wegweisen wollen. Für gewisse Werke ist er unerläßlich. Und warum auch sollte man an Bühnen, die das alte Ballett noch pflegen, dieser Spielgattung nicht das gleiche Recht einräumen? Das Publikum gar läßt sich die sazerdotale Repräsentation gerne gefallen. Wie sagt doch Stendhal: Tout ce qui est cérémonie, est sûr de n'être jamais ridicule en Allemagne.

Hiergegen aber muß schärfster Einspruch erhoben werden: daß gerundete, auf psychologischer Gestaltung basierende

Aufführungen zerrissen und verhunzt werden durch Bravourleistungen antiker, nicht doch: naiv-pathetischer Schauspieler. Wie das in München fast immer der Fall ist. Laßt die Herrschaften im großen Haus des Königlichen Hof- und Nationaltheaters sich austoben! Laßt hier die Maria Stuart der Berndl würdevoll zum Schafott schreiten; laßt hier unter Jamben- und Drommetenton Martin Greifs Prinzen Eugen edle Siege erfechten; laßt hier Lützenkirchens zweiten Rudolf den überkühnen Don Cesar Birrons zum Tod verurteilen. Opfert meinethalben noch etliche Stücke Shakespeares, und laßt die würdevolle Volumnia der Frau Schwarz den sonoren Stolz des Jacobischen Coriolan schmelzen! Aber verbannt das hallende Wort und die Talmasche Geste aus dem lieben Raum des Residenztheaters. Wenn ihr schon die Lossen Maria Magdalena, Steinrück den Meister Anton sein laßt, wie könnt ihr dann Lützenkirchen den Sekretär singen lassen? Gebt der Würde, was der Würde, und gebt der Kunst, was der Kunst ist! Prüfet sachlich und sondert! Und wenn die Kraft nicht ausreicht, beide Stilarten zu pflegen, dann verbannt die eine völlig, daß die unhaltbare Stilmischung von heute, daß dieser faule Kompromiß ein Ende habe. Man sagt, es sitzen bibelfeste Leute mit am Steuer der Hofbühnen. Denkt an die Apokalypse: »Ach, daß du kalt oder warm wärest! Weil du aber lau bist und weder kalt noch warm, werde ich dich ausspeien aus meinem Munde.«

Die Herren denken freilich, es wird noch gute Weile haben, bis die Münchner sie ausspeien. Aber: sunt certi denique fines. Und schließlich: Herr Lützenkirchen ist doch selber Regisseur. Fühlt er denn nicht, wenn Meister Anton seine versteinte Bitterkeit hervorknurrt, wenn Clara in Krämpfen verzittert, daß dann seine Arien nicht angebracht sind?

Die Athener – ein Kulturvolk des Altertums – steinigten einst einen Schauspieler, der zwischen Lambda und Rho nicht unterscheiden konnte. Unsre kundigen Thebaner – selbst sie merken instinktiv, daß etwas nicht klappt – konstatieren höchstens, daß Lützenkirchen nicht recht im Raume stand.

Ernst Possart
Zum siebzigsten Geburtstag
(1911)

Es ist kein Zweifel: er ist heute noch unter allen Humoristen der Bühne der größte. Etliche beanspruchen diesen Ruhm für seinen Schüler Ferdinand Bonn. Aber mit Unrecht. Denn Bonns Richard-Aufführung war ein bewußter Witz: Herr von Possart aber nimmt sich furchtbar ernst und verzieht auch in den scherzhaftesten Momenten keine Miene. Er lacht nicht, wenn er den Shylock spielt, und nicht, wenn er Vorträge über Shakespeare-Darstellung hält; er blieb ernst, als er in einem Nekrolog über Clara Ziegler äußerte, es gebe keine alte Schule, und er blieb ernst, als er während seiner amerikanischen Tournee behauptete: in den Freudenbecher seiner Triumphe falle ein einziger Wermutstropfen – der Schmerz, daß er am neunzigsten Geburtstag seines königlichen Herrn nicht in München anwesend sein könne. Immer, immer wahrte er Ernst und Haltung und Würde. Denn der ist ein schlechter Clown, der über seine eigenen Späße lacht.

Was den Geheimrat und weiland Generalintendanten Ernst Ritter von Possart zum größten Bühnenhumoristen beider Welten macht, ist somit dieses: daß er von seiner theatralischen Sendung so tief und fest überzeugt scheint. Vielleicht auch ist. (Und dies rückte den Spaß wie jeden guten Witz nah an die Grenzen des Tragischen.) Der alte Histrione hat nämlich gelegentlich den fatalsten Satz aufgestöbert, den Richard Wagner je geformt hat: »Es muß der Gehalt der Sentenz vom Pathos abgestreift und in verständiger Weise – nach der ihm beizulegenden Färbung des Gefühls – zum Vortrag gebracht werden ... Es muß für jenen Gehalt auch der verklärende musikalische Ton der Rede gefunden werden, vermöge dessen der dialektische Kern sich wiederum in die Sphäre des reinen Gefühls auflöst und somit selbst zum leidenschaftlichen Akzent des Dramatikers wird. Erst durch die Aneignungen dieses Akzents werden die Gesetze eines idealdeutschen Stils aufzufinden sein.« Ich habe nun bis jetzt keinen Christen, Juden oder Heiden gefunden, der diesen Satz begriffen hätte. Es blieb Herrn von Possart vorbehalten, den »Bayreuther Meister« zu erfassen und den idealdeutschen Stil zu entdecken. Der besteht – kurz gesagt – darin, daß man auch fürs Schauspiel die Mittel der Oper anwendet: Gesang, prunkhafte Dekorationen und Statisterei und viel bengalisches Licht. Daran hat's denn auch Ritter Ernst nie fehlen lassen, und wie er Hebbels Leonhard, Ibsens Rank und Björnsons Berent sang, das tut ihm so bald keiner nach.

Es wäre aber höchst überflüssig, an dieser letzten Säule zu rütteln, wenn Herr von Possart sich damit zufrieden gegeben hätte, den Besten seiner Zeit genug zu tun, so also, daß wir ihn heute cum grano salis als eine Art lebendiger Illustration zu unserm Clara-Ziegler-Museum betrachten dürften, als wandelnde Reliquie einer abgedankten Kunstkonfession. Leider aber zwingt uns der Greis immer wieder, ihn dem Gespött preiszugeben. Denn wie er als Intendant schlimme Saat gesät hat, Theorien, die bis ins dritte und vierte Geschlecht fortzeugend Böses gebären, so läßt er auch jetzt noch keine Gelegenheit vorübergehen, sein künstlerisches Bekenntnis zu propagieren: ein Bischof Nikolas, der ein perpetuum mobile unechter Manier hinterlassen möchte. Und das Salbungsvolle, Sacerdotale seiner Manier stiftet immer wieder Verwirrung in dämmernden Köpfen. Tout ce qui est cérémonie, est sûr de n'être jamais ridicule en Allemagne.

Er aber ist lächerlich und jede Faser an ihm ist verlogen und komödiantisch, und jeder Anlaß ist willkommen, ihn zu bekämpfen, ihn und seine Schule und seine Jünger, die das Wachstum unsres Münchner Hofschauspiels und das Wirken unsres gesunden Nachwuchses gefährden.

Münchens Hoftheater und das Zentrum oder Die Schaubühne als unmoralische Anstalt betrachtet (1912)

1.

Was kann man in München anfangen, um sich Erheiterung zu schaffen, wenn die Witzblätter schlecht sind? Man kann sich entweder im Hoftheater Birrons Hamlet oder die Penthesilea der Berndl betrachten; man kann auch das ›Bayrische Vaterland‹ lesen. Wenn aber dies alles nicht fruchtet, dann gebrauche man als letztes Mittel die Lektüre der Theaterkritiken des ›Bayrischen Kuriers‹. Nirgends kann man eine solche Fülle tief komischer Glossen mit so gravitätischem Ernst vorgetragen finden. Da werden alle Fäkalien aus den Kehrichttonnen der Hofbühne aufgelesen, sachkundig berochen und possierlich zwischen allerhand sittenrichterliche Anmerkungen über Stück und Darsteller eingereiht. Mit der Naivität eines (allerdings zum Christentum bekehrten) Botokuden werden da alle möglichen Anmerkungen gemacht über die seltsame Erscheinung, daß erwachsene Menschen sich schminken und kostümieren und krause, unverständliche und vermutlich unsittliche Worte schamlos vor vielen Zuhörern aussprechen. Die theatralischen Dinge werden unter dem Gesichtswinkel eines Beichtspiegels für Konfirmanden gewertet. Da ist ein Quidam, heißt William Shakespeare, der hat ein Stück geschrieben ›Maß für Maß‹. Nun ja, meint unser Botokude, eine gewisse Gestaltungsgabe läßt sich ja diesem Shakespeare nicht absprechen: aber hier sind ihm doch arge »sittliche Entgleisungen« passiert. Manchmal wieder verläßt der ›Bayrische Kurier‹ das Gebiet solcher trockenen Feststellungen, um zu beweisen, daß auch im Busen seiner Referenten der Mut seine Spannkraft übt. Dann beschuldigt er etwa (natürlich ganz vorsichtig, zwischen den Zeilen) eine Schauspielerin, die eine Hure vortrefflich dargestellt hat, ihr Wesen decke sich mit der Rolle. Soll er aber diese Behauptung vor Gericht vertreten, dann verschanzt er sich hinter seiner (übrigens nicht nur vorgeblichen) stilistischen Unfähigkeit.

2.

Heuer ritt nun der ›Bayrische Kurier‹ bei seiner alljährlichen Parade-Attacke gegen das Hofschauspiel besonders scharf zu. Diese Zeitung ist nämlich das offizielle Organ der höfisch-klerikalen Partei, die vor ein paar Wochen den Sturz des Ministeriums Podewils herbeiführte und die jetzt in Bayern regiert. Daß nun der Kurier, durch seine letzten politischen Erfolge verführt, auch den modernistischer Gesinnungen verdächtigen Intendanten stürzen möchte, ist nicht weiter verwunderlich: verwunderlich aber ist, daß es dem Kurier gelang, die Unbehilflichkeit, mit der er seine früheren Angriffe ins Werk setzte, diesmal noch zu überbieten.
Der unmittelbare Anlaß des letzten Kesseltreibens war die Aufführung von Sternheims ›Kassette‹ im Residenztheater. Ich bin der Überzeugung, daß ein ernsthafter Regisseur an diesem Werk nicht vorbeigehen darf, und halte die (übrigens ausgezeichnete) Münchner Aufführung des Stückes für eine tapfere und dankenswerte Tat. Man hatte aber den Fehler gemacht, die Premiere auf einen Feiertag, auf ›Mariä Verkündigung‹ zu legen. Man hätte sich sagen müssen, daß ein Feiertagspublikum immer viel radaulustige Elemente enthält und daß die organisierte Partei der Wühler unter sotanen Umständen bei den Rowdys gewiß Resonanz erhalten werde.
Und so geschah's. Das Publikum von Mariä Verkündigung lehnte die ›Kassette‹ unter Indianergeheul ab und fand für diesen Protest eine Form, wie wir Jüngeren sie so ordinär in diesem Hause noch nie erlebt haben; ein Skandal, der der höfisch-reaktionären Partei vor allem deshalb sehr zu paß kam, weil mehrere Mitglieder des königlichen Hauses der Vorstellung beiwohnten. Welche Motive nun eigentlich die schroffe Ablehnung des Werkes herbeiführten, wird man schwerlich mit Sicherheit feststellen können. Ein Teil der Skandalbrüder mochte seine eigenen trüben Instinkte durch Sternheim ge-

troffen finden, andre mochten Schreihälse sein, die jeden Anlaß nutzen, sich auszutoben; die Kerntruppe aber bestand aus einem Fähnlein konsolidierter Wühler.

3.

Der Bayrische Kurier verallgemeinerte natürlich den Fall ohne weiteres. Er verschwieg wohlweislich, daß die Münchner Kritik mit Ausnahme des biederen Onkel Mensi (von der Allgemeinen Zeitung) sich recht zustimmend verhalten hatte. Er tat vielmehr so, als ob die ›Kassette‹ von aller Welt als gemeine Zote verworfen worden sei. Und knüpfte daran kurzerhand die Folgerung, daß der Intendant von Speidel und der Regisseur Steinrück für ihre Ämter untauglich seien. Diese These suchte er durch eine Folge von etwa einem Dutzend in fragwürdigem Deutsch abgefaßter Artikel zu begründen, als ob eine schiefe Behauptung durch ständige Wiederholung an Logik gewänne. Wenn ich das Kauderwelsch, in dem diese tristen Ergüsse gestammelt sind, recht verstehe, gipfeln die Anklagen des Kuriers, soweit sie noch eine gewisse Sachlichkeit vorzutäuschen sich mühen, in drei Punkten. Einmal in der Jeremiade etlicher subalterner Spieler und Spielerinnen, die jeder Kunstverständige lieber in Passau und Straubing als in München sehen möchte, über zu geringe Beschäftigung. Sodann wird der Intendanz vorgeworfen, daß sie Herrn Monnard, der jetzt das Berliner Lessingtheater entvölkert, den Operettentenor Storm und das gräßlich naive Fräulein Reubke durch Steinrück, v. Jacobi und die Terwin ersetzte. Und endlich wird bittere Klage geführt über das Repertoire des Hofschauspiels, das in Wahrheit der Stolz aller Gutgesinnten ist und an Buntheit und Bedeutung sicherlich den Spielplan aller übrigen höfischen und städtischen Bühnen weit, weit überragt. Und hier macht der Kurier auch positive Vorschläge. Voll Betrübnis und Sehnsucht wünscht er Possart wieder herbei, jammert auch nach seinem Vorgänger Perfall und zitiert die »Schlager, die noch heute den Ruhmestitel Perfalls bilden«. Da er diese Stücke aufzählt, ergibt sich klar, wie der Kurier den Spielplan gestaltet wissen will. Statt Shakespeares ›Maß für Maß‹ und des ›Pornographen‹ Wedekind ›Liebestrank‹, statt Strindbergs ›Totentanz‹ und Shaws ›Cäsar und Cleopatra‹, statt Bahrs ›Konzert‹, Hauptmanns ›Ratten‹ und Schnitzlers ›Weitem Land‹ – was wünscht statt dessen der Kurier? Deutlich und unumwunden führt er die Stücke seiner Sehnsucht an: Karl Heigels ›Josephine Bonaparte‹, Ludwig Steubs ›Seefräulein‹, Wicherts ›Biegen oder Brechen‹, Mosers ›Ultimo‹, L'Arronges ›Doktor Klaus‹, von Moys ›Deutschen Standesherrn‹, Putlitzens ›Alte Schachtel‹. Als König Midas zu wählen hatte zwischen Apollon und Marsyas, wählte er den Marsyas. Zur Strafe wuchsen ihm Eselsohren. Wird den Herren vom Bayrischen Kurier nicht bange?

4.

Also schrieb der Kirchenlehrer Tatianus: »Ich habe einen Mimen auftreten sehen und seine Kunst bewundern müssen. Doch bei aller Bewunderung mußte ich denken: Wie ist er doch innerlich ein ganz andrer! ... Dieser Mann ist ein Ankläger gegen alle Götter, eine Travestie der glorreichen Heldentaten, ein Darsteller von Mordgeschichten, eine lebendige Illustration des Ehebruchs, eine förmliche Fundgrube jeglicher Tollheit, ein Großmeister für alle Weiblinge, die Zuflucht der Verbrecher; und ein solches Subjekt wird von allen gepriesen!«
Hier klingt das Grundmotiv jener ständigen Angriffe unsrer Zentrumspresse an. Die Kirche haßt die Schauspielkunst, in der sie eine Rivalin sieht. Die Gründe habe ich an dieser Stelle im November 1909 eingehend dargetan. Und darum wird auch unser famoser Kurier jeden Intendanten und Regisseur bekläffen, sofern er künstlerische Tendenzen fördert oder protegiert, mag er nun Speidel oder Steinrück, Bahr oder Reinhardt heißen. Darum auch lobt der Kurier nur solche Schauspieler, die keine sind, und befehdet jede wahre Begabung oder anerkennt sie nur mit Widerwillen, knirschend. Da er Steinrück diese widerwillige Bewunderung nicht versagen kann, was tut er? Er verdächtigt seinen Charakter. Nun könnte man erwidern: Selbst wenn jemand ein Giftmörder ist, besagt das weder gegen seine mimische noch gegen seine direktoriale Begabung das Geringste. Aber wir wollen dem

Bayrischen Kurier nicht mit ästhetischen Vorhalten kommen. Nur eines ist zu fordern: daß er seine (haltlosen) Verdächtigungen gegen Speidel und Steinrück einigermaßen faßbar formuliert. Seitdem sich nämlich der Bayrische Kurier im Hoftheaterprozeß das Maul verbrannt hat, bringt er das Hintertreppengewäsch des Hoftheaters immer in einer Form, die es ihm ermöglicht, im Fall der Klagestellung alle seine Verdächtigungen als die harmlosen Behauptungen eines der deutschen Sprache nicht recht mächtigen Mitarbeiters hinzustellen.
Sollte ich aber dem Bayrischen Kurier unrecht getan haben, sollte die infame Zweideutigkeit seiner Anwürfe wirklich nicht im bösen Willen, sondern nur in der stilistischen Unfähigkeit seiner Redakteure begründet sein, so bin ich gern erbötig, »dieses Wirrwarr« – der Kurier gebraucht das Wort als Neutrum – gegen mäßige Gebühr in ein klares, unzweideutiges Deutsch zu übertragen. Damit die angeblichen sozialpolitischen Übelstände am Hoftheater endlich eine sachliche Erörterung finden.

5.

Nach den mitgeteilten Proben wird man in Berlin den Kopf darüber schütteln, daß in München jemand das Gequassel der Zentrums-Schmöcke ernst nahm. Dem ist zu entgegnen, daß das Münchner Publikum unglaublich wenig Kritik hat, daß die Stadt, die für Schillers ›Horen‹ ganze drei Abonnenten aufbrachte und der Schiller, Hebbel und Heine das Salz absprachen, an Kunstverstand kaum zugenommen hat. Und so ist es noch heute möglich, daß, wie seinerzeit Wagner aus München verjagt wurde, auch jetzt wieder etliche vom Pöbel unterstützte Dunkelmänner die Tempelhüter unsres aufblühenden Hofschauspiels vertreiben und aus dem Theater ein Deklamations-Institut für den Katholischen Gesellenverein machen.
Dies zu verhüten ist eine Angelegenheit von mehr als lokaler Bedeutung. Denn unter den jetzt von der impotenten Zentrumskritik geschmähten Männern ist unser Hofschauspiel nicht nur die erste Bühne Münchens, sondern auch eine der ersten Bühnen des Reichs geworden.

Oberammergau
(1910)

Lasset Weihe über euch sein!
Hermann Sudermann

I.

Im sechzehnten Jahrhundert lebte zu Augsburg ein biederer Schneider namens Sebastian Wild, der später Schuster wurde. Der Mode der Zeit gemäß, huldigte er dem Meistergesang, erfand zwei Meistertöne und ließ 1566 bei dem Buchdrucker Matthäus Francke »schöner Komedien und Tragedien zwölff« erscheinen. Im Vorwort bezeichnet er sich als »schlechten Leyen« und beweist damit, daß er ein besserer Kritiker als Dichter ist; denn sein Buch ist wirklich unsagbar armselig und abgeschmackt. In dieser Sammlung findet sich nun ein Spiel: »Der Passion und die Auferstehung Christi«, das 1569 in Berlin aufgeführt sein soll. Aus diesem kläglichen, obendrein durch und durch mit lutherischen Tendenzen durchsetzten Spiel und der fast ebenso dürftigen anonymen Passion von Sankt Ulrich und Afra in Augsburg ist der ursprüngliche Text des Oberammergauer Spiels zusammengeschweißt. Kongeniale Dichter bildeten ihn um. Dem hochwürdigen Pater Ottmar Weiß verdankt der Gesangstext, seinem Schüler, dem Geistlichen Rat Josef Alois Daisenberger, der Prosatext die heutige Fassung; der Schullehrer Rochus Dedler schrieb die Musik; seine Partitur verbrannte; aber es nützte nichts, er erneuerte sie. Der Lehrer Ferdinand Feldigl hat dann die letzte Hand daran gelegt.
Man weiß, daß die Bewohner des deutsch-österreichischen Alpenlands höchst kritiklos sind. Der gute Rosegger schreibt etwa an den Verfasser eines trist-belanglosen Schauspiels, ›Die Spinnerin am Kreuz‹, einen gewissen Franz Keim: »Ich sage Dir, Freund, das ist ein Drama! Wie hoch steht dieses

Stück über all den Ibsens und Sudermanns, und wie sie heißen mögen.« Aber obschon man von dieser Urteilslosigkeit weiß, erschrickt man einigermaßen, wenn man in der letzten offiziösen Veröffentlichung Oberammergaus, im Führer zur Kreuzesschule 1905, auf Stellen stößt wie die folgenden: »Der steigende Besuch ist wohl in erster Linie der Schönheit des jetzigen Passionstextes zuzuschreiben«, und: »Während über die Schönheit des Textes fast allgemeine Übereinstimmung herrscht, gibt es für die Musik sehr viele Freunde, aber auch heftige Gegner, doch müssen selbst die letzteren zugeben, daß sie reich an tiefempfundenen Stellen ist und eine Fülle schöner Melodien im Stile Haydns birgt.« Wodurch genötigt müssen sie? Sagt mir das, mein kundiger Thebaner! Ich weiß eine Anzahl sehr verständiger Musiker, die die Kompositionen des Rochus Dedler mitsamt den Verbesserungen des Ferdinand Feldigl für unsäglich mattes, mühselig zusammengestoppeltes, wertloses Zeug erklären, für jenes mephistophelische »bübisch-mädchenhafte Gestümper, wie frömmelnder Geschmack sichs lieben mag.« Und nun gar der Text! So ein Text mag es gewesen sein, von dem es in der Offenbarung Sankt Johannis des Theologen heißt: »Und ich nahm das Büchlein und verschlang es; und da ich es gegessen hatte, grimmte mich's im Bauch.« Was für ein Text! Da haben die Oberammergauer als die alleinzigen auf der Welt das Privileg, den wundervollen Dramenstoff, den die Evangelien bieten, auf die Bühne zu bringen; sie müßten nur, wie es die Väter taten, beherzt-naiv an den Stoff herantreten, das, was ihnen selber am nächsten liegt, unterstreichen, auf ihre eigene Weise, derb und fest, und ohne auf empfindsame Städterherzen zu schielen, den Stoff gestalten. Kein Mensch verlangt von ihnen historische Treue, theologische Erläuterung, bibelkritische Tiefe: aber das darf man fordern, daß sie uns ein bißchen Ehrlichkeit geben, daß sie uns das Leiden Christi so spielen, wie es in ihren Köpfen sich malt. Aus solchem Geist schuf jener Niedersachse seinen Heliand, aus solchem Geist blühte süß und farbig der mittelalterliche Mariensang. Und aus solchem Geist fügten auch die alten Autores ihre Passionsspiele. Freilich waren diese in vielem einzelnen unsäglich platt und abgeschmackt: aber nennet lieber, wie in einer Frankfurter Passion, die Juden, die um die dreißig Silberlinge

schachern, Seligmann und Süßkind und Beifuß, laßt lieber, wie früher in Oberammergau, den Wanst des gehängten Judas mit Blutwürsten gefüllt sein, um die die Teufel sich streiten, oder steckt, wie der Dichter der Sterzinger Passion sich das vorgestellt haben mag, Gottvater in Lederhosen mit grünen Trägern: euer Text wird immer noch erträglicher sein als dieser blasse, im schlimmsten Sinn oberlehrerhafte, einen Menschen von einigem Geschmack geradezu blasphemisch dünkende Text von heute. Was haben die hochwürdigen Herren Verfasser aus dem Evangelium gemacht! Schweigen wir von den unglückseligen, zumeist schiefen Parallelen mit sehr oft mißverstandenen Stellen aus dem Alten Testament, schweigen wir auch von der gänzlichen dramaturgischen Unfähigkeit, die gern an Wichtigem flüchtig vorüberhuscht, um bei rein Epischem, Retardierendem mit täppischem Behagen zu verweilen: aber sprechen müssen wir von den Unzulänglichkeiten der Charakteristik und von den peinlichen Mängeln der Sprache.
Es ist hier nicht der Ort, darzulegen, welches Gesamtbild Christi die Evangelien ergeben: aber so viel ist klar, daß sie ihn kämpfend für eine große Sache, gegen eine große Sache, nicht nur leidend darstellen. Nun will Oberammergau freilich nur den fünften Akt der Christustragödie bieten, die Passion: aber auch hier wird die Gestalt Christi verfälscht, wenn die Menschen, gegen die er gekämpft hat, als Jammerlappen geschildert werden und ihre Sache als schmutzige Bagatelle. Das Evangelium bietet keinen Beleg für solche Verkleinerung, die das Leiden Christi größer, seine Gestalt aber notwendig kleiner erscheinen läßt. Die Oberammergauer Passion nun unterschlägt alle Züge, die an die ecclesia militans gemahnen könnten, offenbar, um die oft betonte Konfessionslosigkeit des Spiels zu wahren. Die Aktion Christi beschränkt sich in Oberammergau darauf, daß er die Wechsler und Verkäufer aus dem Tempel jagt. Diese Szene hat der Oberammergauer Dramaturg mit wahrhaft bewundernswertem Ungeschick an die Spitze gestellt, sie zum Ausgangspunkt der jüdischen Feindseligkeiten gemacht. Die vertriebenen Händler sind es, die Volk und Priester gegen Jesum aufschüren, die Händler gewinnen den Judas zum Verrat; daß er die Händler in ihrem Erwerb gehindert, darüber leidet und stirbt Jesus von Ober-

ammergau. So haben es die hochwürdigen Herren fertiggebracht, die Sache der Pharisäer, die Christus haßt, nicht verachtet, und die groß und feurig sein muß wie das Werk Lucifers, weil ein Christus sie bekämpft, herabzuwürdigen zum Pfennigkram etlicher Schacherer. Kaiphas gebärdet sich wie ein spießbürgerlicher Dorfpfarrer, fanatisch, manierlos und dumm, Judas wird zu einem Kleingewerbetreibenden, der seine Position verbessern will – und Jesus selbst? Nicht den Wundertäter Christus sehen wir, nicht den Propheten, der Zeugnis ablegt für sich, sein Inneres aufreißt, Worte spricht und lebt, eherner als Erz und milder als Öl, und die Seele des Volks aufwühlt: sondern einen höchst uninteressanten Menschen, der sich um Belangloses erregt, unverständliches, unbedeutendes Zeug treibt und sich gehabt wie ein lamentierender Oberlehrer. Hauptmanns Emanuel Quint ist ein Größerer, ist göttlicher als dieser, selbst Frenssens Verballhornung wirkt wie abgründige Tiefe, mißt man sie mit dem Maß des Passionsdorfs. Die Menschen dieses Spiels sind schmächtige Kleinbürger von heute; eine Schicht von Langeweile umgibt sie so bleiern, daß, mit ihr verglichen, Klopstocks Messias spannend wirkt wie ein Detektivroman.

Das Fürchterlichste aber ist die Sprache: dieser Wechselbalg, gezeugt vom Sprachgeist des Evangeliums und eines Landgeistlichen, der statt des gewohnten Dialekts ein krampfhaftes Schriftdeutsch anstrebt. Man bekommt Kopfschmerzen über dieser Prosa, die Seekrankheit über diesen Versen und begreift, warum das Vorspiel gleich im zweiten Vers die Hörer als ein »von Gottes Fluch gebeugtes Geschlecht« anspricht. Christus und Judas und Kaiphas, Juden und Römer, alle sprechen die gleiche wüstentrockene, sandige Sprache, die durch die hineingestreuten Bibelsätze zwiefach lahm und trocken und widerlich wird. Gemahnt die Prosa an die amtlichen Erlasse der Distriktsämter Weilheim oder Garmisch-Partenkirchen, so erinnern die Verse an Wilhelm Busch. Man höre!

Zunächst Prosa-Beispiele, willkürlich herausgegriffen. Da monologisiert Judas: »Das Benehmen des Meisters ist mir unerklärbar. Seine großen Taten ließen hoffen, er werde das Reich Israel wieder herstellen. Aber es wird immer nichts; er ergreift die Gelegenheiten nicht, die sich ihm darbieten ...

Zum Glück war ich immer klug und vorsichtig und habe aus dem Gemeinsäckel hie und da eine Kleinigkeit für mich auf die Seite gelegt – für den Fall der Not. Das ist jetzt gut hernehmen, bis ich eine andre Versorgung finde ... Hätte sie (jenes Weib, das Jesum salbte) den Wert der Salbe in unsern Säckel gelegt, so würde jetzt – wenn die Gesellschaft sich auflösen muß, wie es allen Anschein hat – der Säckel mit seinem schönen Inhalte in meinen Händen bleiben. Dann wäre ich geborgen auf lange Zeit! So aber muß ich auf Mittel sinnen, wo und wie ich einen Erwerb finden möge.« Kaiphas äußert sich folgendermaßen: »Was übrigens die Vollziehung des Urteils betrifft, so würde es wohl das Sicherste für uns sein, wenn wir bei dem Landpfleger es durchsetzen könnten, daß er ihn zum Tode brächte« oder »Heute noch muß ein nachdrücklicher Beschluß gefaßt und, was beschlossen ist, ungesäumt und rücksichtslos durchgeführt werden.« Annas spricht dieses: »Vergebens ist mein bekümmerter Blick fort und fort nach der Kidronsgasse gerichtet. O möchte der Feind der Synagoge bereits in Fesseln geworfen sein! ... Das wäre ein Donnerschlag für das hohe Synedrium, wenn uns diesmal der Wurf mißlingen sollte!« Auf diese Art hat der Dramaturg die Berichte des Evangeliums in einen zähen Brei von Langerweile und Trivialität getunkt; so strebt er wieder und wieder aus dem Erhabenen mit Siebenmeilenstiefeln in den Bereich der Lächerlichkeit.
Sein versifizierender Kollege hält ihm wacker Schritt. So etwa meditiert er, als ein lebendes Bild die Verstoßung der Vasthi zeigt:

Jerusalem! Jerusalem!
Bekehre dich zu deinem Gott!
Verachte nicht mit Frevelspott
Den Mahnungsruf der Gnade,
Daß nicht, Unselige, über dich
Dereinst in vollen Schalen sich
Des Höchsten Grimm entlade!
Doch ach! – die Propheten-Mörderin –
Sie taumelt fort in ihrem bösen Sinn.
Darum, so spricht der Herr,
Dies Volk will ich nicht mehr.

Seht Vasthi – seht! Die Stolze wird verstoßen!
Ein Bild, was mit der Synagog der Herr beschlossen.

Im echten Moritatenstil heißt es von der Gefangennehmung im Olivengarten:

Begonnen hat der Kampf der Schmerzen,
Begonnen in Gethsemani.
O Sünder! Nehmet es zu Herzen,
Vergesset diese Szene nie!

Auf den Judas hat auch er es abgesehen; er geißelt seinen Verrat mit den fürchterlichsten Knittelversen, insinuiert dem harmlosen Hörer ähnliche Übeltaten und ermahnt ihn eindringlich zur Umkehr. Endlich sei noch die Marterlinschrift zitiert für den von Abraham geopferten Widder:

Abraham! Abraham! Töt ihn nicht.
Dein Glaube hat – so spricht
Jehova – ihn, den einzigen, dir gegeben;
Er soll, nun wieder dein – zum Völkerglücke leben.
Und Abram sah im Dorngesträuch
Verwickelt seinen Widder stehn;
Er nahm und opferte sogleich (lies: sogläuch)
Ihn, von Jehova ausersehen;
Ein groß Geheimnis zeigt dies Bild (lies: Büld),
Im heilgen Dunkel noch verhüllt.
Wie dieses Opfer einst auf Moria,
Steht Jesus bald gekrönt mit Dornen da.
Ihr alle, die hier vorübergehet,
Ach, stehet stille! Habet acht und sehet:
Wo trifft man eine Liebe an,
Die dieser Liebe gleichen kann?

Mit solchen Operettenversen travestiert Oberammergau die Bibel; und dann erdreistet sich der offizielle Führer zu schreiben: »Über die Schönheit des Textes herrscht allgemeine Übereinstimmung« und »Der steigende Besuch ist in erster Linie der Schönheit des jetzigen Passionstextes zuzuschreiben.«

2.

Ihr könntet mir nun sagen: Gut, der Text sei preisgegeben; aber muß nicht die Hingebung dieser schlichten deutschen Christen, die Zeit, Geld, Mühe, Leben der Darstellung der Passion widmen, muß nicht die verzehrende Andacht zur Sache, die vierhundertjährige Tradition, die tiefe Ergriffenheit der Myriaden, die aus fernster Ferne hier zusammenströmen, kurz, die alte Weihe dieses deutschen Golgatha auch einen minderwertigen Text adeln und jene religiösen Schwingungen erzeugen, die der letzte Grund aller künstlerischen Wirkung sind?
Betrachten wir uns Oberammergau und seine Bewohner. Selbst der hymnische Führer findet für den Ort kein stärkeres Epitheton als »ein freundliches Gebirgsdorf des bayrischen Hochlandes«. Die Bewohner charakterisiert er so: »Zu Hause anspruchslos und bescheiden, ist der Ammergauer ein Freund von heiterm, geselligem Leben. Leicht für alles Schöne zu begeistern, opfert er gern Zeit und Geld für gemeinnützige Zwecke, ist aber mißtrauisch und zurückhaltend, wenn er glaubt, in seinen Rechten oder Gepflogenheiten beengt oder verkürzt zu werden. Eine gewisse künstlerische Sorglosigkeit, Dienstgefälligkeit und Nachsicht gegen den Mitbürger, freundliches Entgegenkommen und Toleranz gegen Fremde vervollständigen das Charakterbild.«
Wer die Dinge ohne Voreingenommenheit betrachtet, sieht in Oberammergau eines der reizlosesten Dörfer des bayrischen Hochlands. Die Landschaft trägt den indifferenten Charakter des Vorgebirgs; die Seen, die Tegernsee und Schliersee und Kochel anmutig machen, fehlen; die Bergformen rings sind breit und langweilig. Ein einziger Gipfel fällt auf durch eine interessante, der Hornmütze der Dogen gleichende Form: der Kofel. Aber auch der Hochgebirgscharakter dieses Bergs erweist sich als Täuschung: nur die dem Dorf zugekehrte Seite ist schroff und wuchtig, der ganze Berg hat fünfhundert Meter Bodenhöhe und verschwindet sogleich, wenn man sich von Oberammergau entfernt. Ein rechter Reklameberg also.
Die Bewohner sind, wie alle bayrischen Gebirgler, stumpf und schläfrig, hinterhältig und profitgierig, geneigt zum Rau-

fen, zum Wildern und zum Trinken. Da nur Eingeborene an den Passionsspielen teilnehmen dürfen, herrscht eine traurige Inzucht, die sich für den Intellekt nicht eben förderlich erwiesen hat. Eine tatkräftige Familie hat mit leichter Mühe Geld und Macht an sich reißen können. Im übrigen herrscht viel Hader zwischen den einzelnen und die kleinlichste Eifersüchtelei. Landwirtschaft gibt es so gut wie keine. Das Dorf lebt von den Erträgnissen des Passionsspiels und treibt im übrigen ein armseliges, veraltetes, traditionelles Afterkunstgewerbe: eine Schnitzerei, die nie aus manueller Fertigkeit zur Kunst wird.

Fromm ist der Oberammergauer nicht; ›tolerant‹ nennt ihn die offiziöse Schilderung; besser bezeichnet man ihn als ›wurstig‹. Er geht wohl in die Kirche: aber das Zentrum hat in dem Dorf weniger Wähler als fast überall sonst im bayrischen Gebirge. Von dem Fanatismus, der allein das Spiel adeln, über den Alltag erheben könnte, ist kein Hauch zu verspüren. Während die Einwohner allesamt mit größter Inbrunst über die wirtschaftlichen Begleiterscheinungen der Spiele sprechen, habe ich sie niemals von der Passion als von einer innern Angelegenheit reden hören. Sie ist ein Mittel zum Zweck, nichts weiter; etwas so Äußerliches, Angelerntes wie das oberbayrische Englisch, das die Kinder der Fremden wegen in der Schule lernen. Und die Tradition der Spiele äußert sich im Wesen der Dörfler höchstens als eine krampfhaft festgehaltene Salbung, als etwas peinlich Öliges, Bajuwarisch-Herrnhuthaftes. Es ist schlechthin komisch, wenn etwa bei einem Veteranenfest diese Priester und Apostel langbehaart, zum Teil in Sandalen, in Schritt und Tritt marschieren, patriotische und sonstige Lieder lallend, Christus im Herzen.

Schauspielerisches Talent haben sie kein Quentchen. Ich habe oft ihre Übungsspiele beobachtet. Erträgliches kam nur zustande, wenn sie Dialektpossen spielten, den ›Hochtouristen‹ etwa. Nun wird freilich für die Spiele geübt und geprobt, was das Zeug hält, und die Regisseure rufen in feierlichem Gottesdienst den lieben Gott an, er möge bei der Rollenbesetzung ihren Geist erleuchten. Aber es geschehen keine Wunder mehr, und kein Fleiß, kein Gebet, keine Tugend macht diese Lang und Flunger, diese Breitsamter und Bierling zu Jesus und seinen Jüngern. Gewiß, man bekommt ein paar wunderschöne Bilder zu sehen. Die Mittelbühne ist nicht gedeckt und gewährt freien Ausblick in die Landschaft; keine Schminke, keine Perücke beleidigt das Auge, bunt und stolz prunken die Kostüme, und es ist sehr schön, wenn etwa erregtes Volk über die Bühne stürmt: im freien Licht röten sich die Gesichter, fröhlich flattern Haare, bauschen sich Gewänder in wehendem Wind. Aber das ist auch alles, was Oberammergau bietet. Armselig eingelernt sind die Gesten dieses Jesus und seiner Jünger, und Pilatus und die Vornehmen Jerusalems erreichen bestenfalls die Würde bayrischer Landtagsabgeordneter. Fürchterlich werden sie, wenn sie den Mund auftun. Ach, wenn sie ihr geliebtes Oberbayrisch sprächen! Aber sie kauen mühsam an einem breiten, breiigen, zerhackten, zerquälten, vergewaltigten Schriftdeutsch, so daß alle ihre Reden den Eindruck von etwas unsagbar Hölzernem, Unverstandenem, Automatischem, Marionettenhaftem machen. Man findet nicht die Spur von einem Geist, und alles ist Dressur.

3.

Einhundertdreiundsiebzigtausendsiebenhundertfünfundachtzig zahlende Besucher fanden die Spiele des Jahres 1900, darunter etwa ein Drittel Ausländer, zumeist Amerikaner. Wenn auch einzelne Skeptiker zu Worte kamen und ein großer Teil des Publikums schlief, es gab immerhin Leute, die die gebührende Ergriffenheit bezeigten. Hermann Sudermann soll sehr gerührt gewesen sein, Georg Fuchs war hingerissen, der Burgschauspieler Sonnenthal sagte, seine Kunst sei Gaukelei, gemessen an den Leistungen dieser Naturkinder, und Herr von Possart sandte den Darstellern sein Bild mit der Widmung: Den milden Künstlern! »Den milden Künstlern!« schrieb er.
Wie erklärt sich dieser Welterfolg? Kein Theaterdirektor brächte es zuwege, Menschen beider Hemisphären in ein abgelegenes, reizloses Dorf zu locken, für alles in allem fünfzig Vorstellungen ein zahlendes Publikum von fast zweihunderttausend Menschen zu finden, mit einem einzigen Stück in ein paar Sommeraufführungen einen Überschuß von weit

über einer Million zu erzielen. Kein Theaterdirektor der Welt, und wenn seine Spieler und Sänger mit Engelszungen redeten. Was ist's also, was dem Ammergauer Spiel diese Anziehung schafft?

Wendet's, wie ihr wollt: ihr werdet keinen äußern, sichtbaren Grund finden außer der Reklame. Einer gigantischen Reklame allerdings, gegen die Barnums oder des Künstlertheaters von 1908 Lärmtrommel ein Zephyrsäuseln ist. Der innere Grund dieser Massenschwärmerei aber ist die Sehnsucht einer nüchternen, im Leben materialistischen, in der Kunst kritizistischen Zeit nach Religion, nach Sentimentalität, nach Weihe. »Die Sentimentalität«, meint Heine, »ist ein Produkt des Materialismus. Der Materialist trägt nämlich in der Seele das dämmernde Bewußtsein, daß dennoch in der Welt nicht alles Materie ist; wenn ihm sein kurzer Verstand die Materialität aller Dinge noch so bündig demonstriert, so sträubt sich doch dagegen sein Gefühl; es beschleicht ihn zuweilen das geheime Bedürfnis, in den Dingen auch etwas Urgeistiges anzuerkennen, und dieses unklare Sehnen und Bedürfen erzeugt jene unklare Empfindsamkeit, welche wir Sentimentalität nennen. Sentimentalität ist die Verzweiflung der Materie, die sich selber nicht genügt und nach etwas Besserem, ins unbestimmte Gefühl hinausschwärmt.« So suchen die Amerikaner diesseits und jenseits des Ozeans dem ewig nüchternen Gleichmaß ihres Alltags zu entfliehen, unterzutauchen in der vielgerühmten frommen Einfalt dieser Spieler, die auf ihre Art den Herrgott loben; man kauft sich um etliche Dollars Kindergläubigkeit, wurzeltiefe Religiosität, Weihe. Die Massensuggestion, die Sensation, der Snobismus besorgen das übrige, zeitigen jene Hysterie, die gemütshungrige Amerikanerinnen nun vielleicht wirklich in dem Hafner Lang Gottes eingeborenen Sohn sehen läßt. Ein Schwarmgeist, Guido Görres, dem eine mittelalterlich farbige Phantasie die trübste Nüchternheit bunt machte, hat 1840 zur Berühmtheit der Passionsspiele den Grund gelegt. Sein Geist zeugt fort und wandelt den Massen das triste, langweilig-hölzerne, schier blasphemische Spiel in eine tiefgründige Offenbarung. Kommt noch dazu, daß die Ausländer, der dritte Teil des Publikums, die Albernheiten des Textes nicht bemerken, ja, daß auch die Mehrzahl der deutschen Hörer in der viertausend

Menschen fassenden Halle, die das Wort noch dazu im freien Raum verhallen läßt, nur das wenigste verstehen. Man sieht sich also angewiesen auf die lebenden Bilder, die freilich etwas pilotymäßig, aber sehr reichlich sind und einen Stoff gestalten, dessen Darstellung überall sonst verboten ist. Kindheitserinnerungen an Bibelstunden tauchen auf, Konfirmandenträume und ähnliches. Schließlich, man hat Geld und Zeit vertan, sich religiös erschüttern zu lassen, man ist hergekommen mit dem festen Vorsatz, Weihestimmungen zu empfinden: also läßt man denn Weihe über sich sein. Wer erdreistet sich, als einziger den Prunkmantel über den Unterhosen des Königs zu verleugnen?
Den Ammergauern selber ist's nicht zu verdenken, daß sie aus diesem Gemisch von Sensationslust, sentimentaler Hysterie und Snobismus Kapital schlagen. Wenn Sonnenthal versichert, der Hafner Lang sei ein besserer Künstler als er: warum soll's der Hafner Lang nicht glauben? Wenn die siebengescheiten Münchner Kunstpropheten die Passion ein weihevolles Spiel nennen, warum soll es den biedern Dörflern nicht recht sein? Und sie verstanden es trefflich, die günstige Konjunktur auszunutzen. Kein Nebenfaktor blieb übersehen. Der offizielle Text von 1900 schließt:

»Preis, der du am Sühnaltar
Für uns gabst dein Leben dar.
Du hast uns erkaufet dir,
Dir nur leben, sterben wir!
Halleluja!«

Und unmittelbar dahinter geht's weiter:

Carl Fuhrhans, München
Konfitüren, Kakaos, Schokoladen.

Vielleicht entschließt man sich heuer, in den Pausen auf dem Vorhang Lichtbilder-Reklame zu machen. Jedenfalls versteht man in Oberammergau recht gut, die übersinnlichen Werte der Passion in materielle zu übersetzen. Man hat allein von dem Ertrag der Eintrittskarten nicht nur jedem Mitwirkenden und sonstigem Dorfbewohner sehr ansehnliche Gratifikationen gemacht, sondern auch Gemeindeschulden bezahlt, elektrische Anlagen hergestellt und die Ammer reguliert. Man sieht, Weihe und Gemeinde-Umlagen stehen in engen Beziehungen.

An zweihunderttausend Hörer besuchten die Passionsspiele des Jahres 1900. Wenn diese Gäste für Fahrt, Eintritt, Aufenthalt auch nur je dreißig Mark ausgegeben haben, so macht das eine Summe von sechs Millionen. Reinhardts Münchner Festspiele wiesen einen Ausgaben-Etat von dreihunderttausend Mark auf. Man könnte also mit dem Ertrag Oberammergaus den Münchnern für alle Zeit eine Bühne vom Range der Reinhardtschen sichern. Die Rechnung stimmt ein wenig schmerzlich. Ja, sie ist ganz dazu angetan, Ärgernis zu geben. »Wer aber Ärgernis gibt, dem wäre es besser, man hinge ihm einen Mühlstein um seinen Hals und würfe ihn ins Meer.«

Die Herren von Oberammergau freilich wenden den frommen Satz auf ihre Kritiker an, statt auf sich selber.

Der Retter Oberammergaus
(1910)

Herr Georg Queri, der sich sonst im lokalen Teil der Münchener Neuesten Nachrichten über amerikanische Milliardäre, Automobilheroen, Ringkämpfer und ähnlich sensationelle Zeitgenossen verbreitet, ist den Oberammergauern – Hosiannah! – als Retter auferstanden und hat in der besagten Zeitung die Fülle seines Grolls über mich ausgegossen. Was sage ich! Gestäupt, zernichtet, mit Keulen totgeschlagen hat er mich. Mit einem klirrenden Eifer, der zu seiner Sachkenntnis im umgekehrten Verhältnis steht, reitet dieser wildgewordene Reporter, dieser wahrhaft oberammergauisch naive Sankt Georg für den Ruhm der Rochus Dedler und Ferdinand Feldigl, der Lang und der Flunger, der Breitsamter und Bierling in die Schranken. Mit ätzender Ironie fragt er, ob ich denn das Manuskript des Passions von Sankt Ulrich und Afra überhaupt gelesen habe, in dem »der alte große Schmeller einen der größten Schätze mittelalterlicher Dichtkunst gehoben hat. Das Manuskript stammt aus dem fünfzehnten Jahrhundert«. Der wackere Ritter! Da schreibt er seit fast einem halben Jahr beinah ausschließlich über das Passionsdorf und zeigt jetzt mit einem einzigen Satz, daß er sich die Elementarkenntnisse für das Verständnis der Spiele noch immer nicht angeeignet hat. Weiß nicht, der ahnungslose Engel, daß jener Kodex bereits vor einem Menschenalter, im Jahr 1880, veröffentlicht wurde. Hält es für unmöglich, daß man ein Manuskript aus dem fünfzehnten Jahrhundert liest, das doch selbst ihm, Herrn Georg Queri, ohne viel Umstände im Handschriftenzimmer der Münchner Staatsbibliothek zur Einsichtnahme überlassen werden würde. Kennt nicht einmal Wackernells Ausgabe der Tiroler Passionen, nicht Creizenach und Mone und Froning, nicht einmal Hartmanns grundlegende Schrift über ›Das Oberammergauer Passionsspiel in seiner ältesten Gestalt‹. Erdreistet sich aber, der kundige Thebaner, seine höchst unmaßgebliche Meinung über

den Sankt Ulricher Passion so zu fassen, daß sie der unbefangene Leser für »des alten großen Schmeller« Ansicht halten muß.
Zur Sache hat Herr Queri außer dem Lobspruch auf dieses Augsburger Spiel nur vorzubringen, daß ich erstens Jude bin, zweitens keine Schnadahüpfel schreibe und daß drittens unter meiner Vorstandschaft der literarische Verein ›Phöbus‹ in München sich aufgelöst hat. Das sind drei unbestreitbare Tatsachen, die aber, wie mich dünkt, für die Vortrefflichkeit der Oberammergauer Spiele wenig beweisen. In Parenthese sei bemerkt, daß sich früher in Herrn Queris Kopf der ›Phöbus‹ in angenehmern Farben gemalt haben muß: sonst hätte er seinerzeit schwerlich dem Verein eine Komödie eingereicht, die sich leider zur Aufführung nicht eignete.
Der ganze Fall lohnt kaum der Worte. Charakteristisch aber ist es, daß selbst in München für die Passionsspiele kein andrer eintritt als ein Lokalreporter, der die Welt vom Standpunkt eines Schnadahüpfeldichters betrachtet und über ästhetische Fragen mit den Sprüchen eines Haberfeldtreibers debattiert. Und typisch für München ist es, wovor man sich zu hüten hat, wenn man von der Presse nicht sogleich zum prinzipiellen Frondeur gestempelt werden will. Davor nämlich: in Kunstdingen, die irgendwie mit dem Fremdenverkehr zusammenhängen, andere Rücksichten entscheiden zu lassen als cliquenhafte, lokalpatriotische, finanzpolitische.

Oberammergau 1910
(1910)

»Zweiflern versink ich zu nichts.« Den Kleistschen Spruch rollten mir die Räder des Zugs, der mich nach Oberammergau zur Generalprobe führte. Die derbe Lektion der Münchner Presse, die von den Besuchern der Passionsspiele kindliche Einfalt kategorisch verlangte, tat das übrige, mich zu frommer Sammlung zu bewegen. Ich scheuchte also, was in mir ist an Skeptizismus, in die letzten Winkel meiner Seele und stapelte zusammen, was ich an Kindlichkeit, frommer Einfalt, reiner Torheit besitze. So gerüstet, Inbrunst im Herzen, zog ich nach dem Passionsdorf, und selbst als mir dort die Herren Georg Queri aus München und Alfred Holzbock aus Berlin aufstießen, ließ ich mich in meiner Andacht nicht stören. »Zweiflern versink ich zu nichts.«
Die Nacht verbrachte ich unter fromm einfältigen Träumen und ebensolchen Farbendrucken in der Behausung des biedern Tagelöhners Sebastian Hutter. Der Tag brach an; da läuteten die Glocken, Böller krachten, und von allen Seiten, durch Nebel und Frost nicht geschreckt und nicht durch die frühe Stunde, strömte das Volk nach dem Theater, um, des Gottes voll, dem erhabenen Spiel zu lauschen. Und schon begann die Musik. Liebliche, sanfte Weisen klangen zum Himmel, allen Kritizismus schlechthin einschläfernd. (Hans Pfitzner hat sich zwar erdreustet, über die Musik eine ergrimmte Broschüre zu schreiben, aber Herr Georg Queri hat's dem Vorwitzigen schon gegeben.) Und nun trat auch der Chor auf. Streng und ernst nach alter Sitte umwandelte er des Theaters Rund, bis sein Führer, Herr Jakob Rutz, bedeutend den Mund auftat und uns folgendermaßen ermahnte: »Würf zuhm heuligen Staunen düch nüder, von Gohtes Fluch gebeigtes Geschlächt!« Und in stummer Ergriffenheit schwiegen die viertausend Zuhörer. Der Vorhang der Mittelbühne ging auf, und ein lebendes Bild ward sichtbar: Die Vertreibung aus dem Paradiese. Es kam noch ein lebendes Bild: Ver-

ehrung des Kreuzes, und dann setzte endlich mit dem Einzug Christi in Jerusalem und der Vertreibung der Händler aus dem Tempel die eigentliche Handlung ein. Es sei nun gern zugegeben, daß dieses Bild an sich nicht ohne malerische Reize ist. Die Kostüme sind noch reicher und farbiger als im Jahr 1900, die Zahl der Spielenden hat man vergrößert, und die klare Drittelung der ungeheuer breiten Bühne ermöglicht eine übersichtliche, freskenhafte Gliederung. Und wenn auch die düstre Witterung und die dressierten, abgezirkelten Bewegungen der meisten Mitwirkenden den Eindruck beeinträchtigen: ich war milden Herzens gekommen und ließ auf mich einwirken, was irgend schön war. Doch als man nun zu sprechen anhub, als die Solisten sich abmühten, ihren braven Dialekt krampfig in das qualvoll geschraubte Kanzlistendeutsch des Textes zu zwängen, da floh die leidende Geduld zum Himmel, die mich bis jetzt alle Schrecknisse Oberammergaus gefaßt hatte ertragen lassen. Oh, man hat an dem steinerweichenden Text kein Jota geändert. Kaiphas sagt nicht: »Der Landpfleger soll das Urteil vollziehen! Das ist das Sicherste für uns.« Nein, er sagt: »Was übrigens die Vollziehung des Urteils betrifft, so wird es wohl das Sicherste für uns sein, wenn wir bei dem Landpfleger es durchsetzen könnten, daß er ihn zum Tode brächte.« Und Judas sagt nicht: »Hier will ich dich aushauchen, verfluchtes Leben!« Poetisch, wie man in Oberammergau nun einmal ist, stellt er die Worte um: »Hier will ich, verfluchtes Leben, aushauchen dich!« Als wär's das Evangelium; so hält man an dem Text des Josef Alois Daisenberger fest. Und dieser Text ist doch weder durch die Person des Autors noch durch sein Alter irgendwie sakrosankt: ist nichts als das inhaltlich und formell mißglückte Flickwerk eines durch und durch amusischen Landgeistlichen vom Jahr 1850.

Die Regie betont mit Gewalt das Naive, Volksmäßige auf der einen Seite, das Breite, Epische, rein Bildmäßige auf der andern. So spricht etwa die Menge, auch in den bewegtesten Momenten, in streng gedrilltem Unisono: das ist nämlich naiv. Oder ein lebendes Bild – Israel in der Wüste – zeigt im Hintergrund die Sphinx und die Pyramiden: so stellt sich nämlich die kindliche Phantasie des Volks jede Wüste vor. Oder, wenn der Liktor Faustus dem gekreuzigten Christus

die Lanze ins Herz stößt, dann spritzt Blut heraus: damit der Zuschauer auch von der berühmten Lust des süßen Pöbels am Grausamen etwas zu sehen bekomme. Besser glückte der Regie die Heraushebung des Bildmäßigen, Malerischen. Freilich könnte ein einigermaßen geschulter Regisseur auf dieser ungeheuern Bühne, mit diesem Kostümfundus und dieser schier unbeschränkten Zahl der Komparsen ganz andre Eindrücke erzielen, und auch der Gegensatz zwischen dem freien Licht der ungedeckten Vorbühne und dem Düster der gedeckten Mittelbühne stört empfindlich. Dennoch kamen manchmal ganz passable Bildwirkungen zustande, vor allem in den großen Volksszenen: Einzug Christi, Christus vor Pilatus, Kreuzigung. Besonders die streng realistische Durchführung der Kreuzigung und der Kreuzabnahme imponierte vielen und scheint auch wirklich eine turnerische Leistung von Rang. Die lebenden Bilder allerdings, die auf Parallelen im Alten Testament hinweisen, fielen zumeist recht pilotyhaft aus, die Beziehungen zum Neuen Testament sind sehr gesucht, und ganz verrucht sind die Chöre, die sie begleiten. Ich habe einzelne Stellen dieses jämmerlichen Geleiers hier zitiert: ich glaube, es genügt die Feststellung, daß die Chöre ihrem dichterischen Wert entsprechend exekutiert wurden.
Der Christusdarsteller, der Hafner Anton Lang, ist besser als im Spiel von 1900. Seine Gebärden sind größer, bedeutungsvoller geworden, sein Mienenspiel bewußter, gehaltener. Aber er spricht mit unmetallischer Stimme, breit, breiig, dialektisch, langweilig, oberlehrerhaft. Unter den Priestern und Mitgliedern des Hohen Rats, der als Ganzes in Sprache und Gesten lebhaft an eine oberbayrische Zentrumsversammlung gemahnt, fallen Annas (Sebastian Lang), Nathanael (Rupert Breitsamter) und Kaiphas (Gregor Breitsamter) durch ihre Erscheinung angenehm auf. Auch der Herodes des Hans Mayr sieht gut aus. Sprechen kann indes von diesen allen niemand. Der Petrus Andreas Langs ist schlicht und ehrlich und Thomas Rendls Simon würdevoll und fromm, wogegen über den linkischen, plumpen Johannes des Alfred Bierling und über den ungeschlachten Pilatus des Bürgermeisters Bauer selbst die schwäbischen Wallfahrer, die der Generalprobe beiwohnten, bedenklich die Köpfe schüttelten. Der Judas des Herrn Johann Zwink hat ein zerfurchtes, unendlich pfiffiges

Gesicht, schleichende, gedrückte Bewegungen, die im Gedächtnis haften bleiben, ein sehr hartes, zufahrendes Organ und ist ganz erfüllt von bauernschlauem Kleinmut; so deckt er sich wundervoll mit seiner Rolle und reckt sich auf zum typischen Repräsentanten Oberammergaus. Am vollendetsten aber ist der Darsteller des Barabbas. Three cheers for the splendid Master Barabbas! Wenn Pilatus ihn dem Volke zeigt: »Seht – ein häßlicher, verwilderter Mensch, ein überwiesener Räuber und Mörder, das greuliche Bild eines vollendeten Bösewichts«, da wendet Barabbas dem Landpfleger sein Gesicht zu mit einem Ausdruck so unsäglichen, tierischen Stumpfsinns, wie ich ihn zeit meines Lebens nur dieses eine Mal, in Oberammergau, gesehen. Die Maria der Ottilie Zwink scheint mir blasser, matter als die Maria der Anna Flunger vom Jahr 1900, während die hingebungsvolle, erfühlte Magdalena der Marie Mayer selbst auf einer ernsthaften Bühne bestehen könnte. Unmöglich aber sogar in Oberammergau sind die beiden Mägde in der Szene, da Petrus seinen Meister verrät.

Es bleibt noch über die Wirkung zu berichten, die das Spiel auf die Zuschauer ausübte. Nun, die Herren Georg Queri und Alfred Holzbock sowie die Primitiveren unter den schwäbischen Wallfahrern waren entzückt. Die meisten unter den Zuhörern aber schienen sehr gelangweilt; besonders die Chöre riefen ein allgemeines Gähnen hervor. Man mühte sich auch wohl während des Chorgesangs, durch alle möglichen Mittel den bittern Frost zu vertreiben, und manchmal übertönte tausendfüßiges Getrampel die ersten Worte des auftretenden Chors. Auch während der Ratsszenen und der endlosen Abendmahlsszene sah man viele schlafen oder das Theater verlassen. Im allgemeinen schien das Publikum der Generalprobe sehr wohlwollend: die malerischen Wirkungen des Spiels fanden viel Anerkennung, und wenn Text oder Darstellung allzu böse wurde, dann schloß man eben die Augen und suchte darüber wegzukommen, so gut es gehen wollte. Sehr übel ward von vielen der allzu geschäftsmäßige Betrieb vermerkt, und das Modern-Amerikanische, Zirkusmäßige, das dem Spiel als Ganzem anhaftet, wurde von manchen als blasphemisch empfunden.

Die Münchner Presse schwamm natürlich in eitel Entzücken.

Daß es dabei nicht ohne Seitenhiebe auf mich abging, ist klar, und mancher Meier und Müller glaubte, zu dem Sprüchlein des Herrn Queri, das ich jüngst an dieser Stelle charakterisierte, J–a sagen zu müssen. Dabei liefen wohl auch grobe Fälschungen mit unter, sowie Invektiven von schier mittelalterlicher Derbheit. Alles in allem war es recht belangloses Zeug, das über die Passionsspiele in den Münchner Blättern zu lesen war. Nur ein einziger, den man ernst nehmen kann, ist für Oberammergau eingetreten: in den Münchner Neuesten Nachrichten schrieb Michael Georg Conrad einen propagandistischen Artikel für das Passionsdorf. Das ist aus zwei Gründen sehr verwunderlich. Einmal, weil sich der Doktor Conrad in vielen Fällen als Mann von Geschmack erwiesen hat, und sodann deshalb, weil am vierten August 1900 in der ›Zukunft‹ ein Aufsatz des besagten Doktor Conrad stand, in dem man folgendes lesen konnte: »Oberammergau ist ein lustsamer Ort. Wer Sinn für Lebenskomik hat, für die unfreiwillige wie für die andre, findet dort ein reiches Genußfeld. Auch Schlingel und Schelme von allerlei Art kommen dort nicht zu kurz. Sogenannte Volksschriftsteller und andre Zeilenschinder, denen die vielabgegraste alpine Weide etwas zu mager geworden ist, können es, bevor sie zur Stallfütterung übergehen, auch noch einmal mit Oberammergau zur Passionsspielzeit versuchen. [Herr Queri schrieb aber damals noch nicht über das Passionsdorf.] Nicht zu vergessen Irrenärzte und ähnliche Menschenfreunde und suchende Brüder. Schlimmer fahren dort die ernsthaften Leute, die im alpinen Passionsdorf ihr hochgestimmtes Menschen- und Künstlertum auspacken wollen … In den tollsten Träumen sind die befangen, die aus den Träumen von Heimatkunst, Rassenkultur, heilig gehüteten Provinzidealen und germanischer Urständigkeit in die Wirklichkeit von Oberammergau kommen.« Vierthalb engbedruckte Seiten geht es in dieser Tonart fort. Und zuletzt tritt ein Maljüngling auf, der begeisterte Reden über das Spiel hält. »Aber«, schließt der Verfasser, »ich habe bis heute keinen Menschen von Urteil gefunden, der ihm das glaubte.« Wer hat nun recht? Der Doktor Conrad vom Jahr 1900 oder der von 1910?

Glaube und Heimat
(1911)

1.

Dieses Stück erschien im glücklichsten Moment. Die Zeit, übersättigt mit kritizistisch-psychologischen Dramen, ersehnte ein Werk von derbem, leicht faßlichem, primitivem Gefüge. Überschätzen wir nicht aus solchen Gründen Anzengruber? Übersehen wir nicht gerne seine Sentimentalitäten, die Mängel seiner Komposition, weil uns seine unkomplizierte Kraft so lieb ist? Und aus dem gleichen Gefühl heraus möchte man auch von Schönherrs Schwächen gerne schweigen, möchte sich dieses Dramas herzlich freuen, möchte seine Tugenden hallend preisen: wenn nicht andre dieses Geschäft durch plumpen Überschwang, durch maßlose Verstiegenheit verdorben hätten. Gewiß bringt ›Glaube und Heimat‹ kraftvoll Erfühltes und Gestaltetes; aber doch nur im engen Rahmen einer etwas abseitigen Art. Gewiß verdient ›Glaube und Heimat‹ Ruhm und Preis; aber dieser Preis darf nicht auf Kosten andrer zugebilligt werden. Und weil die Tragödie als die Krone der dramatischen Literatur der letzten fünfzig Jahre gerühmt wird, weil Dichter, Gelehrte, Kritiker sie blind panegyrisch umtaumeln, darum wird der Kunstpolitiker mit um so größerm Nachdruck auf ihre Schwächen hinweisen.

2.

Es ist hier nicht der Ort, im einzelnen darzutun, wie schwank die historische Basis ist, auf der Schönherrs ›Tragödie eines Volkes‹ ruht. Wer sich über das Wesentlichste unterrichten will, der findet in Lösches ›Geschichte des Protestantismus in Österreich‹ trotz aller Tendenz viel Material geschickt zusammengestellt. Es wäre auch ohne jeden Belang, ob der Historiker Schönherrs Vorstellungen beistimmt oder ob er sie belächelt, wenn nicht der Dichter seine Psychologie auf einem gar so willkürlichen historischen Untergrund aufbaute und sie uns mit solcher Selbstverständlichkeit hinsetzte. Aber da Schönherr uns zumutet, das Geschick des Christofer Rott als typisch, als die Tragödie eines Volkes zu empfinden, dürfen, müssen wir fragen: Wann lebte und wo dieses Volk, dem die Nöte des Bauern Rott zur Tragödie wurden? Mit welchem Recht prätendiert Schönherr für seinen Helden die Glorie eines österreichischen Christus?

Das Drama spielt »in den österreichischen Alpenländern zur Zeit der Gegenreformation«. Schon diese Typisierung stimmt nicht. Denn der österreichischen Alpenländer sind verschiedene, die Gegenreformation umfaßte eine lange Spanne Zeit, sie wurde überall anders gehandhabt, und die einzelnen Angaben Schönherrs lassen sich historisch durchaus nicht zusammenreimen. Sodann war das Lutheranertum in Österreich durch und durch verquickt mit politischen und sozialen Momenten, und gerade die Bauern ließen sich mehr durch wirtschaftliche als durch religiöse Motive leiten. Waren auch kaum die geduldigen Lämmlein, als die Schönherr sie hinstellt; sondern allenthalben kam es zu Tumult und Rebellion und langwierigen Kämpfen. Das Schicksal Christofer Rotts ist somit kein typisches, sondern ein höchst individuelles, und der Dichter hat kein Recht, sein Spiel die Tragödie eines Volkes zu nennen.

Aber auch dies wäre ein untergeordnetes Bedenken, ja, es wäre überhaupt ohne Bedeutung, wenn uns Schönherr zwänge, das Glauben und Handeln des Rott als innerlich notwendig zu empfinden. Leider tut er das nicht. Wie sich ihm der Begriff Heimat – Polgar hat's jüngst an dieser Stelle gezeigt – manchmal zum Begriff Eigentum abschwächt, so verträgt auch die Glaubensseligkeit des Helden keine schärfere Kritik. Es ist zwar viel vom ›Inwendigen‹ die Rede in dem Stück: aber wenig aus dem Inwendigen. Dem Rott stünde der Katholizismus viel besser an; sein Luthertum ist angeklebt, ist eine fixe Idee. Er hat sich bisher nicht zum reinen Evangelium bekannt, war also auch nicht bei den Exerzitien der andern Lutheraner; kein Prädikant hat ihn unterwiesen, und die übrigen Unkatholischen wissen nichts von seiner heimlichen Neigung. Keine Tradition zwingt ihn zum Bekenntnis (das Luthertum des Volkes kam in einem achtzigjährigen Leben nicht zum Durchbruch); katholisch ist sein Weib. Um die weltliche und geistliche Obrigkeit ist's wohlbestellt; das Dorf ist wohlhabend und wacker regiert, er selber lebt im Wohlstand. Warum sollte er sich gegen pfäffisches Wesen empören? Warum sollte er ferner an Marien- und Heiligen- und Sakramentsglauben Anstoß nehmen? Woher käme dem einfachen Bauern ohne fremden Einfluß solche rationalistisch-nüchterne Erleuchtung? Aus der Bibel? Ja, die kennt er ja nicht! Was ist das für ein Lutheraner, der in der Bibel keinen Trost finden kann, wie die beiden Rott im ersten Akt! »O weh uns Bauern«, klagt er, »daß wir den Glauben nit g'raten können; haben schwere Köpf; können uns nix setzen und deuten; tappen allweg im Nebel und finden kein' Weg.« So weit glaub ich ihm. Und da er nun nicht von vornherein überzeugt ist, sondern ein Schwankender, so glaub' ich auch nicht, daß ihm das Blut der Sandpergerin mehr Beweiskraft hat als das Blut seines Großvaters: er wird vielmehr ganz sicher zu der Konfession neigen, die ihm nicht weniger Tröstung als die andere und nebenher Heimat und Besitz und Frieden gewährleistet. Die Bekenntniswütigkeit des Rott quillt also nicht aus innerer Not, sondern ist bestenfalls eine Wirkung der Gnade. Und da gilt heute noch, was Lessing im zweiten Stück der Hamburgischen Dramaturgie über die Bekehrung von Cronegks Clorinde gesagt hat. Noch schlimmer aber steht es um den Rott des Schlußakts. Dieser von Edelmut triefende Bauer entwächst durchaus ins Legendäre, Unwirkliche, in Regionen, da nur das credo quia absurdum gilt. Und daß nun der wilde Reiter sich auch bekehrt und sich als Allegorie der zur Humanität gewandelten Wildheit gebärdet, macht die Sache noch bedenklicher.

3.

Man hat getan, als sei ›Glaube und Heimat‹ etwas unerhört Neues, als hätte der Dichter als erster dem spröden Stoff poetische Früchte abgetrotzt. Das ist falsch. Der Stoff war vor ihm schon und zumindest mit ebenso großer poetischer Kraft verarbeitet, ja, wer näher zusieht, merkt bald, daß Schönherr eigentlich sein Bestes seinen Quellen verdankt. Ich meine die beiden Romane der Handel-Mazzetti ›Jesse und Maria‹ und ›Die arme Margaret‹.

Wer die intuitive historische Gestaltungskraft der Handel-Mazzetti kennengelernt, die wundervolle Kühnheit, mit der sie sich in den Sprachgeist der geschilderten Epoche eingewühlt, die schöne, herzbewegende Wärme, die jedes Wort ihrer Romane ausstrahlt, der muß der Tragödie Schönherrs mit gedoppelter Skepsis gegenüberstehen. Ich verkenne nicht, daß die Handlung der ›Armen Margaret‹ karg und dürftig ist und der zweite Teil von ›Jesse und Maria‹ ein wenig atemlos und schlecht komponiert. Auch ist's nur ein Schritt vom Sentiment Storms zur Sentimentalität der Marlitt, und die Handel-Mazzetti hat diesen Schritt bisweilen getan. Aber ich kann auch von der vielgerühmten objektiven Mitleidlosigkeit, mit der Schönherr seinen Gestalten gegenüberstehen soll, recht wenig in der Tragödie finden. Man braucht nur die etwas trivialen Regiebemerkungen anzuschauen, um zu erkennen, wie sentimental Schönherr seine Menschen geschaut hat. Jeden Augenblick heißt es da: »Schmerzlich bewegt, erschauernd, verzweifelnd, teilnehmend, voll innerer Ergriffenheit, ergriffen, beklommen, immer beklommener, Pause der Beklommenheit, angstvoll, stöhnend, wischt sich den Angstschweiß von der Stirn, vom Gesicht.« Das ist nur eine Blütenlese aus dem ersten Akt. Beweist sie nicht, wie sentimental auch Schönherr sein Drama aufgefaßt wissen will? Und was besagen alle süßlichen Diminutiva der Katholikin gegen den von Rührseligkeit triefenden Schlußeffekt des Protestanten?

Bei der Handel-Mazzetti kommen beide Parteien zu ihrem Recht, die Altgläubigen und die Evangelischen. Ich habe dargelegt, warum ich an die Märtyrerseligkeit des Rott nicht glauben kann: die katholische Dichterin hat die evangelische Glaubensfreudigkeit ihres Jesse Velderndorff und ihrer Margaret Mayrin tief von innen her begründet. Der wilde Reiter Schönherrs erscheint nach Polgar als »ein wutkrankes Tier, dessen Einbruch in friedliche Hürden fatal, nicht tragisch wirkt«, und der ganze Katholizismus dieses peinlich hohlen

Bramarbas besteht in einer jeglicher Innerlichkeit mangelnden Marienidolatrie. Man stelle nun dieser zweibeinigen Allegorie ihr Urbild gegenüber, den Ernst Albrecht von Herliberg pappenheimbischen Leutnant, wie die Handel-Mazzetti ihn gestaltet. Er hat im Grunde die nämlichen Funktionen wie Schönherrs wilder Reiter: auch er reitet Brand und Blut, auch er verkündet eisernes Mandat, auch er wird zuletzt von der Größe der Verfolgten innerlich überwältigt. Aber der Leutnant ist ein bluthaft lebendiger Mensch, während der wilde Reiter immer nur Schemen bleibt. Schönherr gibt ein gequält konstruiertes Symbol des religiösen Sadismus: die Katholikin trotz aller Einfachheit der Charakterzeichnung einen ganzen Kerl, einen bei aller knabenhaften Wildheit liebenswerten, prachtvollen Buben. Und zu welch eminenter Wirkung, vor der Schönherrs Schöpfung jäh verblaßt, gestaltet ihre farbige, mit altem, edlem Gut bereicherte Sprachkunst den Einzug des Leutnants in das Ketzernest oder die Verkündung des Blutmandats.
Es würde zu weit führen, wollte ich hier im einzelnen nachweisen, wie abhängig der Dramatiker von der Romandichterin ist: manchmal übernimmt er selbst einzelne Worte. Ich verkenne auch nicht, daß das viel breitere und losere Gefüge des Romans eine ganz andere Pinselführung, eine viel festere psychologische Fundierung, eine viel treuere Zeitschilderung gestattet als die notwendig jagende Eile: aber die Katholikin des Dramas greift mir ans Herz, und vor der Wärme ihrer Kunst zerschmelzen meine kritischen Bedenken; vor dem Werk des Protestanten aber, so ehrlich es gemeint sein mag, regt sich wieder und wieder »des Zweifels immer wacher Hund«, und ich kann nicht folgen, so gern ich möchte. Sicherlich hat auch Schönherr den Nerv der einzelnen Situationen erfühlt: doch was bei der Handel-Mazzetti in Farbe und Glast erglüht, erscheint bei ihm abgeschwächt und fahl. Auf eine Parallele muß ich doch noch aufmerksam machen, auf die Bibellektüre der beiden Rott im ersten Akt von ›Glaube und Heimat‹ und auf die Bibellektüre des wackern Försters Schinnagel im Eingang des neunten Kapitels von ›Jesse und Maria‹. Der Dramatiker und die Romandichterin wollen die innere Not aufzeigen, die ihre Menschen zum reinen Evangelium treibt: aber die Stelle bei Schönherr ist kalt

und unfruchtbar zum Katholischwerden; die vier Seiten der Handel-Mazzetti hingegen strömen so viel Wärme aus, daß man nicht begreift, warum nicht ganz Pechlarn sich flugs zur Augsburger Konfession bekennt.

4.

Also spricht der Luther des Mathesius, von der neuen Christen verwegenen Taten redend: »Ich bin aus der Fuhrstraß gesetzet, hab ein stark Vaterunser zur Brucken braucht; hinaus bin ich mit Gott kommen, aber ich rat es Euer keinem.« Die Handel-Mazzetti und Schönherr haben sich an einen spröden, abseitigen Stoff gewagt, um ihn zu meistern: darf wohl die Katholikin dem Evangelischen das Sprüchlein Luthers vorhalten?

›Die Tragödie eines Volkes‹ vor fünfzig Jahren (1911)

Im Winter 1860/61, genau fünfzig Jahre vor ›Glaube und Heimat‹, ging über die deutschen Bühnen ein Stück, das seinen Stoff dem nämlichen Gebiet entnommen hatte wie Schönherrs Tragödie, das eine ganz ähnliche äußere Struktur aufweist und seinen großen äußern Erfolg ganz ähnlichen Effekten verdankt. Das Stück hielt sich etwa zwanzig Jahre lang auf dem Theater, auf gewissen Provinzbühnen wurde es noch Ende der achtziger Jahre gespielt: heute aber ist es gründlich vergessen, nurmehr ein paar ältere Schauspieler sprechen davon, und das Buch ist nicht eben leicht aufzutreiben. Da scheint es mir denn (nicht nur vom philologischen Standpunkt aus) wohl angebracht, auf das Werk des verschollenen Volksdichters hinzuweisen. Denn einmal hat es vermutlich Schönherr als Quelle gedient, und sodann ist es geeignet, zur Aufhellung der Psychologie des Schönherrschen Publikumserfolges ein gutes Stück beizutragen.

Der Dichter heißt: Arthur M. Müller, das Stück: ›Ein feste Burg ist unser Gott‹. Es nennt sich bescheidentlich ›Volksstück in fünf Aufzügen‹ und ist 1862 zu Jena im Verlag von Friedrich Mauke als der ›Dramatischen Schriften von Arthur Müller Erstes Bändchen‹ erschienen. Der ›Prospect‹ verkündet: »Die dramatischen Arbeiten von Arthur Müller haben bei ihren wiederholten Aufführungen auf den verschiedensten Bühnen wie in (folgen etwa fünfzig Theater, fast alle größern darunter, aber Wien und München fehlen) so großen Beifall gefunden und die Kritik hat sich über dieselben in so durchaus günstiger Weise ausgesprochen, daß es wohl schon jetzt gerechtfertigt sein dürfte, die bisher den Bühnen gegenüber als Manuscript gedruckten Schau- und Lustspiele des gefeierten Verfassers dem großen Publicum gesammelt zu übergeben. Die Sammlung wird durch vorliegendes fünfaktige Volksstück ›Ein feste Burg ist unser Gott‹, welches in Berlin und anderwärts unzählige Male über die Bretter ging, eröffnet.«

Das Stück spielt »in den ersten vier Akten teils im Dorfe Hüttau, teils in der Stad Salzburg; im letzten in einem Dorfe nahe bei Insterburg in Preußisch Litthauen; Zeit: 1731–32«. Die Konstellation ist zunächst eine ganz ähnliche wie bei Schönherr: der brave protestantische Mann (Rup heißt er bei Müller, Rott bei Schönherr), das wackere, handfeste, katholische Weib und der wildfrische Bub. Einen frommen christlichen Wandel führen sie, geben Gott, was Gottes ist, und dem Fürsten, was des Fürsten ist. Wohl quälen sie sich auch mit Angst und Zweifel wegen des Glaubens. Aber: »Gott allein weiß, wer den rechten Glauben hat«, sagt der Rup, »und alles menschliche Wissen von Gott ist Stückwerk – jeder in seiner Art«, sagt er und läßt sein katholisches Weib gewähren. (»Weh uns Bauern«, sagt der Rott, »daß wir den Glauben nit g'raten können; haben schwere Köpf; können uns nix setzen und deuten. Ein jedes nach sein' G'wissen«, sagt er und läßt sein katholisches Weib gewähren.) So leben sie schlecht und recht, bis verschärfte Edikte gegen die Evangelischen das Weh über sie bringen. Ein Büttel kommt und liest, »nachdem die Trommel gerührt ist«, einen Befehl des Fürsterzbischofs von Salzburg, der den Lutheranern jede weitere Ausübung ihres Bekenntnisses untersagt: aber solche Härte schürt nur den Glaubenseifer der Evangelischen. »Duldung oder Auszug!« beschließen sie. »Wir wandern aus, Mann für Mann mit Weib und Kind!« So verkündets Rup dem Grafen Cyprian, dem Sendling des Bischofs. Und nun der Aktschluß, ganz ähnlich wie bei Schönherr. Cyprian: Wir sehen uns wieder, Rupert Stuhllebner! Rup: Ich fürcht mich nicht! Wenn Gott mit uns ist, wer kann da wider uns sein! (Reiter: Christofer Rott! Dir lad ich noch auf, daß du dich biegst! Rott: Hab an' breiten Rücken; und mein Gott hilft mir tragen!)
Der zweite Akt bringt bei Schönherr die Steigerung: die Treue der Rottin, die bei ihrem Mann ausharrt und mit ihm ins Elend zu wandern beschließt, und das Edikt, das den Spatz von den Eltern reißt. Genau entsprechende Vorgänge finden sich bei Müller, nur sind sie hier auf den zweiten und dritten Akt verteilt, da Müller sich strenger an die Historie hält und zu diesem Zweck auch den Fürsterzbischof auf die Bühne bringt, ihn menschlich zu erklären und auch die sich einmischende preußische Politik zu gestalten versucht. Abge-

sehen von diesen Erweiterungen also wird man die Vorgänge in der Familie Rups den Vorgängen in der Familie Rotts wohl vergleichen dürfen. Wie die Rottin wird auch die Frau des Rup vor die Entscheidung gestellt, zu bleiben oder ins Ungewisse zu wandern. Die Rottin erklärt: »Wo der Christoph geht, da geh' ich mit«; die Frau des Rup zitiert Ruth: »Wo du hingehst, da will ich auch hingehen.« Auch die Verschärfung bei Schönherr, die Trennung des Spatzen von der Familie, ist bei Müller schon vorgebildet: hier wird der Junge von seinem Mädel getrennt. Der Vater des Mädels, der landgierige Kirchner, gemahnt übrigens von fern her an den Engelbauern: »Häuserfraß« wird dieser, »Wiesenjudas« jener gescholten.

Schönherrs letzter Akt bringt dann den Jammer der Austreibung und die christliche, schier übermenschliche Überwindung des Rott, vor der selbst der Feind sich beugt. Bei Müller hat der vierte Akt diese Funktion. »Kehraus dem Land!« heißt's bei Schönherr. Bei Müller macht man »mit den Lutherischen einen einzigen großen Kehraus«. »Schlimmer wie's Vieh treibt man sie zusammen.« Beim »Wegkreuz« sammelt man sich wie bei Schönherr. Bei Schönherr kommt die Sandpergerin um, der Waldsteiner bei Müller. »Jetzt ist alls weg«, klagt der Sandperger. »Jetzt hab' ich niemand, niemand mehr«, klagt die Waldsteinerin. »Stoßt ihn mit Büchsenkolben aus dem Land!« kommandiert der wilde Reiter. »Mit Kolbenstößen haben sie mich hinausgetrieben«, jammert Müllers Bäuerin. Aber Rup bleibt aufrecht und groß in all der Not. Gewissenhaft und treulich besorgt er all die Geschäfte des Auszugs. Und wie der Rott wächst er schließlich völlig über einen Menschen hinaus. Da die Bauern dem Erzbischof, der ihn aufs Schafott bringen wollte, fluchen, zeigt er aufs Kreuz: »Weißt du nicht, daß der dort oben gesagt hat: Liebet eure Feinde, segnet, die euch fluchen! Segen über dieses Land! Und Gottes Verzeihung und Gnade dem Erzbischof!« Ganz ähnlich, wie Rott dem Reiter verzeiht. Und ganz ähnlich, wie daraufhin die Rottin ihrem Mann sagt: »Christof, du bist ja völlig über ein Menschen!«, so sagt daraufhin der Wallner dem Rup: »Weiß Gott, Rup, ich bin gegen dich nur ein schlechter Kerl.« Und wie der Reiter von der Seelengröße Rotts überwältigt wird, so überwältigt den Pater Anastasius

der treue Heroismus des Rup und seines Weibes, und er segnet die, denen zu fluchen er kam.
Es liegt mir nun ganz ferne, Ähnlichkeiten im einzelnen aufzeigen oder gar dem Doktor Schönherr einen Vorwurf machen zu wollen. Ich verzichte auch darauf, die Ähnlichkeit der primitiv handfesten Psychologie der beiden Stücke nachzuweisen. Notwendig aber schien es mir, die Ähnlichkeit in der dramatischen Struktur der beiden Volksstücke zu betonen. Es beruht nämlich sicherlich der große äußere Erfolg der beiden Stücke vor allem auf ihrem starken dramatischen Akzent und auf ihrer eindringlichen Tendenz. Es ist keine Frage: einigermaßen klug bearbeitet und einigermaßen anständig aufgeführt, müßte ›Ein feste Burg ist unser Gott‹ auch heute noch auf jeder Volksbühne rauschende Erfolge erzielen.
Große Kunstwerte freilich eignen dem Stücke nicht: aber seine wirklich meisterhafte Technik macht es zu einem Theaterstück ersten Ranges. Schon, daß ein Theaterdichter wie Schönherr eigentlich recht wenig neue Situationen hat dazuerfinden können, wäre hierfür Beweis genug. (Ganz neu bei Schönherr ist eigentlich nur der Tod des Buben, und der Tod des Erstgeborenen ist ein nie versagender Effekt, der in allen Werken Schönherrs wiederkehrt.) Aber sonst hat Müller dem Stoff eine reichere und bewegtere Handlung abgewonnen als Schönherr, und auch der dichterisch wertlose Schlußakt, der die Ausgetriebenen in Preußen glücklich angesiedelt zeigt und als Schlußwirkung den Entschluß des Kronprinzen Friedrich bringt, jeden nach seiner Fasson selig werden zu lassen, ist eigentlich bühnentechnisch recht geschickt. Was Müllers ›Feste Burg‹ weiterhin zu einem sichern Bühnenstück macht, ist seine biedere, großäugige Volkstümlichkeit. Das Stück gibt sich ohne jede literarische Prätention: Müller steht seinem Stoff mit einer moralischen und artistischen Naivität gegenüber, die jeden kritischen Einwand entwaffnet. Das ist alles so wacker und brav und treuherzig tapfer, daß man dem Autor so wenig böse sein kann wie etwa dem Ernst von Wildenbruch. Kommt dazu die höchst löbliche Tendenz. Schönherr hat erklärt, er »habe über Glaubensstreit hinweg um Menschenliebe werben wollen«. Nun, das tut unser guter Arthur Müller noch viel kräftiger und hallender, mit noch weniger Kunst, aber noch mehr Lunge. Wie ehern dröhnt seine

Freiheitsdrommete, wie hell schmettern seine Tiraden! Wo gibt's ein völkisches Publikum, dem sich nicht das Herz hebt, wenn der Rup dem harten Fürsterzbischof sagt: »Steig einmal hinauf, Fürsterzbischof, auf die Berge – dort oben weht gesunde Luft! Dort oben gibt's keine Protestanten und keine Katholiken. Dort oben gibt es nur Menschen und über ihnen und um sie und unter ihnen nur einen Gott, zu dem sie alle beten ...« So belächelnswert uns diese Tiraden dünken, ein Ehrlicher hat sie geschrieben. Nicht nur Müllers Leben und seine Schriften beweisen diese Ehrlichkeit; sondern durch all seine papiernen Phrasen und seine grobschlächtige Psychologie spürt man immer wieder seinen heißen, schönen Freiheitsdrang, sein warmes Mitleid mit den Beladenen und Unterdrückten.
Er hat seinen Bauern keine Erdgebundenheit geben können; ihr Sehnen nach freiem, ungestörtem Bekenntnis hat er so ungefähr gestalten können: aber ihr Verwurzeltsein mit der Scholle blieb ihm tot. Auch die Sprache der Salzburger hat der norddeutsche Dichter nicht erfaßt; seine Dialektkünste beschränken sich darauf, daß er die Bauern nicht nur sich untereinander, sondern auch die Fürsten duzen läßt, und seine Diktion, so lärmend sie ist, hat kein Leben. Doch den Atem des Dramatikers hat er und helle Begeisterung für seine Tendenz, und deshalb, glaub ich, wird ihn auch heute noch das naivere Publikum bejubeln.

Da kein Lexikon, keine Literaturgeschichte des Dichters Namen meldet – nur die Allgemeine Deutsche Biographie und Bornmüllers Schriftsteller-Lexikon geben ein paar Zeilen über ihn – möchte ich noch in aller Kürze das Wesentlichste anführen, was ich über sein Leben zu berichten weiß.
Arthur M. Müller ist 1830 zu Breslau geboren. Schon bald nach vollendeten Studien hatte er mit einem Lustspiel – ›Die Verschwörung der Frauen‹ – einen großen Erfolg in Breslau und Berlin. Nun zog ihn der Theaterdirektor Engelken als Dramaturgen des neugegründeten Aktientheaters nach München. Müller geriet hier zwar bald in Zwistigkeiten mit dem Verwaltungsrat, der den Norddeutschen nicht leiden mochte; dennoch hielt er es, auf den kärglichen Ertrag seiner Feuilletons und Bühnenwerke angewiesen, längere Zeit in Oberbay-

ern aus. Er lebte zumeist auf dem Land, im Gebirg, in Frauenchiemsee vor allem. Bis ihn ein Antrag des Direktors Strampfer als ›Theaterdichter‹ nach Wien berief. Hier nahm man ihn zunächst mit offenen Armen auf, verschlang seine Feuilletons in der ›Presse‹ und bejauchzte seine Stücke. Als aber Müller den Wienern keine Konzessionen machen wollte, schlug die Stimmung jäh um, das Publikum ließ den ›Preußen‹ fallen; es kam zum Bruch mit dem Direktor, zur Lösung des Vertrages, zu einem peinlichen Prozeß und einer noch peinlicheren Preßkampagne. Inzwischen hatten es Müllers Münchner Freunde durchgesetzt, daß das Münchner Hoftheater sich dem etwas anrüchigen Demokraten erschloß. Seine großen Tragödien fanden hier auch eine sehr wohlwollende, ja begeisterte Aufnahme. Gleichwohl konnte der Dichter eine Annahme an andern Hofbühnen nicht erzielen. War es nun die Verbitterung hicrüber oder die Nachwirkung der Wiener Affäre oder das deprimierende Gefühl seiner schlechten wirtschaftlichen Lage oder auch nur eine plötzliche Aufwallung seines unberechenbaren Temperaments: in der Nacht vom zehnten auf den elften April 1873 vergiftete er sich.

Müller war ein außerordentlich fleißiger Arbeiter, und die Zahl seiner Werke ist sehr groß. Seine Gedichte, seine Novellen und seine dramaturgischen Aufsätze sind ohne Belang. Auch der Kunstwert seiner zahlreichen Dramen ist recht fragwürdig. Aber das Feuer ihrer Tendenz, die Frische ihrer Aktion, die wirklich bewunderswerte Vollendung ihrer Technik und nicht zuletzt ihr saftiger Humor gewährleisten seinen dramatischen Werken auch heute noch eine sichere Theaterwirkung. Es wäre sehr erfreulich, wenn Schönherrs großer Erfolg eine wagemutige Direktion veranlaßte, Müllers österreichisches Protestantendrama auszugraben. Sicherlich würden die unbefangenen Zuschauer den starken Effekten, die literarisch Interessierten dem bedeutsamen Experiment freudigen Beifall zollen.

Zur Aufführung des »Baumeister Solneß«

Das Problem des »Solneß«. – Ein Wiener Ibsenprophet. – Die Aufführung des Residenztheaters (1908)

1.

... das sichere und frohe Gefühl, daß es ein himmlisches Glück ist, da-zusein auf der Welt.

(Baumeister Solneß, II. Akt.)

In den Jahren 1907/08 standen von Ibsen folgende Werke auf dem Spielplan der Münchener Theater: Die Kronprätendenten, Brand, Peer Gynt, Die Stützen der Gesellschaft, Ein Puppenheim, Die Gespenster, Ein Volksfeind, Die Wildente, Rosmersholm, die Frau vom Meere, Hedda Gabler, Baumeister Solneß, Klein-Eyolf. Außerdem hat uns die Dramatische Gesellschaft, der wir die Inszenierung des Peer Gynt verdanken, auch »Kaiser und Galiläer« versprochen. Es muß auffallen, daß der letzten Endes so untheatralische Ibsen mit einer so stattlichen Anzahl seiner Werke auf unserem Spielplan vertreten ist, auf dem Spielplan einer so bequemen, fröhlich-sentimentalen und herzlich unliterarischen Stadt wie München, die seinem kalt-grübelnden Skeptizismus im Grund durchaus fremd gegenübersteht. Es liegt denn auch eine heimliche Ironie darin, wenn so mancher aus einer Ibsen-Vorstellung des Residenztheaters auf eine Redoute flüchtet, aus dem kalten Bereich der idealen Forderung, der eigenen Verantwortung und der Rattenmamsell frischfröhlich, unmittelbar und unentwegt in jenes wärmere Land übersiedelt, wo der Walzer, der Domino und die Weißwurst herrscht.

Nun mögen gewiß auch viele äußere Umstände dazu beigetragen haben, die Zahl unserer Ibsen-Aufführungen so in die Höhe zu treiben; Schauspielhaus und Volkstheater haben sicher nicht um des gedanklichen und ethischen Gehalts willen »Die Stützen der Gesellschaft« aufgeführt, und das Hoftheater besitzt in Albert Heine einen Regisseur, dessen stärkstes Können in der Herausarbeitung der intellektuellen Bestandteile eines Stückes liegt und der somit in der Inszenierung Ibsenscher Dramen sein Bestes leistet. Alles in allem aber ist diese Steigerung der Aufführungszahl gleichwohl symptomatisch für die steigende Popularität Ibsens, d. h. symptomatisch dafür, daß die Wahrheiten des Dichters in den Besitz der kompakten Majorität übergehen und somit ihre Jugendfrische und Treffsicherheit einbüßen. Ibsens ethische Forderungen, der gedankliche Inhalt seiner Werke ist uns selbstverständlich geworden; wir begreifen nicht mehr recht, wie man gegen die Thesen, die der eifernde Neuerer verkündete, mit so grimmer Leidenschaft kämpfen konnte; das alles ist uns klar, selbstverständlich, beinahe trivial geworden. Und weil wir so dem lehrhaften Element des Ibsenschen Lebenswerkes viel kühler gegenüberstehen als die Väter, betrachten wir mit schärferem Blick seinen dichterischen Gehalt und seine Form. Verwöhnt durch die gefeilte Kunst der Neuromantik, werden wir gestört durch die französische Theatralik der »Stützen der Gesellschaft«, des »Puppenheims«, durch die kalte Kargheit der Sprache im »Brand« und im »Peer Gynt«, durch die tendenziöse Lehrhaftigkeit des »Volksfeinds« und der »Gespenster«, durch die »physikalische« Unnatur und die vordringliche Symbolik der Altersdramen. Mehr und mehr verblaßt uns so gerade das, was das zu Ende gehende neunzehnte Jahrhundert am meisten gerühmt hat: der »europäische« Ibsen (»Bund der Jugend« bis zur »Hedda Gabler«) sinkt uns herab zu einem gigantischen Propagandisten.

Nicht mehr beirrt durch den blendenden Schein, der für die Zeitgenossen von dem Propheten Ibsen, ihre Wertung notwendig fälschend, ausging, betrachten wir mit ruhigerem, kritischer sichtendem Blick den Dichter Ibsen. Und da gewinnen uns vor allem die Altersdramen schweres Gewicht. An diesen Dramen, die mit ganz anderer Notwendigkeit dem Selbst des Dichters entquollen als die grübelnden, sachlicheren, unpersönlicheren Gesellschaftsdramen, an diesen Dramen war den Zeitgenossen nur die nicht eben schwer zu deutende Symbolik von Wert. Uns Späteren aber reihen sich diese Werke unmittelbar neben den »Peer Gynt« und den »Brand«: wie diese und weit mehr noch als diese sind sie uns von machtvollster Wirkung um ihres Gefühlsgehaltes willen.

Wenn ich Kunst suche, was kümmert es mich dann, wenn auf der Bühne Wesen umherwandeln, die moderne Namen haben und sich mit Sie anreden und müde, belanglose Dinge tun, und die im Kern nichts sind als Ideen? Was bedeuten mir zweibeinige Allegorien, wenn ich Kunst suche? Die Väter sahen und sehen nur die Allegorien in Ibsens Spätlingen: wir aber suchen darin, wir finden und fühlen darin die Menschen. Den Menschen.

»Auf der Grenze zwischen Ewigkeit und Zeitlichkeit, zwischen Urbild und Einzelgeschöpf, zwischen Verstandeswelt und Sinnenwelt, überall an dem Wesen beider teilnehmend und gleichsam die Lücke ausfüllend zwischen den sich fliehenden Enden: so – aufgerichtet am Horizonte der Natur – steht der Mensch.« Also definiert Giordano Bruno die Stellung des Menschen, und die Tragik solchen Menschentums atmen uns die Gestalten des greisen Ibsen. Zwischen Verstandeswelt und Sinnenwelt stehen, überall am Wesen beider teilnehmen, die Lücke zwischen beiden ausfüllen müssen: beflügelnd und lähmend zugleich lastet die Wucht solchen Sollens auf diesen Menschen. Borkman und Rubek und Solneß, sie alle sind durchpulst vom Hauch dieser Tragik, die den Dichter in Ibsen befruchtet. Sie färbt seine Werke aus spinnwebgrauen Spekulationen zu irisierenden Tragödien; sie romantifiziert, sie lyrifiziert, was sonst blasse Prosa geblieben wäre.

Diese Tragik, der Jammer des Künstlers, der »die Belanglosigkeit der Kunst« erkennt (»Heimstätten für Menschen bauen ist keinen Pfifferling wert«) und trotz der Sehnsucht nach »dem himmlischen Glück, dazusein auf der Welt« von seiner kalten, unfruchtbaren, so heiß gehaßten und so heiß geliebten Kunst nicht loskommen kann, dieser Jammer schluchzt und stöhnt und verzweifelt im »Solneß«, im »Borkman«, in »Wenn wir Toten erwachen«, und dieser heiße Jammer, der zwischen den klaren Höhen eisiger, psychologisierender Metaphysik und den warmen Niederungen unbe-

kümmerten, seiner selbst sicheren Sinnenlebens auf und nieder irrt, dieser heiße Jammer übertönt die frostige Symbolik, in die er gepreßt ist, und aus kalter, beklemmender Didaktik heraus vernehmen wir seinen gellenden Schrei, der uns schauern macht.
So atmet durch diese Dramen mit viel heißerem Odem als in den Werken der Manneshöhe die Seele des Dichters. Diese seltsam verzackte, sonderbar verschnörkelte, stark beschwingte und so arme Ibsensche Seele. Wir haben dieser Seele groß Unrecht getan: wir haben sie für ganz kalt und höhnisch gelassen und allzu verständig gehalten. Durch diese Dramen aber weht der Hauch der Liebe, jener platonischen μανια und der kalte, nüchtern-mäßige Gnom, den wir für durchströmt hielten von σωφροσυνη, erscheint mit einem Mal als ein von einem ganz absonderlich gestalteten Eros Ergriffener.
Ein solcher unheimlicher Eros zieht Solneß zu Hilde Wangel. Aus solchem unheimlichen Eros erwächst seine gotisch gezackte und gezinnte Phantastik. Es ist wunderlich ergreifend, wie diese Greisenliebe ringt und sich schämt und, dieweil sie sich verhöhnt, wieder aufloht, unheimlich, wahnsinnig, eine verirrte Mania, ein verkrüppelter Bastard des Skeptizismus.

»O ja, du hungerst auch, man sieht's dir an,
man sieht's an deinen Augen. Greisenblicke
tun weh, flehn, wie getret'ne Hunde, sind
wie Blicke von Ertrinkenden ...«

so heißt es bei Hauptmann, der in seinem Legendenspiel vom Kaiser Karl alles Nurpoetische an der Liebe des Greises wundervoll gestaltet hat.
Diese hungrige Liebe, die am Bewußtsein krankt, diese marternde Liebe, die sich duckt und sich schämt – es ist eine bezeichnende Äußerlichkeit des Solneß, daß sich der Baumeister und Hilde nie mit du anreden – diese unheimlich lohe Liebe schreit aus dem Solneß; die Sehnsucht, die Mutter alles dessen, was an Ibsens Werken Dichtung ist, die Sehnsucht einer hyperpsychologischen Zeit nach froher Naivität, in den Gesellschaftsdramen gehemmt und beinah erstickt, bricht nun in den Altersdramen stürmend hervor. Die Altersdramen sind der wilde Schrei eines, dem langgedämmtes Sehnen nun endlich

die Brust sprengt, und in Hildens Jubelruf: Es lebe der Baumeister Solneß! drängt sich all der ungejauchzte Jubel zusammen an zweckfreier, bewußtseinsfreier Freude. Doppelt erschütternd wirkt dieses wilde Sehnen des greisen Ibsen, weil es bei dem anscheinend so Kühlen, Ernsthaft-Gelassenen zwiefach befremdlich wirkt: so wird uns der »Solneß« zum packendsten Symbol einer Zeit, die sich sehnt, auf die gefestete Heimstätte ihrer gelehrten Wissenschaftlichkeit einen höchst zwecklosen, schlanken, törichten, himmelhoch jauchzenden Turm zu setzen.

2.

Lesen Sie?
... Den Zusammenhang kann ich doch nicht herausfinden.
(Baumeister Solneß, II. Akt.)
Von Fräulein Fosli gilt Dr. Herdals Wort: Das läßt sich schon erklären.
(Emil Reich, Vorlesungen über Ibsen.)

Das sind Erwägungen, die eigentlich ziemlich selbstverständlich sind. Umso beschämender, daß es noch not tut, sie beinah als neu auszusprechen. Aber die Mehrheit unserer Ibsenverehrer holt sich ihre Weisheit aus unzulänglichen Kommentaren; und es ist eine betrübliche Tatsache, daß das vermutlich meistgelesene Werk über Ibsen die Vorlesungen Emil Reichs sind; die bereits in fünfter Auflage vorliegen.
Wir haben es hier nur mit der Würdigung zu tun, die Reich dem Solneß angedeihen läßt. Wenn sich doch auf den 20 Seiten Großoktav dieses Kommentars eine einzige Bemerkung fände, die nicht triefte von Banalität, die das Problem des Solneß auch nur streifte! Aber da ist alles halb kalt, halb roh: entweder dürre Inhaltsangabe, die in ihrer Trivialität den wahren Inhalt des Werkes entstellt, oder aber oberflächliche und so wiederum unwahre Deutung des Symbolischen.
Beispiele her! Eine anscheinend harmlose, aber in ihrer bedeutsamen Ungenauigkeit charakteristische Konstatierung. Da heißt es etwa (S. 379 der gerade in meinen Händen befindlichen vierten Auflage): »Solneß kennt keine Rücksichten mehr als die auf seinen Beruf, also auf sich selber, der Egois-

mus wird bei ihm Lebensprinzip.« Das klingt doch alles ganz harmlos, einleuchtend, selbstverständlich. Aber sehen wir einmal näher zu! Solneß hängt an seiner Kunst; gewiß: aber das Tragische an ihm ist eben, daß er diese seine Kunst, von der er nicht loskommen kann, haßt; denn er weiß ja, daß er sie »mit seinem Lebensglück bezahlen muß«, mit dem »sicheren und frohen Gefühl, daß es ein Glück ist, dazusein auf der Welt.« Gewiß ist Solneß mit Leib und Seele Baumeister: aber das Tragische an ihm ist eben, daß er nicht nur Baumeister ist, sondern auch »er selber«, ein glückshungriger Mensch; der Widerstreit zwischen seinem Künstlertum und seinem Menschentum. Ihre Schlußfolgerung, Herr Professor Reich: Solneß kennt keine Rücksichten mehr, als die auf seinen Beruf, also auf sich selber, ist somit nicht nur falsch, sondern beweist, daß Sie am Kern des Problems blind vorbeigegangen sind. Sie fahren fort: »Der Egoismus wird bei ihm Lebensprinzip.« Da haben wir also die höchst einfache Lösung des ganzen Solneßproblems. Der Baumeister ist nichts weiter als ein prinzipieller Egoist und so »verurteilt zum Schluß ein deus irae durch sein zorniges Strafgericht den Frevler von der Höhe seiner Verblendung ins Nichts zurückschleudernd, das Programm rücksichtsloser Eigenliebe« (S. 391). So biedermeierisch-gemütlich also malt sich das Lebenswerk Ibsens in den Köpfen seiner Kärrner! Der »Solneß« ist nichts weiter als eine brave Illustration zu dem braven Spruch: Hochmut kommt vor dem Fall, und zum Schluß triumphiert die sittliche Weltordnung und die poetische Gerechtigkeit!

Ein paar Proben noch, die den ganzen Nicolaitismus dieses Düntzer redivivus zeigen mögen:

»Unter den Puppen, mit denen Aline auch als Erwachsene so gerne spielte, sind vermutlich die – pietistisch-religiösen Jugendeindrücke zu verstehen, die sie nicht zu überwinden vermag« (S. 382).

»Die Situation (zwischen dem Baumeister und Hilde) mahnt an Regine und Oswald Alving« (S. 384). Wen außer Herrn Professor Reich?

»Das starke, robuste Gewissen, dessen Hilde sich rühmt, ist bloß das Resultat theoretischer Erwägungen« (S. 387). Hilde, diese wunderbare Verkörperung in sich sicherer Naivität, eine Theoretikerin!

»Der Ruhm ist die einzige Freude, die ihm geblieben, darum vermag er ihn nicht zu entbehren« (S. 382). »Sein unbedingtes Ansehen in seinem Fach gilt Solneß viel mehr als die Seelenruhe« (S. 384). »Hilde liebt in dem Baumeister bloß den Glanz, den er auf sie zurückstrahlen soll« (S. 390). Wie arm muß das Empfinden eines Mannes sein, der in einer Dichtung, in der über die letzten Dinge gehandelt wird, nur ein Drama der »Carrière« sieht!
»Von Fräulein Fosli gilt Dr. Herdals Wort: Das läßt sich schon erklären« (S. 380). Kann man Banaleres ungeschickter ausdrücken?
»Hildens Jugend hätte ihn befreien und retten können, wäre Hilde eine andere« (S. 292). Reichs Deutung hätte uns den »Solneß« näher bringen können, wäre Reich ein anderer.
So schwebt überall der Geist unzulänglichster Trivialität über dem Werke. Bis zum Schlusse: »Ernstes Pflichtbewußtsein fehlt gänzlich ... Kein Lichtpunkt scheint in dem düsteren Nachtbild aufzuleuchten und doch ragt hell und tröstend das Symbol echter Menschheitszukunft (wer kann das aussprechen: Menschheitszukunft) hinein. Heimstätten mit einem Turm darauf: dies bleibt das Ziel, dorthin führt der Weg« (S. 392). Das ist löblich gesprochen, Herr Professor Reich. Aber so billig und dick der Baedecker ist, den Sie uns auf diese Reise mitgeben wollen: wir machen den Weg doch lieber alleine.

3.

Brovik. Die Leute sind ganz solide.
Solneß. Ach was! Solide, solide, das mein ich doch gar nicht.

Die Aufführung des »Solneß« im Residenztheater war solid und tüchtig. Nur schade, daß man mit solchen Eigenschaften Ibsen keinen Schritt näher kommt. Der gedankliche Gehalt des Werkes trat denn auch völlig in den Hintergrund. Der gefühlsmäßige litt unter der durchaus unzulänglichen Verkörperung der Hilde. Da nun merkwürdigerweise die farbloseren Rollen gut besetzt und sorglich herausgearbeitet waren, da man auch das Dekorative trefflich vorbereitet hatte, schob sich – zum Schaden der Dichtung – das Drama Solneß mit seinen etwas kärglichen Äußerlichkeiten allzusehr in den Vordergrund.

Die Aufführung im Residenztheater fordert einen Vergleich mit dem »Solneß« des Schauspielhauses. Das Schauspielhaus besitzt in Colla Jessen einen prachtvollen Vertreter der Titelrolle. Jessens Solneß, durch und durch knorrig, zermürbt vom Denken, ein Plebejer, der Aristokrat werden will. Hart, groß, nordisch. Überall ringt da das Gedankliche. Überall ist Mühen, ist Wucht. Die Tragödie des Gehirnmenschen stark, für den Gesamteindruck fast zu stark betont. Im Residenztheater spielt uns Heinz Monnard den Baumeister. Er stellt ihn von vornherein in ein anderes Licht. Er spielt den Künstler Solneß. Müd, elegant, nervös, von jagender Unrast. Aus dem nordischen Baumeister wird ein Wiener Literat. Das Motiv des Gehirnmenschen wird zurückgedrängt, das Gefühlsmäßige vorgeschoben. Alles Eckige, Harte wird geglättet, verblaßt. Das ganze Drama verwienert. Aus Ibsen wird Schnitzler. Dies vorausgeschickt, ist Monnards Leistung vollendet. Wie da die Sehnsucht, all diese unfruchtbare, kalte Kunst wegwerfen zu dürfen und das warme lebendige Dasein packen und halten zu dürfen, wie diese Sehnsucht schluchzt und wächst und den Glückshungrigen weiter und weiter hetzt, dieser Schrei des Künstlers nach dem Leben ist in diesem Solneß prachtvoll geformt. Ein Künstlerdrama also, richtiger: ein Künstlermonolog, aber nicht das Weltdrama Ibsens.

Hatte schon im Schauspielhaus Lili Marberg aus der Hilde einen Menschen gemacht, wie er nur bei Sardou oder Sudermann möglich ist, so verwässerte jetzt im Residenztheater Fräulein Reubke die Hilde zu einem Blumenthalschen Backfisch. Bei dieser Gelegenheit zeigte sich wieder, welch einen schweren Fehler die Intendanz begangen, als sie Elsa Brünner ziehen ließ, eine der wenigen deutschen Schauspielerinnen, die »naive« Rollen ohne Manier in den rechten Stil einkleiden können. Unser an Persönlichkeiten nicht überreiches Hofschauspiel kann solcher Verluste nur mehr wenige ertragen, soll es nicht endgültig auf die Stufe nüchtern-korrekten Durchschnitts herabsinken.

Zum Gastspiel der Triesch im Münchener Volkstheater (1908)

Nora – Hedda Gabler – Elga!

Irene Triesch gastierte im Münchener Volkstheater als Nora, als Hedda Gabler, als Elgà. Drei Frauen, die unmöglich eine Darstellerin aus dem Sinn der Dichter heraus wesenstreu gestalten könnte. Die Art und Kunst der Triesch deckt sich ganz nur mit der Elga, der Nora taugt sie in vielem Wesentlichen, sie scheitert an der Hedda.

Ihrer Nora glaubt man die erkämpfte, lebenskundige, gescheite Schlußmoral: aber schlecht fügt sich ihre überlegenkluge Kunst der heitern Anmut des ersten, der hilflosen Naivität des zweiten Aktes. Man fühlt wohl, daß da oben jemand steht, der sehr genau weiß, was er eigentlich verkörpern sollte: aber man glaubt nicht, daß ihre Grazie unbewußt, daß ihre Unüberlegtheit von erfahrungsbarer Unschuld ist. Gewiß ist die nötige Unbewußtheit, die nötige Naivität erkannt, versucht, angedeutet: aber was die Triesch tatsächlich gibt, das sind keine vollendeten Bilder, sondern nur Krokis, sehr saubere, fleißige Skizzen. Illustrierende Glossen zur Nora bestenfalls, mit denen ein sehr verständiger Regisseur seine Spielerin unterweisen mag. Nora selbst wird sie erst, wenn sie die Tarantella tanzt. Die steigende Angst der kleinen Frau, wie sie so seltsam aus Theatralischem und ins Tragische gereckter Kleinbürgerlichkeit sich mischt, weiß sie mit mancherlei erfühlten Tönen und vieler Routine geschickt allen vors Auge und manchem vielleicht ins Herz zu spielen. Durchaus überzeugend gelingt ihr dann die Kanzelnora des dritten Aktes. Hier, wo es mehr darauf ankommt, klug und eindringlich-beredt zu sprechen als ein fühlender, lebendiger Mensch zu sein, decken sich restlos Darstellerin und Rolle.

Ist nur die Frage, ob man uns Menschen des zwanzigsten

Jahrhunderts das Puppenheim nicht näher bringen könnte, wenn man justament das Lehrhafte in den Hintergrund drängte und statt der imaginären Größen eines moralischen Exempels beseelte Menschen eines lebendigen Geschehens uns vor Augen stellte?

Wir in München allerdings müssen auch für einen nach Seite des Lehrhaften hin stilisierten Ibsen dankbar sein. Denn man hat uns bislang gemeinhin nur brav heruntergespielte Ibsenaufführungen geboten, die aber nach keiner Seite hin stilisiert waren, nicht nach Seite des Lehrhaften noch nach Seite des im Ibsenschen Sinn Menschlichen. In der »Nora« unseres Residenztheaters etwa spielt Frau Swoboda die Titelrolle, die, eine treffliche Darstellerin der Frauengestalten der jungwiener Neuromantik, eben deshalb als Nora versagen muß, und den Helmer und den Krogstad spielen routinierte Dutzendschauspieler. Einzig und allein Heinz Monnards Doktor Rank lebt auf unserer Bühne sein wirkliches, armes, verkrüppeltes, zuckend schmerzliches Leben. – Eine wirkliche Nora freilich besitzt, oder vielmehr: besaß unsere Hofbühne, eine Darstellerin, die Exempel und Mensch zugleich ist: Elsa Brünner. Ihrer starken Intelligenz gelingt die Nora des dritten Akts, und der Mangel an Weiblichkeit, der ihre ersten Akte beeinträchtigt, wird reichlich aufgewogen durch ihr wundervoll inniges Organ, durch diese kindlich-herzlichste Stimme, die auf der deutschen Schauspielbühne der Gegenwart erklingt.

»Hedda Gabler«, mein ich, müßte auch für diejenigen unter uns, denen der Ibsen der Gesellschaftsdramen zum genialen Propagandisten herabgesunken ist, sich retten lassen. Trotz aller Leitartikeltendenz und trotz aller Sardouschen Theatralik stecken eminente, im reinsten dichterischen Sinn tragische Qualitäten in dem Werk. Gewiß, Juliane Tesman ist nur eine brave, gute alte Tante, wie sie hundert andere auch hätten schaffen können, und Ibsen war viel zuwenig weltläufig und hatte im tiefsten Innern viel zuviel Respekt vor wahrer Weltläufigkeit, als daß ihm der glatte, kalte, überlegene Gentleman, den er im Gerichtsrat Brack schaffen wollte, hätte gelingen können. Und auch Eiljert Lövborg, eine Gestalt, herausgeboren aus des Dichters Furcht vor lebendigem, tatfrohem Leben, die zugleich eine Sehnsucht nach solchem Leben war, aus Eiljert Lövborg ist statt eines Genies, dem, weil es sich nicht zügeln kann, Werk und Leben zerrinnt, ein genieloser und gänzlich uninteressanter Bummler geworden. Von wirklicher Tragik aber umwittert sind Jürgen Tesman und Hedda selbst.

Jürgen wird gemeinhin auf den deutschen Bühnen als Trottel gespielt, als Hanswurst, als bloße Karikatur: eine Auffassung, die der durchaus lehrhaften Grundtendenz des Werkes nur zugute kommen kann. Ein Schauspieler indes, der begriffen hat, daß uns heute Ibsen als Erzieher viel weniger bedeutet denn Ibsen als Dichter, wird sich vor allem mühen, und sei es auch auf Kosten der moralischen Idee, uns den Menschen Tesman näher zu bringen. Denn Jürgen Tesman ist herausgeschaffen aus der innersten wunden Seele des Dichters. In innerster Seele sehnte sich Ibsen, ein lebendiges, genießendes Leben zu leben (siehe den verzweifelten Epilog »Wenn wir Toten erwachen«): aber er wagte es nicht – vielleicht fürchtete er, wie Eiljert Lövborg zu enden – und beschied sich mit seinem Fach, mit seinem armen Beruf, »Wohnhäuser für Menschen zu bauen,« von dem er doch erkannte, »er sei keine fünf Pfennige wert.« Und aus dieser wehen, ohnmächtigen, tragikomischen Sehnsucht heraus schuf er den Jürgen Tesman, diese bitterste Selbstverhöhnung. Jürgen Tesman ist durchaus nicht nur komisch; er ist durchaus nicht ahnungslos, er weiß, daß er ein Fachmensch, ein ungelenker, langweiliger Kleinbürger ist, der zu der Dame Hedda in lächerlichem Gegensatz steht. Und weil er sich aus seiner Kleinbürgerlichkeit nach der Welt sehnt, der Hedda angehört, die ihm der Inbegriff alles Mondänen ist, darum achtet er ihres Gleichmuts und ihres Ekels nicht, so weh er ihm tut, darum ringt er um sie, unablässig, mit tausend kleinen Schmerzen und kleinen Opfern, und darum jauchzt er auf um einen kleinen vermeintlichen Liebesbeweis.

Hedda wieder ist sehr kühl, sehr gelassen und sehr spöttisch. Eine Herzogin von Assy ohne Geld und Gut, die das Unmögliche, Tragikomische einer solchen Stellung sehr wohl empfindet. Sie, die auf fernen Höhen ein leises, glattes, etwas spielerisches und sehr damenhaftes Leben leben sollte, ist verstrickt in ein dumpfes, niedriges, schmieriges, kleinbürgerlich lächerliches Schicksal. Sie, die Dame, soll inmitten einer Welt braver Bürger einem braven Bürger einen Sohn gebären.

Es ist Ibsen nicht restlos gelungen, die Aristokratin, die er zeichnen wollte, zu gestalten, obschon Hedda ungleich schärfer erfaßt ist als der Gerichtsrat. Aber ihre Kälte ist nicht kalt, ihre Glätte nicht glatt genug; ihre Manieren sind nicht einwandfrei, und ihre Ausbrüche sind zu unmittelbar theatralisch, zu plebejisch (vergl. etwa die wundervollen Aristokraten, die Stendhal geschaffen). Eine vollendete Darstellerin der Hedda müßte das Damenhafte stark unterstreichen und um alles, was die Generalstochter sagt und tut, besonders aber um ihre Temperamentsausbrüche einen ganz leisen Schimmer diskretester Ironie weben. Die Triesch nun läßt das Damenhafte, Feine, Hohe fallen und unterstreicht die tragischen Ausbrüche. Dadurch aber wirkt die ganze Gestalt schief, unwahr, launisch, affektiert und verwirkt das Recht, Tesman lächerlich zu finden, verliert überhaupt jegliche Möglichkeit innerlich berechtigter Tragik.

In der »Hedda« des Volkstheaters stand die Triesch, die auch in dieser mißlungenen Rolle immer interessant war, noch einsamer als in der »Nora«. Hier mochten lediglich Ernst Schrumpf als Gerichtsrat und Rosa Treuer als Frau Elvstedt bescheidenen Ansprüchen genügen. Alles andere war schlechthin unmöglich. Die »Hedda« unseres Residenztheaters ist eine der faulsten Früchte der königlich bayrischen Regie. Und so wenig man den seltsamen Meinungen beipflichten mag, die Herr Dr. Arthur Eloesser in jenem bekannten Aufsatz in den »Süddeutschen Monatsheften« geäußert: was er über die »Hedda« sagt, ist voll berechtigt. An ihrem Platz stehen nur unsere prachtvolle Frau Conrad-Ramlo als Tante Julle, deren klare Güte auf Augenblicke den trüben Gesamteindruck verscheuchen mag, und dann Maja Reubke, die als Frau Elvstedt hübsch und lieb, mit großen, dummen, guten Augen, in weizenblonder Naivität, schüchtern und ohne Verstehen durch das Düster des Stückes huscht. Aber alle andern versagen. Der Gerichtsrat ist denn doch was mehr als der Theaterbösewicht, den Fritz Basil sowohl wie Albert Steinrück aus ihm machen, und Herr Rottmann, ein im allgemeinen harmloser Provinzheros von der behäbig-wichtig-wuchtigen Sorte, glaubt den Charakter

Jürgen Tesmans auszuschöpfen, wenn er einen psychisch und physisch unrasierten Fliegende-Blätter-Gelehrten auf die Beine stellt. Herr Lützenkirchen, der treffliche lyrische Tenor unseres Schauspiels, macht aus dem Eiljert Lövborg einen dicken, widerwärtigen, von ranziger Sentimentalität triefenden Schwabinger Bohemien und Frau Swoboda, deren prunkhaft schwere Kunst, deren nachtfarben purpurnes Organ, deren animalische Dämonie nur schwerer, farbensatter Tragik sich fügt, taugt in keiner Weise für die klare und so durchaus unromantische Sphäre der Ibsenschen Bürgerdramen.

Wir alle wissen, daß der Dramenkritiker gegen Hauptmanns »Elga« unwiderlegliche, vernichtende Einwände vorzubringen hat. Und doch ist das Werk durchtost von einem Unterstrom elementarster Tragik, der immer wieder gewaltig hervorbraust und alle Einwände fortschwemmt und alle Sinne mit fortreißt.

»... Tiefer und grausamer und mit größerer Macht« – also heißt es in Hauptmanns »Griechischer Reise« – »offenbart sich hier ... das Tragische, und zwar als die schaudernde Anerkennung unabirrbarer Blutbeschlüsse der Schicksalsmächte: keine wahre Tragödie ohne den Mord, der zugleich wieder jene Schuld des Lebens ist, ohne die sich das Leben nicht fortsetzt, ja, der zugleich immer Schuld und Sühne ist.

Gleich einem zweiten Corethas brechen mir überall in dem großen parnassischen Seelengebiet neue chthonische Quellen auf. Es sind jene Urbrunnen, deren Zuflüsse unerschöpflich sind und die noch heute die Seelen der Menschen mit Leben speisen: derjenige aber unter ihnen, der dem inneren Auge der Seele und gleicherweise dem leiblichen Auge vor allen anderen sichtbar und mystisch ist, bleibt immer der springende Brunnen des Bluts.

Ich fühle sehr wohl, welche Gefahren auf den Pilger in solchen parnassischen Brunnengebieten lauern, und vergesse nicht, daß die Dünste aller chthonischen Quellen von einem furchtbaren Wahnsinn schwanger sind. Oft treten sie über dünnen Schichten mürben Grundes ans Tageslicht, unter denen glühende Abgründe lauern. Der Tanz der Musen auf den

parnassischen Gipfeln geschah, da sie Göttinnen waren, mit leichten, die Erde nicht belastenden Füßen: das ihnen Verbürgte nimmt uns die Schwere des Leibes, die Schwere des Menschenschicksals nicht. Auch aus der Tiefe des Blutbrunnens unter mir stieg dumpfer, betäubender Wahnsinn auf. Indem man die grausame Forderung des sonst wohltätigen Gottes im Bocksopfer sinnbildlich darstellte, und im darauffolgenden, höheren Sinnbild gotterfüllter dramatischer Kunst, gaben die Felsen den furchtbaren Schrei des Menschenopfers unter der Hand des Rächers, den dumpfen Fall der rächenden Axt, die Chorklänge der Angst, der Drohung, der schrecklichen Bangigkeit, der wilden Verzweiflung und des jubelnden Bluttriumphes zurück.
Es kann nicht geleugnet werden, Tragödie heißt: Feindschaft, Verfolgung, Haß und Liebe als Lebenswut! Tragödie heißt: Angst, Not, Gefahr, Pein, Qual, Marter, heißt Tücke, Verbrechen, Niedertracht, heißt Mord, Blutgier, Blutschande, Schlächterei – wobei die Blutschande gewaltsam in das Bereich des Grausens gesteigert ist. Eine wahre Tragödie sehen hieße, beinahe zu Stein erstarrt, das Angesicht der Medusa erblicken, es hieße das Entsetzen vorwegnehmen, wie es das Leben heimlich immer, selbst für den Günstling des Glücks, in Bereitschaft hat.«
Und weiter heißt es: »... Diese ganze Schlachthausromantik ist schrecklich und widerlich, und doch ist es immer vor allem der süßliche Dampf des Bluts, der die Fliegen, die Götter des Himmels, die Menge der Menschen, ja sogar die Schatten des Hades anzieht ...«
So heißt es in Hauptmanns »Griechischer Reise« und von solchen Gesichtspunkten aus will »Elga« gewertet sein. Man erkennt dann, daß das Werk aus einem Urtrieb erstand, daß es durchtränkt ist mit einer aus den letzten, animalischen Urtiefen des Seins triebhaft emporquellenden, nächtigen Poesie, die aber zuletzt ausklingt in einen sturmhaft taghellen Ruf, »der weder ein Todesschrei noch ein Racheschrei ist, sondern der wild glückselige Schrei und Begeisterungsruf des Lebens.« (Griechische Reise.)
Aus solcher Auffassung gewinnt die Triesch die wundervolle Einheitlichkeit und die unerhörte Wucht, die ihrer Elga eignet. Sie spielt kein Individuum; sie spielt ein Schicksal, ein

rastlos jagendes, traumhaft atemloses, hetzendes und gehetztes, dem Tod in überstürztem Taumel tändelnd entgegentanzendes Schicksal. Wie dieses Schicksal aufzuckt, jäh und traumhaft und grausiger Erfüllung von Anbeginn an medusenhaft gewiß, und wie es uns vorüberjagt, jäh, traumhaft, nachtwandlerisch sicher und bis ins Letzte durchpulst von der ihm, nur ihm eigenen Schönheit und Furchtbarkeit, wie es traumhaft steil und rasch in die Höhe steigt und traumhaft rasch sich zerstürzt, das Nächtige dieses Nocturnus weiß die Triesch mit treffsicherstem Instinkt, echt bis in die innerste Faser hinein zu gestalten.

Das Seltsam-Blumenhafte, Insichversunkene dieser Poesie, die nur erfühlen kann, wer durchaus von ihr erfüllt ist, vermag keine Spielerin der Gegenwart so bis zum Letzten auszuschöpfen wie Irene Triesch.

Nordische Heerfahrt
(1910)

Vor vierthalb Dezennien hat unser Münchner Hofschauspiel von dieser Tragödie die erste deutsche Aufführung gewagt. Es war eine sehr heldische Zeit: das heroische Pathos des Werks fand klingende Resonanz, Sigurd der Starke erregte gebührende Bewunderung, Hjördis-Brunhild geziemendes Grauen und der eisgraue Recke und Skalde Oernulf angemessens ehrfürchtiges Mitleid. Die Psychologie Ibsens aber, die sich nur recht zagend und vorsichtig an die Helden der Saga heranwagte, galt als »letzter Schluß menschenzersetzender Kritik«. Wenn wir heute das Werk betrachten, ohne die Augen pietätvoll vor seinen Mängeln zuzudrücken, dann ist es uns nur noch als literarhistorisches Zeugnis der Entwicklung Ibsens von Belang. Der Dichter hat den Stoff der Saga übernommen; seine skeptische, unpathetische Art hat aber ihren heldischen Stimmungsgehalt sogleich zersetzt, und trotz allen technischen Einzelvorzügen ist es ihm nicht gelungen, den epischen Formcharakter der Handlung zu verwischen. Dabei zagt und zögert seine Psychologie, grübelt sich in Hjördis hinein, tastet an Dagny herum, übernimmt aber die Männer der Saga unkritisiert: Sigurd ist nichts als Heldenmann, Thorolf nichts als Heldenjüngling, Oernulf nichts als einer von jenen Dichtern, die sich durch den Gesang von ihrem Leid befreien. So entsteht ein peinlicher Kompromiß zwischen dem unkomplizierten, gigantischen Herrentum der Edda und der krittelnden Skepsis Ibsens.

Soll das Werk auf der Bühne bestehen, dann muß, damit dieser innere Bruch nicht allzu deutlich fühlbar werde, jeder laute Ton gedämpft und Nebel und fahles Mondlicht um die Geschehnisse gebreitet werden, die der Dichter selbst aus dem Bereich des Märchens nicht losgelöst hat. Die Regie des Münchner Schauspielhauses, die viel Mühe und Kosten an das Werk gewandt hatte, hat statt dessen die an sich sehr klaren Züge der Handlung vergröbert, überdeutlich gemacht.

Die Spieler, an die Aufgaben des bürgerlichen Schauspiels gewöhnt, fanden keinen Stil und glaubten dem heroischen Milieu durch möglichst lautes Geschrei noch am besten gerecht zu werden. Dazu hatte sie die Regie in gewiß sehr naturalistische, kostspielige, aber höchst unförmige Kostüme gesteckt, und es war wirklich kein tragisches Spektakel, die als Nordpolfahrer maskierten Mimen mit ungeschlachtem Gehabe durch die von Ferdinand Götz allzu akkurat aufgebaute Schneelandschaft tappen zu sehen. Den jungen Thorolf hatte man obendrein mit einer Dame besetzt, und so wurde auch der Eindruck des sehr bühnenwirksamen zweiten Aufzugs empfindlich beeinträchtigt. Alles in allem: ein bös mißglücktes Experiment. Es bleibt aufrichtig zu bedauern, daß die Leitung des Schauspielhauses, die sich in letzter Zeit ernstlich gewillt zeigt, zur Literatur zurückzukehren, so großen Aufwand unnütz vertan hat.

Die junge Welt
(1908)

Die Hausse in Wedekind hat die theaterbörsenkundige Direktion des Münchner Schauspielhauses veranlaßt, einen alten Ladenhüter hervorzuholen: Wedekinds Erstling »Die junge Welt«.
Diese Komödie hat versagt. Trotz einer nicht eben schlechten Aufführung.
Und doch ist sie ästhetisch erfreulicher und theaterwirksamer als etwa »Hidalla«, »Musik« und »Totentanz«. Von der Prätension des späteren Wedekind, von dem Dünkel des »Kulturpredigers«, der jede Form zu verachten sich erdreistet, weil es ihm nur um die letzten, innersten Dinge zu tun – sei, von dieser Affektation, in die erst eine überscharfsichtige Kritik Wedekind hineintrieb, ist »Die junge Welt« noch frei. Sie versteckt nicht Ohnmacht hinter Pose; sie gibt ein ehrlich Maß Scherz, Satire, Ironie und markiert nicht tiefere Bedeutung, wo keine ist.
Und doch mag der Literarhistoriker mit Glück an diesem Erstling schon alles Wesentliche des Typus Wedekind demonstrieren und mit Leichtigkeit die Keime all der Untugenden nachweisen, die, entwickelt, den Dichter aus einem Komödienschreiber von Rang zu einem komödiantischen Kultursymboliker erniedrigen. Klar zeigt sich schon hier seine Unfähigkeit, übers unmittelbar Greifbare hinaus zu philosophieren – zwiefach leidig wirkt solche Ohnmacht, wenn er symbolisieren will – die Seichtigkeit und Oberflächlichkeit seines Erkennens und Empfindens. Ich glaube nicht an die Tragik dieses Franz Ludwig Meier, wenngleich ich gern zugestehe, daß die Verwechslungsszene im 2. Akt (Amor- und Psyche-Verwechslung) weit mehr ist als ein guter Witz, daß sie als beinah ursprüngliches Symbol gewertet werden darf: aber ich fürchte, daß für Wedekind die Tragik Torquato Tassos um nichts tiefer ist als die Tragik seines Franz Ludwig Meier. Klar zeigt sich schon hier seine Unkultur, sein Plebe-

jertum, sein an Haß grenzendes Mißtrauen gegen Wissenschaft und Kunst, sein Mangel an Sinnlichkeit, an Gestaltungsvermögen; dann seine rednerische Ohnmacht, sein linkischer Dialog, der schlecht gehobelte, unbeholfene Leitartikelsätze zu unmöglichen Stichomythien formt und der von Drama zu Drama mehr verholzt. Daneben zeigt sich auch hier schon seine Meisterschaft, Bilderbogen zu zeichnen mit Holzschnitten, die in ihrem Besten an Wilhelm Busch gemahnen. So paradox es klingt: Wedekinds Kunst ist in ihrem Besten Volkskunst, grobnervige, grobfäustige Volkskunst. Als Straßensänger, als Verfasser herber, roh gezimmerter Volksstücke hätte er vielleicht Ewigkeitswerte schaffen können. Wie er heute ist, gleicht er einer Spottdrossel, die den Adler spielen möchte. Die Literaturgeschichte aber ist nur ein einziges Mal auf solche Mätzchen hereingefallen: als sie um das Haupt des hohlen, schmierigen Vorstadt-Dramatikers Christian Dietrich Grabbe einen Glorienschein wob. –

Die Aufführung des Schauspielhauses war nicht schlecht. Sie betonte mit Glück das Theatralische und ließ alles Weltanschauungsgetue resolut beiseit. Das Publikum hatte seine Freude an Gustav Waldaus possierlichem Poeten, an dem überraschend starklinigen, überlegen charakterisierenden Spiel Alma Linds (Anna Launhardt) und an den hübschen Waden des Eros Nicoletti.

Die Spielereien einer Kaiserin
(1911)

Dieses Drama von der Liebe der ersten russischen Katharina zum Fürsten Menschikoff ist als Dichtung vielleicht gelungen, als Bühnenwerk sicherlich mißraten. Max Dauthendey erzählt uns in einem Vorspiel, vier Akten und einem Epilog ungeheuer umständlich und sentimental, wie Katharina, Weib eines verlausten und versoffenen Dragoners zunächst, dann Freundin des Fürsten Menschikoff, später Geliebte Peters des Großen und endlich Selbstherrscherin aller Reußen, auf ihrem ganzen jäh durchstürmten Weg den Menschikoff liebt und liebt und bis zum Tode liebt. Dauthendey singt von dieser Liebe in sechs Balladen und findet oft starke, aus chaotischem Urgrund aufklingende Töne: aber nirgends ist Gestaltung, komprimierte Handlung, nirgends sind geformte Menschen. Die großen geschichtlichen Ereignisse werden rein äußerlich als theatralische Folie, als Dekoration verwandt. Eine Festung fliegt in die Luft, ein Türkenheer macht lärmende Evolutionen, ein Zar stirbt, eine Zariza wird gewählt, regiert, stirbt: aber dies alles bleibt in jedem Sinne Hintergrund, bleibt stumm, tonlos kinematographisch. Im Vordergrund wird vier Stunden hindurch immer das nämliche, höchst undramatische Thema abgehandelt, mit mehr Länge als Tiefe: eben die Liebe Katharinas. Und wenn schon etwa die Anatol-Akte auf die Dauer monoton wirken, so schlagen diese sechs Katharinen-Bilder in ihrer Folge und in ihrer ewigen Wiederkehr des gleichen mit der Zeit jede Teilnahme tot. Man könnte beliebig jedes dieser Bilder für sich spielen, könnte auch jedes weglassen, ohne das Verständnis, ohne den Zusammenhang wesentlich zu beeinträchtigen. Was es hier an ›Aktion‹ gibt, ist willkürlich und zufällig und muß gleich wieder versanden, weil es meist mit dem Abschluß des Aktes zusammenfällt. Zu jedem Sprung nimmt der Dichter, ungeheuer unbeholfen und asthmatisch, einen langen Anlauf; und was wir dann schließlich erleben, ist ein armseliger Theatereffekt.

Nun aber sagt' ich nicht, daß dies Fehler seien, wenn der Dichter die äußern Vorgänge vernachlässigte, um seine Menschen von innen her immer neu zu belichten, wie Strindberg in ›Königin Christine‹ oder Shaw in ›Caesar und Cleopatra‹. Das tut Dauthendey durchaus nicht. Das will er gar nicht. Es liegt ihm ganz fern, den Menschikoff zu formen oder die Katharina, ja, nicht einmal die Liebe zwischen den beiden gestaltet er. Er redet nur davon. Gibt Farben, Bilder, Töne. Zeigt seine Menschen von einer Seite. Wie er sie dreht und wendet – es wird nie ihr ganzes Wesen, es wird immer bloß eine einzige Eigenschaft sichtbar, spürbar: ihre Fähigkeit, zu lieben. Dadurch aber gewinnen Menschikoff und Katharina, die wir ja nicht durch einen vergänglichen Rausch, sondern durch die wechselnden Schicksale zweier Dezennien begleiten, etwas Starres, Puppenhaftes. Sie sind Liebende, wenn der Vorhang aufgeht; sie sind Liebende, wenn er zum letzten Mal sich senkt. Da sie aber nichts andres sind als Liebende, so kommt allgemach im Zuschauer eine gewisse Wurschtigkeit, eine gewisse Und-wenn-schon-Stimmung auf, die auch die Empfänglichkeit für die lyrischen Reize des Werkes langsam abstumpft.

Gut denn, wendet mir der Wohlwollende ein: Die theatralische Unzulänglichkeit des Werkes liegt zutage. Wie aber, wenn gerade in dieser Beschränkung auf die Darstellung einer einzigen Leidenschaft der tiefste Sinn der Dichtung läge? Wenn der Dichter nichts andres darstellen wollte als eine dämonische Mania? Die Liebe als Elementarereignis gesehen. Lulu auf die einfachste Formel gebracht. Nicht von einem kalten Naturforscher ironisch entzaubert, sondern von einem primitiven Kindlichen bestaunt, bejubelt bald und bald bejammert. Mein lieber Wohlwollender! Daß solche Töne mitschwingen, hören wir, und in manchen Versen des dritten Aktes klingen sie tief und rein, und in manchen Bildern von balladesker Kraft ist diese Grundstimmung: das Weib als Elementarerscheinung, als prachtvolle, im Segen und Verderben heilige Naturkraft, höchst anschaulich ausgewirkt. Aber gar zu oft klingt dieses Grundmelos trüb und gebrochen und unklar, die Symbolik ist häufig allzu primitiv, und die Übergänge sind zu abrupt. Und wo das Seelische sich wirklich verknotet und verstrickt und wir dem Dichter für die Lösung danken müßten, da sagt er kindlich staunend: Die Krone gäb ich dreimal her, wenn ich dies Weib einmal begriffe, oder: Ich glaube, Weiber sind aus Fleisch und Blut Gespenster, oder ähnlich erstaunliche Wahrheiten. Bei allen deutschen und russischen Heiligen, das ist ja eben des Dichters verdammte Pflicht und Schuldigkeit, daß ihm diese unsre Rätsel keine Rätsel sind; daß er sie löst, aus dem Dämmer in den Tag rettet. Dauthendey spürt auch selbst, was er uns schuldig bleibt, und sucht diesem Mangel mit geradezu erheiternden äußeren Mitteln abzuhelfen. Läßt, was ihm wichtig dünkt, gesperrt drucken, hämmert uns Lieblingsgedanken durch endlose Wiederholungen ins Hirn, schickt jedem Bild einen schlechthin kindischen Kommentar voraus und pfropft sein an sich viel zu breites Gedicht mit Sentenzen voll, die bald fein und tief, bald höchst albern und geschmacklos sind. Das Schlußbild faßt dann noch einmal die Stimmungen und Süchte aller bisherigen Bilder zusammen und zeigt so, überdeutlich und mit Sturm- und Drang-Allüren komprimiert, was der Dichter gewollt und nicht gekonnt hat.

Die Sprache. Ganz lässig hingeworfene Verse, sechsfüßige Jamben zumeist; die besten süß und schwer, im Tonfall oft an die Jamben des ›Rosenkavaliers‹ gemahnend. Der schwere, langsame Fall der gewöhnlich weiblich schließenden Verse gibt ein gewisses slavisches Kolorit. Viel ganz Feines, erfrischend Grobes und zitternd Zartes ist darunter, viel volksliedhafte, schwermütige Schönheit und viel genialisch zufahrende Kraft. Aber das Ganze ist zu schlampig und zu breit. Da finden sich Seiten voll der schlimmsten Trivialitäten und der banalsten Sentenzen, Seiten voll langatmiger, ärgerlich hingeschluderter, barbarischer Verse, die der ungepflegten Prosa der einleitenden Kommentare die Waage halten. Sentenzen wie diese: »Das Leben will wie Wein genossen sein« oder »Die Menschen geizen mit der Freude« oder »Regenbogenfarbiger sieht sich das Leben an, betrachtet man's durch Weinbouteillen« – derartige Wahrheiten verkünden die ›Spielereien einer Kaiserin‹ zu Hunderten. Einmal heißt es:

»Zeremoniös sind sehr die Herrn Franzosen,
Doch noch viel komischer im ewigen Ernst
die Deutschen sind.«

Solcher Verse, die den Stärksten seekrank machen, finden sich unzählige und sollten Dauthendeys Jünger, die seine Sprachkunst ekstatisch preisen, doch etwas nachdenklich stimmen. Alles in allem: ein Volksliederstoff, von einem schlecht beratenen Dichter übereilt zu einem ungefügen, vielfach langweiligen Gemisch von Kinematographen-Historie und nachdenklich didaktischer Lyrik verarbeitet.
Die Aufführung des Neuen Vereins unter Steinrücks Leitung war unfertig. Die Verhältnisse zwangen zur Überhastung, und so mag man vielleicht die weniger wesentlichen Mängel der Regie übersehen. Mag's auch der Terwin nicht ankreiden, daß sie die länglich langweilige Rolle der Sascha nicht übers Statisten-Niveau erhob. Und wird Basils brutal behäbigen, hengstisch begehrlichen Zaren und Schwannekes gelecktes, artiges, amouröses Franzosengräflein um so höher einschätzen. Menschikoff war Steinrück. Er hatte prachtvolle Momente treuherzig täppischer Gemütlichkeit, barbarisch wilder, trunkseliger, animalischer Lebensfreude und niedergeknirschter, bärentrutzig verknurrter Leidenschaft; aber es gab in seiner Leistung auch viel tote Punkte. Dafür war die Katharina der Durieux eine artistisch so vollendete Leistung, daß man vor lauter Bewunderung der Technik nicht warm wurde. Die Durieux meisterte die grelle Theatralik des Werkes und schöpfte jede Bühnenwirkung aus, ohne doch zu unfeinen Mitteln zu greifen. Nur kam durch diese Betonung des rein Bühnenmäßigen die Lyrik der Katharina zu kurz, und um die ganze Leistung wehte ein Rüchlein von Virtuosentum. Sollen uns aber die Spielereien einer Kaiserin was mehr werden als Spielerei, dann kann's nur dadurch geschehen, daß uns die Darstellerin die lyrischen Akkorde des Spiels in Herz und Hirn zwingt.

Die Kinder
(1911)

Wenn der Vorhang aufgeht, küßt der herrenstolze Conrad Graf Freyn des bauernstolzen Hofrats Scharizer bauernstolze Tochter Anna, und sie reden über ihre Heirat. Wenn der Vorhang zum letzten Mal niedergeht, küßt er sie wieder, und sie reden wieder von Heirat. Dazwischen liegt die Komödie. Es hat sich herausgestellt, daß erstens besagter Graf Conrad des Hofrats Sohn und der Anna Bruder ist und somit ihr Bräutigam nicht sein kann, daß aber zweitens die Anna des Grafen Freyn Tochter und somit nicht Conrads Schwester ist und daß also ihrer Ehe doch nichts im Weg steht. Von den Nöten der Väter, die der Heiratsplan der Kinder zum Bekenntnis drängt, und von den Nöten der Kinder, die so lange Liebesleute zu sein glaubten, und denen nun die plötzliche Erkenntnis, sie seien Geschwister, das Gefühl verwirrt, davon handelt das Stück. Man braucht nicht von der Zunft zu sein, um zu erkennen, daß diese Handlung ein bißchen konventionell bewährt, schematisch und schablonenhaft ist.

Aber das wäre natürlich Nebensache. Schlimmer scheint mir der notwendige kritische Einwand gegen die Art, wie Bahr seiner Handlung spezifisches Gewicht zu geben versucht. Bahr hat nämlich sehr genau erkannt, daß, um ein Nietzsche-Wort zu variieren, der Takt des guten Komödiendichters darin besteht, ganz nah an die Tragödie heranzutreten, ohne doch in ihr Gebiet einzudringen. Wie die Befolgung dieses Prinzips dem ›Konzert‹ seinen letzten, heimlichen Reiz gibt, hat der Herausgeber vor einem Jahr an dieser Stelle klärlich dargelegt. Hier aber, in den ›Kindern‹, tappt Bahr mit derben Schritten in den Bezirk des Tragischen hinüber, und es berührt einigermaßen peinlich, wie er mit viel Prätension an der Peripherie des Ödipus-Problems herumbastelt und -zagt und -zögert und wie er ohne rechten Ernst das Problem des ›Manfred‹ jongliert. Diesen Stilmangel hat Bahr selber auch sehr gut gefühlt. Er betont immer wieder: Das mit der Verwirrung des Gefühls sei eigentlich gar nicht so wichtig, und gibt uns mit deutlichen Winken zu verstehen, es werde ja doch alles gut ausgehen. Wenn er selber nicht um die ein wenig wohlfeile Sentimentalität seiner Menschen und Geschehnisse wüßte, könnte er sich die wiederholten und nachdrücklichen Weisungen sparen, nur ja keine Sentimentalität aufkommen zu lassen. (Sentimentalität, heißt es einmal bei Schnitzler, ist unterm Einkaufspreis erstandenes Gefühl.) So aber wirkt das Streben des Dichters, uns gallische Leichtigkeit, eingeborene Freiheit von Pathos und Sentiment vorzutäuschen, unbehilflich und unwahr, wie schlecht kopierter Shaw.

Auch die Psychologie des Stücks wird durch diese Unsicherheit schwer beeinträchtigt. Der Hofrat Scharizer ist ein echter Komödienvater alten Schlags, polternd, weichherzig und sehr gescheit, und man begreift nicht recht, wie es ihm, der doch alles Menschliche ohne großes Gehabe verzeiht, so lange unmöglich ist, dem Jungen seine Vaterschaft einzugestehen. Die Kinder, der Mann wie das Mädchen, haben dadurch, daß der Autor nicht genau wußte, wo er mit ihnen hinauswollte, ob ins Tragische oder ins Komische, auch keine scharfen Umrisse bekommen. Dann ist da der alte Graf Freyn, ein Trottel, den man Ludwig Thoma, aber nicht Hermann Bahr verzeiht. Weiterhin marschiert strammen Schritts ein unehelicher Sohn des Hofrats durch die Komödie, ein Homunculus, nach Rezepten aus dem Laboratorium Shaws gemischt, und endlich ängstigt die Personen der Komödie und uns ein uralter, adelsstolzer, possenhafter, aber gar nicht possierlicher Diener Benedixschen Kalibers durch seine ständige wacklige Gegenwart.

Nicht einmal der Dialog, durch den der Dichter den etwas dürftigen Stoff zu vertiefen und zu belichten sucht, zeigt die Feinheiten, die uns im ›Konzert‹ und sonst so oft bei Bahr erfreuen. Was er über Adel und Bürgertum zu sagen hat und wie er den Dünkel beider Kasten gegenseitig ad absurdum führt, das ist mit grobem Garn gewebt, und was er über Blut und Art vorzubringen weiß, ist bis zur Frivolität billig. Im einzelnen freilich ist das Werk mit hundert bunten, glitzernden, ergötzlichen Gedanken- und Gefühlssplittern sorglich besät, wie wohl eine geschickte Hand mit leichter Mühe ein dürftiges, entwurzeltes Tannenbäumlein zu einem artigen, farbig flirrenden Christbaum ansehnlich herausputzt.

Bleibt noch von der Technik der Komödie zu sprechen. Und da muß man denn bei allem Ärger über die Enttäuschung, die Bahr uns diesmal bereitet, mit höchster Bewunderung konstatieren, daß er es auch jetzt wieder trefflich verstanden hat, mit dem Stoff eines Einakters drei trotz aller inneren Leere verhältnismäßig recht kurzweilige Akte zu füllen. Der Herr Bayerlein zwar, des Hofrats unehelicher Sohn, ist nur lose in die Handlung eingefügt, und man muß schon recht verzwickte Umwege machen, um Beziehungen herzustellen zwischen ihm und dem Inhalt der Komödie. Aber davon abgesehen, weiß Bahr seine Menschen mit der Berechnung eines klugen, sehr feinen Schachspielers hin- und herzuschieben, überall Fäden zu knüpfen und korrespondierende Bedeutung herzustellen. Alle Vorteile, die die analytische Technik bietet, sind meisterhaft ausgenützt. Die äußere Situation bleibt eigentlich von Anbeginn an die nämliche; sie wird nur von innen her, d. h. durch Aufhellung der Vergangenheit, immer anders und immer klarer belichtet: so etwa, wie jene unsichtbaren Bilder, mit denen wir als Kinder spielten, erst durch die Bearbeitung mit dem Farbstift Form und Deutlichkeit gewinnen. Und es ist außerordentlich reizvoll, wie der Dichter die alte, primitive Lustspiel-Schablone mit sorglich schattierenden Strichen allgemach zu runden, netten, schalkhaften Bildern ausprägt.
Die Darstellung des Münchner Residenztheaters unter der routinierten Regie Basils betonte alle Schwankwirkungen und vergröberte im allgemeinen, statt zu mildern. Die Fehlbesetzung des jungen Grafen Conrad Freyn machte den ohnedies gefährdeten, mit Tragik imprägnierten Mittelteil noch peinlicher. Sonst war die Aufführung guter Durchschnitt. Herr Höfer setzte, wie das seine Art ist, den alten Hofrat aus lauter einzelnen, gescheit erdachten Strichelchen zusammen, und Schwanneke als Herr Bayerlein war so, daß man die Winzigkeit seiner Rolle lebhaft bedauerte. Die Terwin als Anna gab weit mehr als der Dichter und glitt mit Glück und Diskretion über die Untiefen der Rolle weg. Der brave Schröder hingegen karikierte als alter Diener munter drauf los, Guras alter Graf war ein Trottel, wie er nur noch über entlegene Provinzbühnen stelzt, und von dem Conrad des Herrn Birron mußte man allen Versicherungen des Hofrats zum Trotz bis zum Ende glauben er sei des Grafen Freyn-Gura leibliches Kind.

Cäsar und Cleopatra
(1911)

Es ist dramaturgisch ziemlich gleichgültig, ob man in Cäsars heldischer Überwindung letzter sinnlicher Glut oder in Cleopatras Entwicklung vom Kätzlein zum Schlänglein den roten Faden von Shaws Komödie sieht. Rom und Cäsar ist der Ägypterin erstes, Ägypten und Cleopatra des Römers letztes Abenteuer, und ich glaube: gerade der Parallelismus zwischen dem Ausklang des Diktators und den Anfängen der Königin gibt dem Werk seinen Rhythmus und seine Spur von Bewegung und Aktion. Das bunte, verträumte Ägypten mit seiner uralten, heilig rätselvollen, aber zu toller Farce erstarrenden Kultur, mit seinen verwirrend üppigen Künsten, mit seiner grazil gefährlichen Fabelkönigin, die die Ururenkelin der heiligen schwarzen Katze und des Nils, die Spielgefährtin der Sphinx und dabei ein höchst reales, alle Süchte weckendes Frauenzimmerchen ist – dieses ganze farbige, phantastische, animalische, unmögliche Traumland muß in dem alternden Weltbezwinger noch einmal alle künstlerischen, animalischen Begierden an den Tag locken, all seine Sehnsucht, in die Schönheit des Augenblicks unterzutauchen. Denn Shaws Cäsar ist im Grunde ein Künstler, dem freilich die Wirklichkeit die Kunst zerstört hat: ein umgekehrter Rubek. Es ist wundervoll, wie er die Mitte hält zwischen seinen antimusischen barbarischen Begleitern Rufio und Britannus und dem sizilischen Nur-Artifex Apollodorus. Cleopatra aber, die diesem traumhaft schillernden Bereich, ein spätes Pflänzlein, organisch entwuchs – man denkt an die kleine Herzogin von Assy: ein harmloses Eidechslein, aber aus dem Geschlecht jener gigantischen Saurier, die einst auf unsrer Erde wuchteten – Cleopatra also erprobt an Cäsar zum ersten Mal ihre Kraft und gelangt so zum Bewußtsein ihrer schönen und verderblichen Art. Wenn Cäsar sich wieder nach Rom einschifft, hat er den Trieb, der ihm, dem (nach Plutarch) Unempfänglichen, Festen, Unabänderlichen, das Gefühl zu verwirren

drohte, lächelnd und restlos niedergerungen, dieweil die Ägypterin zum ersten Mal bewußt ihrer zerstörerischen Wollust ein Ziel sucht.
Aber das sind Probleme, die das Buch klarer vermittelt als die Szene. Der Regisseur muß sich darauf beschränken, diese Linien nicht zu verdunkeln. Im übrigen sind es, scheint mir, drei Punkte, auf die er sein Hauptaugenmerk richten muß. Zum ersten fordert das lange, undramatische Stück energische Kürzungen. Dadurch aber, daß es ihm an äußerer Handlung so sehr gebricht, ist hier der Willkür des Regisseurs unendlich viel Spielraum gelassen, und es gehört feinster Takt dazu, auf der einen Seite die Bühnenmöglichkeiten der Dichtung, auf der andern die Mittel der verfügbaren Darsteller richtig abzuwägen. Zum zweiten muß die Regie die geheimnisvolle Traumatmosphäre Ägyptens stark betonen und muß unter allen Umständen den Eindruck der Burleske vermeiden, wozu das Milieu und die Regiebemerkungen des Autors leicht verführen. Daß die Dichtung unpathetisch ist, berechtigt nicht, sie als Operette aufzufassen. Zum dritten endlich erfordert das Stück, da ja die Handlung nichts und die Psychologie alles bedeutet, auch für die kleineren Rollen Darsteller von überlegener Intelligenz, die abgehärtet genug sind, sich in der frischen Atmosphäre Shawscher Geistigkeit keinen Schnupfen zu holen.
Die Münchner Aufführung leitete Albert Steinrück. Er konnte verwerten, was er vor einem Lustrum bei Reinhardt gesehen; aber wenn die Münchner Aufführung heller, lichter, viel überzeugender wirkte als seinerzeit Reinhardts Aufführung, wenn sie ein Triumph war, während die Berliner Vorstellung bestenfalls ein Pyrrhussieg gewesen, so liegt dies nicht nur daran, daß wir heute ein viel klareres, herzlicheres Verhältnis zu dem Dichter gewonnen haben: sondern Shaw verdankt diese gewonnene Schlacht, die sein problematisches Werk unserm Spielplan wohl für Jahre einfügen wird, vor allem der beflissenen und verständnisreichen Kunst, die Steinrück an die Inszenierung gewandt hat.
Steinrück hat, mit Takt und kluger Rücksicht auf die darstellerischen Möglichkeiten unsers Hofschauspiels, nichts als die erste Szene des dritten und die erste Szene des vierten Akts gestrichen. Daß er den zweiten Teil des dritten Akts (vor dem

Leuchtturm, da Cäsar ins Meer springt) stehen ließ, erwies sich als ebenso glücklich wie das daß die erste Hälfte der langweiligen und verworrenen Intrige des Pothinus, die den vierten Akt gefährdet, wegfiel. Sodann gab es Dekorationen und Kostüme, die sich dem Wesen der Dichtung prachtvoll anschmiegen. Da ist die von blauem Mondlicht überrieselte, urewige Sphinx, die phantastisch in die geheimnisvoll prächtige Wüstennacht hineinlastet; der nächtige Säulengang im Palast der Pharaonen, prunkend in der verschnörkelten Majestät einer tief seltsamen Architektur; das reine, lustige, behagliche Beratungszimmer der Schatzkanzler mit dem Ausblick auf das morgendlich besonnte Meer; dann die in hellem Mittag leuchtende Hafenesplanade Alexandriens mit Cäsars festlich bunt bewimpelter Galeere. Was Wunder, daß all diese lichten Farben so manchen kritikasternden Maulwurf, der seinem Namen zum Trotz die Luft oder Land nicht vertragen kann, blendeten und verdrossen, daß er über Dekorationen und Kostümen Dichter und Regisseur übersah.
Und doch verdient die Regie der Darstellung jeden Dank, ja, man müßte sie, wenn es sich nicht um den so ganz unpathetischen Shaw handelte, mit hallenden Hyperbeln preisen. Den Lucius Septimus zwar und den Pothinus wünschte man charakteristischer und die Ftatateeta oft weniger grotesk und dafür ins Grauenhafte gesteigert. Aber was will das besagen gegen die kluge und beseelte Gliederung der Komparsen und die sorgliche Abtönung und Ausfeilung der zahlreichen kleinen Rollen; gegen die dumme Schönheit des Achillas, die biderbe Ungeschliffenheit Rufios, die ohnmächtige und zaghaft ausgelassene Gelecktheit des Ptolemäus; gegen Schwannekes in philologischer Akribie eingeschrumpften, giftigen Theodotus; gegen Graumanns eindrucksvoll nüchternen und zwerchfellerschütternd britisch wohlanständigen Britannus; gegen Bernhard von Jacobis höchst eleganten, geschmeidigen und liebenswerten Apollodorus. Vor allem aber gegen die Cleopatra der Terwin und gegen Steinrücks Cäsar.
Es brächte wahrscheinlich wenig Gewinn, zwischen den Cleopatren der Eysoldt und der Terwin Parallelen zu ziehen. Mir ist, was die Eysoldt gab, als etwas restlos Vollendetes im Gedächtnis, und es will viel, will alles bedeuten, daß die grundverschieden angelegte Cleopatra der Terwin niemals

den Wunsch aufkommen ließ, es möge auch nur ein Zoll ihrer Gestaltung anders sein. Diese Ägypterin war wahrlich das lebendigste Symbol ihres tief widerspruchsvollen Landes und mußte sich nicht nur dem Apollodorus, sondern, wie Helena den troischen Greisen, mit ihrem ersten Erscheinen auch dem Cäsar ins Blut setzen. Daß Steinrück dennoch den Mittelpunkt der Komödie behauptete, beweist, wie unendlich er in den letzten fünf Jahren gewachsen ist. Denn vor einem Lustrum mußte der Herausgeber feststellen: »Es leben in Deutschland höchstens drei Schauspieler, die diese Gestalt verkörpern und diese Komödie für die Bühne retten können«, und er mußte Steinrück Größe und Grazie absprechen. Was aber dieser Spieler jetzt gab, war ein so prachtvolles Gemisch von Cicero und Plutarch, von onkelhaft liebenswürdiger Schalkhaftigkeit und allumfassend großem Menschentum, daß dadurch die Komödie in all ihrer tiefen Zweideutigkeit bis in den letzten Winkel hinein belichtet wurde und ihre Bühnenfähigkeit ein für allemal erwiesen scheint. So bedeutet nach vielen ziemlich kläglichen Versuchen diese Aufführung eine Tat, die endlich einmal zeigt, daß München auf dem Gebiet des Schauspiels was mehr sein kann als Provinz.

Montsalvat und Monte Carlo
(1913)

Auf Freitag abend war man zu einer »Probe« des »Parsifal« eingeladen gewesen, und im Atrium, das gleichzeitig die Vorhalle der Spielsäle und der Oper bildet, sah man schon um 6 Uhr abends im Gewimmel der Spieler etliche Herren im Frack und Damen in großer Toilette; denn allen Bitten der Theaterdirektoren zum Trotz erheischt es heuer die Mode, daß man auch zur Avantpremière im Frack erscheint. Aber das Theater blieb dunkel, an dem Eingängen, den Kassenschaltern, dem Bühnenpförtchen bekam man ein stereotypes: ›Je ne sais rien‹ zu hören, bis endlich ein Regisseur erschien und erklärte, daß nun doch nur eine einzige »Parsifal«-Vorstellung stattfinde, und zwar am Sonntag.
Auch diese Vorstellung trug den Charakter einer répétition, die Einladungskarten hatten den Vermerk »streng persönlich«, und es gab keine Zettel, sondern nur eine Art Programm mit einer einigermaßen fragwürdigen Inhaltsangabe. Da die Plätze nicht numeriert waren und man etwa hundert Leute mehr eingeladen hatte, als das kleine Haus zu fassen vermag, kam es gleich zu Beginn zu erregten Auseinandersetzungen, die in das Abendmahl- und Gralmotiv des Vorspiels hineintönten. Und die letzten Gäste waren schließlich froh, wenn sie gegen reichliches Trinkgeld ein Kauerplätzchen auf irgendeinem Treppenabsatz ergatterten.
Wer sich indes nicht mit der pikanten Sensation begnügen wollte, das Bühnenweihefestspiel im Dunstkreis der Roulette gesehen zu haben, kam nicht auf seine Rechnung. Schon die konventionelle, brav opernhafte Dekoration des ersten Szenenbildes, die mit befremdender Oberflächlichkeit zusammengeflickten Kostüme des Gurnemanz und der Knappen, die landläufig wacker heruntergespielte und gesungene Introduktion rauben jede Hoffnung. Nun stürzt die Litvinne (Kundry) herein. Das heißt, sie stürzt nicht, sie ... watschelt eilig auf Gurnemanz zu. Ein böses Geraun geht durch das

Haus. Nein, das ist unmöglich! Auch der kultiviertesten Gesangskunst verzeiht man nicht diese ungeheuren Massen kolossaler Weiblichkeit ... Es wirkt wie Ironie, hier, in Monte Carlo, wo man auf Schritt und Tritt die Verführung in ihren reizendsten Formen locken sieht, eine derartige Allegorie der Sinnenlust auf den Brettern zu erblicken. Zudem ist Frau Litvinne wenigstens zu Beginn merklich nervös und unfrei. Amfortas-Allard wird von schlecht geschminkten und gewandeten Gralsrittern hereingetragen; auch er entpuppt sich als ein Sänger, der heute nicht stört und übermorgen vergessen ist. Gurnemanz-Clauzure mimt und singt wacker – es gibt wirklich keine andere Bezeichnung – weiter.

Der wunde Schwan flattert – geschickter als in Bayreuth – herein. Parsifal-Rousselière wird vorgeführt. Endlich ein Lichtblick! Parsifal sieht gut aus, wie aus einer mittelalterlichen Handschrift geschnitten, bunt und eckig, zur Ritterschaft und zur Askese taugend, »simple et pur«, mehr als ein reiner Tor, und daß er eher von Chrétien de Troyes als von dem Eschisbacher geformt scheint, ist in der Oper wohl kein Schade. Und mit seiner hellen, sieghaften Stimme verjagt er rasch die Atmosphäre von Langeweile und Komik, die sich allgemach über das Haus lagert.

Die Gralsglocken tönen; irgend etwas hapert, die rechte Klangfärbung will nicht heraus. Monsieur Jehin, der Kapellmeister ist ein sehr akkurater Herr, klebt aber viel zu ängstlich an der Partitur und vergißt über ihrer sauberen Exekution ihre Seele. Eine langweilige, altmodische Wandeldekoration beginnt zu funktionieren und endet schließlich in einem mächtigen und sehr wackeligen Saal. Die Chöre und Amfortas arbeiten exakt und ohne Stimmung; wie indes beim Abmarsch die Gralsritter sich küssen und dicke und dünne Bäuche, starrend emporgewichste Schnurrbärte und schlechtgeklebte Backenbärte sich reiben, läßt sich eine gelinde Heiterkeit kaum unterdrücken. Gurnemanz jagt Parsifal hinaus, und in Ermanglung einer Tür, die er stark zuschlagen könnte, gibt er ihm einen kräftigen Stoß. In die verklingenden Chöre hinein tönt das Klatschen und der Aufbruch der Zuschauer.

Einundeinehalbe Stunde Zwischenakt. Man sucht von den Dienern durch Geld und gute Worte bessere Plätze zu erhalten. Ein Zeichner Poirets müht sich, den Toiletten der Zuschauerinnen etliches abzugucken; man bewundert eine sehr grazile Demimondäne, die trotz dem heutigen Korso von Nizza herüberkam, und entrüstet sich darüber, daß an der Roulette unter den florentinischen Grazien sechsmal hintereinander das nämliche Karree herauskam. Im übrigen diniert man.

Endlich steigt Klingsors Turm auf. Klingsor-Bourbon singt gut und sieht nicht übel aus; auch die Litvinne hat sich frei gesungen und gibt jetzt, da sie nicht sichtbar ist, starke Eindrücke. Der Zaubergarten ist wieder recht wohlfeil zusammengestückt, die Blumenmädchen singen und spielen erträglich. Parsifal-Rousselière hält, was sein erster Akt versprach, und die Litvinne hat gesanglich ein paar Momente, über denen man ihre Körperlichkeit vergißt. Der Beifall klingt diesmal stark und echt.

Die Blumenaue des dritten Aktes aber ist wieder kitschig. Parsifal meidet kunstvoll die gefährlichsten Klippen des Zerknirschungsaktes, und der orchestrale Part gelingt jetzt auffallend gut. Bis die fatale Wandeldekoration wieder in Aktion tritt und uns in die wacklige Gralsburg zu den traurigen und fadenscheinigen Rittern führt. Der blecherne Beiklang der Glocken will nicht weichen, und wenn die Schlußapotheose schon in Bayreuth an Liebigbilderprunk gemahnt, so mußte sie in Monte Carlo notwendig die Gedanken-Assoziation mit Oberammergau hervorrufen.

Alles in allem: man wollte in der Hochburg der Sinnenfreude ein Büßerdrama inszenieren. Jedoch: was als pikantes Stimulans hätte wirken sollen, ward durch die Unzulänglichkeit der Mittel in ein tristes Kirchenkonzert verwandelt, das weder pathetisch noch frivol, sondern schlechthin langweilig wirkte und nach dessen Wiederholung es wohl niemanden gelüsten wird.

Strindberg-Zyklus in München
(1915)

1.

Was ist es, das so viele, die Herz und Hirn für Dinge der Kunst haben, dem August Strindberg nicht näherkommen läßt? Was ist es, das sie zwingt, diesen Dichter nur zögernd, knirschend, gegen ihren Willen gewissermaßen, zu bewundern? Ich glaube, es ist seine ungeheure, proletisch wuchtende Taktlosigkeit. Man verstehe mich nicht falsch. Ich gebe selbstverständlich zu, daß jeder Dichter notwendig taktlos sein muß. Daß er seinen Schmerz heraussagen, seine Wunden aufzeigen, sich die Brust aufreißen muß. Die Taktlosigkeit, die darin liegt, haben aber die großen Dichter und Ästhetiker aller Zeiten gefühlt und überwunden. Überwunden durch die Form, durch Rhythmus, durch Objektivierung, Entmaterialisierung. So stellt die Antike das Gesetz von der Katharsis, der Reinigung der Leidenschaften auf, so preist die Minnedichtung das Maß, die Mäßigung als höchstes Ideal, so formt das klassische Drama der Franzosen sich sein festes, zuchtvoll rhythmisches Gefüge. So überwindet Schiller durch das Studium der Antike, Goethe durch die italienische Reise die Gefahren der Taktlosigkeit, denen der Sturm und Drang erlegen war. August Strindberg ist von allen großen europäischen Dichtern der einzige, der von dieser Hemmung niemals auch nur den leisesten Hauch verspürt. Er, der Sohn der Magd, ist von einer ungeheuern, bewunderungswürdigen, abstoßenden Taktlosigkeit. Hart, nackt, ohne Tönung, Bindung, Übergang, Rhythmus stellt er Menschen, Gedanken, Worte nebeneinander, Großes und Kleines, kantig, grob, sich stoßend, wie es ihm aus dem Hirn kam, ohne weitere Formung. Und alles in grellster Belichtung. Bei ihm gibt es keine Andeutung, keine Dämmerung, nur ein hartes, fanatisches Geradeaus. Immer schreit dieser Dichter, alles unterstreicht er.

Ihm gab ein Gott nicht, zu sagen, was er leidet, sondern nur, es herauszuschreien, es zu brüllen. Er schreitet nicht, er stapft; er atmet nicht, er schnauft. Alles Leichte, Glatte, Spielerische, Selbstverständliche ist ihm versagt. Er ist immer ein Athlet, der sich abarbeitet. Überall, in den harmlosesten Dingen, sieht er den Teufel, auf den er finster nazarenisch mit dem Dreschflegel losschlagen muß. Er hat kein Maß; Tiefstes stellt er neben Banalstes, und mit dem Eigensinn eines Besessenen spürt er grade im Komischen das Tragische auf. Ein Rasiermesser, ein Geldbrief, eine verwässerte Suppe sind ihm grade recht, um tiefe metaphysische Betrachtungen daran zu knüpfen. Mit einer proletischen Unbekümmertheit vernachlässigt er die äußere Form. Sein Dialog kennt keine Schwingungen, Tönungen, Übergänge. Seine Menschen sagen sich alles unentwegt mit dürren, sachlichen Worten ins Gesicht. Keiner seiner Menschen hat eine Kinderstube, keiner Manieren. Alle aber haben ein »rasendes Verlangen, alles auszusprechen, was sie denken«. Sie würzen sich Frühstück, Mittag- und Abendessen mit gesprochenen Ohrfeigen. Nichts wird angedeutet. Alle gesellschaftlichen Floskeln der Rede werden unterdrückt, alles das hingegen, was man früher »beiseite« sprach, das sagt man sich bei Strindberg ins Gesicht.

Man braucht kein Banause zu sein, um diese Hemmungslosigkeit, diese Sucht, alles hart, dürr und ohne Umschweife herauszusagen, diese unterstrichene Vernachlässigung der äußern Form häufig peinlich und manchmal komisch zu empfinden. »Nur die Oberflächlichen glauben, daß die Oberfläche etwas Oberflächliches sei.« Wie angewidert hätte Goethe von diesem Formlosen sich abgewandt, wie streng Lessing, bei aller Liebe für den Wahrheitsucher diesen aller Zucht Entratenden verurteilt! Wort und Gedanke klaffen auseinander. Die Tonart dem Gedanken anzumessen ist aber eine sehr schwere Kunst, urteilt Lichtenberg, »und eine Vernachlässigung derselben ist ein wichtiger Teil des Lächerlichen«. Gewiß war Strindberg ein gewaltiger Dichter, ein fanatischer Sucher und Seher, der mit heidnischer Phantasie die ganze Welt vergottete und mit nazarenischer Kritik in allen Göttern den Teufel sah. Aber er war ein schlechter Sager. Die Grazien sind leider ausgeblieben. Er hatte wohl Chaos genug in sich, um

Sterne zu gebären, aber keine tanzenden, sondern torkelnde, taumelnde.

»Als ich meinen Teufel sah, da fand ich ihn ernst, gründlich, tief, feierlich. Es war der Geist der Schwere – durch ihn fallen alle Dinge. Ich glaube nur an einen Gott, der zu tanzen versteht.« Also sprach Zarathustra vom Lesen und Schreiben.

2.

Man wird nun vielleicht meine Einwände kleinlich schelten und Strindberg nicht angemessen. Aber es ist ja mit Strindberg so, daß, was für ihn zu sagen ist, Unzählige, und eindringlich und überzeugend, gesagt haben. »Alle reisen hin in der Absicht, ihn anzubeten, aber keiner, seine Gottheit zu untersuchen.« Meine Einwände, so viele sie dumpf gespürt und sich durch sie den Genuß dieses Dichters haben trüben lassen, sind noch niemals klar formuliert worden. Und doch sind sie für den Regisseur, der Strindberg zu inszenieren hat, unendlich wichtig, ja, sie sind der eigentliche Kern des Regie-Problems. Wenn nämlich das, was sich als Strindbergs Taktlosigkeit definierte, ein wesentliches Element seiner Kunst ist: soll dann der Regisseur dies Moment unterstreichen oder mildern? Strindberg kennt keine Übergänge, Tönungen, Schwingungen, Nuancen in der Belichtung: soll also auch der Regisseur alles auf grellste Deutlichkeit spielen, oder soll er dämpfen, nuancieren? Der Dichter schafft seinen Menschen keine Atmosphäre; die Herausarbeitung alles dessen, was man gemeinhin Umwelt, Stimmung zu nennen pflegt, ist mit souveräner Rücksichtslosigkeit vernachlässigt; es ist alles auf die Zeichnung, nichts auf die Farbe gestellt: soll der Regisseur aus eigenem Farbe zu geben suchen, oder soll er die Askese des Dichters mitmachen? Strindbergs Menschen sind manierlos auf höchst unnatürliche Art, bis zum Grotesken manierlos: sollen sie's auch auf der Bühne sein? Soll der Regisseur diese Charakteristika des proletarischen Dichters als Stilelement betonen oder sie zu vertuschen suchen? Und wie ist es mit der Symbolik? Strindberg liebt es, höchst banale Dinge zum Ausgangspunkt transzendentaler Betrachtungen über Gott, Welt und Teufel zu machen, die trivialsten Dinge des

Alltags, ein schlecht aufgeräumtes Zimmer, eine Saucenflasche, zu Symbolen pathetisch-mystischer Ideen zu erheben: soll bei der Aufführung der Ton auf der Trivialität oder auf dem Pathos liegen? Der Dichter hat einmal einen übrigens ziemlich unklaren und verworrenen Aufsatz über ›Stilisieren‹ geschrieben. Da steht: »Ein naturalistisches Schauspiel kann nur naturalistisch wiedergegeben werden. Doch um so gedämpfter, je mehr sich der gute Geschmack gegen das Geschmacklose kehrt.« Hier ist, vielleicht, ein Fingerzeig; sehr weit freilich führt er auch nicht. Jedenfalls bot die Praxis des Münchner Strindberg-Zyklus mehr Material zur Lösung des Problems als die Theorie des Dichters.

3.

Das Ensemble der Münchner Kammerspiele, die das Schauspielhaus längst überflügelt haben, bringt für Strindberg viel Eignung mit. Freude am Kampf, starken Willen zur Arbeit, viel nazarenischen Intellektualismus, wenig heidnische Sinnenfreude, viel Linie, wenig Farbe und sehr wenig Charme. Wenig Gefühl, alles in allem, für das, was ich Takt nennen möchte. Die hervorragenden Darsteller dieses Theaters haben fast alle mehr Temperament des Hirns als des Herzens. Was ihren Aufführungen leicht etwas Überhitztes gibt. Erich Ziegel zwar hat einen starken angeborenen Hang zum Pathos; aber sein Kritizismus macht ihm diese Neigung immer wieder verdächtig, und so flattert er unglücklich zwischen Pathetik und Kritizismus hin und her und ist am stärksten, wenn er das eigene Pathos karikieren darf. Mirjam Horwitz befiehlt sich, berückend zu sein, und sie ist es; nur merkt man, daß sie sich's befohlen hat. Auch sie hat Charme, nur spürt man stets ihre Absicht, charmant zu sein. Paul Marx ist ein äußerst intelligenter Spieler. Er ist furchtbar weise und schrecklich gerecht, derart, daß er häufig mehr gescheite Marginalien zu seinen Rollen gibt, als daß er sie spielt, und oft möchte man ihm mit dem König Salomo zurufen: Sei nicht allzu weise und nicht allzu gerecht, auf daß du nicht verderbest. Käte Bierkowski bringt für ihre Rolle ein gradezu ekstatisches Verständnis mit, einen rücksichtslosen, inbrünstigen

Willen, sie zu meistern. Sie meistert sie auch; aber man hat das Gefühl, als werde Schweres mühsam bewältigt, nicht spielerisch gehoben. Sie hat böse, tiefe Augen und einen harten Mund. Sie kann unendlich viel; ja, sie vermag es sogar, ihrem spröden Wesen so was wie Grazie abzulisten. Wenn sie spielt, dann muß ich an die Flora Garlinda denken in der Kleinen Stadt. Auch Erwin Kalser enträt jener schönen, adeligen Selbstverständlichkeit. Man bewundert den Fanatismus des Intellekts, mit dem er sich in seine Menschen einbohrt. Aber er hat etwas leise Dozierendes, Predigerhaftes, eine gewisse Salbung im Ton, die immer wieder die letzte Kluft aufzeigt zwischen dem Schauspieler Kalser und den Menschen, die er gestaltet. Es ist, als spielte er hinter einem Schleier, es ist ein letzter Nebel da, der nicht zerreißen will. Die stärkste Darstellerin der Kammerspiele ist Emilie Unda. Sie hat etwas Schillerndes, »Kaltgleißendes«. Ihre Art gemahnt häufig an die Durieux, mit der sie Kälte, Glätte und Vollendung gemein hat. Sie hat weniger Linie als die Durieux, sie ist fetter, in jeder Hinsicht, und verliert dadurch jene Schärfe, die der Durieux manchmal so zupaß kommt; auf der andern Seite aber gewinnt sie eben dadurch die Möglichkeit für gewisse Abstecher ins Bürgerliche, die jener bei aller Virtuosität versagt sind. Diese Spieler des ersten Aufgebots werden ergänzt durch die warme Natürlichkeit Marie Andors, die vielseitige Routine August Weigerts, die süße, mondhaft blasse Trauer Lucie Gelderns, die derbe Humorhaftigkeit der Herren Lantzsch und Albrecht und Fräulein Wohlgemuts. Ihnen gesellt sich in Otto Falckenberg ein Regisseur, der von der Literatur herkommt, von der Literatur jener Epoche, die sich vom Naturalismus abkehrte.
Diese Leute also spielen Strindberg. Gaben bislang in einem Zyklus ›Fräulein Julie‹ und ›Die Stärkere‹, ›Mit dem Feuer spielen‹, ›Gläubiger‹ und ›Kameraden‹, dann ›Rausch‹, ›Scheiterhaufen‹ und ›Gespenstersonate‹. Dergestalt, daß sie die fünf ersten Stücke auf nackte, ungemilderte, kraß naturalistische Herausarbeitung des Psychologischen stellten, in ›Scheiterhaufen‹ begannen, das lyrisch-symbolische Element zu betonen, und in ›Rausch‹ und ›Gespenstersonate‹ vor allem das Symbolisch-Mystische unterstrichen. Es zeigte sich, daß ... Aber gehen wir ins einzelne.

Von den fünf ersten Stücken gelangen restlos nur ›Die Stärkere‹ und ›Kameraden‹. Wohl eben deshalb, weil diese Werke ganz auf die messerscharfe Psychologie des Dialogs gestützt sind. ›Mit dem Feuer spielen‹ geriet plump und schwer. Diese Komödie will von leichten, beschwingten Darstellern gespielt werden; sie muß mißlingen, wenn sie von schweren Menschen ernsthaft dargelegt mehr als dargestellt wird, und sei die Szene noch so licht und sommerlich. Wenn man in den ›Gläubigern‹ sich begnügt, den Dialog zu bringen, so wirkt das Stück wie eine geistreich wüste Fratze. ›Fräulein Julie‹ mißriet, weil man von der Verführung der Johannisnacht nichts spürte, und weil Ziegels Jean nicht den Mut zur Brutalität hatte, und weil Mirjam Horwitz zwar die hilflosen Gesten der zu Tod Gehetzten, aber weder die Rasse der Aristokratin noch die Hysterie des späten Mädchens gestalten konnte. Den ›Scheiterhaufen‹ trug Kalsers und der Bierkowski Geschwisterpaar. Die arme, verkümmerte, flügellahme Sehnsucht der beiden nach Licht und Wärme winselte und duckte sich und verzweifelte und schrie auf und bäumte sich und sang in unvergeßlichen Tönen den irren Triumph ihres balladenhaft großen Schwanensanges. Nur fehlte leider der Pelikan, der dem Werke Sinn und den ursprünglichen Titel gegeben. In ›Rausch‹ fehlte es Kalser an Blut und Glut, um die Trunkenheit von Liebe und Triumph körperhaft zu verdichten. Um so größer und grausiger aber wußten er und die Unda das Erwachen zu gestalten: die zweite Szene in der Crémerie und die Szene im Luxemburg-Garten wuchsen weit über die Tragik eines Einzelgeschicks hinaus. (Schade nur, daß die Regie die Statue Adams und Evas getilgt und damit die äußere Glaubhaftigkeit des grandiosen Aktschlusses beeinträchtigt hatte.)

4.

›Gespenstersonate‹ war bisher in Deutschland noch nicht gespielt worden. Es ist wohl der dritte Akt, der die Bühnen abgeschreckt hat. Von der Welt durch die Hölle kann uns Strindberg führen: aber nicht zum Himmel. Wie bläßlich wirkt sein Paradiso nach dem in allen Farben des Grauens schillernden Inferno. Stellenweise mutet dieser dritte Akt uns an wie ein matter Aufguß des ›Scheiterhaufens‹. Wie gequält und krampfig erscheint die Buddha-Symbolik! Und man kann es dem Publikum nicht verdenken, wenn es nichtgezählte Wäsche, kratzige Federhalter und verdünnte Suppe als tragische Symbolik der im Wortsinn tödlichen Tücke des Alltags nicht gelten lassen will. Und das blumenhaft zarte Fräulein, das an dieser Tücke stirbt, bleibt blutlos, ohne Süße, nicht geformt. Und erfühlt vielleicht, aber sicherlich nicht geformt sind die Worte der Erlösung am Schlusse, so stammelnd, daß die Worte der Apokalypse, die sie krönen sollen, schier willkürlich angehängt scheinen. Auch tiefer gesehen, trübt dieser dritte Akt die innere Harmonie der Dichtung. Gedacht war er wohl als organischer Teil des zweiten Aufzugs; aber er schwoll dem Dichter unter der Hand an zu störender, unorganischer Selbständigkeit.

Doch was wollen alle diese Einwände besagen gegen die Großheit der beiden ersten Akte, gegen das kalte, im tiefsten, unheimlichsten Sinn religiöse Grauen, das von diesem Inferno ausgeht und auch dem Unfrömmsten die Seele aufstört. Ein Totentanz von fortzeugenden Verbrechen, wilden Verstrickungen, gräßlicher Sühne rast vorbei. Eine grausige, in ihrer zusammengedrängten Sachlichkeit ungeheure Symphonie dröhnt auf, kreischt, gellt, winselt, heult, läßt dem Hörer den Atem stillstehen und das Mark in allen Knochen gefrieren. Das Thema aber ist der Trieb des Menschen, der böse ist von Jugend auf. Gespenster gehen um, nicht flüsternd im Hinterzimmer, wie bei Ibsen, nein, im Vorgrund, in der Sonne, am hellichten Tag. Tote schreiten über die Straße; Menschen vertrocknen zu Mumien, Vampyre wandeln umher und saugen das Blut ihrer Opfer. Alte Taten stehen auf, heimliche werden leibhaft und treten vor ihren Täter, blaß, furchtbar und mit toten Augen. Menschen sitzen zusammen um den Teetisch, Menschen des Alltags, geachtete, betitelte; bleiernes Schweigen ist um sie: da plötzlich fangen die Wände des Zimmers zu reden an, die Stirnen der Menschen werden durchsichtig, ihre Gedanken liegen bloß, und siehe, es ist ekles Gewürm. Sie reißen sich die Masken vom Gesicht. Verbrecher sind sie alle, verschwägert durch böse Lust, verkittet durch Schuld, verklebt miteinander durch Blut. Aus ver-

trocknetem Mund, der nur noch tierische Laute lallen kann, dringt uralter Fluch, die Uhr steht still, und in der Ecke hinter dem Schirm hockt der Tod.
Gegenstand und Symbol, Mensch und Idee, Zeitlichkeit und Ewigkeit, Einzelschicksal und Weltganzes fallen nicht mehr auseinander, sind nicht mehr getrennt: ein untriebhaftes Etwas bäumt sich auf und ballt individuelles und kosmisches Geschehen zusammen zu furchtbaren Gesichten. Die vier grauen Weiber aus dem zweiten Teil des ›Faust‹ sind Kinderschreck gegen Strindbergs Mumie. In Palermo, in den Katakomben des Klosters der Capuccini, sind seit zweiundeinhalb Jahrhunderten die ausgetrockneten Leichen der vermöglicheren Palermitaner aufbewahrt. Es sind viele, viele Tausende. Männer, Weiber, Kinder. Sie hängen, stehen, liegen herum, zu Haufen, dicht aneinander, die ausgetrockneten Kadaver von fünfundzwanzig Jahrzehnten. Ihre Physiognomien haben sich gut erhalten; ihre zahllosen Gesichter erfüllen die weiten, niedern, dumpfigen Gewölbe und Gänge. Haut und Knochen, Knochen und Haut. Eine endlose Fülle sprechender, grinsender, verzerrter Gesichter. Eine englische Dame ward einmal versehentlich über Nacht in diesen Katakomben eingesperrt: sie wurde irrsinnig. Diese Palermitaner Totenkammern versinken zu nichts vor den lebendigen Leichen im runden Salon der ›Gespenstersonate‹. Sagte ich, dieser Dichter könne nicht tanzen? Oh, er kann es. Er tanzt eine danse macabre, vor der einem die Pulse stocken. Das Unbeschreibliche, hier ist es getan. Unser aller Gewissen schlägt in dieser Dichtung. So wie wir vor diesem Werk, so müssen die Athener vor den ›Eumeniden‹ des Aischylos gesessen haben, da Frauen Fehlgeburten taten und die Mörder des Ibykus Geständnis ablegten. Besinnungraubend, herzbetörend tönt der Erinnyen Gesang. Das Antlitz der Gorgo erscheint, das Welt-Ethos, das ewig gleiche, schlägt furchtbar das Aug auf und starrt uns an. Man muß die größten Bußpredigten aller Zeiten heraufbeschwören, ihnen dies Werk anzureihen: die Propheten des Alten Bundes, Dantes Gesicht von der Höllenstadt Dis.
Daß die Kammerspiele dies Werk nicht ausschöpfen konnten, liegt auf der Hand. Ich will von Einzelheiten, der schiefen, sinnstörenden Dekoration des ersten Aktes, der versagenden

Besetzung des Fräuleins, nicht reden. Schlimmer schon scheint mir, daß Paul Marxens kommentierende Kunst den Alten nur andeuten, nicht gestalten konnte. Das war ein unangenehmer älterer Herr: aber er war weder uralt noch ein Vampyr noch ein verschrumpfter Kobold. Von dem eingeteufelten Machthunger dieses Dämons verspürte man kaum einen Hauch. Die Regie zelebrierte das Drama wie ein Oratorium. Das ist falsch. Das Große an dem Werk ist doch eben, daß es das Vermorschte, Gespenstische in unserm Alltag aufzeigt. So gelang der zweite Aufzug am besten, wo man in dieser Hinsicht am wenigsten fehlen kann. Vor allem die Unda wußte die Mumie zu der Überwirklichkeit – nicht Unwirklichkeit! –, die Strindberg immer anstrebt und die hier Ereignis wird, zu verdichten.
Im übrigen schreit das Werk nach Reinhardt. Er hole sich die Unda und spiele es.

5.

Der Strindberg-Zyklus der Münchner Kammerspiele hat die Stadt trotz dem Kriege aufhorchen gemacht, sie im Innern aufgerüttelt. Ich entsinne mich nicht, daß je in München Schauspiel-Aufführungen so starken Widerklang gefunden hätten. Diese Vorstellungen haben viele der Schaubühne wieder zugewandt, die ihr durch Jahre entfremdet gewesen waren. Den wenigen aber, denen das Theater Tieferes bedeutet, bleibt von diesem Zyklus die gefestete Bewunderung des Dichters Strindberg, der Respekt vor der zielstrebigen Arbeit der Kammerspiele, die Erinnerung an den Schluß des ›Scheiterhaufens‹ und an ein paar Szenen im ›Rausch‹, an den zweiten Aufzug der ›Gespenstersonate‹ und an den Schauspieler Kalser und die Schauspielerinnen Bierkowski und Unda.

Der Kirschgarten
(1916)

1.

Der deutsche Dichter Ferdinand Freiligrath dachte sich eines Tages, Deutschland sei Hamlet, und schrieb darüber einige Verse. Der russische Dichter Anton Tschechow spürte, daß Rußland Hamlet war, ist und sein wird, und gestaltete seine Überzeugung zu einem süßen, innigen, schwermütigen dramatischen Gedicht, das ›Der Kirschgarten‹ heißt.
Deutsche Chauvinisten werden sich freuen, wenn das Werk in Deutschland aufgeführt wird. Sie werden den verzweifelten Ausspruch des revolutionären Studenten zitieren: »Bei uns in Rußland gibt's so wenige, die arbeiten. Der größte Teil der Intellektuellen, die ich kenne, hat keinen Drang nach Erkenntnis, weiß von keiner Arbeit und ist ihrer auch nicht fähig. Man heißt sich intellektuell; aber die Dienstboten duzt man, die Bauern behandelt man wie's liebe Vieh, was lernen heißt, was lesen heißt, weiß man nicht, von den Wissenschaften wird bloß geredet, von der Kunst versteht man nichts. Alle haben ein düsteres Gehabe, alle machen wichtige Gesichter, alle reden nur von den letzten Dingen, alle philosophieren. Und dabei leben wir in den meisten Fällen, in neunundneunzig von hundert, wie die Wilden, jeder Wortstreit wird durch Ohrfeigen ausgetragen, wüste Schimpfereien sind an der Tagesordnung, man ißt scheußlichen Fraß, man schläft in dumpfigen, dreckigen Löchern, überall Wanzen, Gestank, Sumpf, moralische Verkommenheit. Und alle die schönen Phrasen sind nur dazu da, sich selber und andern Sand in die Augen zu streuen. Zeigen Sie mir doch die Zöglingsheime, von denen man so viel und so oft spricht, zeigen Sie mir doch die Volksbibliotheken! Bloß in Romanen wird von ihnen erzählt, in der Wirklichkeit existieren sie nicht. Was da ist, ist Schmutz, Gemeinheit, Asiatentum.« Man wird

triumphierend schreiben: »So urteilt ein Russe über Rußland. Am Verfall einer Familie zeigt er den Verfall seines Volkes.« Aber das Problem liegt viel tiefer. Gewiß wollte Tschechow ursprünglich eine Art russischer Buddenbrooks, den Verfall einer Familie, geben. Aber der ›Kirschgarten‹ wurde immer weiter, größer und tiefer, und schließlich atmete in ihm nicht nur die Resignation eines Volkes, nein: er wurde zum schwermütigen Spiegel des Menschengeistes überhaupt, des Menschengeistes, der seine Grenzen am Grenzenlosen mißt, und der erkennt, lächelt und verzichtet.

2.

In diesen vier Akten geschieht so gut wie nichts. Der Kirschgarten der Familie Gajew wird verkauft; der Kirschgarten des alten, adligen, heruntergekommenen, verschuldeten Geschlechts wird verkauft an einen handfesten, geschäftstüchtigen Proletariersprößling, einen weiland Leibeigenen eben dieses Geschlechts. Das ist alles.
Aber dieses handlungsarme Stück ist das Reichste und Reifste, Süß und Bitterste, Weiseste, was Tschechow je geschrieben. Diese Tragikomödie ist ganz einsam, es geht ein Lächeln durch sie, mild, sehnsüchtig und dennoch voll Hohn. »Dieses Stück hat das Lächeln der Gioconda«, schrieb nach der Aufführung bei Stanislawski Rußlands größter Kritiker.
Es handelt, wie gesagt, nur von einem Kirschgarten, der verkauft wird. Dieser Kirschgarten ist, real gesehen, ein Stück Boden, das einen Wert repräsentiert von etwa neunzigtausend Rubeln mehr als die Hypothek, die auf ihm lastet. So sieht ihn der Realist des Stückes, der heraufgekommene Proletarier Lopachin. Oh, er ist ein kluger, tüchtiger Mann, der Herr Jermolai Lopachin, der fest mit beiden Beinen auf der Erde steht und genau weiß, was er will. Das Areal muß man parzellieren, rät er, das alte, baufällige Herrenhaus abtragen, den Kirschgarten niederhauen.
Aber so gesund und vernünftig diese Ansicht ist, sie ist dennoch falsch, und die Gutsbesitzerin Frau Ranjewski hat ganz recht, wenn sie ihm empört erwidert: »Entschuldigen Sie, mein Lieber, das verstehen Sie nicht.« Denn dieser Garten ist

etwas ganz Ungewöhnliches und wirklich zu gut, um kleinbürgerlichen Villenkolonisten als Baugrund zu dienen. Nicht, weil er so schön ist, so fein und zart und licht, mit dem strahlenden Weiß seiner Blüten unterm blauen Himmel, auch nicht, weil er im Konversationslexikon steht als die größte Sehenswürdigkeit des ganzen Gouvernements. Der uralte Diener Firs, der wacklige, schwerhörige, den die Gutsherrschaft von Generation zu Generation übernommen hat, ahnt dumpf das wahre Wesen des Kirschgartens. Mit greisenhafter Geschwätzigkeit plappert er in die Unterhaltung der Herrschaften hinein von der Zeit vor vierzig oder fünfzig Jahren: »Da hat man die Kirschen getrocknet, gedünstet, eingesäuert, eingemacht, und dann –«. Man will ihn zur Ruhe weisen; aber der Greis schwatzt fort: »Und dann hat man die getrockneten Kirschen versandt. In ganzen Fuhren. Nach Moskau und nach Charkow. Das hat Geld ins Haus geschneit! Und wie die getrockneten Kirschen schmeckten, damals! Weich und saftig und süß! Und wie sie geduftet haben! Ja, die hatten das richtige Rezept, damals ...« Jemand fragt nach dem Rezept. Aber es ist verlorengegangen.

Kein gewöhnliches Terrain, ein Symbol, das eindringliche Symbol dieses »damals«, jener patriarchalischen Zeit, da man noch reinlich schied zwischen Herren und Knechten und den zweifelhaften Luxus sozialen Gewissens nicht kannte, ein Symbol des alten Rußland ist der Kirschgarten. Die Gutsherrschaft spürt es. Die Ranjewska ist verwachsen mit dem Kirschgarten. »Alle Engel Gottes wandeln in ihm.« Unter seine Bäume flüchtet sie sich aus der hilflosen Hetzjagd des Pariser Lebens. Er ist ihre Jugend, ihre Reinheit. Durch seine Alleen sieht sie, weißgewandet, ihre tote Mutter schreiten. Mit dem Kirschgarten entgleitet ihr und ihrem Bruder die Wurzel nicht nur ihrer äußern, sondern auch ihrer innern Existenz, ihres innern Aristokratentums, mit dem Gut, mit dem Feudo verlieren sie ihren Feudalismus.

Und auch der Hauslehrer Petja Troffimow, der verbummelte Student, der Schwärmer, der Utopist, spürt, daß dies das Wesen des Gartens ist. Als Anni, die siebzehnjährige Tochter der Gutsherrin, ihm klagt: »Was haben Sie aus mir gemacht, Petja! Warum hab' ich den Kirschgarten nicht mehr lieb! Ich liebte ihn so zärtlich, es schien mir, als gäb' es keinen schönern Platz auf Erden als unsern Garten!«, erwidert er: »Denken Sie, Anni: Ihr Großvater, Ihr Urgroßvater, alle Ihre Ahnen besaßen Leibeigene, besaßen lebendige, menschliche Seelen. Fühlen Sie denn nicht hinter jedem Kirschbaum im Garten, hinter jedem Stamm ein menschliches Antlitz Sie anstarren? Hören Sie nicht Menschenstimmen jammern? Oh, grauenvoll ist das, Ihr Garten ist grauenvoll, und wenn man ihn am Abend oder des Nachts durchstreift und die faulende Baumrinde so düster und seltsam schimmert, dann ist es, als ob die Kirschbäume davon träumten, was hier vor hundert, vor zweihundert Jahren geschah, als ob sie gequält würden von schrecklichen Gesichten!«

Aber tiefer als sie alle sieht Tschechow den Kirschgarten. Recht hat ihm Lopachin, der den Garten als Terrain sieht, recht die Ranjewska, die das Symbol ihrer Jugend und Reinheit, einer herrlichen und herrenhaft selbstverständlichen Vergangenheit in ihm erblickt, recht der schwärmende Student, dem er zum Symbol blutiger Despotie wird. So weitet sich dem Dichter der Garten nicht nur zum Bild seines Volkes, das, an sich rein und schön und groß, hilflos aus einer unverstandenen Vergangenheit jäh in eine dumpfe und ebenso unverstandene Zukunft taumelt: nein, er formt den sterbenden Kirschgarten mit stillem und schwermütigem Lächeln zum Gleichnis vom Sansara, von der Relativität und der Vergänglichkeit alles Irdischen, das dem Weisen wie dem Narren zerfließt.

3.

Die Menschen des ›Kirschgartens‹ haben alle was Gemeinsames: eine dumpfe, vergrübelte, schwingenlahme Sehnsucht, die sie quält, und die sie doch nicht lassen mögen. Das Merkwürdige und typisch Russische an ihnen ist, daß sie diese Sehnsucht lieben, streicheln und verhätscheln, und daß sie gar nichts tun, um sie Erfüllung werden zu lassen. Man hat das Gefühl, daß es ihnen gar nicht recht wäre, wenn sie sich erfüllte. Sie bohren in sich herum, ewig unbefriedigt, sie spüren immerfort ihre Grenzen und klagen darüber, sie rütteln an ihren Schranken, aber mehr um der Gebärde des Rüttelns willen als um diese Schranken zu zerbrechen. Zur prachtvollen Karikatur wird diese kokette Selbstbejammerung in dem Gutsverwalter Jepichodow, der, wenn er über einen Stuhl stolpert, weltschmerzliche Betrachtungen anstellt und, fällt ihm eine Fliege in den Tee, Kant zitiert und mit Selbstmordgedanken spielt. Und selbst der Tatmensch des Stückes, Lopachin, ist von dieser dumpfigen Unentschlossenheit, von dieser melancholischen Passivität angekränkelt; es ist kein Zufall, daß ihm unvermittelt eine unklare Hamlet-Reminiszenz über die Lippen dringt.

Es sind zwölf Menschen, die den Kreis des ›Kirschgartens‹ bilden, erstaunlich russische Menschen, aber gesehen durch das Temperament eines mehr als russischen, eines europäischen Dichters, der sie in eine Atmosphäre süß- und bitterer Resignation und ganz leiser Ironie hüllt und ihr Leid zu unserm macht. Da ist der Kaufmann Lopachin, Gajews früherer Leibeigener, der schließlich den Kirschgarten ersteigert, der Tatmensch mit dem brennenden Arbeitsdurst. Aber selbst er ist angefressen von jener sentimentalen Sucht, zu grübeln, sich selbst zu zerfasern, von jener Bedenklichkeit und Zaghaftigkeit, die allen Menschen des ›Kirschgartens‹ anhaftet. Prachtvoll, wie er sich endlich entschlossen hat, Warja einen Heiratsantrag zu machen, und wie er befreit aufatmet, als er unverrichteter Dinge weggehen kann, weil irgendein Gleichgültiger ihn abruft. Wie er ehrlich unglücklich ist, daß Frau Ranjewski den Kirschgarten verliert, den er doch selber niederhauen läßt. Wie er in dem Idealisten Troffimow das feindliche Prinzip wittert, ihn neckt und höhnt, aber ihn gleichzeitig bewundert und mit Geld unterstützt. Wie er für den unpraktischen Gajew ein verächtliches Mitleid empfindet, sich aber in eingeborenem Sklaventum immer wieder vor dem ehemaligen Herrn duckt. Zum Stärksten, was die ganze russische Literatur geschaffen hat, gehört die Szene, wie er von der Auktion zurückkehrt, auf der er den Kirschgarten erstanden hat. Lachend, lallend, stampfend, trunken vom Rausch des Besitzes. Und dann tröstet er unvermittelt mit täppischen Worten die Gutsherrin und beklagt die Ungereimtheit und Ungerechtigkeit des Lebens. Und dann schreit er nach Musik. Und dann folgt wieder ein sentimentaler Rückschlag, bis schließlich sein Proletentum jäh durchbricht. Er stößt zufällig an ein Tischchen, daß ein Armleuchter beinahe umfällt; er packt den stürzenden Leuchter, schleudert ihn zu Boden und schreit: »Ich kann's zahlen!«

Und dann ist da Warja, Frau Ranjewskis Pflegetochter, ein vierundzwanzigjähriges, derbes Bauernmädchen. Sie ist immer ängstlich, eine Groschensparerin, sie arbeitet rastlos, aber mit kleinen und bis zur Komik kleinlichen Mitteln, um den Verfall des Gutes aufzuhalten. Sie hat was Mütterliches an sich, was Streng-Kleinbürgerliches, und ihre Sehnsucht ist ein beschauliches Klosterleben. Und dann ist der Gutsnachbar da, Simeonow-Pischtschik, der vollblütige Optimist mit dem Patriarchenbart, den Kopf voller Schnurren und das Gut voller Schulden, der gern und leicht Erstaunte, der sich was zugute tut auf den Witz seines Vaters, daß sein Geschlecht von jenem Gaul abstamme, den Caligula zum Konsul machte.

Es folgt das Quartett der jüngern Bediensteten: Fräulein Charlotte, die Bonne, die keine Papiere hat und nicht weiß, ob sie jung ist oder alt, ein verdrehtes, unnützes, alterndes Mädchen, das sich und andern die Bitterkeit ihres Geschicks hinter Possen und Kartenkunststücken zu verbergen sucht. Der Buchhalter Jepichodow, dem die unverdaute Weisheit der vielen gelesenen Bücher den Kopf verwirrt, der sich vom Schicksal verfolgt glaubt und bei der belanglosesten Ungelegenheit in mißverstandenen papierenen Phrasen triumphierend die raffinierte Bosheit seines Geschicks beklagt. Sein Gegenstück, der Zierbengel Jascha, der von seinem Pariser Aufenthalt eine tiefe Verachtung für alles Russische (»Asiatentum!«) mitgebracht hat, den Sekt ausleckt und seine westeuropäische Kultur durch das Tragen bunter Westen betätigt. Die Zofe Dunjascha, ein geziertes Ding, das den Herrschaften die »feinen Gewohnheiten« nachstümpert und für ihre Sucht, jemand anzuhimmeln, in Jascha das rechte Objekt gefunden hat.

Der Student Petja Troffimow ist der typische Vertreter der revolutionären russischen Jugend. Einer von den Propheten, die nicht alle werden seit den Zeiten der Heuschrecken essenden Wüstenasketen. Hager, häßlich, schmutzig, abgerissen, verkündet er verblasene Zukunftsschwärmereien, tut sich, ein blutloser Schwätzer, viel auf seine Keuschheit zugute und übersieht, ein hoffnungslos Blinder, bei seiner Sorge für die ganze Menschheit den einzelnen Menschen, so daß er selbst gegen diejenigen, die er gern hat, taktlos und roh wird. Seine Schülerin Anni ist ein kindliches, harmloses, liebenswürdiges Geschöpf und, grade weil sie so harmlos ist, empfänglich für seine Ideen.

Mit der zärtlichsten Liebe, die aber der Sachlichkeit und leichten Ironie der Gestaltung keinen Eintrag tut, sind die Vertreter der stürzenden alten Welt gesehen: die Gutsherrin Frau Ranjewski, ihr Bruder Gajew und der Diener Firs. Die Gutsherrin ist eine schöne, liebenswerte, gutherzige, leichtsinnige, sentimentale, jedem Eindruck sogleich unterliegende Dame von etwa fünfunddreißig Jahren. Sie hat viel und Bitteres erlebt, aber all diese Bitterkeit hat ihren mit ein bißchen Sentimentalität verbrämten Leichtsinn nicht unterdrückt. Während ihr die Gläubiger die Türen einrennen, während ihre Dienerschaft hungert, bestellt sie Musikanten zum Tanz und schüttet den Bettlern ihr Portemonnaie in den Hut. Alle Liebe zu ihrer Tochter, alle fromme Zerknirschung über den Tod ihres Söhnchens hindert sie nicht, mit einem eleganten Lumpen, der sie aussaugt, nach Paris durchzugehen. Hilflos, ohne Widerstand läßt sie sich ausplündern. Eine kleine komische Äußerlichkeit reißt sie aus der düstersten Stimmung in die tollste Ausgelassenheit. Immer schwach, immer ratlos und bei allem Reichtum immer ohne Geld, verliert sie niemals ihre eingeborene damenhaft überlegene Anmut. Wie ein lichter Schimmer liegt über ihrem Leben die innige Liebe zu dem Kirschgarten, dem blühenden Hort einer reinen und beglückten Jugend.

Ihr Bruder Gajew hat es schwerer, sein Aristokratentum in dem Zusammenbruch des Kirschgartens zu wahren. Schon weil seine Voraussetzungen komplizierter sind. Er ist aufgewachsen in den liberalen Überzeugungen der sechziger Jahre, jener Generation, die die sozialen Reformen Alexanders des Zweiten, die Aufhebung der Leibeigenschaft, ermöglichte. Seine liberale Erziehung belastet ihn mit dem Hang zu phantastischen, jeglicher realen Unterlagen entbehrenden Plänen, zu rhetorischem Optimismus, und mit dem fatalen Drang, bei jeder Gelegenheit lange, geschwätzige Reden höchst allgemeiner Natur zu halten. Dabei ist aber der Zweiundfünfzigjährige nicht nur in der Kleidung von peinlichster, altmodisch vornehmer Eleganz, sondern er ist auch im Wesen feudal bis in die Knochen. Und es ist ergreifend, wie seine diskrete Vornehmheit, angewidert von dem Ansturm der Proletarier, sich zusammenzieht und sich windet. Wie er, dessen ganzes Ideal Korrektheit, Sicherheit, grandseigneurale Lässigkeit ist, aus einer Verlegenheit in die andre stürzt. Wie er sich nicht zwingen kann, seinen ehemaligen Leibeigenen Lopachin, in dessen Hand er ist, anders denn als plumpen Bauernlümmel zu betrachten. Wie er, hilflos vor der groben Sachlichkeit dieses Bauern und der frechen Vertraulichkeit des Dieners, sich in eine leichte, liebenswürdige Trottelhaftigkeit hineinrettet, peinliche Worte mit einem krampfhaft hochmütigen »Wie?« überhört oder zusammenhanglos mit zerstreuten Termini aus dem englischen Billardspiel erwidert.

Die rührendste Gestalt des Dramas aber ist der alte Firs, ein Tapergreis von siebenundachtzig Jahren, der Diener dreier Generationen des Geschlechts Gajew. Schwach, schwerhörig, zitterig humpelt er durch das Stück. Er kann nur noch murmeln und faseln, der alte Lakai; aber es wird still, wenn er den Mund auftut, und man hört auf ihn. Denn aus ihm lallt die alte Zeit, aus ihm tönt jene Blütezeit des Kirschgartens, da man das rechte »Rezept« noch nicht verloren hatte, da man noch säuberlich schied zwischen Herren und Knechten, da der Herr, nur um der Zarin die Treue seiner Leibeigenen zu beweisen, befehlen konnte: Spring vom Turm!, und der Knecht tat den Todessprung. Er ist ein Hoheslied auf den Kirschgarten, auf das alte patriarchalische Leben, auf die gottgewollten Abhängigkeiten, auf die Süßigkeit der Servilität, ein Spiegel hündischer Treue, ein melancholisches russisches Gegenbild zu Tellheims Just. Die neue Zeit ohne Leibeigene und ohne Prügel betrachtet er mit wehmütigem Staunen, mit leichter, brummelnder Verachtung. Er paßt nicht in diese veränderte, entknechtete Welt. Man empfindet es denn auch als eine wehe Selbstverständlichkeit, daß die ersten Beilhiebe, die den Kirschgarten verheeren, seinen Tod bedeuten, und man preist den Dichter, der das Verdämmern des alten Dieners und des Kirschgartens in einer über alle Worte zart und schwermütig hingehauchten Szene in eins zusammenklingen läßt.

4.

Unendlich zart und hauchig ist alles in dem Stück. Jede grelle Belichtung, jeder schreiende Kontrast ist vermieden. Das Unbeschreibliche, hier ist es getan. Mit den feinen, zarten, ganz undramatischen Mitteln eines Keyserling, eines Herman Bang hat einer ein Drama geschrieben, das auf einer wirklichen, realen Bühne das anspruchsvollste Publikum Europas, Stanislawskis Publikum, viele hundert Male in seinen Bann zwang. Immer von neuem erstaunt man über den sichern Takt dieses Dichters, der alles Unterstreichen, jedes laute Wort vermeidet und dessen halbe Töne, dessen verdämmernde Bewegungen so ungleich beredter sind als das überlaute Geschrei und die übertriebenen Gesten handfester Dramatiker. Sein Blick dringt ebenso scharf wie Ibsens oder Strindbergs in heimlichste Untergründe des Bewußtseins: aber seine Technik ist das genaue Gegenteil. Dort harte, klare, helle Konturen und des Dichters Absicht möglichst scharf unterstrichen: bei Tschechow alles in weiches, verfließendes Licht gehüllt, immer der Mensch mit seiner ganzen Atmosphäre gegeben. Mit ganz wenigen Worten Stimmungen festgehalten von der Suggestionskraft Bangs oder Keyserlings. Und dies auf der Bühne!
Seine Menschen – furchtbarer Verstoß gegen alle Grundregeln anständiger dramatischer Technik! – entwickeln sich nicht. Nicht um ein Quentchen. Sie sind alle am Ende genau so, wie sie am Anfang waren. Der Dichter begnügt sich damit, sie gewissermaßen um sich selbst zu drehen, sie transparent zu machen. Zeigt mit lässiger Gebärde, wie seine dünnhäutigen, feinnervigen Menschen auf verschiedene Situationen reagieren oder wie rührend tragikomisch verschieden die gleiche Situation in den verschiedenen Köpfen sich malt. Dabei vermeidet er peinlich jedes irgendwie absichtliche Wort. Es wird lauter anscheinend bedeutungs- und zusammenhangloses Zeug geschwatzt, und erst aus der Entfernung, erst mit dem Fortgang des Stücks gewahrt man, wie jedes Wort, jede Nuance tief notwendig ist, wie alles schön und bedeutungsvoll und ohne aufdringliche Symbolik gleichnishaft sich rundet. Spachteltechnik. In der Nähe scheint es ein sinnloses Gewirr von Farbenflecken, sieht man's aber aus

der Ferne, so rundet sich's duftig und eindrucksvoll zum Bild. »Ja«, wandte jemand gegen Monet ein, »aber bei Defregger kann man näher herangehen.« Das gleiche können »Kritiker« gegen Tschechow einwenden: bei Schönherr kann man näher herangehen. Tschechow erkennt die Abgründe, die ganze desolate Unzulänglichkeit des Menschseins ebenso bitter wie Strindberg. Aber er schreit, er brüllt seine Bitterkeit nicht pathetisch hinaus, sondern er äußert seine Verzweiflung leise, lächelnd, weltmännisch, mit ironischer Anmut, gewissermaßen im Konversationston.

IV.

ÜBER EPISCHE DICHTER UND EPISCHE DICHTUNGEN

Ketzerisches über Leo Tolstoi
(1953)

Zu den nicht vielen Jugenderlebnissen, deren ich mich bis ins kleinste deutlich erinnere, gehört die tiefe Wirkung, welche die erste Lektüre der großen Werke Tolstois auf mich gemacht hat. Der Realismus dieser Bücher, der so gar nichts mit Naturalismus zu tun hat, schloß mir damals eine neue Wirklichkeit auf. Mit hoher Spannung also griff ich zu den philosophischen Schriften des Dichters. Um so tiefer enttäuschte mich der Mystizismus dieser Bücher, ihr dunkles Prophetentum, das so peinvoll abstach von der greifbaren Klarheit des erzählerischen Werkes.

Später habe ich entdeckt, wie oft die Theorien großer Dichter wirr sind und weit zurückbleiben hinter den Erkenntnissen, die ihre poetischen Schöpfungen erschließen. So mancher große Dichter hat sich abgemüht, seine Leser zu überzeugen, daß es in seinem Werk um etwas ganz anderes gehe als um das, was den Leser ergriffen hat. Goethe hat gelehrt: »Bilde, Künstler, rede nicht«, aber er hat sehr viel geredet, Großes und Bedeutendes, aber Wirres auch und Widerspruchsvolles, und er hat mehrmals ästhetische Prinzipien verkündet, die durch seine Werke wirkungsvoll widerlegt werden. Friedrich Hebbel hat sich sein Leben lang peinvoll abgearbeitet, seinen Bewunderern klarzumachen, daß sie was ganz Falsches bewunderten, und er hat Emil Kuh, seinem letzten Apostel, geklagt, man müsse immer mit dem Stock herumgehen, um Lesern und Hörern zu zeigen, worauf es ankomme. Die lebendigsten Aufführungen seiner Stücke indes wurden von Regisseuren inszeniert, die gerade diejenigen Stellen gestrichen haben, auf die es dem Dichter angekommen war.

Das klassische Beispiel des großen Dichters, dessen poetisches Werk sehr anders und sehr viel größer ist als seine Philosophie, bleibt Leo Tolstoi. Der alternde Tolstoi, der das Licht in der Finsternis zu sehen glaubte, hat seine frühen großen Werke, »Krieg und Frieden« und »Anna Karenina«, verleugnet, weil sie als seiner späten Erkenntnis nicht gemäß schlechte Kunst seien. Aber er hat auch nach seiner Erleuchtung noch Werke geschrieben, die mit seiner philosophischen Theorie nichts zu tun haben, ihr eher widersprechen. Schwerlich wird etwa ein vorurteilsfreier Leser aus dem »Hadschi Murat« weltanschauliche Folgerungen ziehen, die sich mit den sittlichen Forderungen Tolstois decken.

Die Essenz der Lehre des späten Tolstoi ist der gefährlichste Satz des Evangeliums: »Widerstrebt nicht dem Übel.« Aber fast das gesamte schöpferische, lebendige Werk Tolstois ist eine einzige brennende, hinreißende Aufforderung: Widerstehet dem Übel!

Das Große an Tolstoi ist, daß seine eingeborene Künstlerschaft immerzu korrigiert, was seine »Erkenntnis« verzerrt hat. Sein unbestechliches Auge, seine Meisterschaft, mit den Sinnen das Wesenhafte zu erfassen und es mit Worten wesenhaft darzustellen, ließ ihn eine Wirklichkeit schaffen, deren Gesetze zu erkennen seiner Vernunft versagt war.

Über R. L. Stevenson
(1926)

Wenn die Bücher dieses großen Erzählers jetzt, dreißig Jahre nach seinem Tode, zum ersten Mal in einer deutschen Sammelausgabe erscheinen, dann bangt man zunächst, diese Erzählungen, die, als sie entstanden, aufreizend und revolutionär waren, könnten heute schal und abgestanden schmecken. Sie sind unzählige Male nachgemacht worden, die Technik des Abenteurer- und Detektiv-Romans ist viel frecher und raffinierter geworden, man hat uns an viel schärfere Würze gewöhnt. Auch entpuppt sich gewöhnlich als im besondern Maße zeitgebunden, was bei seinem Erscheinen als große Mode begrüßt wurde. Doch je länger man in Stevensons Werken liest, um so erfreuter spürt man, daß man damals nicht hereingefallen war. Seine Wirkungen sind legitim und halten der Zeit stand, und unsre Jüngsten, die sich von den französischen Erzählern abwandten und dem Angelsachsen seine Technik und seine Diktion leidenschaftlich und skrupellos abschauten, haben keinen schlechten Geschmack gehabt.

Sein Stoffkreis ist reich, weit und erfüllt wie sein Leben. Dieser Darsteller, der als Sohn eines Ingenieurs in Schottland geboren und von seinem Lungenleiden durch viele Länder und über viele Meere getrieben wurde, bis er vierundvierzigjährig sehr betrauert auf einer Südsee-Insel starb, schrieb einen dunkeln schottischen Balladenroman und Detektivgeschichten aus dem modernen Paris und eine phantastische Geschichte von einem Manne, der ein Mittel gefunden, sein Ich zu spalten, und ein sehr realistisches Südseemärchen und einen großen historischen Roman und viele Reisegeschichten und literarische Kritiken und sehr vieles andre. Er schrieb nichts Langweiliges, aber es ist offensichtlich, daß er von seinen Stoffen keinen wählte nur deshalb, weil er interessant war. Er besaß jene Weisheit des Auges, jene Klugheit der Hand und jene Gradheit des Herzens, die jeden Stoff über die

Sphäre des nur Interessanten, Sensationellen hinaushebt. (Auffallend, daß bei ihm alles Erotische an der Peripherie bleibt.) Er vermeidet selbstverständlich, seine Situationen und seine Menschen zu werten; aber in seinen Abenteurergeschichten ist ein starkes Gefühl für Mannhaftigkeit ohne Schneid und für Anständigkeit ohne Moralgetue. Es sind Bücher eines Mannes. Er hat Anstand, Humor und sicheres Gefühl für Das, was wissenswert, und Das, was lebenswert ist. Will man genau erfahren, was ein Weltmann ist, so halte man seinen Junker von Ballantrae gegen den Dorian Gray. Und will man sich das Auge schärfen für eine Reise, die man vorhat, so halte man seine Südseeschilderungen gegen das Reisetagebuch eines Philosophen. Es weht eine ungewöhnlich frische, gesunde Luft durch diese Bücher, und es atmet sich gut in seinem geistigen Klima.

Er sieht mit klarem, gutem Auge die Menschen in ihren richtigen Proportionen. Es dauert eine Weile, bis man herausbekommt, warum einem in diesen Büchern ein offensichtlicher Lump ans Herz wächst, während man einen guten Kerl, von dem keine gute Eigenschaft unterschlagen wird, zu allen Teufeln wünscht. Aber dann scheint seine Anschauung sehr einleuchtend. Es geht nicht um die Handlungen eines Mannes, ja, es geht nur sehr bedingt um sein Format. Aber immer geht es darum, daß das Format der Handlungen und das Format des Mannes übereinstimmen. Das ist ein gerechter Maßstab, eine Eichung, die still, unmerklich, unentwegt und nicht ohne Humor vorgenommen wird und vor der sich seine Menschen nicht drücken können. Es ist ein unliterarischer, sachlicher Blickpunkt, den man schnell selber einnimmt.

Prüft man näher, so staunt man über die große Gerechtigkeit, mit der Stevenson die ungewöhnliche Virtuosität seiner Menschengestaltung im Dienste dieser Idee anwendet. Mit sachter Hand neigt der große, gerechte und schalkhafte Dichter ein Piedestal, und gleich rutscht ein zu hoch gestellter aufgetriebener Kerl in den Dreck. Oder er spiegelt einen ansehnlichen Mann in der Anschauung eines andern sehr viel weniger ansehnlichen: und gleich schrumpfen gewisse Eigenschaften des Stattlichen lächerlich ein, und andre, unbedeutende Qualitäten werden wichtig. Eine Relativitätstheorie, vor der wenig

Bestand hat, nämlich: Anständigkeit, Menschlichkeit, Mut, das rechte Verhältnis der Handlungen zum Format des Trägers. Ein Beispiel veranschauliche, wie Stevenson seine Leser zwingt, das Format seiner Menschen aufzunehmen. Der Roman ›Der Junker von Ballantrae‹ handelt von dem Kampf zweier Brüder, eines wackern, mäßig begabten und eines glänzend begabten, bösen. Nun wird das Bild der beiden Männer, ihrer Taten, ihres Kampfes von Anfang an gebrochen dadurch, daß die Erzählung einem gewissenhaften, beamtenhaften, philiströsen Sekretär in den Mund gelegt ist, der den wackern Mittelmäßigen liebt und den glänzend begabten Bösen haßt. Es ist meisterlich, ein Musterbeispiel ganz großer Epik, wie durch diesen einfachen Kunstgriff Licht und Schatten verteilt, Neigung und Gegenneigung ausgewogen werden. Ein Kampf zwischen frevelhafter Anmut und schwerfälliger Biederkeit wird gesehen durch die Brille eines redlichen Philisters, der den anmutigen Bösewicht anhaßt und das wakkere Mittelmaß seines Herrn leidenschaftlich liebt. Der Pedant bemüht sich, gerecht zu sein, es gelingt nicht ganz, dann macht er sich Skrupel und nimmt einen neuen Anlauf, dann stiehlt sich in seinen Haß ein klein bißchen Bewunderung vor der Anmut des angefeindeten verabscheuungswürdigen Mannes. Und dann wird noch einmal gedreht, Situation und Menschen werden noch einmal von wo ganz anders her belichtet, wieder von unten her, aber aus dem Aspekt eines andern Weltteils, vom Blickpunkt eines großspurigen, dummen Soldaten aus. Es ist herrlich, wie dann ganz sacht und ohne Nachdruck der Leser darüber unterrichtet wird, daß Mund und Feder des Berichterstatters nicht ganz objektiv seien, wie durch fast unmerkliche Belichtung der Quellen der Eindruck höchster Sachlichkeit erzielt wird, und wie der Dichter grade dadurch, daß dem Leser mit leiser, höflicher Geste die Beurteilung des Kampfes zugeschoben wird die höchste Anteilnahme und den äußersten Grad legitimer Spannung erreicht. Es wird dem Leser kein Urteil imputiert, es wird ihm gezeigt, wie ein schlechter Mann von großem Format und ein wackerer Mann von mittlerm Format und ein sehr wackerer Mann von subalternem Format sich in gewissen Situationen verhalten, und die Stellungnahme dazu wird durchaus dem Leser überlassen.

Überhaupt, welch leuchtendes, beispielhaftes Stück ganz großer Epik ist dieser Roman von dem Junker von Ballantrae! Schicksalhaft und doch unpathetisch ist der Kampf der beiden Brüder und der Untergang ihres Geschlechts. Ungemein geschickt fabuliert ist diese Erzählung, abenteuerlich und doch unsensationell und ohne falschen Glanz. Die Landschaft spielt mit, die Luft und das Meer Schottlands und die unsichere, kleine Siedlung des eben gegründeten New York. Sehr selbstverständlich ändern Menschen und Dinge ihre Gesicht mit ihrem Aufenthalt. Weit in Zeit und Raum streckt sich die Geschichte, episch endlos ist ihr Himmel, fest sind und ins unsichtbar Hintergründliche reichend ihre Fäden. Mit tiefer Wissenschaft vom Menschen ist das Unwesentliche weggelassen, aber alles kleinste Wissenswerte ist da. Ein großes, beispielhaftes, unlangweilig klassisches Buch.

In lebendigem Material arbeitet der Dichter R. L. Stevenson. Hier ist alles Gestalt geworden, ein für alle Mal. Nicht nur sieht man dieses Meer und diese Luft: man schmeckt und riecht Stevensons Menschen und Dinge, sie sind in der Welt, sie sind da. Selbstverständlich spricht jeder seiner Menschen seine eigne Sprache, die ihm einmalig aus dem Mund geht, so natürlich, wie er seine einmalige Haut hat. Aber wo eigentlich liegt das Geheimnis dieser Prosa, der sich auch Leute, die den Dichter aus romanischer Hemmung etwas gegen den Angelsachsen, nur widerwillig gelten lassen, auf die Dauer nicht entziehen können? Die sehr dankenswerte deutsche Ausgabe, von Curt und Marguerite Thesing besorgt, trifft trotz mancher Flüchtigkeit den Rhythmus des Engländers im ganzen sehr gut: aber von der Blume des Dichters kann auch die verdienstliche Übersetzung schließlich nur wenig geben. Trotzdem wirkt selbst in der Brechung die leicht burschikose, reiche Bildhaftigkeit seiner Diktion so suggestiv, daß man jetzt schon, wenige Monate nach dem Erscheinen dieser deutschen Gesamtausgabe (im Verlage Buchenau & Reichert zu München), den Einfluß der Diktion Stevensons auf eine ganze Reihe unsrer Jüngeren wahrnehmen kann. Diese unpathetische Bildhaftigkeit, diese Klassizität in der Darstellung romantischer Dinge, diese natürliche, kluge, gewachsene Anschaulichkeit, diese selbstverständliche Abwesenheit von allem Gespreizten, Endimanchierten ist schlechthin ein Gradmesser für die Gradheit und innere Vernunft eines Inhalts, einer Idee, eines Dinges, eines Menschen. Etwas Unanständiges, Krummes, Dummes kann in dieser Luft nicht aufkommen. Atmet sie, lest Stevenson!

Eduard von Keyserling
Zum sechzigsten Geburtstag
(1915)

... Und dennoch sagt der viel, der »Abend« sagt,
Ein Wort, daraus Tiefsinn und Trauer rinnt
Wie schwerer Honig aus den hohlen Waben.

Diese Verse Hofmannsthals könnte man fast allen Werken Keyserlings als Motto voranstellen. Er hat ein Buch geschrieben, das heißt ›Abendliche Häuser‹, und man könnte auch die meisten andern seiner Bücher ›Abendliche Häuser‹ nennen. Denn fast alle erzählen sie von der tiefen, stillen Müdigkeit alter Geschlechter, von feinen, blutlosen, wissenden, traurigen, abendlichen Menschen. Es ist kein Lärm in diesen Büchern, kein helles Licht, kein starkes Leben. Alles verrinnt, verdämmert, ist taktvoll, ist gesänftet, und wenn ja einmal ein lauter Ton in diese Stille dringen will, dann hebt sich müde eine blasse Hand und heißt ihn schweigen. Abend, Abend ist überall, ein Abend, der milde, süß und bitter alles zusammenfaßt; was der Tag an Süchten und Schmerzen und Lüsten gebracht hat, ein Abend, der leis und hohnvoll fragt: Was soll all der Schmerz und Lust?, und dennoch zittert vor der Dunkelheit.

Die Welt des Grafen Keyserling ist eine Welt in Watte, eine Welt hinter weißen Vorhängen, eine stille, umfriedete Welt, worin von der Geburt bis zum Tod alles in feste, durch Jahrhunderte erprobte Formen eingeschlossen ist. In dieser Welt gehen tüchtige Junker herum, die jagen, sich um ihre Güter kümmern, landwirtschaftliche Bücher lesen, spielen, zuweilen eine Saison in Berlin mitmachen, ihre Leute mit barscher Güte behandeln und ihre stillen, weißen Frauen sehr lieb haben; dann ältere, sehr soignierte, feinnervige Herren, die sehr vornehm sind, die leise und sehr geschickt pointierte ironische Glossen zu den Vorfällen des Tages machen und deren Seele immer Handschuhe trägt und peinvoll zusammenzuckt, wenn etwas Taktloses geschieht; und Schloßfrauen, die Annemarie oder Fastrade, Benigne oder Beate heißen und sehr weiß und schlank und still und vornehm und verschlossen sind. Und derbe, treue Inspektoren und neugierige, frühreife, sehr gut erzogene und sehr graziöse junge Mädchen mit erwachenden Trieben und junge polnische Edelleute mit sehr heißem Blut, sehr schönen Augen und sehr theatralischen Seelen. Und alte Tanten, langnäsige, die Gesangbuchverse singen und die Kreuzzeitung lesen. Und alle diese Menschen scheinen uns aus einer andern Zeit, so seitab stehen sie, so unbekannt ist ihnen der Lärm des Tages, Industrie, Markt, die wilde Hetzjagd der Zeit. Es ist charakteristisch für die Welt des Grafen Keyserling, daß in seinen zehn Büchern nirgends ein Telefon klingelt: und seine Menschen könnten sich durch Fernsprechanschluß so viele Konflikte ersparen. Ich sage dies beileibe nicht, um zu spotten; ich möchte nur zeigen, wie fern uns seine ostpreußischen Schlösser liegen.

Das Grundmotiv in Keyserlings Erzählungen ist nun fast immer das nämliche. Irgendwie, irgendwo tritt das Leben von draußen, das richtige, lärmvolle, höchst taktlose Leben in das formvoll umfriedete Dasein seiner Menschen. Der Rhythmus dieses starken, wirklichen, unbekümmerten Lebens reißt sie mit sich, ihr Blut rebelliert, ein wildes Sehnen nach Ungebundenheit überkommt sie, und mit ihrer schönen Form zerbrechen sie selber. Die Geschehnisse, die bei Keyserling den Knoten schürzen und lösen, sind, äußerlich betrachtet, fast immer ziemlich konventionell und romanhaft. Man fällt im Duell, ertränkt sich, läuft den Eltern oder dem Gatten davon, lockert Brücken, über die der Nebenbuhler fahren muß, erschießt sich, kommt bei einer unvorsichtigen Segelpartie um und dergleichen. Und es kann nicht geleugnet werden, daß die äußere Handlung seiner Erzählungen, knapp und sachlich wiedergegeben, häufig viel Ähnlichkeit hat mit den Stoffen gewisser zu Recht verulkter Gartenlaube-Schriftstellerinnen.

Da ist es aber nun das Große bei Keyserling, wie er seine Stoffe entmaterialisiert. Es ist, als widerte alles Tatsächliche ihn an; er hat eine Scheu, Geschehnisse mit nackten, unumwundenen Worten auszusprechen. »Wir verstehen nicht mehr zu unterstreichen«, sagt bei ihm irgendwer; »Unterstreichen ist geschmacklos, und die da draußen leben vom Unterstreichen.«

Seine Darstellung saugt das Stoffliche gewissermaßen auf und fängt den Duft, die Atmosphäre der Menschen und der Dinge ein. Macht sie transparent, daß man ihre Seele durchleuchten sieht, mild umflimmert, wie menschliche Glieder in besonntem Meer. Alle harten Konturen verfließen, zart und sänftiglich gleitet alles dahin; dunkle Regungen, nur geahnte, im Labyrinth der Brust verlorene, hebt er mit feiner Hand in zitterndes Licht und läßt sie wieder verdämmern; Wald, Feld, Meer, Licht, Luft und Menschen verweben sich, feinste Tönungen werden sichtbar, Unsagbares, Niegesagtes träumt, klingt ganz, ganz leise, aber licht und rein durch die Zeilen: das Herz der Dinge klopft in seinen Büchern. Wenn Peter Altenberg seine Aphorismen und kleinen Skizzen zu runden, vollendeten Dichtungen auswirken könnte, sie müßten sein wie diese. So pastellfarbenfein, so silbermatt umglänzt. Wie mit Handschuhen ist jedes Wort angefaßt; ganz, ganz behutsam blättert Keyserling die Seelen seiner Menschen auf, und seine Prosa fällt wie Verse. Eine sachte Trauer liegt über allem, was dieser Dichter geschrieben hat. Es mag wohl ein Tropfen schwermütigen slavischen Blutes in ihm sein. In seinen frühern Werken atmet ein tiefes, resigniertes Mitleid. Es erfüllt herzbeklemmend die beiden Dramen ›Der dumme Hans‹ und ›Frühlingsopfer‹. ›Der dumme Hans‹: das ist das traurige Stück von dem Waldhäuslerjungen, dem Siebzehnjährigen, in dem der Wald träumt und dichtet und der den Wald gegen den Baron verteidigt, wie der ihn fällen will, und der schließlich hingerichtet wird, unschuldig, dieweil das kleine Schloßfräulein ... Aber das ist auch eine von jenen Geschichten, die all ihren Duft verlieren und falsch und süßlich klingen, sowie man nur vom ›Inhalt‹ spricht. Noch viel mitleidvoller, süßer und bitterer ist das Stück von der kleinen Orti, der Heldin von ›Frühlingsopfer‹, einer Zwillingsschwester von Hannele Mattern. Eine gar nicht rebellische, sehr süße und schrecklich traurige Geschichte vom Sterben im Frühling. Ihr Refrain lautet: »Nachtigall ist eingeschlafen Auf dem alten Weidenbaum. Frühling bläst die Zauberflöte – Weiß von Blüten steht der Wald. Ligo! Ligo!« Und ich wüßte von den Heutigen keinen, der dies Stück hätte schreiben können, ohne arg sentimental zu werden.

Die spätern Werke Keyserlings sind weniger angefüllt mit

Mitleid. Abend, Abend ist in ihnen. Müdes, schmerzliches Erkennen. Zuweilen eine blasse, mit leiser Ironie verbrämte Güte, die jene uns so fernliegenden Menschen aus dem ostpreußischen Hochadel schier sympathisch macht. Des Dichters Herz ist vor allem bei den Frauen, bei jenen weißen, stillen, vornehmen Schloßfrauen, die Beate heißen oder Benigne oder Annemarie; aber es ist ein sehr gesittetes, taktvolles, zurückhaltendes Herz und verbietet dem Munde, des überzulaufen, wessen es voll ist. Auch wird es scharf im Zaume gehalten von einer tiefen, kalten, klaren Skepsis, die leise, aber überaus grimmige Sentenzen fallen läßt über Pathetik und Sentimentalität und alles, was geschminkt ist. Und wie unendlich wirkungsvoll ist jener diskrete Unterton gelassenen Spottes, der überall mitklingt, wo von Plumpheit, Unmanierlichkeit, von kleinbürgerlichen, amusischen Menschen und Regungen die Rede ist. Und der Hjalmar Ekdal, der in uns allen steckt, wird von diesem leisen Hohn ebenso, ja vielleicht noch erbarmungsloser entlarvt als von Ibsen und Tschechow und Heinrich Mann.

Nur wenige schmale Bände sind die Ernte dieses Sechzigjährigen. Aber eine unendliche Fülle von Gesichten ist in ihnen, und die Seele von Meer und Feld und Wald ist in ihnen, und Schmerz und Erkenntnis und Einsamkeit und Abend ist in ihnen. Keyserling ist süß wie Theodor Storm, aber gleichzeitig viel, viel bitterer; denn er ist viel wissender. Und er hat unvergeßliche, adelige Gesten müder Resignation.

Unser Tag freilich ist sehr lärmvoll und die erlesene Stimme dieses großen Einsamen sehr leise; unser Tag ist voll von grellem Licht, das die Augen der Meisten blind macht für das abendliche Leuchten seiner Kunst. Unser Tag ist voll von lauten und gewalttätigen Gesten, und die Gebärden dieses Dichters sind mild und sehr müde. Dringe daher um so inniger zu ihm das stille Grüßen aller derer, denen seine süße, bittere, marktfremde, adelige Kunst das Herze bewegt hat.

Die drei Sprünge des Wang-lun
(1916)

Alfred Döblins Roman ›Die drei Sprünge des Wang-lun‹ (bei S. Fischer erschienen, hat jetzt den Fontane-Preis bekommen) schildert eine Religionsbewegung im China des achtzehnten Jahrhunderts. Und ist ungefähr die Erfüllung dessen, was Goethe träumte, als er den Westöstlichen Diwan konzipierte: östliches Fühlen und Denken, in eine vollendete westliche Kunstform gezwungen. Nebel zerreißen, eine neue, ungeahnte Welt ist da, Menschen und Dinge stehen da, ungeheuer fremd und seltsam, aber sie sind da, greifbar, wirklich, vom Ungläubigsten nicht wegzuleugnen. Sind da und überzeugen mit ihren abertausend neuen, unbekannten, ungeahnten Erscheinungen, Weisheiten, Lüsten, Schmerzen, Träumen, Erkenntnissen, Verzichten. Und während allerorten geschäftige Kärrner an der Arbeit sind, Grenzwälle aufzuwerfen zwischen Nation und Nation, legt hier ein Dichter eine Bresche in die chinesische Mauer, die das geistige Europa von der östlichen Welt schied. Woran Pierre Loti, Kipling und Lafcadio Hearn, Dauthendey und Johannes V. Jensen mit leisen Fingern rührten, das ist hier mit fester Hand gepackt, und die tiefste Weisheit des Ostens, die uns bisher höchstens in sentimental-transzendentalen, akademisch-theosophischen Abhandlungen europäisch frisiert, verwässert und verflüchtigt entgegendämmerte, ist in diesem Prosa-Epos rein, naiv, unsentimental, mit überzeugender Gegenständlichkeit gestaltet. Überall ist Neuland, aber nirgends schwatzt redselige Entdeckerfreude, nirgends wird kommentiert, und in diesen mehr als fünfhundert Seiten China ist keine Zeile Reisefeuilleton. Mit verblüffender Selbstverständlichkeit stellt uns der Dichter in seine phantastisch fremde Welt, als wäre sie so erschlossen wie Rom oder Paris, und die einzige Krücke, die er unsrer Phantasie leiht, ist die Intensität seiner Sprache und die unbekümmerte Sachlichkeit, womit er östliche Dinge und Menschen mit europäisch modernen Namen nennt. Ähnlich, wie Mommsen in seiner Römischen Geschichte vor höchst modernen Bezeichnungen nicht zurückschreckt. Es wimmelt in diesem chinesischen Roman von Generalen und Präfekturen, von Restaurants und Variétés, man spricht sich mit Sie an und gibt sich moderne Titel, und es ist ein starker Beweis für Döblins Sprachkunst, daß sie eine solche Belastungsprobe aushält, daß sie gleichwohl den Leser immer in dem sichern Gefühl läßt: Dinge und Menschen sind nicht verwestlicht, sondern tragen die Namen, die ihnen zukommen.

Der Sinn des Buches ist die weiche, süße Weisheit des Wu-Wei, des Nichtwiderstrebens, das tiefe Grundgefühl: »Die Welt erobern wollen durch Handeln mißlingt. Die Welt ist von geistiger Art, man soll nicht an ihr rühren. Wer handelt, verliert sie; wer festhält, verliert sie.« Und es ist die Tragik dieser östlichen Menschen, daß sie, die diese Weisheit tief im Innern spüren, die sie predigen und vor sich hertragen, die eingewickelt, eingelullt sind in sie, daß diese »wehrhaft Schwachen« immer wieder grade um dieser Weisheit des Nichtwiderstrebens willen in Kampf, Verbrechen, Tat und Tod getrieben werden. Eine wunderschöne Fabel steht zu Beginn: »Es war einmal ein Mann, der fürchtete sich vor seinem Schatten und haßte seine Fußspuren. Und um beiden zu entgehen, ergriff er die Flucht. Aber je öfter er den Fuß hob, um so häufiger ließ er Spuren zurück. Und so schnell er auch lief, löste sich der Schatten nicht von seinem Körper. Da wähnte er, er säume noch zu sehr; begann schneller zu laufen, ohne Rast, bis seine Kraft erschöpft war und er starb. Er hatte nicht gewußt, daß er nur an einem schattigen Ort zu weilen brauchte, um seinen Schatten los zu sein. Daß er sich nur ruhig zu verhalten brauchte, um keine Fußspuren zu hinterlassen.«

Diese weiche, weise, tiefe, süße Grundlehre des Buches kristallisiert sich in einer unendlichen Fülle von Episoden. Das gewaltige Epos eines Volkes gliedert sich in hunderte von Balladen: leise, süße, schmerzvoll heitere, derb humorige, hellauf klagende, heftig gefärbte, blaß verdämmernde, still verzichtende und giftig höhnende. Zahllose Episoden, aber alle neu, nirgends abgebraucht, vielfältig verschieden, aber alle organisch herausgewachsen aus dem einen Grundgefühl des Wu-Wei, des Nichtwiderstrebens, zusammengehalten von

diesem Grundgefühl wie die Kerne eines Granatapfels. Herrlich ist die Komposition dieser Dichtung. Wenn man nach dem zweiten Buch – vier sind es –, nach dem grandios gesehenen, gesteigerten, gestalteten Untergang der Gebrochenen Melone, gepackt, atemholend innehält, jede Steigerung unmöglich glaubend: reißt einen das dritte Buch, das kalte, höhnische, einsame Buch vom Herrn der gelben Erde, vom gelben Kaiser und vom gelben Papst in einen unerwarteten, furchtbaren Abgrund, ehe das letzte Buch, das wehvolle vom westlichen Paradies, den letzten verdämmernden Gipfel erklimmt. Und welch bewundernswert weise Enthaltsamkeit, daß der Dichter es vermeidet, den Gesalbten der neuen Religion und den Kaiser zusammenprallen zu lassen.
Und wie prachtvoll ausgeprägt jedes einzelne aus der ungeheuren Fülle der Gesichter, die in diesem Epos der östlichen Weisheit auftauchen. Das Volk, das ganze Volk ist da: Bauern, Kaufleute, Handwerker, Vizekönige und Generale, Verbrecher, Priester, Dirnen, Philosophen, Hofleute, der stille, übermenschlich weise und gütige, vor seinen letzten Wiedergeburten stehende gelbe Papst und der einsame, zerrissene Kaiser, der zwischen Machtgier und verzichtender Geistigkeit hin- und hergeschleuderte Prophet der neuen Lehre und ihr Stifter, Wang-lun, eine Art chinesischer Florian Geyer, dem ein brennendes Recht durchs Herz fließt, wundervoll gemischt aus jubelnder Beschwingtheit und schwerem Blut, aus letzter Weisheit und kleinen Albernheiten, aus bleiernem Phlegma und glühender Tatsucht, aus derbster Gier und zartestem Verzicht, tapfer und schlau und einfältig, gewandt und ungelenk und immer voll Sehnsucht und immer liebenswert, niemals ausgeklügelt, der gequälte Träger einer schweren, schmerzhaft süßen Sendung: ein Mensch mit seinem Widerspruch.
Und dies alles in einer Sprache von meisterhafter Gegenständlichkeit, in einer Diktion, in der alles Farbe, Gestalt, Bewegung, Nerv, Leben ist. Es sei unverhehlt, daß der Dichter nicht ganz frei ist von den Kinderkrankheiten des Weiße-Blätter-Stils: daß das Bestreben, kein unbelebtes Wort zu schreiben, seine Sätze manchmal gar zu telegrammartig, das Bemühen, Abgebrauchtes zu vermeiden, seine Neubildungen zuweilen gar zu krampfig macht. Aber was will das be-

sagen gegen die Sicherheit, womit Döblins Sprache seine völlig neue Welt dem Leser herrisch vor Aug und Herz zwingt, gegen die wehe Seligkeit, womit sie den Dunstkreis dieser Welt uns übermittelt, gegen die klingende Reinheit, womit dies komplizierte Buch seinen einfältig tiefen Grundgedanken widertönt, als wäre es ein schlichtes religiöses Lied.

Das Gänsemännchen
(1916)

1.

Ein aufgewühltes, aufwühlendes Buch. Zwei Eigenschaften treten sogleich zutage. Die naive, schier trotzig unbekümmerte artistisch-technische Unzulänglichkeit seiner äußern Form und die unerbittliche, flammende, heilige Inbrunst seines Pathos, die es turmhoch über so ziemlich die ganze Romanliteratur der letzten Jahre hinaushebt.

Die technisch-artistische Unzulänglichkeit. Sie ist derart, daß jeder kaum flügge gewordene Zunftliterat, der seine Franzosen und seinen Thomas oder Heinrich Mann im Kopf oder in den Fingern hat, das Buch mit zahllosen schlagenden Beweisen in Grund und Boden kritikastern kann. Die spießbürgerliche Idee, die von Unwahrscheinlichkeiten und Unmöglichkeiten strotzende, in grellen Farben schreiende, Hintertreppen-Effekte häufende Handlung, die lächerlich konstruierte Psychologie, die unbehilfliche Diktion, die vor den abgebrauchtesten Romanphrasen, den abgenutztesten Adjektiven nicht zurückschrickt: selten wohl bietet ein Buch, das literarisch ernst genommen sein will, so reichen Anlaß zu höhnisch überlegenen, vernichtenden Witzen. Und dennoch verstummen alle Einwände vor der Eindringlichkeit, womit dieses Werk seine sittliche Sendung verkündet. Auch den skeptischsten Kritiker lächert es nicht mehr, wenn er ein Dritteil des Buches hinter sich hat. Denn dieser Roman ist eine Abrechnung mit der Nur-Kunst, beredter als jeder ethisch-ästhetische Traktat es sein könnte. Vor seiner ungeschlachten Wucht zerspellen alle die klingenden Phrasen von der Verantwortungslosigkeit des Künstlers. Mit zwingender, revolutionärer Kraft predigt dieses Buch, daß Sein mehr ist als Können, daß auch der Künstler erst Mensch sein muß, ehe er Schöpfer sein kann, daß alle Werke nur Umwege des Menschen, nur unvollkommene Versuche zu seiner Offenbarung sind.

2.

Die Handlung ist recht spannend und reichlich romanhaft. Wie Daniel Nothafft aus der allertrübsten Armut sich emporkämpft, seinen Willen und seine Bestimmung zur Musik durchsetzt, sich einen Freund erringt und eine Frau freit; wie er zu spät erkennt, daß er die Schwester dieser Frau liebt; wie er, ein andrer Gottfried Bürger, zwischen den beiden Schwestern hin- und hergeworfen wird; wie er dem Unkenhaß der Philister verfällt, die in ihm das lebendige Gänsemännchen sehen, jene Brunnenfigur auf dem Obstmarkt zu Nürnberg, die unter jedem Arm eine Gans trägt; wie die eine Schwester die Doppelehe nicht mehr ertragen kann und sich erhängt, die andre an einer Geburt stirbt, Daniel selbst sich in eine trübe, grollende Einsamkeit verliert und seine Prometheische Symphonie schafft; wie er an ein leeres und feiles Weibchen und dadurch in Schimpf und Schande gerät; wie sein Werk verbrennt; wie schließlich das Gänsemännchen in Person zu dem Zerstörten niedersteigt und ihn seines Lebens weise Summe ziehen lehrt; und wie er, in Erkenntnis und ohne Hast, von wenigen Jüngern begleitet, vor der Welt und dem Werk sich verschließt: diese spannende Geschichte, die, abgesehen vom Schluß, in einem Engelhorn-Buch stehen könnte, ist auf sechshundert Seiten erzählt, umständlich und unbehilflich und von fast überreichem Beiwerk überrankt. Mit einer Technik, die lange Strecken hindurch rührend altmodisch anmutet. Sowie Wassermann nichts zu sagen hat, kann dieser ehrliche Dichter es nicht verbergen, sondern wird trocken, hilflos, erzählt pedantisch und hölzern, gewissermaßen nur, um die Verbindung herzustellen. Ein merkwürdiger Drang nach Vollständigkeit zwingt ihn, Menschen und Schicksale zu häufen, um ja keine Seite des Problems unbelichtet zu lassen, ein seltsames Verwurzeltsein mit Nürnberg und dem fränkischen Boden läßt ihn alle diese Schicksale auf einen beschränkten Raum zusammendrängen, so daß diese Verschlingung und Verkettung gesucht, verkünstelt, romanhaft wirkt. Sowie er aber auf sein eigentliches Problem zu sprechen kommt, findet er sogleich den rechten Ton, die Erzählung wird leicht und fließend, jedes Wort sitzt und zwingt.

Ähnlich steht es mit Wassermanns Psychologie. Unter den

vielen Gestalten des Buches sind nicht viele Menschen. Diese wenigen freilich sind so, daß man sie nicht mehr vergißt. Der Held vor allem, Daniel Nothafft, scheint mir berufen, als repräsentativ zu gelten unter den Männern, die deutsche Dichter schufen. Schwer und jäh von Wort und Tat, ein ewiger Sucher, der mit Menschen und Dingen ringt, um das zu finden, was hinter ihnen steht, ihren Ton, ihre Melodie. Einer, der sich entschlossen gegen die Welt stellt. Kein Verträgemacher, kein Händler, kein Bettler. Einer, der muß, wo alle bloß sollen oder dürfen oder nicht dürfen. Und der zum wundervollen Schluß sein individuelles Muß in schönen Einklang bringt zum allgemeinen Soll. Sehr zart und fein auch Lenore, die Oberstimme, das Flügelwesen, in der heitern Freiheit ihrer Unberührtheit wie in der bangen Verwirrung ihres Gefühls. Auch Herr Carovius sei nicht vergessen, der freilich kein Nero unsrer Zeit, wie der Dichter will, aber so lebendig ist in allen romantischen Verschnörkelungen des Hasses und der Liebe, daß er von E. Th. A. Hoffmann sein könnte. Alles in allem ein kleines Dutzend Menschen auf ein gutes Schock von Gestalten. Das Entscheidende: die Figuren sind zum großen Teil mehr abstrakt gedacht als konkret geschaut. Es kommt Wassermann mehr auf die Hintergründe seiner Menschen an, auf ihre Idee (im platonischen Sinn) als auf sie selber. Darum wirken sie oft so papieren. Er verstößt gegen jene Doktrin, die vielen als wesentlich gilt: daß der Dichter in erster Linie Gestalter sein müsse. Er scheut sich nicht, seine eigenen Sentiments zu bringen, seine Menschen ethisch und ästhetisch zu kritisieren und oft mehr zu reden als zu bilden.

3.

Aber alle diese Einwände versinken dem zu nichts, der die Melodie dieses Buches auf sich hat wirken lassen. Ich kenne keinen deutschen Roman, der so innerliche Beziehungen zur Musik hat wie dieser, keinen, der mit so heiligem Bemühen und solchem Erfolg ihr Wesen zu gestalten sucht. Dieses Buch ist voll von Musik, einer Musik, die sich nicht damit begnügt, das unwürdige Volk mit Surrogaten abzuspeisen

oder den Himmelsflug durch Veitstänze nachzuahmen; einer aus innerstem Wissen und Gewissen geborenen, wahrhaften Musik, die tief hinabgeht in die Höhlen der Brust und hoch hinauf zu den unsterblichen Dingen. Wo in der erzählenden Literatur der Deutschen gibt es so Musikhaftes wie in jenen Kapiteln über die Prometheische Symphonie, wo so Tiefes und Schönes über das Wesen der Musik wie in Daniels Gesprächen mit dem Gänsemännchen?
Diese Gespräche mit dem Gänsemännchen, die das Buch höchst würdig krönen, sind schon an sich, losgelöst aus allem Zusammenhang, tiefer und schöner Weisheit voll: an der Stelle, wo sie stehen, sind sie harmonisch zusammenfassende Lösung aller Disharmonien, sind sie mit Leben bezahlte Erkenntnis und aufrüttelnde, erschütternde Offenbarung.
In einem viel umfassendern und tiefern Sinn denn all das Gewäsch vom Krieg als Umwerter aller Werte und Zerstörer einer fruchtlosen Nur-Kunst-Zeit scheint mir dieses Buch dazu angetan, einen neuen Abschnitt deutscher Literatur einzuläuten. Man halte etwa die Weltanschauung der (ungefähr gleichzeitig veröffentlichten) technisch meisterhaften Musikernovelle Carl Sternheims ›Schuhlin‹ neben das ernste, inbrünstige, allem Spielerischen abholde Pathos unsres Romans, und man wird, fernab von allen billigen Kontrasten der melkenden Kuh und der hohen, heiligen Göttin, sogleich begreifen, was ich meine. Wassermann plagt sich ab mit den Dingen, reißt ihnen die Maske ihrer äußern Erscheinung weg und zwingt sie, ihm ihre tiefere Bedeutung zu enthüllen. »Die Zeit ist wie erdig schmeckender Wein, dein Werk muß Filter sein; sie ist wie ein epileptischer Körper im Starrkrampf, dein Werk sei die heilende Hand, die man ihm auf die Stirn legt.« Der Forderung, die man an seinen Helden stellt, hat Wassermann in diesem Werk genug getan.

4.

»Ein Buch ist nicht wie ein Kleid, das jedem paßt.« Es werden sicherlich im Lager der von dieser Dichtung Getroffenen Spötter aufstehen, die das ›Gänsemännchen‹ als banales Loblied auf kleinbürgerliche Ordnung und seine Weisheit »Es geht nicht ums Können, es geht ums Sein; wenn das Werk alle Liebe verschlingt, wo bleibt der Mensch? Erst sei Mensch unter Menschen, eh du Schöpfer bist!« – die solche Weisheit als philiströs verhöhnen. Man wird in diesem Lager die äußern Schönheitsfehler des Buches verlachen, vielleicht auch, billig spottend, seine Moral mit der Moral von Schillers ›Glocke‹ vergleichen. Mit viel mehr Recht aber kann man eine Parallele ziehen zwischen der Erkenntnis dieses Buches und der Weisheit von Goethes ›Zueignung‹ (zu den Gedichten), da die Muse zu dem Dichter tritt und ihn belehrt: Kaum bist du sicher vor dem gröbsten Trug, Kaum bist du Herr vom ersten Kinderwillen, So glaubst du dich schon Übermensch genug, Versäumst, die Pflicht des Mannes zu erfüllen! Wieviel bist du von andern unterschieden? Erkenne dich, leb mit der Welt in Frieden!

Im ›Gänsemännchen‹ sagt jemand: »Man muß uneitel sein. Man darf sich niemals aus seiner innern Aufgabe ein Vorrecht erhandeln. Man darf niemals vor dem eigenen Bild stehen bleiben. Es scheint mir, daß ein Künstler von erhabener Bescheidenheit sein muß. Ohne diese Bescheidenheit, scheint mir, ist er nichts als ein mehr oder weniger wunderbares Luder.« Daß diese Absage an die Nurkünstler auf der hundertsten Seite des Buches so einprägsam formuliert ist, wird sie vielleicht zum geflügelten Wort, daß und wie sie von der ersten bis zur sechshundertsten Seite erlebt wird, wird sie sicherlich vielen zum Erlebnis machen.

Christian Wahnschaffe
(1919)

1.

Jakob Wassermanns neuer Roman (erschienen bei S. Fischer) ist noch gewaltiger im Wurf als ›Das Gänsemännchen‹. Das Thema des ›Gänsemännchens‹ ist: der Gerechte; das Thema dieses Werkes: der Heilige. In den unvergänglich schönen Gesprächen mit dem Gänsemännchen erkennt Daniel Nothafft, der Künstler, wie wenig er von andern unterschieden ist, er wird ein Gerechter, er bescheidet sich und lebt mit der Welt in Frieden. Christian Wahnschaffes Verwandlung ist tiefer und mit Worten schwerer zu fassen. Zu Anfang ist er begabt mit Schönheit, Ansehen, Reichtum, Geist, auf allen Gipfeln des Lebens steht er, ein Feiner, Edler, Stolzer ist er, »und Eisesluft ist um ihn, die unendlich gläserne Klarheit wie auf Bergen, bevor es dämmert«. Und dann tut er Reichtum und Ansehen von sich ab und taucht in die Tiefe, wo sie am dunkelsten ist, und wird – ja, was wird er? »Jedes Wort ist wie Vorwitz und Lüge«, sagt er von sich aus. »Man kann unmöglich darüber reden. Ich will keine Werke tun, ich will nichts Gutes oder Nützliches oder gar Großes tun; ich will nichts von mir wissen, aber ich will alles von den Menschen wissen ... Immer zu einem, dann zum nächsten, dann zum dritten, und wissen, aufsperren jeden, das Leiden herausnehmen wie die Eingeweide aus einem Huhn ... Aber man kann unmöglich darüber reden, es ist zu grauenhaft. Die Hauptsache ist, daß das Herz nicht müde wird.«

Das klingt matt und unbestimmt, beinah wie verwässertes indisches Ethos. Aber der Weg des Christian Wahnschaffe vom Weltmann zum Heiligen, dieser lange, qualvolle, von hundert Kreuzen gesäumte Weg zu seiner Seele, der ist aufgezeichnet in diesem Buch auf Seiten, die wie kristallene Tränen sind, und was Christian und sein Dichter will, wird deutlicher, gestalthafter, wesenhafter, als Worte irgend einer Sprache erklären können.

2.

Es sei nun den Nörglern ohne weiteres zugestanden, daß das Weltbild dieses Romans viele, viele tote, leere Flächen aufweist. Christian steigt vom Deck der Galeere, wo Lachen ist und blauer Himmel, in ihren Bauch, wo die Sklaven gefesselt sitzen an den Ruderbänken. Die Sklaven und ihre Ketten und ihre Ruderbänke sind Wirklichkeit, aber die oben auf dem Verdeck, die Lächelnden, Geputzten, Festefeiernden, sind Larven, sind Marionetten, und ihre Welt ist Theaterdekoration. Der Weg des Christian Wahnschaffe ist Wirklichkeit, die Tiefe, in die er hinabtaucht, ist Leben, ist Wirklichkeit: aber sowie er die Bezirke dort oben berührt, die große Welt, in die er hineingeboren worden, dann ist es, als bliebe er stehen und im Hintergrund zöge eine altmodische Wandeldekoration vorbei mit seltsam verschnörkelt gemalten Herren und Damen.

Es wäre nun schön und tief, wenn das Absicht wäre. Wenn dem Christian auf dem Weg zu seiner Seele diese obere Welt in ihrer gespenstischen Mumienhaftigkeit mehr und mehr sich entlarvte. Aber dem ist nicht so. Der Dichter will vielmehr gerecht sein, er bietet einen ungeheuern Apparat auf, um sich und uns die Realität dieser obern Welt glaubhaft zu machen. Umsonst. Wer in zweihundert Jahren den ›Christian Wahnschaffe‹ liest, wird vom Leben, von der äußern Struktur unserer Gesellschaft ein ebenso schiefes und verzerrtes Bild bekommen, wie ihm das Bild ihrer seelischen Struktur klar und rein geboten wird. Immer wieder versucht Wassermann, große Herren zu gestalten, Weltlerinnen und Halbweltlerinnen, am weitesten ausholend in ›Erwin Reiners Masken‹, und immer vergeblich. Kein Gott segnet ihn, und er wirkt auf lange Strecken wie banalisierter Dorian Gray. Was lockt ihn, was treibt ihn, immer von neuem seine Kraft an diesem Stoff zu zerspalten? Beneidet er jene, die lächeln können und Feste feiern, während das Leid schreiend, die Ungerechtigkeit frech durch die Welt schreitet? Bewundert er sie insgeheim, diese Kaltherzigen? Ist es kindliche, prophetische Unentwegtheit, die ihn die Weltkinder und ihr Treiben nicht verstehen läßt, solange das Elend und das Unrecht über die Erde schreit? Eines ist sicher: er steht draußen und versteht sie nicht. Er malt sie ab, äußerlich, die zufällige Wirklichkeit seiner Vorbilder wird nicht künstlerisch aufgesogen, ein Oberflächlicher könnte ihn stellenweise zusammenwerfen mit jenen schäbigen Pamphletisten, die photographieren, wie jemand sich räuspert und spuckt, und sich dann Dichter glauben.

Wassermann spürt selber, daß da etwas nicht stimmt, er häuft die Einzelzüge, er häuft die Menschen dieser Welt, als ob die größere Zahl, das wildere Durcheinander der Puppen das fehlende Leben vortäuschen könnte. Und er stellt schließlich an ihre Spitze eine Allegorie alles dessen, was er für das Lichte, das Heitere, das Begehrenswerte der obern Sphären hält, Eva Sorel, die Tänzerin, die Elfe, die den Erdkreis auf ihren Fingerspitzen balanciert. Vieles an diesem Flügelwesen ist Dichtung, wunderschön ist ihr Gespräch mit Christian in der Nacht und von unendlicher Anmut die Szene, da sie an ihm die Cortesia des heiligen Franziskus vermißt: aber mehr an ihr ist Roman. Romanhaft ist, woher sie kommt und wohin sie geht, romanhaft sind die Thais-Züge an ihr, und nur geistreich und darum störend und nicht gedichtet ist der Einfall, daß sie es ist, die »Christians steinernes Herz aufweicht«. (Auch des Dichters sonst so innige, unmittelbar ans Herz rührende Diktion verirrt sich oft in der großen Welt.) Stünde Eva nicht mit so aufdringlicher Symbolik im Vordergrund des ersten Bandes, wäre dieser Band nicht so erfüllt von einem Getümmel äußerlich bunter Figuren und Geschehnisse, die um den Schreibtisch des Dichters gaukelten, aber niemals in seinem Herzen, läge der Ton auf der graden und schlichten Symbolik des Namens Christian und nicht auf der verkünstelten des Namens Wahnschaffe: die Instrumentation des Romans wäre dann weniger reich, aber wieviel klarer und reiner tönte sein Melos!

3.

So, und jetzt habe ich mir die Einwände vom Herzen geschimpft, und jetzt darf ich anfangen zu schwärmen. Den Weg des Christian Wahnschaffe, diesen Weg de excelsis in profunda, wer könnte ihn wandeln und würde nicht verwandelt? Wer müßte nicht stehen bleiben, manchmal, auf einem neuen Gipfel, bei einer jähen Wendung, vor einem neuen Ausblick, atemlos? Wer, wenn der Pfad plötzlich einen purpurnen Abgrund aufreißt, erschauerte nicht und spürte, bebend, das eigene Herz und seinen Schlag?

Unvergeßliches in Fülle hat ein Reicher verschwenderisch, nur zu lässig in dies Buch gestreut. Aus seinem Überschuß hätten Sparsamere ein Bündel Novellen geklaubt, und das Buch selbst wäre kaum ärmer geworden. Diese ganze untere Welt, diese Höllenstadt von Dirnen, Verbrechern, Gehetzten, dieser schleimige Brei von Gemeinheit, Verwahrlosung, Vertiertheit, wie kriecht er, wie lebt er! Wie blickt er dich an mit tausend bösen,verquollenen, tückischen Augen, die doch auch Menschenaugen, Geschwisteraugen sind. Man halte Zolas unterstes Paris wider dies unterste Berlin: ein Verbrecheralbum neben einem Höllenbrueghel. Wie bunt sind diese Geschehnisse und so gar nicht gemacht, so gar nicht gestellt. Wie zwanglos, wie schlicht, wie ergreifend, wie adelig ist ihre Symbolik!

Und diese Fülle der Menschen. Seht ab von allen, die irgendwie brüchig sind: welch Gewimmel Lebendigster bleibt! Wie blättert eine behutsame Hand noch die Ärmsten, Bösesten, Vertiertesten auf, bis auf ihren Kern, bis dahin, wo sie dein Bruder, bis dahin, wo sie Du sind! Wie scheint durch die schmutzige, häßliche, kotige Hülle, fernher glimmend, die Seele! Wie flackert sie zitternd in den Qualen des Amadeus Voß, des Neidischen, des giftigen Gehetzten, des Ringenden, des Judas; wie schwelt sie, dumpf und kaum sichtbar und doch immer da und immer geahnt, in den Nöten der Dirne Karen Engelschall, und wie wehrt sie sich, wie versteckt sie sich, wie windet und bäumt sie sich in Niels Heinrich, dem Mörder, dem untersten der Menschen! Dostojewski, wo er am tiefsten ist, gibt nichts Größeres, unmittelbarer an die Seele Rührendes als jene Gespräche, in denen Christian das

Tier in Niels Heinrich bändigt, in denen er einfach durch sein Wesen, durch sein Dasein die arme, vergrabene Seele des Mörders ans Licht lockt.
Dich aber grüße ich, kleine Ruth, sanfte, entschwebende, zu rein für diese Erde. Und ich neige mich vor dir, Christian Wahnschaffe, menschlichster der Menschen, Sanfter, Klarer, Heiliger!
Unter allen, die Wassermann geschaffen, ist er der Tiefste, Beseelteste. Unheimlich und wundervoll, wie an sein umfriedetes, mit Kristall umglastes Dasein in der Höhe die ersten Erscheinungen aus der Tiefe klopfen, atemberaubend, wie die Stimmen der Rufenden sich mehren, zwingend, wie er ihnen folgt, halbbewußt, wie sein Gefühl sich auflockert, wie das Gesetz in seiner Brust zu tönen beginnt, wie es anschwillt, wie es die äußere Hülle abtut, wie das Herz in ihm immer schwerer wird, röter, brennender, leuchtender, wie er seine Seele findet, wie er sanfter und klarer wird als jemals ein Mensch, wie der Pfad, der unsichtbare, sich ihm enthüllt.

4.

»Märtyrer verwirren die Welt«, epilogisiert der geistreiche und sophistische Judas dieses Christian; »sie reißen die Hölle der Schmerzen auf, und das vergeblich; wann und wo wäre Schmerz durch Schmerz gelindert oder beseitigt worden?« Dieser Märtyrer verwirrt die Welt nicht; sein bloßes Dasein, seine sanfte und klare Gegenwart lindert den Schmerz und macht, daß er nicht vergeblich gelitten wurde.
Christian Wahnschaffe ist mehr als ein Gerechter. Das fließende Licht der Gottheit ist um ihn. Es geht eine sanfte Kraft von ihm aus, sie strömt durch dieses Buch, mächtig und gelind und sie strömt in die Welt, und sie verwandelt die Menschen. Es ist der Glaube, der milde, selige, leuchtende Glaube an den Menschen.

Der Sergeant Grischa
(1927)

Dieser Sergeant Grischa, erschaffen von dem Dichter Arnold Zweig und soeben in dem Roman »Der Streit um den Sergeanten Grischa« (bei Kiepenheuer, Potsdam) ans Licht getreten, ist ein Mensch, dessen Namen wir uns gut merken werden; denn er ist der Held des ersten deutschen Kriegsromans von großem Format. Ja, des ersten Kriegsromans überhaupt. Denn wir wollen uns nichts vormachen: was uns zeitweilig unter den Werken der Kriegsepik ergriff, hat nicht standgehalten. Liest man heute etwa »Das Feuer« von Barbusse, dann packt wohl die ehrliche, fressende Empörung des Mannes; aber das Buch ist ohne Gegenständlichkeit, ohne Gestalt. Nur das Sentiment ist da, das Feuer hat keine Nahrung. Gestalt unter der ganzen Kriegsepik hat eigentlich nur das große tschechische Volksbuch vom braven Soldaten Schwejk.

Da kommt nun dieser deutsche Schriftsteller Arnold Zweig, bekannt als Erzähler sehr guter Novellen, als glänzender Essayist, als Autor einer vielgespielten Tragödie »Ritualmord in Ungarn«, und schreibt als erster, was er im Krieg gesehen und gespürt hat, in allgemein faßbare Gestalt um. Schreibt als erster einen Kriegsroman ganz großen Formats. Natürlich ist er nicht so dumm, einen Gesamtaufriß des Krieges geben zu wollen, einen historischen Roman zu schreiben mit Schlachten, Hauptquartieren, den Requisiten des Heroismus und des Pazifismus. Vielmehr schreibt er das Ende eines einzigen unbedeutenden Mannes, eines Atoms, eines von den vierzig Millionen Uniformierten. Die Geschichte von dem Sergeanten Grischa Iljitsch Paprotkin, der es in der deutschen Kriegsgefangenschaft nicht mehr aushalten kann, flieht, von einer Frau, die ihn liebt, mit dem Paß eines toten Soldaten, eines gewissen Bjuschew ausgestattet, von der deutschen Militärpolizei aufgegriffen wird. Nun ist ein Erlaß des Kommandos Oberost ergangen, wonach jeder Überläufer, der sich nicht innerhalb dreier Tage nach seinem Übertritt auf das von den deutschen Heeren besetzte Gebiet bei der nächsten Oberkommandantur meldet, unverzüglich vor das Kriegsgericht zu stellen und innerhalb von 24 Stunden nach Urteilsfällung als der Spionage überführt zu erschießen sei. Der ahnungslose Überläufer Bjuschew, auf den die Vorbedingungen dieses Erlasses zutreffen, wird also zum Tode verurteilt. Er schreit, daß er nicht der Überläufer Bjuschew sei, sondern der entflohene Kriegsgefangene Grischa Paprotkin, was auch einwandfrei nachgewiesen wird. Und nun ist ein menschlicher Kriegsgerichtsrat da und ein menschlicher Divisionär, und es entsteht ein Streit um den Sergeanten Grischa, und viele Hunde raufen sich um diesen Knochen. Denn das Oberkommando, ein bißchen aus Laune des Oberstkommandierenden, vor allem aber aus allgemeinen disziplinären Gründen, besteht auf Vollstreckung des rechtsgültigen Urteils. »Denn«, führt es aus, »die juristische Seite des Falles habe hinter der militärpolitischen entscheidend zurückzutreten.« Der Divisionär aber, oberster Gerichtsherr in seinem Bereich, alter Soldatenpapa, verbeißt sich in die Rettung des offenbar schuldlosen Grischa. Der Streit zieht Kreise. Aufgezeigt wird, wie wegen des gefangenen Russen, dessen Leben an sich in diesen Zeiten nicht mehr gilt als das Leben einer Laus, viele Kräfte gegeneinander stoßen, Licht und Finsternis, Macht und Gewissen. Eine Begegnung findet statt wegen des Sergeanten Grischa zwischen dem Herrn von Oberost, Herrn über eine Million Männer und einen Teil des Planeten, größer als das Deutsche Reich, und dem menschlichen Divisionär. Eine Begegnung, die mit dem Sieg der Macht endet, dann aber sehr privat zu einer heimlichen Niederlage dieses Mächtigen führt, so daß der Vollstreckungsbefehl gleichwohl widerrufen wird. Allein er wird dennoch nicht widerrufen. Schneesturm greift ein, die Telegraphenleitungen, die den Widerruf übermitteln sollen, versagen. Man macht durch den gleichen Schneesturm begünstigte Versuche, dem Gefangenen zur Flucht zu verhelfen. Macht noch andere Versuche, ihn zu retten, bis die Exekution schließlich stattfindet.

Dieses winzige Ereignis aus dem großen Krieg also schildert der Schriftsteller Arnold Zweig. Er bauscht es nicht auf, er tippt nur sehr behutsam mit Worten an die metaphysischen

Hintergründe. Aber er bettet, großer Epiker, der er ist, das kleine Ereignis in seine großen Zusammenhänge. Seine Kleinheit, seine winzige Atomhaftigkeit immer betonend, zerreißt er keinen der Fäden, durch die es mit dem großen Geschehen ringsum verwebt ist. Im Leben der Einzelzelle zeigt er den Organismus, den Kosmos im Atom.

Herrlich ist, wie die Hunderte von Menschen dieses Buches nicht nur jeder für sich leben, sondern wie aus ihnen ihre Welt und die Welt überhaupt gemacht ist. Ein großer Kunstverstand läßt sich nicht vom einzelnen um seiner selbst willen locken, sondern verteilt schöpferisch weise sein warmes Licht nach allen Seiten, jedem seines. Alle diese Lebewesen, Selbstherrscher, Großindustrielle, das Volk des besetzten Gebietes, Russen, Juden, ausländische Herren vom Roten Kreuz, Generale, das Gewimmel der Etappe, Krankenschwestern, Ordonnanzen, Gesindel aller Art, der ganze riesige Mechanismus des Krieges, die großen und kleinen Tiere des Waldes, alle diese leben in all ihren Teilen, und doch nur um den todbestimmten Grischa herum. Eine fast übergerecht einfühlsame Kunst versetzt einen Tatbestand mit blitzschneller Drehung aus der Seele des einen in die Seele des anderen, so daß er von allen Seiten sein Licht erhält. Alles Licht aber mündet wieder ein in den Kegel um den Mann Grischa.

Wahrhaft meisterlich komponiert ist der Roman, erzählt mit größter Anschaulichkeit, mit einem kleinen wissenden Humor manchmal, ohne den diese bittere Geschichte schwer erträglich wäre. An allen wesentlichen Stellen schießt die Erzählung zu großen, unvergeßlichen Bildern zusammen. Grischa, den hungrigen Luchs ahnungslos durch sein Gelächter vertreibend, Grischa, mit seinen deutschen Wächtern sportlich mit dem Bajonett fechtend, bevor ihm das Urteil verkündet wird, Grischa, besoffen, karnevalsmäßig herausstaffiert, vor amüsierten und angewiderten Offizieren das Innerste seiner russischen Seele herauskotzend, Grischa, bedachtsam seine Habe verteilend, sein Grab grabend, zur Exekution schreitend, sind Erlebnisse, vor denen sich keiner verschließen kann.

Das ganze umfangreiche Buch ist in einer wohlgeformten Sprache erzählt, die, es sei nicht verschwiegen, für Momente zu beredt wird. Arnold Zweig, einem der besten Schriftsteller deutscher Zunge, fließen die Worte gewandt, leicht, manchmal ein wenig zu reich vom Munde. Er begnügt sich nicht mit einem Bilde, er fügt ein zweites, vielleicht auch ein drittes hinzu, um so, ein bißchen advokatorisch, eine Situation noch anschaulicher, noch überzeugender zu machen. Würde da und dort ein wenig verknappt, verdichtet werden, so könnten die Umrisse des Buches vielleicht noch kräftiger, schlanker, fettloser heraustreten. Aber an allen entscheidenden Stellen des Buches ist diese Schlankheit, ist eine starke, unmittelbare Bildhaftigkeit erreicht.

So wird der Sergeant Grischa, der in den Mechanismus des deutschen Kriegsrechts und der deutschen Kriegspolitik gerät, zu einem jener großen Symbole, die Geltung über die Zeit hinaus haben. Wie jede von einem wirklichen Schöpfer gemachte Gestalt ist er weit mehr als das überaus lebendige Individuum, das er zunächst scheint. Ja, zunächst ist er nichts als ein russischer Sergeant, Grischa Iljitsch Paprotkin, ausgezeichnet mit dem Georgskreuz anläßlich der Einnahme von Przemysl, ein kräftiger Bursche mit hellen, kleinen, grauen Augen, gutmütig, wild, von Leidenschaften, Urtrieben jäh überflutet, geborener Soldat übrigens, glücklich verheiratet fern irgendwo in Wologda, den Frauen wohlgefällig. Darüber hinaus aber ist er der Typus des Menschen im Krieg, einer jener vierzig Millionen Uniformierten, die leiden, sich aufbäumen, ducken, Spielzeug der Macht. Und wieder darüber hinaus wird er, unkommentiert, nur durch Wesen und Schicksal zum Gleichnis des Armen überhaupt, des gutmütigen, unwissenden und doch von instinkthafter Weisheit vollen Unterdrückten. Denn geschaffen hat ihn jene Kraft, aus der die Volkslieder gewachsen sind und die Volksepen, gemehrt durch den Kunstverstand eines Meisters und die sachliche, erkennerische Wut eines ergriffenen Menschen.

Die Amerikaner haben den Kriegsfilm gemacht. Der Tscheche Hašek hat das Volksbuch, der deutsche Epiker Arnold Zweig das erste große Epos unseres Krieges geschrieben.

V.

AUTOBIOGRAPHISCHES

Flucht aus Tunis
(1914)

Tunesien hat rund zwei Millionen Einwohner, darunter 35 000 Franzosen und 81 000 Italiener. Die Franzosen sind also dort von einer mehr als doppelten europäischen und einer mehr als fünfzigfachen eingeborenen Übermacht bedroht. Die Hauptstadt Tunis, die drittgrößte Stadt Afrikas, hat nach den letzten Schätzungen eine Bevölkerung von etwa 150000 Arabern, 27000 Juden, 52000 Italienern und nur 17000 Franzosen. Die Mohammedaner sind schlecht gezähmt, in der Verwaltung des Landes bekleiden sie nur Ehrenstellen ohne jeden greifbaren Einfluß, ihr Haß gegen das französische Regiment tritt bei jeder Gelegenheit offen zutage. Dazu kommt, daß die französische Kolonie die Italiener mit ostentativer Verachtung behandelt und daß die beiden französischen Zeitungen von Tunis, die Dépèche Tunisienne und die Tunisie Française, sich täglich in wüsten Hetzartikeln gegen alles Nichtfranzösische ergehen – oder ergingen. Es ist charakteristisch, daß die Militärbehörde den Belagerungszustand, den sie im Mai 1912 bei der Araber-Revolte über Tunis verhängte, seither nicht aufzuheben wagte, so daß seit fast zweieinhalb Jahren der Belagerungszustand über der Stadt herrscht.

Wie mußte der Krieg alle diese Gegensätze verschärfen! 1870 hatte sich Algerien gegen Frankreich empört; der Haltung Italiens war man nicht sicher: was Wunder also, daß die französischen Behörden die schärfsten Einschüchterungs-Maßnahmen trafen. Von allen Höhen der Stadt, von der Kasbah, von Sidi Ben Hassan, vom Belvedere-Park drohten die Kanonen. Und alle Deutschen männlichen Geschlechts von über achtzehn Jahren, etwa hundertundzwanzig, warf man kurzerhand ins Gefängnis. Die Bevölkerung schaute stumm und erschrocken zu und hätte am liebsten dagegen protestiert. Hatten doch viele Eingeborene mir ihre Freude über den Krieg ausgesprochen und die Hoffnung, jetzt das französische Joch abzuschütteln. Ich hatte meine liebe Mühe, die Leute von mir fernzuhalten, um mich nicht bei den französischen Behörden zu kompromittieren.

Das Zivilgefängnis von Tunis ist recht angenehm gelegen; aber leider merkt man davon nichts, wenn man drinnen sitzt. Oder vielmehr: drinnen liegt. Die Halle, in der man uns eingesperrt hielt, war nämlich für Araber bestimmt und ohne Stühle. Da lagen wir nun auf dem Steinboden und meditierten über die optimistische Ansicht des Baedeker: »Der Fremde kann sich im ganzen Land unbesorgt bewegen.« Es waren alte, gebrechliche Herren unter uns und Kranke, die nur um des Klimas willen Tunis aufgesucht hatten. Man hatte uns alles, was wir bei uns trugen, abgenommen und uns bis auf Hemd und Stiefel durchsucht. Was man uns zu essen gab, war schlecht und zuwenig. Die Verheirateten baten, man möge wenigstens ihre Frauen, die in Angst und ohne Geld zurückgeblieben waren, verständigen, wo sie seien; es wurde abgeschlagen.

Die Polizei hatte unter den Deutschen keine Unterschiede gemacht. Ansässige und Touristen, geachtete Geschäftsleute, die große Familien hatten, Fabrikanten, Ärzte, Advokaten, Arbeiter, Vagabunden: alles lag im Gefängnis. Zwei Italiener waren darunter, Angestellte einer deutschen Firma, ein arabischer Fremdenführer, der Deutsch sprach; auch ein Luxemburger. Der wollte an Hand der Landkarte beweisen, er sei kein Deutscher. Aber man glaubte es ihm nicht.

Die in Tunis Ansässigen und von den Touristen alle diejenigen, gegen die man irgendeinen Verdacht hatte, mußten im Gefängnis bleiben. Ihre Frauen und Kinder wurden ausgewiesen. Man erlaubte ihnen nicht, von ihren Männern, ihren Vätern Abschied zu nehmen. Ihre Papiere, Wertpapiere, Legitimationen hatte man größtenteils bei der Verhaftung der Männer konfisziert. Man zwang die Frauen, bevor sie sich einschifften, das Gold, das sie allenfalls besaßen, gegen algerische Banknoten umzutauschen, die in Palermo nur mit Verlusten bis zu fünfundsechzig Prozent gewechselt werden konnten. Unter den Gefangenen befand sich ein Herr Wagner, ein fünfzigjähriger, dicker, gutmütiger Schwabe, der Besitzer der größten Bäckerei in Tunis, die auch im Hinterland Filialen hat. Da man ihn mit allen seinen deutschen Gehilfen ins Gefängnis geworfen hatte, fehlte es andern Morgens in der Stadt an Brot. Man führte nun Herrn Wagner mit seinen Gehilfen in sein Magazin, zwang ihn, unter Polizeiaufsicht zu backen, und brachte ihn dann wieder zurück ins Gefängnis.

Wir andern, die wir uns einwandfrei als harmlose Touristen ausweisen konnten, wurden nach zwölf Stunden gegen das Ehrenwort, als Gefangene in der Stadt zu bleiben, provisorisch freigelassen. Die konfiszierten Papiere behielt man zurück; ich verlor bei dieser Gelegenheit meine sämtlichen Manuskripte, die Frucht zweijährigen mühsamen Studiums im Innern Siziliens und Nordafrikas. Das Bargeld gab man uns wieder, zwang uns aber, unser deutsches und englisches Gold gegen algerische Banknoten umzutauschen. Ich für meine Person erhielt statt achthundert Mark in Gold tausend Francs algerische Noten, die ich in Italien gegen dreihundertfünfzig Lire wechseln mußte, um die Heimreise bestreiten zu können.

Wir waren etwa dreißig, die freigelassen worden waren. Am vierten August erhielten wir den Befehl, binnen kürzester Frist das Land zu verlassen. Ein höchst willkommener Befehl! Schon am nächsten Morgen aber, angeblich wegen der Beschießung Bones und Philippevilles durch die ›Goeben‹ und die ›Breslau‹, gab man Gegenordre, und die Deutschen, die sich einschiffen wollten, wurden aufs neue verhaftet und diesmal gefesselt. Einen Bäckergehilfen traf bei dieser Gelegenheit der Schlag. Vier Touristen aus Köln hatten sich, trotzdem das Schiff erst abends neun Uhr abging, schon in aller Frühe eingeschifft, um so auf italienischem Boden und in Sicherheit zu sein. Sie wurden von einem in Diensten der französischen Polizei stehenden deutschen Hoteldolmetsch unter dem Vorwand, man wolle ihnen die konfiszierten Papiere zurückgeben, ans Land gelockt und von neuem verhaftet.

Von den etwa hundertzwanzig gefangenen Deutschen waren nur vier militärpflichtige auf das Schiff gelangt. Der Kapitän des Schiffes, der Città di Messina, sagte uns, wir sollten uns nicht auf Deck zeigen und unter keinen Umständen das Schiff verlassen; im übrigen seien wir auf neutralem Boden und in Sicherheit. Trotzdem besetzten ungeachtet des Protests der

Schiffsmannschaft eine halbe Stunde vor Abgang des Dampfers französische Soldaten die Città di Messina, um die vier militärpflichtigen Deutschen, »die entflohenen Gefangenen«, von italienischem Boden weg – denn das Schiff ist italienisches, also neutrales Territorium – zu verhaften. Einer wurde ergriffen und gefesselt abgeführt; ein zweiter nach den Aussagen arabischer Gepäckträger sofort im Hafen an der Mauer der Zollhalle erschossen. Er soll von Anfang an keine Erlaubnis fürs Schiff gehabt und somit sein Ehrenwort, nicht zu fliehen, gebrochen haben. Mich fand man nicht. Mich hatten, sowie die Franzosen aufs Schiff kamen, zwei italienische Matrosen unter Seilen und Tauen in einer unbenützten Kajüte versteckt. Die Franzosen wußten aus der Passagierliste meine Kabinennummer und konfiszierten mein Gepäck, soweit es in der Kabine war. Ich selbst lag unterdessen versteckt in der dunkeln Kajüte, in die mich die Italiener eingeschlossen hatten, und zählte die Minuten bis zum Abgang des Dampfers, die angstvollsten meines Lebens. Vom Kai her tönten die Schreie des Pöbels: À terre! À terre les Allemands!, und über mir, neben mir hörte ich die Soldaten, die mich suchten.
Die zurückgebliebenen Gefangenen wurden nach den Mitteilungen der tunesischen Blätter vom fünften August und nach den Mitteilungen italienischer Passagiere, die sich erst spät abends einschifften, teils nach Algier, teils nach Bizerta, teils nach Biscra geschafft. Die Kasematten des Kriegshafens Bizerta sind berüchtigt; Biscra liegt in der Sahara, ist ein sehr angenehmer Winteraufenthalt, zur Sommerfrische indes kaum geeignet, da es Temperaturen bis zu siebenundfünfzig Grad hat.
Wir andern kamen glücklich nach Palermo, unbehelligt von den Engländern, die in den sizilianischen Gewässern kreuzten, die ›Goeben‹ und die ›Breslau‹ verfolgend. In Palermo fanden wir die Stimmung sehr gedrückt; man befürchtete eine Hungersnot. Die Konsulate der kriegführenden Mächte waren polizeilich bewacht. Das Volk war sehr deutschfreundlich. Etliche Schiffer, als sie hörten, es handle sich um deutsche Flüchtlinge, erboten sich, die unbemittelten Frauen umsonst überzusetzen, und versprachen, in Santa Maria della Catena für sie zu beten. In Neapel fanden wir's ähnlich. In Rom hingegen hat die feindliche Haltung des Messaggero und

des Giornale d'Italia viel verdorben. Es war nicht angenehm, mehrmals des Nachts durch Zeitungsverkäufer, die die Kunde deutscher Niederlagen durch die Straßen schrien, aus dem Schlaf geweckt zu werden. Und das Giornale d'Italia, das jede Nachricht über die Mißhandlung der Fremden in Deutschland fettgedruckt brachte, weigerte sich, über die Behandlung der Deutschen in Tunis auch nur die bescheidenste Notiz aufzunehmen. Im übrigen hat der Präfekt der Provinz Rom jede Kundgebung für oder gegen eine der kriegführenden Nationen verboten.

Die Fahrt durch Italien gestaltete sich äußerst langwierig und mühevoll. Die Regierung hat nämlich »wegen des verminderten Reiseverkehrs« die meisten Züge aufgehoben. Wegen des verminderten Reiseverkehrs waren nun alle Züge überfüllt, und man mußte zeitweilig im Viehwagen fahren. Auf allen größern Stationen gab es einen Aufenthalt von drei, vier, wohl auch von sechs und acht Stunden. Zudem waren häufig die Wartesäle der Bahnhöfe entweder von den Militärbehörden oder von den Behörden zur Fürsorge für die rückkehrenden Emigranten in Anspruch genommen.

In Rom benutzten wir den Aufenthalt zu einem Besuch des kapitolinischen Museums. Diese wundervolle Sammlung hatte nach den Aussagen der Kustoden seit Tagen keinen Besucher gesehen. Niemand hatte Lust und Muße, den sterbenden Gallier zu beschauen; und als ich die Statue der kapitolinischen Venus drehte, zerriß ein Spinnennetz, das sich vom Kopf der Göttin zur Decke wob.

Versuch einer Selbstbiographie (1927)

Ich habe ziemlich viel erlebt. Länder und Menschen, Erfolg und Mißerfolg, enge und vergleichsweise behagliche äußere Umstände, Krieg, deutsche Militärdisziplin, Kriegsgefangenschaft in Tunis, in großer Nähe führender Männer Revolution und Reaktion. Ich glaube aber nicht, daß dieses äußere Erleben starke Spuren in meinem Werk hinterlassen hat. Ich habe mich in manchen Formen der Dichtung versucht, im Drama und Roman großen Stils, im dramatischen Roman, in der Komödie und an den mannigfaltigen Stoffen, Historie, Politik, an weiten und engen Stoffen des Alltags. Oft sagte man mir, ich sei nicht unter eine Formel zu bringen, in keine Schule einzureihen. Wenn ich aber, 42jährig, auf dem Scheitel meines Lebens, betrachte, was ich bisher gemacht habe, versuchend, ein Gemeinsames zu finden, eine Linie, die meine Bücher an mich, an mein Leben und aneinander bindet, einen Generalnenner: dann glaube ich, trotz aller scheinbaren Differenz doch immer nur ein Buch geschrieben zu haben: das Buch von dem Menschen, gestellt zwischen Tun und Nichttun, zwischen Macht und Erkenntnis.

Selbstverständlich spüre ich, mein Vorkriegswerk und mein Werk nach dem Kriege vergleichend, Unterschiede. Aber der Krieg hat mir, glaube ich, neue Inhalte nicht gegeben. Ein Gedicht, das ich Ende 1914 in Jacobsohns »Schaubühne« veröffentlichte, wohl das erste in Deutschland veröffentlichte Revolutionsgedicht, konnte ich unverändert als Nagel eines 1919 geschriebenen Revolutionsdramas übernehmen. Aber starke dynamische Veränderungen hat der Krieg in meiner Schriftstellerei hervorgebracht, er hat mir das Geschmäcklerische weggeschliffen, mich von der Überschätzung des Ästhetisch-Formalen, der Nuance, zum Wesenhaften geführt. Auch zu der Erkenntnis, daß eine Konzeption, die vom Individuum ausgeht, vielleicht artistisch-formal vollendet werden, nie aber den letzten Sinn der Kunst erfüllen

kann auch eine tiefe Skepsis den Kompromissen gegenüber, die das Drama fordert, hat mich der Krieg gelehrt. Er hat mir den Blick geweitet, mich davon abgebracht, fortgesetzt krampfig in das eigene Ich zu starren.
Man hat es mir in Deutschland nicht leicht gemacht, ich bin im Ausland rascher zu literarischem Ansehen gelangt als in Deutschland. Und das war gut so. Denn dadurch erhielt ich mich unabhängig vom literarischen Betrieb, ich konnte meine Maßstäbe unbedingt bewahren vor der literarischen Mode um mich herum und von den Beschränkungen der Landesgrenzen. Von den Zeitgenossen haben drei mich stark beeinflußt, die Begegnung mit ihrem Werk das meine verändert. Heinrich Mann hat meine Diktion verändert, Döblin meine epische Form, Brecht meine dramatische.
Was mich am meisten staunen machte, war die deutliche Erkenntnis von der Ungleichheit der Menschen vor und nach dem Krieg. Und von ihrer Gleichheit. Die Erkenntnis, wie unverändert manche Zeitgenossen durch den Krieg gingen, hat mich erschreckt, die wilde, barbarische Sachlichkeit derjenigen, die im Kriege groß wurden, mich oft abgestoßen. Ich habe die zu verstehen gesucht, die sich verkrusteten, und die, die sich dem Neuen fast haltlos hingaben. Durchzufinden zwischen dem Vor und dem Nach dem Krieg, den Riß der Zeiten in sich selber zu überwachsen, scheint mir die schwerste Aufgabe. Sie liegt zum größern Teil noch vor mir.

Selbstdarstellung
(1933)

Ich wuchs heran in einer katholischen, süddeutschen, mittelgroßen Stadt. Es war nicht viel echt an dieser Stadt, eigentlich nur die Umgebung, die schönen staatlichen Bilder- und Büchersammlungen, der Karneval und wahrscheinlich auch, aber davon verstehe ich nichts, das Bier. Die Stadt hielt damals noch viel auf ihre Tradition als Kunststadt. Es war aber nicht weit her mit dieser Kunst. Vielmehr war sie eine akademische, wichtigmacherische, spießbürgerliche Institution, von einer zähen, dumpfigen und geistig nicht gut gelüfteten Bevölkerung im wesentlichen aus Gründen des Fremdenverkehrs beibehalten.
In dieser Stadt also wurde ich groß. Ich wurde humanistisch erzogen, lernte lateinische und griechische Syntax, auch viele Zahlen aus der antiken Geschichte. Es war eine pedantische, nüchterne Ausbildung, ohne Zusammenhang mit dem realen Leben, ohne Sport, konservativ, patriotisch. Man lernte Mathematik und Verslehre nach der gleichen Methode, man lernte nach strengen Gesetzen deutsche, lateinische und griechische Verse schreiben. Ich erinnere mich gut, daß ich in sehr jungen Jahren zu irgendeinem Geburtstag des Landesherrn ein Festspiel schrieb, in genau gemessenen, konventionellen Rhythmen. Etliche Schuljungen standen robust, linkisch und verlegen um eine Gipsbüste des Regenten, sie behaupteten, sie seien die Malerei, die Architektur, die Poesie und was weiß ich noch alles, und sie dankten dem Regenten in peinlich geregelten Versen und sehr dialektisch, daß er sie so begönnere. Alle fanden mein Festspiel sehr gut, es wurde in irgendeinem braven heimatkundlichen Journal abgedruckt, und ich bekam eine Krawattennadel oder etwas dergleichen als Zeichen der landesherrlichen Anerkennung.
Die Ausbildung in jenem Gymasium, das man bis zum 19. Lebensjahr besuchte, war sehr prüde. Die Klassiker wurden in sorglich gereinigten Ausgaben gelesen. Alles was mit

Sexus zusammenhing, wurde ängstlich herausgeschnitten und vermieden. Es herrschte Disziplin, Würde, gipserne Antike, Heuchelei.
Es war klar, daß der Übergang zur Freiheit der Universität in fast allen nicht ganz unbegabten Zöglingen einen Umschlag ins Radikale, Zynische bewirken mußte. In der Weltanschauung, in der Literatur, auf der Bühne jener Jahre waren alle Sexualfragen überbetont. Alle Geschehnisse der Welt wurden auf die Frau bezogen, in einem sehr feindseligen Sinn etwa von Strindberg, pathetisch und doktrinär von Wedekind, leicht sentimental von den Wienern, von Schnitzler und vom jüngeren Hofmannsthal, die es geradezu aussprachen: Liebe, Komödie und Tod seien Sinn und Inhalt des Lebens. Von den Engländern war damals Oscar Wilde der meistgelesene. Salome spielte in der Phantasie der Heranwachsenden eine ungeheure Rolle. Unter den von deutschen Dramatikern geschaffenen Frauentypen herrschte unbestritten auf der Bühne Wedekinds »Erdgeist«, Lulu, die natürlichste und gerade darum am meisten dämonische Frau. Mondän enthusiastisch, ein wenig unter dem Einfluß von d'Annunzio und von Zolas »Nana«, hatte im Roman Heinrich Mann den Typ der »Herzogin von Assy« geschaffen, der Dame ganz großen Stils, und sie in die Mitte eines an Politik, Kunst und Liebe überreichen Lebens gestellt. Die jungen Frauen jener Jahre sahen in Violante von Assy ihr Ideal, und die Jünglinge träumten von ihr als der Begehrenswertesten der Welt. Die jungen Literaten jener Jahre beschäftigten sich ziemlich ausschließlich mit artistischen Fragen und mit Problemen der Erotik. In der Musik herrschte Richard Strauß, auf der Szene triumphierte bunt, sinnlich und sehr gekonnt der Darstellungsstil Max Reinhardts. Und allgemein anerkannt war als künstlerisches Grundprinzip, daß es nicht auf das Was, sondern selbstverständlich nur auf das Wie der Darstellung ankomme.
Ich dachte nicht daran, diese Grundsätze anzuzweifeln. Ich schrieb in jenen Jahren einen wirksamen, hochmütigen und sehr artistischen Roman, darstellend das reiche, spielerische und gewissenlose Leben eines jungen Mannes aus der Gesellschaft. Auch schrieb ich ein wirksames Drama, darstellend einen Maler der Renaissance, der kein Bedenken trägt, einen jungen Schüler in Wirklichkeit zu kreuzigen, um ein natura-

listisches Modell zu einem Kruzifixus zu haben, und eine überaus dämonische Dame aus der Gesellschaft der Borgia. Es war nicht einmal ein schlechtes Stück, aber ich habe zu dem Manne, der es schrieb, heute absolut kein Verhältnis mehr. Es ist mir schwer verständlich, wie er dieses keineswegs unbegabte Stück schreiben konnte.

Ich schrieb auch ziemlich viele Rezensionen in jenen Jahren. In einem reichlich brillanten, fechterischen Stil, ziemlich bösartig. Ich habe manchem Manne weh getan damals; denn ich wußte viel, ich war in den Ästhetiken mancher Epochen gut beschlagen, ich konnte, wenn ich wollte, recht scharf treffen. Heute verstehe ich nicht mehr recht, warum ich treffen wollte. Was wirklich schlecht und treffenswert war, ist längst erledigt, und es ist geradeso, als hätte ich nichts dazu getan. Geblieben ist aus jenen Jahren nur manche Feindschaft.

Dann heiratete ich, und ich ging mit meiner Frau ins Ausland. Ich lebte erst sehr gut: denn ich hatte Geld. Und dann, sehr plötzlich, hatte ich kein Geld mehr. Wir waren damals an der Riviera, es war während der Saison, und ich sagte zu meiner jungen, schönen und gutangezogenen Frau: »Höre, wir haben kein Geld mehr. Wir müssen in irgendeine billige Gegend gehen. Im Baedeker steht, Sardinien sei sehr billig oder auch Calabrien.« Wir warfen eine Münze und gingen nach Calabrien. Calabrien war wirklich sehr billig, prachtvoll und schrecklich primitiv. Wir gingen ungeheure Strecken zu Fuß, nur mit Rucksäcken, hin und her zwischen dem tyrrhenischen und dem jonischen Meer, und es war eine gute Zeit. Die Herbergen hatten wenig Ähnlichkeit mit dem, was man gemeinhin in Europa Hotel nennt. Man schlief auf Maisstroh. Die Zahl derjenigen, die lesen und schreiben konnten, war gering. Man aß viel Obst und trank schweren, guten Wein, auch viel Ziegenmilch, gemischt mit Marsala. Da hinein wurde schwarzes Brot gebrockt. Man aß Fleisch von Schafen und Ziegen, am offenen Feuer geröstet. Es schmeckte herrlich, wenn es von jungen, und scheußlich, wenn es von alten Tieren stammte.

Wir gingen dann nach Sizilien. Wir stiegen auf den Ätna und gingen um ihn herum, wir durchstreiften die ganze Insel, immer zu Fuß. Ab und zu hatte ich überhaupt kein Geld, das war nicht angenehm. Ich erinnere mich vor allem an einige

Tage in Girgenti, die sogar sehr unangenehm waren. Ich erwartete Geld von einer deutschen Zeitung, es kam nicht. Wir wohnten in einem Raum, der nur ein winziges Fenster im Dache hatte und auch tagsüber finster war. Eine schmale, dunkle und gefährliche Wendeltreppe führte hinauf. Tauben wurden in diesem Raum gehalten, der Boden war voll von ihrem Kot. Wir hatten schließlich nurmehr eine Konservenbüchse mit Sardinen und vier Brötchen. Einen Tag aßen wir nichts. Den zweiten Tag beschlossen wir, nun die Büchse aufzuessen. In unserem dunklen Raum war es zu widerwärtig. Aber im Freien war es überall windig und kalt. Wir gingen weit hinaus zu den Tempeln. Durch eine gefallene Säule halbwegs vor dem Wind geschützt, aßen wir. Am nächsten Tag aßen wir nichts. Den vierten Tag kam das Geld.

Ich arbeitete wenig in dieser Zeit. Meine Hauptbeschäftigung war, den ungeheuren Wust, den ich gelernt hatte, zu vergessen. Es war freie Luft, und die Landschaft Homers sah erheblich anders aus als der Homer, den ich gelernt hatte.

Dann hatte ich wieder etwas Geld, und wir gingen nach Tunesien. Während wir in Hamamet lebten, einem kleinen Ort südlich von Tunis, eine Reise durch die Wüste vorbereitend, von Tozeur nach Biskrah, überraschte uns der Krieg. Ich wurde gefangengenommen und blieb einige Tage im Zivilgefängnis von Tunis. Meiner Frau gelang es, mich mit Hilfe eines maltesischen Kellners auf ein italienisches Schiff zu schmuggeln. Ich kam glücklich nach Italien, das damals noch nicht im Kriege war.

Kaum in Deutschland angelangt, mußte ich zum Militär einrücken. Ich wurde nicht schlecht behandelt. Aber es war grauenvoll, den Befehlen anderer unterworfen, sinnlose Dinge zu tun, die meiste Zeit zwecklos auf dem Kasernenhof herumzustehen, aus schmutzigen Häfen Zeug zu essen, das mir nicht gut bekam.

Was ich während des Krieges schrieb, zeigt äußerlich noch die Form meiner Vorkriegswerke. Aber in seinem Wesen setzt es sich, scheint mir, nicht mehr mit mehr oder minder peripherischen Dingen auseinander wie diese, sondern trifft näher an den Kern. Jedenfalls wurden meine Stücke, selbst wenn ihnen äußerlich eine revolutionäre Tendenz nicht ohne weiteres nachzuweisen war, immer wieder verboten. Das Stück »War-

ren Hastings« wurde verboten und das Stück »Jud Süß«, selbstverständlich wurde meine Bearbeitung des Aristophanischen »Frieden« verboten und ebenso selbstverständlich ein Stück »Die Kriegsgefangenen«. Wenn damals eine gemeinsame Grundanschauung in dem, was ich schrieb, durchbrach, so ist es die Problemstellung: Tun und Nichttun, Macht und Verzicht, Asien und Europa, Buddha und Nietzsche. Ein Problem, hinter dem das aktuellere der soziologischen Neuordnung der Welt augenscheinlich zurücktrat. Immerhin ist es mir eine kleine Genugtuung, daß das überhaupt erste revolutionäre Gedicht, das in jenen Zeiten in Deutschland veröffentlicht wurde, von mir ist. (Im Oktober 1914 in der Zeitschrift »Die Schaubühne«.)
Politische Schriftstellerei in einem aktuellen Sinne habe ich niemals betrieben. Ich war, als die Revolution ausbrach, in München, ich habe viele von den Führern der Revolution in Bayern, in Eisner, Toller, Gustav Landauer, auch einige Führer der Reaktion, sehr in der Nähe gesehen. Ich schrieb einen »dramatischen Roman« damals, der das Schicksal eines Schriftstellers zum Gegenstand hat, der die Revolution führt, aber schließlich angewidert zu seiner Schriftstellerei zurückkehrt. Dieses Buch, in seinem vorgeahnten Detail von der Wirklichkeit schmerzlich bestätigt, oft nachgeahmt, ein Glaubensbekenntnis des nicht aktivistischen Schriftstellers, geht von der Tatsache aus, daß der Handelnde niemals Gewissen hat, sondern nur der Betrachtende.
Es begann nun in Deutschland jene Zeit, die das Erotische in der Literatur mehr und mehr an die Peripherie drängte. Stand Erotisches irgendwo im Zentrum, dann wurde es grob materiell gesehen. Soziologisches, Politisches, Busineß jeder Art stand im Zentrum des Lebens und der Dichtkunst, und gerade die Jüngsten taten sich viel darauf zugut, wie nebensächlich ihnen Beziehungen zu Frauen seien.
Selbstverständlich konnte ich mich dieser Strömung nicht ganz entziehen. Krieg, Revolution, die Entwertung des deutschen Geldes mit all ihren grotesk-schauerlichen Begleiterscheinungen lehrten uns alle, überaus sachlich zu denken und zu werten. Es war viel, wenn jemand nicht alle anderen Gesichtspunkte verlor über den nüchtern-materiellen des dürftigen und aufreibenden Alltags.

Die deutschen Frauen jener Jahre waren tapfer und sehr viel weniger hysterisch, als man nach den Lehren der Medizin hätte vermuten sollen. Galanterie, Flirt wurden historische Begriffe. Die »Dame« hörte auf zu existieren. Ein neuer Typ Frau bildete sich heraus in den Kreisen der Literaten, ein Mitteldin zwischen Sekretärin und Freundin, ziemlich nüchtern, hart, kameradschaftlich, verläßlich und ohne Geheimnis.

Ich ziehe andere, mehr altmodische Frauen vor.

Seltsamerweise habe ich unter diesen altmodischen Frauen meine fruchtbarsten Kritiker gefunden. Mit sicherem Gefühl für Qualität, mit dem Vermögen, sich einem Kunstwerk ganz hinzugeben, ohne das Ohr für falsche Töne zu verlieren. Die mit feinstem Ohr Hörenden unter meinen Kritikern in Annahme und in Ablehnung waren Frauen.

Es wäre Unsinn und Heuchelei, abzustreiten, daß Erfolg gut schmeckt. Aber der Jubel eines zunächst kalten und schließlich doch bezwungenen Theaterpublikums, die Hymnen der Zeitungen und der Menge, die Zustimmung der nicht sehr zahlreichen Leute, die man schätzt: an all das gewöhnt man sich allmählich. Ewig und immer von neuem reizvoll aber bleiben die Abenteuer der Arbeit, Sieg und Niederlage und – vielleicht – die Wirkung des Vollendeten im bewegten Gesicht einer verstehenden Frau.

Bin ich deutscher oder jüdischer Schriftsteller? (1933)

Oft, von vielerlei Menschen und in mancherlei Sprachen, werde ich gefragt, ob ich mich als deutscher oder als jüdischer Schriftsteller fühle. Ich pflege zu antworten, ich sei nicht das eine, noch das andere: ich fühlte mich als internationaler Schriftsteller. Wahrscheinlich seien meine Inhalte mehr jüdisch betont, meine Form mehr deutsch.

Vor fünfzehn oder noch vor zehn Jahren hätte ich anders geantwortet. Wir glaubten damals tiefer an die Kraft der Sprache. Meinten ernsthaft, die Sprache denke und dichte für den, der sie gebraucht; sie wirke aus sich selbst heraus schöpferisch Gedanken, Bilder, Inhalte. Wir überschätzten die Wirkung der Assoziationen. Wir glaubten, mit der deutschen Sprache senke sich die deutsche Vergangenheit, deutscher Himmel, deutsche Erde, deutsche Art in das sprechen lernende Kind. Sprechen, denken, fühlen seien identisch, verkündete der erste Sprachphilosoph des 19. Jahrhunderts, Fritz Mauthner. Aus sehr anderen Wegen kam dieser aufklärerische Gelehrte zu den gleichen Resultaten, der gleichen Überschätzung des Sprachlichen wie die Kabala. Seine Gründe überzeugten uns, sie sind wohl auch heute noch nicht widerlegt. Dennoch wissen heute die meisten von uns tief innen, daß der Philosoph ein Imponderabile vergessen hat. Dieses Vergessene ist nicht schlüssig, es ist nicht nachweisbar, allein wir spüren es deutlich. Es ist nichts Mystisches, es ist ein unzweideutiges, einfaches Gefühl; nur unsere Erkenntnistheorie ist noch nicht scharf genug, es darzustellen.

Die am besten deutsch schrieben, Lessing, Goethe, Nietzsche, fühlten sich durchaus als Kosmopoliten. Die ausgezeichnete deutsche Shakespeare-Übersetzung von Schlegel und Tieck steckt, die Shakespeare-Philologie erweist es von Jahr zu Jahr deutlicher, voll von Fehlern; dennoch wird, in der fehlerhaften Übersetzung, Shakespeare in Deutschland

tiefer begriffen als in den angelsächsischen Ländern, ist mehr deutscher Besitz als angelsächsischer.
Ich für meine Person bilde mir ein, ein nicht nur vordergründiges Deutsch zu schreiben, ich glaube, daß mein Deutsch Schwingungen hat, Hintergründe, auch vom besten Übersetzer nicht zu fassen; dennoch habe ich die Erfahrung gemacht, daß ich in den angelsächsischen Ländern zu mindest ebenso oder wahrscheinlich besser verstanden werde als im deutschen Sprachgebiet.
Ich fühle mich somit, trotzdem meine Sprache deutsch und die innere Form meiner Werke von deutschen Schriftstellern stark beeinflußt ist, als internationaler Schriftsteller.
In Worte zu fassen, was »jüdisch« ist, das »Jüdische« wissenschaftlich abzugrenzen, ist unmöglich. Jeder Unbefangene nimmt deutlich wahr, wie trotz des nach dem Krieg neu aufflammenden Nationalismus, trotz der schärferen Markierungen der äußeren Grenzen die inneren Grenzen der Völker und Rassen langsam verschwinden. Steigender Verkehr, bessere und raschere Erkenntnis vom Einen zum Andern löschen sie aus. Was am Einzelvolk für den sich entwickelnden übernationalen Typ gut ist, geht in dieses neue Wesen ein, was schwach ist, unnützlich, nur eigen-sinnig, verschwindet. Man mag diese Normierung beklagen, doch wenn man kühl hinsieht, wägend, mit dem Verstand, dann läßt sich ihre Unabwendbarkeit nicht verkennen. Volksindividualität, Stammeseigenart konservieren zu wollen, ist unrationell, zum Mißerfolg bestimmt, bleibt Romantik.
Dies klar erkennend, bekenne ich mich zur Romantik. Soweit ich meine Arbeit abhängig machen kann, von meinem Verstand, tue ich das, bemühe mich also, in der Richtung des Morgen, des Internationalismus zu wirken. Aber ich tue es mit Bedauern. Mein Herz ist auf Seite dessen, was ich bekämpfe.
Da ich glaube, die Fähigkeit zu besitzen, in meinen Werken das, was ich bin, nach außen zu projizieren, muß sich in meinen Büchern die Erkenntnis meines Verstandes und mein gegen diese Erkenntnis widerstrebendes Gefühl deutlich abspiegeln. Meine Bücher sind somit gefühlsmäßig jüdisch-national, verstandesmäßig international betont. Daraus wohl erklärt es sich, daß sie von einigen Juden als antisemitisch,

hingegen etwa von deutschen Nationalisten als schlaue jüdisch-nationale Tendenzmache wüst beschimpft werden.
Ich glaube nicht, daß irgend jemand eine wirkliche, klare Demarkationslinie ziehen kann zwischen dem, was jüdisch ist, und dem, was nicht. Früher glaubte ich das tun zu können. Weil ich einigen Leuten vom Gesicht ablesen konnte, daß sie Juden waren, glaubte ich, ich könnte es bei allen. Weil ich aus einigen Büchern mit Sicherheit schloß, daß ihre Verfasser Juden seien, vermaß ich mich, Merkmale eines allgemein jüdischen Stils gefunden zu haben. Ich stellte an Schriftstellern jüdischen Blutes, auch wenn sie nicht hebräisch konnten und sich nur wenig mit der Bibel befaßt hatten, etwa bei Heine, die Merkmale hebräischer Poesie fest, den Parallelismus der Glieder und ähnliches. Allein bei schärferer Nachprüfung erwies sich diese Feststellung nicht besser fundiert als etwa Goethes kurzes, herrisches Diktum: »Judensprache hat etwas Pathetisches.« Gewiß, es gibt einige pathetische und es gibt auch einige sentimentale jüdische Schriftsteller; aber ich kann nicht finden, daß, sagen wir, in dem »Kapital« von Karl Marx sehr viel Pathetisches steckt. Auch das Pathos oder die Sentimentalität der »auf geometrische Art demonstrierten Ethik« Spinozas dürfte sich schwer erweisen lassen.
Meine Bücher bemühen sich, nicht »jüdisch« zu sein. Sie sind, scheint mir, nicht pathetisch und nicht sentimental. Schwerlich wird man ihnen, auch bei genauer Prüfung, eine projüdische Tendenz nachweisen können. Ich habe beispielsweise von den üblen Eigenschaften und Taten des Juden Josef Süss Oppenheimer nichts unterschlagen, ich habe sie ins Licht gehoben, eher etwas zugetan. Habe die Eitelkeit, die Prunksucht dieses Juden Süss, seinen Ehrgeiz, seine Geilheit, seine skrupellose Gier nach Erfolg ausführlich geschildert; einige sagen, zu ausführlich. Dennoch behauptet man auf der anderen Seite, ich glorifizierte diesen Juden, ich machte ihn zum Heros, und gerade die sachliche Art, wie ich das Schicksal des Mannes darstellte, reizt die Antisemiten bis aufs Blut.
Es wird wohl so sein, wie einer meiner Kritiker mir sagte: »Natürlich sind Sie objektiv. Sie sind viel zu schlau, um nicht objektiv zu sein. Aber Sie sind doch ein jüdisch-nationaler Internationalist.«

Der Autor über sich selbst (1935)

Der Schriftsteller L. F. wurde geboren im vorletzten Jahrzehnt des 19. Jahrhunderts in einer Stadt des Landes Bayern, genannt München, die damals 437112 Einwohner zählte. Er wurde von insgesamt 98 Lehrern in 211 Disziplinen unterrichtet, darunter waren Hebräisch, angewandte Psychologie, Geschichte der oberbayerischen Fürsten, Sanskrit, Zinseszinsrechnung, Gotisch und Turnen, nicht aber waren darunter englische Sprache, Nationalökonomie oder amerikanische Geschichte. Der Schriftsteller L. F. brauchte 19 Jahre, um von diesen 211 Disziplinen 172 vollständig in seinem Gedächtnis auszurotten. Es wurde im Laufe seines Unterrichts der Name Plato 14203 mal, der Name Friedrich der Große 22641 mal, der Name Karl Marx keinmal genannt. Bei seinem Doktorexamen versagte er in der Prüfung über altdeutsche Grammatik und Literatur, da er über die Nuancen, wie man seinen Gegner beim Turnier vom Pferd stößt, nicht hinlänglich unterrichtet war. Hingegen erzielte er große Erfolge bei der Prüfung in Anthropologie, da er auf die Frage des examinierenden klerikalen Professors: »In welch große Gruppen zerfallen die Eigenschaften des Menschen?« wunschgemäß erwiderte: »In körperliche und geistige.«

Die Reichshauptstadt Berlin zählte, als er an ihrer Universität studierte, 1827394 Einwohner, darunter 1443 Schauspieler, 167 Generäle, 1107 Schriftsteller und Journalisten, 412 Fischer, 1 Kaiser, 9213 Studenten, 112327 Zimmervermieterinnen, 1 Genie. Der Schriftsteller L. F. verbrachte 14 Jahre in den Schulen und auf den Universitäten Berlins und Münchens; 5½ Monate beim Militär, 17 Tage in Kriegsgefangenschaft, dazu weitere 11 Jahre in München; seine übrige Lebenszeit in verhältnismäßiger Freiheit. Er hatte an insgesamt 3013 Tagen unzureichende und an 294 Tagen überhaupt keine Barmittel. Er unterzeichnete 382 Verträge, hatte 412 Gespräche über religiöse Gegenstände, 718 über soziale, 2764 über

literarische, 248 über Erwerbsfragen und 19549 Gespräche über Fragen des Alltags, besonders über Wäsche, Rasieren und Heizung.
Der Schriftsteller L. F. war in der Blütezeit seines Lebens 1,65 m lang und wog 61 Kilo. Er hatte damals 29 Naturzähne, darunter etliche dachziegelförmig vorstehende, und 3 Zähne von Gold. Er hatte dichtes, dunkelblondes Haar und trug eine Brille. Er war ein guter Schwimmer und ein schlechter Tänzer. Er aß gern Meertiere aller Art, ungern Mehlspeisen, badete sehr warm, haßte Hunde und Tabak. Er trank gern guten Wein, auch Tee, doch wenig Spirituosen und Kaffee. Er neigte zur Theorie der Vegetarier und hatte für die Ernährung der Hindus viel Lob übrig; aber in seiner Praxis war er ein starker Fleischesser. Es unterliegt keinem Zweifel, daß er, hätte er sich des Fleischgenusses enthalten, ein beträchtlich höheres Alter erreicht hätte. So aber hatte er schon in der Blüte seines Lebens Fleisch von 8237 Stück Rindvieh gegessen, von 1712 Stück Wild und von 1432 Stück Geflügel. Fische des Meeres hatte er 6014 verzehrt, Fische aus Flüssen und stehenden Binnengewässern 2738, unzählige Kleintiere, Austern, Muscheln und dergleichen nicht mitgerechnet. All das mit großem Genuß, doch oft bedrückt von der Vorstellung, wieviel Leben umkommen mußte, um das seine zu nähren.
Deutschland zählte, als der Schriftsteller L. F. in diesem Reich blühte, 63284617 sogenannte Seelen. 667884 von diesen waren bei der Post und Eisenbahn beschäftigt, Ärzte gab es 40103, Kritiker 856, Schriftsteller 8287, Hebammen 15043. Amtlich eingetragene Idioten und Vollkretins gab es in Deutschland 36461. Der Schriftsteller L. F. hatte das Pech, mit einem großen Teil von ihnen zu tun zu haben. 3 von ihnen sind übrigens jetzt hohe amtliche Funktionäre des Reichs.
Was die Stadt München anlangt, in der der Schriftsteller L. F. viele Jahre seines Lebens verbrachte, so wurde in ihr die Feuerwehr von allen Städten der Welt am relativ häufigsten aus bloßem Unfug herbeigerufen. Auch produzierte und konsumierte die Stadt von allen Städten der Welt das relativ meiste Bier. Die Zeitschrift Friedrich von Schillers »Die Horen« hatte in ihr 3 Subskribenten gefunden, der Roman »König Ludwig II. oder Der Märtyrer im Purpurhermelin« 109853.

Die Stadt zählte im letzten Jahr, das der Schriftsteller L. F. in ihr verbrachte, 137 Begabte, 1012 über Mittelmaß, 9002 normal, 537284 unternormal Veranlagte und 122963 Voll-Antisemiten. Es beweist die ungewöhnliche Vitalität des Schriftstellers L. F., daß er in der Luft dieser Stadt 407263054 Atemzüge tun konnte, ohne an seiner geistigen Gesundheit erkennbaren Schaden zu nehmen.
Der Schriftsteller L. F. beging 23257 läßliche Sünden, die meisten aus Trägheit und einer etwas phlegmatischen Genußsucht, auch 2 ernsthafte Sünden. Er tat 10069 gute Werke, die meisten aus einer etwas bequemen Gutmütigkeit, und 2 wirklich gute Taten, auf die er vor sich selbst stolz ist. Er besaß 1mal ein Haus, das 1mal konfisziert wurde; er besaß 6mal großes Vermögen, das 4 ½mal durch Inflation wegschwamm und 1mal konfisziert wurde, und 1mal eine Staatsangehörigkeit, die ihm 1mal abgesprochen wurde. Er besaß, als die Nationalsozialisten an die Macht kamen, 28 Manuskripte, 10248 Bücher, 1 Auto, 1 Katze, 2 Schildkröten, 9 Blumenbeete und noch 4212 andere Gegenstände, die bei Haussuchungen durch die Nationalsozialisten teils zerstört, teils getötet, teils zertreten, teils gestohlen, teils sonstwie entfernt wurden. Die Polizei erklärte 3mal, diese Entfernung habe auf Anordnung des preußischen Innenministers stattgefunden, 4mal, sie sei durch Kommunisten bewirkt worden, die sich als nationalsozialistische Funktionäre verkleidet hätten. Der Schriftsteller L. F. war 1mal verheiratet. Er rettete 1 Mädchen vom Tode des Ertrinkens, 2 Jünglinge vor der Schauspielkunst, 6 nicht unbegabte junge Menschen vor dem Beruf des Schriftstellers. In 106 Fällen dieser Art allerdings versagte er.
Der Schriftsteller L. F. schrieb 11 Dramen, darunter 3 gute, die niemals, 1 mittelmäßiges, das 2346mal aufgeführt wurde und 1 recht schlechtes, das, da er die Erlaubnis zur Aufführung nicht erteilte, 876mal widerrechtlich gespielt wurde. Er hat in dem mittelmäßigen, vielgespielten Drama einen Druckfehler im Personenverzeichnis stehenlassen, was zur Folge hatte, daß 41 Verse ihren Sinn vollkommen verloren. Diese 41 Verse wurden in den 2346 Vorstellungen von 197 Schauspielern gesprochen, ohne daß ein Regisseur, ein Darsteller, ein Rezensent oder einer von den etwa 1500000 Zuhörern es bemerkt hätte.

Von den vier Romanen des Schriftstellers L. F. wurden in Deutschland 527000 Exemplare gedruckt. Da der Schriftsteller L. F. erklärt hatte, unter den 164000 Worten, die Hitlers Buch »Mein Kampf« enthält, befänden sich 164000 Verstöße gegen die deutsche Grammatik oder die deutsche Stillehre, wurden seine eigenen Bücher geächtet, es wurden 943 äußerst grobe und 3248 grobe Verleumdungen über ihn verbreitet, und seine Bücher wurden in 1584 amtlich inspirierten Zeitungsartikeln und 327 Rundfunkreden als Giftstoff für das deutsche Volk bezeichnet. Auch wurden 20 Exemplare von ihnen verbrannt. Der Rest des Giftstoffes wurde mit Billigung der deutschen Regierung in deutscher Ausgabe weiter im Ausland verkauft, damit die deutsche Regierung ausländisches Geld hereinbekomme. Die Deutsche Reichsbank bekam auch, abgesehen von den konfiszierten Konten des Schriftstellers L. F., auf diese Art weitere 13000 Dollar in ihre Kassen, der Schriftsteller L. F. 0 Dollar, woraufhin die amtlich subventionierte Hypothekenbank von dem Schriftsteller L. F. verlangte, er solle, da sein Haus und sein Vermögen konfisziert seien, die Hypothek auf dieses konfiszierte Haus im Betrag von 63214 Mark aus dem Erlös seiner späteren schriftstellerischen Tätigkeit außerhalb Deutschlands bezahlen, – und die deutschen Finanzämter ihn, da aus seinem konfiszierten Vermögen keine weiteren Steuern eingingen, zu schweren Strafen, vor allem wegen »Kapitalflucht«, verurteilten.
Der Schriftsteller L. F. konnte in der Stunde bis zu 7 Seiten Schreibmaschine schreiben, bis zu 30 Zeilen schriftstellern und bis zu 4 Zeilen dichten. Während der Stunde Dichtens nahm er um 325 Gramm ab.
Der Anforderungen der Welt an den Schriftsteller L. F. waren viele. Er bekam zur Prüfung und Förderung 8784 Manuskripte von jungen Schriftstellern, die beleidigt waren, wenn er länger als 2 Tage brauchte, ihre Werke zu lesen. 84 von diesen Manuskripten wurden mit den eigenen Manuskripten des Schriftstellers L. F. von den Nationalsozialisten bei der Plünderung seines Hauses zerstört. 17169 Menschen wollten ein Autogramm von ihm, 826 Damen bewarben sich um eine Sekretärstelle. Er hatte 202 Verwandte, 3124 Bekannte und einen Freund. Von den 52 guten Bekannten von ihm fielen in

den vier Jahren des Krieges 22, in zwei Jahren der Herrschaft der Nationalsozialisten kamen 19 um, 11 leben noch heute.
2087 Leute wollten von dem Schriftsteller L. F. Auskunft, ob Christus beziehungsweise Shakespeare, beziehungsweise Bismarck, beziehungsweise Lenin, beziehungsweise Theodor Herzl, beziehungsweise Hitler der größte Mann gewesen sei, der je gelebt hat. 515 Leute wollten sich bei ihm informieren, wie man »Dichten« mache. Er wurde 714 mal von anonymen Telephonsprechern angerufen, die ihn »Saujud« nannten. 2084 Rundfragen hat er nicht beantwortet. Im übrigen bekam er, trotzdem für die Schreibenden Gefahr damit verbunden war, aus dem Deutschland des Nationalsozialismus auf Umwegen 5334 Briefe, die seiner Tätigkeit zustimmten.
Der Schriftsteller L. F. war 19 mal in seinem Leben vollkommen glücklich und 14 mal abgründig betrübt. 584 mal schmerzte und verwirrte ihn bis zur Betäubung die Dummheit der Welt, die sich durch keine Ziffer ausdrücken läßt. Dann wurde er dagegen abgestumpft. Sehr genau erkennend, daß Leistung sich nicht deckt mit Erfolg und daß der Mann sich nicht deckt mit der Leistung, würde er, falls man ihn fragte: »Bist du einverstanden mit deinem bisherigen Leben?«, erwidern: »Ja. Das Ganze nochmal.«

VI.

ÜBER DAS EIGENE SCHAFFEN

Wie ich meine erste Dichtung schrieb
(1928)

Früh in fremden Sprachen zu Haus, geübt in Verkleidungen des Geistes, hatte ich mir sehr jung eine formale Meisterschaft angeeignet, die das Erstaunen meiner Lehrer und meiner Altersgenossen war. Ich war etwa 12 Jahre alt, als ein älterer Junge, der für sprechfaul, dumm, schwer zugänglich galt, mir neidisch sagte, die Dinge, die ich da machte, seien Dreck. Ein ungehobelter Satz über das winzigste wirkliche Erlebnis, die Verulkung eines Lehrers, eine bessere oder schlechtere Zeit beim Schwimmen habe mehr Sinn als meine ganzen schönen deutschen und lateinischen Verse. Wir waren in der Badeanstalt, es war früh im Jahr, ich war blau vor Kälte und wußte, noch ehe er zu Ende war, daß er recht hatte.
Ich widerstand der Versuchung, die Dinge rings um mich zu Erlebnissen aufzubauschen. Das wirkliche Erlebnis, das dann kam, schaute anders aus, als ich es von einem Erlebnis erwartet hatte. Es gab gar kein Pathos her oder großes Gefühl. Es war viel eher unbehaglich, schwierig, eigentlich etwas schäbig. Es war so. Der Prinzregent von Bayern wurde, ich weiß nicht mehr, 70 oder 80 Jahre alt, und das Gymnasium, das ich besuchte, wollte eine Schulfeier geben. Man beauftragte mich, ein Festspiel zu schreiben. Ich schrieb. Ich war damals 13 Jahre alt. Ich hatte eine leichte Hand, und es geriet ein schönes, allegorisches Spiel. Eine Büste des Regenten stand in der Mitte; Schüler des Gymnasiums umstanden sie und behaupteten, sie seien die Architektur oder die Dichtkunst und dergleichen, und nachdem sie sich untereinander gestritten hatten, welche Kunst der Regent am meisten bevorzuge, apostrophierten sie die Büste mit mannigfachen Stanzen. Das Spiel gefiel allen ausnehmend, die Zeitungen berichteten darüber ernsthaft und anerkennend, der Rektor des Gymnasiums überreichte mir im Auftrage des Regenten eine Auszeichnung, eine Krawattennadel oder so etwas. Auch erschien das Spiel in einer Zeitschrift, und ich bekam ein richti-

ges Honorar. Ich weiß noch, wie ich im Zimmer des Rektors stand. Er war ein kleiner Mann mit einem Aztekenkopf, sehr guter Gräzist, hochangesehen, wegen seiner persönlichen Verdienste geadelt, etwas verwachsen, von disziplinierter Haltung, ungeheuer schneidig. Er erweckte mir immer eine Fridericus-Assoziation. Als der alte Mann mir die Auszeichnung des Regenten überreichte, dazu einige sicherlich gutgläubige Worte der Anerkennung krähend, war ich voll von Hohn und Scham. Für ihn und für mich. Jener ältere Schüler übrigens, der mir das vom Erlebnis gesagt hatte, hatte sich mittlerweile, da er eine Klasse wiederholen sollte, erschossen.

Der Gegensatz zwischen der von mir errichteten Gipsbüste des Regenten, die alle mir zu glauben vorgaben, und dem wirklichen, von allen gekannten Bild des Fürsten, eines kleinbürgerlichen, egozentrischen, rechenhaften, im übrigen nicht ungemütlichen alten Mannes, der Gegensatz also zwischen der offiziellen Wahrheit und der wirklichen, wurde mir Gegenstand meiner ersten erlebten Dichtung. Ich schrieb ein kleines Stück, in dem ich die äußerst unangenehmen Erlebnisse eines jungen Menschen darstellte, der die fixe Idee hat, zu sagen, was ist. Da er das Gott, seiner Familie, seinen Kollegen, seiner Freundin, seinen Vorgesetzten gegenüber unablässig sagt, geht er natürlich wie ein Hund zugrunde. Es war ein Stück in Versen. Ich stand früh jeden Morgen auf und schrieb daran, vor Beginn der Schule. Ich kam verflucht schwer zu Ende damit, und als es fertig war, gefiel es mir nicht sehr. Während das Festspiel mit der Gipsbüste noch lange eine rühmliche Rolle spielte, zeigte ich das andere Stück keinem Menschen. Meine schönen Verse hatte ich in große Schulhefte eingetragen mit glänzenden schwarzen Leinendeckeln; aber dieses Spiel schrieb ich in ein kleines Notizbuch mit schäbigem blauem Papiereinband.

Warren Hastings
(Selbstanzeige)
(1916)

Nicht um den historischen Hastings geht es und nicht um den des Macaulay. Jener war, wie man bei Lawson und Malleson nachlesen mag, ein genialer Pedant, der säuberlich Buch führte über alle seine Taten und Regungen und ein skurriles Pflichtbewußtsein mit eisernen Nerven verband, der, erfüllt von produktivem, fast schon genialem Cant, sorglich auseinanderhielt, was er als Mensch, was als Beamter tat, und streng darauf bedacht war, vor sich selber und dem lieben Gott als Gentleman und höchst korrekt zu erscheinen. Kein dramatischer Held somit, es sei denn für Bernard Shaw. Der andere, der Hastings des Macaulay, ist der typische Machtmensch und für ein handfestes Theaterstück allenfalls zu brauchen. Aber auch nicht für mehr. Ein Mensch mit einem dramatischen Schicksal vielleicht, ein tragischer Mensch gewiß nicht. Ich jedenfalls hätte niemals gewagt, sei es den einen, sei's den anderen in ein welthistorisches Chaos zu stellen, den ganzen großen Apparat einer westöstlichen Haupt- und Staatsaktion aufzubieten, wenn es sich nur um diesen einen Menschen und seine Privattragödie handelte. Wenn ich nicht geglaubt hätte, hinter Warren Hastings einen großen Schatten zu entdecken: den Schatten einer großen Idee.

Warren Hastings war nämlich der erste Europäer, der sich mit Tatkraft und Erfolg für das Studium des Sanskrit und seiner Literatur einsetzte. Oberflächlich betrachtet, eine Tatsache von allerhöchstens philologischem Belang. Aber diese Tatsache, ich glaube: sie allein ist es, die die Erscheinung des ersten Generalstatthalters von Indien welthistorisch und tragisch macht. Denn es ist kein Zufall, kann kein Zufall sein, daß der Mann, der äußerlich Indien den Engländern, Asien den Europäern unterwarf, daß just dieser Mann dem besiegten Osten den Weg bahnte, das siegreiche Europa geistig zu unterjochen. Von ihm aus, durch ihn, der ihm den Fuß auf den Nak-

ken gesetzt, begann Indien, Europa zu besiegen, wie das besiegte Griechenland Rom, wie arabische Art und Kunst die Kreuzfahrer. Er, der Triumphator, mußte als erster die geheimnisvolle Macht des bezwungenen Landes verspüren. Er, der typische Europäer, dessen Lebensinhalt Englands Macht war und die Finanzen der Ostindischen Kompagnie und die Peerswürde, der Tatsachenmensch, der nüchterne Rechner, der erzogen war in der klaren Vernunft des Cicero und des Horaz, der fromme Christ, der es, ein Zweiundachtzigjähriger, bedauerte, daß hoher Schneefall ihn am Kirchgang hindere: er konnte nicht los von der rätselhaften Weisheit des Landes, das er unterjocht. Die Tiere und Gewächse Indiens suchte er nach Europa zu verpflanzen, umgab sich – kein neugieriger Sammler, sondern ein Adept voll von der glühenden Sucht, sich ins Esoterische einzubohren – mit zerbröckelten Steinen, die erlöschende indische Inschriften trugen, stapelte Pergamente um sich und brüchige Palmenblätter, die die Weisheit des Ostens verkündeten: die Lehre vom Verzichten, vom Nicht-Widerstreben. Die Lehre, die ihn, den Tatmenschen, den Machtmenschen, nicht losließ, die ihn lockte, süß und qualvoll, bis ans Ende.
Hierin und nur hierin sehe ich die tragische Idee meines Stükkes. Wenn Hastings am Schluß die Frau, die er liebt, von sich weisen muß, wenn der Freund ihn verläßt, so wäre das an sich ein trauriges und betrübliches Einzelschicksal: aber es ist nichts Tragisches daran. Es wird auch nicht tragisch dadurch, daß er für eine Idee leidet, die Idee der Macht Englands, die (subjektive) Idee, daß er der einzige sei, Europa und Indien zu versöhnen. Tragisch wird seine frierende Einsamkeit erst dadurch, daß ihn aus ihr der Geist Buddhas anweht, daß in dem Augenblick, da er die äußere Macht über Indien mit seinem Menschenglück bezahlt und errungen hat, daß da die Buddhastatue ihm gegenüber gewissermaßen Stimme gewinnt und ihm ihre stille, uralte, gleichmütige Weisheit tönt: »Jenseits von Lust und Wunsch, jenseits von Wollen und Begehren.« Und zur tragischen Persönlichkeit wird er, wenn er, einen Augenblick zusammenbrechend unter dieser Weisheit, im nächsten prometheisch sich empört: »Mag der sich bescheiden, den die Sonne dieses Landes großzog. Ich bin nicht von ihrem Stamm. Meine Väter schlugen sich herum mit

Meer und Sturm. Ihnen reifte nicht die Mangofrucht, floß nicht die Milch des Kokos. Mir hat die Sonne nicht den Willen vertrocknet und die Wunschkraft gedörrt. Ich will und wünsche. Und entbehre.«
Nicht um das Einzelschicksal des Helden also geht es mir, sondern um das Erlebnis: Indien und Europa, Tatmensch und geistiger Mensch, Büßer und Soldat, Buddha und Nietzsche. Nicht Cowper und Francis sind Hastings Gegenspieler: sie sind wie er typische Repräsentanten der gleichen Idee, der Idee der Tat, der Idee: Europa. Hastings ungebrochen, die beiden andern gebrochen durch Reflexion, durch Nerven und Gefühl. Hastings wahrer Gegenspieler ist Indien: der Bettelmönch, vor allem Nenkomar. Wenn der Maharadscha, die Weisheit indischer Resignation mit Tiefsten erfühlend, seine Überzeugung bekennt: »Die Welt ist nicht von der Art, wie die Weißen sie träumen. Man kann sie nicht erobern. Man kann sie nicht halten. Der siegt, der sie nicht halten will. Der siegt, der nicht widerstrebt. Der hat gesiegt, den sie nicht lockt.« Die Männer des Westens sind voll von Durst nach Sein, nach Werden, nach Macht. Sie stürzen von Wiedergeburt in Wiedergeburt. Sie zermürben sich an diesem Land. Es ist zu tief, als daß man auf seinen Grund kommen könnte, zu weich, als daß man es erdrücken könnte, und wenn der gleiche Nenkomar, qualvoll haftend an der unseligen Seligkeit seines Durstes nach Macht und Kampf und Tat, sich die Brust aufreißt: »O daß ich nicht kämpfen müßte! Daß ich die Hände reglos halten dürfte und frei vom Schmutz des Tuns!« Dann ist dies mehr als ein arabesker Schnörkel. Dann ist er im Tiefsten der Gegenpol des Hastings. Und wenn dem triumphierenden und in seinem Triumph vor Leid fast versteinten Sieger die Botschaft des toten Feindes in die Hände gerät: »Erinnere dich, mein Bruder, daß Ruhen besser ist als Gehen, Schlafen besser als Wachen, Totsein besser als Lebendigsein«, dann, glaub ich, müßte selbst ein nicht allzu scharfes Auge erkennen, daß hier was mehr ist als ein bloßer Milieuscherz, daß hier der Nerv des Stückes bloßliegt.
Nun wird man mir vielleicht einwenden, daß ich die Bedeutung des Problems überschätzte. Daß es ein geistiges Problem Europa-Indien nicht gebe. Daß ein paar Sanskritforscher, daß Schopenhauer und etliche Theosophen nicht Europa bedeu-

ten. Aber ich glaube, solche Einwände sind zu wohlfeil. Ich glaube nicht, daß es ein Zufall ist, daß gerade jetzt Rabindranath Tagore in allen europäischen Sprachen gelesen und gespielt wird, daß Alfred Döblins »Wang-lun«, jener herrliche Roman vom Nicht-Widerstreben, den Fontanepreis errang, daß Sudrakas »Vasantasena« jetzt in Deutschland wie in England stärker klingt als je. Vielleicht bedeutet dieser Krieg nichts anderes als einen Schritt weiter auf dem Weg Europas zu Buddha.

Und wenn ihr so wollt, dann freilich hat mein Stück eine gewisse Aktualität.

Über »Jud Süß«
(1929)

Erlauben Sie mir, über meine Auffassung des Judentums zu sprechen, wie ich sie in dem Roman »Jud Süß« niedergelegt zu haben glaube. Das Buch hat in diesem Bezug die merkwürdigsten Ausdeutungen erfahren. Juden haben es als antisemitisch, deutsche Chauvinisten als jüdisch-chauvinistisch bezeichnet, und beide Parteien haben mich kräftig angepöbelt. Mir sind solche sich widersprechenden Auffassungen nicht neu. Als mein Stück »Kalkutta, 4. Mai« vor zwölf Jahren zum erstenmal erschien unter dem Titel »Warren Hastings«, während des Krieges, wurde es in mehreren deutschen Städten als englandfreundlich verboten, während die Engländer es als Produkt eines typischen Hunnenpoeten bezeichneten. Was nun »Jud Süß« anlangt, so glaube ich, daß weder die Nationalsozialisten noch die Zionisten daraus Kapital schlagen können. Ich gebe ohne weiteres zu: mein Hirn denkt kosmopolitisch, mein Herz schlägt jüdisch. Aber ich glaube nicht, daß diese Einstellung in dem Buch »Jud Süß« sichtbar wird. Geplant jedenfalls war das Werk keineswegs als ein Epos vom Judentum, und beabsichtigt war nicht, für oder gegen das Judentum etwas darin zu bezeugen.

Man hat mich häufig gefragt, was mich gerade an der Geschichte des Juden Josef Süß Oppenheimer gereizt habe, an dem Leben dieses gleichgültigen Mannes aus einem verschollenen Jahrhundert. Die Geschichte dieses Juden Josef Süß Oppenheimer ist ja wirklich an sich nicht eben interessant. Er war Hofjude wie viele andere vor ihm und nach ihm, einer von den nicht wenigen jüdischen Finanzleuten, die im Dienst von Fürsten und hohen Herren für diese Geld scheffelten und dabei sich selber nicht zu kärglich bedachten. Solcher jüdischer Finanzleute gab es vom frühen Mittelalter bis hinein in unsere Zeit nicht wenige, und nicht wenige endeten in folgerichtiger Erfüllung nach einem Leben voll Pracht im Kerker oder am Galgen. Denn daß der Herr, dem er diente, wenn die

Sache schief ging, ihn als Sündenbock vorschicken würde, war das selbstverständliche Risiko eines jeden, der das Amt eines solchen Hofbankiers übernahm. So endeten jüdische Finanzleute spanischer und maurischer Könige, so Bankiers der habsburgischen Kaiser und des Großen Kurfürsten, so endeten die jüdischen Vermögensverwalter griechischer, polnischer, italienischer Fürsten. Ihre Schicksale mögen vielleicht den Geschichtsschreiber, den Kulturhistoriker fesseln: doch im übrigen sind sie nicht mehr oder weniger gleichnishaft als zahllose andere Schicksale um sie herum.

Glück und Ende des Juden Süß Oppenheimer hatten denn auch, so lebhaft es die Zeitgenossen ergriff, die Menschen später kaum ernsthaft angerührt. Die naiv-antisemitische Darstellung Wilhelm Hauffs wurde zwar viel gelesen; aber ich finde kein Zeugnis, daß sie, wie es etwa die Märchen des gleichen Erzählers taten oder die knabenhafte Romantik seines »Liechtenstein«, Wirkungen hervorgebracht oder irgend jemanden ernsthaft ergriffen hätte. Vielmehr war und blieb die Geschichte des Juden Süß eine lexikalische Notiz von zwanzig bis dreißig Zeilen, kaum geeignet, Spätere nachdenklich zu machen oder ihre Einbildungskraft anzuregen. So auch stellte sich mir zunächst das Leben dieses Mannes dar, als ich vor etwa zwölf Jahren eine sachliche und gut geschriebene Biographie des Süß las. Die politischen Voraussetzungen seines Erfolges und seines Sturzes waren klar und anschaulich dargestellt. Es ergab sich ein Schicksal wie das Unzähliger, kaum dazu angetan, die Seele eines Menschen von 1920 länger zu beschäftigen. Bis ich auf eine nebensächliche und nebensätzliche Anmerkung des Biographen stieß, Josef Süß, der es im übrigen mit den rituellen Vorschriften durchaus nicht genau genommen habe, habe sich geweigert, zum Christentum überzutreten, trotzdem er dadurch wahrscheinlich sein Leben hätte retten können.

Nun besagt ja diese Stelle an sich nichts. Aber ich sah, sie lesend, plötzlich den Weg und das Bild des Mannes, Zentrum und Gleichnis seines Lebens. Nicht daß er einem Bekenntnis treu blieb, in das er, vermutlich übrigens nur halb, hineingeboren war, zog mich an und erhellte mir sein Schicksal. Sondern es war dies, daß ich sah, wie er sich fallen ließ. Ich begriff sein Glück und seinen Sturz in einem. Ich sah ihn gleichnishaft den Weg beschreiten, den unser aller Entwicklung geht, den Weg von Europa nach Asien, von Nietzsche zu Buddha, vom alten zum neuen Bund.

Denn es geht mir in dem Buche »Jud Süß« ja nicht darum, etwa den Mann Josef Süß zu retten oder eine antisemitische Legende zu zerstören, sondern was ich machen wollte, das war: den Weg des Menschen weißer Haut zu zeichnen, den Weg über die enge europäische Lehre von der Macht über die ägyptische Lehre vom Willen zur Unsterblichkeit bis hin zu der Lehre Asiens vom Nichtwollen und Nichttun.

Daß ich einen Juden diesen Weg gehen ließ, geschah deshalb, weil sich in Wesen und Schicksal des Juden die Entwicklung des weißen Menschen nach Asien hin besonders deutlich zeichnet. Schon die geographische Lage seines Ursprungslandes gibt ihm jene Mischung von Asien und Europa, gibt ihm die westöstlichen Züge, die das Gesicht des Typus bestimmen, zu dem hin die Entwicklung drängt. Das Gleichnis dieses westöstlichen Menschen erblickte ich in dem Manne Josef Süß, in seinem heftigen Ergreifen und in seinem überzeugten Sichfallenlassen, in seinem wilden Tun und in seinem gelassen-kräftigen Nichttun. So betrachtet, ergab sich mir die Kurve dieses Lebens sinnvoll in Wille und Notwendigkeit.

Als ich den Roman schrieb, hatte ich nicht sehr viel Material über das Leben des Süß. Im wesentlichen war ich angewiesen auf die ausgezeichnete, aber quantitativ recht spärliche Biographie von Manfred Zimmermann, ein schmales Bändchen von knapp 150 Seiten. Es ist mittlerweile eine gründliche Darstellung des Süß erschienen, gestützt auf die bisher unveröffentlichten Akten seines Prozesses, übersichtlich gegliedert und erzählt von Kurt Elvenspoek. Es hätte die innere Wahrheit meiner Geschichte nicht beeinträchtigt, glaube ich, auch wenn meine Darstellung der Vorgänge nicht bestätigt worden wäre von diesem aktenmäßigen Bericht. Aber ich freue mich trotzdem, daß die Geschehnisse, wie ich sie im Verfolg der intuitiv gefaßten Kurve gestaltete, sich mit der hinterher aktenmäßig belegten historischen Realität fast zum Erschrecken genau deckte. Es scheint mir ein neuer Beweis dafür, daß das gleichnishafte Zentrum, von dem aus ich dieses Leben deutete, richtig gesehen war.

Von diesem Standpunkt aus, nicht als eine Apologie, nicht als ein gegen den Antisemitismus gerichtetes Buch bitte ich Sie, das Werk zu betrachten. Wenn Sie aber aus den Menschen und Geschehnissen meines Werkes einen anderen Sinn und ein anderes Leben herausgelesen haben, dann lassen Sie sich bitte ja nicht beirren durch das, was ich Ihnen soeben sagte. Halten Sie vielmehr den von Ihnen gefundenen Sinn für den rechten. Ein Buch, ein richtiges, gewachsenes Buch, wird fertig erst durch den Leser. Es hat nicht einen einzigen Sinn, es hat so viele Sinne, als es Leser hat.

Zu meinem Stück »Die Petroleuminseln« (1927)

In dem Roman »Die häßliche Herzogin Margarete Maultasch« stellte ich den Kampf einer starken, begabten Frau dar gegen das häßliche Gesicht, das ihr auf ihren Weg mitgegeben ist. Ich stellte diese Frau und ihren Kampf dar mitsamt dem Humus, auf dem sie gewachsen ist, mitsamt ihrer Erde, ihren Bergen, ihrem Himmel, ihren Menschen, ihrer Zeit ringsum, die Arbeit an diesem Buch betrachtend als Vorarbeit zu einem Stück. Denn dies, glaube ich, ist der wesentliche Unterschied zwischen romanischer Auffassung vom Drama und angelsächsisch-deutscher: daß der romanische Schriftsteller eine short story, eine Novelle, eine Anekdote in möglichst schlagender, überraschender, blendender Form in Mimik und Dialog umsetzen will, während der angelsächsische Dramatiker die Luft, den Boden, die Wurzeln mitbilden will, ja, den vielleicht zu ewigem Mißglücken bestimmten Versuch macht, die ganze biologische und soziologische Struktur seiner Menschen und Begebnisse mit einzufangen. Das angelsächsische Drama verhält sich zum romanischen wie ein Buch zu einer Zeitung, wie ein Epiker zu einem Journalisten, wie Homer zu Heinrich Heine. Worüber sich in der »Hamburgischen Dramaturgie« G. E. Lessing mit allerdings erheblich anderem Vokabular verbreitet hat.

Ich versuchte also, durch epische Gestaltung des Stoffes die Souveränität zu erlangen, in allen Winkeln des großen Raumes, in dem meine häßliche Heldin sich bewegt, zu Hause zu sein. Nachdem ich dies erreicht hatte, versah ich den Raum mit anderen Tapeten und verwandelte das Tirol des 14. in eine etwas legendarische Insel im südlichen Bereich der USA und mit der Lebensform des 20. Jahrhunderts. (Wie ich mein Tirol des 14. Jahrhunderts in allen Details exakt halten mußte, so mußte ich, wollte ich eine mehr als modische Realität erlangen, umgekehrt ein nicht zu naturalistisches, vielmehr ein romantisch getöntes Amerika aufbauen.) Dies getan, hatte ich die Voraussetzungen geschaffen zu jener dramatischen Form, die mir erstrebenswert scheint. Ich habe meine Basis auf ihre Tragfähigkeit gründlich untersucht. Ich darf mit gutem Gewissen sagen, daß ich von meinen Menschen beträchtlich mehr weiß, als ich Ihnen, Zuhörer, zeige. Ich könnte Ihnen mitteilen, wie sie sich beim Essen, beim Schlafen, bei der Toilette verhalten, auch über ihre Beziehungen zu Menschen, Landschaften, Autos und Gott könnte ich Ihnen ziemlich erschöpfend Auskunft erteilen. Ich hoffe also, daß Sie, mit leiblichen Augen nur die Fassade des Hauses erblikkend, Mauern, Fenster, Türen, dennoch das Material spüren, aus dem es gemacht ist, sein vielfältiges, starkes eisernes Gerippe, die Fundamente im tiefgebohrten Schacht, das Innengerüst seines Wolken kratzenden Daches, die Aufzüge, die in ihm auf- und niedergehen, seine vielen Wohnungen, das Gewimmel seiner Menschen; ich hoffe, daß, während Sie mit leiblichem Auge nichts erblicken als die Fassade dieses Hauses, Ihr Herz im gleichen Takt schlägt wie das Herz seines Architekten.

Wenn Sie mir den Gesamtaspekt meiner Welt nicht kaputtmachen, Zuhörer, dann können Sie meinethalben auch einen Teil überbetonen. Ich gebe Ihnen die Welt, wie sie nach meinem Dafürhalten wirklich ist: wenn Sie wollen, können Sie sich einen Teil davon so zurechtmachen, wie sie nach Ihrem Dafürhalten sein sollte. Mich stört es nicht, wenn man etwa das Stück in New York mit kapitalistischer, in Berlin mit proletarischer Tendenz spielt. Wenn man mir nur vorne den Kampf der Frau richtig und unverrückt bringt, wie ich ihn sehe.

Noch eins: ich baute in Form einer Pyramide. Auf breiter Basis beginnend, engte ich, Zuhörer, Ihr Interesse immer mehr auf meine Hauptpersonen ein. Sie werden mir vielleicht entgegenhalten, das sei eine Konzession an die alte romanische Form des Dramas. Die Idealform sei die der Laubkrone eines Baumes, so also, daß das Drama, aus starkem Stamm aufsteigend, sich zu einem breiten Wipfel verzweigte. Vielleicht, Zuhörer, haben Sie damit recht. Aber die Form kann ich Ihnen zu meinem Bedauern heute noch nicht liefern und wüßte auch keinen andern, der sie Ihnen, heute, liefern könnte. (Ein gewisser Bertolt Brecht macht in seinem Berliner und in seinem Augsburger Laboratorium vielversprechende Experimente auf diesem Gebiet.) Gedulden Sie sich also, wie Sie sich ja auch gedulden müssen, bis Ihre berechtigten Ansprüche auf einen regelmäßigen Flugverkehr über den Ozean erfüllt sind.

Ratschläge für die Lektüre meiner »Angelsächsischen Stücke« (1929)

1.

Erwarten Sie, bitte, von diesen Stücken keine historische oder wirtschaftspolitische Belehrung. Viele Leute, die in den »Petroleuminseln« ein klares Bild suchten etwa von der Entwicklung der Beziehungen der Standard Oil Company zu den Sowjets oder in »Hastings« eine eindeutige Darstellung der anglo-indischen Politik im 18. Jahrhundert, waren von den Aufführungen oder der Lektüre schwer enttäuscht. Wohlwollende übersandten mir Broschüren und Artikel über die Stellung Rußlands zum Ölkapital oder auch, auf daß ich in künftigen Auflagen und Inszenierungen Anachronismen vermeide, etwa den Essay Macaulays über Warren Hastings. Ich habe, wie Sie aus der hier vorliegenden Ausgabe ersehen, von diesen Hinweisen keinen Gebrauch gemacht und rate Ihnen, wenn Sie Sachliches über den Ölmarkt oder über Warren Hastings erfahren wollen, das Buch umzutauschen.

2.

Löschen Sie bitte, wenn Sie eine Aufführung gesehen haben sollten, den Eindruck von der Lektüre aus. Mehrere ausgezeichnete Regisseure haben die beiden Stücke inszeniert, eine Reihe vortrefflicher Darsteller die Rollen gespielt. Leider hatten die meisten dieser Spielleiter eine Auffassung, einige, bevor sie das Stück gelesen hatten. Es kamen infolge dieser Auffassungen manchmal sehr imposante Dinge heraus; die Stücke erwiesen sich als symbolhafte Darstellungen bestimmter Weltanschauungen, bestimmter Meinungen über Amerika, Imperialismus, soziologische Fragen. Nur die Stücke selbst, die die schlichte Absicht haben, genau das auszudrükken, was dasteht, blieben häufig hinter der Auffassung unsichtbar.

3.

Ich hätte Ihnen, angelsächsischer Leser, zuerst Stücke von mir zeigen können, die mit den Mitteln unserer unnaiven, auf wunderlichen Konventionen aufgebauten Theaters leichter spielbar sind. Etwa meine »Drei deutschen Stücke«. Ich verschiebe das auf später; denn mir liegt daran, Ihnen ohne Kompromiß Stücke Ihres Jahrfünfts vorzuführen.
Leider wird ein Stück immer erst fertig, wenn es gespielt wird. Es bleibt mißlich, in einer Zeit, in der es schwer ist, sich mit einem einzelnen über die einfachsten Dinge zu verständigen, erst auf dem Umweg über 30 oder 40 Helfer an den Empfänger zu gelangen. Das Stück »Warren Hastings« wurde vor zwölf Jahren in Deutschland nicht verstanden und fiel durch. Jetzt hatte es Erfolg und wurde nicht verstanden. Das Stück »Die Petroleuminseln« wurde jetzt in Deutschland nicht verstanden und hatte Erfolg. Wer heute eine Aufführung dieser Stücke sieht, hat, scheint mir, für ihr Verständnis nicht mehr gewonnen als, wer in einem ersten Restaurant ein gutbereitetes Rumpsteak ißt für das Verständnis eines Stierbildes von Potter.
Spielen Sie sich, bitte, die beiden Stücke selber vor, allein, auf der Bühne Ihres Heims. Dann habe ich die große Chance, mich mit nur einem Partner verständigen zu müssen statt mit fünfzig.

Mein Roman »Erfolg«
(1931)

Als moderner deutscher Romanschriftsteller habe ich an einem Helden oder einer Heldin kein Interesse. Ich wählte für diesen Roman Gruppen von Charakteren und nicht Einzelindividuen. Acht der eine Gruppe bildenden Personen stehen, wenn man will, ein wenig höher als die anderen, ihnen folgen dreißig Gestalten, die ihnen an Wichtigkeit fast gleichkommen, und nach diesen weitere hundert, die unbedeutend sind, jedoch dem Werk jene Lebensfülle verleihen, die ich suche. Unter diesen – den acht, den dreißig und den hundert – rangiert die große Masse, das bayrische Volk.

Das Land Bayern ist der eigentliche Held meines Romanes. Hier liegt ein Konflikt: Bayern ist die Agrarprovinz eines großen Industriestaates, Gegensätze ergeben sich zwischen Stadt und Land. Auf Grund vollkommen logischer ökonomischer Gesetze, durch die Entwicklung des modernen Transportwesens und der Weltmärkte sehen sich die Bauern dem Wettbewerb mit Lieferanten aus Südafrika oder Amerika ausgesetzt. Sie sind dem Staat nicht mehr so notwendig wie ehedem. Dadurch wird ihr Unwille erweckt, der um so größer ist, als sich die Stadt noch immer des Wohlstandes zu erfreuen scheint. Sie verbünden sich gegen die Stadt, so wie die österreichischen Bauern gegen Wien. Sachlichkeit wird den gemütlichen, unsachlichen Bayern aufgezwungen. Sie werden immer konservativer, Anhänger des Zollschutzes, Nationalisten im Augenblick, wo sie erkennen, daß die Zölle imstande sind, die Konkurrenz auszuschalten. Hinter ihrer reaktionären Politik stehen ebenso wirtschaftliche Erwägungen wie hinter der Revolution der Stadt.

Auf dieser Neuordnung der Dinge baue ich meine Geschichte auf: Eine Frau liebt einen Mann. Sie kämpft um den Mann, den sie liebt. Er wird aus politischen Gründen zu einer Kerkerstrafe verurteilt – die Geschichte spielt in München im Jahre 1922 – obwohl er unschuldig ist.

Freiheit! Ich klammere mich wie toll an meine Freiheit. In den Gefängnissen, die ich besuchte, um Material für mein Buch zu sammeln, im Gefängnis von Tunis, wo ich als deutscher Staatsangehöriger eingesperrt war, ging ich an der Enge dieser Zellen fast zugrunde. Ich dürfte die Furcht jedes normalen Menschen vor Gefängnissen und Justizirrtümern teilen. Ich liebe die Freiheit, fürchte das Abgeschlossensein. Das kommt in meinem Roman, der Geschichte eines unschuldig zu langer Haft Verurteilten, zum Ausdruck. Und damit habe ich mir etwas von der Seele geschrieben. Wir besitzen in Deutschland unsere Robin Hoods, so wie England vor vierhundert Jahren den seinen hatte. Wer kennt den Namen Hoelz? Er ist eine Art deutscher, politischer Robin Hood. Man brachte ihn nach Sonnenburg – welch ironischer Name für ein Gefängnis! Ihm und den anderen politischen Gefangenen galt mein besonderes Interesse, da mein Held ihnen gleichen soll.
Die Geschichte geht aber weiter. Er wird verurteilt, obwohl er unschuldig ist. Die Frau kämpft um ihn. Nun ist der Kernpunkt der Geschichte, abgesehen von ihrem Wert als rein objektives Bild Bayerns im Jahre 1922, der, daß alles, was die Frau in ihrem Bestreben, den Mann zu retten, unternimmt, vollkommen irrelevant ist. Sie mag sich bemühen oder nicht, es ist gänzlich gleichgültig. Äußere Mächte, die nichts mit dem Mann zu tun haben, entscheiden sein Schicksal für ihn.
Ein Amerikaner, der Millionen in Rußland investierte, unternimmt eine Erholungsreise, um sich von den Verhältnissen in Bayern zu überzeugen, fliegt quer durch Europa nach München, hält Umschau, bleibt eine Woche. Eines Abends besucht er ein Theater, in dem eine Revue gespielt wird. Die Revue ist belanglos; ein Lied darin findet jedoch das Gefallen des Millionärs und führt zu dessen Bekanntschaft mit dem Komponisten, der ein Freund der Frau des Gefangenen ist. Ehe der Millionär Bayern verläßt, leiht er der Regierung Geld, jedoch unter der Bedingung, daß der Mann in Freiheit gesetzt werde.
Als der Tag seiner Freilassung naht, findet man ihn tot in seiner Zelle. Alles stand gänzlich außerhalb seiner Macht, gänzlich jenseits aller Dinge, die die Menschen für oder gegen ihn unternehmen konnten.
Ich bin weder Fatalist noch Marxist, der glaubt, daß einzig

ökonomische und materielle Gesetze die Welt machen. Ich bin auch kein Individualist, der meint, daß jeder Mensch Herr seiner Zukunft sein kann. Diese drei Theorien bilden jedoch, objektiv gefaßt, das Schicksal. Der Zufall sowie die Bedürfnisse der Menschheit, die sozialen, agrarischen, industriellen, spielen ebenfalls eine große Rolle. Und schließlich helfen dem Menschen seine physischen, moralischen und geistigen Qualitäten, die Ereignisse zu gestalten und mit der Wirtschaft anstatt gegen sie zu treiben. Das Leben? Der Mensch im Kampf gegen seine Bedürfnisse, Spielball des Zufalls, der ihm hilft oder etwas Unüberwindliches in den Weg wirft: das ist das Leben!

Vorwort zu den »Drei Stücken« (1934)

Die drei Stücke, die Sie in diesem Band finden, sind in Deutschland entstanden in den Jahren 1917 bis 1919, im letzten Drittel des Krieges also und zu der Zeit, da das Schicksal der deutschen Revolution sich entschied. Die Stücke sind zeitgebunden, sie sind aus den Ereignissen heraus entstanden. Es ist seither über diese Ereignisse vieles bekannt geworden, was der Autor der Stücke nicht wußte, viele damals verborgene Zusammenhänge wurden mittlerweile aufgeklärt. Dennoch ist das Zeitbild, das die Stücke geben, wahrscheinlich ehrlicher, als ein Historiker von heute es zu geben vermöchte. Denn es ist fast unmöglich, daß die spätere bessere Einsicht nicht auf die Schilderung der Ereignisse abfärbt; der Autor der Stücke aber schrieb aus den Ereignissen selber heraus, er schrieb aus dem halben, bruchstückhaften Wissen der Zeitgenossen heraus und aus ihren ganzen Gefühlen, aus jenem Seelenzustand heraus, der die Ereignisse erst formte.

Alles in allem haben, glaube ich, die späteren Begebenheiten dem Autor recht gegeben. Es ist eine merkwürdige Tatsache, daß ein Schriftsteller, der mit vollem Herzen über seine eigene Zeit schreibt, oftmals von der späteren Wirklichkeit tiefer bestätigt wird als Politiker, die mitten in den Ereignissen stehen und über Details besser informiert sind. Vielleicht rührt dies daher, daß psychologische Grundtatsachen – und die Beschäftigung mit diesen ist ja schließlich der Beruf des Schriftstellers – für den Ablauf der Ereignisse am Ende doch nicht weniger wichtig sind als ökonomische und politische.

Das Stück »Die Kriegsgefangenen« ist 1917 entstanden. Es drängte den Autor, seinen Ekel an der Mentalität des Krieges Wort werden zu lassen. (Die Narrheit oder, wenn man will, die Lumperei gewisser Regierungsmänner des Dritten Reichs dokumentiert sich auch darin, daß der erste Literaturbeamte dieses Reiches, ein gewisser Hinkel, durch die deutsche Presse mit Bezug auf dieses Stück »Die Kriegsgefangenen«

verbreitet hat, der Autor habe während des Krieges ein konjunkturpolitisches, hurrapatriotisches Stück geschrieben.)

Der dramatische Roman »Neunzehnhundertundachtzehn« ist in den ersten Monaten des Jahres 1918 begonnen und April 1919 vollendet worden. Er hieß ursprünglich »Thomas Wendt«. Der Autor glaubt, das Werk »Neunzehnhundertundachtzehn« nennen zu dürfen, weil es über die Person des Helden hinaus Anschauungen und Gefühle fotografisch treu wiedergibt, von denen die deutschen Intellektuellen gegen Ende des Krieges und während der ersten Monate der deutschen Republik erfüllt waren, wirklichkeitsfremde, idealistische Anschauungen, die leider auf die deutsche Revolution bestimmend einwirkten und an ihrem Scheitern einen erheblichen Teil der Schuld tragen. Das Gedicht »Wir warten« in der 3. Szene des zweiten Buches ist schon im Jahre 1914 in der Zeitschrift »Die Schaubühne« veröffentlicht worden. Es ging, damals mißverstanden, durch die ganze deutsche Presse, wurde oft komponiert und findet sich in vielen Anthologien deutscher Kriegslyrik. Liest man das Gedicht heute, so begreift man nicht, wie es damals mißverstanden werden konnte. Las man es damals, so war sein Sinn offenbar nur denjenigen klar, die eines Herzens mit dem Autor waren.

Das dritte Stück »Der holländische Kaufmann« ist in den Jahren 1919/20 geschrieben. Es bedeutet im Werdegang des Autors nach einem vergeblichen Versuch, in den Gefühlen der Masse unterzutauchen, die Rückkehr und das Bekenntnis zu dem Individualismus, von dem er ausging.

Das äußere Schicksal der drei Stücke war merkwürdig gleichartig. Die Aufführung der »Kriegsgefangenen« wurde von der Zensur verboten. Das Buch ließ man durch, aber es wurde heftig angepöbelt. »Die Kriegsgefangenen« sind übrigens meines Wissens das erste deutsche Stück, das nach dem Krieg in Frankreich erschien.

Das Stück »Neunzehnhundertundachtzehn« wurde unmittelbar nach Beendigung des Manuskripts von einer Münchener Bühne erworben und in Szene gesetzt. Die Proben waren schon weit fortgeschritten, als der Putsch des Nationalisten Kapp die Aufführung verhinderte. Auch ein zweiter Versuch der Aufführung, von der gleichen Münchener Bühne unternommen, scheiterte an der Entwicklung der politischen Ereignisse. Als schließlich eine mutige Provinzdirektion im Rheinland die Aufführung allen Hindernissen zum Trotz durchsetzte, kam es zu Ruhestörungen. Die Polizei griff ein, es gab Verwundete, die Aufführung konnte nicht wiederholt werden.

Die Erstaufführung des Dramas »Der holländische Kaufmann« fiel in die Zeit, da die nationalsozialistische Bewegung, vor allem in Bayern, ein bedrohliches Aussehen annahm. Das Bayrische Staatstheater gab den Drohungen der Nationalsozialisten nach und setzte das Stück nach wenigen erfolgreichen Aufführungen ab. Später wollte man den »Holländischen Kaufmann« oft spielen. Der Autor hatte versucht, das Stück helldunkel zu halten nach der Art des größten Malers der Epoche, in der das Stück angesiedelt ist, und wagemutige Regisseure waren angelockt von diesem Versuch. Aber der Autor ließ die Aufführung nicht mehr zu. Die Republik war sehr schwach geworden, und der Autor fürchtete, die individualistische Tendenz des Stückes könnte politisch gegen die Republik ausgedeutet werden zu gunsten von Diktatoren, die ihm nicht erwünscht schienen.

Da haben Sie also die drei Stücke. Sie sehen, es sind in Wahrheit zeitgebundene Stücke. Dem Autor liegen sie sehr am Herzen. Ob mit Recht, mag sich jetzt erweisen.

Zu meinem Roman »Waffen für Amerika« (1954)

Ich bin während der Arbeit an diesem meinem zwölften Roman oft ungeduldig geworden und habe geflucht, daß ich mich auf das schwierige Unternehmen eingelassen habe. Aber nun die englische und deutsche Fassung gedruckt vor mir liegen, bedaure ich beinahe, daß die Arbeit zu Ende ist; denn die glücklichen Stunden, die ich damit verbracht habe, waren viel zahlreicher als die gequälten, verärgerten.

Der erste Entwurf liegt lange zurück, zwanzig Jahre, um genau zu sein. Was mich zunächst anzog, war die Gestalt und das Schicksal des Schriftstellers Beaumarchais. Dieser Mann hat den Amerikanern die Waffen geliefert, die ihnen den Sieg von Saratoga ermöglichten, und er hat den »Figaro« geschrieben, die Komödie, welche die Französische Revolution einleitete. Ich spürte, es mußten da viele Zusammenhänge sein. Es mußte möglich sein, von diesem Manne aus die Weltwirkung der amerikanischen Revolution zu gestalten und zu zeigen, daß sich dieses große Ereignis nicht nur auf den westlichen Kontinent beschränkte, sondern in Wahrheit die Welt bewegte.

Beaumarchais selber war eine überaus anziehende Figur; blitzend geistreich, mit tausend teils fruchtbaren, teils hohlen Ideen um sich werfend, hochtalentiert, von Idealen erfüllt, weltmännisch, geltungs- und profitgierig, von unwahrscheinlichen Glücksfällen hochgetragen und immer betrogen, dürstend nach den Privilegien des Adels und mit feuriger Begeisterung kämpfend für das Bürgertum und die Unterdrückten, immer umjubelt und verhöhnt, heute im Gefängnis, morgen umschmeichelt in seinem Palais, auf der Bühne gefeiert, ein ausgezeichneter Ehemann und Familienvater und immerzu in hundert Liebschaften verstrickt, ein Politiker, ein Geschäftsmann und ein Schriftsteller von Weltrang, dabei immer windig, leichtsinnig, anrüchig, bereit zu größten Opfern für die Menschheit und für seine Freunde und zu jedem Schwindel und Betrug für sich selber. Und vor allem ein großer Mann, dessen Taten nicht wegzudenken sind aus der Geschichte der amerikanischen und der französischen Revolution.

Es zeigte sich aber bald, daß ich, wenn ich den Roman um Beaumarchais zentrierte, nur einen kleinen Teil dessen gestalten konnte, was ich darstellen wollte. Ich wollte darstellen die Wechselwirkung zwischen dem fortschrittlichen Frankreich und dem Unabhängigkeitskampf in Amerika. Ich wollte die amerikanische Revolution in einem neuen Lichte zeigen, so nämlich, wie sie sich in den Köpfen fortgeschrittener Europäer jener Epoche malte, ich wollte amerikanische Geschichte geben im Rahmen der Weltgeschichte. Da genügte es nicht, Beaumarchais' Bemühungen zu zeigen, dem aufständischen Amerika Waffen zu liefern und eine französische Allianz zu erwirken; es genügte auch nicht zu zeigen, welch außerordentliche Rolle im Krieg der Amerikaner die von Beaumarchais gelieferten Waffen spielten; vielmehr mußte ich zahllose andere französische und einige amerikanische Menschen hinstellen, ich benötigte viele Schauplätze, der Roman mußte immerfort von Paris und Versailles hinüberwechseln nach Boston und Philadelphia. Auch hatten die Menschen, die ich zu meinem Zweck vorführen mußte, zwar viele innere, aber wenig äußere Beziehungen zueinander. Kurz, es gelang mir nicht, eine übersichtliche und spannende Fabel zu konstruieren, die alles umfaßte, was ich geben wollte. Das hätte nicht einen, das hätte eine ganze Reihe von Romanen erfordert. Ich stellte mein Projekt zurück.

Später dann, aus Deutschland vertrieben, lebte ich in Frankreich. Ich gewann neue Beziehungen zur französischen Geschichte und zu französischen Menschen, ich beschäftigte mich insbesondere mit jenen, die ich anläßlich des Beaumarchais-Projektes studiert hatte. Es waren interessante Menschen, und sie bekamen ein neues Gesicht, wenn man sie in Beziehung brachte zur amerikanischen Revolution. Sie wurden sehr anders als die Bilder von ihnen, welche die üblichen Geschichtsbücher zeigten. Da ist Louis der Sechzehnte, dumpf, wohlmeinend, das Rechte spürend, ein Mensch, der glücklich wäre als ein kleiner Landedelmann, den aber Gottes Gnade und ein ungnädiges Geschick zum absoluten König von Frankreich gemacht hat. Das große Unglück des dicken jungen Menschen ist, daß er auf einem Platze sitzt, auf den er nicht gehört, nämlich auf dem Thron. Im übrigen hat er einen zwar langsamen, aber recht guten Verstand. Er ist der einzig Sehende unter lauter Blinden, er weiß, daß er sich durch die Waffenhilfe für Amerika sein eigenes Grab gräbt, er ist absoluter Monarch und immer gezwungen, das zu tun, was er nicht will, und das zu unterlassen, was er tun möchte. Ich fühlte mich zu diesem Louis besonders hingezogen, da ich ein Widerspiel von ihm kenne, das heute lebt, den unglücklichen Erben eines sehr, sehr großen Unternehmens. Wie ich übrigens auch einen Beaumarchais zum Freund hatte, der vor wenigen Jahren gestorben ist, ehe er, glücklicher als der historische Beaumarchais, ein trauriges Ende erlebte.

Es war eine übergroße Fülle bunter Gestalten, die an mich herandrängten und die alle schnell aus leeren Namen zu lebendigen Menschen wurden; die liebenswerte, im Grunde gutartige, verspielte Marie-Antoinette, königlich und backfischhaft, die immer glaubt, sie müsse Schicksal spielen und alle rundum nach ihrem Willen bewegen, während sie selber immer Puppe ist, bald in den Händen ihrer Günstlinge, bald in den Händen Benjamin Franklins oder Beaumarchais' – die Minister Louis', übergescheit und blitzdumm, elegant und sensationshungrig, gebildet, witzig, freigeistig und voll von Vorurteilen – die Schauspieler des Théâtre Français, die meisten leidenschaftliche Parteigänger für Amerika, vor allem Beaumarchais' Freundin, die reizende Désirée Mesnard, von der Pariser Straße kommend, in die Kreise der Aristokratie eindringend und ins Volk zurückwollend, modern, nüchtern und romantisch. Da sind die Damen und Herren des Hofes, farbig, frivol, tief verspielt, überaus elegant, so blasiert, daß sie nurmehr ein einziges Vergnügen kennen: an dem Ast zu sägen, auf dem sie sitzen. Da ist der blutjunge, verschwärmte, eitle Lafayette, der unter dem Einfluß General Washingtons und der amerikanischen Realität aus einem ruhmsüchtigen Abenteurer ein Mann wird. Da ist vor allem auch der uralte Voltaire, genial, funkelnd vernünftig, den Aberglauben und das Unrecht mit Leidenschaft hassend, dabei aber selber von durchschauten Vorurteilen gequält, so eitel, daß er sein Leben verkürzt, um neuen Ruhm einzuatmen, ein Mann, der mehr als jeder andere dazu beigetragen hat, die Ideen der Vernunft zu verbreiten, auf denen dann die amerikanische Revolution basiert, ein großer Mann, dessen Bild den Schriftsteller, der ihn einmal begriffen zu haben glaubte, nicht mehr losließ.

Alle diese Menschen wurden mir jetzt, in Frankreich, lebendiger, als sie mir je vorher gewesen, und allmählich überwand ich auch die Schwierigkeiten der Fabel. Ich entdeckte, daß, wenn ich nur den wahren Mittelpunkt scharf im Auge behielt, nämlich das Verhältnis Frankreichs zu Amerika, zwischen den Menschen Beziehungen entstanden, die auch äußerlich spannend waren und die Konstruktion einer zwar komplizierten, doch übersichtlichen und immer interessanten Fabel ermöglichten. Freilich mußte ich mich zu bescheiden wissen, ich mußte seufzend an zahllosen Episoden vorbeigehen, deren Gestaltung mich gereizt hätte, ich mußte mehrere Dutzend der attraktiven Menschen, die ich machen wollte und halb schon gemacht hatte, aufgeben, bevor ich an die eigentliche Arbeit ging. Aber dann gelang es. Meine französischen Menschen wurden mir so lebendig, wie ich sie haben wollte, und die schwer zu meisternde, scheinbar verwirrte Handlung ordnete sich, spannte sich.

Da aber blieb immer noch eine Hauptschwierigkeit. In dem großen Fresko blieb ein großer weißer Fleck, ein peinlich leerer Fleck. Der Fleck war in der Mitte und konnte nicht übersehen werden. Die Schwierigkeit trug ein Gesicht und einen großen Namen. Die Schwierigkeit hieß: Benjamin Franklin.

Es gibt zahllose Biographien von Franklin, über jede Phase seines Lebens existiert eine breite Literatur. Es sind ausgezeichnete Biographien darunter, die alle Einzelzüge des Mannes sehr deutlich machen. Was aber nicht deutlich wird, das ist, was denn nun eigentlich diesen Benjamin Franklin so anziehend macht. Die Ereignisse seines Lebens sind nicht besonders farbig. Die meisten Träger großer Namen des achtzehnten Jahrhunderts haben farbigere Schicksale gehabt. Es geht von Franklin bei aller Menschenfreundlichkeit eine gewisse Kühle aus. So offen er sich gibt, sein innerstes Innere bleibt zugesperrt und erlaubt keine intimeren Blicke. Zahllose Menschen haben sich mit Franklin beschäftigt, doch es scheint, daß er zwar viel verehrt, doch wenig geliebt wurde.

Er ist denn auch, wiewohl er in der Mitte höchst dramatischer Ereignisse stand, nur selten von Schriftstellern in einem Roman oder auf der Bühne porträtiert worden, und niemals wurde er auf gültige Art gestaltet. Er war seinen Mitbürgern in Philadelphia immer ein bißchen unheimlich geblieben, er war ihnen zu fremd, zu weltbürgerlich. Und in Paris, so populär er war, blieb er der fremdeste der Fremden, der Vertreter einer neuen, ersehnten, aber doch durch und durch andern Welt. Er blieb bei allem Kosmopolitismus der Amerikaner, der Mann, um den die Luft des neuen, großen, primitiven Erdteils war. Und etwas von dieser Fremdheit behielt der große Mann auch für die Späteren.

Ich wußte: ohne daß man Franklin hatte, konnte man das Amerika nicht fassen, das damals wie ein großer, frischer Wind in die verbrauchte Luft Europas hineinblies. Ich versuchte, auf vielen Wegen zu dem großen Mann vorzudringen. Es gelang nicht. Aber wenigstens erkannte ich bald den Grund. Wenn ihn die Amerikaner nicht in ihrer erzählenden oder Bühnenliteratur hatten gestalten können, dann war es, weil in ihm vieles war, was im Grunde nur ein Europäer zu verstehen vermochte; sah man aber den Doktor Franklin mit europäischen Augen an, dann blieb auch den Späteren so viel an dem Manne rätselhaft wie seinerzeit den Parisern: das Amerikanische. Ich konnte damals Franklin nur aus europäischen Augen sehen, ich konnte ihn nicht ganz sehen, ich brauchte aber für meinen Roman den ganzen Mann. Ich gab den Roman ein zweites Mal auf.

Da wurde mir durch meine Erlebnisse das alte Projekt von neuem sehr heftig in Erinnerung gebracht. Ich lebte in Frankreich, als die Nazis dort einfielen. Eine große Hoffnung auf Befreiung blieb: Amerika. Ich selber wurde aus einem Konzentrationslager der Vichy-Regierung von amerikanischen Freunden gerettet und nach Amerika gebracht. Hier erlebte ich, daß alle leitenden Männer erkannten: auch der westliche Erdteil kann von dem Faschismus nur befreit werden durch ein Europa, das sich von Hitler befreite. Sehr deutlich wurde mir durch meine eigenen Erlebnisse die geschichtliche Verbundenheit der beiden Kontinente und insbesondere Frankreichs und Amerikas dokumentiert.

Unter diesen Umständen war ich doppelt erstaunt, wahrzunehmen, wie wenig man auf der westlichen Seite des Ozeans wußte von der Beteiligung Frankreichs an der amerikanischen Revolution. Wohl konnte man hier und dort lesen, daß die amerikanische Revolution nicht hätte gelingen können ohne den materiellen und ideellen Beistand von seiten Frankreichs und gelegentlich wies auch Präsident Roosevelt auf die französische »lcnd-lcasc« jcncr Zcit hin, aber die Kenntnis von dem wahren Ausmaß, von der ausschlaggebenden Bedeutung der französischen Hilfeleistung war nicht in das Bewußtsein der amerikanischen Nation gedrungen. Ebensowenig wußte man in Europa, welch außerordentlichen Einfluß das praktische Vorbild der amerikanischen Revolution auf die Vorbereiter der französischen hatte. Wohl wußten einige Historiker darum, daß die beiden großen Revolutionen des achtzehnten Jahrhunderts, die amerikanische und die französische, nur begriffen werden können, wenn man ihre Verbundenheit einsieht. Aber diese Erkenntnis, die gerade heute, in der Zeit des Kampfes um eine vereinigte Welt, so unendlich nützlich sein könnte, ist der Besitz weniger und bestimmt nicht Allgemeingut.

Diese Erlebnisse und Erwägungen zwangen mich geradezu, den Romanentwurf wieder vorzunehmen, der mich nunmehr fünfzehn Jahre beschäftigt hatte. Ich empfand es als Pflicht, diesen Roman jetzt zu schreiben, als Pflicht gegenüber dem Europa, in dem ich zu Hause war, und gegenüber dem Amerika, in dem ich lebte.

Nach wie vor aber fehlte mir der eine entscheidende Mann: Franklin. Doch spürte ich, daß es mir hier in Amerika viel leichter gelingen würde, die immer entweichende Gestalt zu fassen. Ich vertiefte mich von neuem in sein Werk, nahm von neuem die Biographien vor. Ich arbeitete langsam, vor allem an Hand der ausgezeichneten Biographie van Dorens und ihrer reichen Bibliographie. Ich studierte die Spuren Franklins, die Überbleibsel seines Wirkens, seine Bilder, die Berichte der Zeitgenossen, die Erstausgaben seiner Werke in den verschiedenen Sprachen. Ich kämpfte um die Vision Franklin, ich wollte Franklin sehen. Und langsam, langsam, in der amerikanischen Luft, inmitten der amerikanischen Wirklichkeit, erlebend die zeitgenössische amerikanische Geschichte, den Streit der Parteien, des Kongresses und der Regierung,

der Besitzenden und der Besitzlosen, begann ich Franklin auch mit amerikanischen Augen zu sehen. Ich erkannte die ungeheuren Schwierigkeiten, gegen welche der große Mann nicht nur in Europa, sondern auch in Amerika zu kämpfen gehabt hatte. Ich lernte ihn sehen nicht nur mit den verehrenden Augen der Pariser des achtzehnten Jahrhunderts, sondern auch mit den kritischen, scheelsüchtigen der Nahen und Nächsten und mit den haßerfüllten seiner Kollegen, jener Kollegen, die er nicht missen wollte; denn sie zwangen ihn, auf seine Fehler und Schwächen zu achten.
Ich erinnere mich des Tages, da ich zum ersten Mal den alten Franklin ganz deutlich vor mir sah. Das war, als ich die französische Erstausgabe seiner Werke in die Hand bekam, der ein Stich Martinets vorgedruckt ist; der Stich stellt dar einen ungewöhnlich häßlichen alten Franklin, und ihm beigefügt ist ein überschwengliches Gedicht, verfaßt von Franklins Freund und Übersetzer Dubourg, welches den Doktor den Göttern Griechenlands gleichsetzt. Damals zum ersten Mal schaute mich sehr lebendig, mild und ein bißchen ironisch der wirkliche Franklin aus seinen großen, alten, gewölbten Augen an.
Jedenfalls, nun war er da, der Franklin, den ich brauchte. Ich konnte ihn mit europäischen Augen sehen und war lange genug in Amerika gewesen, ihn auch vom amerikanischen Gesichtspunkt aus zu begreifen. Jetzt glaubte ich, die inneren Voraussetzungen zu haben für das kühne oder, wenn man will, dreiste Unternehmen, die schicksalhafte Verbindung Amerikas und Europas darzustellen, wie sie sich in den Jahren der Revolution gleichnishaft ausdrückt.
Ich wußte, daß das Werk harte Arbeit kosten werde. Es war nicht das Studium der Historie, welches die Arbeit langwierig und schwer machte, es war vielmehr das Bestreben, die verwickelten Geschehnisse so darzustellen, daß sie zu einer spannenden, überschaubaren Geschichte wurden und gleichzeitig den Sinn und die Bedeutung der scheinbar sinnlosen Einzelepisoden klarmachten.
Ich glaube, der Leser, der in einem historischen Roman eine Folge spannender, farbiger Ereignisse sucht und die Verwandlung leerer Namen in Fleisch und Blut, wird auf seine Rechnung kommen. Er wird einen Louis den Sechzehnten

sehen, der ihn in seiner Hilflosigkeit und Gutmütigkeit anrührt, und einen Franklin, der keineswegs ein idealer Held ist, der manches tut und manches äußert, was nicht in das übliche Bild des großen Mannes hineinpaßt, einen Franklin mit sehr vielen Menschlichkeiten, aber vielleicht wird er gerade um dieser Menschlichkeiten willen zuletzt in Franklin einen größeren Mann sehen als den, den er vor der Lektüre des Buches gekannt hatte. Vielleicht wird er auch in dem theatralischen und eiteln Beaumarchais am Schluß einen liebenswerten, ja, einen großen Mann erkennen.

Aber auch der anspruchsvolle Leser wird, hoffe ich, nicht enttäuscht werden. Er wird etwas Geduld brauchen, ehe er aus den vielen Geschichten, aus denen der Roman gewoben ist, die eine Geschichte herauserkennt und zu dem Sinn des Buches vordringt. Vielleicht wird er zunächst verwirrt werden durch die große Fülle der Gestalten. Vielleicht wird er zunächst glauben, Beaumarchais sei der Held, dann Franklin, dann das Königspaar, später vielleicht sogar Voltaire oder Lafayette. Aber wenn er das Buch offenen Sinnes und mit einigem Vertrauen zu dem Autor liest, dann wird er ganz zuletzt erkennen, daß keine dieser Personen der Held ist. Der Held des Buches vielmehr ist der Fortschritt. Es handelt nicht von Franklin oder von Beaumarchais, sondern vom Sinn des geschichtlichen Geschehens.

Ich wollte zeigen die Verwobenheit der amerikanischen und der europäischen Geschehnisse, das Zufällige in dem sorglich Geplanten und das Notwendige im scheinbar Zufälligen. Ich wollte zeigen, daß die Geschichte, wenn auch auf verschlungenen Umwegen, bestimmten Zielen zustrebt. Ich wollte auf den Leser übertragen meinen eigenen Glauben, meine wissenschaftliche Überzeugung, daß Sinn ist im geschichtlichen Ablauf, auch wenn dieser Sinn nicht sogleich zu erkennen ist. Ich wollte zeigen, daß Fortschritt mehr ist als eine leere Phrase, daß Vernunft ist auch in scheinbar unvernünftigen Begebenheiten, wenn man sie nur richtig deutet und einordnet.

Es steckt in diesem Buch viel Liebe und viel Haß zu Frankreich und Amerika, viel große Liebe und viel kleiner Haß, aber ein ehrlicher Wille zu objektivem Verständnis. Ich glaube, daß die Arbeit an diesem Buch mir geholfen hat, auch

viel von dem zeitgenössischen Geschehen besser zu begreifen. Wer das Buch so liest, wie ich es gelesen wünsche, für den wird manches von dem, was die Menschen dieses Buches tun und sagen, eine aufregende Aktualität gewinnen.
Sagte ich schon, daß mir die Arbeit an dem Werk viel Ärger und Kummer, aber auch ungeheure Freude gemacht hat, eine beinahe religiöse Freude? Sie stärkte in mir den Glauben an das, was der Naturforscher »Entwicklung« und der Geistliche »Vorsehung« nennt und was jene historische Schule, der ich mit ganzem Herzen anhänge, »Fortschritt« heißt oder auch »lebendige Geschichte«. Ein wenig von dieser freudigen Erkenntnis wird sich, hoffe ich, auch auf den Leser übertragen.

VII.

AUS DEN ZWANZIGER JAHREN

The Essentials of German Character (1928)

Seventy millions people live in Germany, different in face, physique, mode of dress, manner and standard of living, in their practical goals, philosophy – peasants, bourgeois, proletarians, plainsmen, mountaineers, maritime people, prewar men, post-war men. Twenty millions live in forty-seven cities of more than 100000 population, fifty millions in the country, or in small cities and villages. Yet a German physiognomy does exist, a German face different from the faces of other nationalities.

This face was probably vaguely recognizable when Wilhelm II. still reigned supreme, but since the War its features have been more easily distinguishable. Be warned, however, that it is different from what is generally pictured. Faces of other nationalities may be drawn after their newspapers have been read for a time, but to know the real German physiognomy, persual of newspapers will not help.

1.

In Germany today much is said about reality, objectivity. Berlin likes to be called the American city of Europe. Dreams are made fun of, people try to force emotions into the sphere of the measurable and the concrete. People go mad over quantity – figures and statistics are beloved. Only when one leaves the realm of newspapers and cafés where the intelligentsia gather, even withdraws from the capital, does one realize that this Americanism ist only external – a varnish, a fad, a pretension, having nothing to do with the spirit of the people.

Also, much ist heard of organization, types, standardization, of efforts to make the individual one of the mass, of strictly uniform disciplined sport. From this to the establishment of a militaristic spirit the way is not long. Only it is not a straight road. Too much honor is given the ingenious social organizations of the Germans if their need for a Stammtisch, uniformity, companionship, is included under such pathetic categories. Of course, among seventy million inhabitants, numerous bellicose individuals are to be found whose heritage and civilized energy are 50,000 or 100,000 years younger and therfore more limited than that of the others. But even considering that it is characteristic of the soldier to hurrah while the others remain quiet, yet the roar of 200,000 militants must not be taken for the voice of seventy millions.

If one wants to discover a common German characteristic, a dominant trait under which the other peculiarities can be summarized, one had best study the idealistic tendencies of the bourgeoisie. In spite of all the shouting about Americanism, the German still cares a good deal for religion; he wants to feel himself to be a part of the world, enjoys a middle-class metaphysics. The German is not interested in politics – that is, in government, not at all, and in the class struggle, little. He permits himself to be ruled easily – he is only partially incorporated in the governmental system; even things which annoy him a great deal – the wretched, political German justice of today which is directly offensive to him – he tolerates better than any other European people. But he wants a system, categories, or at least abstract words which feed his yearning for philosophy. In this he is pedantic. Hence arises his preference for precepts and principles, lists and legislation, detailed data, and the sanctity of the State.

His metaphysical needs have their roots less in a clear, logical understanding than in an general artistic bent. This, to be sure, is somewhat apathetic, for the German is sluggish, ponderous, indirect. He does not strive for an end, his joy lies in the means. He loves to present questions, to meditate, to be hypercritical, to raise problems, and to take great pains in solving them; solutions, answers interest him little. He likes to feel himself an essential factor in a philosophical process.

2.

Often the need of the German for metaphysics leads him into the sentimental. He loves pastoral domesticity, radio music, canary birds; and general speculations concerning the life of his neighbor. It is odd to hear grown-up men singing drippingly sentimental songs together, and to sce thcm staging harvest festivals in the midst of the metropolis, when their rural experience consists in having raised a few pears and two rabbits on their square foot of land. But this is only the banal expression of a broad and deep artistic nature. The Germans's musical talent has roots which lie deep within him, and he is as sensitive to the inartistic, as he is discriminate in his choice of true beauty. The German has little love of show, but much sympathy for good theater. His thirst for education is continuous, very difficult to satisfy and often somewhat pedantic. He learns slowly, but thoroughly. Since the authorities have not met this need – only 1.4 percent of the fathers of German students are workers – he has created for himself more folk high schools, folk libraries and folk theaters than any other people. His literature is not light, not gay. But he writes and reads more books than any other nationality, and his scientific literature, more theoretical than practical, is twice as inclusive as that of any other people, and is no tonly for a narrow circle of scholars, but is assimilated by the whole country. The German asks more questions than any other nationality: Why? How? For what purpose? Insatiable, he is less often and less easily satisfied than others.

But in spite of all this talk about materialism and business spirit, the German is fundamentally reflective, deliberate even to bluntness, good-natured, heavy-mannered, considerate, and reliable. His hobbies are more important to him than his vocation. He is not exactly a man with whom one falls in love easily, but once established, friendship lasts.

Die Konstellation der Literatur (1927)

Die Literatur der weißhäutigen Völker, seit etwa zwanzig Jahren sinn- und zwecklose Spielerei, ohne Zusammenhang mit dem Leben, Beschäftigung für Zeittotschläger, beginnt allmählich, die Inhalte aufzunehmen, die Krieg, Revolution, gesteigerte Technik ins Licht rücken. Produzierende und Konsumenten haben formalistischen, ästhetisch tändelnden Kram ebenso satt wie alles Ekstatische, gefühlsmäßig Überbetonte. Was Schreibende und Leser suchen, ist nicht Übertragung subjektiven Gefühls, sondern Anschauung des Objekts: anschaulich gemachtes Leben der Zeit, dargeboten in einleuchtender Form. Erotisches rückt an die Peripherie, Soziologisches, Wirtschaftliches, Politisches in die Mitte. Don Juan in seinen endlosen Varianten hat abgewirtschaftet, an seine Stelle tritt der kämpfende Mensch, Politiker, Sportler, Geschäftsmann. Den Schreiber und den Leser fesselt Gestaltung des unmittelbar Greifbaren: Sitten und Gebräuche des heraufkommenden Proletariats, die Institutionen Amerikas, Fabriken, Konzerne, Autos, Sport, Petroleum, Sowjetrußland. Die große Abneigung des Menschen von 1927 gegen subjektiv gefühlsmäßige Wertung bewirkt, daß der historische Roman und der historische Essay als Darstellung abgeschlossener, somit überschaubarer Vorgänge sehr ins Licht rückt. Bevor die Geschichte neuere Methoden der Katalogisierung konsequent anwendet, soziologische, biologische, gebraucht sie einfühlsam der Roman.

Durch diese Tendenz der Gegenwart, über dem Inhalt die Aufmachung kaum mehr zu beachten, hat vor allem die französische Literatur an europäischer Geltung verloren. Die Boudoir-Erfolge gewisser kleiner französischer Romane, die Hymnen vereinzelter einflußreicher mittel- und osteuropäischer Rezensenten, die ihre besten Jahre in Paris verbracht haben, können diese literarische Paris-Dämmung nicht aufhalten. Insbesondere in Deutschland haben die Jüngeren sich

von den Franzosen abgekehrt; sie orientieren sich an den Angelsachsen stofflich und vor allem auch sprachlich. Kipling, Stevenson sind dem deutschen Leser, dem deutschen Schreibenden dieser Jahre so vertraut wie einige Jahre vorher durch große Neuausgaben Zola, Balzac, Rolland. Galsworthy, Wells, Bennett, Maugham, Conrad setzen sich in Mitteleuropa durch. Stärker seit dem Krieg als irgendein Romane formen die Amerikaner Upton Sinclair, Jack London, Sinclair Lewis die Anschauungen Europas. Bedeutsam mit seinem großen Roman »Tampico« taucht am literarischen Horizont unseres Kontinents der Amerikaner Joseph Hergesheimer auf. Und während man die Italiener, ihren früher vergötterten, schillernden Fanfarenbläser voran, in die Ecke stellt, während von den Spaniern höchstens noch Blasco Ibáñez packt, folgt Europa gespannt den Wegen der Russin Kollontai und ihres härteren Genossen Gladkow.
Unter den deutschen Autoren verblassen in der Konstellation dieser Jahre die zärtlichen, skeptischen Wiener Dichter. Wie im letzten Jahrfünft London, New York, Moskau die Pariser Literatur verdrängt; so schiebt mit robustem Ellenbogen das literarische Berlin das sanftere Wien an die Wand. Wirkung und Sicht in die Weite hat, wer interessierenden Inhalt in unmittelbar faßlicher Form gibt. Franz Werfel etwa wirkt als Autor des »Verdi« stärker denn als Lyriker. In raschem Ansturm erobert der deutsche historische Roman Europa und Amerika. Gelingt es gar einem Schriftsteller, zeitgenössischen Inhalt unverkrampft, einleuchtend, gespürt im Wort zu fassen, dann hat er begründete Aussicht, daß die Welt ihm zuhört. So hat unter den Büchern dieses Jahres der große Roman Arnold Zweigs »Der Streit um den Sergeanten Grischa« die Voraussetzungen eines europäischen Erfolges. Die beiden deutschen Dichter hingegen, die am sichtbarsten Geniezüge tragen, Alfred Döblin und Bertolt Brecht, haben es, trotzdem sie neue Typen von europäischem Interesse schaffen, deshalb schwer, Weltgeltung zu erlangen, weil sie sich auf deutsche Art mit Formproblemen herumschlagen, die für das übrige Europa keine Probleme sind, und weil diese eigenbrötlerische Bastelei ihre Werke fragmentarisch und schwer zugänglich macht.
Die Konstellation dieser Jahre bewirkt, daß aus der Produk-

tion der vorigen Generation einzelne Werke sonderbar verschollen wirken, während andere, bisher schlecht erfaßte, der gleichen Autoren jetzt erst in ihr rechtes Licht rücken. So ist von Anatole France die »Insel der Pinguine« springlebendig, die »Komödiantengeschichte« verstaubt. Der ganze Stendhal lebt, Flaubert liegt verstaubt in der Ecke. Tolstoi weckt stürmische Zustimmung und stürmischen Widerspruch. Dostojewski weithin nur kalte, mit Widerwillen gemischte Bewunderung. Unter den Deutschen der vorigen Generation packen Heinrich Mann und Wassermann gerade mit solchen Büchern, die, als sie erschienen, abgelehnt wurden, während – nein, lieber und verehrter Kollege, Ihre Namen sollen an dieser Stelle nicht aus meiner Schreibmaschine kommen.

Der Geschmack des englischen Lesers
(1927)

Meine Damen und Herren,

englische und ausländische Sachverständige sagen mir, der Geschmack des englischen Lesers sei nicht sehr gut. Sie behaupten, der Engländer flüchte gern bei seiner Lektüre aus einer unangenehmen, monotonen Wirklichkeit in eine farbige, auf billige Art glückliche Phantasiewelt. Auch suche er geistige Anstrengung und allenfallsige peinliche Aufklärungen und Erkenntnisse zu vermeiden. Hart im Alltag seines Geschäftslebens, wolle er sein Bedürfnis nach Humanität durch sentimentale Lektüre abreagieren. Kurz, im wesentlichen sei ihm Lektüre ein Mittel, ungeistigen Alltag auf wohlfeile Manier geistig zu verbrämen.

Das zu hören war mir nicht angenehm. Hat man jemandes Neigung, so hört man nicht gern, dieser Jemand habe keinen guten Geschmack. Ich bemühte mich also, experimentell festzustellen, welche Eigenschaften ein Literaturwerk haben muß und welche nicht, um an das Herz des englischen Durchschnittslesers zu rühren.

Es ist immer etwas bedenklich, scheint mir, ein allgemeines Urteil von sich zu geben über eine Gruppe Menschen, die mehrere Längen- und Breitengrade besiedeln. Es gibt, äußert man sich über die Mentalität von vierzig Millionen, so zahlreiche Fehlerquellen, daß man besser tut, derartige Urteile nur sehr hypothetisch auszudrücken. Ich bitte Sie also, Damen und Herren, vor die folgenden Meinungen, Behauptungen, Anschauungen, Gesichtspunkte auch dann, wenn ich es nicht besonders erwähne, immer ein »Vielleicht«, »ich denke«, »scheint mir« einzufügen, kurz alle Vorbehalte, die Sie gerade zur Hand haben. Ja, wenn Sie finden, daß jemand mit meiner Aussprache Ihres th und Ihres r eigentlich ein wenig arrogant ist, wenn er Ihnen seine Anschauungen über

Ihren Geschmack vorträgt, dann kann ich Ihnen nur von Herzen beipflichten. Aber andernteils bedenken Sie bitte, daß, wenn Sie einen Gebirgszug aus der Distanz und nur in großen Linien sehen, Sie eben dadurch vielleicht fähig sind, das Wesentliche daran deutlicher zu spüren, als wenn Sie sich mitten auf dem Berg befinden.

Dies vorausgeschickt, glaube ich, daß im englischen Leser der Sinn für die lyrischen, für die im eigentlichen Sinn poetischen Qualitäten eines Literaturwerks weniger, der Sinn für die erzählerischen Qualitäten mehr entwickelt ist als anderswo.

Lassen Sie mich zunächst den niedrigsten Typ des Lesers untersuchen. Ich übergehe als nicht charakteristisch die 23 Millionen Exemplare, in denen angeblich Ihr abenteuerbunter Nat Gould unter Ihnen verbreitet ist, und ich bitte Sie ihrerseits, unsere tränenselige Courths-Mahler nicht als Charakteristikum unseres Geschmacks zu betrachten. Lassen Sie mich vielmehr beginnen mit einem anderen weit verbreiteten Typ, dem des Magazinlesers. Die Stoffe, die dieser Leser bevorzugt, sind wohl überall bei den Weißhäutigen so ziemlich die gleichen: Sport, Liebe, Gefahr, Erfolg, Verbrechen und seine Entdeckung, Mißerfolg, Macht, Geschäft, in den letzten Jahren wohl auch ein wenig Politik. Doch scheint mir, daß im englischen Magazin-Leser der Sinn für die äußere Wahrscheinlichkeit der realen Voraussetzungen besser entwickelt ist als anderswo. Natürlich findet sich auch in englischen Magazinen ein ungeheurer Haufe schlechthinnigen Unsinns. Dennoch verlangt, glaube ich, der englische Leser auch von diesem Unsinn mehr Logik und Methode als andere Leser von ihrem Unsinn. Die anderen Leser stellen an diese Art Unsinn ihre Spezialforderungen. Der Franzose zum Beispiel verlangt ein bißchen billiges rhetorisches Wissen ums menschliche Herz, der Deutsche ein bißchen trüben Idealismus und nebelige Metaphysik. Der Engländer ein Gemisch aus etwas Tatsachensinn, Begreifbarkeit, Sentimentalität und Logik.

Vom Menschen der Magazingeschichte verlangt der Deutsche irgendeine Nuance, irgend etwas, das ihn als Sonderindividuum kennzeichnet. Man darf dem Deutschen die blödeste, ungereimteste Handlung vorsetzen: er schluckt sie. Allein die Figuren seiner Magazingeschichte, so gern er ihnen Pathos oder Sentimentalität zugesteht, ihren Sonderzug müssen sie haben, ihren Schnörkel, ihre Nuance, die sie als Individuen kennzeichnet. Während der Engländer, die Handlung viel schärfer kontrollierend, sich mit immer den gleichen Klischeefiguren begnügt: süßen oder dämonischen Frauen, schrulligen Käuzen, die irgendeine absonderliche, doch nicht unliebenswürdige Eigenschaft haben.

Ich glaube, mit Vorbehalt; folgenden Unterschied feststellen zu können zwischen dem üblichen Typ der deutschen und der englischen Magazingeschichte. Wenn in der englischen Magazingeschichte Held und Heldin sich nicht kriegen, dann sind die äußeren Umstände daran schuld, ihre Situation. In der deutschen Magazingeschichte liegt die Schwierigkeit in ihrem Charakter. Der Deutsche will staunen über die Vielfältigkeit der Welt im Individuum. Der Engländer über die Vielfalt der Welt im Schicksal.

Drehe ich eine Spirale höher, untersuchend, welche Werke dem englischen Qualitätsleser und der Kritik genehm sind, dann sehe ich geläuterter und würdevoller kostümiert die gleichen Prinzipien. Auch an dieser Leserschicht fällt mir in erster Linie ein unerhört ausgeprägter Tatsachensinn auf. In den Büchern, die beim maßgebenden englischen Leserpublikum und bei der Kritik Erfolg haben, sind die Tatsbestände greifbarer, mehr übersehbar als sonstwo. Während beispielsweise bei uns in Deutschland der Autor gerne über das Tatsächliche weggleitet und das Publikum ihm fehlerhafte, widerspruchsvolle Darstellung der äußeren Handlung ohne weiteres gestattet, finde ich in allen Büchern, die bei Ihnen Erfolg haben, eine fabelhafte Exaktheit in sachlichen Angaben. Der englische Leser empfindet offensichtlich nachprüfbar falsche Darstellung des äußeren Details störend, der Deutsche hingegen nimmt sie nicht nur hin, ein Teil seiner Kritik verlangt sie geradezu. Ich selber verstehe diesen Standpunkt gut. Es gibt Fälle, in denen ein Autor vielleicht das Bedürfnis verspürt, gerade durch Nichtachtung, ja Zerstörung der äußeren Wirklichkeit der von ihm gesehenen inneren Wahrheit seiner Welt näher zukommen. Ich zum Beispiel habe zusammen mit Bertolt Brecht ein Drama geschrieben: »Leben Eduards II. von England«, das den gleichen Stoff behandelt wie das finster großartige Werk Ihres Marlowe. Wir haben bei diesem Anlaß aus Gründen der angedeuteten Art ängstlich unsere spärlichen Kenntnisse der englischen Geschichte im tiefsten Safe unseres Bewußtseins versteckt, und als sich gleichwohl herausstellte, daß ein Faktum stimmte, haben wir es schleunigst geändert. Auf Ihrer Insel aber, scheint mir, haben sich seit den Zeiten der böhmischen Küste Shakespeares die Forderungen an ein Literaturwerk in dieser Hinsicht sehr gewandelt, und Ihr Publikum von heute ist strenger als irgendein anderes gegen derartige kühne Behauptungen. Der englische Leser will offenbar nicht nur über die Gefühle und Meinungen, über das Weltbild des Autors informiert werden, sondern er will sich durch seine Lektüre bereichern auch an positivem Wissen um die Welt der Tatsachen. Er liebt durchsichtige, übersichtliche Darstellung von großen Zusammenhängen, er liebt den Gesellschaftsroman, den historischen Roman. Er liebt absolute Klarheit. Während der Deutsche infolge seiner Vorliebe fürs Dunkle und fürs Tiefe häufig hereinfällt. Ich habe in Deutschland nicht selten Rezensionen lesen müssen, die ungefähr auf folgendes hinausliefen: »Der kann nicht viel taugen; den verstehen wir ja.« In England hingegen scheint Verständlichkeit Voraussetzung zu sein für die Wirkung eines Buches, ja, dies Streben nach Verständlichkeit geht so weit, daß Bücher, die um ihrer Klarheit willen hier bei Ihnen gepriesen werden, bei uns gerade deshalb für kahl und nüchtern gelten.

Als wesentliches Merkmal englischen Geschmacks empfinde ich sodann den Sinn für Haltung, die Freude am Dekorativen, an einem gewissen Prunk. Die Prüderie, derenthalb der englische Leser vor dem Krieg verschrien war, scheint endgültig vorbei. Immerhin werden Dinge, die in Deutschland oder in Frankreich direkt, nackt, saftig ausgesprochen werden können, in englischen Büchern nur angedeutet. Auch spielen in englischen Romanen Sexualprobleme noch immer eine viel geringere Rolle als in den Literaturen der anderen Länder. Während anderorts Romane, wenn sie eine breite Wirkung haben sollen, kaum ohne die Sphäre des Erotischen auskommen, gibt es in England Bücher, die lediglich durch ihre fast knabenhaft einfache Lustigkeit breiteste Erfolge erzielen. Der Humor keines anderen Volkes ist so angenehm schweißlos, so klar und trocken, ich möchte sagen: so fettlos wie der englische. Wenn ich mir eine gute Stunde gönnen will, greife

ich zu einem dieser prachtvollen, gutgelüfteten Bücher, die kein anderes Volk in solcher Trockenheit hervorbringt, und die kein anderer Geschmack so selten läßt wie der englische.
Was ich über die relative Anspruchslosigkeit des englischen Magazinlesers sagte in bezug auf die Charaktere seiner Lektüre, das gilt wohl auch, entsprechend modifiziert, von seiner Kritik und seinem Qualitätsleser. Auch dieser wünscht die Menschen seiner Lieblingsbücher folgerichtig, übersehbar, kompakt, nicht zu problematisch. Zweifellos hat er eine Neigung zum Typischen; auch wünscht er die Frauen seiner Lieblingsbücher reichlich sentimental. Während bei uns Problematik der Menschen, zumindest bei der Kritik, immer noch Voraussetzung des Erfolges ist. Die Menschen vieler unserer Romane sind schwer nachprüfbar, man muß sie dem Autor schlechthin glauben. Der Engländer würde, scheint mir, da nicht mithalten. Eine ganze Reihe guter deutscher Autoren, auch solche mit Geniezügen, widersprechen durch ihre Gleichgültigkeit gegen die äußere Glaubwürdigkeit ihrer Figuren dem englischen Geschmack fast bis zur Unübersetzbarkeit. Wenn unser Heinrich von Kleist eine Person wieder auftreten läßt, die er einige Seiten vorher hat sterben lassen, wenn im Roman einer unserer besten Schriftsteller im zweiten Teil die Namen der Personen wechseln, so scheint mir, dürfte für den Engländer auch die innere Glaubwürdigkeit der Figuren unter solcher Schlamperei leiden. Der Engländer verzichtet vielleicht auf jenes »Tiefe, Unklare, Schöpferische«, das schwer zu erfassen ist und dem Deutschen noch immer als wichtigstes Kriterium gilt, niemals aber verzichtet er auf die äußere Glaubwürdigkeit seiner Personen.
Der Gestus des Engländers in der Wertung der Menschen seiner Lektüre ist liberal, konziliant, von einer gewissen trockenen Humanität. Wir Deutsche, mit unserer Schlamperei auf der einen eine gewisse Übersachlichkeit auf der anderen Seite verbindend, sind bemüht, gerade das Häßliche, Widerwärtige ins Licht zu rücken. Der Engländer, die üblen Seiten seiner Menschen nur indirekt betonend, zieht es vor, das Positive an ihnen zu unterstreichen. Er liebt es, wenn man ihm Anständigkeit des Herzens vorführt. Natürlich nicht zu direkt, sondern versteckt hinter einer gewissen Barschheit,

hinter Schrullen, Kanten, äußerer Widerborstigkeit. Er liebt es besonders, wenn ihm der Autor erlaubt, bei seiner Lektüre auf anständige Art sentimental zu werden. Natürlich darf der Autor dem englischen Qualitätsleser diese Sentimentalität nicht zu plump servieren, sie will auf legitime Art erreicht sein, vorsichtig dosiert, klug versteckt, eingekapselt. Aber da muß sie sein.

Lassen Sie mich noch ein Wort sagen über das erfreulich herzliche Verhältnis des englischen Lesers zu seinem Autor. Auch in Deutschland findet der Schriftsteller von Namen unter seinen Lesern manche, die ihn nicht nur als den Hersteller eines guten Buches gelten lassen, sondern die darüber hinaus den Mann, den ganzen Menschen in ihm finden wollen. Sehr viel vertrauter, herzlicher, menschlicher ist aber offenbar die Beziehung des englischen Lesers zu dem Autor, zu dem er einmal ein Verhältnis gewonnen hat. Er sieht in ihm, wie es scheint, nicht nur den Urheber eines mehr oder minder begabten Buches; er sieht im Buch auch einen Beweis für die Menschlichkeit des Autors. Aus Briefen, die ich aus England erhalten habe, ersehe ich zuverlässig, daß der englische Leser in einem Buch mehr als Unterhaltung, daß er in seiner Lektüre ein Zwiegespräch sucht mit einem Mann, an dessen Weltkenntnis und Menschlichkeit er glaubt.

Es mag Völker geben, die auf ein Buch unmittelbarer, musischer reagieren als der Engländer. Sicherlich ist sein Geschmack nicht übermäßig sensibel. Sicherlich haben meine im Eingang erwähnten Gewährsmänner recht mit manchen ihrer bösartigen Behauptungen. Aber mögen sie ihr Herz daran wärmen, den Geschmack anderer auszuspielen gegen den englischen. Sicherlich ist er nicht jedermanns Geschmack, der Geschmack Ihrer Insel; aber mir gefällt er.

Von den Wirkungen und Besonderheiten des angelsächsischen Schriftstellers (1928)

1.

Bis zum Krieg war die Herrschaft der französischen Literatur unter den weißen Völkern unbestritten. Das französische Stück regierte die Szene; das französische Buch lag, wo man Werke der Weißen las, an erster Stelle. Seit dem Krieg haben die Angelsachsen begonnen, Frankreich auch aus diesem Bezirk zu verdrängen. Heute ist ein Theaterspielplan ohne die Werke der Angelsachsen undenkbar; das angelsächsische Buch bestimmt den Geschmack der Lesenden und der Schreibenden.

Das französische Buch von heute ist ein Ziergegenstand, ein Objekt für die Vitrine, für den Feiertag, etwas, das unter Glas zu stellen ist. Aber die Generation nach dem Krieg weiß mit solchen Dingen nicht viel anzufangen. Sie prüft, bevor sie irgendwo Geld, Anteilnahme, Leben investiert, sorgfältig den Bedarf. Die angelsächsische Literatur ist Bedarfssache und somit verlangt und beliebt. Sie gibt wenig »Tiefe« und Romantik, liefert Poesie nur als Zutat. Ihre Hauptbestandteile sind Tatsachen, geordnet und gestaltet von gesundem Menschenverstand.

Der Angelsachse verlangt von seinen Schreibern, daß sie im wirklichen Leben Bescheid wissen. Er sieht es lieber, wenn seine Schriftsteller sich auf Experimente, Statistiken, Akten berufen als auf Seele. Er findet lieber in einem Buch Material, Information als die Ansichten des Schreibers, Angeschautes lieber als Anschauung. Er will nicht ein Aug, in holdem Wahnsinn rollend, als vielmehr ein klarordnendes Hirn. Den Poeten, der vom weinumrankten Provinzhäuschen oder vom Tisch seines Cafés aus die Welt intuitiv erkennt, betrachtet er mit Mißtrauen. Der Unterschied zwischen Dichter und

Schriftsteller, bei uns gang und gäbe, ist dem Angelsachsen fremd. »Writer« ist ihm charakteristischerweise derjenige, der in Prosa, »poet« derjenige, der in Versen schreibt. Er rechnet damit, daß der Schriftsteller, getragen von seinem Stoff, wo es die Sache will, von selbst zum Dichter wird. Der bei uns verbreitete Wald- und Wiesendichter, der, sich auf sein Dichtertum berufend, die äußere »physikalische« Wahrscheinlichkeit verachtet, Vieldeutiges, Chaotisches, Produktives stammelnd, würde unter den Angelsachsen Monologe halten. Die nachkontrollierbare Solidität des Fundaments ist es, die dem angelsächsischen Buch Weltgeltung schafft. Die Generation nach dem Krieg will nicht informiert sein über die subtilen Gerfühle des Dichters X., sie lehnt solche Selbstbespiegelung ab als müßige Koketterie. Sie will informiert sein über reale, faßbare Zusammenhänge, über Lebensformen, Lebensziele fremder Klassen, Völker, Schichten. Die Weltgeltung der Literaturen entspricht der Art, wie sie die vielverspottete Forderung nach Sachlichkeit erfüllen. Am vollkommensten genügt dieser Forderung das angelsächsische Buch, sodann das russische, sehr viel weniger das deutsche, gar nicht das romanische.

2.

Der Wert Zolas, Flauberts war umstritten, niemals ihr Einfluß, ihre Weltgeltung. Solange er Realität widergab, beherrschte der französische Roman die Welt. Wenn Sie einen der guten und geltenden Romane des heutigen Frankreichs lesen, dann werden Sie an Kenntnis der Welt nicht sehr zugenommen haben, Sie werden bestenfalls informiert sein über die Details der Stimmung, in der sich der Held zu einer bestimmten Stunde eines bestimmten Tages befunden hat. Im ersten Absatz beispielsweise eines sehr gerühmten französischen Romans unserer Tage werden Sie darüber informiert, daß der Held, im Café sitzend, die Nacht habe aufblühen sehen wie eine Lilie.

Wenn Sie hingegen eines der führenden angelsächsischen Bücher lesen, dann bekommen Sie nicht blumige, sondern exakte Bilder. Der Autor schildert Ihnen etwa eine breite

Gesellschaftsschicht in ihrem Wesen, ihren Wirkungen, ihren Lebensformen. Sie bekommen nachprüfbares Material. Shaw, Bennett, Galsworthy informieren Sie besser über den Engländer von heute als ganze Bibliotheken wissenschaftlicher und essayistischer Werke. Wenn Sie die Romane von Sinclair Lewis gelesen haben, wissen Sie über den amerikanischen Arzt, den amerikanischen Geistlichen, den amerikanischen Durchschnittsbürger mehr als nach dem Studium von vielen Jahrgängen von soziologischen oder Fachzeitschriften. Der angelsächsische Schriftsteller bezahlt seine Sachlichkeit oft mit einer uns peinlichen Nüchternheit. Aber er erzielt eine Durchsichtigkeit, die heute die ganze Welt schätzt. Er schwindelt nicht, seine Ehrlichkeit ist überall nachprüfbar.

Nehmen Sie ein Buch wie die vielumstrittene »Welt des William Clissold« von H. G. Wells. Wells gibt Ihnen in diesem Buch das Weltbild eines erfahrenen, gescheiten angelsächsischen Mannes. Wenn Sie die 850 Seiten durchlesen, haben Sie das Gefühl, als ob Sie unter Führung eines Material, Technik, Mechanik absolut beherrschenden Chauffeurs einen Autofahrkurs mitmachten, Sie haben Vertrauen, das Gefühl absoluter Sicherheit. Wells erspart Ihnen keine Details. Sie müssen manches Flache in Kauf nehmen, müssen umständliche Wege zurücklegen zu einem manchmal recht dürftigen Ziel, aber sie bekommen nie das subjektive Weltbild des Autors H. G. Wells als etwas Allgemeingültiges vorgesetzt. Vielmehr werden Sie genau unterrichtet über das Wesen und die Schicksale des Mannes Clissold (dessen Weltbild Sie vorgesetzt bekommen), so also, daß Sie selber genau nachprüfen können, wieweit die Anschauungen dieses Mannes Clissold durch seine individuelle Art und durch sein Schicksal bedingt sind. Gemeinhin breitet man mehr oder minder schöne Ideen vor Ihnen aus ohne den realen Unterbau: hier wird auf eine trokkene und nüchterne Art das ganze Gebäude vor Ihren Augen aufgeführt. Die sozialen und biologischen Fundamente, der Bau selber eines Lebens, eines Schicksals, und darauf ruhend der ideologische Überbau. Vor Ihren Augen wird alles handwerklich schlicht vermörtelt und vernietet.

Werke solcher Art hat die angelsächsische Literatur von heute nicht wenige. Die Eigenschaften, die ich Ihnen soeben plastisch zu machen versuchte, dieses Durchdrungensein von

Wirklichkeit vornehmlich, verschaffen der angelsächsischen Literatur allmählich die gleiche Wirkung in die Weite, wie sie angelsächsische Politik und angelsächsische Wirtschaft erzielt haben.

3.

Der englische Schriftsteller spielt in der Öffentlichkeit, spielt im Leben seines Landes eine sehr andere Rolle als der deutsche. Die deutsche Gesellschaft ruft ihren Schriftsteller immerfort zur Ordnung, sie ruft ihm unentwegt zu: »Schriftsteller, bleib bei deinem Leisten!« Wobei sie unter Leisten seine Seele versteht. Wählt hingegen der deutsche Schriftsteller Stoffe aus der Wirklichkeit, aus dem Heute, so zieht sich die Kritik sofort aufs Ästhetische zurück, schreit von Sensation, von Effekthascherei, findet die Beschäftigung eines Dichters mit Aktuellem »journalistisch«, undichterisch, gemein.

Gerade der gemeine Menschenverstand ist es, der dem angelsächsischen Schriftsteller seine Geltung verschafft. Von Engländern immer wieder befragt, wen ich für den größten lebenden englischen Dichter hielte, nannte ich den Namen eines militaristisch-imperialistischen Dichters, den, glaube ich, die meisten deutschen Schriftsteller genannt hätten. Von zehn Fragestellern erwiderten neun verblüfft: »Wie können Sie diesen Mann für unseren größten Schriftsteller halten! Es fehlt ihm doch an Urteilskraft, er ist doch dumm.« Niemand fiel es ein, die Gestaltungskraft des Mannes zu bezweifeln; aber sie lehnten ihn wegen seines Mangels an Tatsachensinn mit dem gleichen Unbehagen ab wie etwa Goethe wegen seines Mangels an Sinn für physikalische Wahrscheinlichkeit den Dichter Heinrich von Kleist.

Andernteils ist es eben diese selbstverständliche Voraussetzung einer übernormalen Intelligenz, die dem führenden englischen Schriftsteller unter seinem Volke den Rang nicht eines großen Fachmannes, sondern eines schlechthin großen Mannes verschafft. In einem Londoner Wachsfigurenkabinett steht neben dem Flieger Ch. Lindbergh der Schriftsteller H. G. Wells. Ich habe das dunkle Gefühl, daß man etwa in einem Münchner Wachsfigurenkabinett schwerlich neben der Wachspuppe Hitlers das Wachsbild Thomas Manns dulden würde.

Es ist im Nachkriegsdeutschland schrecklich viel von Sachlichkeit die Rede. Berlin rühmt sich, Europas amerikanischste Stadt zu sein. In der Literatur ist Sachlichkeit rasch zu einem Schimpfwort geworden, mit dem billiges Ästhetentum von gestern sich gegen das lebendige Heute wehrt. Es wäre besser, zu studieren, warum das angelsächsische Schrifttum heute so stark wirkt, statt sinnlos gegen diese Wirkung anzurennen. Begeisterung läßt sich nach dem Wort eines nicht unsachlichen deutschen Dichters nicht einpökeln: Fakten lassen sich konservieren.

Der Roman von heute ist international
(1932)

1.

Immer wieder hat man erklärt, jetzt sei das erzählende Buch ein für allemal erledigt. Erst durch das Kino, dann durch den Rundfunk, dann durch die steigende Wirtschaftsnot, dann durch den steigenden Einfluß der barbarischen, geistfeindlichen Schichten, die heute überall, und besonders bei uns, an die Macht kamen. Aber die Pessimisten unkten zu Unrecht. Das erzählende Buch lebt immer noch, es ist gesünder als je. Viel mehr Menschen als vor dem Krieg, die Statistiken der Buchhändler und der Leihbibliotheken beweisen es, bringen ihre Zeit mit dem Lesen erzählender Dichtungen zu. Es ist augenscheinlich ein Bedürfnis nach dem erzählenden Buch in der Welt; zu lesen, gilt ihr als lebenswichtig.

Dieses Bedürfnis kommt nicht aus der Leere des Herzens und des Hirns, die die Massen zu militärischen Schauspielen oder zu den Vorführungen politischer Zauberkünstler treibt. Beweis: es sind nicht die Abenteurergeschichten, die Unterhaltungs- und Detektivromane, die in der Lektüre des Durchschnittslesers den breitesten Raum einnehmen. Vielmehr kommen überraschenderweise auf die Millionenauflage des einen Wallace die Millionenauflagen Upton Sinclairs, Remarques, Sinclair Lewis', Galsworthys, Thomas Manns. Der Leser sucht seit dem Krieg im Roman offenbar anderes als Unterhaltung.

Es ist wohl so: Was die wissenschaftlichen Bücher dem heutigen Menschen bieten, das klärt ihn über viele Einzelfragen auf, aber es verschafft ihm kein Weltbild. Dieses Weltbild sucht er im erzählenden Buch. Von ihm verlangt er, daß es die getrennten Erkenntnisse der Wissenschaft organisch in ein Bild zusammenfüge. Die große Masse der Bildungsempfänglichen sucht im Roman den Ersatz für Philosophie und Religion. Hofft, im erzählenden Buch auf dem Weg über das Gefühl einen Standpunkt zu finden, von dem aus eine Orientierung in der verworrenen Welt möglich ist.

2.

Will der moderne Roman dieses Verlangen befriedigen, dann muß er andere Inhalte und andere Formen wählen als der Vorkriegsroman. Selbstverständlich bleibt der letzte Inhalt unseres Prosaepos der gleiche wie der aller früheren erzählenden Dichtung: das Lebensgefühl des Autors. Allein dieses Lebensgefühl überträgt sich auf den zeitgenössischen Leser nur dann, wenn er durchsetzt ist mit Elementen zeitgenössischen Denkens. Es ist kein Zufall, daß heute ein noch so spannendes Einzelschicksal mit tausend überraschenden Umschwüngen den Leser nicht mehr fesselt. Der Roman von heute erkämpft sich den Weg zur Teilnahme des Lesers auf andere Art. Er sucht hinabzusteigen in jene tiefen Schächte, in denen die Gefühle entstehen; er stellt den Zusammenhang her zwischen den Handlungen der Menschen und den ihm nicht bewußten Eigenschaften, die er aus der Urzeit ererbt hat (Joyce, Döblin, Th. Mann, Maugham, Hemingway, Lawrence). Oder er tastet sich auf anderem Wege vor: er gibt nicht einen Einzelmenschen, sondern eine ganze Schicht, eine ganze Epoche, er zeigt die Verknüpfung des einzelnen mit der Zeit um ihn und mit der Masse um ihn (Dreiser, Sinclair Lewis, Upton Sinclair, Galsworthy, Arnold Zweig, Heinrich Mann, Reger, Fallada, Tynjanow, Ehrenburg, Tretjakow).
In fast allen Romanen, die für das Gesicht der heutigen Literatur bestimmend wurden, sind zwei Grundthemen angeschlagen. Das erste ist: Wie weit wird ein Mensch durch seine Urgefühle gezwungen, im Gegensatz zu seiner Erkenntnis und zu seinem bewußten Willen zu handeln? Das zweite ist: Wie weit ist der einzelne mit seinem Willen oder ohne ihn den Einflüssen der Masse unterworfen?
Der Nachkriegsroman ist psychologisch und soziologisch. Er verwertet die Erkenntnisse Charles Darwins – (Jensen, Wells) –, Karl Marx', Sigmund Freuds, Albert Einsteins. Er bemüht sich mit Erfolg, diese Erkenntnisse in Lebensgefühl umzuwandeln.

3.

Es versteht sich, daß der Roman von heute international ist. Seitdem die ökonomischen Grenzen nicht mehr mit den sprachlichen zusammenfallen, seitdem nicht mehr ein politisch begrenztes Land, sondern der Planet die Heimat des Menschen geworden ist, hat die Heimatdichtung, die nur nationale Dichtung einen schweren Stand. Sie nimmt sich neben den großen Dichtungen der Zeit aus wie eine Biedermeier-Vitrine mit Bauernschmuck neben Hochhäusern, die mit moderner Technik eingerichtet sind. Aus einem Lebensbedürfnis ist sie zu einem Gegenstand der Kuriosität, zu einer musealen Sache geworden. Mit der Erfindung der Schußwaffe wurde der Ritter und mit ihm die ritterliche Dichtung sinnlos; an Stelle der Parzival und Lancelot trat Don Quixote. Mit der Erfindung der Eisenbahn und des Flugzeugs wurde der ökonomisch-politische Nationalismus sinnlos und mit ihm die nur nationale Dichtung. Die letzten großen Dichter, die die innere Berechtigung hatten, nur ihre Heimat zu dichten, waren Thomas Hardy, Gottfried Keller und Knut Hamsun, der letzte, der nationalen Imperialismus mit innerer Berechtigung dichten durfte, war Rudyard Kipling. Aber schon manchen Werken d'Annunzios und Maurice Barrès' haftet etwas Karikaturenhaftes an, und was unsere nationalistischen Autoren anlangt, so nehmen nur wenige Kritiker an, daß sie mehr als lokale Geltung haben.
Gewiß wählt auch der heutige große Romandichter am liebsten die Heimat zum Gegenstand seiner Dichtung, aber er sieht sie eben nicht nur mit dem Auge des Lokalpatrioten, sondern mit dem Auge des Weltbürgers. So ist das Lübeck Thomas und Heinrich Manns gesehen, so das London Galsworthys, so das Berlin Döblins, so der amerikanische Mittelwesten des Sinclair Lewis.

4.

Um die weiter gewordene Welt darzustellen, benötigt der moderne Roman andere Formen als der frühere. Der heutige Mensch ist durch den Film rascher in der Auffassung geworden, wendiger in der Aufnahme schnellwechselnder Bilder und Situationen. Das heutige Prosaepos macht sich das zunutze. Es hat vom Film gelernt. Es wagt mit Erfolg, eine viel größere Fülle von Gesichten zwischen zwei Buchdeckel zusammenzupressen als das frühere. Der heutige Roman wagt sich daran, die endlose Vielfalt der Welt in ihrer Gleichzeitigkeit darzustellen. Er gibt oft nicht eine oder zwei oder drei Handlungen, sondern zwanzig oder fünfzig, ohne doch die Einheitlichkeit seiner Grundvision zu gefährden. Wie das Elisabethanische Drama die Einheit des Ortes und der Zeit sprengte, so durchbricht das heutige Prosaepos, sehr oft mit Erfolg, das Gesetz von der Einheit der Handlung.

Das zweite formale Mittel, zu dem der moderne Roman notwendig greifen mußte, um seinen Zweck zu erfüllen, ist sachliche Darstellung. Der Autor von heute muß damit rechnen, daß seine Leser aus eigener Anschauung oder durch Film und Rundfunk die äußere Struktur der Welt ziemlich genau kennen. Er muß, will er die Illusion nicht empfindlich gefährden, im Leser den Eindruck erwecken, daß er selber die Dinge kennt, von denen er spricht. Wenn der Leser dem Autor die äußere Beschaffenheit seiner Welt nicht glaubt, dann glaubt er ihm bestimmt nicht ihre innere. Es genügt nicht, wenn heute ein Autor zum Leser von seinen Gefühlen spricht, mögen diese Gefühle noch so ehrlich sein. Er muß vielmehr die Dinge gestalten, die in ihm diese Gefühle hervorgerufen haben. Nur so kann er im Leser die gleichen Gefühle hervorrufen.

Wenn Sie diese letzten Sätze genau überlesen, dann bemerken Sie sogleich, daß in ihnen von der sogenannten neuen Sachlichkeit die Rede ist. Sie bemerken aber auch, daß ich in dieser berüchtigten neuen Sachlichkeit nicht etwa den Zweck des heutigen Prosaepos sehe, sondern lediglich ein Darstellungsmittel. Es ist wichtig, bei jedem Anlaß vor dem billigen Taschenspielertrick zu warnen, der die neue Sachlichkeit als Selbstzweck hinzustellen sucht, während sie doch nichts anderes ist als ein legitimes Kunstmittel. Wer verkündet, der heutige Roman strebe an, den Leser über äußere Tatbestände, soziologische oder psychologische Fragen zu informieren, wer das verkündet, der ist ein Schwindler. Der heutige Roman überläßt das mit der gleichen Seelenruhe wie der frühere der Wissenschaft und dem Bericht des guten Reporters. Er will nicht auf die Wißbegierde, sondern auf das Gefühl des Lesers wirken, allerdings ohne mit der Logik und dem Wissen des Lesers in Konflikt zu kommen. Sein Ziel ist, was von jeher das Ziel der Kunst war, dem Empfangenden das Lebensgefühl des Autors zu übermitteln. Nur weiß der Autor von heute, daß er das nicht kann, wenn ihm nicht die Ergebnisse heutiger Forschung zu einem organischen Teil seines Selbst geworden sind.

5.

Seit dem Krieg hat zunehmende Barbarei auf allen Gebieten der Zivilisation unendlich viel zerstört. Auch auf dem der Literatur. Das Theater zum Beispiel ist der Diktatur kunstfremder, geistfeindlicher Regierungen ausgesetzt, ebenso der Film und der Rundfunk: sehr oft sind diese Institute bedroht durch tätliche Angriffe aufgeputschter idiotischer Massen. So haben sie sich von der Literatur gänzlich losgelöst und sind zu reinen Unterhaltungsinstituten hinabgesunken. Der Roman hingegen hat inmitten des allgemeinen Verfalls eine unerwartete Blüte enfaltet. Wahrscheinlich liegt es daran, daß die verderblichen Einflüsse des Nationalismus an ihn nicht recht heran können. Wohl pöbeln ihn die Nationalisten jetzt an, aber wer in geistigen Bezirken zu Hause ist, liest gemeinhin keine nationalistischen Zeitungen, und wer nationalistische Zeitungen liest, liest gemeinhin keine Bücher.
Gerade der deutsche Roman hat sich innerhalb des raschen Verfalls der deutschen Kultur unerwartet kräftig bewährt. Wenn freilich Gustav Freytag seinerzeit erklärte, jeder gebildete Deutsche könne einen lesbaren Roman schreiben, so werden wir das heute, da es Repräsentanten des Reichs und der nationalen Wählermassen schwerfällt, in ihren wichtigsten Kundgebungen geradgewachsene deutsche Sätze fertigzubringen, kaum mehr behaupten dürfen. Mit um so größerer Genugtuung können wir auf die weltweite Wirkung des berufenen deutschen Romans hinweisen.
Gewiß, die laute Stimme der Militärs und der politischen Marktschreier fehlt den Vertretern des deutschen Buches;

aber ihr Wort, auch wenn ihnen der Rundfunk versperrt bleibt, dringt weiter als das Wort jener, es dringt tiefer, es bleibt. Unsere Militaristen und Nationalisten haben viel deutsches Ansehen in der Welt vertan; unser erzählendes Buch hat Deutschland einen Großteil der verlorenen Geltung zurückgeholt.

VIII.

ÜBER JÜDISCHE BELANGE

Die Verjudung der abendländischen Literatur (1920)

Es dringt immer mehr jüdischer Geist in die europäischen Literaturen ein. Sein Mammonismus und Materialismus gefährdet die Reinheit des arischen Schrifttums. Saugt sich parasitär an den Ideen des Abendlands fest. Entmarkt sie. Korrumpiert den Geist. Dörrt die Empfindung aus. Besudelt die Sprache. Entseelt die Kunst zu ödem Witz, zu schnödem Rationalismus. Macht sie zum Geschäft. Industrialisiert, kommerzialisiert die Poesie. Mißbraucht sie als bezahlte Handlangerin des Kapitals, der Politik, raffinierter Machtgier. So lesen wir es, hören wir es täglich. Nur, fast immer, in schlechterem Deutsch. Fragt man nach Beweisen, dann wird die sehr große Anzahl der Juden unter den europäischen Literaten angeführt. Die jüdische Literatur, wird empört behauptet, bilde ein Fünftel der gesamten europäischen Literatur.

Lassen wir es auf sich beruhen, wie willkürlich solche Schätzung ist. Wer will feststellen, wieviel Schriftsteller es in Europa gibt? Wer ist Schriftsteller? Und wieviel jüdische Schriftsteller gibt es? Auf welche Statistik gründet sich solche Schätzung? Gehen wir darauf nicht ein, geben wir ohne weiteres zu, die Anzahl der Juden unter den europäischen Literaten ist ganz ungewöhnlich groß.

Nun, und was weiter? Ja, man hat versucht, von beiden Seiten her, von jüdisch-nationaler wie von antisemitischer, so etwas wie eine internationale jüdische Literatur zu konstruieren, eine Literatur, die, in den verschiedensten Sprachen redend, dies eine gemeinsam hat, daß ihre Autoren Juden sind. Was dabei herauskam, war, selbstverständlich, ein Turm von Babel, ein willkürliches, sinnloses Gebild. Man hätte ebensogut eine Literatur der Schwarzhaarigen oder der Kurzsichtigen konstruieren können. Die jüdische Abstammung eines Autors zum Kriterium seiner literarischen Zugehörigkeit zu machen, eine Geschichte der jüdischen Literatur von solchem Gesichtspunkt aus zu schreiben ist absurd. Es gibt, vielleicht, eine hebräische Literatur: eine jüdische gibt es, leider!, nicht. Wir wollen hier nicht untersuchen, ob es ein anderes Kriterium völkischer Zusammengehörigkeit gibt als die Sprache: daß es kein anderes Kriterium literarischer Zugehörigkeit gibt, ist gewiß. Nie hat ein Literarhistoriker daran gedacht, aus der griechischen Literatur gewisse Poeten hinauszuweisen, weil sie asiatischem oder ägyptischem Völkermischmasch entstammten. Wer zählt Chamisso zur französischen Literatur? Wer Nietzsche, Dehmel zur slawischen? Und wo ist das Gemeinsame an den jüdischen Literaten der verschiedenen Sprachen? Man nenne mir doch die gemeinsamen Merkmale »jüdischen Geistes« an Jesaias, Philo, Heine! Was ist das Gemeinsame an dem Prediger Salomonis, Flavius Josephus, Maimonides, Karl Marx? Wo ist der Zusammenhang zwischen den Dichtern des Evangeliums, der Kabbala, Spinoza und jüdischen Autoren französischer Lustspiele? Von Walther von der Vogelweide bis zu Hofmannsthal läßt sich die Entwicklungslinie nachweisen: von dem jüdischen Minnesänger Süßkind von Trimberg zu einem neuhebräischen Lyriker von heute führt kein Weg.

Das Charakteristikum jüdischen Geistes, sagen die Gegner, ist sein Rationalismus, seine Rechenhaftigkeit, sein Dünkel und seine Intoleranz. Körperliche Kennzeichen jüdischer Minderwertigkeit nachzuweisen ist bisher noch keinem Anthropologen gelungen. Geht es ums Geistige, so kann man billig generalisieren, Phrasen machen, Schaum schlagen. Den experimentellen Nachweis der oben erwähnten Kriterien jüdischer Mentalität an den literarischen Erzeugnissen der Juden zu erbringen, hat nie jemand ernsthaft versucht. Generelle Hinweise auf den Talmud, aus dem Zusammenhang gerissene, falsch übersetzte Zitate, das sind gewöhnlich die ganzen Argumente: vage, gefühlsmäßige Wertungen, die sogleich zerfließen, bringt man beliebige Exempel. Rationalismus – und kabbalistische Mystik! Rechenhaftigkeit – und klassische Hebräer des Mittelalters! Dünkel, Intoleranz – und Baruch Spinoza! Vor solchen Widersprüchen hält keine Generalisierung stand.

Was aber ist nun Tatsächliches an der »Verjudung« der europäischen Literaturen? Fallen die Juden, die in abendländischen Sprachen schrieben, aus den Literaturen ihrer Länder

heraus? Hat die Teilnahme von Juden die Literatur eines Landes in ihrem Wesen, in ihrem »Geiste« verändert? Oder welche Wirkung hat sie geübt?
Sie hat die Wirkung gehabt, daß der einzelne jüdische Autor je nach seiner Kraft an derjenigen Literatur weiterbaute, deren Sprache er schrieb, aus dem Geist dieser abendländischen Sprache heraus. Für jeden, der sich mit den Elementen der Sprachpsychologie beschäftigt hat, eine Selbstverständlichkeit. Die Geistigkeit eines Menschen ist seine Sprache. Sie begreift die Welt mit dem Umfang, mit der Fassungskraft ihrer Worte. Denken, sprechen, definiert (der Jude) Fritz Mauthner, heißt die Welt katalogisieren. Auch der größte Dichter kann die Gefühle erst da erfassen, wo sie aus dem Unterbewußtsein ins Bewußtsein treten, wo sie in den Bereich der Worte treten. Die Sprache dichtet, die Sprache denkt, die Sprache vergewaltigt den einzelnen. Die Sprache, das ist die Geistigkeit all derer, nicht nur, die diese Sprache jetzt sprechen, sondern aller, die sie durch die Jahrhunderte gesprochen, an ihr gewirkt haben. Hier ist eine Zusammengehörigkeit, die zu konstatieren Sinn hat, die faßbar, spürbar ist, eine Zusammengehörigkeit nicht des Zufalls wie die politisch-völkische, sondern der Notwendigkeit.
Wer, diese Zusammenhänge einmal durchdacht, durchfühlt hat, der hat nur ein bitteres oder amüsiertes Lächeln für das Geschwätz von der Verjudung der Literatur. Ach, die Dinge liegen eher umgekehrt! Und mit viel mehr Recht spricht der Zionist empört und voll Verachtung von der Entjudung jener jüdischen Literaten, die in abendländischen Sprachen schreiben. Wer deutsch spricht, denkt deutsch; seine Gedanken gehen deutschen Gang. Gegen den Strom der Sprache schwimmen wollen, wäre Wahnsinn. Der einzelne kann die Farbe eines Wortes tönen, vielleicht; er kann, vielleicht, den Umfang eines Wortes verengern, erweitern: aber die Vorstellung, daß ein einzelner oder eine Gruppe einer Literatur, einer Sprache ihren »Geist« aufprägen könnte, ist absurd. Ein solcher Versuch wäre der Kampf eines einzelnen gegen die Millionen nicht einer, sondern vieler Epochen. Sein Werkzeug selber, die eigene Waffe, seine Sprache kämpfte gegen ihn, bei jeder Wendung. Die Sprache saugt, was ihr gemäß ist, in sich ein, sogleich und unwiderstehlich, verarbeitet es,

formt es neu aus ihrem innersten Wesen heraus; und mit der gleichen Notwendigkeit stößt sie ab, was ihr fremd ist. An der Schwelle des Bewußtseins schon beginnt der Sprachgeist seine Tätigkeit, zwingt das fließende Gefühl, den werdenden Gedanken in das Bett der sprachlichen Konstruktion, die die Generationen geschaffen.

Juden gerade haben solche Zusammenhänge am klarsten erkannt, und ihnen dankt, von Philo über Spinoza bis zu Fritz Mauthner, die Kritik der Sprache tiefste Erkenntnisse. Was ist in ihrem Urgrund die Kabbala anders als demutsvolles Staunen vor der Zauberkraft der Sprache? Und wenn die jüdische Orthodoxie von der hellenistischen Zeit bis zu Mendelssohn gegen das Eindringen der abendländischen Sprachen, gegen die Übersetzung der Bibel mit aller Kraft sich wehrte, was anders war der Grund so verzweifelten Widerstands als die bittere Erkenntnis, daß mit der fremden Sprache notwendig der fremde Geist eindringen würde? Die Orthodoxen haben von ihrem Standpunkt aus recht gesehen. In der Richtung, in der die Literatur, die Sprache sich bewegte, in der sie schrieben, in dieser Richtung haben auch die Juden gewirkt, die an den abendländischen Literaturen teilnahmen. Sie haben nicht etwa hebräischen »Geist«, hebräische Rhythmen hineingetragen. Ist es Verjudung, wenn unter den Schriftstellern der Aufklärung Mendelssohn das Deutsch schreibt, das uns heute am lebendigsten klingt, wenn er am weitesten vorne steht auf dem Weg, den die sprachliche Entwicklung weiterhin einschlug? Und wie oft, wenn ein abendländischer Dichter auftrat, waren es Juden, die ihn erkannten, ihn ins Licht hoben! Nein, wenn das europäische Schrifttum sich hebräischen Geist adaptierte, so geschah es durch jene arischen Schriftsteller, die ihren Völkern die Bibel übersetzten. Und wenn schon – cum grano salis – von Verjudung die Rede sein soll, so hat etwa Martin Luther die Literatur der Deutschen mehr verjudet als sämtliche Juden, die jemals in deutscher Sprache schrieben. Bleibt noch die Tatsache der übergroßen Menge der jüdischen Literaten. Die Gegner legen der Neigung der Juden, literarisch zu wirken, allerlei schäbige Motive unter: die Scheu vor körperlicher Arbeit, die verhältnismäßig mühelose Art, zu Geld und Erfolg zu kommen, die Eitelkeit, die hier billigen Lorbeer pflücken will, die aufdringliche Sucht, den Nichtjuden ihre Art aufzuzwingen. Ganz feine Nasen wittern in den jüdischen Literaten die schlauen Propagandisten jenes geheimnisvollen Komplotts aller fünfzehn Millionen Juden, die Weltherrschaft zu erringen.

Aber die Gründe liegen viel einfacher. Daß die Juden das literarische Volk Κατ' ἐξοχὴν wurden, war innere Notwendigkeit, war in Entwicklung, Umwelt, Geschichte, Schicksal tief begründet. Äußerlich und innerlich war der Jude von den ersten Zeiten an zwischen Europa und Asien gestellt, zwischen die Welt der Tat, der Persönlichkeit, und die Welt des Nichttuns, der Überwindung des Willens, des Aufgehens im Nirwana. Er war an den Zusammenfluß dreier großer Kulturen gestellt, der babylonisch-assyrischen, der ägyptischen, der hellenischen. Wenn er nicht stumpf stand vor den Dingen, die auf ihn einbrausten, was blieb ihm übrig als der Versuch, die widerstrebenden Eindrücke einzureihen, zu ordnen, zu benennen, zu katalogisieren, was blieb ihm übrig als Literatur? Und er faßte den Extrakt dieser Literatur zusammen in ein kanonisches Buch, und dieses Buch schleppte er durch die Jahrhunderte. Andere Völker haben den Boden gemein, die Luft, die Geschichte, die Sprache, die Lebensgewohnheiten. Die Juden hatten durch zwei Jahrtausende nur ein Gemeinsames: ihr Buch. Dies Buch war ihnen Staat, Land, Geschichte, Sinn ihres Leidens, einziger Zusammenhalt, dies Buch, nur dies, machte sie zum Volk. Was Wunder, daß sie es kommentierten, jeden Buchstaben hin- und herwendeten, ihr Leben darauf bezogen? Daß Menschen, deren Sinn, Inhalt, Leben ein Buch war, »literarisch« wurden? An seinem höchsten Feiertag ruft der Jude zu seinem Gott: »Nichts ist uns geblieben, nur dies Buch.« Sein Ritualgesetz verlangt von ihm, daß er lesen und schreiben kann. Auch in den trübsten Zeiten gab es unter den Juden nur ganz wenige Analphabeten, und es gab nur noch Ein Volk, das die literarischen Dinge solchen Einfluß auf sein Leben gewinnen ließ, das Volk Kung-Fu-Tses.

Das Leben, das Schicksal der Juden mußte in ihnen alle die Fähigkeiten großzüchten, die den Literaten machen. (Nicht den Dichter: dies ist ein Gebiet für sich, und die Grenzfälle sind häufig.) Die Wanderschaft durch die Welt machte den Blick weit, schärfte ihn für kosmopolitische Zusammenhänge; sie entwickelte das Sprachgefühl, lehrte die Relativität der Sprache, gab – wie viele Juden waren und sind doppelsprachig – Freiheit und Geläufigkeit des Ausdrucks. Die Not, der ständige Zwang, sich zu verteidigen – man denke nur an die Disputationen! – machte den Juden zum Rhetor, lehrte ihn alle Mittel des rednerischen und literarischen Effekts. Die ständige Abhängigkeit von anderen machte ihn zum Psychologen, hieß ihn mit Takt die Stimmung des andern erforschen, sich in ihn einfühlen, dem Gegner gerecht werden. Die Not zwang ihn, die Ursachen seiner Leiden zu suchen, sie klar zu sehen und zu benennen, zu sagen, was er leide.

Hier sind die Quellen, aus denen die literarische Neigung des Juden entspringt, die Gründe seiner eminenten literarischen Begabung. Es sind die gleichen Gründe, die den Anteil der Juden am literarischen Konsum des Abendlandes verhältnismäßig noch größer machen als an seiner literarischen Produktion.

Von Verjudung der abendländischen Literatur aber kann erst dann die Rede sein, wenn es wieder eine lebendige, jüdische, das heißt eine hebräische Literatur gibt. Vielleicht gelingt es den Zionisten, das Hebräische wieder lebendig zu machen. Wenn die späteren Generationen so fest am Werke bleiben wie die heutige, ist es nicht unwahrscheinlich. Ganz tot war ja das Hebräische nie, es wurde auch nie wie das Lateinische zur bloßen Kirchen- und Gelehrtensprache eingeengt. Aber die hebräischen Dichtungen der Heutigen haben die innere Steifheit der lateinischen Dichtungen des Mittelalters, sie schmekken nach Konserven, und es wird noch eine Weile dauern, bis hebräische Dichtung wieder als gewachsene, natürliche, lebendige Literatur empfunden wird. Dann erst, wenn jüdische Geistigkeit nicht mehr gezwungen ist, in europäischer sich zu lösen, wenn sie in jüdischem Schrifttum sich kristallisieren kann, dann erst läßt sich mit dem Wort Verjudung wieder ein Begriff verbinden. Dann freilich – Heil uns! Wehe uns! – ist es möglich, daß, wie seinerzeit durch das Christentum, die Welt ein zweites Mal verjudet.

Gespräche mit dem Ewigen Juden
(1920)

1.

Vor einem Jahr etwa traf ich den Ewigen Juden in München. Er saß im Café Odeon und las die ›Frankfurter Zeitung‹. Zuerst glaubte ich, es sei eine Verwechslung. Er war elegant, aber nicht zu modisch angezogen, trug ein schwarzes englisches Bärtchen, war im übrigen sorgfältig rasiert und hatte einen Anfang von Bauch. Man mochte glauben, ihm bei Premieren, im Restaurant, auf dem Rennplatz des öfteren begegnet zu sein. Aber ein merkwürdiges, tiefes Licht in den Augen und eine gewisse, sicherlich einmalige Art, die Hände zu bewegen, war nicht zu verkennen.

»Guten Tag«, sagte ich. »Darf ich mich zu Ihnen setzen?«

Er brummelte etwas, das ich für eine Ablehnung hielt. Worauf ich mich zu ihm setzte.

»Sie belieben schlechter Laune zu sein«, bemerkte ich.

»Warum sollte ich nicht schlechter Laune sein?« ärgerte er sich. Er hatte also noch immer die Gewohnheit, mit Fragen zu antworten. »Heißt das ein Beruf? Ist das eine Funktion? Ein Symbol zu sein für etwas, das nicht mehr recht da ist? Ich werde fett. Ich bekomme einen Bauch. Dicke Gespenster sind stillos. Ich protestiere. Ich lehne es ab, ein zweibeiniger Anachronismus zu sein.«

»Ich bin unschuldig«, sagte ich höflich und bot ihm Zigaretten. »Unschuldig!« eiferte er und bediente sich. »Was heißt unschuldig? Niemand ist an nichts unschuldig. Das steht schon in den Büchern des Abraham ibn Samuel Abulafia. – Kennen Sie den Abraham Abulafia?« unterbrach er sich. »So einen Kleinen, Dünnen, aus Saragossa? Der so komisch aussieht in der Rüstung?«

»In der Rüstung?« wunderte ich mich. »Ist der Herr Schauspieler?«

»Ach was!« knurrte er. »Schauspieler! Ihr seid ja alle viel zu grün für ein vernünftiges Gespräch.« Er rauchte heftig. »Ja, was ich sagen wollte, zuerst hat er auch immer von seiner Unschuld gefaselt. Er war ein großer Kabbalist, der Abraham Abulafia; es mögen jetzt so sechs-, siebenhundert Jahre her sein, daß ich ihn das letzte Mal sah. In Sizilien haben sie ihn als Messias ausgerufen. Dann zog er zu dem Papst Nikolaus dem Dritten und wollte ihn zum Judentum bekehren. Aber das war ein ungemütlicher Herr, und da ging es dem Abulafia schlecht, er sollte gleich verbrannt werden, in Suriano, auf der Piazza. Es war ein großes Volksfest. Ein Kardinal war da mit seinen beiden Mätressen, und viele Bauern kamen herein mit ihren Eseln und ihren Weibern, und der Wirt verkaufte ungeheuer viel Wein und Fenchel und Artischocken und Knoblauch. Und weil der Scheiterhaufen so hübsch geraten war und seinen Kurtisanen so gut gefiel, ließ der Kardinal gleich drei andere Juden dazubinden, und alle Antisemiten freuten sich, die beiden Mätressen und die Bauern und die Esel, und es war ein großes Geschrei. Und der arme Abulafia schrie auch immerzu, er sei unschuldig und er habe geschrieben, Christus sei ein verkannter Prophet und an der Trinität sei auch was dran, und was ihn anlange, so habe er den Heiland bestimmt nicht gekreuzigt. Erst im letzten Augenblick kam dann eine Stafette des Papstes, und er wurde freigelassen, und es war eine große Enttäuschung. Die ganze Nacht darauf habe ich mit ihm disputiert und hab' es ihm bewiesen, und dann hat er es auch in allen seinen Büchern geschrieben, daß niemand an nichts unschuldig ist.«
Da ich den Abraham Abulafia nicht gekannt hatte und nicht recht im Bild war, lenkte ich auf mir Geläufigeres.
»Waren Sie schon lange nicht mehr hier in München?«
»Lange!« brummte er. »Was heißt lange? Wie ich das letzte Mal da war, hatten sie hier einen König, der machte schlechte Verse, hatte ein Verhältnis mit einer hübschen Person, stieß mit der Zunge an und war Antisemit, weil den Leuten Heines Verse besser gefielen als die seinen. Das Volk nahm ihm seine Verse nicht übel, aber die hübsche Person verzieh man ihm nicht. Damals waren sie hier für das Bier und die Geistlichen und gegen die Kunst und die hübschen Weiber. Es war eine gute Konstellation.«

»Wieso gute Konstellation?« fragte ich.
»Wo man gegen die Kunst ist«, erklärte er, »da ist man gegen die Juden, da blüht mein Weizen. Mit der Zunahme schlechter Verse wächst die judenfeindliche Bewegung. Darum setze ich auch so große Hoffnung auf die expressionistische Lyrik.«
»Sind Sie denn Antisemit?« fragte ich erstaunt.
»Kunst drum!« sagte er. »Was denn werde ich sein? Ich bin doch eine Geburt des Antisemitismus. Der Wanderjude, der überall fremd, der nirgends heimisch ist, das ist doch eine antisemitische Phantasie. Die zunehmende Zivilisation untergräbt meine Existenzberechtigung. Die Analphabeten werden weniger, der Judenhaß nimmt ab. Gerade in Deutschland, das so lange mein festestes Bollwerk war, habe ich in den letzten Jahrzehnten immer schlechtere Erfahrungen gemacht. Seitdem Mendelssohn den Jargon abgeschafft hat, verwachsen hier die Juden mehr und mehr. Ich verbürgere. Sie sehen ja, ich setze Fett an«, schloß er bekümmert.
»Ja, ja«, hob er nach einer Weile wieder an, »die Aussichten sind schlecht. Es geht um meine Existenz. Meine letzte Hoffnung sind polnische Grundbesitzer, rumänische Bauern, der Oberpriester des Botokudenstamms der Dalli-Dalli, gewisse alldeutsche Offiziere und Studenten und die expressionistische Lyrik.«
»Haben Sie bestimmte Pläne hier in München?«
»Ob ich Pläne habe? Natürlich habe ich Pläne«, fuhr er zu. »Ich gründe hier eine antisemitische Zeitung.«
»Sie gründen – ?«
»Soll ich vielleicht nicht? Soll ich untätig zuschauen, wie mir die Fundamente langsam unter den Füßen zusammenmorschen, bis ich voll und ganz in der Luft hänge, um mich im Stil der zu gründenden Zeitung auszudrücken? Seitdem die Rassentheorie abgewirtschaftet hat, seitdem erwiesen ist, daß die hübschen Sätze von Rasse und Eigentümlichkeit des Bluts Nonsens sind und es kein anderes Kriterium völkischer Zusammengehörigkeit gibt als die Sprache, seitdem ist es keine Lust mehr zu leben. Ich verliere mein romantisches Gespensterfluidum mehr und mehr. Wie habe ich aufgeatmet, als Chamberlains ›Grundlagen‹ erschienen! Einen guten Teil meines Fettes habe ich da angebracht. Aber das hat sich ja nun

alles als Hirngespinst erwiesen, und so ist es damit auch Essig. Ich bitte Sie: ein feister Bürgerspuk! Soll ich mir das gefallen lassen? Ich denke nicht daran! Ich strample, ich wehre mich, ich schlage aus. Ich bin eine tragische Person, ein bißchen widerlich vielleicht, zugegeben, aber immerhin tragisch. Soll ich ein Bajazzo werden, ein sinniges Gartenlaube-Gespenst à la Loreley oder Zwerg Perkeo? Nein! Ich will ein honettes Gespenst bleiben! Mein Bauch muß weg. Ich gründe eine antisemitische Zeitung.«

»Ist das nicht sehr schwer?« wandte ich schüchtern ein. »Es gibt doch kaum einen Deutschen von geistigem Belang, der sich nicht aufs schroffste gegen den Antisemitismus gewandt hätte, von Walther von der Vogelweide und Wolfram von Eschenbach bis auf Klopstock und Lessing und Mommsen?«

»Ein Köpfchen haben Sie! Natürlich gibt es nicht. Aber das will ich ja auch nicht. Was ich brauche, ist Geschrei, Jauche, Dreschflegel, dröhnendes Blech. Wie war es denn bei den Disputationen? Das war noch ein Leben! Die Juden hatten die Gründe, die andern die Fäuste.«

»Und Sie glauben, gerade in München –?«

»Ich glaube? Ich weiß. Da ist zum Beispiel der cand. phil. Marbod Timm –«

»Marbod Timm!« rief ich. »Der Gründer der Skythen-Gesellschaft, des Wotan-Bunds?«

»Ja«, sagte der Ewige Jude, »und des Stemmklubs ›Schwarz-weiß-rot vom Sirius bis zur Jungfrau‹.«

»Den Marbod Timm kenne ich«, sagte ich. »Wollen Sie seine Braut sehen? Ich bin heut bei ihr zum Tee.«

Er kam mit.

»Wenn ich die ›Frankfurter Zeitung‹ gelesen habe«, sagte er, während wir den Odeonsplatz überquerten, »dann bin ich immer melancholisch. Wo gutes Deutsch geschrieben wird, geht mir die Luft aus. Gutes Deutsch und Antisemitismus, das verträgt sich nicht. Ha –« unterbrach er sich plötzlich.

»Was ist?« fragte ich erschreckt.

»Sie sticht mich!« jubelte er und wies auf das Hakenkreuz, das er als Krawattennadel trug. »Sowie etwas kommt«, erklärte er, »das mich fördert, das mir Freude macht, dann sticht sie mich.«

Er erstand einige Zeitungen bei der Verkäuferin an der Ecke.

»Da haben wir es schon«, triumphierte er, als er den ›Bayrischen Boten‹ aufschlug. »Sagte ich es nicht? Da! Lesen Sie! Das ist ein Deutsch! Das lob' ich mir!« Er murmelte ekstatische hebräische Segenssprüche über das Papier. »Und da, sehen Sie erst hier!« Er schlug das Feuilleton auf. »›Wenn auch Shakespeare eine gewisse Gestaltungskraft nicht abgesprochen werden kann, so muß doch betont werden, hier sind ihm arge sittliche Entgleisungen passiert.‹ Wußte ich es nicht, das ist der rechte Boden für mich! Kein Salz, kein Fünkchen Salz! Goethe, Hebbel, Heine, alle haben es konstatiert. Hier werd' ich meinen Bauch los, hier gründe ich meine Zeitung!« Und er versenkte sich mit Inbrunst in das Studium des Blattes.

»Schon wieder«, jauchzte er, »schon wieder!« und deutete auf das Hakenkreuz. Wir hatten die Arkaden des Hofgartens erreicht mit den Versen Ludwigs des Ersten über den Rottmann-Fresken, und die Krawattennadel tanzte wie besessen. »Das ist die Stadt, wo Milch und Honig fließt«, frohlockte er. Und er ließ sich das Geholper der königlichen Disticha auf der Zunge zergehen und tanzte Triumph über die fehlenden und überzähligen Versfüße.

»Sie sollten hier nicht tanzen«, sagte ich sanft. »Es erregt Aufsehen.« Er beruhigte sich. »Und was München anlangt, so sollten Sie nicht so verallgemeinern. Gewiß, wir sind keine literarische Stadt. Schillers ›Horen‹ haben hier nur drei Abonnenten gehabt und der Roman ›König Ludwig II. oder Der Märtyrer im Purpurhermelin‹ hunderttausend. Aber dafür fallen wir auch auf nichts herein. Wir können gar nicht hereinfallen, denn wir merken nichts, wir kümmern uns nicht darum. Sehen Sie, wir haben hier schon so viel gegründet: die Stilbühne und den Achtstundentag, die Renaissance des Kunstgewerbes, die Elf Scharfrichter und die Salzbrezeln, das Neue Pathos und das helle Bier. Aber der Münchener hat von alledem nichts gemerkt, nur die Salzbrezeln und das helle Bier. Und ich glaube, so wird es auch mit Ihrer antisemitischen Zeitung gehen. Der Münchener wird einfach nichts merken.«

Der Ewige Jude wiegte nachdenklich den Kopf, glättete langsam den ›Bayrischen Boten‹, bog ihn zusammen und steckte ihn in die Tasche. »Wir werden sehen«, sagte er.

2.

Ich stellte den Ewigen Juden als Dr. A. Has vor. Gertrud Hohenleitner musterte ihn vorsichtig, aber nicht unfreundlich, wie das ihre Art war, wenn sie jemand das erste Mal sah. »Marbod hat mir von Ihnen erzählt«, sagte sie. »Sie haben mit ihm korrespondiert.« Ihr breites, hübsches Gesicht mit den großen, blassen Augen unter auffallend dunkeln Wimpern sah heute besonders frisch aus, und ihr starkes, sehr blondes Haar machte auf den Ewigen Juden sichtlich Eindruck.

»Hier ist nichts zu machen«, flüsterte er mir zu, während wir uns setzten. »Die ist zu gescheit, zu gelassen. Ihr Haar ist wie eine Herde Ziegen, die den Berg Gilead herab lagern, ihre Zähne wie eine Schar wohlgezählter Schafe, die aus dem Bad steigen, alle zwillingsträchtig, keine fehlgebärende unter ihnen – «

»Bitte wie?« fragte Gertrud, während sie den Tee einschenkte. »Nichts von Belang, mein gnädiges Fräulein«, beeilte sich der Ewige Jude zu erwidern. »Ich bemerkte nur, daß Sie eine überraschende Ähnlichkeit haben mit Abital, der Fürstin der Chazaren.«

»Mit wem?« fragte Gertrud und zog die Brauen hoch.

»Mit Abital, der Fürstin der Chazaren. Eine außerordentlich angenehme Person, gescheit, tapfer, hübsch, blond wie Sie. Sie hat die alte Unsitte, die Kinder in Sklaverei zu verkaufen, gänzlich abgeschafft. Das war gut zweihundert Jahre, nachdem der Chazarenkönig Bulan mit seinem ganzen Volk, einem finnischen Stamm in der Krim, zum Judentum übergetreten war. Leider wurde sie bald darauf von den eindringenden Russen umgebracht.«

»Sie sind Historiker, Herr Doktor?« fragte Gertrud.

»Gewissermaßen«, sagte der Ewige Jude. »Ich bin Antisemit aus Neigung und Überzeugung. Mein Zweck ist, nachzuweisen, daß alles Unheil, das jemals in der Welt passiert ist, die Kreuzigung Christi, die Einschleppung der Philosophie und der Syphilis in Europa, die Erfindung der Sozialdemokratie und des Kapitalismus, die Entstehung des Weltkriegs und des Pazifismus, kurz, daß alles Schlechte in der Welt von den Juden angestiftet wurde.« – »Die Einschleppung der Syphilis? Wieso?« wunderte ich mich.

»Sehr einfach. Hätten die Juden Kolumbus nicht unterstützt, dann hätte er Amerika nicht entdeckt, und dann wäre die Syphilis nicht eingeschleppt worden. Ja, ich vermute, daß die Juden Kolumbus nur dazu unterstützt haben, um auf so heimtückische Weise die Seuche einzuschleppen und dann als Ärzte recht viel Geld zu machen.«

»Ich bin an ähnliche Gedankengänge gewöhnt«, sagte Gertrud, und ihre blassen, großen Augen wurden dunkler und zorniger, »da ja leider mein Verlobter sich von dem Unsinn hat anstecken lassen. Aber Marbod ist zu gut dazu. Ich hoffe zuversichtlich, daß ich ihn von diesem Übel kurieren werde.«

»Und mein Bauch!« rief der Ewige Jude zornig. »Soll ich denn immer fetter werden und immer lächerlicher?«

»Was hat Ihr Bauch mit Marbods Antisemitismus zu tun?« fragte Gertrud erstaunt.

»Er meint, wenn der Stemmklub ›Schwarz-weiß-rot vom Sirius bis zur Jungfrau‹ sich auflöst«, warf ich rasch ein.

»Sie sollten sich schämen«, wandte sie sich an den Ewigen Juden. »Ein Mann in Ihrem Alter! Ein Wissenschaftler! Sie sollten doch über den Studentenunfug hinaus sein. Warum sind Sie Antisemit?«

»Aus Überzeugung«, sagte der Ewige Jude.

»Überzeugung!« höhnte Gertrud. »Wenn man sich eine billige Emotion verschaffen will, schimpft man auf die Juden. Worauf stößt man denn, wenn man mit Antisemiten debattiert? Am Ende ist es immer die Wut der Untüchtigen auf die Konkurrenz der Begabten. Oder es stecken gar Leute dahinter, die die Erbitterung über ihre Fehler und Schurkereien auf andere ablenken wollen.«

»Und Ihr Herr Verlobter?« fragte der Ewige Jude.

»Mein Gott! Er ist jung. Er kommt von der Front. Er hat so lange geschrien: ›Nieder mit –!‹ Erst ›Nieder mit den Engländern!‹, dann ›Nieder mit den Miesmachern!‹, dann ›Nieder mit der Regierung!‹. Er muß immer jemand haben, von dem er schreien kann: ›Nieder mit –!‹ Das müssen alle jungen Leute. Jetzt schreien sie: ›Nieder mit den Juden!‹ Da schreit er eben mit. Das wird sich schon geben.«

»Recht hat er«, sagte der Ewige Jude stark.

»Antisemitismus«, sagte ich. »Es ist so ungereimt. Verallgemeinerung ist immer ein Zeichen geistiger Trägheit. ›Die Juden sind an allem schuld.‹ Die Juden! Gibt es nicht große Juden und kleine, schwarze und blonde, sympathische und widerliche? Man könnte ebensogut sagen, die Fußballspieler sind an allem schuld, oder die Brillenträger. Es gibt sicher viele Schieber und Wucherer, die Brillen tragen, und Kapitalisten und Bolschewisten. Kurz, bei allem Bösen, was geschieht, immer ist einer mit einem Augenglas dabei. Tragen nicht viele Offiziere Monokel? Die Kerls mit dem Augenglas haben den Militarismus gemacht. Tragen nicht viele Radikale Zwicker? Die Kerls mit dem Augenglas haben die Front von hinten erdolcht. Auch ist das Tragen von Brillen etwas ganz Undeutsches. Ich bin sicher, daß die Germanen keine Brillen getragen haben, und ich kann mir Hermann den Cherusker unmöglich mit einem Zwicker vorstellen.«

»Da haben Sie recht«, fiel der Ewige Jude eifrig ein. »Ich erinnere mich noch ganz genau. Hermann der Cherusker, der hatte immer Geschäfte, er hatte es immer wichtig mit Verschwörungen und Kompromissen, er war von Gesicht und Bauch dick, und er war schlau und jovial. Aber ich hätte nichts mit ihm zu tun haben wollen. Wem sah er doch ähnlich? Ja, jetzt hab' ich es: dem Fürsten Bülow. Es wäre für alle Beteiligten gut gewesen, wenn er seine Schlacht –«

Aber weder die erstaunte Gertrud noch ich erfuhr, was für alle Beteiligten gut gewesen wäre. Denn jetzt begann das Hakenkreuz heftig zu tanzen, und Marbod Timm trat ein.

3.

Ein paar Tage später suchte ich den Ewigen Juden im Hotel Marienbad auf, wo er wohnte. Er hatte eben gefrühstückt, saß im Pyjama am Tisch und beschaute etwas, das ich nicht erkennen konnte, durch ein Mikroskop.

»Was treiben Sie?« fragte ich.

»Sehen Sie selbst«, antwortete er.

Ich schaute durch das Mikroskop und sah kleine, weißrötliche, miteinander verwachsene Dinger, mit denen ich nichts anzufangen wußte.

»Das sind Spaltpilze«, erklärte er. »Unter dem Zutritt der

Luft erzeugen sie Farbstoffe und bringen sie auf Brot und andern Lebensmitteln in blutroten Schleimtröpfchen zum Vorschein.«
»Und?« fragte ich.
»Solche Spaltpilze zeigten sich auch gelegentlich an Hostien«, fuhr er fort. »Man sprach dann von Hostienschändung und schlug die Juden tot. Dieser Spaltpilz hat an vierhunderttausend Juden umgebracht.
Jetzt kann man das Mittel leider nicht mehr anwenden. Es zieht nicht mehr. Selbst an den Ritualmord glaubt man nur mehr auf dem Land und da nicht mehr recht. Die Juden von der geistigen und staatlichen Entwicklung abzusperren, sie ins Ghetto und in den Jargon einzuzwängen und sie künstlich zurückzuschrauben stößt auch auf Widerspruch. Selbst die gefälschten Statistiken über die Juden im Heer haben nicht recht verfangen. Man müßte neue Mittel finden. Aber die Antisemiten haben leider eine so sterile Phantasie.«
»Na, na«, sagte ich. »Und das Märchen von der jüdischen Weltherrschaft? Das Märchen vom jüdischen Materialismus? Das Märchen von den jüdischen Freimaurerlogen und dem Weltkrieg? Das Märchen von der jüdischen Revolution?«
»Ja, gewiß«, sagte er. »Aber diese Märchen sind doch zu schlecht erfunden. Auf der einen Seite sind sie zu wenig glaubhaft, auf der andern nicht albern genug. Ist's Blödsinn auch, so hat's doch nicht Methode. Behauptet man, der Kapitalismus sei das Mittel, wodurch die Juden Deutschland zugrunde richten, dann darf man nicht im gleichen Atem behaupten, der Sozialismus sei das Mittel, wodurch sie das deutsche Volk zersetzen. Eines von beiden würde das Volk allenfalls glauben; aber beides zusammen, dazu sind nicht einmal die Massen dumm genug.«
Er saß da, trüb, fett, in seinem hübschen violetten Pyjama. Sorgfältig rasiert, wie er war, mit dem schwarzen englischen Schnurrbärtchen, mochte er einem im Theater, beim Rennen, im Restaurant hundertmal begegnet sein; aber das merkwürdige tiefe Licht in den Augen und eine gewisse, sicherlich einmalige Art, die Hände zu bewegen, war nicht zu verkennen.
»Es sind trübe Zeiten«, begann er wieder. »Hier in Deutschland hatte ich früher ein so gutes Feld. Aber seitdem Mendelssohn erkannt hat, daß das Häßliche an den Juden aus dem

Jargon zu erklären ist, in den ich sie so glücklich hineingezwängt hatte, seitdem er der Vermischung der Sprachen ein Ende machte und dem Jargon das Todesurteil sprach, seitdem habe ich Fett angesetzt. Jetzt haben sich die Juden so tief in die deutsche Kultur hineingebaut, daß mein Dasein seinen Sinn verloren hat. Worauf fußt denn jetzt meine Existenz? Auf den paar letzten Resten der Ghetto-Maskerade. Wollte man heut die Juden aus der deutschen Kultur herausreißen, das ganze Gebäude müßte zusammenstürzen.«
»Sie übertreiben.«
»Nur wenig. Die Antisemiten haben das längst bemerkt. Deshalb trampeln sie auch so herum auf allem, was nach Geist und Kunst und Kultur aussieht. Damit glauben sie die Juden am sichersten zu treffen. Einer hat schon nachgewiesen, daß Goethe ein Judenstämmling sei.«
Er schaute wieder durch das Mikroskop auf den wunderbaren Spaltpilz.
»Wissen Sie, was Gematria bedeutet?« unterbrach er sich plötzlich. »Ziruph? Notarikon?«
»Ja. So eine mystische Zahlenspielerei. Man versetzt die Buchstaben des Gottesnamens und der Schriftverse, überträgt sie in Zahlzeichen und so.«
»Zahlenspielerei!« entrüstete er sich und stieß den Aschbecher zurück, der vor ihm stand. »Das tiefste Geheimnis der Kabbala Zahlenspielerei! – Hier liegt noch meine letzte Hoffnung«, sagte er nach einer Weile. »In der Schrift ist viel die Rede von dem ›stößigen Ochsen‹ und was mit ihm anzufangen ist.« Er rückte näher an mich heran und sagte geheimnisvoll: »Wenn ich den Zahlenwert des ›stößigen Ochsen‹ mit drei vermehre, dann habe ich den Zahlenwert von ›Krone des Judenhasses.‹«
»Und werden gewonnen haben?« fragte ich.
»Sie bemerken den geheimnisvollen Zusammenhang zwischen stößigen Ochsen und Judenhaß. Der Führer der großen Judenverfolgung im Jahre 1298 war ein gewisser Rindfleisch, der Führer des Frankfurter Aufruhrs gegen die Juden von 1614 ein gewisser Fettmilch. Sie sehen: überall der Zusammenhang zwischen Rindvieh und Antisemitismus. Es fehlt nur der dritte stößige Ochs und die Krone ist erreicht.« Er sprang auf. »Ich habe ihn!« rief er triumphierend. »Wollen Sie

ihn sehen? Kommen Sie heut abend in die Dietlindenstraße 13. Heut abend gründe ich meine Zeitung: und er ist der Redakteur!«

4.

In der Dietlindenstraße 13 wurde ich in ein Zimmer geführt, das vollgestopft war mit deutschvölkischem Hausrat. Es war das Bureau des Stemmklubs ›Schwarz-weiß-rot vom Sirius bis zur Jungfrau‹. Mächtige Ochsenhörner hingen an den Wänden nebst etlichen beliebten Heerführern, einem Germanen auf der Bärenhaut, dem Trompeter von Säckingen und Tirpitz. Ein riesiges Hakenkreuz aus Blech baumelte von der Lampe. Inschriften verkündeten: »Deutsch sein heißt, eine Sache um ihrer selbst willen tun – Mitgliedsbeitrag monatlich 1 Mark 50 – Ich kenne keine Parteien mehr, ich kenne nur Deutsche – Hinaus mit den Juden aus unserm Volkskörper – Am deutschen Wesen soll die Welt genesen – Nicht auf den Boden spucken –« Auf dem schweren Tisch standen mächtige Humpen, und in dickem Qualm saßen ein paar Männer.
Der Ewige Jude kam mir rasch entgegen und stellte mich als seinen Sekretär vor. Die Männer brummten etwas, was wie Heilo klang oder sonst ein germanischer Gruß.
Man debattierte soeben über die Tendenz der zu gründenden Zeitung. Marbod Timm sprach. Marbod war ein junger Mensch wie hunderttausend andere. Auf einem festen, kräftigen, etwas zu stämmigen Körper saß ein frisches, nettes Jungengesicht, das weder gescheit aussah noch dumm. Diese Züge waren leer und warteten nur darauf, daß die Verhältnisse oder ein fester Wille auf sie schreiben würde. Jetzt war der Ewige Jude dabei, ihnen seine Schrift aufzudrücken.
»Man kommt von der Front«, sagte Marbod Timm. »Man hat sich eine gemütliche Ecke zum Ausruhen verdient. Und man findet alle guten Plätze von den Juden okkupiert. Wer sitzt mit den Mädchens im Kabarett? Wer verdient das Geld? Wer kriegt die guten Stellen von der Regierung zugeschanzt? Die Juden.« Er machte ein erbostes und beleidigtes Gesicht. »Die Parasiten fressen sich satt, und das Wirtsvolk hungert. Da kann man doch nichts anderes tun als auf die Juden schimpfen.«

»Schimpfen ist nicht genug«, erklärte ein knurrender Baß. Es war Herr Franz Xaver Osterbichler, der so sprach, der Obmann der Südgruppe der Altgermanischen Markgenossenschaft, ein wuchtiger Herr mit rotem Kopf und einem starken, biertriefenden Schnurrbart. »Nur darum ist das deutsche Volk so heruntergekommen«, fuhr er fort, »weil es die Devise seiner großen Ahnen verachtet hat. Und was war diese Devise? ›Nicht denken! Hauen!‹« Er setzte sich wuchtig.

»Ihr Wort in Gottes Ohr!« jubelte der Ewige Jude.

Herr Bodo von Zeckenfeld trank ihm zu. Er trank, selbstverständlich auf Kosten des Ewigen Juden, Sekt aus dem großen Bierhumpen. Er war mager und verlebt, hatte erst eine Film-, dann eine Sportzeitschrift herausgegeben und war wegen irgendeiner dunkeln Wechselgeschichte mehrere Monate verschwunden gewesen. Jetzt nährte er sich vor allem dadurch, daß er in Aufklärungsfilmen elegante Mädchenhändler verkörperte. Er nahm mit Recht an, daß sein alter Name – gab es doch eine schöne Ballade von einem Raubritter seines Hauses, der erst nach langen Mühen gehenkt werden konnte – der deutschvölkischen Bewegung sehr willkommen sei.

Ein großer Mann erhob sich mit einem hagern, fanatischen Gesicht, das eine Ähnlichkeit mit Goethe und Gerhart Hauptmann anstrebte, aber über den Kopf eines mäßig begabten père noble aus der Provinz nicht hinauskam.

»Sehen Sie ihn an!« flüsterte der Ewige Jude mir aufgeregt zu. »Der ist es, der stößige Ochs. Rindleder heißt er, Doktor Johannes Borromäus Rindleder. Rindfleisch – Fettmilch – Rindleder.«

»Ich denke«, begann Dr. Rindleder, »daß die Richtlinien, die ich in meinen ›Fundamenten der Kultur‹ dargelegt habe, den Kanon jeder zielbewußten Deutschbewegung bilden müssen. Alles Gute in der Welt kann seiner Natur nach ausschließlich von Germanen geschaffen sein. Wie ich, über Chamberlain hinausgehend, dargelegt habe, waren nicht nur die großen Italiener der Renaissance, nicht nur die Dichter der Bibel Germanen, sondern auch die großen Chinesen Kung-Fu-Tse und Li-Tai-Po müssen als versprengte Germanensprößlinge bezeichnet werden. Wenn in späteren Zeiten die Reisen des Marco Polo aktenmäßig beglaubigt sind –«

»Apropos Marco Polo«, sagte Herr von Zeckenfeld zu dem Ewigen Juden, »ich habe noch zwei Waggons Tee in Düsseldorf stehen. Wenn Sie sich dafür interessieren, der Preis beträgt loco –«
»Was hindert uns anzunehmen«, fuhr Dr. Rindleder fort, »daß bei dem Wanderdrang der Germanen schon in frühester Zeit deutsches Blut an die chinesische Küste vorstieß? Wir hatten also nicht nur die geheiligten Rechte eines begründeten Expansivtriebs zur Besitznahme von Kiautschou, sondern es war innere Nötigung, es war die Stimme des Bluts, es war gewissermaßen ein Akt der Irredenta.«
»Ich war immer für eine gesunde Kolonialpolitik«, bemerkte Franz Xaver Osterbichler und haute auf den Tisch. »Nur müßten vernünftige Staatsmänner auch den berechtigten Eigentümlichkeiten der einzelnen Gaue Rechnung tragen. Chinesische Gebiete dürfen selbstverständlich nicht dem Reich, sondern müssen Bayern zugesprochen werden. Bayern muß seinen Teil an der Ostmark haben. Ich kann mir eigentlich China gar nicht anders verwaltet denken als bayrisch.«
»Markgenossen, Gaubrüder«, sagte der Ewige Jude, »wir kommen vom Thema ab. Wir müssen vor allem einen Titel finden.«
Nun schwirrten Titel durcheinander: »Die eiserne Rute – Das Odinsauge – Der hinkende Gaubote – Der Einäugige – Generalanzeiger der Nibelungen – Das tönende Ochsenhorn – Der zielbewußte Bärenhäuter.«
Endlich vermochte Dr. Rindleder mit seinem Vorschlag durchzudringen: ›Die Faust der Wahrheit‹.
»Ich mache euch darauf aufmerksam, Gaugenossen«, führte er aus, »daß in diesem Namen nicht nur der Tatendurst des Germanen symbolisiert wird, sondern auch sein faustischer Drang. Derartige Wortspiele, die die Seele der Dinge viel unmittelbarer enthüllen als die langwierige Analyse sogenannter Wissenschaft, sind sowohl beim Rembrandt-Deutschen wie bei Chamberlain sehr beliebt.«
Herr von Zeckenfeld verhandelte über die Vertriebsprovision, die er von der ›Faust der Wahrheit‹ erhalten sollte. Der Ewige Jude war glücklich über die Wahl Johannes Borromäus Rindleders zum Redakteur. »Er hat die Telephonnummer 60746«, flüsterte er mir zu, »wenn man die Ziffern als hebrä-

ische Buchstaben liest, dann ergibt sich ›Krone des Judenhasses‹ oder ›stößiger Ochs‹!«
Man rezitierte aus der Germanenbibel, aus Chamberlains Grundlagen. Dr. Rindleder hielt eine Ansprache, die in der Versicherung gipfelte, am deutschen Wesen werde die Welt genesen, und Marbod Timm war sehr begeistert. Auch sang man teutsche Bardite. So gab Herr von Zeckenfeld das Bardit zum besten: »Mädel fein, Mädel klein, o du Foxtrott-Mädel mein, einmal muß es das erste Mal sein, Hipphipphurra!« Dr. Rindleder steuerte das Bardit bei von dem Fenriswolf, der die Zunge herausstreckt, und der Esche Yggdrasil, deren Wurzeln er betropft; Franz Xaver Osterbichler aber sang das Bardit von den bayerischen Helden: »Wenns wir beis den Mädchens schlafens, sans wir unsern König gleich.«
Der Ewige Jude begleitete die Bardite auf dem Ochsenhorn.

5.

Der Ewige Jude hatte mich eingeladen, zur Feier der Zeitungsgründung ein Glas Wein mit ihm zu trinken.
Wir saßen im Redaktionszimmer der ›Faust der Wahrheit‹, dem früheren Bureau des Stemmklubs ›Schwarz-weiß-rot vom Sirius bis zur Jungfrau‹. Der ›Hakenkreuz-Jahrweiser für Deutschbewegung‹ an der Wand zeigte den 7. Eglfing.
Ein Haufen judenfeindlicher Bücher und Flugschriften lag auf dem Tisch aufgeschichtet, in allen Sprachen der Welt. Dazu war das Mikroskop da mit dem Spaltpilz und andere seltsame Dinge, altertümliche große Landsknechtstiefel und dergleichen.
Wir tranken und rauchten.
»Es war schon manchmal an dem«, sagte er, »daß das Bibelwort beinahe zur Wahrheit geworden wäre: ›Siehe, ich gebe euch als Eigentum den Völkern!‹ Da war Herodes der Tetrarch. Ein gescheiter Mann. Er führte griechische und lateinische Sitten in Jerusalem ein, Theater und Ringkämpfe. Wäre es nach ihm gegangen, die Juden wären sehr früh kosmopolitisiert gewesen, und die Welt sähe anders aus. Ich hatte einmal eine große Schuhlieferung für Herodes, viertausend

Paar Sandalen, das Paar zu zwei Drachmen. Ich wollte sie nach griechischer Mode machen; auch die Prinzessin Salome war dafür, es wäre hübsch und praktisch gewesen. Aber die Jüdisch-Nationalen waren dagegen, sie steckten sich hinter Mariamne, und Herodes, der eheliche Szenen nicht leiden konnte, bestellte die Schuhe ab.«

Er schwieg und trank.

»Niemand ist an nichts unschuldig«, sagte er nach einer Weile. »Das war dann, als Mohammed auftrat. Hätten die jüdischen Chauvinisten sich damals nicht so wild dagegen gestemmt, hätten sie den Kompromiß angenommen, den Mohammed anstrebte, das Judentum wäre vermutlich in Form eines vorsichtigen Mohammedanismus Weltreligion geworden statt in Form des Christentums. Alles wäre früher zur Ruhe gekommen, mein Spaltpilz hätte nicht in Tätigkeit zu treten brauchen, ich wäre längst vom Erdboden verschwunden und hätte nicht das Vergnügen, hier mit Ihnen Markobrunner Auslese zu trinken.«

Seine Worte klangen wie aus weiter Ferne zu mir. Eine seltsame Beklommenheit war über mich gekommen, eine merkwürdige Lähmung, ein fröstelndes Gefühl der Angst. Es war mir, als wären die Wände des Zimmers Dunst und Nebel, als wäre fremdes, unheimliches, altertümliches Volk um uns, als wären starre Augen auf mich gerichtet.

»Sind wir nicht allein?« fragte ich und meine Stimme klang heiser und mühsam.

Hatte er meine Frage nicht gehört? »Der geistige Kitt der Welt zu sein«, sagte er, »mit ihrem Blut die Welt zu düngen, immer gab es so viele unter den Juden, die sich klar und bewußt diese Aufgabe gestellt haben.« Er lächelte. »Und die mir meine Aufgabe so schwer gemacht haben. Zuletzt und am entschiedensten Mendelssohn. Aber schon viel, viel früher. Denken Sie an den Juden Alexander, den sie Flavius Josephus nennen. Denken Sie an den Minnesänger Süßkind von Trimberg –«

Jetzt wußte ich bestimmt, daß wir nicht allein im Zimmer waren. Ein ganzer Schwarm von Gestalten, nebelhaft, nicht greifbar, nie von mir gesehen und mir doch bekannt, war da, war auf eine mir unfaßbare Weise im Zimmer, ging nicht, stand nicht, blieb nicht stehen und bewegte sich nicht und

war doch da, regte den Mund nicht und sprach doch. In den Trachten aller Zeiten, aller Völker glitt es durcheinander, schaute aus tausend Augen auf mich; es waren Juden und waren doch keine Juden. Da war der griechische Livius, Flavius Josephus, da war Abraham ibn Sahl, der große Liebessänger der Araber, da waren mittelalterliche Franzosen und Spanier und Italiener. Ganz nah aber an mir und, ohne daß ich sie gekannt hätte, mir bewußt und sehr vertraut, war jener arme Minnesänger aus der Manesseschen Liederhandschrift mit den traurigen Augen und dem großen spitzen Judenhut, der Jude Süßkind von Trimberg, und über seine Schulter schaute der Jude Samson Pine, der den Deutschen als Erster den ›Parzival‹ übersetzte, und wieder über seine Schulter der Jude Johannes Pauli, der mit seinem ›Schimpf und Ernst‹ die Schwankliteratur des deutschen Mittelalters abschloß. Tausend Gesichter waren im Dunst. In allen Zungen sprach es, in allen Rhythmen sang es; alles, was die Phantasie der Völker je bewegt, war da und wob hinüber, herüber, durch diese jüdischen Meister; und es war ihr Klang, den es tönte, und ihre Farbe, die es glänzte.
Das Gewimmel wurde blasser und verlor sich in den Wänden des Raums, die aus Dunst und Nebel schienen.
Die Stimme des Ewigen Juden klang wieder näher. »Der Judenhaß ist ein Golem. Schiebt man ihm nur das rechte Amulett unter die Zunge, dann steht er auf und wandelt. Er ist außerhalb der ethischen Bewertung. Er ist der Ungeist, der aufsteht wider den Geist. Die Materie, die den Geist unter sich begräbt. Er ist Notwendigkeit, Naturgesetz. Sehen Sie diesen Schuh«, sagte er, auf die altertümlichen Landsknechtstiefel weisend, die auf dem Tische standen. »Ich habe mich immer für Stiefel interessiert«, lachte er. »Sie wissen, ich bin Schuhfabrikant von Beruf.«
»Was ist es mit diesem Schuh?« fragte ich.
»Schauen Sie seine Sohlen genau an«, forderte er. »Sie sehen, sie sind aus Pergament. In den Innenlagen finden Sie hebräische Buchstaben. Sie sind ums Jahr 1130 gemacht, als der heilige Bernhard von Clairvaux den Kreuzzug predigte«, erklärte er. »Oh, was waren das für gute Zeiten für mich! Man schlug die Juden zu Myriaden tot und verbrannte ihre Bücher. Oder man schnitt Schuhsohlen aus ihren Büchern. Hier

sehen Sie solche Sohlen. Das war der Chevalier Chrétien de Hautecloque, der sich diese Schuhe machen ließ. Er allein schlug siebenundzwanzig Juden tot, die Frauen und Kinder nicht mitgerechnet, und dann zog er ins Heilige Land. In diesen Stiefeln, die er mit dem Pergament von Thorarollen hatte besohlen lassen. Wenn Sie genau hinsehen, können Sie die hebräischen Buchstaben noch lesen. Sie sind aus dem fünften Buch Mosis und heißen: ›Drücke den Fremden nicht in deinem Land und liege ihm nicht hart an. Denn ein Fremder bist du gewesen im Land Ägypten.‹«
»Ja«, fuhr er fort, »auf diesen Schuhen zog der Chevalier gegen die Sarazenen, und alle seine Sünden waren ihm im voraus vergeben. Ich habe dem heiligen Bernhard wacker geholfen damals, ich habe allen Kreuzpredigern geholfen, dem Fernando Martínez und dem Vincente Ferrer, und wenn heuer und im vorigen Jahr in Polen und Rußland und Rumänien die Popen ein Moratorium der Bergpredigt verkündeten und die Juden totschlagen ließen und ihre Habe plünderten, dann war das nicht zuletzt mein Werk. Ja, ich war überall dabei, ich war in allem, sozusagen. – Wir haben den Begriff der Seelenwanderung übernommen, von den Indern her«, fuhr er fort, scheinbar zusammenhanglos, »und ihn in Europa eingeschleppt.« Er lächelte. »Das ist das Asiatische an uns.«
Wieder verdämmerten seine Worte, und wieder waren wir nicht mehr zu zweien im Raum. Lanzknechte saßen am Tisch mit dröhnenden Gebärden und roten, gutmütigen, unendlich rohen Gesichtern, und der Ewige Jude trank ihnen zu. Was war das für merkwürdiges Volk, mit dem er zechte? Immer mehr drängten um den Tisch. Kahle, hagere, fanatische Pfaffen und dicke Popen mit Bulldoggengesichtern und Gelichter mit tierischen Zügen und von stumpfem Gehabe in rumänischer Bauerntracht und in Kosakenuniform. Es war offenbar, daß alle sprachen, sie rissen die Münder weit auf, sie zeterten, sie bellten, sie schrien, sie grölten. Aber alles ohne Laut.
Und dann erweiterte sich das Zimmer und wurde zu einem ungeheuern Platz, der erfüllt war von Rauch und Blut. Türme von hebräischen Büchern verbrannten, und Scheiterhaufen waren aufgerichtet, hoch bis in die Wolken, und Menschen verkohlten, zahllose, und Priesterstimmen sangen dazu: Gloria in excelsis Deo. Züge von Männern, Frauen, Kindern

schleppten sich über den Platz, von allen Seiten; sie waren nackt oder in Lumpen, und sie hatten nichts mit sich als Leichen, verkohlte, zerstückte, geräderte, gehenkte, nichts als Leichen und die Fetzen von Bücherrollen, von zerrissenen, geschändeten, mit Kot besudelten Bücherrollen. Und ihnen folgten Männer im Kaftan und Frauen und Kinder in den Kleidern unserer Tage, zahllos, endlos. Und es waren Stimmen in der Luft, die sangen: ›Groß sind die Ströme Euphrat und Tigris, und viele Wellen wälzen sie ins Meer: aber größer sind die Ströme des Bluts, das Israel verströmte für die Heiligung der Welt.‹

Der endlose Platz schrumpfte zusammen zu der rauchigen Redaktionsstube, und über seinen Wein und seine Zigarre weg sprach der Ewige Jude: »Ich darf mir das Zeugnis ausstellen, ich habe meine Pflicht wacker erfüllt. Was sich tun ließ, habe ich getan. Wo sich ein bißchen Dummheit zeigte, sogleich bin ich gekommen und habe nicht nachgelassen und habe gebohrt und gebohrt, bis ich sie in die rechte Bahn lenkte und bis sie die Juden totschlug und verjagte. Ich habe mich nicht gedrückt, ich habe nichts unversucht gelassen: den Spaltpilz und tote Christenkinder als Opfer des Ritualmords und alldeutsche Offiziere und den Jargon und russische Popen und verseuchte, angeblich von den Juden vergiftete Brunnen und Hakenkreuzstudenten und Kosaken und zuletzt noch gefälschte Statistiken über die Juden im Heer. Ich habe gehetzt und entstellt und verleumdet, zwei Jahrtausende hindurch, daß der Chauvinismus des Weltkriegs nüchternste Sachlichkeit dagegen war. Ich darf sagen: was geschehen konnte, ist geschehen.

Aber Sie sehen, mein Bauch nimmt trotz allem zu. Seit Mendelssohn und Lessing und Napoleon nimmt er unentwegt zu. Ich glaube, ich werde mich bald zur Ruhe setzen müssen.«

Ich vermochte ihm nicht mehr zu folgen. Die gemarterten Juden und die kosmopolitischen, die Landsknechtstiefel und die alldeutschen Offiziere, der Minnesänger Süßkind von Trimberg und der heilige Bernhard von Clairvaux, der Spaltpilz und Chamberlain und die Hakenkreuzstudenten, alles floß mir ineinander. Der da vor mir saß, modisch angezogen, mit dem zweideutigen Lächeln, war das der Redakteur Dr. A. Has von der ›Faust der Wahrheit‹, oder war das ein Symbol

des Nieverwurzelten, immer Nomadischen, des künstlich von der Einseelung ins Land Abgesperrten, zu dem der Antisemitismus den Juden machen will?
»Wenn Sie erlauben, öffne ich das Fenster«, sagte er plötzlich. Er trug ein schwarzes Bärtchen, war im übrigen sorgfältig rasiert und hatte einen Anflug von Bauch. Man mochte glauben, ihm beim Rennen, im Theater, im Restaurant oft begegnet zu sein. Aber das merkwürdige tiefe Licht in den Augen und eine gewisse, sicherlich einmalige Art, die Hände zu bewegen, war nicht zu verkennen.

6.

Marbod Timm kam zu mir.
»Sie werden erstaunt sein«, sagte er, »mich in Ihrer Wohnung zu sehen.« Und sein frisches, hübsches Jungengesicht war verlegen.
»Ich kann es nicht leugnen«, sagte ich.
»Eigentlich schickt mich Gertrud. Sie hat mir geraten, einmal offen mit Ihnen zu sprechen.«
»Bitte!«
»Es ist in der Deutsch-Bewegung nicht alles so, wie es sein soll«, begann er.
»Was Sie nicht sagen!«
»Die Sache ist gut, die Sache ist ehrlich. Warum kann sie nicht mit ehrlichen Mitteln betrieben werden? Wir haben einen Schriftleiter, Werner Kotz. Sie werden seinen Artikel über Lessing gelesen haben, als wir jüngst das Theater zwangen, die Vorstellung des ›Nathan‹ abzubrechen.«
»Nein«, sagte ich.
»In dem Artikel behauptet er, Lessing habe eigentlich Levi geheißen. Was sagen Sie dazu?«
»Ich? O Schilda, mein Vaterland.«
»Ja, sind Sie denn gar nicht weiter erstaunt? Aber das ist doch ganz unwahrscheinlich.«
»Ja«, sagte ich, »für wahrscheinlich halte ich es auch nicht.«
»Und dann, denken Sie, hat dieser Kotz früher, wie ihm der Urdborn noch nicht gerauscht hat, für die ›Frankfurter Zei-

tung‹ zu schreiben versucht und für das ›Berliner Tageblatt‹. Aber man hat ihn zurückgewiesen.«

»Man hat eben dort die Schönheiten des germanischen Stils nicht nach Gebühr zu würdigen verstanden.«

»Jedenfalls bleibt das Ganze fragwürdig. Ich will davon schweigen, daß der Herr von Zeckenfeld wieder in Untersuchung ist wegen Unterschlagung, und daß man den Doktor Johannes Borromäus Rindleder in eine Irrenanstalt gebracht hat.«

»Schändlich«, sagte ich. »Früher wäre er heiliggesprochen worden.«

»Warum in drei Deibels Namen findet die Sache keine besseren Verfechter?«

Ich zuckte die Achsel.

»Früher war das doch anders«, fuhr er fort. »Da haben doch noch Männer wie Luther gegen die Juden geschrieben. Seine wuchtige Streitschrift ›Von den Juden und ihren Lügen‹ ist doch geradezu ein Brevier des deutschbewegten Mannes.«

»Luther?« lächelte ich und nahm eine Schrift vom Bücherbrett: Luthers Schrift ›Daß unser Herr Jesus ein geborener Jude gewest‹. »Sehen Sie hier, bitte«, sagte ich und schlug die Stelle auf: ›Unsere Narren haben bisher also mit den Juden verfahren, daß, wer ein guter Christ gewesen wär, hätte wohl mögen ein Jud werden. Und wenn ich ein Jud gewesen wär und hätte solche Tölpel regieren und lehren gesehen, so wäre ich eher eine Sau geworden als ein Christ.‹

Marbod stand ratlos. »Luther hat also so geschrieben und so geschrieben?« fragte er.

»Es scheint so«, sagte ich.

»Ich muß Ihnen ein Geständnis machen«, begann er nach einer Weile mit einer verlegenen Vertraulichkeit, die ihm gut stand. »Es geht mir sonderbar mit den Juden. Manchmal ist mir einer so sympathisch, daß ich glaube, ich könnte mein ganzes Leben lang gute, ehrliche Freundschaft mit ihm halten. Und dann wieder kommt mir einer so taktlos vor und servil und arrogant zugleich, daß ich herzlich mit einstimmen muß in den Ruf: Hinaus mit der ganzen Blase aus dem Land!«

»Lieber Herr Timm«, sagte ich, »geht Ihnen das mit Christen nicht genauso?« Und da er unschlüssig stand, fügte ich hinzu: »Sehen Sie, was Ihnen an einzelnen Juden ›jüdisch‹ erscheint,

jene gewisse servile Arroganz, jene demütige Zudringlichkeit, die hat ja mit dem Wesen des Juden gar nichts zu tun. Die ist ja nur eine Folge des Ghettos, der jahrhundertelangen Demütigung und Absperrung und Versklavung, in die das deutsche Mittelalter den Juden gepreßt hat.«
»Aber irgendeinen realen Grund muß es doch haben, daß das Volk solchen Abscheu –?«
»Abscheu? Das Volk? Auf hundertundzehn Deutsche kommt ein Jude. Nur ein kleiner Bruchteil des Volkes kennt also die Juden persönlich. Aber auf jeden einzelnen deutschen Juden kommen wöchentlich hundert Exemplare einer antisemitischen Zeitung. Das ist die Quelle, aus der das Volk die Juden kennt. Dazu die Alldeutschen –«
»Sie haben einen so verächtlichen Ton«, unterbrach er mich, »wenn Sie von den Alldeutschen reden.«
»Verächtlich? Nicht, daß ich wüßte. Mitleidig vielleicht. Sehen Sie, in der Schule bin ich oft mit Söhnen führender alldeutscher Familien zusammengewesen. Viele von ihnen waren brav, gutmütig, aber mäßig begabt. In den Sprachen, in der Geschichte, vor allem im deutschen Aufsatz hielten sie sich nur mit Mühe über Wasser, und mancher verdankt mir seine Freiheit ein Jahr früher, weil er gottesfürchtig und geschickt aus meinen Heften spickte. Aber merkwürdig, im Turnen waren sie alle gut. Beim Springen, am Reck, an den Leitern, bei Freiübungen zeigten sie sich stramm, stark, gewandt. Das sind sicher brauchbare, nicht zu verachtende Eigenschaften und, auf dem Rennplatz, im Heeresdienst betätigt, der Allgemeinheit gewiß von Nutzen. Aber ich habe nie begriffen, warum eine gute Leistung im Hochsprung oder am Reck politische Führereigenschaften verbürgen soll. Und die guten Turner und miserablen Logiker, die maßten sich doch durch Jahrzehnte die Führung der deutschen Politik an, die sind doch heute die Führer der Deutschbewegung.
Ja, wie ratlos mögen die gewesen sein, als sie die Karre glücklich in den Dreck gefahren hatten und als das Volk wie aus einem Munde schrie: ›Nieder mit den Alldeutschen!‹ Und wie mögen sie aufgeatmet haben, als auf einmal der Ausweg aus der Klemme gefunden war, als auf einmal der alte Sündenbock aus der Versenkung stieg: Judaeus ex machina.«
Hier klopfte es: und der Ewige Jude trat ein.

7.

Ich war zur Taufe geladen bei Marbod und Gertrud Timm. Sie hatten Zwillinge bekommen.
Unterwegs traf ich den Ewigen Juden. Wir hatten ein Ziel.
»Ich sehe die judenfeindliche Bewegung überall im Wachsen«, sagte ich. »Ihr Weizen blüht.«
»Blüht!« knurrte er. »Was heißt blüht? ›Die Faust der Wahrheit‹ ist eingegangen. Es hat sich ausgeblüht. Sehen Sie meinen Bauch an.«
Er war allerdings beträchtlich fett geworden.
»Aber ich merke doch überall –«
»Das sind die letzten Zuckungen. Denken Sie, jetzt hat ein deutscher Christ, Johannes Müller, geschrieben, der Antisemitismus sei in erster Linie ein deutsches Problem, eine Schwächeerscheinung der deutschen Volksseele. Nur ein Volk, schreibt er, dessen nationale Ambitionen im Widerspruch stehen zu seiner Willensstärke in nationalen Dingen, kann auf den Gedanken verfallen, auf die Juden das abzuwälzen, was für jedes gesunde Volk eine Sache des selbstverständlichen Stolzes ist: die Verantwortung vor der eigenen Tat.
Sie bemerken zur Zeit eine judenfeindliche Welle«, fuhr er fort, »das ist richtig. Nachdem die Deutschen fünf Jahre im Ghetto sind, benehmen sie sich haltloser und würdeloser als die Juden nach einem Ghetto von fünf Jahrhunderten. Aber das nützt mir nichts. Es ist nur eine akute Erkrankung, ich darf nicht darauf bauen, und sowie sie vorbei ist und das Volk den Nervenanfall überwunden hat, wird es sich schämen, daß je hundertzehn Deutsche vor einem einzigen Juden eine solche Mordsangst gehabt haben.
Nein, nein. Es ist aus. Es ist endgültig Schluß. Ich kann einpacken, ich bin ein Gespenst von vorgestern und höchstens noch auf der Bühne möglich. Ich halte natürlich aus bis zuletzt, ich bin noch immer das Haupt der judenfeindlichen Propaganda, ich stelle Flugschriften her und klebe nachts judenfeindliche Zettel an die Dachrinnen und in die öffentlichen Aborte. Aber ich habe mich auf Abbruch eingerichtet. Ich habe mir ein Haus im Isartal gekauft, und meinen Wanderstab habe ich dem Requisiteur des Nationaltheaters geschenkt.«

»Sie sehen ja, die Juden selbst nehmen diese augenblickliche Welle nicht ernst«, fügte er nach einer Weile hinzu. »Sie lamentieren nicht. Es fällt ihnen nicht einmal ein, den Bengels im Ernst böse zu sein.«
»Was tun sie denn?«
»Sie lachen.«
»Sie –?«
»Ja. Sie amüsieren sich über die Tatenlosigkeit und die sprachlichen Schnitzer der Antisemiten.«
Wir waren im Haus des Ehepaares angelangt.
Marbod Timm drückte mir herzlich die Hand. »Ich war ein Esel«, sagte er.
Gertrud zeigte stolz die Zwillinge vor.
»Wie heißen sie?« fragte ich.
»Das Mädel heißt Marie –«
»Marie! Pfui!« unterbrach der Ewige Jude. »Das ist hebräisch und kommt von Mirjam. Sie hätten sie Frigg nennen sollen.«
»Aber der Junge, da werden Sie einverstanden sein, der Junge heißt Hans.«
»Hans! Pfui!« sagte der Ewige Jude. »Das ist hebräisch und kommt von Jochanaan. Sie hätten ihn Teut nennen sollen.«
Marbod und Gertrud lachten herzlich. »Wenn das Jüdische und das Deutsche so ineinander verfilzt ist«, sagte Gertrud, »wer sollte das auseinander klauben?«
Der Ewige Jude saß in einem Klubsessel, fett, behaglich rauchend, und summte vor sich hin: »Das Wandern ist des Müllers Lust.« Sorgfältig rasiert, wie er war, mit dem schwarzen Bärtchen auf der Oberlippe, mochte er einem im Theater, auf dem Rennplatz, im Restaurant oftmals begegnet sein.
»Sind Sie zufrieden?« fragte ich.
»Zufrieden?« knurrte er. »Was heißt zufrieden?« Er wandte mir den Blick zu und das merkwürdig tiefe Licht in seinen Augen strahlte auf. Er rekelte sich und atmete wohlig.
»Zufrieden?« wiederholte er. Und indem er auf eine nicht zu verkennende, sicherlich einmalige Art die Hände bewegte, lächelte er: »No, warum nicht?«

Der historische Prozeß der Juden (1930)

1. Was ist Judentum?

Man kann nicht wohl behaupten, daß man mit wissenschaftlicher Sicherheit die Eigenschaften bezeichnen könnte, die die Gruppe Judenheit bestimmen. Trotz vieler Versuche ist es der Wissenschaft nicht geglückt, körperliche Merkmale einer jüdischen Rasse festzustellen, die sie von anderen Weißhäutigen eindeutig unterscheiden. Man faßt wohl am besten Judenheit als eine Geistesrichtung auf, die, ähnlich wie andere Mentalitäten, z. B. die amerikanische, die Fähigkeit hat und hatte, viele einzelne zu ergreifen und sich zu assimilieren. Genau betrachtet ist diese Definition nichts anderes als eine freilich sehr nüchterne Umschreibung des Begriffes Religion.

Historisch bestimmt wurde die jüdische Mentalität durch die geopolitische Lage der Gruppe, solange sie im Besitze eines geordneten Staatsgefüges war. Gestellt zwischen Europa und Asien, ein kleiner Pufferstaat zwischen den Giganten Babylonien, Assyrien auf der einen, Ägypten auf der anderen Seite, mußte das winzige Volk, wollte es nicht zerrieben werden, politisch und weltanschaulich immerzu lavieren. Diese Menschen hatten alle Ursache, die Mentalität derer, zwischen denen sie standen, sehr genau zu erforschen. Sie mußten, um nicht zugrunde zu gehen, sehr früh ein großes Maß praktischer Psychologie anwenden.

Sie standen da, wo die Erkenntnisse der großen antiken Kulturen einander berührten, einander schnitten. Von Osten her drang ständig auf sie ein die Lehre von der Notwendigkeit des Nichtwollens, des Nichttuns, des Aufgehens im großen Nichts. Vom Abendland her hämmerte unablässig auf sie ein die Lehre, daß der Mensch geboren sei zur Tat und zum Kampf. In ihrem Mittag stand groß und dunkel die Lehre Ägyptens von der Überwindung des Todes durch Beharrung und Bewahrung von der ewigen Konservierung des Seins.

Morgenland lehrte sie: vergehen, Abendland lehrte sie: werden, Mittagland lehrte sie: sein. Sie nahmen in sich auf diese drei Lehren, verschmolzen sie ineinander, paßten sie einander an. Bis ein Neues, Großes, Ganzes entstand, ein Gesetz, das sie zweitausend Jahre hindurch formte: die Bibel.

2. Vom Zickzack der Entwicklung

Historische Entwicklung verläuft nicht geradlinig. Oft, wenn sich unter einer Gruppe eine Fähigkeit besonders stark entwickelt, verkümmert dafür eine andere Eigenschaft.

Sicherlich hat es auf asiatischem Boden niemals Menschengruppen gegeben, die sich zur Erleichterung ihrer Lebensbedingungen eine so reiche und listige Apparatur schufen wie wir. Sicher aber hat es auf asiatischem Boden Völker gegeben, die schon vor Jahrhunderten infolge der Zusammendrängung großer Massen auf kleinen Gebieten ihre Sozialinstinkte sehr viel höher züchteten und sehr viel feiner färbten als wir. Auf asiatischem Boden gaben sich große Menschengruppen zufrieden mit dem, was sie zur Erleichterung ihrer Lebensbedingungen Technisches erreicht hatten, sie beschieden sich und nahmen sich Muße, all ihre Intensität zur Verfeinerung und Vertiefung ihrer religiösen und sozialen Instinkte zu verwenden. In den zweitausend Jahren, in denen die Weißhäutigen auf allen Gebieten der Technik die Führung übernahmen, befaßten sich die Kulturvölker der Farbigen beinahe ausschließlich mit Psychologie, Soziologie, Religion.

Mit anderen Worten: Wir Weißhäutigen verwandten den weitaus größeren Teil unserer Intensität auf die Organisation unseres technischen Fortschritts, auf die Erfindung von Apparaten, unsere äußeren Lebensbedingungen zu erleichtern. Nur einen kleinen Teil unserer Kraft aber verwandten wir auf die Höherzüchtung unseres Sozialgefühls, unserer Religion, auf unsere Entbarbarisierung. Ein farbiger Kulturmensch kann uns Weiße gar nicht anders sehen denn als Barbaren, die zwar ungeheuer geschickt erdachte Apparate besitzen, aber außerordentlich schlecht gepflegte Seelen. Nur die Feinfühligkeit dieser hochentwickelten Farbigen hindert sie, uns ihre Verwunderung darüber zu bezeigen.

Die historische Entwicklung der jüdischen Gruppe weicht ab von der Entwicklung der anderen weißhäutigen Gruppen. Die jüdische Gruppe hat zumindest ein langes Jahrtausend teilgehabt an den religiösen und sozialen Ereignissen der farbigen Kulturvölker und ein kurzes Jahrtausend an den ersten technischen Erreichnissen der Weißhäutigen. Dann, durch die Einsperrung ins Ghetto, wurde die jüdische Gruppe aus den weiteren technischen Fortschritten der Weißhäutigen ausgeschaltet. Erst seit etwa zweihundert Jahren konnte sie sich an dieser Entwicklung wieder beteiligen. Ganz eingeholt hat sie also vermutlich die Spitzengruppen der anderen Weißen auf technischem Gebiet noch nicht; ihnen voraus aber hat sie, was sie sich aus dem religiösen Gut der farbigen Kulturvölker an sozialem Instinkt sehr früh angeeignet hat.

3. Asiatische Kultur und europäische Zivilisation

Die Barbaren Europas brauchten, nachdem sie die antike Welt zerstört hatten, etwa tausend Jahre, um materiell mit den Überbleibseln dieser Welt fertig zu werden und ihre eigenen Gebilde darauf anzusiedeln. Dann erst konnten sie seelisch dort anknüpfen, wo sie tausend Jahre zuvor zerstört hatten. Wir bezeichnen mit Recht die Epoche dieser Anknüpfung als Renaissance, als Wiedergeburt, und wir nennen mit Recht das seelische Element, das wir nun wieder aus dem Schutt der Antike für unsere eigenen Bedürfnisse ausgraben wollten, Menschlichkeit, Humanität. Die letzten vier Jahrhunderte sind im wesentlichen die Geschichte unserer nicht unglücklichen Bestrebungen, uns diese Humanität anzueignen.

Jetzt glauben wir, einen Punkt erreicht zu haben, von dem aus wir über den Kulturzustand unserer weißhäutigen, europäischen Ahnen hinausgelangen. Unsere technischen Erreichnisse, besonders der intensivere Verkehr, haben uns in nähere Berührung gebracht mit den farbigen Kulturvölkern. Sehr viele unter den Weißen haben erkannt, daß es für uns alle ebenso vorteilhaft, ja vielleicht sogar nützlicher sein könnte, diese Völker kulturell statt sie materiell auszubeuten. Es gibt Leute von Urteil, die sich die Höherentwicklung der Art ver-

sprechen von der Verbindung der technisch wohlgerüsteten weißhäutigen Barbaren mit den technisch so übel, aber kulturell so gut bestellten alten farbigen Völkern. Sie versprechen sich davon eine zweite Renaissance, fruchtbarer als die erste. Sie glauben, die Erde werde in den nächsten Jahrhunderten besiedelt sein von einem Geschlecht, das europäisch-amerikanische Technik mit asiatischer Kultur organisch verbindet.
Die Geschichte der nächsten Jahrhunderte wird wohl nichts anderes sein als der Weg diesem Ziel entgegen.

4. Gegenwärtige Konstellation

Überall heute schon stoßen infolge des erleichterten Verkehrs und der Übervölkerung vieler Gebiete Weißhäutige und Farbige zusammen. Wenn auch die Trägheit und der barbarische Kampftrieb der Menschen überaus stark ist, so werden doch mit der Sicherheit, mit der die Menschen der Steinzeit schließlich Metallinstrumente gebrauchten, die weißhäutigen Barbaren allmählich die Gesittung der farbigen Kulturvölker, die Farbigen die technische Zivilisation der Weißen annehmen, statt sich gegenseitig totzuschlagen. Die Welt wird nicht mehr aus zahlreichen Höhlen bestehen, deren Insassen sich gegeneinander absperren und sich gegenseitig belauern, wie sie sich am erfolgreichsten überfallen können, sondern sie wird ein großes Hotel sein, in dem eine geeignete Zentralstelle für alle unter den gleichen Bedingungen sorgt.
In diesem Prozeß sind die Juden, die Eigenschaften beider Menschengruppen in sich aufgenommen haben, die gegebenen Vermittler. Heute schon hat eine neue Völkerwanderung eingesetzt, die durch den erleichterten Verkehr sehr andere Maße angenommen hat als jene Bewegung, die wir als Völkerwanderung bezeichnen und die zur anfänglichen Zerstörung und späteren langsamen Aufsaugung der antiken Kultur durch die Barbaren führte. Man macht berechtigte Versuche, durch scharfe Einwanderungsgesetze diese neue Völkerwanderung zu bremsen und Katastrophen zu verhüten. Aber wenn man nicht Auto, Eisenbahn und Flugzeug, Telegraf, Telefon und Kino verbietet, wird man die endgültige Ver-

mischung der Völker nicht verhüten können. Je mehr und je leichter die Menschen vertraut werden mit den Sitten anderer Länder, um so schwerer werden sie daran zu hindern sein, das für sich selber zu verwenden, was sie an den Lebensformen der anderen als nützlich und angenehm erkannt haben. Es wird sich auf die Dauer nicht verheimlichen lassen, daß nationale Begrenzung für den einzelnen wie für die Gruppe nicht Stärkung und Bereicherung, sondern Beschränkung und Verarmung bedeutet. Wie künstlich die Grenzen unter den Völkern sind, wie sinnlos lokale Begrenzungen sind auf einer Erde, die heute in ihrer Totalität schneller durchwandelt werden kann als vor zweitausend Jahren auf wohlorganisierter Straße die Entfernung von einer römischen Provinz zur anderen, das wird auf die Dauer auch dem hartköpfigsten Nationalisten aufdämmern.

5. Bodenständigkeit und historische Entwicklung

Man hat viele Jahrhunderte hindurch die Verbundenheit mit der Scholle, die Beschränkung der ganzen Persönlichkeit auf ein kleines Stück Erde als eine besondere Tugend gepriesen. Der Bauer als der am meisten mit der Scholle verbundene galt als ein besonders hochgezüchtetes Stück Mensch im Gegensatz zu dem leichtfertigen, traditionslosen Nomaden. Die Ernährung des eigenen Landes war das schwierigste Problem der Völker, man war angewiesen auf den Nährstand des eigenen kleinen Bezirks, auf den Bauern. Auf dem, was er produzierte, nur darauf basierte das Leben des ganzen Landes. Mit den Fortschritten der Technik und mit der Erleichterung des Verkehrs hat sich auch das von Grund auf geändert. Für die Bestellung eines Erdstückes, für die früher drei Menschen nötig waren, genügt heute ein einziger; Lebensmittel, die früher mit ungeheurer Mühe auf dem eigenen Boden produziert werden mußten, werden heute zehnmal leichter und billiger aus anderen Erdteilen herbeigeschafft. Die äußere Geltung des bodenständigen Bauern ist dadurch erschüttert. Noch mehr seine innere. Die Lebensformen, die Moral, die zugeschnitten war auf den bodenständigen Menschen, hat für den leichtbeweglichen Menschen der großen Städte ihren Sinn verloren. Wie einem Soldaten von heute der schwere Eisenpanzer ein Hindernis wäre, so ist Bodenständigkeit dem Typ, der heute für die Menschheit der wichtigste ist, ein Hindernis mehr als ein Vorteil. Für den Menschen von heute, den Menschen der Apparate, der Industrie, des schnellen Verkehrs, ist Wendigkeit, schnelle Beweglichkeit, Leicht-Fertigkeit vornehmste Tugend. Überall ist heute der Nomade der wichtigere, lebensfähigere Typ geworden, der den schwerfälligen Bauern verdrängt.

Auch dieser Prozeß weist den Juden in der Geschichte unseres Jahrhunderts eine wichtige Rolle zu. Was früher den Juden von ihren Gegnern als ihre verächtlichste Eigenschaft vorgeworfen wurde, ihr Kosmopolitentum, ihr Nichtverwurzeltsein mit dem Boden, auf dem sie lebten, das erweist sich plötzlich als ungeheurer Vorzug. Daß sie seit Jahrhunderten umgetrieben wurden, daß sie sich immerzu neuen Menschen, neuen Verhältnissen anpassen mußten, macht sie in einer rasch veränderlichen Zeit schnellsten Verkehrs denen überlegen, die sich nur auf ihrer Scholle bewegen können. Es ist mit ihre historische Sendung, an erster Stelle mitzubauen an einer Welt, die sich aus einer Welt der Farmer in eine der Maschinen verwandelt.

6. Der Nutzen des jüdischen »Gedächtnisses« für die Welt

Nächst den Chinesen sind die Juden wohl das literarischste Volk der Welt. Ihre Gruppe war seit zwei Jahrtausenden nicht mehr zusammengehalten durch ein staatliches Gebilde, auch der Begriff Rasse war ihnen fremd, sie waren zusammengehalten nur durch ein Buch, durch die Bibel.

Die Treue zu diesem Buch war ihr Wesen; nach diesem Buch orientierten sie ihr ganzes Leben. Es war klar, daß Hochschätzung des Schrifttums, der Literatur, zu einem Teil ihres Wesens wurde. Literarische Tätigkeit galt als die höchste, eines Mannes würdige Beschäftigung. Analphabetentum war bei ihnen verpönt. Seit zweitausend Jahren schreibt ihr Gesetz ihnen vor, in frühester Jugend Lesen und Schreiben zu lernen. Die mystische Richtung der Juden, die Kabbala, beruht auf dem großen Staunen darüber, daß es dem Menschen durch die Schrift gegeben ist, seine Gedanken und Empfindungen durch die Ewigkeit hindurch zu bewahren. Daß die Literatur das Gedächtnis der Menschheit ist, daß sich die Erreichnisse der Art nur durch Sprache und Schrift fortpflanzen lassen, ist eine der frühesten Erkenntnisse dieser Menschengruppe.

Es ist dies eine Erkenntnis, die heute nicht sehr intensiv verbreitet ist. Daß sich das Lebensgefühl einer Epoche nicht durch Technisches für die Kommenden aufbewahren läßt, sondern nur durch Kunst und insbesondere durch Literatur, hat sich ein großer Teil der Menschen nicht klargemacht oder er will es nicht wahrhaben. Den Juden sitzt diese Erkenntnis durch Jahrtausende im Blut. Diese Gruppe Menschen hat die jahrtausendealten nützlichen Erlebnisse der Weißhäutigen in ihren Büchern für die Art aufbewahrt, so daß sie Gemeingut aller werden konnten. Diese Gruppe Menschen scheint mir auch in einer Epoche, die wenig Sinn für Dinge dieser Art hat, berufen zu sein, durch Anwendung von Literatur ein wichtiges Teil zum Gedächtnis der Menschheit beizusteuern.

Nationalismus und Judentum
(1933)

1.

Man frage den Durchschnitts-Nationalisten, sei er Deutscher, Italiener oder Jude, was er sich eigentlich unter dem Wort »meine Nation« vorstellt, und man wird gewöhnlich die entrüstete Antwort erhalten: »Nation? Das braucht man doch nicht weiter zu erklären. Nation – das spürt man eben oder man spürt es nicht. Wenn ihrs nicht fühlt, ihr werdets nie erjagen.« Kurz – nach einer klaren Definition gefragt, entwischt der Nationalist gemeinhin in den Bereich des Gefühls.

Natürlich sind viele Nationalisten bemüht, diese Gefühle mit Vernunftgründen zu umkleiden. Sie haben eine Unmenge von Gründen bei der Hand, die aber zu guter Letzt alle auf vier Grund-Ideologien hinauslaufen, die einander häufig überschneiden. Nach diesen vier Ideologien basiert nationale Zusammengehörigkeit: erstens auf gemeinsamen örtlichen und klimatischen Vorbedingungen, zweitens auf gemeinsamer Rasse, drittens auf gemeinsamer Geschichte und viertens auf gemeinsamer Sprache.

Im Folgenden wollen wir diese vier Elemente der nationalen Ideologie in ihren Einzelheiten und besonders im Hinblick auf ihre Bedeutung für das Judentum untersuchen.

2.

Wir haben es also zunächst mit jenem Nationalismus zu tun, welcher behauptet, gemeinsames Klima, gemeinsamer Boden, gemeinsame örtliche Bedingungen schüfen Verwandtschaft zwischen Individuen. Es ist nun kein Zweifel, daß diese Art Nationalismus unter gewissen Bedingungen Sinn haben kann. Dieser Nationalismus war so lange sinnvoll, als die Bewohner gewisser Landstriche zur Befriedigung ihrer Bedürfnisse auf den Boden eben dieser Landstriche, auf die Erzeugnisse ihrer Nachbarn angewiesen waren. Solange die Königreiche Juda und Israel bestanden, hatte dieser Nationalismus auch für die Juden Sinn. Aber schon unter dem zweiten jüdischen Königreich, unter den Hasmonäern, hatte er einen beträchtlichen Teil seiner Bedeutung verloren. Man kann nicht behaupten, daß etwa die Römer durch die Intoleranz oder durch besondere Maßnahmen gegen die Juden für die Ausbrüche des jüdischen Nationalismus verantwortlich waren. Man kommt vielmehr den Tatsachen bedeutend näher, wenn man sagt, daß die zu jener Zeit unter der Herrschaft der Römer zusammengeschweißte zivilisierte Welt von Nationalismus überhaupt nichts wußte. Das Römische Reich bewies allen Völkern, und selbstverständlich auch den Juden gegenüber eine Toleranz, die heute unvorstellbar ist: das Leben war im ganzen Reich auf eine einheitliche Formel gebracht, der Handel blühte, der Güteraustausch von einem Ende der damals bekannten Welt zum andern funktionierte mit erstaunlicher Geschwindigkeit. Die Vereinigten Staaten von Europa waren Wirklichkeit geworden. Es waren – seltsam genug – die Juden, die zu Beginn unseres Zeitalters den Nationalismus in die damals völlig kosmopolitische Welt hineintrugen. Wer meinen Roman »Der jüdische Krieg« kennt, wird mich, glaube ich, nicht der Parteinahme für die Römer zeihen. Aber ich kann meine Erkenntnis nicht verschweigen: zu jener Zeit waren die Juden die Nationalisten, nicht die Römer. Die Herrschaft der Römer war tolerant. Sie waren ausgezeichnete Verwaltungsbeamte. Ihr Regime war vernünftig. Was sie dem Land gaben und was sie von ihm nahmen, entspricht dem, was heute England in Palästina gibt und nimmt. Die Argumente, die der jüdische König Agrippa zu jener Zeit zugunsten der Römer vorbrachte und die sich gegen die Juden richteten, waren gute, vernünftige Argumente. Es gab zu jener Zeit keinen Nationalismus. Die Welt war kosmopolitisch. Es waren, ich wiederhole es, so seltsam es klingen mag, die Juden, die als erste in unserer Ära den Nationalismus in die zivilisierte westliche Welt hineintrugen.

Man weiß, wie bitter sie hierfür bestraft worden sind. Was die

Mehrzahl der Weißhäutigen erst aus dem Weltkrieg gelernt hat oder vielleicht erst aus einem zweiten Weltkrieg wird lernen müssen – nämlich die Sinnlosigkeit eines regional-politischen Nationalismus –, das ist uns Juden vor achtzehnhundert Jahren auf eine sehr bittere, unvergeßliche Weise eingehämmert worden.
Es ist ein sonderbarer, überraschender Beweis für die Trägheit und Plumpheit menschlichen Denkens, daß es auch heute noch unter den Weißen große Gruppen von Menschen gibt, die allen Ernstes wagen, das Lob eines regional-politischen Nationalismus zu singen. Alle Gründe, die einst zu seinen Gunsten sprachen, sind heute verschwunden. Verbesserte Technik, verbesserte Verkehrsmittel haben den Menschen befreit aus der Abhängigkeit von dem Boden, auf dem er lebt, haben ihn befreit aus der Abhängigkeit von Werkstätten und Fabriken innerhalb seiner unmittelbaren Umgebung. Er kann heute, wo immer er leben mag, sich das, was er braucht, da beschaffen, wo er es am besten und billigsten erhält. Weder die Gefühle noch die Erfahrungen des einzelnen werden heute ausschließlich von dem Land bestimmt, in dem er lebt, von seinem Himmel, seinem Boden, seinen Pflanzen, seinen Menschen, seinen Lebensformen. Im Gegenteil – Bücher, Zeitungen, Bilder, Filme tun ihr Bestes, ihn mit der ganzen Erde bekannt zu machen, mit dem Wesen des ganzen Planeten und der Dinge, die sich auf ihm abspielen.
Dazu kommt, daß die Grenzen der meisten nationalen Gebiete Europas nicht auf Grund irgendwelcher vernünftiger geographischer oder wissenschaftlicher Erwägungen, sondern durchaus willkürlich gezogen sind. In einigen Fällen gehen sie zurück auf strategische Überlegungen, in anderen auf Verträge, die vor Hunderten von Jahren von irgendwelchen großen Herren geschlossen wurden, in wieder anderen einfach auf Vergeßlichkeit: beim Abschluß eines wichtigen Vertrages haben die vertragschließenden Parteien ein kleines Stück Land ganz einfach übersehen.
Die verhängnisvolle Wirkung eines solchen Regional-Nationalismus auf das kleine, übervölkerte Europa kann kaum überschätzt werden. Auf einem Gebiet, nicht halb so groß wie die Vereinigten Staaten, ist das Dreifache der amerikanischen Bevölkerung zusammengedrängt, und diese Menschen

sprechen zweiundneunzig verschiedene Sprachen. Sie könnten sich untereinander in ausreichender Weise versorgen, wenn sie nur ihre Erzeugnisse frei austauschen wollten. Stattdessen bilden sie vierunddreißig verschiedene Staaten, sperren sich einer von dem andern ab, mißtrauen einer dem andern, sind über nichts einer Meinung und stimmen nur in einem einzigen Punkt überein – ein jeder erwartet das Schlimmste von seinem Nachbarn.
Wir wollen nun nicht behaupten, besser zu sein, als wir sind, und geben sofort zu: innerhalb der letzten Jahrzehnte haben nicht einmal wir Juden uns völlig frei von der Torheit des regional-politischen Nationalismus gehalten. Es gibt unter den Zionisten Anhänger dieses sinnlosen Nationalismus: es gibt eine Art jüdischer Hitlerei. Glücklicherweise aber hat die Mehrheit der Juden die Überzeugung von der Sinnlosigkeit solcher Bestrebungen tief in ihrem Blut, und der Nationalismus sogar der meisten Zionisten ist so verfeinert, daß er mit dieser Art Nationalismus nicht das geringste mehr zu schaffen hat.

3.

Und wenn es auch unter den Juden einige wenige Anhänger des politisch-regionalen Nationalismus gibt, so können wir doch mit aller Bestimmtheit feststellen: mit der zweiten nationalistischen Ideologie, mit der Rassentheorie, hat der jüdische Nationalismus nichts zu tun.
Die Idee der Rasse ist sehr jung, weder die Antike noch das Mittelalter kannte sie. Das Wort »Rasse« trat in Europa zum ersten Mal im 19. Jahrhundert auf, es wurde erfunden von dem Franzosen Gobineau, propagiert von dem germanisierten Engländer Houston Stewart Chamberlain, vulgarisiert von dem deutschen Demagogen Adolf Hitler. Irgendein wissenschaftliches Kriterium liegt dem Begriff nicht zugrunde.
Es sind bekanntlich unzählige Versuche gemacht worden, etwas wie eine wissenschaftliche Grundlage für die Rassentheorie zu schaffen. Man hat sich nicht darauf beschränkt, einen Katalog der Hautfärbungen anzulegen. Man hat Blut-

untersuchungen angestellt, Schädel gemessen, Haare untersucht, Gehirne seziert. Alle diese Experimente sind ohne Ergebnis geblieben. Wir dürfen schließlich auch nicht vergessen, daß fast ganz Europa von einer durch und durch gemischten Bevölkerung bewohnt wird. Sogar in der deutschen nationalsozialistischen Partei zum Beispiel, die grundsätzlich ganz auf der Rassentheorie fußt, weist nur ein Zehntel der Mitglieder die sogenannten typischen körperlichen Merkmale der germanischen Rasse auf – den langen Schädel, die blauen Augen und das blonde Haar. Und es ist ein überraschendes Zusammentreffen, daß gerade die Führer dieser Bewegung, die Hitler und Goebbels, weder einen langen Schädel haben, noch blaue Augen, noch blondes Haar. Ich erinnere mich an eine charakteristische Bemerkung, die einer der Führer der deutschen völkischen Bewegung zu Beginn seiner Laufbahn tat. Dieser Mann behauptete, unter den fünfundsechzig Millionen Deutschen seien nur etwa sechstausend reinrassige. Diese sechstausend, fuhr er fort, seien somit Eigentümer des gesamten Landes, die übrigen fünfundsechzig Millionen nichts als geduldete Gäste.
Da die körperlichen Merkmale nicht standhielten, machten die Rassentheoretiker den Versuch, die sogenannten geistigen Merkmale als Kriterium heranzuziehen, Merkmale, deren Bewertung dem einzelnen überlassen bleibt, Eigenschaften wie Mut, Idealismus, Vitalität, Heroismus und dergleichen. Es leuchtet ein, daß man mit Hilfe einer auf solche Merkmale gegründeten Definition jeden Menschen entweder einer Gruppe zuzählen oder ihn aus ihr ausstoßen kann. Wie ausschließlich die Verfechter dieser Theorie sich dabei auf ihr Gefühl stützen, mag man aus folgendem ersehen. Der antisemitische Führer Richard v. Schaukal antwortete, als man ihn nach den jüdischen Charakter-Merkmalen fragte: »Die jüdischen Charakteristika sind diejenigen, welche den Juden als den vom Juden abstammenden Semiten determinieren. Es ist unnötig, sie zu beschreiben.«
Die beiden Väter der Rassenbewegung, Gobineau und Chamberlain, geben ohne Umschweife zu, daß die Grundlage ihrer Klassifikation nicht wissenschaftliche Forschung ist, sondern einzig und allein das Gefühl. Sie führen einen erbitterten Kampf gegen die Ratio. Immer und immer wieder

führen sie das reine Gefühl, den reinen Instinkt gegen die Vernunft ins Feld. Die fehlende Logik wird durch einen bis zur Weißglut erhitzten Fanatismus ersetzt. In der Stadt Weimar, in der einstmals Goethe Minister war, hat der neue Unterrichtsminister, ein Anhänger der Rassentheoretiker, verkündet: »Das deutsche Kind müsse so erzogen werden, daß es vor dem niedrigsten Straßenkehrer in Deutschland mehr Hochachtung hat als vor einem Erfinder in England und Amerika.«

Wir können mit aller Bestimmtheit behaupten: das Judentum hat sich von diesem Rassenwahn ferngehalten. Das klassische Hebräisch kennt kein Wort für »Rasse«. Die Juden haben nie geglaubt, daß sie sich schon durch Geburt in körperlicher oder geistiger Hinsicht von anderen Menschen unterscheiden. Hätten sie das geglaubt, dann hätten sie es nicht nötig gehabt, diese Unterscheidung von anderen Völkern erst durch eine ganze Reihe äußerer Hilfsmittel künstlich herzustellen, durch die Beschneidung, das Verbot des Rasierens und ähnliche Behelfe. Viele glauben, die Juden hätten seit Tausenden von Jahren, seit Esra und Nehemia, Rassenreinheit mit besonderer Beflissenheit gewahrt. Sie glauben, nur daraus erkläre es sich, daß die Juden als einzige Gruppe unter den Weißhäutigen geschlossen durch die Jahrtausende sich habe erhalten können. Dieser weit verbreitete Glaube ist ein schwerer Irrtum. Sind es doch gerade die Allergrößten unter den Juden, beispielhafte Persönlichkeiten, die in so vielen Fällen von Moses bis zu den Führern unserer Zeit Mischehen eingegangen sind.

In einigen Fällen haben die Juden sich sogar ganze Gruppen fremder Völker einverleibt. Man denke besonders an die Chasaren, ein Volk von einigen hunderttausend Menschen, das als Ganzes zum Judentum übertrat. Nein – eine so billige Lehre wie die Rassentheorie reicht nicht aus, um Wesen und Dauer des Judentums zu erklären.

4.

Nicht viel besser als um die logischen Fundamente der Rassentheorie steht es um die der geschichtsphilosophischen Ideologie des Nationalismus. Die Grundlehre des Wortführers dieser Gruppe, des überhaupt angesehensten Ideologen des Nationalismus, Oswald Spengler, lautet folgendermaßen: »Alle großen Ereignisse der Geschichte sind nicht eigentlich von Völkern ausgeführt worden, sondern haben Völker erst hervorgerufen.« Diese Lehre hat etwas Bestechendes, vielleicht gerade wegen ihres Mystizismus. Man höre Oswald Spenglers schönsten Satz: »Weder die Einheit der Sprache noch der körperlichen Abstammung ist entscheidend. Große Taten verändern das Wesen des einzelnen und der Gruppe um ihn; große Taten machen aus einer Bevölkerung ein Volk. Was ein Volk von einer Bevölkerung unterscheidet, es aus dieser abhebt und wieder in ihr aufgehen läßt, ist stets das innere Erlebnis des Wir. Einen anderen Inhalt des Wortes Volk gibt es nicht.«

Das klingt sehr schön. Es spricht zur Seele. Leider nur entbehrt es der Logik. Praktisch nämlich läuft die Erinnerung an vergangene große Ereignisse, auf der nach Spengler das Nationalempfinden basiert, auf nichts anderes hinaus als auf jene tendenziöse, moralisierende Literatur, die in den Schullesebüchern als Geschichte verzapft wird. Es ist nicht auszudenken, welche Opfer an Logik diese nationalistische Schullesebuch-Geschichtsschreibung von dem Durchschnittseuropäer verlangt, durchtränkte er sie, der Vorstellung Spenglers zufolge, mit Gefühl. Kreuz und quer müßten wir uns durch die allerverschiedensten geschichtlichen Ereignisse verbunden fühlen. In meinem Heimatland Bayern arbeitete im Jahre 1807, als Bayern sich dem napoleonischen Rheinbund anschloß, die Akademie der Wissenschaften ein Gutachten aus, die Bayern seien ihrer Abstammung und ihrer Geschichte nach Kelten und somit den Franzosen innerlich verbunden und Erbfeinde der Preußen. 1866 noch führten die Bayern einen Krieg gegen Preußen, und der letzte bayrische König, der kurz nach der Revolution starb, trug bis zu seinem Ende eine preußische Kugel in seinem Leib mit herum. Das hinderte nicht, daß man seit 1870 von uns verlangte, jetzt sollten wir uns innerlich den Preußen verbunden fühlen, und Erbfeinde seien jetzt wieder die Franzosen. Als Idealgestalt wurde uns jetzt der Preußenkönig Friedrich II. hingestellt. Der hatte zwar seinesteils wieder zumeist französisches Blut in sich, war alles andere als ein Bayernfreund, hat nur französisch gesprochen und so erbärmlich deutsch, daß wir, wenn wir sein Deutsch geschrieben hätten, aus der Schule geflogen wären.

Bei den andern europäischen Völkern steht es um das gemeinsame historische Erleben nicht viel besser als bei uns. Alle Historie geht da überall kreuz und quer durcheinander, und es bleibt unklar, wer sich wem verbunden fühlen soll.

Wie stellt sich nun das Judentum zu diesem Problem der Verbundenheit durch gemeinsame geschichtliche Erinnerung? Man kann nicht bestreiten, daß das Judentum das denkbar größte Gewicht auf die großen Männer und die großen Taten seiner alten Geschichte legt. Der rabbinisch gläubige Jude geht sogar so weit, anzunehmen, die Verdienste seiner Vorfahren seien in gewissem Sinne seine eigenen.

Das Judentum bemüht sich mit allen Mitteln, das Gedächtnis großer vergangener Ereignisse lebendig zu erhalten. Immer wieder erinnert sich diese Gemeinschaft auf die eindrucksvollste Art an Fakten wie den Auszug aus Ägypten oder die Zerstörung des Tempels. Selbst reine Dichtung wie die Geschichte um Esther spielt in der Tradition der Gemeinschaft eine große Rolle, und diese Tradition wirkt durch Worte und Gebräuche unablässig auf das tägliche Leben ein. Sogar an verhältnismäßig nebensächlichen Dingen hält man mit beispielloser Hartnäckigkeit fest. Ich gestehe, daß es für mich etwas Ergreifendes, aber leicht Komisches hat, wenn noch heute die erfundenen Söhne des erfundenen Haman wütend beschimpft werden oder wenn noch heute Millionen Juden im täglichen Gebet das Gedächtnis jenes Amalekiter-Häuptlings verfluchen, der vor viertausend Jahren die Nachhut und die Sanitätskolonne der Juden angriff.

Man sieht mit Verwunderung, daß derartige legendäre Begebenheiten – man denke etwa auch an das Lichterfest Chanukka und dergleichen – in der Tradition der Juden eine Rolle spielen, während Ereignisse von ungleich größerer historischer Tragweite, die Austreibung aus Spanien zum Beispiel oder die großen Daten der Emanzipation, in den Riten und in der Liturgie des jüdischen Volkes so gut wie keine Spuren hinterlassen haben. Allein gerade diese Tatsache erweist, daß die genannten Feste nicht Jahrestage nationalen Gedenkens im Sinne Oswald Spenglers sind. Ist doch die ganze Geschichte der Juden viel eher historische Dichtung, viel eher Mythologie als Historie im modernen Sinn. Alle diese Gedenktage sind reine Symbole, Mittel zum Zweck. Die sorgfältige Pflege der historisch-mythologischen Tradition ist ein klug angewandtes Mittel, kein Selbstzweck. Das Wesen des jüdischen Nationalismus liegt ganz anderswo.

5.

Auch die dritte der vier Ideologien des Nationalismus, die vom inneren Erlebnis des Wir, kann also nur mit den vorsichtigsten Einschränkungen auf die jüdische Gemeinschaft angewandt werden. Und noch weniger Gültigkeit für das Judentum hat die verhältnismäßig sinnvollste unter den vier Ideologien, die von der gemeinsamen Sprache.

Ja, die Herleitung des Nationalismus aus der Sprache fußt ohne Zweifel auf viel soliderem Grund als die drei anderen Ideologien. Die Festigkeit und Dauer, mit der die Muttersprache den einzelnen mit allen anderen verbindet, die die gleiche Muttersprache sprechen, kann gar nicht hoch genug eingeschätzt werden. Der Mensch, der in eine Sprache hineinwächst, kommt sein ganzes Leben lang nicht mehr von ihr los, diese Sprache denkt für ihn, katalogisiert für ihn die Erscheinungen der Welt, katalogisiert seine eigenen Empfindungen, grenzt sie ab, formt sie. Die Sprache ist das einzige Mittel, durch das sein Unbewußtes über die Schwelle der Bewußtheit dringt. Schon der einfachste Begriff, Stuhl, Haus, Fuß, erhält in der fremden Sprache ein anderes Gesicht, einen anderen Geschmack. Und je mehr ein Begriff sich vom Nur-Gegenständlichen entfernt, um so verschiedener ist seine Begrenzung, sein Geschmack, seine Wirkung in der fremden Sprache.

Die gruppenbildende Bedeutung der Sprache kann gar nicht hoch genug angeschlagen werden. Wer eine Sprache von Kind an in sich aufnimmt, so daß er in ihr denkt, der nimmt in sich auf alle die Gedanken, Gefühle, Willensstrebungen, die seit dem Entstehen dieser Sprache in ihr gedacht, gefühlt, gewollt wurden, also das Erlebnis einer bestimmten Gruppe von Menschen seit urlanger Zeit. Die Sprache zwingt ihn, ob er will oder nicht, in ihrer Richtung weiterzudenken, weiterzuspüren. Niemand kann sich dem Gedankenschema seiner Muttersprache entziehen. Gemeinsame Sprache stellt eine Bindung her, von der auch der Eigenwilligste nicht loskommt.

Es ist seltsam, daß ein so eminent literarisches Volk wie die Juden gerade dieses gemeinsame Band nicht besitzt. Man wird hier vielleicht einwenden, daß doch die Juden Jahrtausende hindurch in der Bibel und in der Liturgie eine gemeinsame Sprache besaßen. In glaube nicht, daß das ein triftiger Einwand ist. Seit zweitausendfünfhundert Jahren ist das Hebräische keine wirklich lebende Sprache mehr. Seit der Zerstörung ihres ersten Königreichs haben die Juden des Ostens griechisch gesprochen oder persisch oder aramäisch, eine Art antikes Jiddisch. Seit jener Zeit hat das Hebräische für das Judentum höchstens die Bedeutung, die etwa das Lateinische für den Katholizismus hat. Ich verfolge mit dem größten Interesse und der wärmsten Sympathie die Bestrebungen der Heutigen, aus dem Hebräischen eine lebendige Sprache zu machen. Es ist mir nicht unbekannt, daß heute bereits viele Tausend Juden von Kindheit an Hebräisch als Alltagssprache sprechen, ich habe es selbst sprechen hören, ich habe es gern sprechen hören, ich habe nicht ohne Ergriffenheit die hebräischen Ausgaben meiner Bücher gelesen. Aber, frei heraus, ich zweifle, ob diese Bemühungen Erfolg haben werden. Ich wünschte herzlich, daß die Wirklichkeit mich widerlegt. Aber ich zweifle, ob eine Sprache, die so lange Zeit hindurch von der lebendigen Entwicklung abgeschnitten war, künstlich wieder belebt werden kann.

Dazu kommt, daß die Sprachenentwicklung der ganzen Welt in der entgegengesetzten Richtung geht. Ich bin ein leidenschaftlicher Anhänger der Nationalsprachen. Die deutsche Nationalsprache ist das Grundelement meines Lebenswerks, als Schriftsteller lebe ich in jeder Hinsicht, materiell und ideell, von der Sprache. Die Nationalsozialisten erklären mir, ich sei ein besonders schlechter Deutscher, sie haben mir die Staatsangehörigkeit abgesprochen, und ich unterschreibe von ganzem Herzen die Tatsache, daß ich mit dem Deutschtum dieser Leute nichts zu tun habe. Aber zu allertiefst verbunden fühle ich mich der deutschen Kultur und der deutschen Sprache, und ich wüßte nicht, wie ich ohne das Deutschland dieser Sprache und Kultur leben sollte. Ich muß freilich bei dieser Gelegenheit anmerken, daß sich die deutsche Kultur immer jenseits des Bereichs der politischen und wirtschaftlichen Machthaber entwickelt hat. Es entbehrt nicht einer gewissen Komik, daß gerade die Regierenden in Deutschland, die Führer jener Partei, die sich die nationale nennt, ein besonders schlechtes Deutsch sprechen und, nach dem Zeugnis ihrer eigenen Sprachwissenschaftler, nicht das geringste innere Verhältnis zur deutschen Sprache haben.

Ich selber habe deutsche Philologie studiert, mit heißem Bemühen und nicht ohne Erfolg, wie ich glaube, und ich habe mich oft mit größter Sorgfalt in die Werke deutscher Autoren jüdischer Herkunft vertieft, um irgendein sprachliches Merkmal zu finden, das eindeutig auf ihre jüdische Abkunft hinwiese. Es ist mir trotz emsigsten Studiums nicht geglückt, in irgendeinem Werk der großen deutschen Dichter jüdischer Abstammung, von Mendelssohn bis Schnitzler und Wassermann, von Heine bis Arnold und Stefan Zweig, irgendein solches Merkmal zu entdecken.

Sei dem, wie ihm wolle, ich gebe mich, so tief ich von der Bedeutung der Nationalsprache überzeugt bin, keiner Illusion darüber hin, daß die Existenz der Nationalsprachen befristet ist. Die Auflockerung der Grenzen durch die Entwicklung der modernen Technik und des modernen Verkehrs muß notwendig auch auf die Nationalsprachen einwirken. Die internationale Technik normalisiert in der ganzen Welt die Lebensformen. Die Quellen der Begriffsbildung, die großen Erlebnisse der Gesamtheit, sind heute in fast allen Ländern die gleichen. So kommt es, daß fast alle Begriffe, die unsere Epoche neu geschaffen hat, Begriffe der Wirtschaft, der Gesellschaftslehre, des Krieges in den meisten Sprachen mit den gleichen Wörtern bezeichnet werden. Soziologie, Technik, Literatur, Bolschewismus, Elektrizität, Tank, Organisation, Inflation, Sport, alle diese Begriffe und zahllose von ihnen abhängige werden heute in den meisten Sprachen mit den gleichen Fachausdrücken benannt. Das neu hinzuerworbene Sprachgut der einzelnen Sprachen ist international, seine Hauptquelle sind das Griechische, das Lateinische, das Angelsächsische. Das Italienische hat zugesteuert die Worte: Cicerone und Faschismus, das Deutsche die Worte: Kaiser, Reich, Weltanschauung, Sauerkraut, Nazi, Gleichschaltung, Konzentrationslager, Aufmachung, Fräulein, Schnaps, Führer und Ersatz.

Die Internationalität der Technik und der Lebensformen ist also auf dem Wege, die Einzelsprachen auszutilgen, sie durch eine gemeinsame Weltsprache zu ersetzen. Sehr langsam, doch mit der Sicherheit, mit der das Zugtier vom Auto abgelöst wird, werden die Nationalsprachen von einer gemeinsamen Weltsprache abgelöst werden. Angesichts einer solchen Lage scheint mir das Bestreben, eine neue Volkssprache, das Hebräische zu schaffen, ein höchst liebenswertes, doch nicht sehr aussichtsreiches Unternehmen.

6.

Fassen wir noch einmal zusammen, was wir bisher gefunden haben. Wir fanden, daß der Nationalismus auf vier Hauptideologien fußt. Es sind das die politisch-regionale Theorie, die Rassentheorie, die Ideologie vom gemeinsamen Erlebnis des Wir, die Theorie von der gemeinsamen Sprache. Wir fanden weiter, daß diese vier Ideologien zur Bestimmung des Judentums nur sehr eingeschränkt oder überhaupt nicht brauchbar sind. Wenn es aber unmöglich ist, das Judentum mit Hilfe dieser vier Ideologien zu definieren – was dann ist es eigentlich? Was dann sind die Merkmale, die diese Menschengruppe zusammenhalten, sie von anderen unterscheiden, ihr Sonderzüge verleihen?

Ich glaube, um diese Merkmale zu wissen. Aber nun stehe ich selbst vor der Schwierigkeit, von der ich zu Eingang dieser Untersuchung sprach. Gedanke und Gefühl gehen hier so ineinander, daß es überaus schwer ist, den rechten, sachlichen, handfesten Ausdruck zu finden. Es verhält sich mit den Merkmalen des Judentums wie mit dem jüdischen Gott, des-

sen Name unaussprechbar ist und der doch in all seiner Gestaltlosigkeit intensiver existiert als die eindeutig gefärbten Götter anderer Menschengruppen.
Judentum ist keine gemeinsame Rasse, kein gemeinsamer Boden, keine gemeinsame Lebensform, keine gemeinsame Sprache: Judentum ist eine gemeinsame Mentalität, eine gemeinsame geistige Haltung. Es ist das Einverständnis aller dieser Gruppe Zugehörigen, der consensus omnium, in allen entscheidenden Problemen. Es ist die Übereinstimmung, das Einverständnis einer dreitausendjährigen Tradition über das, was gut ist und was schlecht, was Glück und Unglück, wünschenswert und hassenswert, ein Einverständnis in den Elementaranschauungen über Gott und Menschlichkeit. Dieses Einverständnis ist wie gesagt dreitausend Jahre alt. Wenn beispielsweise der Amerikanismus seine Anhänger schon in der dritten Generation einander außerordentlich ähnlich macht, sie standardisiert, wie sehr dann muß eine Mentalität, die sich drei Jahrtausende hindurch unverändert erhalten hat, ihre Anhänger einander ähnlich machen, sie standardisieren.
Diese Mentalität ist in keinem Dogma niedergelegt. Das Judentum kennt keine Dogmen, obwohl man oft genug den Versuch gemacht hat, Dogmen zu schaffen, in Vers und Prosa. Aber diese Dogmen, auch wenn sehr große Männer ihre Verfasser sind, haben die geistige Haltung des Judentums niemals rein und klar ausdrücken können. Viel eher schon ist diese Mentalität eingefangen in jener berühmten Antwort des Rabbi Hillel an den Heiden, der ihn nach dem Wesen des Judentums befragte. Die Anekdote stammt aus der Zeit des Auftretens Christi. Es kam, berichtet der Talmud, ein Heide zu dem strengen jüdischen Theologen Schammai und erklärte, er sei bereit, zum Judentum überzutreten, wenn Rabbi Schammai ihm die Grundlehren des Judentums beibringen könne in der Zeit, da er auf einem Bein stehen könne. Rabbi Schammai warf den Mann hinaus. Daraufhin wandte sich der Mann an Rabbi Hillel. »Warum nicht?« antwortete Rabbi Hillel. »Was du nicht willst, daß man dir tu, das füg auch keinem andern zu. Das ist alles.«
Und es ist wirklich alles.

7.

Man wird einwenden, zu diesem Grundprinzip bekenne sich mit Ausnahme der Nationalsozialisten die gesamte weißhäutige Menschheit. Gewiß. Aber der grundlegende Unterschied ist dieser. Die meisten unter den Weißhäutigen erkannten die Nützlichkeit und Notwendigkeit dieses Prinzips erst verhältnismäßig spät, so daß dieser Grundsatz des Sozialismus zwar in ihre Einsicht eingehen konnte, in ihre Ratio, ohne sich jedoch zum Instinkt zu entwickeln. Die jüdische Mentalität hingegen steht in allem Wesentlichen bereits seit zweitausendfünfhundert Jahren fest und fertig da. Sie gewann gültige Gestalt zum ersten Mal in dem zweiten Jesajas. Von da an blieb sie in der Welt, ununterbrochen, in allem Wesentlichen immer die gleiche bis heute.

Ja, es ist diese Kontinuität, die den Unterschied schafft zwischen jüdischer Mentalität und der der andern weißen Völker. Gewiß haben auch andere Gruppen der Weißen schon sehr früh einen hohen Grad sozialer Einsicht erreicht. Aber die Kultur und die Zivilisation dieser Gruppen wurde wieder und wieder zerstört, unterbrochen. Es fehlte diesen Kulturen die Kontinuität, ihre Entwicklung brach ab, mußte von neuem angestückt werden, lief nicht organisch durch bis heute. Die letzte große, von Weißen errichtete Kultur, die griechisch-römische, wurde im fünften Jahrhundert durch die Invasion der Barbaren zerstört, es bedurfte eines Jahrtausends, es dauerte bis zur Renaissance, ehe diese Barbaren fähig waren, die Fäden neu zu knüpfen, da weiterzubauen, wo die Weißen schon einmal gestanden hatten. Die Juden sind unter den weißen Völkern das einzige, das alten Kulturbesitz aus sehr frühen Zeiten bis in unsere Tage in ununterbrochener Tradition, in nie gestörtem Fluß herüberretten konnte. Es ist infolgedessen sehr wahrscheinlich, daß der Sozialismus dieser Menschengruppe, da er zweitausend Jahre älter ist als der der übrigen Gruppen, weiter fortgeschritten ist auf dem Weg von bloßer Einsicht zum Instinkt, daß er in dieser Gruppe tiefer wurzelt als in andern.

Ein Beispiel. Die zivilisierte Welt hat im vergangenen Jahr zwei Jubiläen gefeiert, das Goethes und das Spinozas. In diesen beiden Männern ist der Unterschied zwischen jüdischer und nichtjüdischer Geisteshaltung auf beispielhafte Art leibhaft geworden. Die soziale Einsicht beider Männer ist die gleiche, ja, Goethe nannte sich einen überzeugten Schüler Spinozas. Aber Goethe zog einen deutlichen, bequemen Trennungsstrich zwischen seiner Erkenntnis und seinem Leben. Er lehrte: »Der Handelnde ist immer gewissenlos, Gewissen hat niemand, nur der Betrachtende.« Und er führte sein Leben gemäß diesem Satze. Der Schriftsteller Goethe, der Dichter Goethe hat immer Gewissen. Der handelnde Mensch Goethe hat es sehr oft nicht. Dieser zweite Goethe verführte seine Freundin und ließ sie sitzen: Goethe, der Dichter, zeigt den Mann, der in äußerster Gewissensnot alles daran setzt, seine Geliebte zu retten. Der Kabinettsminister Goethe verurteilt gegen alle Stimmen der Kollegen ein Mädchen zum Tode, weil sie ihr Kind getötet hat. Der Dichter Goethe findet für die Kindesmörderin jede Rechtfertigung und läßt sie in den Himmel eingehen. Kurz, Goethe, der handelnde Mensch, war in manchen Fällen ohne Gewissen und begnügte sich, Gewissensbedenken später durch Dichtung abzureagieren.

Spinoza lebte anders. Für ihn blieb Erkenntnis nicht bloße Erkenntnis, er lebte seine Erkenntnis. Er brachte auf stille, bescheidene Art jedes Opfer, um gemäß der Ethik zu leben, die er auf geometrische Art demonstriert hat. Er wußte zu schätzen, was behagliches Leben ist, aber er gab auch nicht ein Quentchen seiner Erkenntnis dafür preis, sondern zog es vor, kärglich vom Schleifen optischer Gläser zu leben. Er nahm den Bann auf sich und die Gefährdung seines Lebens, ehe er seine ketzerischen Ansichten widerrief. Er lehnte einen ehrenvollen Ruf an die Universität Heidelberg ab, um die Unabhängigkeit seiner Forschung zu wahren. Man hat Leben und Werk beider Männer, Spinozas wie Goethes, als beispielhaft hingestellt. Jüdische Geisteshaltung neigt sich bewundernd vor Goethes Werk, aber sie steht nicht an, Goethes Praxis erheblich weniger beispielhaft zu finden als die Spinozas.

8.

Ich habe zu zeigen versucht, daß der echte jüdische Nationalismus sich vom Nationalismus anderer Völker dadurch unterscheidet, daß er lediglich in dem Bekenntnis zu einem geistigen Prinzip besteht. Dieses geistige Prinzip hat seinen Namen manchmal geändert, aber im Wesen blieb es immer das gleiche, vom Gott des Jesajas bis zum Gott Spinozas. Der Gott der alten Juden, der Gott Jahve, der gestaltlose, ewig unveränderte, das geistige Prinzip schlechthin, hat bekanntlich bei andern Völkern immer wieder Spott und gröbsten Schimpf hervorgerufen. Die Tatsache, daß im Allerheiligsten des jüdischen Tempels Nichts war, einfach und schlechthin Nichts, ein unsichtbarer Gott, dessen Namen die Juden nicht einmal auszusprechen wagten, den nur einmal im Jahr ihr Hohepriester beim Namen rufen durfte – dieses Bekenntnis zu einem gestaltlosen Gott reizte und erbitterte immer wieder den grobgesunden Menschenverstand der Völker ringsum. Sie wollten es nicht glauben, daß in diesem Allerheiligsten wirklich gar nichts war. Sie parodierten den Namen dieses unsichtbaren Gottes, sie machten aus Jahve Jah Jah, das Schreien eines Esels; sie erklärten, die Juden verehrten in ihrem Allerheiligsten einen Eselskopf. Es sind dies im Grund die gleichen Einwände, die gegen den unpersönlichen Gott Spinozas erhoben wurden, gegen jenen entmaterialisierten Gott, von dem ein Spötter behauptete, er sei also wohl eine Art überall hindringenden Gases. Zwischen dem Esel des antiken Skeptikers und dem Gas des modernen ist kein großer Unterschied, es ist der Widerstand des Materialisten gegen das Bekenntnis zu einem geistigen Prinzip. Und es ist, freilich in überaus vergröberter Form, dieser gleiche Widerstand gegen das geistige Prinzip an sich, der heute die deutschen Nationalsozialisten im Judentum den Erbfeind erblicken läßt; diese kleinbürgerlichen Materialisten sehen im Judentum das Zentrum alles dessen, wogegen sie mit so wüstem Haß angehen: eben des Bekenntnisses zum Geistigen.

Gewiß ist der sinnenfällige Nationalismus bequemer, gewiß spricht er mehr zum Gefühl als der immaterielle jüdische Nationalismus. Nur entspricht eben leider der materielle Nationalismus keiner Wirklichkeit und läßt sich mit der Logik nicht in Übereinstimmung bringen. Ein Gott mit einem langen Bart und einem Heiligenschein spricht mehr zum Gemüt als der Gott Spinozas. Aber nur Spinozas Gott, nicht der bequeme, liebenswerte Gott der Kinderfibel besteht vor der Vernunft. Ein Nationalismus, der auf gemeinsamem Boden, auf gemeinsamer Rasse basiert, spricht zum schlichten Gemüt. Die Logik lehnt ihn ab. Die Logik läßt nur den einen Nationalismus gelten, der auf gemeinsamer Mentalität basiert, aus den gleichen Gründen, aus denen sie den Gott Spinozas gelten läßt und nicht den Gott der Kinderfibel.

9.

Allein eine Form gibt es, in der das Immaterielle in einem gewissen Sinn Materie werden kann: das ist das geschriebene Wort, die Literatur. Und es ist kein Zufall, daß die Literatur dem jüdischen Nationalismus so wesenhaft verknüpft ist. Nächst den Chinesen sind die Juden das am meisten literarische Volk der Welt. Zweitausendfünfhundert Jahre wurden sie einzig und allein durch ein Buch zusammengehalten – durch die Bibel. Ihr ganzes Wesen bestand aus der fanatischen Liebe zu diesem Buch. Von der Geburt bis zum Tod brachten sie ihr Leben in Übereinstimmung mit diesem Buch. Ehrfurcht vor dem endgültig geschriebenen Wort, vor der Literatur wurde zu einem Teil ihres Daseins. Literarische Tätigkeit sahen sie als den höchsten aller Berufe an. Unwissenheit, Mangel an literarischer Bildung galt ihnen als der größte Schimpf. Zweitausend Jahre hindurch war ihnen durch Gesetz vorgeschrieben, schon in frühester Jugend Lesen und Schreiben zu lernen. Ihre Mystik, die Kabbala, gründet sich auf das große, heilige Staunen darüber, daß der geschriebene Buchstabe dem Menschen Macht gibt, seine Gedanken und Gefühle für alle Ewigkeit zu konservieren, die Welle zum Stehen zu bringen, zweimal in die gleiche Welle zu steigen. Es war eine der frühesten Erkenntnisse, die die Juden von den anderen Gruppen der Weißhäutigen unterschied, daß die Erfahrungen der Menschheit sich nur durch Wort und Schrift überliefern lassen. Diese wissende Ehrfurcht vor der Literatur ist einer der Wesenszüge der jüdischen Sinnesart und somit des jüdischen Nationalismus.

10.

Langsam beginnt überall auf dem Planeten die Erkenntnis zu dämmern, daß die gruppenbildende Kraft eines Buches manchmal stärker sein kann als die gemeinsamer Scholle. Es ist seltsam, daß gerade zu der Zeit, da man sich unter den Juden heiß bemüht, in Palästina eine neue Heimat zu schaffen, in der übrigen Welt der Glaube an die verbindende Kraft von Heimat und Scholle mehr und mehr ins Wanken kommt.
Ja, so ist es. Seit Jahrtausenden haben wir die Verbundenheit mit der Scholle, die Beschränkung der ganzen Persönlichkeit auf ein kleines Stück Erde, als eine besondere Tugend gepriesen. Die Ernährung des eigenen Landes war das schwierigste Problem der Völker, man war angewiesen auf den Nährstand des eigenen kleinen Bezirks, auf den Bauern. Auf dem, was er produzierte, nur darauf, basierte das Leben der Gesamtheit. Kein Wunder, daß man den Bauern besonders hochschätzte, daß man ihm den Vorzug gab vor dem Nomaden.
Mit den Fortschritten der Technik, mit der Erleichterung des Verkehrs hat sich das von Grund auf geändert. Lebensmittel, die früher mit ungeheurer Mühe auf dem eigenen Boden produziert werden mußten, werden heute zehnmal leichter und billiger aus andern Erdteilen herbeigeschafft. Die äußere Geltung des bodenständigen Bauern ist dadurch erschüttert und mehr noch seine innere. Die rohen Lebensformen, die plumpe Moral, die gemacht war für den bodenständigen Menschen, verliert ihren Sinn für den leicht beweglichen Menschen der großen Städte von heute. Wie einem Soldaten von heute der schwere Eisenpanzer vergangener Jahrhunderte ein Hindernis wäre, so ist Bodenständigkeit dem Typ, der heute schon für die Menschheit der wichtigere ist, ein Hindernis mehr als ein Vorteil. Dem Menschen unserer Zeit, dem Menschen der Maschine, der Industrie, des leichten Verkehrs, ist Wendigkeit, Unabhängigkeit vom Boden eine der wesentlichsten Tugenden. Überall ist heute der Nomade zum wichtigeren, lebensfähigeren Typ geworden als der in der Heimat verwurzelte Bauer.
Übrigens ist die Erschütterung des Begriffs der Heimat und der Scholle durchaus keine Errungenschaft der jüngsten Zeit. Vielmehr hat schon das aufgeklärte, kosmopolitische acht-

zehnte Jahrhundert sich sehr beflissen an die Zerstörung dieser Werte gemacht. Aus dem achtzehnten Jahrhundert stammt der Satz »Ubi bene, ibi patria« (Wo es mir gut geht, da ist mein Vaterland). Der bedeutendste und brillanteste Denker, den das klassische Schrifttum der Deutschen hervorgebracht hat, Gotthold Ephraim Lessing, verstieg sich zu dem Satz: »Ich habe überhaupt von der Liebe des Vaterlandes keinen Begriff, und sie scheint mir aufs Höchste eine heroische Schwachheit, die ich recht gern entbehre.« Und etwa zur gleichen Zeit verkündete Voltaire: »Wünschen, daß das eigene Land groß sei, heißt wünschen, daß es dem Nachbarland schlecht geht. Moralisch sein kann nur der Weltbürger.« Und einer der Kollegen Voltaires, einer der Mitarbeiter der Enzyklopädie, gefragt, was Heimweh sei, erwiderte: »Heimweh? Soviel ich weiß, eine schweizerische Nationalkrankheit.«
Es beginnt somit gerade diejenige Anschauung, die bisher eine reine Erkenntnis des jüdischen Nationalismus am heftigsten behinderte, immer mehr an Bedeutung zu verlieren. Wendigkeit scheint heute vielen weit eher ein Vorteil als ein Nachteil. Die Welt ist auf dem Weg zu der Erkenntnis, daß die Begriffe Nation und Territorium nicht notwendig miteinander verbunden sein müssen.

II.

Wie verhält sich nun der Nationalismus, den ich zu beschreiben versucht habe, zu jener jüdischen Bewegung, die vor jeder andern beansprucht, der reinste Ausdruck des Judentums zu sein: zum Zionismus?
Gewiß, jener Nationalismus, von dem ich sprach, ist kosmopolitisch. Dies schließt nicht aus, daß er den Zionismus bejaht. Aber das Zentrum des Zionismus, den er bejaht, ist nicht irgendein Regierungsgebäude, es ist die Universität von Jerusalem. Der wahre jüdische Nationalismus erlaubt zur Erreichung all seiner Ziele lediglich geistige Mittel; er will den Gegner nicht besiegen, er will überzeugen. Ja, der wahre jüdische Nationalismus träumt sogar von einer jüdischen Hegemonie, aber von einer Hegemonie lediglich im Geiste. Er träumt davon, Jerusalem könnte eines Tages für die Welt das

werden, was die Gründer des Völkerbundes sich von Genf erträumten.
Der Zionismus ist sinnvoll, solange er durchtränkt bleibt von der stärksten Idee des Judentums, von der seiner messianischen Sendung. Und hier sind die großen Gefahren des Zionismus.
Bringt er die Selbstbeherrschung auf, die Geduld, die diese Mission verlangt?
Sehr oft sind einzelne Juden vor dem Problem gestanden, welchen Weg sie einschlagen sollten, den der Macht oder den des Geistes. Viele entschieden sich für die Macht, manche für den Geist, einige, sehr wenige, haben es vermocht, Macht und Geist zu vereinigen. »Macht verdummt«, erklärte Nietzsche, der große Ideologe der Macht. Ich habe versucht, in meinen Büchern »Jud Süß« und »Der jüdische Krieg« den Weg von Juden aufzuzeigen, die von zur Macht zum Geist gingen, die den Weg fanden von Nietzsche zu Buddha, die Verknüpfung des heutigen Abendlandes mit der uralten Weisheit des Ostens, den Weg von Simson zu Jesaja.
In der richtigen historischen Perspektive gesehen, steht heute eine große Klasse von Juden vor dem Problem, welchen Weg sie einschlagen soll. Die Versuchung ist groß, auf die Angriffe der Macht mit dem Willen der Macht zu erwidern. Nichts aber wäre sinnloser, als dem Faschismus der andern, sei er deutsch oder polnisch oder wie immer, einen jüdischen Faschismus entgegenzusetzen.
Gewiß, bis zum heutigen Tag sind Länder immer nur mit Gewalt erobert, Staaten nur mit Gewalt errichtet worden. Die frühere Bevölkerung wurde von den Eroberern zum Teil ausgerottet, zum Teil versklavt. Wir Juden, als wir Palästina das erste Mal eroberten, taten das gleiche. Wir vernichteten und versklavten die Urbevölkerung und wohnten in Städten, die wir nicht gebaut hatten. Später haben wir sehr bittere Erfahrungen machen müssen, als die andern uns ausrotteten und uns versklavten und sich in die Städte setzten, die wir gebaut hatten. Heute stehen wir mitten in der dritten Eroberung von Palästina. Soll diese Eroberung erfolgen, soll sie Sinn haben, dann muß sie mit andern Mitteln durchgeführt werden als mit denen der Gewalt. Das Dritte Israel hat nichts gemein mit

dem Dritten Italien, nichts mit dem Dritten Reich der Deutschen.
Bis jetzt ist es den Weißhäutigen ein einziges Mal geglückt, ohne Anwendung von Gewalt einen geistigen Nationalismus aufzurichten. Den Griechen ist es geglückt. Politisch besiegt, eroberten sie die Welt durch ihre Kultur und blieben fünfhundert Jahre lang ihre Herren. Die Aufgabe des Dritten Reiches Israel scheint mir eine ähnliche. Sie kann nur ohne Gewalt gelöst werden.
Denn dies ist das Einzigartige des wahren jüdischen Nationalismus: sein Sinn ist, sich selber zu überwinden. Im Gegensatz zu jedem andern Nationalismus strebt er danach, nicht sich zu konsolidieren, sondern sich aufzulösen.
Ein auf solche Art sublimierter Zionismus entspricht der Grundidee des Judentums, der messianischen, entspricht Spinozas Konzeption von Gott, den seine Gegner als ein Gas verhöhnten. Das Ziel des wahren jüdischen Nationalismus ist die Durchdringung der Materie mit Geist. Er ist kosmopolitisch, dieser wahre jüdische Nationalismus, er ist messianisch.
All sein Streben ist, sich aufzulösen in einer geeinten Welt. Sich aufzulösen wie Salz im Wasser, das, gelöst, unsichtbar, dennoch allgegenwärtig bleibt und ewig.

IX.

AUS DEN JAHREN DER EMIGRATION

Offener Brief an den Bewohner meines Hauses Mahlerstraße 8 in Berlin (1935)

Ich weiß nicht, wie Sie heißen, mein Herr, und auf welche Art Sie in den Besitz meines Hauses gelangt sind. Ich weiß nur, daß vor zwei Jahren die Polizei des Dritten Reiches mein gesamtes bewegliches und unbewegliches Vermögen beschlagnahmt und der Reichsaktiengesellschaft für Konfiskation des Vermögens politischer Gegner (Aufsichtsratsvorsitzender Minister Göring) überwiesen hat. Ich erfuhr das aus einem Schreiben der Hypothekengläubiger. Sie teilten mir erläuternd mit, die Rechtsprechung des Dritten Reiches verstehe, wenn es sich um das konfiszierte Vermögen politischer Gegner handle, unter ›Vermögen‹ nur die Aktiva. Trotzdem also mein Haus und meine Bankkonten, die die Hypothek um ein Vielfaches überstiegen, konfisziert seien, sei ich verpflichtet, die Hypothekenzinsen genauso wie meine deutschen Steuern aus meinem im Ausland neu zu erwerbenden Vermögen weiter zu bezahlen. Sei dem wie immer, jedenfalls sitzen jetzt Sie, Herr X, in meinem Haus, und ich habe nach der Auffassung deutscher Richter die Zinsen zu zahlen.

Wie gefällt Ihnen mein Haus, Herr X? Lebt es sich angenehm darin? Hat der silbergraue Teppichbelag der oberen Räume bei der Plünderung durch die SA.-Leute sehr gelitten? Mein Portier hat sich damals in diese oberen Räume geflüchtet, die Herren wollten sich, da ich in Amerika war, an ihm schadlos halten, der Teppichbelag ist sehr empfindlich, und Rot ist eine kräftige Farbe, die schwer herauszubringen ist. Auch der Gummibelag des Treppenhauses war nicht gerade für die Stiefel von SA.-Leuten berechnet. Wenn er sehr gelitten hat, wenden Sie sich am besten an die Firma Baake; der Belag ist der gleiche wie auf den Treppen der ›Europa‹ und ›Bremen‹, und diese Firma hat ihn geliefert.

Haben Sie begriffen, wozu ich die halbgedeckte Dachterrasse bauen ließ? Frau Feuchtwanger und ich, wir verwandten sie

für unsere morgendliche Gymnastik. Achten Sie, bitte, darauf, daß die Dusche nicht einfriert.
Was fangen Sie wohl mit den beiden Räumen an, die meine Bibliothek enthielten? Bücher, habe ich mir sagen lassen, sind nicht sehr beliebt in dem Reich, in dem Sie leben, Herr X, und wer sich damit befaßt, gerät leicht in Unannehmlichkeiten. Ich zum Beispiel habe das Buch Ihres ›Führers‹ gelesen und harmlos konstatiert, daß seine 140000 Worte 140000 Verstöße gegen den deutschen Sprachgeist sind. Infolge dieser meiner Feststellung sitzen jetzt Sie in meinem Haus. Manchmal denke ich darüber nach, wofür man wohl im Dritten Reich die Büchergestelle verwenden könnte. Seien Sie vorsichtig, falls Sie sie herausreißen lassen, daß die Mauer nicht darunter leidet. Und hat man bei der Plünderung die Rundbank in der Fensterloggia der Bibliothek herausgerissen? Auf alle Fälle, Herr X, gibt es in dem Haus manches zu erneuern und wiederherzustellen. Darf ich Ihnen empfehlen, sich da an den Architekten Sobotka zu wenden? Es ist allerdings fraglich, ob dieser Herr seinen Beruf in Berlin ausüben darf; denn es gab dort nicht viele Architekten, die bauen konnten, aber viele Parteigenossen, die bauen wollten. Beschäftigen Sie, bitte, wenn Ihre Beziehungen Ihnen das erlauben, trotzdem keinen Parteigenossen, sondern einen Sachverständigen. Es wäre schade um das Haus.
Gern möchte ich wissen, was jetzt mit der Kreissäge in der Oberförsterei Grunewald los ist. Ihr Lärm hat mir manchmal die Freude an dem Haus verleidet, und nur mit großer Mühe konnte ich durchsetzen, daß man die Störung beseitigte. Heute freilich dürfte Lärm in Berlin kaum mehr als störend empfunden werden. Immerhin wäre es freundlich von Ihnen, wenn Sie meinen in heißem Kampf erstrittenen Sieg nicht ohne weiteres preisgäben.
Und was haben Sie mit dem Terrarium angefangen im Fenster der Längswand meines Arbeitszimmers? Hat man wirklich meine Schildkröten und meine Eidechsen totgeschlagen, weil ihr Besitzer ›fremdrassig‹ war? Und haben die Blumenbeete und der Steingarten sehr gelitten, als die SA.-Leute meinen krumm und lahm geschlagenen Portier schießend durch den Garten verfolgten, wie er sich in den Wald flüchtete?
Kommt es Ihnen nicht doch manchmal merkwürdig vor, daß

Sie in meinem Haus sitzen? Ihr ›Führer‹ gilt sonst nicht für einen Freund der jüdischen Literatur. Ist es da nicht erstaunlich, daß er sich so gern an das Alte Testament hält? Ich selber habe ihn mit viel Stimmaufwand zitieren hören: »Auge um Auge, Zahn um Zahn« (womit er wohl »Vermögenskonfiskation um literarische Kritik« meinte). Und jetzt hat er auch an Ihnen eine Verheißung des Alten Testaments wahrgemacht, den Spruch: »Du sollst in Häusern wohnen, die du nicht gebaut hast.«

Lassen Sie mein Haus nicht verkommen, Herr X. Es zu bauen und einzurichten hat Frau Feuchtwanger und mir viel Mühe gemacht. Es zu bewirtschaften und zu erhalten macht nicht viel Mühe. Pflegen Sie es, bitte, ein bißchen. Ich sage das auch in Ihrem Interesse. Ihr ›Führer‹ hat versprochen, daß seine Herrschaft tausend Jahre dauern wird: ich nehme also an, Sie werden bald in der Lage sein, sich mit mir über die Rückgabe des Hauses auseinanderzusetzen.

Mit vielen guten Wünschen für unser Haus

LION FEUCHTWANGER

P. S.

Finden Sie übrigens auch, daß meine These, Ihr Führer schreibe schlechtes Deutsch, dadurch widerlegt wird, daß Sie in meinem Hause sitzen?

Vom Sinn und Unsinn des historischen Romans
(1935)

Ich habe es unternommen, meine Herren und Damen, zu Ihnen über ein abgelegenes Thema zu sprechen. Das Wort historischer Roman erweckt heute peinliche Assoziationen. Man denkt an Ben Hur, an den Grafen von Monte Christo, an gewisse historische Filme, man hat die Vorstellung: Abenteuer, Intrigen, Kostüm, dicke, bunte Farben, pathetisches Gerede, Vermengung von Politik und Liebe, spielerische Rückführung großer Ereignisse auf kleine, persönliche Passionen.

Soziale, politische Erwägungen tragen dazu bei, die Gattung weiter in Verruf zu bringen. Jemand, der sich daran macht, Vergangenes, Abgelaufenes darzustellen, gerät leicht in Verdacht, er wolle den Problemen der Gegenwart ausweichen, sei ein Reaktionär. Von der Schilderung der alten Zeit, argwöhnt man, sei der Weg zum Lob der alten Zeit nicht weit. Viele von den historischen Romanen, die heute erscheinen, geben auch wirklich nichts weiter als mehr oder minder geschickt zusammengestellte, überfärbte Bilder, dazu bestimmt, den Leser auf unterhaltende Art von der Not der Gegenwart abzulenken, das Lob der reicheren, bunteren, besseren alten Zeit zu singen.

Ich für mein Teil gestehe, daß ich den historischen Roman leidenschaftlich liebe. Ich verstehe das Vorurteil gegen diese Literaturgattung, aber es ist ein Vorurteil. Es hat mich von Jugend an nachdenklich gemacht, daß von den Dichtungen, die ihre Epoche überdauerten, ein so großer Teil von historischen Gegenständen handelt, nicht von zeitgenössischen. Homer etwa wünscht die Errichtung einer Diktatur und ersehnt für die Griechen eine starke Zentralregierung. Aber er gestaltet diese Sehnsucht nicht, indem er die Verhältnisse der Zeitgenossen schildert, sondern er stellt das Unglück dar, das vor Jahrhunderten aus den Streitigkeiten der partikularistischen Fürsten Griechenlands anwuchs, und er legte seine

Forderung einem vor endloser Zeit verstorbenen König in den Mund. Der Tragödiendichter Aischylos wünscht eine Reform des athenischen Prozeßverfahrens. Zu diesem Zweck gestaltet er die legendarischen Taten eines Mannes aus grauer Vorzeit namens Orest und den Prozeß der Götter und Menschen über diese Taten. Alle erhaltenen Tragödien der Griechen mit Ausnahme einer einzigen sind in eine ferne, mythologische Frühzeit zurückverlegt. Die Autoren des Alten Testaments, wenn sie von ihren Zeitgenossen Neues, Revolutionäres verlangten, stimulieren sie, indem sie Geschichte schreiben, historische Romane, holen ihre Argumente aus einer sorgsam präparierten Vergangenheit. Die Autoren der vier Evangelien fühlten sich bestimmt als Verkünder einer neuen, umwälzenden Wahrheit. Sie begründeten diese ihre Wahrheit mit Ereignissen, die sie sechzig bis neunzig Jahre zurückdatierten. Wenn eine Epoche, dann fühlte die Renaissance sich revolutionär: von den Erzählungen der führenden italienischen Novellisten sind viele, von den Dramen Shakespeares fast alle in der Vergangenheit angesiedelt.

Ich habe mir oft die großen, gültigen historischen Kunstwerke daraufhin angesehen, ob sie wohl Historie oder Mythologie um ihrer selbst willen haben darstellen wollen, ob ihre Urheber sich vom Kostüm, vom farbigen Hintergrund haben locken lassen, ob sie historische oder zeitgenössische Inhalte haben gestalten wollen. Ich bin in jedem einzelnen Fall zu dem Schluß gekommen, daß der Künstler nichts anderes beabsichtigte, als sein eigenes (zeitgenössisches) Lebensgefühl, sein subjektives (keineswegs historisierendes) Weltbild so auszudrücken, daß es sich ohne weiteres auf den Leser übertrage. Wenn er die historische Einkleidung wählte, dann deshalb, weil er das Darzustellende aus der Sphäre des Persönlichen, Privaten herausheben, weil er es erhöhen, auf eine Bühne stellen, es distanzieren wollte. Der Tolstoi, der »Krieg und Frieden« schrieb, wollte bestimmt keine Geschichte der napoleonischen Feldzüge schreiben, sondern einfach seine (zeitgenössischen) Ideen über Krieg und Frieden darstellen, und August Strindberg wollte bestimmt auch in seinen historischen Dramen und Miniaturen nichts anderes geben als sich selber, seine Zeit, seine Ideen, genau wie in seinen autobiographischen Romanen. Wenn diese beiden in ihren historischen Werken ihre Menschen und Ideen zeitlich distanzierten, dann nur um der besseren Perspektive willen, in der Überzeugung, daß man die Linien eines Gebirges aus der Entfernung besser erkennt als mitten im Gebirge.

Damit wären wir bei der Beantwortung der ersten der beiden Fragen, die an den Autor historischer Romane immer wieder gestellt werden. Die erste Frage lautet: wenn Sie zeitgenössische Inhalte geben wollen, warum dann wählen Sie nicht zeitgenössische Stoffe statt der Vergangenheit?

Erlauben Sie mir, diese Frage aus meinen eigenen schriftstellerischen Erfahrungen heraus zu beantworten. Ich habe zeitgenössische Romane geschrieben und historische. Ich darf, nach schärfster Gewissensprüfung, erklären, daß ich in meinen historischen Romanen die gleichen Inhalte zu geben beabsichtigte wie in den zeitgenössischen. Ich habe nie daran gedacht, Geschichte um ihrer selbst willen zu gestalten, ich habe im Kostüm, in der historischen Einkleidung, immer nur ein Stilisierungsmittel gesehen, ein Mittel, auf die einfachste Art die Illusionen der Realität zu erzielen. Andere haben ihr Weltbild, um es klarer aus sich heraus zu projizieren, in eine größere räumliche Entfernung gerückt, es in irgendeiner exotischen Gegend angesiedelt. Ich habe mein (natürlich zeitgenössisches) Weltbild zum gleichen Zwecke zeitlich distanziert, das ist alles.

Ich kann mir nicht denken, daß ein ernsthafter Romandichter, der mit geschichtlichen Stoffen arbeitet, in den historischen Fakten etwas anderes sehen könnte als ein Distanzierungsmittel, als ein Gleichnis, um sich selber sein eigenes Lebensgefühl, seine eigene Zeit, sein Weltbild möglichst treu wiederzugeben.

Wenn ich – lassen Sie mich, bitte, wieder aus meiner eigenen Praxis erzählen –, wenn ich mich veranlaßt sehe, einen zeitgenössischen Inhalt in ein historisches Gewand zu kleiden, dann spielen negative und positive Ursachen ineinander. Manchmal etwa gelingt es mir nicht, Teile meiner Handlung nach Wunsch zu stilisieren; sie bleiben, lasse ich sie mit zeitgenössischem Gewand, Rohstoff, sie bleiben Bericht, Erwägung, Gedanke, werden nicht zum Bild. Oder ich habe, wenn ich das Milieu der Gegenwart setze, das Gefühl des mangelnden Abschlusses. Die Dinge sind noch im Fluß, die An-

nahme, ob eine gegenwärtige Entwicklung vollendet sei und wie weit, bleibt immer willkürlich, jeder gesetzte Schlußpunkt ist zufällig. Ich habe bei der Darstellung zeitgenössischer Verhältnisse das Unbehagen des fehlenden Rahmens; es ist Duft, der verraucht, weil die Flasche nicht verschlossen werden kann. Dazu kommt, daß unsere sehr bewegte Zeit jede Gegenwart sehr rasch zur Historie macht, und wenn das Milieu von heute doch schon in fünf Jahren ein historisches sein wird, warum dann soll ich, um einen Inhalt auszudrükken, von dem ich hoffe, daß er in fünf Jahren noch lebendig sein wird, nicht ebenso gut ein Milieu wählen dürfen, das eine beliebige Zeit zurückliegt? Zuweilen auch fürchte ich, ich könnte meine Darstellung, wenn ich zeitgenössische Menschen und Dinge verwerte, nicht frei von den Trübungen kleiner und kleinlicher privater Erfahrungen und Interessen halten, ich könnte das Gleichmaß verlieren, das die Voraussetzung jedes Kunstwerks ist.
Vor Jahren etwa lag mir einmal daran, den Weg eines Mannes zu zeigen vom Tun zum Nichttun, von der Aktion zur Betrachtung, von europäischer zu indischer Weltanschauung. Es lag nahe, diese Idee der Entwicklung eines Mannes aus der Zeitgeschichte zu gestalten: Walter Rathenaus. Ich versuchte es: es mißlang. Ich legte den Stoff zwei Jahrhunderte zurück und versuchte, den Weg des Juden Süß Oppenheimer darzustellen: ich kam meinem Ziel näher.
Ein Thema, das mich seit je von Grund auf bewegt hat, ist der Konflikt zwischen Nationalismus und Internationalismus in der Brust eines Mannes. Wenn ich dieses Thema in Form eines zeitgenössischen Romans darzustellen versuche, dann fürchte ich, könnten persönliche Ressentiments meine Darstellung trüben und unrein machen. Ich zog es vor, den Konflikt in die Seele eines Mannes zurückzuverlegen, der ihn, wie mir scheint, in der gleichen Form erlebt hat wie heute so viele, allerdings vor 1860 Jahren, in die Seele des jüdischen Geschichtsschreibers Flavius Josephus. Ich hoffe, mir eine relative Ruhe des Urteils bewahrt zu haben; trotzdem glaube ich, kann ich die Leute, die vor 1870 Jahren einige zentrale Gebäude des Neronischen Rom in Brand gesteckt haben – trotzdem kann ich diese armen, törichten Werkzeuge der Feudalisten und Militaristen ihrer Zeit mit weniger Ekel und also

überzeugender darstellen als etwa die Leute, die vor zwei Jahren den Reichstag in Berlin angezündet haben, arme, törichte Werkzeuge der Feudalisten und Militaristen ihrer, unserer Epoche.

So viel zu der ersten der beiden Fragen. Die zweite Frage, die unsereiner immer wieder zu hören bekommt, ist die: wenn ein Leser sich für die Vergangenheit, für Geschichte interessiert, tut er dann nicht besser, eine exakte wissenschaftliche Darstellung zur Hand zu nehmen statt des fiktiven Gebildes eines Romanschriftstellers?

Nun, der Leser, der im historischen Roman Belehrung sucht, begeht den gleichen Irrtum wie der Autor, der mit dem Historiker in Wettbewerb treten will. Was ist denn ein Historiker? Ein Mann, der an der Hand von Fakten Gesetze der Entwicklung der Menschheit aufzuzeichnen sucht. Der Autor historischer Romane aber will, wie wir gesehen, nichts dergleichen aufzeichnen, sondern nur sich und sein Weltbild. Es ist also zwischen dem ernsthaften Autor historischer Romane und dem ernsthaften Historiker der gleiche Unterschied wie etwa zwischen dem Komponisten und dem Forscher, der sich mit den Problemen der Akustik befaßt. Vom Autor eines historischen Romans historische Belehrung fordern, heißt vom Komponisten einer Melodie Aufschlüsse über die Technik der Radioübertragung verlangen.

Ich habe mich immer bemüht, das Bild meiner Wirklichkeit bis ins kleinste Detail treu wiederzugeben, aber niemals habe ich mich darum gekümmert, ob meine Darstellung der historischen Fakten exakt war. Ja, ich habe oft die mir genau bekannte aktenmäßige Wirklichkeit geändert, wenn sie mir illusionsstörend wirkte. Im Gegensatz zum Wissenschaftler hat, scheint mir, der Autor historischer Romane das Recht, eine illusionsfördernde Lüge einer illusionsstörenden Wahrheit vorzuziehen. Hindenburg tadelte seinen Porträtisten scharf, weil der die Knöpfe der Uniform nicht richtig wiedergegeben hatte: Liebermann hatte andere Meinungen von Porträtmalerei.

Es ist unschwer zu beweisen, daß Homer, die Autoren der Bibel, Shakespeare und zahllose Autoren historischer Dichtungskunst bis herunter auf unsere Zeit mit der ihnen genau bekannten aktenmäßigen Wirklichkeit erstaunlich kühn umsprangen.

Der Erfolg gibt ihnen recht. Ihre Bücher, ihre erfundenen Legenden, Epen, Dramen, Romane, ihre erfundenen Menschen und Taten, ihre »Lügen« erweisen sich als lebendiger als die Tatsachen, wie sie die Wissenschaftler mit Hilfe kritisch gesichteten Materials treulich ermittelt haben. Der Zeitgenosse der Makkabäer, der die Geschichte von der Königin Esther erfand, hat eine stärkere Wirkung über die Zeit hinweg erreicht als die Chronisten, die die geschichtlichen Fakten der Wiedererstehung des jüdischen Nationalstaates aufzeichneten. Der erfundene Haman ist noch heute für zahllose Menschen ein viel lebendigerer Feind dieses Nationalstaates als der tatsächliche König Antiochus, sein historisches Original. Daß das historische Urbild des Landvogts Geßler ein bestimmter Feudalbeamter namens Peter von Hagenbach war, wissen außer mir vielleicht noch fünfhundert Menschen, und abgesehen von den zehn Pfund Honorar, die ich für die Artikel erhielt, in dem ich diese meine Entdeckung mitteilte, hat diese Wissenschaft niemandem Nutzen gebracht. Den völlig frei erfundenen Wilhelm Tell aber kennt jedermann, und diese Kenntnis hat allerlei und recht spürbare Folgen gehabt. Eine gute Legende, ein guter historischer Roman ist in den meisten Fällen glaubwürdiger, bildhaftwahrer, folgenreicher, wirksamer, lebendiger als eine saubere, exakte Darstellung der historischen Fakten.
Und damit wären wir bei dem wichtigsten Punkt. Daß es Sinn hat, zeitgenössische Romane zu schreiben, bestreiten wenige. Daß es Sinn hat, historische Wissenschaft zu treiben, bestreiten wenige: aber vielen will es nicht eingehen, daß es Sinn hat, historische Romane zu schreiben.
Dabei ist die Wissenschaftlichkeit dessen, was man heute Geschichtsschreibung nennt, äußerst fragwürdig. Nichts gegen den Historiker, der auf der Basis der Hegelschen Philosophie an Hand von Fakten die Grundlinien der Entwicklung der Menschheit, die Gesetze dieser Entwicklung, ihre Dialektik, darzulegen sucht. Aber wer unter anderen Gesichtspunkten historische Fakten zusammenstellt, darf der den Anspruch darauf erheben, ein Wissenschaftler zu sein? Gibt er nicht, wie immer er seinen Stoff anordnet, einfach durch seine Anordnung der Fakten ein subjektives Bild, gibt er nicht im besten Falle Kunst? Der alte Skeptiker Talleyrand hat seine Er-

fahrung auf diesem Gebiet in dem Satz zusammengefaßt: »Nichts läßt sich leichter arrangieren als Fakten.« Und Lytton Strachey formuliert glücklich: »Geschichte ist offenbar nichts als eine Zusammenstellung angehäufter Fakten.« Werden diese Fakten aber ohne Kunst zusammengestellt, dann ergeben sie Geschichte so wenig, als Butter, Eier und Petersilie Anspruch darauf erheben können, ein Omelett zu sein.

Soweit indes Geschichtsschreibung Kunst ist, ist sie nicht anders denkbar als nach den Prinzipien, die Friedrich Nietzsche aufstellt. Der in seiner »Unzeitgemäßen Betrachtung vom Nutzen und Nachteil der Historie für das Leben« fordert, Historie sei nur zum Zweck des Lebens zu treiben. Wenn der historische Sinn autonom und universal wäre, fräße er das Leben selber an; er müsse also von der plastischen Kraft des Lebens in Zucht genommen werden. Gesundes Leben forme das gültige Bild der Geschichte nach den Erfordernissen seiner Gegenwart und seiner Zukunft.

Der Wissenschaftler mag gegen diese Sätze schwere Bedenken haben: der Autor historischer Romane wird sie mit beiden Händen unterschreiben. Er sieht, mit den Philosophen, seine Aufgabe darin, die natürliche klare Beziehung von Leben und Historie herzustellen, das Vergangene, die Geschichte, für die Gegenwart und die Zukunft fruchtbar zu machen.

Benedetto Croce, auf den Fundamenten Nietzsches weiterbauend, kam zu der Formulierung: »Die Gegenwärtigkeit ist der eigentliche Charakter aller lebendigen Geschichte, im Gegensatz zur bloßen Chronik.« Er wurde verbannt: die Nationalisten nämlich finden nicht, daß der Sinn der Vergangenheit sei, Gegenwart zu werden, sie wollen vielmehr die Gegenwart in die Vergangenheit zurückführen. Theodor Lessing formulierte Nietzsches Ergebnisse zu dem Satze: »Geschichte ist die Sinngebung des Sinnlosen.« Er wurde von den Nationalsozialisten totgeschlagen. Diese berufen sich zwar auf Nietzsche, unter dessen Büste sich ihr Führer hat photographieren lassen, aber ihr Zweck ist, das Sinnlose sinnlos zu erhalten.

Sowohl der Historiker wie der Romandichter sieht in der Geschichte den Kampf einer winzigen, urteilsfähigen und zum Urteil entschlossenen Minorität gegen die ungeheure, kompakte Majorität der Blinden, nur vom Instinkt Geführten. Urteilslosen.

Episoden aus den früheren Phasen dieses Kampfes darzustellen scheint mir wichtig. Die Erinnerung an frühere Siege und Niederlagen, die Legende, der historische Roman scheint mit eine Waffe, die wir, in unserem Stadium dieses ewigen Kampfes gut gebrauchen können. (Übrigens wissen auch unsere Gegner von den Vorteilen dieser Waffe, sie münzen die Geschichte der Menschheit nach dem Vorbild ihrer Ideologen in schmutzige, blutige sentimentale Mythen um und wärmen den historischen Roman in seinen altbekannten Typen wieder auf.)

Ich für mein Teil habe mich, seitdem ich schreibe, bemüht, historische Romane für die Vernunft zu schreiben, gegen Dummheit und Gewalt, gegen das, was Marx das Versinken in die Geschichtslosigkeit nennt. Vielleicht gibt es auf dem Gebiet der Literatur Waffen, die unmittelbarer wirken: aber mir liegt, aus Gründen, die ich darzulegen versuchte, am besten diese Waffe, der historische Roman, und ich beabsichtige, sie weiter zu gebrauchen.

Gedanken an Gorkis Todestag (1936)

Vor dem Krieg, sehr jung, wurde ich, ein halber Landstreicher, nach Süd-Italien verschlagen und geriet nach Capri. Die Einheimischen erzählten mir, hier lebe der große russische Schriftsteller Maxim Gorki. Ich hatte in Deutschland mehrere Male die Reinhardtsche Aufführung des »Nachtasyl« gesehen. Durch Gorki war mir zum erstenmal eine Idee des russischen Menschen aufgegangen, nicht der wenigen Tausend, die oben in dem Licht leben, sondern der Millionen unten, Menschen, mir vollkommen unbekannt, eine neue Welt. Da stand ich also vor dem Haus des Schöpfers dieser Menschen, ich hatte brennendes Verlangen, den Dichter zu sehen, sein Aug, das diese Menschen gesichtet hatte, seine Stimme zu hören, die ihnen Stimme verliehen. Da stand ich, klopfenden Herzens, ich hörte eine Stimme, seine Stimme vermutlich, eine Schreibmaschine, seine vermutlich, aber ich hatte nicht den Mut, ich kehrte um. Später dann inszenierte ich im Münchner Volkstheater das »Nachtasyl«. Es war der erste Versuch dieser Bühne, die im allgemeinen Possen, Operetten und Schwänke spielte, ihrem breiten Publikum Kunst zu geben. Es war ein großes Wagnis, bayrischen Massen diese russischen Menschen vorzuführen, und die Fachleute waren mehr als skeptisch. Ich mühte mich mit aller Kraft. Ich las alles von Gorki, was damals übersetzt war. Die Aufführung glückte, das bayrische Volk, das das Publikum jenes Theaters bildete, verstand überraschend gut jene russischen Menschen, es schaute sie nachdenklich an und hörte ihnen gut zu. Das Volk, selbst ein so fremdes wie das bayrische, verstand ohne weiteres den russischen Volksdichter. Das Stück blieb Jahre hindurch auf dem Spielplan.

In diesem letzten Jahr bekam ich durch russische Freunde manche Botschaften und Grüße von Gorki. Alle sagten mir, der große alte Mann freue sich auf meinen Besuch. Diese Nachricht entschied mit meinen Entschluß, nach Ruß-

land zu fahren. Ich freute mich innig darauf, jetzt tun zu dürfen, was ich dreiundzwanzig Jahre zuvor nicht gewagt hatte.
Der Tod Gorkis traf mich tief. Er muß alle diejenigen treffen, denen das neue Rußland am Herzen liegt. Durch diesen Dichter sprach Rußland viel deutlicher zu uns, eindringlicher, unmißverständlicher als durch jeden noch so plastischen Bericht. Das Trennende fiel, die Ferne verschwand, man war, las man in Gorkis Büchern, unter russischen Menschen. Es war nicht mehr ein einzelner, der subjektiv erzählte, es war das Volk selber, das Stimme bekommen hatte und sich aussprach. Es ist kein Zufall,daß Gorki kaum je einzelne um ihrer selbst willen gestaltet, sondern daß seine Menschen ihren rechten Sinn erst durch ihre Zugehörigkeit zur Menge der anderen gewinnen, durch ihre Volkheit. Nennt man einen anderen großen Dichter, dann stellt sich fast immer die Assoziation einzelner Menschen ein, die er geschaffen. Denkt man an Gorki, dann ist Rußland da, nie ein einzelner, immer eine ungeheure Fülle russischer Menschen, jeder hat sein Sondergesicht, aber alle zusammen haben sie ihr besonderes Massengesicht. Ich weiß keinen zweiten Dichter, der so wie er, ohne je abstrakt zu werden, das Volk gestalten konnte, die Masse. Die anderen pflegen ihre Zuflucht zu allerlei Stilmitteln zu nehmen, mehr oder minder rhetorischen, sie lassen ihre Menschen chorisch sprechen, stilisieren sie aufs Typische hin, arrangieren das Typische. Bei Gorki findet sich nichts von alledem. Jeder seiner Menschen hat seine Einzelstimme, und doch klingen diese Stimmen ineinander, werden zu einer großen Symphonie und bekommen ihren letzten rechten Klang nur durch die Stimmen der anderen.
Wer Dichtwerke auf ihre einzelnen Bestandteile hin analysiert, wer die Technik zu erläutern sucht, durch die sie wirken, hat es vor den Büchern Gorkis nicht leicht. Denn hier ist nichts gestellt, nichts arrangiert. Es werden keine Kunstgriffe gebraucht, kein Effekt wird vorbereitet, im Gegenteil, auch ohne große Kennerschaft sieht man, daß hier kein umständlicher Plan vorliegt, keine lang ersonnene Konstruktion. Dennoch lebt alles, alles strömt, und die Wirkung ist da. Ja, Gorki spricht, und sofort ist das russische Volk da, überaus gegenständlich, es erzählt von sich selber, ohne rechten Anfang und

ohne rechten Schluß, dennoch zerfließt nichts, und nichts Wesentliches geht verloren.
Gerade durch diesen Mangel an Effekthascherei, durch eine mühelose, nicht arrangierte, gestalterische Fülle wirbt Gorkis Werk für das neue Rußland eindringlicher als jede noch so geschickte Propaganda, die, undichterisch, nur auf logische Mittel angewiesen ist.

Der Ästhet in der Sowjetunion
(1937)

Als sich André Gide seinerzeit auf seiner Reise ins Innere Afrikas zum Kommunismus bekehrte, war diese Bekehrung in erster Linie eine ästhetische Angelegenheit, eine sentimentale Anwandlung des reizbaren Schriftstellers, dem die Leiden der ausgebeuteten Kongo-Neger auf die Nerven gingen. In der Sowjetunion indes nahm man das Bekenntnis zum Kommunismus, das er in seinem schönen Reisebuch ablegte, für ein sachlich politisches. So aber war es nie gemeint gewesen. Gides Kommunismus ist nicht das Resultat logischer Erwägungen. Daß er zu den Kommunisten überging, war eine Sache des Gemüts; es war ein Zufall, daß er sich damals nicht für den Katholizismus entschied. Er hätte sich damals ebensogut für Jesus und Maris entscheiden können wie für Marx und Lenin.

Gide reiste unter falschen Voraussetzungen in die Union. Unter dem Einfluß des Verfassungsentwurfes hatte er die sachliche Demokratie, der die Sowjets zusteuerten, mit der formalen der westeuropäischen Länder verwechselt, und er war im Tiefsten enttäuscht, als er dann in der Union keineswegs die Meinungs- und Pressefreiheit im westeuropäischen Sinne vorfand. Es hat ihn sicherlich ernstlich verstimmt, daß die Sowjetleute nicht gewillt waren, ihren Sozialismus gegen einen Parlamentarismus westeuropäischer Prägung auszutauschen.

André Gide reiste als Pariser, geschmäcklerisch, mäklerisch, überaus egozentrisch, Paris als den selbstverständlichen Mittelpunkt der Welt betrachtend. Er sah ohne Anteilnahme, was es hier in der Union Großes zu sehen gibt, aber sehr wohl und mit Interesse sah er die tausend kleinen, unleugbaren Geschmacklosigkeiten, die sich hier finden. Wie die Franzosen lange Zeit hindurch die Größe Shakespeares nur widerwillig anerkannten, ihm immerzu Geschmacklosigkeit und Barbarei vorwarfen und ihn höchstens für einen genialen Wilden gelten ließen, so sah Gide in der Sowjetunion mit überscharfem Auge die tausend kleinen Unebenheiten, Geschmacklosigkeiten, Mangel an Komfort: nicht aber sah er die große, erhabene Planmäßigkeit des Ganzen.

Die Sowjetunion ist so gefestigt, ihre geformte Vernunftmäßigkeit so sehr Tatsache, daß heute ein Urteil über die Sowjetunion mehr über den Betrachter aussagt als über das Betrachtete. Man kann an der Sowjetunion die ungeheuren Erreichnisse des Sozialismus sehen, man kann sehen, wieviel reicher, üppiger, wissender, glücklicher das Leben geworden ist. Man kann aber auch wahrnehmen, daß es sich in diesem Land noch keineswegs behaglich im westeuropäischen Sinn leben läßt, man kann zum Beispiel wahrnehmen, daß es auf den meisten Toiletten Zeitungspapier gibt statt des Klosettpapiers, wie man es auf einem richtigen westeuropäischen WC vorfindet. Gide hat es vorgezogen, sein Augenmerk in jeder Hinsicht auf den Mangel an Klosettpapier zu richten.

Was die ernsthafteren Einwände Gides anlangt, so tadelt er zunächst in der heftigsten Form die »Vergötzung« Stalins. Richtig ist, daß in der Sowjetunion Stalin überschwenglich gefeiert wird, was den westlichen Menschen wundernimmt. Sieht man aber tiefer, so erkennt man, daß diese überschwengliche Verehrung nicht etwa Stalin als einzelnem Manne gilt, sondern dem Repräsentanten des Sozialismus schlechthin. Diese Verehrung Stalins ist nichts Künstliches, sie ist gewachsen mit den Resultaten der Sozialisierung. Das Volk ist Stalin dankbar für Brot und Fleisch und Ordnung und Bildung und für die Verteidigung alles dessen durch die neugeschaffene Armee. Das Volk sagt: Stalin, und es meint die zunehmende Wohlfahrt, die zunehmende Bildung. Das Volk sagt: wir lieben Stalin, und dies ist der naivste, natürlichste, menschlichste Ausdruck seines Einverständnisses mit dem Sozialismus und dem Regime.

Gide macht sodann hämische Anmerkungen über die Stachanow-Methoden. Er meint, lediglich die Faulheit der Russen mache diese Methoden notwendig. Ist Gide unbekannt, daß der Mensch überall auf der Welt seiner Natur nach träge ist und daß es vieler Mittel bedarf, um diese Trägheit zu überwinden? Zeigt nicht ein einfacher Blick auf die Resultate in der Sowjetunion, daß diese Arbeit mit mehr Liebe verrichtet sein muß als irgendwo sonst? Können solche Resultate durch Zwang erreicht sein? Beweist nicht ein Blick auf eine beliebige Fabrik, in ein beliebiges Privathaus Moskaus, daß das Volk ja sagt zu der Intensität der Arbeit, die man von ihm verlangt? Ist es verwunderlich, daß ein Land, daß nach dem Grundsatz lebt: Jeder nach seinen Fähigkeiten, jedem nach seiner Leistung, daß ein solches Land seine Leistung durch Akkordlöhne und rationelle Methoden zu steigern sucht? Vielleicht zeigen diese Behauptungen gegen die angebliche Trägheit des russischen Menschen am deutlichsten Gides westliche Überheblichkeit, seine üble Laune, seine Unsachlichkeit, seinen bösen Willen.

Sehr heftig eifert Gide gegen die Gleichschaltung der Seelen in der Sowjetunion, gegen den zunehmenden Uniformismus. Er vergißt, daß hier eine Kultur in ihren Anfängen steckt, daß ein großer Teil dieses Volkes gewissermaßen erst lesen gelernt hat. Die Buchstaben des Alphabets, die elementaren Lehrsätze der einzelnen Disziplinen sind nun einmal gleich, sie sind nicht individuell. Es ist nicht zu erwarten und ist auch nicht wünschenswert, daß einer, der ein A lesen lernt oder ein O, dieses A oder O individuell nach E oder U hin ausspricht. Wenn man hier erst besser gelernt haben wird, was die Frage eines sehr kurzen Zeitraumes ist, dann wird man auch eine stärkere Betonung des Individuellen zulassen.

Im übrigen ist nicht zu leugnen, daß auf einzelnen Gebieten größere Toleranz wünschenswert wäre. Aber weiß Gide nicht, daß die Sowjetunion ernstlich bedroht wird und sich im Kriegszustand fühlt? Ist André Gide unbekannt, daß die Leute hier zu arbeiten haben gleich jenen Juden der Bibel, die ihren zweiten Tempel aufrichteten, in der einen Hand die Maurerkelle, in der anderen das Schwert? Es ist unter diesen Umständen nicht leicht und auch nicht ratsam, die Disziplin zu lockern. Die Führer der Sowjetunion sind klug, daß sie die Zügel nicht schleifen lassen, solange sie nicht die Gefahren gebannt haben, mit denen der Faschismus sie bedroht.

Gide ist in die Sowjetunion gekommen nicht als ein Mensch, der unbefangen sehen wollte, er kam als übersättigter Ästhet, gierig nach neuen Geschmacksreizen. Es hat ihm hier nicht geschmeckt, das ist sein gutes Recht. Aber daß er das jetzt gesagt hat, in einer Zeit, da der Überfall auf Spanien die Sache des Sozialismus in Frankreich und in der ganzen Welt gefährdet, das war – und das mußte selbst der Ästhet Gide wissen – Hilfeleistung für die Gegner, es war ein Schlag gegen den Sozialismus und gegen den Fortschritt der Welt. Gide hat sich dadurch des Rechtes begeben, sich weiter einen sozialistischen Schriftsteller zu nennen.

André Gide hat lange Zeit in dem Elfenbeinturm des reinen Ästheten gelebt. Er hat sich dort wohl gefühlt, und die Werke, die er dort geschaffen hat, werden bleiben. Dann hat er seinen Elfenbeinturm verlassen, weil er sich langweilte und sich die Beine etwas vertreten wollte. Jetzt ist er in seinen Turm zurückgekehrt. Möge er sich dort wohl fühlen.

Über »Haben« von Julius Hay (1937)

1.

Seitdem ich das erste Manuskript von Brecht gelesen habe, hat kein Stück eines zeitgenössischen Deutschen solchen Eindruck auf mich gemacht wie dieses Drama »Haben«, ein Schauspiel in 14 Bildern von Julius Hay.

2.

Das Stück rollt langsam an, fast wie ein Genrestück. Das Alltagsleben eines kleinen ungarischen Dorfes wird sichtbar, die Menschen dieses Dorfes nähren sich von einer mühseligen Landwirtschaft, von der Bebauung kleiner und kleinster Bauerngüter, die von ein paar großen Besitzungen ringsum auf engsten Raum eingepfercht sind. Der Pfarrer des Dorfes wird sichtbar, die Gendarmen, ein paar Bauernfrauen, es gibt auffallend viele Witwen in dem Dorf, ein sonderbarer Zufall will, daß die verheirateten Männer, vor allem die etwas vermöglicheren, rasch wegsterben. Im übrigen ist es ein stilles Dorf, es gibt wohl noch einige, denen das Jahr 1919 im Kopf herumspukt und die von einem neuen »Roten Tanz« träumen, aber sonst ist es ein besonders friedliches Dorf, kaum mal ein Diebstahl oder eine kleine Stecherei. Soweit wir sehen und hören, geht es zunächst vor allem um sogenannten »Jungferntabak«, das heißt solchen Tabak, an dem noch kein Finanzbeamter gerochen hat, den man dem Staat nicht abgeliefert hat, um ihn später teurer und verschlechtert wiederzukaufen, und dann geht es um Kukuruzstengel, die nicht verbrannt oder vergraben sind; denn wegen irgendeiner »hessischen Fliege«, die ihre Eier in die Kukuruzstengel zu legen pflegt, müssen sie laut einer bestimmten Verordnung verbrannt oder vergraben werden, die Bauern aber sind obstinat und tun es nicht, oder sie tun es doch nicht richtig. Denn erstens brauchen sie die Kukuruzstengel, um sie im Frühjahr zu häckseln und sie ihren Kühen zum Fressen zu geben, und zweitens halten sie Verordnungen nicht ein, sie mögen nicht, lieber erdulden sie die Landplage der hessischen Fliege. Weiter erfahren wir, daß der Gendarm Dani, der in der Stadt stationiert ist und nicht allzu oft auf Patrouillengang ins Dorf kommen kann, eine Liebschaft mit der jungen Mari hat, die beim Advokaten in der Stadt bedienstet war, jetzt aber entlassen ist, weil der Advokat sich kein Mädchen mehr halten kann, daß sie ein Kind von Dani erwartet, und daß der reichste Mann des Dorfes sie heiraten will. Dieser reiche Mann hat ein einziges Kind, die Zsofi, die schwindsüchtig ist und auch noch »hatschig« dazu, und er atmet selber schon ganz schwer und ist ganz dick und wird vielleicht bald sterben. Und Dani, der Gendarm, phantasiert mit leisem Lachen und verlorenem Blick davon, daß vielleicht der Junge des Habenichts Dani und des Dienstmädchens Mari der reichste Erbe des Dorfes werden könnte. Dann sehen wir noch eine der zahlreichen Witwen des Dorfes, die Witwe Biro, die einen ganz unverhältnismäßigen Schrecken kriegt, wie sie erfährt, daß demnächst die Gendarmen zu ihr kommen werden, und die dann ebenso unvermittelt aufatmet und strahlt, wie sie hört, daß es sich um vierzig Pengö Strafe handelt, die sie vermutlich zu zahlen haben wird wegen der nicht ordnungsgemäß verbrannten Kukuruzstengel.

Das ist alles, was wir in den vier ersten Bildern erfahren, nicht viel, wie man sieht. Es ist freilich, das muß man zugeben, mit wenig Menschen, mit sparsamen Worten und in sehr plastischen Bildern das ganze Dorf gegeben, es sind nicht nur die paar Menschen da, sondern alle ihre Beziehungen, sie sind ungeheuer lebendig da, und nicht nur sie, sondern mit ihnen ihre ganze Atmosphäre. Alles ist indirekt, und außer dem schon erwähnten unverhältnismäßig großen Schreck der Witwe Biro wird durch nichts darauf hingedeutet, daß sich dieses Dorf durch irgend etwas von andern Dörfern der ungarischen Tiefebene unterschiede.

Und dennoch ist eine besondere, dumpfe Luft um dieses Dorf. Die Menschen sind alle ergeben in ihr Schicksal, sie leben auf und von ihren kleinen Gütern, eng und eingepfercht von den Gütern der anderen, das ist so, und das muß so sein, sie leben von ihrer Erde, ja, sie sind einverstanden mit der Art, wie sie von dieser Erde leben, und trotzdem spüren wir, ohne daß davon viel geredet würde, schon in diesen ersten vier Bildern, daß die Beziehungen dieser Menschen zu ihrer Erde keine natürlichen sind, daß in diesen Beziehungen etwas Schiefes, Falsches steckt, etwas, was die Menschen trotz ihres Einverstandenseins unglücklich macht, sie belastet, sie schief und wund drückt, sie wissen aber nicht, was es ist, sie nehmen es nun einmal hin, wie es ist, sie suchen sich innerhalb ihres engen Rahmens einzurichten, so gut es geht – es geht nicht gut, wie wir sehen werden –, und sie kommen nicht auf die Idee, daß man vielleicht nur den Rahmen sprengen müßte, um die natürlichen Beziehungen zwischen Mensch und Erde wiederherzustellen.

Äußerlich, wie gesagt, geschieht wenig in den ersten vier Bildern. Sie fallen auf durch ihre Dichtigkeit, durch die einfachen und doch neuartigen Mittel, mit denen dieser deutsch-ungarische Dichter Julius Hay Menschen und ihre Beziehungen und ihre Luft gestaltet, Mittel, von denen später noch zu reden sein wird, dichterische Mittel. Es sind also diese vier ersten Bilder gute dramatische Dichtung, allein mehr sind sie nicht. Sie berechtigen einen noch lange nicht, das Stück »Haben« ein großes Drama zu nennen.

Jetzt aber kommt ein fünftes Bild, und es wird plötzlich alles anders. Dieses fünfte Bild nämlich reißt einen mit eins hoch und rückt die dumpfen und einfachen Geschehnisse der vier ersten Bilder in ein anderes Licht. Die junge Mari kommt mit ihrer Mutter zu der Hebamme Kepes, und diese Frau Kepes, das ist eine Gestalt, die man sich merken wird. Sie ist ungeheuer real und viel mehr als real: Sie ist ein Mensch des wirklichen alltäglichen Lebens, und gleichzeitig ist sie aus der Ballade, sie hat etwas Mythisches, sie ist eine dichterische Inkarnation des verhängnisvollen, naiven und also unschuldigen »Habens«, sie ist eine Art kleinbäuerlicher Mammon. Sie ist nicht nur etwa die lebendige Frau Kepes, die die andern Frauen des Dorfes für einen geringen Anteil an dem anfallenden Erbe mit einem kleinen weißen Pulver versorgt, das sie zu Erbinnen ihrer Männer macht, sie ist darüber hinaus, und zwar, und darauf kommt es an, ohne daß viel davon geredet würde, der Kapitalismus schlechthin, ein zweibeiniger Kapitalismus, voll des Bewußtseins: »Recht ist, was meine Habe mehrt«, und »Wer nicht zuviel hat, hat zuwenig«. Diese Hebamme Kepes also vermittelt die Heirat zwischen der jungen Mari, welche der Gendarm Dani geschwängert hat, und dem alten reichen Nachbarn David, der neunzig Joch gutgelegenen Ackers besitzt, und sie gibt dieser Mari drei Papierhülsen mit dem weißen Pulver. Und nachdem sie das getan hat, in Gegenwart der beiden Frauen, richtet sie, in dem verschlossenen Zimmer, ihre gebückte, gealterte Gestalt auf, ihr Gesicht mit dem bald demütigen, bald wieder harten und eiskalten Ausdruck verjüngt sich, strahlt. Und sie tanzt. Tralala, tralala, freut sie sich, einen Schritt macht sie nach links, einen nach rechts, einen vorwärts, einen rückwärts, einmal dreht sie sich um, das ist ihr ganzer Tanz, aber Mari und ihre Mutter sehen ihr erstarrt zu, so wild und leidenschaftlich ist er bei aller Kürze und Sparsamkeit.

Und von da an reißt uns jedes Bild weiter hoch und lehrt uns ohne viel Worte, einfach durch verdichtete Anschauung, begreifen, was »Haben« in diesem Dorf und wohl überall in der Welt bedeutet. Wir sehen den alten, dicken Nachbarn David, der sich von seiner armen kranken, schwindsüchtigen, »hatschigen« Tochter Zsofi aus dem medizinischen Lexikon vorlesen läßt, wie es um den Schlagfluß bestellt ist, wir sehen den Pfarrer, der, während er seinen verbotenen Jungferntabak raucht, betet, daß der Herr ihn davor bewahren möge, die Schrift anders zu lesen, als man sie ihn zu lesen gelehrt hat, und ihn davor behüte, die Schrift so zu lesen, wie sie geschrieben wurde, und der darüber sinniert, warum er seinen Segen sprechen muß zu der Hochzeit der Mari und des Alten und dabei doch weiß, daß dieser Segen wie ein Fluch wirkt. »Der Segen kann nicht dafür, er selber, der Pfarrer kann nicht dafür, Gott kann nicht dafür, wer kann dafür, daß Sein so schwer ist? Etwas ist schuld, und dieses Etwas ist nicht zu fassen.« Und dann sehen wir die Hochzeit des alten David, vom Dichter her mit den sparsamsten Mitteln gemacht, und doch eine überaus füllige Hochzeit, an der das ganze Dorf teilnimmt, und wir mit dem ganzen Dorf, und wir erleben, wie Frau Kepes, als sie der alte Gendarmeriefeldwebel zum

Tanz auffordert, erwidert: »Was fällt Ihnen ein, Herr Feldwebel, ich und tanzen?« und sich an die Frauen wendet: »Hat irgend jemand irgendwo irgendwann mich einmal tanzen gesehen?« und wie die Frauen ganz erschrocken »Nein« rufen, erstarrend. Und wir erleben den Tod des alten David, und wir sehen zu, wie die kleine, gescheite, hatschige Zsofi sich darum abkämpft, ihr bißchen schwindsüchtiges Leben noch kurze Zeit weiterzuführen, aber es nützt ihr nichts, Mari muß, nachdem sie ihn einmal beschritten hat, den Weg des Dorfes weitergehen, sie muß das Ganze »haben« für den Jungen, den sie gebären wird, und Zsofi muß das weiße Pulver schlucken. Mari ist unschuldig, aber sie ist eine aus dem Dorf, sie gehört zum Dorf, sie muß tun, was das Dorf tut. Und auch ihr Gendarm Dani gehört zum Dorf. Karriere kann er nur machen, wenn er einmal eine richtige, saftige, selbständige Ermittlung vollbracht hat, eine richtige Anzeige muß er erstatten, und er hat die Zsofi im Verdacht gehabt, daß sie am Tod ihres Vaters nicht unschuldig sei, und daß es nun die Mari ist, kommt ihm auch nicht ungelegen. Er setzt sich hin, nimmt eine behäbige Haltung ein, er wird die Autorität, der Staat, er schreibt seine »Anzeige«.

3.

»Haben« ist ein durch und durch marxistisches Stück, von den deutschen Stücken, die ich kenne, das erste, das nicht vom Marxismus redet oder von ihm singt, sondern von innen her durchtränkt ist mit Marxismus. Das Stück »Haben« zeigt, wie die kapitalistische Anschauung vom Besitzen den dörflichen Menschen bis in sein tiefstes Innen verkrüppelt hat. Mensch und Erde kommen nicht mehr miteinander aus. Alle Leute des Dorfes leben ein dumpfes, unfreies, unglückliches Leben, auch die reichen; denn »wo das Nichthaben kränkelt, kränkelt auch das Haben«.

Diese Ideen werden nicht beredet, sie werden nicht tendenziös unterstrichen: sie sind in diesem Stück einfach da, vom Anfang bis zum Ende. Die marxistischen Lehren sind diesem Autor nicht nur Gedanken geblieben, sie erfüllen vielmehr sein ganzes Wesen, sein Gefühl bis tief in die Schächte des nicht mehr Bewußten. So kommt es, daß dieser Dichter Julius Hay unter den Deutschen das erste marxistische Drama hat gestalten können. Die Welt seines Stückes muß nämlich nicht erst lange durch marxistische Sprüche kommentiert werden, sondern sie gibt durch ihre bloße, zwingend glaubhafte Existenz dem Zuschauer ein Rätsel auf, das nicht anders gelöst werden kann als durch marxistische Erkenntnis der Zusammenhänge.

Die marxistische Grundlage wird, sagte ich, gestaltet. Wie geschieht das? Indem dargestellt wird, wie sich mit Notwendigkeit in den Köpfen dieser dörflichen Menschen das Grade in Krummes und das Krumme in Grades verwandelt. Das Stück wird in den Szenen, in denen dies dargestellt wird, schauerlich humoristisch. Es wird niemals witzig, es bleibt immer bildhaft, aber die grausigen Vorgänge, die es wiedergibt, sind so dargeboten, daß jedermann ihre tiefe innere Tragikomik spüren muß. Die junge Mari zum Beispiel hat ihrem neuvermählten alten Mann das weiße Pulver schon in der ersten Nacht gegeben, ungebührlich früh also, da sie nicht mit ihm schlafen, sondern ihrem Gendarmen treu bleiben wollte, und nun empören sich, bei der Hebamme Kepes, alle Witwen, die ihre Männer etwas länger haben leben lassen, gegen Mari. Allgemeine Entrüstung bricht los. »Schlafen gehen konntest du nicht mit ihm?« wütet die eine, »für 90 Joch?« und eine zweite: »Wir konnten, du nicht«, und die dritte: »Gebührt ihm das nicht? Als Ehemann?« »Mir waren vier Jahre nicht zuviel«, erklärt die eine, und: »Drei Kinder habe ich von meinem ausgetragen«, die zweite, und die dritte: »Gesoffen hat meiner, gehaut hat er mich jeden Samstag, und ich hab es ausgehalten für 5 Joch, nicht mehr und ohne Vieh.« Und wieder eine entrüstet sich: »Man hat doch sein Gefühl zum Mann, wenn man kein Tier ist«, und wieder eine: »Und da hat sie sich noch, das Bettlerweib, wenn 90 Joch zu erben sind«, und sie spuckt aus vor ihr. Und abschließend erklärt die ganz Alte: »Für nichts gibt's nichts. Mit meinem ersten hab ich fünf Jahre gelebt, mit meinem zweiten zehn Jahre, mit meinem dritten acht Jahre, mit meinem vierten elf Jahre. Alle hab ich beweint aus tiefster Seele.« Diese Umkehrung aller natürlichen Begriffe wird noch in vielen andern Szenen Bild und Gestalt. Einmal aber gegen Schluß wird die Idee des

Dichters beinahe Wort. Indes auch da bleibt sie Bild der schauerlichen Verkehrung der Welt durch das kapitalistische Denken, durch das »Haben«. Mari nämlich soll eine Art sozialistischer Beschwerde unterzeichnen. Wild begehrt sie gegen das auf, was da geschrieben ist, gegen diejenigen, die einen andern Weg zum Acker, zur Erde gehen wollen als den des Erbens. »Das sind Hunde«, bricht sie los, »das sind Verbrecher, die so was ausdenken. Ins Zuchthaus gehört so was, gehängt gehört so was, ja, gehängt.« Und sie klagt dem Pfarrer: »Keinen einzigen gibt es unter uns, der noch nicht etwas getan hat, was er dann« – wenn es nämlich eine vernünftigere Gesellschaftsordnung gäbe – »nicht hätte tun müssen.«

4.

Die Menschen des Stückes sind von ungeheurer Lebendigkeit. Es sind nicht wenige, aber es ist keine einzige Theaterfigur unter ihnen. Alle sind rund, jeder lebt für sich und doch nur im Zusammenhang mit den andern, es ist *ein* Geist und viele Gesichter. Der Pfarrer, die beiden Gendarmen, die Witwen, der Arzt, der Schulmeister; Mari selber, sodann die arme, gescheite, ganz junge »Hatschige«, die sich hilflos und verzweifelt um ihr schwindsüchtiges Leben wehrt, vor allem aber die Hebamme Kepes, realistisch individualisiert bis ins Letzte und doch immerzu Symbol, wirklich und doch mythisch: das sind lauter Menschen, mit denen man weiterlebt, schwer vergeßbare.
Es muß noch darüber gesprochen werden, auf welche Art der Dichter Julius Hay seine großartigen, grausigen und humorhaften Wirkungen erzielt. Er ist sehr sparsam im Wort und legt Gewicht aufs Mimische. Die Geste, der Tanz, das stumme Tun spielen bei ihm eine große Rolle. Er hat viel vom Film gelernt, ohne daß er jemals ins Nurfilmische fiele. Auf seinen Höhepunkten erreicht er die Wirkungen der großen Ballade, der »Ballade« im eigentlichen Sinne des Wortes, der *Tanz*dichtung, des Bock*stanzes* der »Tragödie«. Das alles aber nicht gekrampft, nicht stilisiert, sondern zwanglos aus dem schiersten Realismus heraus.
Unheimlich sicher ist der Gang der Szenen bei diesem jungen

Dichter. Er hat scheinbar nie Eile, es geht alles gelassen vor sich, ruhig, und doch ist ein großartiges inneres Crescendo da. Auch wird er nie plump, eigentlich wird alles Wichtige indirekt gesagt, aber der sichtbare Gestus und das hörbare Wort greifen so ineinander, daß auch die Nuance jedem verständlich werden muß.
Der Dramatiker Hay ist ein idealer Theaterdichter auch insofern, als er ein großer Regisseur ist. Er dichtet offenkundig für das praktische Theater. Seine Weisungen schreiben dem Regisseur alles Wichtige vor und lassen ihm doch genügend Spielraum für die eigene Phantasie. Und der Theaterdichter Hay schreibt »Rollen«, großartige Rollen; er gibt dem Schauspieler sehr viele Hinweise, schreibt ihm vielerlei vor, er macht das Wesen des darzustellenden Menschen durchaus klar, auch sein Körperhaftes, ohne jedoch den Schauspieler zu sehr einzuengen. Dichterische Phantasie und praktischer Bühnenverstand gehen in diesem Stück von Anfang bis zu Ende Hand in Hand.
Einfach, kräftig, gedichtet und dichterisch ist auch die Sprache. Sie vermeidet den Dialekt, ist aber im besten Sinne volkstümlich, durchsetzt mit Spruchweisheit, und ein Sprungbrett für den Dichter, sich ohne Krampf in jenes Bildhafte emporzuheben, das er für seine Höhepunkte anstrebt.

5.

Als Ganzes erinnert Hay in seinem Stück »Haben« manchmal an die Dramatiker Essig und Lautensack. Aber seine Wirkung ist deshalb stärker, weil jene Autoren zwar Dichter waren, doch ohne einheitliches Weltbild. Julius Hays Menschen und Geschehnisse aber ziehen ihre Kreise nach einem geheimen Gesetz: nach der niemals verkündeten, aber doch immer waltenden, erfühlten Erkenntnis des Dichters, so wie Planeten kreisen um eine unsichtbare Sonne, die ihren Lauf bestimmt.

Der Abgrund
(1937)

Oskar Maria Graf hat sich nie damit abgegeben, lange zu stilisieren. Seine starke Wirkung rührt gerade daher, daß er unverziert und unerbittlich hinschreibt, was ist. Er stammt ab von bäuerlichen Bäckern der oberbayrischen Hochebene. Die oberbayrischen Menschen kenne ich sehr genau, und ich weiß also, wie sehr Oskar Maria Graf zu ihnen gehört, wie typisch seine Form ihrem Inhalt entspricht. Es sind das Menschen von unbestreitbarem Sinn für die Realität, unsentimental und unbeirrbar durch Phrasen. Schon der Tonfall des Bayrischen macht jede Phrase lächerlich, und Oskar Maria Graf beherrscht dieses Bayrisch wie kein zweiter. Unsentimental wie seine Menschen sieht er die Welt, bildhaft und derb wie sie. Was er hinschreibt, steht da, klar und fest wie die bayrischen Berge unter dem bayrischen Himmel.

Drei Darsteller zeitgenössischer oberbayrischer Menschen verzeichnet die deutsche Literaturgeschichte. Ludwig Ganghofer ist der erste; seine geschickte, reißerische Technik täuschte viele, die sich gerne täuschen lassen wollten, über die Rührseligkeit und Verlogenheit seiner Romanhelden hinweg (er selber glaubte übrigens ehrlich an die Wahrhaftigkeit seiner Figuren, an das »Gute« im Menschen). Allein als dann Ludwig Thoma erschien, wurde Ganghofer mit seinen Konditorfiguren lächerlich. Ludwig Thoma seinesteils wirkte gerade auf dem Hintergrund des Ganghoferschen Zuckerbackwerks wie die schiere, reine Natur. Es bedurfte der Bücher Oskar Maria Grafs, um die Verlogenheit der Thomaschen Welt aufzudecken. Vor Grafs Treue in der Wiedergabe des wirklichen Oberbayern, vor der brutalen Sachlichkeit seiner Geschehnisse, seiner Menschen und vor allem seiner Sprache wirkt nun wieder Thomas Welt als verlogenes Theater, süßlich und arrangiert. Bei Oskar Maria Graf ist alles so erschreckend echt, daß er sich zu Thoma verhält wie Thoma zu Ganghofer.

Bei all seiner Sachlichkeit ist der bayrische Mensch auf derbe Art musisch. Er versteht zu sehen und plastisch wiederzugeben, was er sieht. (Man halte um Gottes willen nicht etwa Adolf Hitler für einen Typ dieses bayrischen Menschen. Zweifellos hat Hitler etwas Musisches an sich, aber es ist viel dumpfer, verquollener als das Derb-Musische des Bayern, die slawische und bayrische Mischung hat da kein gutes Ergebnis gezeitigt.)

Was die Oberbayern an Kunst produzieren, ist Bauernkunst. Sie sind nicht groß in der Gestaltung verästelter, nuancierter Dinge, aber wenn sie etwas Gradliniges, Einfaches wiedergeben, dann sind sie derb und wahr. Am stärksten also wirkt diese bayrische Kunst in der Darstellung von Anekdoten und Episoden. Da arbeiten sie das Wesentliche mit ein paar kräftigen Strichen heraus. Weniger eignet sich ihre Kunst zur Wiedergabe weiter, großer Gegenstände; denn die großen Zusammenhänge interessieren sie nicht, das Ferne interessiert sie nicht, sie interessiert nur das Nahe, sehr Gegenständliche.

Oskar Maria Graf ist denn auch am stärksten in der Darstellung einzelner Episoden, novellistischer Stoffe. Mehr als sein berühmtes Buch »Wir sind Gefangene« haben mich viele seiner »Kalendergeschichten« gepackt. Wenn endlich einmal die klassische Anthologie deutscher Kurzgeschichten zustande kommen wird, dürfen diese Kalendergeschichten nicht vergessen werden. Mehrere unter ihnen gehören zum Besten, was die Gattung überhaupt hervorgebracht hat.

Vielleicht hat ein Gefühl dieser seiner Stärke und seiner Schwäche Graf dazu bewogen, seinen letzten Roman »Der Abgrund« in zwei Teile zu zerschneiden, die er erster und zweiter »Torso« nennt. Dabei gehört dieser Roman zum Geschlossensten, was er gemacht hat.

Der erste »Torso« spielt in München und stellt dar die letzten Jahre der Weimarer Republik, wie ein kleinbürgerlicher sozialdemokratischer Münchner Stadtrat und seine Familie sie sieht und erlebt. Außerordentlich plastisch ist dieser wackere Sozialdemokrat Josef Hochegger, seine Bravheit, seine Biederkeit, sein guter Wille und seine Beschränktheit. Die Notwendigkeit des deutschen Schicksals, das Versagen der deutschen Sozialdemokratie wird in der Gestalt dieses einen

Sozialdemokraten, wie Graf ihn hinstellt, anschaulicher als in hundert langen Aufsätzen.
Und ebenso plastisch wird im zweiten »Torso« das Schicksal Österreichs, Österreichs Weg in den katholischen Faschismus hinein. Dieser zweite Teil gibt das Leben Hocheggers und seines Sohnes in der Wiener Emigration. Hier ist nichts gemacht, nichts arrangiert. Die Wiener Ereignisse, der Zusammenbruch des Roten Wien, verursacht durch den selbstgefällig behaglichen Bürokratismus der Sozialdemokraten, werden mit grausamer Nüchternheit photographiert, und gerade dadurch, daß dieser Zusammenbruch so dargestellt wird, wie emigrierte Deutsche ihn erleben, wird er doppelt anschaulich in seiner grausigen Tragikomik. Es ist erschütternd, empörend und lächerlich, wie die Österreicher bis zum Zusammenbruch die deutschen Fehler nachmachen, und gerade dadurch, daß Graf kaum etwas hinzufügt, sondern sich im wesentlichen darauf beschränkt, seine deutschen Emigranten auf dem Hintergrund der österreichischen Tragödie zu photographieren, kommt die bittere Komik des sozialdemokratischen Versagens doppelt scharf heraus.
Der junge Josef Hochegger, der den Weg vom bürokratischen zum kämpfenden Sozialismus geht, scheint mir nicht immer so rund und plastisch wie der alte, und seine illegale Tätigkeit vollzieht sich in einer Atmosphäre der Romantik, in der Graf nicht so zu Hause ist wie in der Wirklichkeit des alten Hochegger. Immerhin ist auch er da, und so rundet sich der Roman »Der Abgrund« zu einem starken, bleibenden Bild von der Trostlosigkeit, dem Heroismus, dem Kampf und der Hoffnung des Emigrantenlebens.

An meine Sowjetleser
(1938)

Ich will die russische Gesamtausgabe meiner Werke nicht erscheinen lassen, ohne meinen Sowjet-Lesern zu sagen, wieviel ich ihnen zu verdanken habe.

Das Verhältnis zwischen Buch und Autor wird ein anderes in dem Augenblick, in welchem der Dichter sein Werk als endgültig abgeschlossen ansieht. Wenngleich der wirkliche Dichter nach einem inneren Gesetz arbeitet, das er nicht verletzen kann, so steht es doch, solange er arbeitet, in seiner Macht, an Menschen und Geschehnissen seines Werkes herumzuexperimentieren, herumzumodellieren, er ist der Schöpfer, und sie sind werdende Geschöpfe, sie sind Ton, den er nach Belieben kneten kann, nach Haß und Laune und Liebe. Sowie er aber sein Werk vollendet hat und in die Welt entläßt, sind diese Menschen und Geschehnisse seiner Macht entzogen, sie leben selbständig weiter, sie wirken fort, ihr Bild verbindet sich in den Seelen von Hunderttausenden mit andern Bildern, formt sich um, zeugt neues Leben, neue Geschöpfe und Begebenheiten. Den Autor selber sehen seine Menschen und Dinge, wenn er ihnen später begegnet, häufig fremd an, sie sind anders geworden, genauso, wie er selber sich mit den Jahren verwandelt hat.

Diese Selbständigkeit der vom Autor geschaffenen Welt, diese Unabhängigkeit des Geschaffenen vom Schöpfer erkannte ich am deutlichsten und am bewegendsten bei der Begegnung mit Sowjet-Lesern. Ich mußte erleben, oder richtiger, ich durfte erleben, daß sich meine Geschöpfe im Gehirn meiner Sowjet-Leser völlig verändert hatten. Dies zwang mich, meine eigenen Geschöpfe mit neuen Augen zu betrachten, so etwa, wie man ein Kind, das man lange nicht gesehen hat, mit neuen Augen anschaut. Ich erkannte so meine früheren Geschöpfe neu, und ich erkannte mich selber neu bei dieser Begegnung.

Im Leben der Bourgeoisie ist die Literatur nichts weiter als sehr gehobener Zeitvertreib, sie ist Luxus, sie hat keine lebenswichtige Funktion. Man liebt sie, man hat sie gern, man würde nicht gern auf sie verzichten, aber man liebt Bücher und kauft sich Bücher, wie man sich einen Hund hält oder eine Katze. Vor dem Krieg pflegte sich der Bourgeois, sowie er ein bißchen zu Gelde gekommen war, in seiner Wohnung eine »gute Stube« einzurichten, auch Salon genannt. Diese gute Stube diente nicht dem Gebrauch, sie war zur Repräsentation bestimmt, in ihr empfing man Besuche, man wohnte nicht in ihr. Eine ähnliche Rolle spielt die Literatur im Gefüge des kapitalistischen Lebens. Künste und Wissenschaften sind im Hause der Bourgeoisie die gute Stube.

Im Leben der Sowjetbürger ist die Literatur ein Gebrauchsgegenstand. Der Schriftsteller gilt dem Sowjet-Leser als der Sachverständige für Seelisches, und er benötigt ihn wie den Arzt oder den Sporttrainer. Für den Leser der kapitalistischen Welt sind die Menschen der Bücher Spielpuppen für müßige Stunden, Schachfiguren: für den Sowjet-Leser sind sie reale Wesen. Sie werden nicht allein nach ihrer »Schönheit« bewertet und nach ihrer Gefälligkeit, sondern nach ihrer Wirklichkeit. Wenn die Menschen eines Buches mit dem Sowjet-Leser zusammenstoßen, müssen sie sich bewähren, müssen sie zeigen, ob sie leben, ob sie Realität sind.

Dies war eine der wichtigsten Erkenntnisse, welche die Begegnung mit Sowjet-Lesern mir verschaffte. Als ich ihren oft recht unbarmherzigen Fragen über meine Bücher und meine Menschen standhalten mußte, erkannte ich, wie brüchig manche meiner eigenen Gestalten waren und wie launisch und willkürlich manche Schicksale, die ich hatte abrollen lassen. Ich erkannte aber auch die Ursachen dieser Brüchigkeit, ich erkannte die Fehlerquellen. Es gelang mir, den Weg, den ich zurückgelegt hatte, deutlicher zu übersehen, und ich erkannte die Gesetzmäßigkeit in der Entwicklung meiner Schriftstellerei. Heute weiß ich mit Sicherheit, daß zwei große Geschehnisse meine literarische Entwicklung bestimmt haben: das Erlebnis des imperialistischen Krieges und das Erlebnis der sozialistischen Gesellschaft in der Sowjet-Union. Diese beiden Erlebnisse haben mir dazu verholfen, mich zu befreien von gewissen Vorurteilen der Klasse, inmitten deren ich geboren war und den größten Teil meines Lebens verbrachte.

Überschaue ich heute mein Werk, so erkenne ich dankbar, daß mein Schicksal mich rechtzeitig gelehrt hat, mich von einem gefährlichen Ästhetizismus abzukehren und Form und Inhalt ins rechte Verhältnis zu setzen. Dankbar erkenne ich, daß die Linie meines dramatischen sowohl wie meines epischen Werkes sinnvoll ansteigt und welchen Anteil an dieser sinnvollen Entwicklung das Bestehen einer sozialistischen Gesellschaft trägt.
Gesehen unter solchen Gesichtspunkten, gliedern sich mühelos die Romane, die ich geschrieben, nach der Entwicklung der Grundideen ihres Autors. Es sind da drei Bücher, welche versuchen, die Auseinandersetzung eines Individuums mit der Gesellschaft seiner Zeit zu gestalten, die private Auflehnung eines höchst persönlichen Wesens gegen eine immer sinnloser werdende Gesellschaftsordnung. Es sind dies die Romane »Jud Süß«, »Die häßliche Herzogin«, »Der falsche Nero«. Es ist da ferner die Trilogie »Josephus«, von welcher die beiden Bände »Der jüdische Krieg« und »Die Söhne« geschrieben sind und welche die Auseinandersetzung zu gestalten sucht zwischen Nationalismus und Internationalismus. Es geht darum, zu zeigen, daß ein Mensch gleichzeitig national und kosmopolitisch sein kann, und auch für die Lösung dieses Problems hat mir die Lösung des Nationalitätenproblems in der Sowjetunion wichtige Fingerzeige gegeben. Es ist da schließlich die Tetralogie »Wir Deutsche aus dem zwanzigsten Jahrhundert«, von der die beiden Romane »Erfolg« und »Die Geschwister Oppenheim« geschrieben sind und an deren drittem Roman »Exil« ich arbeite: die Zuversicht, daß ich den abschließenden vierten Roman »Rückkehr« werde schreiben können, gibt mir die kraftvolle Existenz der Sowjet-Union.
Es bleibt mir noch übrig, ein weniges über meine Technik zu sagen. Die Technik des historischen Romans, wie ich sie ausgebildet habe, ist viel diskutiert worden, häufig nachgeahmt, selten verstanden. Es ist hier nicht der Ort, auseinanderzusetzen, warum gerade ich nach der Art, wie ich Menschen und Geschehnisse apperzipiere, zuweilen genötigt bin, zeitgenössische Inhalte in der Form historischer Erzählung zu gestalten, gerade weil ich sie möglichst getreu wiedergeben will. Nur so viel: dies Verfahren ist individuell, und es ist an den

Autor gebunden. Es muß also falsche Ergebnisse zeitigen, wenn es mechanisch nachgeahmt wird, und es läßt sich keine allgemein gültige Technik daraus ableiten. Ohne weiteres aber gebe ich zu, daß vor allem die beiden ersten historischen Romane, die ich schrieb, das Spielerische, zu welchem die Methode verlockt, nicht ganz vermeiden, daß sie sich also manchmal ins Ästhetizistische verirren, ins Geschmäcklerische, daß sie Spuren dessen aufweisen, was man in der Sowjet-Union Formalismus nennt. (Lassen Sie mich bei diesem Anlaß erwähnen, daß man für mein Gefühl in der Sowjet-Union manchmal mit diesem Formalismus ein gefährliches Spiel treibt und mit dieser Übertreibung bedenklich in die autonome Sphäre des Künstlers eingreift.)
Ich glaube, daß ich heute den Verlockungen des Formalismus einen erheblich kräftigeren Widerstand entgegensetzen kann als früher. Ich glaube nämlich, einen Prüfstein gefunden zu haben dafür, wieweit ein Werk oder ein Teil eines Werkes artistisch ist und wieweit nicht. Zu allen Zeiten ließen die Nur-Ästheten ein Werk nur dann gelten, wenn es den Beifall der Kenner hatte. Die Reaktion auf dieses einseitige Urteil war natürlich, daß andere ein Werk nur dann gelten lassen wollten, wenn es das Volk, die Massen, mitriß. Ich glaube, daß ein Werk, welches Anspruch erhebt, ein wahres Kunstwerk zu sein, sowohl dem Urteil der Kenner wie dem Urteil der Massen muß standhalten können. Was die Massen, doch nicht den Kenner befriedigt, ist aus zu billigem Material gemacht und somit ohne Dauer; was nur den Kenner bewegt, doch nicht die Massen, wirkt lediglich durch seine Form und nicht durch den Inhalt und ist somit gleichfalls ohne Dauer. Gültigen Anspruch auf dauernden Wert hat also nur, was die Massen bewegt und den Kenner. Die Festigung auch dieser Erkenntnis habe ich der Begegnung mit Sowjet-Lesern zu danken.
Unter den Gesamtausgaben meiner Bücher dürfte die hier vorliegende russische die am vernünftigsten gegliederte sein. Ich hoffe, daß die Begegnung mit ihr meinen Sowjet-Lesern so viel Nutzen und Genuß bringt wie mir die Begegnung mit ihnen, und daß sie auf diese Art dazu beiträgt, die gute neue Welt, welche diese Sowjet-Leser aufrichten halfen, zu sichern und zu verbessern.

Dem toten Ernst Toller
(gest. 22.5.1939)
(1939)

Wie überströmend von Leben war dieser Ernst Toller. Wenn man eine Stunde mit ihm zusammen war, wieviel Entwürfe schüttete er vor einen hin, wieviel Pläne von Stücken, Geschichten, Essays. Wieviel Hilfsaktionen wollte er unternehmen für einzelne, für Gruppen, für Völker. Und mit welchem Feuer machte er sich an all diese Unternehmungen, und mit welchem Elan führte er sie durch.

Toller besaß wie wenige andere die Gabe, Menschen hinzureißen. Er liebte die Menschen, die Menschen spürten das, und sie spürten, daß die Worte, die er aus dem Munde ließ, ihm aus dem Herzen kamen. Ich erinnere mich eines Morgens, da ich mit ihm eine Mädchenschule in London besuchte. Sein Englisch war damals noch keineswegs perfekt, aber mit welcher Kunst und mit wieviel Einfühlung erzählte er den englischen Kindern seine Geschichten, wie wurde er selbst zum Kind, und wie hingen sie an seinen Lippen, trotz der ungewohnten Sprache, lachend, weinend, weil er selber lachte und weinte.

Ich erinnere mich eines Abends mit ihm und der Lady Oxford. Wir waren nach dem Theater noch zu ihr gegangen, man politisierte, debattierte, und es war spät nachts geworden, die alte energische Dame fand immer neue Argumente, wir wollten gehen, aber sie hielt uns zurück, immer wieder: wer von Tollers edler, ehrlicher Beredsamkeit gekostet hatte, wollte immer mehr davon hören.

Dann erinnere ich mich eines Frühstücks, bei dem Toller einen einflußreichen englischen Journalisten für die Sache Ossietzkys gewinnen wollte. Toller hatte eben geheiratet und sich in einem höchst romantischen, aber ebenso primitiven kleinen Haus in irgendeinem verwinkelten Teil von London installiert. Nichts klappte, aber mit welch liebenswürdiger Lustigkeit wußte Toller aus den vielen einzelnen Versagern komische Episoden zu machen, wie herzlich konnte er lachen, um dann ebenso unvermittelt und voll enthusiastischen Mitgefühls zu seinem großen Gegenstand zurückzufinden. Der Mann, der für Ossietzky gewonnen werden sollte, war längst gewonnen, er hätte gehen sollen, aber er blieb, und der arme Toller mußte noch herunterlaufen und irgendwo in der Stadt den Kaffee auftreiben, der nicht da war.

Und dann erinnere ich mich eines langen Abends, an dem Toller mir von dem Plan eines großen Romans erzählte, sein Held war jener Demosthenes, der rechtzeitig das Übel sah, das der griechischen Kultur von den Rüstungen des barbarischen Mazedonien drohte, und der es trotz aller glühenden Beredsamkeit und trotz allen überzeugenden Feuers nicht vermochte, die zivilisierten Völker gegen die drohenden Angriffe der Barbaren zur Energie zu stacheln und zu einigen. Toller erzählte von dem Roman, den er schreiben wollte, er erzählte zwei Stunden lang, der Roman war da mit all seinen Menschen, strömend in herrlicher Fülle.

Man hat viel geschrieben über den Menschen Toller und über den Dichter Toller. Aber wovon man nicht geschrieben hat, das ist das Hauptproblem, unter dem dieser Dichter litt, dem die Einfälle in solcher Fülle zuflossen und dem die Worte so leicht und schön aus dem Mund und aus der Schreibmaschine kamen. Es ist dies: er war zu hilfsbereit, er war zu menschlich, er verzehrte sich in Taten der Menschenliebe, und darüber verlor er die Zeit, die großen Werke zu schreiben, die in seinem Hirn fertig waren. Welch ein Jammer um diesen nichtgeschriebenen »Demosthenes«.

Mein Freund Ernst Toller hatte zuviel Herz für die anderen, um an sein eigenes Werk zu denken. Wenn einer, dann war er eine Kerze, die, an beiden Enden angezündet, verbrannte.

Offener Brief an sieben Berliner Schauspieler (1941)

Meine Herren,
ich lese im »Völkischen Beobachter«, daß Sie die Hauptrollen gespielt haben in einem Film »Jud Süß«, der in Venedig preisgekrönt worden ist. Der Film zeigt, berichtet das Blatt, das wahre Gesicht des Judentums, seine unheimliche Methodik und vernichtende Zielsetzung; er zeigt das unter anderem dadurch, daß er vorführt, wie der Jude Süß sich eine junge Frau durch die Folterung ihres Gatten gefügig macht. Kurz, wenn ich das geschwollene, am Bombast des »Führers« geschulte Geschwafel ins Deutsche übersetze, dann bedeutet es: Sie haben, meine Herren, aus meinem Roman »Jud Süß« mit Hinzufügung von ein bißchen Tosca einen wüst antisemitischen Hetzfilm im Sinne Streichers und seines »Stürmers« gemacht. Sie alle kennen meinen Roman »Jud Süß«. Fünf von Ihnen, soviel erinnere ich mich bestimmt, Sie können es aber auch alle sieben gewesen sein, haben in Bühnenbearbeitungen dieses meines Romans gespielt. Sie haben, über Einzelheiten mit mir diskutierend, gezeigt, daß Sie das Buch verstanden haben; Sie haben in Worten der Bewunderung darüber gesprochen.

Nun gewiß, man kann seine Ansicht ändern, und ich verstehe es, daß Sie nicht zu jenen Korkseelen gehören wollen, die immer auf der Oberfläche ihrer einmal vorgefaßten Meinung schwimmen. Sie haben alle in Stücken jenes August Strindberg gespielt, der dargelegt hat, daß sich im Laufe von sieben Jahren der menschliche Körper in jeder seiner Zellen ändert. Strindberg hat freilich unterstrichen, daß innerhalb all dieser körperlichen Änderungen der Geist der gleiche bleibt. Sie, meine Herren, gehen weiter: Sie bewiesen durch Ihr Beispiel, daß der ganze Mensch sich verändern kann, das Innen nicht weniger als das Außen.

Diese gründliche Wandlung mag Ihnen nicht ganz leicht gefallen sein. Es mag demjenigen unter Ihnen, der den Juden spielte, »nicht ganz leicht gefallen sein, sich in die schleimig-kriecherische, körperlich und geistig gleich widerliche Gestalt des Juden Süß einzuleben«, wie Ihr Rezensent sich ausdrückt. (Dieser Satz seines Berichtes ist übrigens der einzige, den ich ihm ohne weiteres glaube.)

Wenn wir zusammen probierten, meine Herren, dann haben Sie oft anerkannt, es sei angenehm, mit mir zu arbeiten, ich hätte Verständnis für Sie, ich könnte mich gut in Sie einfühlen. Nun denn, ich versuche auch jetzt, hier von der anderen Seite des Ozeans aus, mich in Sie einzufühlen. In Sie, mein glatter, in allen Farben schimmernder Werner Krauß, der Sie »verschiedene Talmudjuden nach- und durcheinander spielen, jeden einzelnen in Maske, Haltung, Sprache und Gestik mit einer geradezu unwahrscheinlichen Echtheit« (daß diese Echtheit unwahrscheinlich ist, glaube ich ohne weiteres). In Sie, Eugen Klöpfer, in Sie »Sinnbild deutscher Biederkeit«, wie Ihr Berichterstatter Sie nennt; daß man Sie einmal so bezeichnen werde, hätte sich auch keiner von uns je träumen lassen, Sie selber am wenigsten. In Sie, plumper, polternder, schlauer Heinrich George, der Sie dem Herzog »die behäbig breiten, brutalen Züge eines Genußmenschen geben, nach außen hin ein Kraftmensch, im Grunde aber ein Schwächling«; sicherlich nach neuem und intensivem Studium meines Buches. In Sie, versoffener und sich nach allen Seiten windender Albert Florath, und in Sie, kleiner, höchst wendiger Veit Harlan, der Sie »dafür bekannt sind, daß Sie historische Stoffe eindeutig zu gestalten wissen«; bald eindeutig nach dieser, bald eindeutig nach jener Seite offenbar, und diesmal haben Sie, wie Ihr Berichterstatter hervorhebt, »alle Ihre bisherigen Leistungen übertroffen«.

Ich stelle Sie mir also vor, meine Herren, ich stelle mir vor, wie Goebbels gelegentlich zu einem von Ihnen sagt: »Und da wäre dann noch dieser »Jud Süß«. Feuchtwanger hat ihn so populär gemacht, und er hat, objektiv, wie diese Juden nun einmal sind, auch alles so bequem zur Schau gestellt, was sich gegen den Juden ausdeuten läßt. Da könnte man doch einfach hingehen und sich das klauen. Man braucht nur die anderen zwei Drittel des Buches zu unterschlagen, und man könnte damit die besten Geschäfte machen.« A propos, Ihr Chef hat ja schon einmal mit meinem Roman »Jud Süß« ein gutes Geschäft gemacht. Da war damals, gerade als er zur Macht gekommen war, eine große, billige Neuauflage von »Jud Süß« gedruckt worden. Man hat einige Exemplare davon verbrannt, den Hauptteil der Auflage aber in die Schweiz und nach Österreich verschoben und gute Devisen dafür eingeholt.

Ich stelle mir also vor, wie man mit diesem Vorschlag zu Ihnen gekommen ist. Sie haben wahrscheinlich zuerst gezögert. Sie haben sich wahrscheinlich gesagt: »Geht das nicht ein bißchen weit? Man kann natürlich auf der Bühne Effekte erzielen, wenn man eine Figur als ihr Gegenteil darstellt, Cäsar als kleinen Dummkopf, Rembrandt als Pfuscher, Napoleon als Trottel und Hitler als großen Mann. Aber das geht doch nur im Lustspiel, und der Goebbelssche Film will ernst genommen werden.« Allein schließlich hat sich doch wohl der eine oder der andere unter Ihnen locken lassen von der Rolle und von der Gage, und der zweite hat es ihm nachgemacht, und der dritte hat sich gesagt: »Wenn ich die Rolle ablehne, bekommt sie ein anderer«, und der vierte hat sich gesagt: »Wenn ich die Rolle ablehne, dann kriege ich Unannehmlichkeiten«, und der fünfte ist wohl wirklich unter Druck gesetzt worden, und zuletzt also waren Sie alle im Atelier, die meisten unter Ihnen mit etwas schlechtem Gewissen, aber da waren Sie doch alle.

Und nun, meine Herren, wollen wir einmal nicht von Fragen der Überzeugung reden und von Geschmack und von Anstand und von Moral und dergleichen metaphysischem Zeug, sondern »realistisch«, wie es heute bei Ihnen üblich ist. War das, was Sie gemacht haben, gescheit? War es praktisch? Kann nüchtern rechenhafter Verstand es billigen?

Ich fürchte, meine Herren, nicht einmal von diesem Standpunkt aus haben Sie recht gehabt. Ich glaube ernstlich, Sie haben sich verrechnet, und am Ende werden Sie das Opfer Ihrer Überzeugung nur mit schlechtem Geld bezahlt bekommen haben, mit Inflationsgeld sozusagen.

Einige unter Ihnen haben mir diese sieben Jahre hindurch immer wieder durch Vertrauensleute versichern lassen, im Grunde seien Sie natürlich Nazi-Gegner, und wenn Sie in Deutschland blieben, dann nur, um den vom Regime Verfolgten zu helfen und schlimmste Dummheiten und Grausamkei-

ten zu mildern. Manchmal haben Sie sich dergleichen wohl selber vorgemacht, aber der Hauptgrund, aus dem Sie mir solche Erklärungen zukommen ließen, war wohl die Absicht, sich zu sichern für den Fall des Falles. Denn an die »tausend Jahre« des »Führers« hat auch nicht der Dümmste unter Ihnen geglaubt und sechs von Ihnen sind gar nicht dumm.
Und nun überlegen Sie einmal, meine Herren: wenn Sie nicht an diese tausend Jahre glauben, haben Sie dann nicht eine ganz kolossale Dummheit gemacht? Wenn Sie bis jetzt in irgendeinem albernen Nazi-Stück gespielt haben, dann durften Sie sich sagen: »Dieses Stück wird schnell wieder verschwinden, und wenn einmal das Regime vorbei ist, dann wird von dem Stück und unserer Mitwirkung nurmehr ein schwaches Hörensagen sein.« Jetzt aber haben Sie diesen dikken Film gedreht, diesen »Spitzenfilm«, in ganz großer Aufmachung. In diesem Fall also wird man, wenn es einmal soweit sein wird, nicht auf Berichte angewiesen sein, sondern man wird genau und mit eigenen Augen und Ohren nachkontrollieren können, was eigentlich Sie gemacht haben. Man wird mit Aug und Ohr nachprüfen können, wie Sie alle dazu beigetragen haben, die Geschichte jenes Juden, von dem Sie alle wußten, daß er ein großer Mann war, ins genaue Gegenteil zu verkehren. Und Sie werden nicht die bescheidenste Ausrede haben; denn Sie sind sich alle klar darüber gewesen, daß von Anfang an hinter diesem Film nicht die Spur eines künstlerischen Willens stand, sondern nur eine Tendenz, deren Dummheit und Gemeinheit allen bewußt war.
Wird Ihnen nicht ein bißchen ungemütlich bei der Vorstellung, daß die anderen, daß wir uns diesen Ihren Film anschauen, wenn das tausendjährige Reich verduftet ist? Finden Sie nicht, daß es, auf lange Sicht, doch ein bißchen töricht war, daß Sie in diesem »Jud Süß« mitgespielt haben? Sagen Sie nicht, Sie hätten sich ohne schwere Folgen nicht weigern können. Die gleiche Klugheit, die Ihnen seiner Zeit geraten hat, mir die Versicherungen abzugeben, von denen ich soeben sprach, hätte Sie, wenn Sie es nur gewollt hätten, sicherlich plausible Vorwände finden lassen, sich von diesem Schandwerk zu drücken. Aber Sie haben es eben nicht gewollt. Sie haben die Rolle gewollt, die Gage.
Sie lieben den Beifall, Ihr Herz und Ihr Ohr dürstet nach

Applaus. Gewiß hat der Applaus, der zuerst in Berlin und dann in Venedig Ihnen zuteil wurde, für eine kurze Weile die unbehaglichen Stimmen übertäubt, die sich – ich nehme es zu Ihren Gunsten an – in Ihnen regten. Allein selbst dieser Beifall dürfte bald einen unangenehmen Unterton gehabt haben.
Da berichten zum Beispiel die Zeitungen von einem Soldaten auf Urlaub, der sich diesen Ihren Film hat ansehen wollen, doch ehe die Vorführung zu Ende war, kamen die Flieger und die Bomben und verhinderten ihn, mit anzuschauen, wie der Jude gehängt wurde. Aber er wollte ihn gerne gehängt sehen, und so ging er ein zweites Mal in den Film. Allein auch diesmal mußte die Vorführung unterbrochen werden, bevor der Jude gehängt war, und der Soldat mußte schließlich aus seinem Urlaub zurück, und der Jude war immer noch nicht gehängt.
Ich kann mich in Sie einfühlen, und ich kann mir vorstellen, daß Sie das nachdenklich gemacht hat. Sie wohnen in vornehmen Stadtvierteln, meine Herren, und die Unterstände, in die Sie sich zurückziehen, wenn die englischen Flieger kommen, sind sicher relativ bequem. Aber so bequem doch nicht, daß Sie nicht manchmal mit Sehnsucht zurückdächten an die friedliche Zeit, da Sie noch mit jüdischen Regisseuren und Direktoren arbeiteten und da jüdische Kritiker das, was Ihnen gelang und was Ihnen mißglücke, aburteilten nicht nach den Regeln politischer Taktik, sondern nach den Regeln der Kunst.
»Lebt man, sieht man die Menschen, dann zerreißt das Herz oder es vereist«, hat einmal ein großer französischer Autor gesagt in Zeiten, die den unseren ähnlich waren. Zerrissen sind Ihre Herzen offenbar nicht. Aber wenn Sie Ihre Spitzenleistung »Jud Süß« vergleichen mit dem guten Theater, das wir vor Hitler in Berlin gemacht haben, dann spüren Sie vielleicht doch ein sonderbares Knacken in Ihren vereisten Herzen.
Wir werden uns wiedersehen, meine Herren, in Berlin, in einer Zeit, die vielleicht gar nicht so fern ist. Ich sehe Sie schon, wie Sie dann ankommen, ein Lächeln um Ihre Lippen, ein fröhliches, befreites Lächeln, das Ihnen sicher gut glücken wird, denn Sie sind ja gute Schauspieler. Aber in Ihren dann wieder beträchtlich aufgetauten Herzen wird Unsicherheit

sein. Sie werden diese peinvolle Ungewißheit zu vertreiben suchen durch mutwillige Zuversicht. Sie werden daran denken, daß wir immer großzügig waren, liberal. Aber zählen Sie, bitte, nicht zu fest darauf, meine Herren, daß wir auch diesmal die gleiche geradezu trottelhafte Toleranz betätigen werden. Rechnen Sie nicht darauf, daß auch diesmal alles gut gehen wird, und daß Sie werden tun können, als wäre nichts gewesen.

Nicht als ob wir rachsüchtig wären. Vielleicht zwar werden wir uns das Vergnügen machen, Sie zu zwingen, sich zusammen mit uns solche Filme anzuschauen wie Ihre Spitzenleistung »Jud Süß«. Aber das wird auch unsere ganze Vergeltung sein. Es ist nicht unsere Rachsucht, die Sie, wahrscheinlich, verhindern wird, mitzuwirken an dem guten Theater, das wir, sehr bald wieder, in Berlin aufzurichten gedenken. Es sind andere Gründe, aus denen ich bezweifle, daß wir Sie noch werden brauchen können.

Es ist dies: man kann, fürchte ich, nicht sieben Jahre hindurch gesinnungsloses, schlechtes Theater machen, ohne daß man an Talent einbüßt. Sonderbarerweise verlumpt gleichzeitig mit der Seele auch die Kunst. Sonderbarerweise kann ein guter Schauspieler nicht gegen seine Überzeugung spielen, ohne ein weniger guter Schauspieler zu werden.

Sie mögen große Gagen beziehen, Ihr Publikum heute mag vielleicht keinen Unterschied merken. Aber wenn wir wieder dasein werden, wenn Sie wieder in unseren Stücken zu spielen haben werden und unter unserer Regie, dann, seltsamerweise, wird sich zeigen, daß Sie nicht die gleichen geblieben sind. Nein so, wie, während der leibhaftige Dorian Gray unverändert blieb, sein Bild sich schrecklich veränderte, so werden Sie zwar in Ihrem Äußeren unverändert scheinen, doch Ihre Kunst wird, fürchte ich, die Spuren der Mitwirkung an solchen Filmen wie diesem »Jud Süß« zeigen.

Und nun werden Sie also meinen Brief lesen, und Sie werden die Achseln zucken und sich bemühen, ihn nach einer Stunde vergessen zu haben. Und wenn wir uns wiedersehen, dann werden Sie sagen: »Und erinnern Sie sich, lieber Feuchtwanger, Sie haben uns da ja so einen ulkigen Brief geschrieben.« Dann aber werden Sie mit Erstaunen merken, daß dieser Brief gar nicht so ulkig war.

Bis es soweit ist, meine Herren, nutzen Sie Ihre Zeit. Ich fürchte, ich hoffe, es ist nicht mehr viel Zeit. Und wenn Sie sich verändert haben, meine Herren, ich werde Ihnen entgegentreten können als

Ihr alter Lion Feuchtwanger

Der Schriftsteller im Exil
(1943)

1.

In München, als Student, habe ich an einem Seminar teilgenommen, das sich mit dem Thema beschäftigte: »Erlebnis und Dichtung«. Das war in den Zeiten tiefen Friedens vor dem ersten Weltkrieg, der Elfenbeinturm war große literarische Mode, und der Professor, der das Seminar leitete, machte einen säuberlichen Trennungsstrich zwischen äußerem und innerem Erleben. Die innere Form des Dichters schien ihm vorgeschrieben von seiner Geburt an, und er wollte es nicht gelten lassen, daß das Werk des Schriftstellers abhängig sei von dem Platz, an dem sein Schreibtisch stehe.

Es war in jenem Seminar die Rede davon, wie viele Schriftsteller aller Völker und aller Zeiten einen großen Teil ihres Lebens im Exil hatten verbringen müssen und wieviel Werke höchsten literarischen Ranges im Exil entstanden sind. Der leitende Professor erklärte, diese Jahre des Exils hätten zwar die Stoffwahl jener Autoren beeinflußt, nicht aber ihre innere Landschaft. Ich gestehe, daß mir schon damals als blutjungem Studenten diese These verdächtig vorkam. Ich konnte es nicht glauben, daß das Werk Ovids, Li-Tai-Pes, Dantes, Heinrich Heines, Victor Hugos nur im Stofflichen beeinflußt sei von der Verbannung dieser Dichter. Mir schien, daß das innerste Wesen der Werke, welche diese Dichter in der Zeit ihrer Verbannung geschrieben haben, bedingt war von ihren äußeren Umständen, von ihrem Exil. Der infernalische Haß gewisser Dantescher Terzinen, die blitzende Schärfe Victor Hugoscher Streitschriften, die schwermütig-heitere, süße und tiefe Heimatliche Li-Tai-Pe'scher Verse, der elegante und tödliche Hohn Heinescher Gedichte, das alles ist nicht denkbar ohne das Exil des Autoren. Das Exil ist kein zufälliger Nebenumstand, es ist die Quelle dieser Werke.

Nicht die Stoffe dieser Dichter haben sich verändert durch ihre Verbannung, sondern ihr Wesen.
Jetzt, im Beginn des zweiten Jahrzehnts meines Lebens und Dichtens im Exil, ist mir diese Meinung weit mehr geworden als eine bloße Meinung, sie gehört zu den Grundlagen meiner innern Existenz, und wenn ich nun zu Ihnen spreche über die äußern und innern Probleme, vor welche das Exil den Autor stellt, so hoffe ich, meine Ausführungen werden nicht zu sehr gefärbt sein von der Farbe sehr schmerzhaften Erlebens.

2.

Ich möchte nicht lange verweilen bei dem bittern Thema, mit wieviel äußern Schwierigkeiten der Schriftsteller im Exil sich herumzuschlagen hat; ich hoffe, denjenigen unter Ihnen, welche diese Schwierigkeiten nicht erfahren haben, werden sie erspart bleiben.
Der Schriftsteller, der den Leserkreis seines eigenen Landes verliert, verliert mit ihm sehr häufig das Zentrum seiner wirtschaftlichen Existenz. Sehr viele Schriftsteller, die in ihrem eigenen Lande marktfähig waren, sind trotz höchster Begabung im Ausland nicht verkaufbar, sei es, weil ihr Wert vor allem im Sprachlichen liegt und dieses Sprachliche nicht übertragbar ist, sei es, weil ihre Stoffe den ausländischen Leser nicht interessieren. Den gutgemeinten Anregungen mancher Verleger, Konzessionen an den Geschmack des ausländischen Publikums zu machen, können und wollen viele exilierte Schriftsteller nicht nachkommen. Es ist erstaunlich, wie viele Autoren, deren Leistungen die ganze Welt anerkannt hat, jetzt im Exil trotz ernsthaftester Bemühungen völlig hilf- und mittellos dastehen.
Dazu kommt, daß viele Schriftsteller mehr als andere Exilanten leiden unter den läppischen kleinen Miseren, aus denen der Alltag des Exils sich zusammensetzt. Es ist keine große Sache, in einem Hotel wohnen zu müssen und auf Schritt und Tritt bürokratischen Weisungen unterworfen zu sein. Aber einen weitgespannten Roman in einem Hotelzimmer zu schreiben ist nicht jedem Schriftsteller gegeben, es reißt an den Nerven; es reißt doppelt an den Nerven, wenn der Autor

nicht weiß, ob er morgen noch dieses Hotelzimmer wird zahlen können, wenn seine Kinder ihn um Essen bitten, und wenn die Polizei ihm mitteilt, daß binnen drei Tagen seine Aufenthaltsbewilligung abgelaufen ist.
Die Leiden der Verbannung sind nur in seltenen Augenblikken heroisch, sie bestehen zumeist in kleinen, albernen Mißlichkeiten, denen sehr oft etwas leise Lächerliches anhaftet. Aber die Überwindung dieser kleinen äußern Schwierigkeiten kostet im günstigsten Fall viel Zeit und Geld. Von mir zum Beispiel verlangte man in verschiedenen Ländern, ich solle Papiere beibringen, die ich als Flüchtling nicht haben konnte, ich solle mit Dokumenten aus meiner Heimat nachweisen, daß ich ich bin, daß ich geboren bin und daß ich Schriftsteller bin. Ich übertreibe nicht, wenn ich konstatiere, daß die Bemühungen, dies nachzuweisen, mich ebensoviel Zeit gekostet haben wie das Schreiben eines Romanes.
Die ökonomischen Schwierigkeiten und der aufreibende Kampf mit Nichtigkeiten, die nicht aufhören, sind das äußere Kennzeichen des Exils. Viele Schriftsteller sind davon zermürbt worden. Viele zogen den Selbstmord dem tragikomischen Leben im Exil vor.

3.

Wer Glück hat, wer um all das herumkommt, der sieht sich bei seiner Arbeit inneren Schwierigkeiten gegenüber, von denen er sich in der Heimat nichts träumen ließ.
Da ist zunächst die bittere Erfahrung, abgespalten zu sein vom lebendigen Strom der Muttersprache. Die Sprache ändert sich von Jahr zu Jahr. In den zehn oder elf Jahren unseres Exils ist das Leben sehr schnell weitergegangen, es hat für tausend neue Erscheinungen tausend neue Worte und Klänge verlangt. Wir hören die neuen Worte für diese neuen Erscheinungen zuerst in der fremden Sprache. Immer und für alles haben wir den Klang der fremden Sprache im Ohr, ihre Zeichen dringen täglich, stündlich auf uns ein, sie knabbern an unserem eigenen Ausdrucksvermögen. Einem jeden unter uns kommt es vor, daß sich manchmal das fremde Wort, der fremde Tonfall an die oberste Stelle drängt.

Einige von uns haben es mit einigem Erfolg versucht, in der fremden Sprache zu schreiben: wirklich geglückt ist es keinem. Es kann keinem glücken. Gewiß, man kann lernen, sich in einer fremden Sprache auszudrücken; die letzten Gefühlswerte des fremden Tonfalls lernen kann man nicht. In einer fremden Sprache dichten, in einer fremden Sprache gestalten kann man nicht. Einen Barbaren nannten die Griechen und Römer jeden, der sich nicht in ihrer Sprache ausdrücken konnte. Der Dichter Ovid, zu solchen Barbaren verbannt, hat in ihrer barbarischen Sprache gedichtet und wurde von ihnen hoch geehrt. Dennoch hat er geklagt: »Hier bin ich der Barbar, denn keiner versteht mich.«
Seltsam ist es, zu erfahren, wie die Wirkung unserer Werke nicht ausgeht von der Fassung, in welcher wir sie geschrieben, sondern von einer Übersetzung. Der Widerhall, den wir hören, ist nicht der Widerhall des eigenen Worts. Denn auch die beste Übersetzung bleibt ein Fremdes. Da haben wir etwa um einen Satz, um ein Wort gerungen, und nach langem Suchen haben wir den Satz, das Wort gefunden, die glückliche Wendung, die sich unserem Gedanken und Gefühl bis ins Letzte anschmiegte. Und nun ist da das übersetzte Wort, der übersetzte Satz. Er stimmt, es ist alles richtig, aber der Duft ist fort, das Leben ist fort. Sehr häufig verhält sich der übersetzte Satz zu dem unsern wie eine Übertragung der Bibel in Basic English zum Worte des Herrn.

4.

Allmählich, ob wir es wollen oder nicht, werden wir selber verändert von der neuen Umwelt, und mit uns verändert sich alles, was wir schaffen.
Es gibt keinen Weg zur inneren Vision als den über die äußere. Das neue Land, in dem wir leben, beeinflußt die Wahl unserer Stoffe, beeinflußt die Form. Die äußere Landschaft des Dichters verändert seine innere.
Manche unter uns sind so von innen her gebunden an die Inhalte und Formen ihrer Jugend und ihrer Heimat, daß sie davon nicht loskommen und sich nach Kräften sträuben gegen ihre neue Umwelt. Dieses Sicheinschließen in die tote Ver-

gangenheit, dieses Sichabsperren von dem wirklichen Leben ringsum, diese stolze Absonderung vermindert die Kraft der Dichter, macht sie trocken, dörrt sie aus, die exilierten Schriftsteller, die es so halten – es sind ihrer eine ganze Reihe, darunter Schriftsteller höchsten Formates –, haben das schwerste Los gezogen, und ihre Bitterkeit ist die tiefste.

Ich bemühe mich, wie ich schon im Eingang sagte, nicht zu viel Ressentiment zu zeigen, wenn ich von den Leiden des Schriftstellers im Exil erzähle. Das macht meine Schilderung blaß, und ich habe das Gefühl, alles, was ich gesagt habe, ist untertrieben und viel zu trocken. Dafür steht alles, was ich zu dem Thema »Der Schriftsteller im Exil« sagen könnte, viel besser ausgedrückt in meinem Roman »Paris Gazette«.

Dieser Roman heißt übrigens in seiner Originalfassung keineswegs »Paris Gazette«. Der Titel ist eine Konzession an den Geschmack des Auslandes. Im Original heißt der Titel schlicht und wahr und kühn, oder, wenn man will, frech: »Exil«.

In diesem Roman »Exil« habe ich während einer der trübsten Perioden meines Exils ein allgemeines Kapitel eingefügt über die Wirkungen des Exils. Heute freue ich mich, daß ich auch in jener trüben Zeit den Ton nicht gelegt habe darauf, wie der Künstler im Exil leidet, sondern darauf, wie der Schriftsteller, der wirkliche, derjenige, der diesen Namen verdient, wächst und an Kraft zunimmt im Exil.

Denn wenn das Exil zerreibt, wenn es klein und elend macht, so härtet es auch und macht groß. Es strömt dem Schriftsteller im Exil eine ungeheure Fülle neuen Stoffes und neuer Ideen zu, er ist einer Fülle von Gesichten gegenübergestellt, die ihm in der Heimat nie begegnet wären.

Ja, wenn wir uns bemühen, unser Leben im Exil historisch zu sehen, dann erweist sich jetzt schon, daß beinahe alles, was unsere Arbeit zu behindern schien, ihr am Ende zum Heil ausschlug. Ich darf in diesem Zusammenhang nicht verschweigen, daß zum Beispiel auch der erzwungene ständige Kontakt mit der fremden Sprache, über den ich vorhin so laut zu klagen hatte, sich am Ende als Bereicherung erweist. Der im fremden Sprachkreis lebende Autor kontrolliert beinahe automatisch das eigene Wort ständig am fremden. Häufig dann sieht er, daß die fremde Sprache ein treffenderes Wort hat für das, was er ausdrücken will. Er gibt sich dann nicht zufrieden mit dem, was ihm die eigene Sprache darbietet, sondern er schärft, feilt und poliert an dem Vorhandenen so lange, bis es ein Neues geworden ist, bis er der eigenen Sprache das neue, schärfere Wort abgerungen hat. Jeder von uns hat glückliche Wendungen der fremden Sprache seiner eigenen eingepaßt.

5.

Es ist wohl so, daß Leiden den Schwachen schwächer, aber den Starken stärker macht.
Manche unter uns hat das Exil eingeengt, aber den Kräftigeren, Tauglicheren gab es mehr Weite und Elastizität, es machte ihren Blick freier für das Große, Wesentliche und lehrte sie, nicht am Unwesentlichen zu haften.
»Und solang du das nicht hast, dieses Stirb und Werde, bist du nur ein trüber Gast auf der dunkeln Erde«, heißt es bei Goethe. Das Exil ist eine harte Schule, die einem mit sehr energischen Mitteln beibringt, was dieses Stirb und Werde bedeutet. Eine ganze Reihe der exilierten Schriftsteller sind innerlich reifer geworden, haben sich erneuert, sind jünger geworden. Sie sind nicht nur bitterer geworden, sondern auch weiser, gerechter gegen ihre neue Welt, dankbarer und der eigenen Sendung tiefer bewußt. Jenes Stirb und Werde wurde ihnen Erlebnis und Besitz.
Alles in allem hat, glaube ich, die Literatur im Exil die Probe nicht schlecht bestanden. Wenn sich die Flut verlaufen haben wird, was taugt und was nicht, dann werden sich unter den Werken der Epoche diejenigen, die im Exil geschrieben wurden, nicht als die schlechtesten erweisen.

X.

GEFÄHRTEN DER EXILZEIT

Bertolt Brecht
Dargestellt für Engländer
(1928)

1.

Um die Jahreswende 1918/19, bald nach Ausbruch der sogenannten deutschen Revolution, kam in meine Münchner Wohnung ein sehr junger Mensch, schmächtig, schlecht rasiert, verwahrlost in der Kleidung. Er drückte sich an den Wänden herum, sprach schwäbischen Dialekt, hatte ein Stück geschrieben, hieß Bertolt Brecht. Das Stück hieß »Spartakus«. Im Gegensatz zu der Mehrzahl der jungen Autoren, die, wenn sie Manuskripte überreichen, auf das blutende Herz hinzuweisen pflegen, aus dem sie ihr Werk herausgerissen hätten, betonte dieser junge Mensch, er habe sein Stück »Spartakus« ausschließlich des Geldverdienstes wegen verfaßt. Um jene Zeit war im deutschen Drama der Expressionismus große Mode, unsre jungen Dramatiker rissen sich die Brust auf und holten langhinhallende pathetische Deklamationen hervor, beteuernd, die sozialen Einrichtungen seien minderwertig, der Mensch hingegen gut. In dem Manuskript des neunzehnjährigen Bertolt Brecht stand nichts dergleichen. Vielmehr war es eine zügig hingeworfene dramatische Ballade von einem Soldaten, der aus dem Krieg nach Haus kommt, sein Mädchen von einem andern geschwängert findet, von ihren geldverdienenden Eltern hinausgeschmissen wird, in den Kneipen und Straßen der Proletarier die Arbeiter zur Revolution aufhetzt, an ihrer Spitze das Zeitungsviertel stürmt. Von da an ging das Manuskript auseinander; es lagen verschiedene Fassungen vor. Die eine, am meisten charakteristische, war so, daß das Mädel während des Kampfes zu ihrem Soldaten geht und daß der, nun er sie hat, die Revolution Revolution sein läßt, das Mädel, wenn auch etwas ramponiert, mit sich nimmt und abhaut. Er ist jetzt satt, und

Revolution ist eine Sache für Hungrige, und er geht jetzt nach Haus, wo ein breites, weißes Bett bereit ist. Dies also stand in dem Manuskript »Spartakus«, sehr unliterarisch vorgetragen. Die Menschen des Manuskripts sprachen eine außermodische, wilde, kräftige, farbige Sprache, nicht aus Büchern zusammengelesen, sondern dem Mund des Volkes abgeschaut. Ich las also dieses balladenhafte Stück, und ich telephonierte dem Verwahrlosten, warum er mich denn angelogen habe; er habe doch dieses Stück niemals nur aus äußerer Not geschrieben. Da begehrte aber dieser junge Autor sehr auf, er wurde heftig und fast bis zur Unverständlichkeit dialektisch und erklärte: gewiß habe er dieses Stück nur des Geldes wegen geschrieben; er habe aber noch ein andres Stück, das sei wirklich gut, und das werde er mir bringen. Er brachte es mir auch, es hieß »Baal«, hatte aber nichts mit dem Gotte gleichen Namens zu tun, sondern erwies sich als eine noch viel wildere, wüstere und sehr herrliche Sache.
Was übrigens jenes Manuskript »Spartakus« anlangt, so brachte es mir ein unangenehmes Erlebnis. Im Frühjahr jenes Jahres wurde nämlich in München eine Räteregierung ausgerufen. Sie dauerte nur sehr kurze Zeit, dann wurde die Stadt wieder von weißen Truppen besetzt. Es wurde bei den Intellektuellen Haussuchung gehalten. Soldaten mit Revolvern und Handgranaten kamen in meine Wohnung, veranlaßten mich, Schreibtisch und Schubladen zu öffnen, und das erste, was ihnen in die Hände fiel, war ein Manuskript, betitelt »Spartakus«. Man ging um jene Zeit in München nicht grade sanft mit dem einzelnen um, die Kugeln saßen sehr locker, die Zahl der Getöteten geht hoch in die Hunderte. Die Geschichte mit dem Manuskript »Spartakus« hätte für mich leicht übel ausgehen können, wenn nicht unter den Soldaten einige Düsseldorfer Studenten gewesen wären, die Stücke von mir gesehen und Bücher von mir gelesen hatten, so daß ich ihnen begreiflich machen konnte, daß es sich bei diesem »Spartakus« nicht um Agitationsmaterial handle.
Ich habe übrigens später, als ich die Aufführung des »Spartakus« durchdrückte, Brecht veranlaßt, das Werk »Trommeln in der Nacht« zu nennen.

2.

Der Dichter Bertolt Brecht, geboren 1898 in der kleinen Stadt Augsburg, sieht alles eher aus als deutsch. Er hat einen langen, schmalen Schädel mit stark hervortretenden Jochbogen, tiefliegende Augen, in die Stirn hineinwachsendes, schwarzes Haar. Auch gibt er sich betont internationalistisch, und seinem Aussehen nach dürfte man ihn für einen Spanier oder für einen Juden oder für beides halten. Dennoch ist dieser Nachkömmling deutscher evangelischer Bauern, der von den Deutschnationalen wüst angefeindet wird, in seiner Dichtung so deutsch, daß es verflucht schwer hält, ihn jenseits von Deutschland verständlich zu machen. Es liegt ihm mehr an der Arbeit als an dem vollendeten Werk, mehr am Problem als an der Lösung, mehr am Wege als am Ziel. Er pflegt seine Dichtungen unendlich oft umzuarbeiten, zwanzig, dreißig Mal und für jede unbedeutende Provinzaufführung von neuem. Es liegt ihm durchaus nichts daran, daß ein Werk fertig ist, immer wieder, auch wenn sie zehnmal gedruckt ist, erweist sich die letzte Fassung als die vorletzte, er ist die Verzweiflung der Verleger und Theaterdirektoren. Wird er auf irgendeine innere Unwahrhaftigkeit aufmerksam gemacht, so scheut er sich nicht, die Arbeit eines Jahres rücksichtslos umzustoßen; aber er wendet keine Minute an die Korrektur eines groben Fehlers in der äußeren Wahrscheinlichkeit. Das überläßt er dem Regisseur oder seiner Sekretärin oder einem Herrn X. Denn es liegt ihm mehr an der innern Kurve seiner Menschen als an der äußern Kurve der Handlung. So finden sich in der Handlung seiner Stücke die krassesten Unwahrscheinlichkeiten. Die äußern Dinge sind so salopp hingeworfen, daß ihr Mangel an Zusammenhang und Logik viele Hörer abstößt. Bertolt Brecht strebt Klassizität an, das heißt, strengste Sachlichkeit. Aber durch den Mangel an äußerer Glaubwürdigkeit wirkt er romantisch, und es haftet an allen seinen Dichtungen etwas Fragmentarisches.

Er schreckt vor keiner Derbheit zurück und nicht vor letztem Realismus. Er ist ein wunderliches Gemisch von Zartheit und Rücksichtslosigkeit. Von Plumpheit und Eleganz, von Verbohrtheit und Logik, von wüstem Geschrei und empfindlicher Musikalität. Er wirkt auf viele abstoßend; aber wer einmal seinen Ton begriffen hat, kommt schwer los von ihm. Er ist widerwärtig und reizvoll, ein sehr schlechter Schriftsteller und ein großer Dichter und unter den jüngern Deutschen ohne Zweifel der, der die meisten geniehaften Züge trägt.

3.

Bertolt Brecht hat eine Erfindung gemacht, er nennt sie das epische Drama. Er wird sehr böse, wenn man diese Erfindung aus seinem eignen Mangel an konstruktivem Sinn erklärt. Die Erfindung besteht darin, daß er auf jede Spannung im Drama verzichtet und daß er die Herstellung von Antithese und Spannung, daß er jeden zweckvoll ersonnenen Aufbau einer Handlung für unkünstlerisch ansieht. Vielmehr vernichtet das Brechtsche epische Drama im Gegensatz zum französischen Theater jede Spannung, indem es die Geschehnisse von vornherein naiv und deutlich ansagen läßt. Es kommt, nach Brecht, darauf an, daß der Zuschauer nicht mehr auf das Was, sondern nur auf das Wie achtet. Es kommt weiterhin, nach Brecht, darauf an, daß der Zuschauer um Gottes willen sich nicht einfühlt. Das Schmarotzenwollen am Schicksal und am Leben eines andern muß, nach Brecht, dem Publikum ausgetrieben werden. Es kommt vielmehr, nach Brecht, darauf an, daß der Mann im Zuschauerraum sich die Ereignisse auf der Bühne lediglich betrachtend, wißbegierig, lärmbegierig anschaut. Anschauen soll der Zuschauer den Ablauf eines Lebens, seine Schlüsse daraus ziehen, ablehnen, zustimmen, sich interessieren soll er, aber um Gottes willen nicht mitfühlen. Er soll sich die Mechanik eines Geschehens betrachten wie die Mechanik eines Autos. Es ist auch durchaus nicht nötig, daß sich der Zuschauer etwa ein ganzes Stück anschaut. Da er von Anfang an über die einzelnen Phasen informiert wird, kann er sich aussuchen, ob er sich anschauen will, wie sich der Held in dieser oder jener schwierigen und interessanten Situation verhält, wie er kämpft, wie er sich oder andre verwandelt, wie er sich zur Masse verhält, in ihr aufgehend oder sich gegen sie behauptend, wie er mit dem Strom oder gegen ihn schwimmt, wie er stirbt.

4.

Wahrscheinlich ist das Zentrum, von dem Brecht ausgeht, die Ballade. Er hat unter dem Titel »Die Hauspostille« eine Sammlung von Balladen veröffentlicht, Geschichten des kleinen oder auch des großen Lebens, dargestellt auf eine volkhaft urtümliche Art, wild, frech, fromm, zynisch. Mancherlei Menschen und mancherlei Gefühle sind in diesen Gedichten zum ersten Mal gesichtet und zum ersten Mal gesagt. Wahrscheinlich ist es nicht leicht, die Musik dieser Verse in eine fremde Sprache zu übertragen; aber ich glaube, daß das Wesen dieser Dichtungen auch dem Nichtdeutschen zugänglich ist, und ich mache kein Hehl aus meiner Überzeugung, daß ich neben Kipling Brecht für den ersten Balladendichter unter den Zeitgenossen halte.

Von den Stücken Brechts ist vielleicht das Lustspiel »Mann ist Mann« auch einem breitern Kreis am leichtesten verständlich. Es schildert die Verwandlung.des Packers Galy Gay in einen Soldaten der indischen Armee. Eine Maschinengewehrabteilung eines indischen Regiments hat ihren vierten Mann bei einem Einbruch verloren und muß, soll der Einbruch nicht entdeckt werden, ihren vierten Mann unter allen Umständen wiederschaffen. Zu diesem Behuf verwandeln drei Soldaten den harmlosen Packer Galy Gay, einen Mann, der nicht nein sagen kann, in ihren vierten Mann, in Jeraiah Jip, Soldaten der indischen Armee. Sie montieren das Individuum Galy Gay von innen her um zu einem Massenmenschen, dergestalt, daß er am Schluß wirklich nicht mehr der Packer Galy Gay ist, sondern der Soldat Jeraiah Jip und den unvermutet und verspätet auftauchenden wirklichen Jeraiah Jip zum Teufel jagt. Die äußern Voraussetzungen der Fabel sind phantastisch, die Stadt Kilkoa, in der die Handlung spielt, ist in jeder Hinsicht von einem Augsburger erfunden, die Soldaten sind auf überaus kindliche Art Kipling entnommen, und im Mittelpunkt der Handlung steht ein ungewöhnlich alberner Schwank mit einem künstlichen Elefanten. Es ist nirgends eine Spur äußerer Wahrscheinlichkeit, jede Illusion ist auf die primitivste Art zerstört. Aber die innere Logik der Verwandlung dieses Mannes Galy Gay ist zwingend, und wenn der lebendige Galy Gay dem toten Galy Gay die Grabrede hält, so wüßte ich unter den Szenen der Lebenden keine, die dieser an Großheit der grotesk-tragischen Erfindung und Grundauffassung gleichkommt.

5.

Der Dichter Bertolt Brecht hat sich bisher in Deutschland nicht durchgesetzt. Volksbühnen und große, experimentierende Provinzbühnen spielen ihn, und er ist ein Lieblingsthema der Literaten. Es ist nicht ganz leicht, sich in ihn hineinzulesen, und ihn zu übersetzen ist sicher sehr schwer. Aber ich glaube, es lohnt.

Heinrich Mann
Zum 75. Geburtstag
(1946)

Unter den deutschen Schriftstellern, die sich vorsetzen, unser Jahrhundert nicht nur in ihren Büchern zu gestalten, sondern es durch sie zu verändern, ist er der größte.

Zu Beginn des Jahrhunderts, als überall in der Welt ein reiner, hochmütiger Ästhetizismus herrschte, scheute er sich nicht, aus seinen Büchern politische Werkzeuge zu machen, ohne indes die Anforderungen an seine Kunst um einen Zoll herunterzuschrauben. »Flöten und Dolche« ist der Titel einer seiner Novellensammlungen, Flöten und Dolche sind alle seine Werke.

In seinen früheren Büchern, in seinen »Göttinnen«, in der »Jagd nach Liebe« überwiegt noch die Freude am Ästhetischen, in den späteren ist alles ausgeglichen. »Professor Unrat«, »Der Untertan« sind ganz getaucht in die giftgrüne Farbe des Hohnes über die Zeit, aber Menschen und Geschehnisse sind, davon unabhängig, rund und ganz, so interessant in sich selber, daß ein völlig entgifteter »Unrat« zur Grundlage eines »Blauen Engels« werden konnte. Andernteils wird, wer immer Ohr hat, der Dichtung Stimme zu vernehmen, hingerissen von der Harmonie des Baues der »Kleinen Stadt«, von der Musik, die jeden ihrer Sätze durchklingt; aber dahinter steht die Kampfansage gegen eine Zeit, die stumpf und tot bleibt außerhalb der kurzen Spanne, da ein außerordentliches Ereignis sie aufrüttelt.

Heinrich Mann hat das Deutschland des letzten Jahrzehnts früher und schärfer vorausgesehen als wir alle. Er hat es dargestellt von seinen Anfängen her, lange bevor es Wirklichkeit wurde. Als dann das große Grauen hereinbrach und alles so anders wurde, als wir es uns gedacht hatten, als überall in der Welt seltsame und furchtbare Wechselfälle und Umschwünge kamen, sind viele von uns irre geworden und in Panik geraten. Heinrich Mann hat sich durch nichts irremachen lassen.

Unverrückbar stand er zu seiner Überzeugung, der Überzeugung eines großen Herzens und eines scharfen Verstandes.
Die Geschichte geht im Zickzack, die Geschichte macht Umwege. Die Geschichte hat Zeit. Ein einzelner Mann hat weniger Zeit. Er kann sich, wenn er ein großes Leben führen und ein großes Werk hinterlassen will, so viel Auf und Ab nicht leisten. Heinrich Mann ist denn auch immer nur einer Linie gefolgt, der geraden, einheitlichen Linie des militanten Humanismus.
Wir alle haben die großen Reden glühenden Hasses gehört und gelesen, in denen er die Barbarei verhöhnt, angeklagt und für spätere Generationen dargestellt hat. Man macht sich oft lustig über die geringe Wirkung literarischer Tätigkeit; gerade Schriftsteller pflegen das gerne zu tun. Ich glaube, daß Heinrich Manns »Literatur« Wirkung getan hat, eine Wirkung, welche die Geschichte erkennen und anerkennen wird. Es ist kein Zufall, daß gerade in den entscheidenden Jahren er am meisten angegriffen wurde, von der Presse der Nazis sowohl wie von der Presse Vichys. Ich erinnere mich noch mit bitterem Schmunzeln eines Artikels der Vichy-Presse, in welchem uns Emigranten die Hauptschuld zugeschoben wurde am Zusammenbruch Frankreichs, und Heinrich Mann, »le vieux coquin«, war da an erster Stelle genannt. Die Nazis also zumindest und Frankreichs Faschisten haben seine Tätigkeit und ihre Wirkung nicht gering angeschlagen.
Nun aber ist es nicht etwa so, daß Heinrich Mann die Jahre des Exils einzig und allein dazu verwandt hätte, aufzuzeigen, was an der Zeit böse und verderblich war. Er hat vielmehr den Fratzen der »Führer«, die rings um uns aufstanden, die Gestalt eines wahren Führers gegenübergestellt, er hat sich nicht nur als ein großer Hasser, sondern auch als ein großer Verehrer und Liebender erwiesen, er hat in einem weiten und mächtigen Roman-Gobelin das Leben und die Taten eines wahren Führers geschaffen aus der Innigkeit eines großen Herzens und der Leuchtkraft eines überlegenen Verstandes heraus, er hat geschaffen für uns und für die Späteren das Bild des Mannes Henri IV., Königs von Frankreich, das Bild eines wahren Führers. Er hat zudem im Rahmen dieses großen Romanwerkes die schönste und stärkste Liebesgeschichte geschrieben, die ein Deutscher in unserem Jahrhundert geschrieben hat,

die Geschichte von der romantischen und realistischen Liebe dieses Heinrich zu Gabriele d'Estrées.
Wenn Heinrich Mann in den Jahren des Exils nur das getan hätte, wovon ich bisher sprach, wenn er sich darauf beschränkt hätte, in einem mächtigen Roman, in großen Reden und Aufsätzen und in einer Autobiographie den Sinn der Zeit darzustellen, so wäre das wahrscheinlich genug gewesen: denn es erfordert Größe und Kraft, inmitten der läppischen, zerreibenden Widerwärtigkeiten des Exils Werke solcher Art zu schaffen. Wenn sich also Heinrich Mann in diesen Jahren durch nichts anderes bewährt hätte als durch dieses sein Werk: keine Zeit könnte ihm den Namen eines großen Mannes verweigern. Allein er hat mehr getan, er hat als ein großer Mann gelebt.
Als sich die Dinge in Frankreich zuspitzten, als die Verfolger uns umkreist hatten, als wir in Greifweite unserer bittersten Feinde waren, damals, und zwar als es galt, sich innerhalb von Minuten zu entscheiden, hat sich Heinrich Mann bewährt wie kein zweiter. – Wir alle lebten damals ein unglaubhaftes, abenteuerliches Leben. Es war geglückt, Heinrich Mann nach Marseille zu schaffen. Dort also, in einem Haus, in dem ich verborgen lebte unter Umständen, die ihn verwirren mußten und die ihm lange auseinanderzusetzen keine Zeit war, traf ich ihn. Ich mußte ihm, immer in Eile und in vagen Umrissen, von einem abenteuerlichen Fluchtprojekt erzählen, das große Ansprüche stellte an die Nerven und an die physische Kraft derjenigen, die es unternahmen. Ich mußte den damals neunundsechzigjährigen Heinrich Mann fragen: »Sind Sie bereit, alles, was Sie haben, im Stich zu lassen, einen Rucksack mit dem Allernotwendigsten auf die Schulter zu nehmen, 30 Kilometer durch die Nacht zu marschieren, auf verbotenen Wegen, und dann ein zweifelhaftes Motorboot zu besteigen? Dieses Motorboot soll uns, immer in Gefahr, von deutschen oder italienischen Schiffen geschnappt zu werden, mittels einer Reise, die der Kapitän auf sieben bis zehn Tage veranschlagt, um Spanien herum nach Lissabon bringen. Sind Sie, Heinrich Mann, bereit, mitzumachen?« Andere, vor die gleiche Frage gestellt, hatten versagt, hatten gezögert, hatten es nicht gewagt. Der neunundsechzigjährige Heinrich Mann, ohne sich eine Sekunde zu bedenken, sagte ja. Es galt dann

noch, eine Reihe ähnlicher Entscheidungen zu treffen. Es galt, manche abenteuerlichen und lächerlichen Situationen zu überstehen, Situationen, für die wir keineswegs erzogen und vorbereitet waren. Unvergeßlich wird mir die Selbstverständlichkeit bleiben, die höchst würdige Haltung, welche Heinrich Mann im Gegensatz zu vielen anderen in allen diesen Situationen gezeigt hat.

Später, in dem Lande, in dem er jetzt lebt, hatte er viel Mißgeschick zu erdulden und durch mancherlei Widerwärtigkeiten zu gehen, tragische und tragikomische. Ich habe das Glück, Heinrich Mann aus der Nähe zu kennen, und ich habe erlebt, wie er durch all dies hindurchging, gehalten, würdig, ohne das leiseste Kompromiß, und wie das Kleinliche ringsum ihm nichts anzuhaben vermochte. – Heinrich Mann ist größer geworden in diesen Jahren des Exils. Es ist ein großes Werk und ein großes Leben, an dem dieser Fünfundsiebzigjährige baut.

Friedrich Wolf

Zu seinem 60. Geburtstag (1948)

1.

Als ich Friedrich Wolf kennenlernte – es war erst während der Hitler-Jahre, im Exil –, fiel mir sogleich auf die Einheit des Mannes und seines Werkes. Die gleiche unbedenkliche Frische, die in Friedrich Wolfs Theater die Hörer mitreißt, lebt in allem, was er tut und sagt. Er war hoch in den Vierzig, als wir uns das erstemal trafen, aber es ging von ihm aus ein jugendlich revolutionäres Feuer, ein geradezu knabenhaft ungestümer Wille, die Welt aus dem, was sie ist, zu dem zu machen, was sie sein soll.

2.

Der Wahlschwabe Friedrich Wolf ist ein literarischer Nachfahre Friedrich Schillers, und zwar hat der junge Schiller, der Dichter der »Räuber« und der »Luise Millerin«, ihn geformt. Der kühne, alles fordernde Aufsatz Schillers »Die Schaubühne als moralische Anstalt betrachtet« ist das Gesetz, welches das Wirken Friedrich Wolfs für immer bestimmt hat.
Wenige verstehen es wie er, revolutionäre Gesinnung in spannende Handlung umzumünzen. Er hat den Griff des Theaterdichters, er preßt die Fabel seiner Stücke auf ihr Wesentliches zusammen, läßt mit legitimer Unbedenklichkeit Zwischenstadien beiseite und springt von einem Höhepunkt kühn zum nächsten, höheren. Friedrich Wolf weiß seinen Menschen von seinem eigenen ehrlichen, fortreißenden Glauben an die Möglichkeit einer besseren Gesellschaftsordnung Feuer genug mitzuteilen, daß sie auch ohne allzu viele Nuancen lebendig werden und bleiben.

Was Friedrich Wolf vor den meisten anderen deutschen Schriftstellern unserer Generation auszeichnet, das ist das Auge für das Brettergerechte, der vorwärtsjagende Atem, den er den Geschehnissen einzublasen weiß, die Kunst, mit der er jedes Abflauen vermeidet. Er ist der geborene Theaterdichter, er knetet mit sicherer Hand seine Menschen so lange, bis sie und ihre dramatische Funktion eins werden. Diese Fertigkeit bliebe Handwerk, wenn sie Selbstzweck wäre. Sie ist es nicht. Sie ist nur ein Mittel, sie dient dazu, des Autors brennende Liebe fürs Recht, seinen heftigen Willen, an der Errichtung einer besseren Welt mitzuwirken, auf den Leser und Hörer zu übertragen.

Es ist also nicht die ungeheuer spannende Handlung, die den Stücken dieses Autors zu ihrer Wirkung verhilft, und ebensowenig ihre eindeutige Tendenz, es ist vielmehr der Zusammenklang dieser beiden Eigenschaften. Die Handlung selber wird zur Trägerin der Botschaft; und die Tendenz, die kaum je leitartikelhaft verkündet wird, gibt den Menschen und den Situationen ihren Atem. So überträgt sich der biblisch kämpferische Eifer des Dichters für Gerechtigkeit ohne weiteres auf den Hörer und macht ihn seine geradlinigen Sympathien und Antipathien mitfühlen.

3.

Es geht eine große Liebe durch alles, was Friedrich Wolf geschaffen hat, durch seine Stücke und durch seine Romane, die im Grunde erzählte Stücke sind. Er hat einem seiner Dramen als Motto vorangestellt den Artikel 1 der Verfassung der revolutionären französischen Republik: »Das Ziel der menschlichen Gesellschaft ist das Glück aller«, und dieser Satz könnte der Leitsatz aller seiner Werke sein. Ob es sich um »Professor Mamlock« handelt, den großen Arzt, der von den Reaktionären mit Schimpf und Schande davongejagt wird, oder um die aufständischen »Matrosen von Cattaro«, ob um die Menschen seines böhmischen Dorfes in dem Roman »Zwei an der Grenze« oder um die verbrecherischen Nazibeamten in dem Krankenhaus des »Doktor Wanner«, ob um den halben Revolutionär Beaumarchais des gleichnamigen Stückes oder

um die französischen Rebellen dieses letzten Krieges in dem Drama »Patrioten«; im Grunde gibt es in allen Werken Friedrich Wolfs nur einen Helden: den Entrechteten im Kampf gegen seinen Unterdrücker.
Friedrich Wolf hat einmal eine theoretische Schrift veröffentlich »Kunst ist Waffe!« Sein ganzes Werk ist ein lebendiger Beweis für diese seine These. Er ist heute so jung wie nach dem ersten Krieg, da er seinen ersten großen Erfolg hatte; und er ist heute noch notwendiger als damals.
Er ist der rechte Schriftsteller für diese unsere Zeit.

Johannes R. Becher
Zu seinem 60. Geburtstag
(1948)

Die Entwicklung Johannes R. Bechers zu betrachten bereitet Genugtuung.

Das Thema dieses Dichters blieb von Anfang an das gleiche, er sang und singt von seiner glühenden Liebe zum Sozialismus, zum Staat der klassenlosen Gesellschaft.

Ich erinnere mich eines sehr jungen und schmalen Johannes R. Becher, der – es muß um 1918 gewesen sein – an einem Türpfosten lehnte, sich ereifernd für seine, unsere Sache. Ich erinnere mich eines späteren Becher, der in Paris umsichtig und unermüdlich an der Organisation eines Schriftstellerkongresses arbeitete. Ich erinnere mich wieder eines andern Becher, der in Moskau dichtete und kulturpolitisch wirkte. Es war immer der gleiche Becher, und sein Werk hatte stets den gleichen Gegenstand.

Um so erstaunlicher bleibt es, wie sich die Form seines reichen Werkes wandelte. Die Gedichte des jungen Becher sprengen jede Form und jede Grammatik; von diesen Gedichten führt eine lange, folgerichtige Straße hinauf bis zu den strengen Sonetten seiner letzten Jahre.

Dieser Straße nachzugehen, wahrzunehmen, wie Johannes R. Becher dem, was ihm eingeboren war, organisch zufügen konnte, was ihn an dem Erbe der Besten ansprach, erfüllt den Betrachter mit hoher Achtung für den Mann und mit Zuversicht für seine Sache.

Arnold Zweig
Zum fünfundsechzigsten Geburtstag
(1952)

Wenn mein Freund Arnold Zweig jetzt auf sein Leben zurückblickt, dann wird er wohl finden, daß er Glück gehabt hat, mehr als die meisten Zeitgenossen. Es ist ihm ähnlich wie mir ergangen: vieles, was unheilvoll schien, als es kam, hat sich am Ende als segensreich erwiesen.
Arnold Zweig wurde erzogen nach jenen wohldurchdachten alexandrinischen Prinzipien, die man vor dem ersten Weltkrieg »humanistisch« nannte. Man trichterte uns in großer Fülle systematisch geordnetes Wissen ein, manches nützlich, das meiste unnützlich und dazu angetan, den Blick aufs wirkliche Leben zu verstellen. Man erklärte uns auf lateinisch, daß wir nicht für die Schule, sondern fürs Leben lernten; in der Tat lernten wir für die Schule und nicht fürs Leben. Auch brachte man uns geflissentlich jenen Hochmut bei, der altes Erbe des Humanismus ist. Man schaute aus hoher Höhe herab auf den Ungebildeten und begriff recht gut jenen Schulmeister, der sich als erster unter den Deutschen kritisch mit Shakespeare befaßt und ihn getadelt hatte: »Verstund wenig Latein und gar kein Griechisch.«
In Dingen der Grammatik, der deutschen, lateinischen, griechischen, französischen, verstanden unsere Lehrer keinen Spaß, die Regeln mußten wir beherrschen vom Alpha bis zum Omega. Auch wurde uns unvergeßlich beigebracht, sprachliche Kunstwerke zu zergliedern, den Gedankengang zum Beispiel eines Goetheschen Gedichtes, einer Schillerschen Szene darzulegen, mit leiser Mißbilligung der Verstöße, die der Dichter gemacht hatte. Eingebleut wurde uns ferner, gemäß den Grundsätzen des »Laokoon« nachzuweisen, warum ein Gesang der Odyssee schön sei, des weiteren, die Disposition eines zu schreibenden Aufsatzes anzulegen nach Regeln, die auf die Tradition der Antike zurückgehen. Wir lernten vieles Falsche und Unnützliche, aber wir lernten eines, was

dem Schriftsteller zustatten kommt: Gründlichkeit und Methode.

Dann aber, und das war unser Glück, nahm uns, Arnold Zweig und mich, die wir so vorbereitet ins Leben gingen, dieses Leben viel schärfer in die Lehre, als die Schule es getan hatte. Eine strenge Wirklichkeit beutelte und schüttelte uns, bis uns der humanistische Hochmut verging, sie trieb uns die Flausen aus, die man uns in den Kopf gesetzt hatte, sie riß uns die Augen auf. »Was heißt und zu welchem Ende studiert man Universalgeschichte?«, das hatten wir theoretisch gelernt. Das Leben hat uns, die wir heute in unserem siebenten Jahrzehnt stehen, in der Geschichte einen Anschauungsunterricht erteilt, wie ihn nicht viele Generationen gehabt haben. Wir haben gelernt, die Kunstgriffe, die man uns gelehrt hatte, auf Nützliches anzuwenden.

Es war Arnold Zweig von frühester Jugend an klar, daß er zum Schriftsteller geboren ist. Eine bessere Lehrzeit aber, eine reichere, als die Umschwünge, welche ein Deutscher unserer Generation, der noch obendrein Jude ist, hat durchmachen müssen, kann ein Schriftsteller nicht haben. Arnold Zweig hatte in dem Scheinfrieden und der Scheinordnung vor dem ersten Weltkrieg Disziplinen erlernt, die jedem Autor zugute kommen und die heute kaum mehr gelehrt werden, und dann haben erster Krieg und zweiter Krieg und Revolution und Gegenrevolution und praktischer Faschismus und Imperialismus und praktischer Sozialismus ihn gezwungen, alles überflüssige Wissen abzuschütteln und das nützliche sinnvoll zu gebrauchen.

Arnold Zweigs Werk zeigt exemplarisch, wie gut einem begabten Schriftsteller die große Zeitwende bekommt.

Seine Elementarschule war das wilhelminische Deutschland mit seinen Gymnasien und Universitäten. Er lernte dort gepflegt schreiben, und er übte Hand und Gelenk und machte viele artige kleine Dinge. Novellen und Aufsätze, hübsches, nachdenkliches Kleinzeug, das ihm verdienten Erfolg brachte, denn es gehörte zum Besten, was damals geschrieben wurde.

Seine wahre Universität aber war der Weltkrieg. Der riß ihm die Augen auf und machte ihn den Sergeanten Grischa sehen und erleben, diesen Sergeanten Grischa, der in den Mechanismus des deutschen Kriegsrechts und der deutschen Kriegspolitik gerät. Der Krieg gab dem Dichter Arnold Zweig das Erlebnis und die Kraft, das Schicksal des Sergeanten Grischa zu einem jener Symbole zu machen, die Geltung über die Zeit hinaus haben. Zunächst ist dieser Grischa nichts als ein Individuum, sehr lebendig freilich, ein russischer Sergeant, ein kräftiger Bursche mit hellen, kleinen grauen Augen, gutmütig, wild, von Leidenschaften, Urtrieben jäh überflutet, geborener Soldat übrigens, den Frauen wohlgefällig. Darüber hinaus aber ist er der Typus des Menschen im Kriege, einer jener vierzig Millionen Uniformierter, die leiden, sich aufbäumen, sich ducken, Spielzeug der Macht. Und wieder darüber hinaus wird er, unkommentiert, nur durch Wesen und Schicksal zum Gleichnis des Armen überhaupt, des Unterdrückten, der gutmütig ist, unwissend und doch voll von instinkthafter Weisheit. Denn es ist in den Worten dieses Romans jene Kraft, welche die Volkslieder geschaffen hat und die Volksepen, und sie ist gemehrt durch den Kunstverstand eines Meisters und die sachliche, erkennerische Wut eines ergriffenen Menschen.

Als dieses erste große deutsche Epos des Krieges erschien, lief es der Zeit voraus, verkündete Erkenntnisse, die damals noch nicht viele hatten, gestaltete den Krieg, wie ihn damals in Deutschland nur wenige sahen. Heute liest sich der »Grischa« wie ein Buch, das von längst vergangenen Zeiten berichtet, als ein historischer Roman. Aber als ein historischer Roman im besten Sinne. Denn der Roman vom Soldaten Grischa ist in Wahrheit ein Spiegel, er zeigt in dem frühen Jahrzehnt das unsere, und wer das Buch heute liest, sagt sich: Ja, so war es, und weil es so war, mußte es kommen, wie es heute ist. Und wenn, was damals äußerste Barbarei schien, heute, gemessen an der Barbarei unserer Tage, mild erscheint, so ist doch das Gesamtbild richtig, und der Dichter, der jene Vergangenheit erlebte, hat unsere Gegenwart richtig miterlebt und mitgestaltet.

Geborener Epiker, der er ist, ging Arnold Zweig, nachdem ihm der große Wurf dieser Dichtung gelungen war, folgerichtig weiter und machte sich an das kühne Unternehmen, die menschliche Komödie des ganzen ersten Krieges zu schrei-

ben, eine Art dichterische Enzyklopädie des ersten Weltkrieges. Der größere Teil dieser Enzyklopädie ist geschrieben, zur rechten Zeit geschrieben, gerade im rechten Abstand, da der Autor alles noch frisch und doch schon aus der Distanz zu sehen vermochte.
Wir dürfen heute sagen: das große, kühne Werk ist geglückt.

Hätte Zweig nichts geschaffen als diesen großen Zyklus, es genügte, sein Werk reich erscheinen zu lassen. Aber da sind noch andere große Romane, da ist das Prosa-Epos »Das Beil von Wandsbek«, welches, wiederum von einem kleinen merkwürdigen Ereignis nach allen Richtungen ausstrahlend, die ganze Struktur des Hitler-Regimes gestaltet. Da sind die zahllosen Novellen, Stücke, Kurzgeschichten, die großen und kleinen Essays, die vielen kritischen Betrachtungen zu politischen und literarischen Ereignissen, da ist die Fülle der Gelegenheitsreden.
Vielleicht ist von diesen »Nebenwerken« das eine oder andere nicht ganz zu Ende geführt. Aber das liegt nicht an der Armut des Autors, vielmehr ist es drängende Fülle, welche dies oder jenes in seinem Werk erstickt hat.
Ich kann das aus genauester Kenntnis bezeugen. Ich darf mich mit Freude und Stolz einen nahen Freund Arnold Zweigs nennen, und als solcher habe ich oft und abermals erlebt, aus welchem Überfluß heraus er arbeitet. Es ist beglückend, ihn erzählen zu hören von seinen Plänen, zuzuhören, wie er etwa die Fabel eines künftigen Romans entwickelt. Man sieht da dichterische Phantasie am Werk, man sieht Lebendiges entstehen und wachsen. Dieser glückliche Dichter braucht nicht lange zu entwerfen und zu konstruieren, er braucht nicht schweratmend zu pumpen, alles strömt ihm zu. Seine Fabel wächst wie von selber, verschlingt sich, schießt üppig empor, verschlingt sich von neuem – und ist doch gebändigt von Klugheit, von ordnender Vernunft, von Erkenntnis.
Arnold Zweigs zahllose Erlebnisse haben ihm die Vielfalt der Menschen gezeigt, so daß er Typisches und Absonderliches mit der gleichen Sicherheit gestaltet, und immer geht die Handlung von lebendigen Menschen aus, und immer fügen

sich die Menschen der spannenden, bedeutungsvollen Handlung.
Und schöpferische Sprachkraft und eine weite, tiefe Bildung wirken zusammen und geben dem Dichter im rechten Augenblick das rechte Wort.

Arnold Zweig hat den letzten großen Umschwung, den Zusammenbruch Hitler-Deutschlands, als gereifter Mann miterlebt. Er erlebt an der Schwelle des Alters das letzte große historische Ereignis unserer Zeit: die neue Bedrohung des Friedens und die heroischen Anstrengungen, den Frieden zu erhalten.
Es wird Arnold Zweig vergönnt sein, im Besitz reifer Weisheit und Kraft auch diese neuen Ereignisse und ihren Sinn zu gestalten. Das ist mehr als ein Wunsch zum Geburtstag, es ist ein Glaube, der gegründet ist auf dem Miterleben seines bisherigen Werkes.

XI.

WENIG BEKANNTE DICHTUNGEN FEUCHTWANGERS

Der Karneval von Ferrara
(1908)

Durch den Palazzo der Este zu Ferrara brauste die Lust des Maskenfestes gleich einem feurigen Füllen, das seinen Reiter abgeworfen hat und ungezügelt übers Gelände stürmt.
Auf einer Estrade im Hauptsaal des Palastes saß der Kardinal Ippolito, der Bruder des Herzogs, umgeben von einem Kreis geistvoller, gelehrter Männer und schöner, kluger Frauen. Von den Anstrengungen des Festes angenehm ermüdet, ruhte die kleine Gesellschaft vornehm-lässig in den behaglichen Polsterstühlen der Estrade. Mit feinen Sinnen sog man den Duft der Freude ein, der ungreifbar-greifbar über dem Saale lag, und man ergötzte sich an tändelndem Gespräch, das über Hohes und Niederes, über Tiefes und Leichtes anmutvoll hinplätscherte.
Messer Ludovico Ariosto, der Hofdichter des Kardinals, hatte soeben erzählt, wie er drüben in der Orangennische den als Kapuziner verkleideten Baccalaureus Timoteo Scelladini in süßem Geplauder mit Bianca Giovanna, der jungen Hofdame der Herzogin Lucrezia, belauscht habe. »Die Eminenz weiß«, wandte er sich jetzt an den Kardinal, »und ihr wißt alle, wie linkisch sonst unser guter Timoteo sich gibt. Aber da hättet Ihr sehen sollen, wie beredt er mit einem Male wurde. So behend hüpften ihm die Worte vom Mund, daß die triumviri amoris ihre Freude an ihm gehabt hätten. So leiht die Liebe dem Stummen Worte.«
»Ist nicht jede Leidenschaft so gestaltet, mein Ludovico?« erwiderte der Kardinal. »Ich glaube, jede echte Leidenschaft macht auch den, der keine Spur von Humanität in sich hat, auf Augenblicke zum Demosthenes.«
»Die Eminenz verzeihe«, wandte Ariost ein, der eben eine halberschlossene Rose, die eine weiße Damenhand ihm zugeworfen, sich neigend an die Lippen drückte – »die Eminenz verzeihe, wenn ich ihr zu widersprechen wage. Eine echte Leidenschaft lehrt gewiß auch den Ungebildeten anders füh-

len und denken als sonst: anders sprechen aber lehrt sie nur unsereinen, die wir durchtränkt sind von Humanität. Beim Mann aus dem Plebs wird nur die Tatsache der Leidenschaft eine künstlerische Wirkung auf andere hervorbringen können: ihr Ausdruck aber, die Art, wie sie sich Ausdruck schafft, wird häufig lächerlich, immer unschön wirken.«
Doch der Kardinal blieb auf seiner Behauptung stehen und wollte sie eben des weiteren begründen: als sich an der großen Pforte des Festsaales lautes Gelärm erhob.
Ein altes Weib, häßlich, schmutzig, verrunzelt, versuchte dort in den Saal zu dringen. Die Schweizer Hellebardiere des Herzogs hielten sie zurück, während sie irren Auges unter wirrem Gekreisch sich den Eingang zu erzwingen bemüht war. Ein paar Kavaliere des Herzogs hatten die Szene beobachtet, und in der Meinung, es handle sich um einen Maskenscherz, mischten sie sich nun in den Streit und schafften der Alten Eintritt. Nun stand sie im Saal, von lachenden Masken umringt, umströmt von der Lust des Karnevals, die den Palazzo durchbrauste gleich einem feurigen Füllen, das seines Reiters ledig übers Gelände stürmt. Verfallen, alt und häßlich, in dürftiger, geschmackloser Gewandung stand sie da, geblendet von dem Glanz, der sie umsonnte, betäubt von dem Lärm, der sie umtoste, irr, hilflos, mit suchenden, hungrigen Augen, in denen der Haß brannte wie lohes Feuer.
Der Kardinal hatte mit scharfem Blick die Alte erkannt. Er wußte, daß sie die Mutter jener Laura Patanei war, die, von ihm verführt, sich in den Po gestürzt hatte. Auch seine Freunde hatten sie erkannt, und einer von ihnen neigte sich zum Ohr des Kardinals mit der leisen Frage, ob er das Weib nicht entfernen lassen solle. Ippolito hatte keinen Zug verändert, als er die Alte erspäht hatte. Mit leisem, sattem Lächeln ruhte er in seinem Sessel, lässig, vornehm, sicher; die schlanken Finger der marmorruhigen Rechten hielten den Stiel des Weinkelchs umspannt. »Aber, Freunde«, erwiderte er nun laut und ruhig auf die geflüsterte Frage, »warum sollte ich jenes Weib entfernen lassen? Ich bitte euch vielmehr, ruft sie vor mich. Denn sie ist voll Verlegenheit und findet sich nicht zurecht.« Und zu Ariost gewandt, lächelte er: »Ich möchte dieses Weib gerne reden hören. Mir scheint, hier haben wir ein prächtiges Exemplum für meine These.«

So führten sie die Alte vor den Kardinal. Eine Menge von Festgästen sammelte sich um die Gruppe, und man tauchte die Alte in ein Meer von Spott und Gelächter.
»Du bist gekommen«, begann Ippolito mit seiner linden, fast schmeichelnden Stimme, die nicht laut und nicht leise war und doch jeden andern verstummen ließ – »du bist gekommen, mir zu sagen, daß ich deine Tochter verführt und in die Wellen des Po gejagt. Nicht wahr, dazu stehst du vor mir? So sprich, Maria Patanei: ich will dich hören.«
Als die Greisin die Stimme des Kardinals vernahm und seine müden, kalten Augen auf sich gerichtet sah, da wich ihre Beklommenheit vor der ungewohnten Pracht, und jede andere Empfindung brannte zu Asche vor der Lohe ihres Hasses. Und sie begann zu reden, anfangs mit zittriger, überschlagender Stimme, mählich aber immer fester und sicherer. All ihren endlosen, meertiefen Schmerz ballte sie zusammen und schleuderte ihn dem Kardinal in das blasse, müde Antlitz, dessen unentwegte Ruhe sie mehr aufpeitschte, als der bitterste Hohn hätte tun können. Und zielsichere Vergleiche, kühne, stolze Gedanken strömten ihr zu; Blut und Leben pulste durch ihre Rede und machte sie strotzen von Bildkraft und lebendigen, feurigen Farben.
Die Damen und Kavaliere im Kreise, die zu Beginn mit der Alten ihr Gespött getrieben, verstummten vor der Gewalt dieser Rede. Auf den Gesichtern begann sich peinliches Unbehagen zu malen, das sich allgemach fast in Ergriffenheit wandelte. Nur wenige vermochten wie der Kardinal und seine kleine Gesellschaft aufmerksam und kritisch zu lauschen.
Da winkte Ippolito zwei Gardisten. »Sie beginnt, mich zu langweilen«, sagte er und kehrte sich ab.
Die Schweizer entfernten das Weib. Die Menge zerstreute sich, und Tanz und Lust wogte durch den Saal wie vorher.
Die auf der Estrade schwiegen. Endlich meinte Ariost: »Sie sprach trefflich. Wir schulden der Eminenz Dank, daß sie uns diesen Genuß verschaffte.«
Der Kardinal hatte sich erhoben. Denn er hatte am Eingang des Saales Giulia Farnese erspäht, die jugendliche Geliebte des Papstes, deren schimmernde Schönheit sein Herz erfreute wie ein Pokal würzigen Weins oder wie ein treffliches Kunstwerk der Antike.

Nun festigte er sorgsam den Handschuh an der Rechten und erwiderte leichthin: »Tja, sie sprach trefflich. Wenn sie nur nicht so faule Zähne gehabt hätte!«
Dann nickte er freundlich-flüchtig, stieg die Stufen der Estrade hinab und schritt der jungen, lächelnden Giulia entgegen, ihr die Hand zu küssen.
Durch den Saal aber brauste die Lust des Maskenfestes gleich einem feurigen Füllen, das seines Reiters ledig übers Gelände stürmt.

Lied der Gefallenen
(1915)

Es dorrt die Haut von unsrer Stirn.
Es nagt der Wurm in unserm Hirn.
Das Fleisch verwest zu Ackergrund.
Stein stopft und Erde unsern Mund.
        Wir warten.

Das Fleisch verwest, es dorrt das Bein.
Doch eine Frage schläft nicht ein.
Doch eine Frage wird nicht stumm
Und wird nicht satt: Warum? Warum?
        Wir warten.

Staub stopft und Erde uns den Mund.
Doch unsre Frage sprengt den Grund
Und sprengt die Scholle, die uns deckt,
Und ruht nicht, bis sie Antwort weckt.
        Wir warten.

Wir warten, denn wir sind nur Saat.
Die Ernte reift. Die Antwort naht.
Weh, wen sie trifft! Heil, wem sie frommt!
Die Antwort zögert, doch sie kommt.
        Wir warten.

Höhenflugrekord
(1929)

Am 2. Juli, einem sehr heißen Tage, morgens um 10 Uhr 20 Minuten, stieg der Leutnant Victor Crecy auf, um den bisherigen Weltrekord von 11702 Metern Höhe zu brechen. Die Grenze, die für Flugzeuge erreichbar ist, war mathematisch festgestellt. Nicht aber, trotz vieler Versuche im Laboratorium, gab es eine sichere Formel für die Höhe, bis zu der Menschen lebend gelangen können. Fünf Flieger hatten sich bis jetzt ernsthaft und aussichtsvoll an dem Kampf um den Höhenflugrekord beteiligt. Leutnant Crecy war der sechste.

Langsam schraubte sich sein Flugzeug »Marie Lemaire« (S A III 26) hinauf in die dünne, von sausendem Wind durchhetzte Atmosphäre. Denn dauernd fegt vom Rand des luftleeren Raumes ein sehr starker Ostwind. In gleicher Höhe mit dem Flugzeug »Marie Lemaire« stieg der Horizont, wurde weiter, undeutlicher. Leutnant Crecy steuerte sein Flugzeug höher, langsam, vorsichtig, wohl wissend, daß der menschliche Körper, unvermittelt in solche Höhen gebracht, bersten müßte; denn es saugt der Raum an jeder Zelle des Leibes um ihr Quentchen Luft, zieht durch die Haut hindurch, das Blut heraus. In kurzer Zeit, doch ihm schien es langsam, gelangte der Leutnant in die eisige Dünne der ganz großen Höhe. Ein paar Wolken, ein Schneesturm, kommend von nirgendwoher, den Boden nie erreichend. So fegte der einsame Mann dahin.

Die Hebelarme seines 280-Ps-Motors tanzten, ab und zu wurden die Propellerflügel sichtbar. Sonst sah der Flieger nichts außer den schmalen Zeigern seiner Instrumente. Längst waren die Städte zu handbreiten Flecken geschrumpft und verschwunden, längst die Ströme zu dünnen Drähten geschrumpft und verschwunden. Kein Echo war, nur das Surren des Motors. Nichts war im Raum außer dem Leutnant und seiner Maschine.

Leutnant Crecy war 28 Jahre alt, während des Krieges infolge außerordentlicher Leistungen im Tagesbericht der französischen Heeresleitung zweimal genannt. Jetzt hatte er das Ziel, der Internationalen Aeronautischen Föderation in Paris versiegelte Instrumente vorzulegen mit so beschaffenen Lesungen und Ergebnissen, daß dieses Institut sie als Rekord aushängen könnte. Er kannte von elf Höhenflügen und von den Versuchen im Laboratorium her die Wirkungen der dünnen Luft. Er wußte von der weißen Mittsommersonne, die ihn, da ihn die Atmosphäre nicht schützte, mit gleichmäßiger Unbarmherzigkeit bestrahlte. Er kannte gut den Winter, der in diesen Höhen auch im Juli friert. Crecy war dicht in Pelze gewickelt, schwere Pelzhandschuhe trug er an den Händen; elektrische Heizkörper wärmten überdies das eine Bein, das infolge einer Steifheit gegen Kälte rasch empfindlich war. Das Gesicht war dick mit Fett beschmiert. Die Augen, ins linke war ein Monokel geklemmt, waren durch eine mächtige Brille abgeschlossen und geschützt.
Er stieg höher. Trotz aller Vorsicht schnitt der Wind wie eine Säge in seine Knochen. Mehrere Stellen seines Gesichtes, trotz des Fettschutzes, bedeckten sich unter der Sonne mit Blasen. Unter der Kälte zogen sich die Metallteile seines Flugzeuges zusammen, einzelne brachen durch die Vibrationen des Motors ab wie spröder Schiefer. Durch eine kleine Röhre, gleich als ob er rauchte, atmete er Sauerstoff ein.
Der Leutnant Victor Crecy, in der Höhe zwischen 9000 und 9500 Metern, freute sich an dem Bewußtsein, daß er das erste atmende Wesen war, das in diesen Teil des Raumes vorstieß. Er war ein mutiger Mann. Er hatte Nahkämpfe mit sehr gefürchteten Gegnern hinter sich, er war eine lange, ewige Weile, gestürzt, spritzendes Blei um sich, zwischen Graben und Drahtverhau gelegen. Sein unbewegtes, scharfzügiges Gesicht, ein Pokergesicht nannten es seine Freunde, war die Freude der Photographen; Millionen von Menschen war es, mit dem Flugzeug »Marie Lemaire« als Folie, bestätigendes Sinnbild der Kühnheit der Generation. Dann aber, in der Höhe von 10300 Metern, verzerrte sich plötzlich unter der dicken Fettschicht dieses Gesicht, der Mund schnappte hilflos auf und zu. Der Leutnant hörte den Motor nicht mehr, die Sonne wurde undeutlich. Zunge und Gaumen waren peini-

gend trocken, er war erschöpft vor Hunger. Es wurde dunkler, gleich wird es Nacht sein. Er begann mit sich selbst zu reden. Dies hatte er noch nie getan. Er sagte: »10982 Meter unter dem Meeresspiegel. Meine Mutter ist eigentlich nicht schwarz, sondern eher braun. Jetzt klettere ich schon 2900 Stunden und bin immer erst 11 Meter hoch. Ich möchte jetzt ein Beefsteak. Es ist verflucht, wie die Zeit vergeht. Ich habe doch 29 gelesen, es ist aber 92.«
Im Begriff, das Bewußtsein zu verlieren, während die Sonne in seltsame Ausbuchtungen zerfloß und komisch zu wackeln begann, merkte er, daß in dem gefrorenen automatischen Apparat sein Sauerstoff ausgegangen war. Mit mechanischer Bewegung griff er zur Ersatzflasche. Im Bruchteil eines Augenblicks waren alle anderen Gedanken weggefegt durch den Befehl: Kontrolle! Kontrolle! Die Sonne bekam ihren Glanz zurück, der Motor surrte seinen alten Rhythmus. Der Hunger war fort. Er wußte, daß seine Mutter blond war und daß er um 10 Uhr 20 Minuten gestartet, also noch nicht 70 Minuten unterwegs war. Da lachte der Leutnant Crecy, er lachte laut, jung, schallend, aber so hoch im Raum war es kein lauter Schall.
Er sah auf den Registrierapparat und sah, daß er 11404 Meter erreicht hatte.
Die nächsten 100 Höhenmeter erzielte er gleichmäßig und sicher wie in einer Höhe von 4000 Metern. Dann aber von neuem begann das Flugzeug »Marie Lemaire« zu schwanken, schwamm willkürlich, ungehorsam dem Steuer, in der dünnen Luft. Kälter als die Kälte des leeren Raumes drang der Gedanke in ihn, daß sein Sauerstoffapparat nicht vorhalten werde. Wird er die 11702 Meter unter sich lassen, die John Macready erreicht hat? Die Zeit schlich grauenvoll langsam. Schon wieder schnappte er, spürte er sein Herz, kämpfte er um Luft. Er bemühte sich angespannt, an die Versuche im Laboratorium zu denken und daß dies ein frühes Stadium sei ohne Gefahr. Aber es schnellten so viele Fische um ihn herum, große und kleine, glasäugig, dumm, ihrem Element entgegen. Zwischendurch wußte er, daß er in sehr großer Höhe flog, und daß irgend etwas falsch war. Er wußte auch, daß man dem durch einen einfachen Handgriff abhelfen konnte. Aber der qualvoll um Luft japsende Mann konnte auf

diesen Handgriff nicht kommen. Es waren die vielen herumschnellenden Fische, die ihn behinderten.
Jetzt hatte er es. Mit dem mittleren Hebel mußte er etwas vornehmen. Er hob die Hand. Da raste der Hebel weg von ihm, wich nach vorne aus, nach links, er konnte den verdammten Hebel nicht finden. Er lüftete, vermutlich um die schnellenden Fische zu vertreiben, die mächtige Brille, daß seine Augen, das linke unter dem geklemmten Monokel, bloßlagen. Er spürte einen sich ins Hirn drehenden Stich, dann nichts mehr.
Das Flugzeug »Marie Lemaire« (S A III 26) wurde noch am gleichen Tage aufgefischt, auf einem Wasser treibend. Es war seltsamerweise nicht übermäßig beschädigt. Der tote Leutnant Crecy saß am Steuer, seine Hand war ans Steuer festgefroren; auch die Augen waren gefroren, vors linke war noch immer das Monokel geklemmt. Die versiegelten Instrumente zeigten, daß die erreichte Höhe 12149 Meter betrug, 447 Meter mehr als der letzte Rekord.

Geschichte des Gehirnphysiologen Dr. Bl.
(1929)

Der Gehirnphysiologe Dr. Bl. genoß unter seinen Kollegen großes Ansehen. Vor allem rühmte man die Exaktheit seiner Forschungen, die Unbestechlichkeit, mit der er wichtige und willkommene Ergebnisse, bevor er sie annahm, immer wieder auf fernstliegende Fehlerquellen überprüfte. Jeder andere mit seinen Gaben hätte Karriere gemacht: er blieb sitzen auf dem Lehrstuhl einer kleinen Universität. Schuld daran war sein stachliges Wesen. Vielleicht hatte ihn sein befremdliches Aussehen so mürrisch gemacht; er trug nämlich auf einem winzigen Rumpf einen riesigen, bebarteten Kopf. Seinen Kollegen bezeigte er Gleichgültigkeit, geradezu Abneigung. Außer in Fachgesprächen tat er fast nie den Mund auf, und wenn, erwies er sich streng von Urteil, schnell fertig mit harten Bezeichnungen für seine Umwelt. Dazu hatte er, ein schon reifer Mann, eine Frau aus niedern Schichten geheiratet, eine Bedienerin des Restaurants, in dem er seine hastigen Mahlzeiten einzunehmen pflegte. Er verhehlte nicht, daß er sich in der Gemeinschaft dieser Frau wohler fühlte als im Kreis geachteter Männer seines Standes.
So erreichte er sein fünfzigstes Lebensjahr, überschritt es, ohne daß man sich viel darum gekümmert hätte, und es schien, als werde er nunmehr nach einem unbeachteten Lebensabend in ein unbeachtetes Grab steigen. Da verbreitete sich plötzlich das Gerücht, Professor Bl. habe eine Entdeckung gemacht, geeignet, in der Lebensgestaltung der ganzen Welt Folgen zu zeitigen. Wie das Gerücht aufkam, war schwer festzustellen. Vermutlich hatte Professor Bl. einem jüngeren Fachgenossen von dem Apparat gesprochen, an dem er arbeitete, in Andeutungen wahrscheinlich; aber eine Andeutung von ihm, das gaben selbst seine Gegner zu, pflegte besser fundiert zu sein als die großspurigen Behauptungen anderer in Akademieberichten und sonstigen Veröffentlichungen. Professor Bl. hatte, wollte man dem Gerücht

glauben, einen Apparat konstruiert, der es ermöglichte, die Gehirntätigkeit am Lebenden genau zu beobachten, so also, daß man in gewissem Sinne die Intelligenz des einzelnen messen konnte. Man nannte aber diesen Apparat Intelligenzphotometer.

Die medizinischen Zeitschriften diskutierten die Erfindung Dr. Bl.'s, bald auch die Tageszeitungen. Viele führende Männer der Politik, der Wirtschaft und der Wissenschaft lasen von dem Intelligenzphotometer nicht ohne Beunruhigung. Sehr ruhig hingegen blieben die Männer der Dichtung, der bildenden Kunst und der Musik; denn von ihnen verlangte die Mode jener Zeit lediglich ein geheimnisvolles, nebeliges Etwas, das ›das Produktive‹ genannt wurde und sich im übrigen schwer definieren ließ, das aber keinesfalls mit Intelligenz zu tun hatte. Professor Bl. schwieg beharrlich.

Vielleicht gerade dieses Schweigen machte das Gerede um das Intelligenzphotometer immer lauter und erregter. Bis schließlich auch der Diktator des Landes davon Notiz nahm.

Er berief den Gehirnphysiologen Bl. zu sich. Der betrachtete den Diktator als eine Art begabten, ungezogenen Jungen, dessen Gaben freilich durch den Gebrauch der Macht gelitten hatten; denn er teilte die Meinung des deutschen Philosophen, daß Macht verdumme. Klein, unfeierlich, bärtig stand er vor dem Manne, dessen eherne, gebieterische Maske dem Land ein Symbol der Größe war.

Der Diktator war gewohnt, sich im Umgang mit Menschen starr und heroisch zu geben. Aber er sah gleich, daß das für diesen unwirschen Zwerg nicht der rechte Ton war, und da er Sinn für Stil hatte, zeigte er sich schlicht und alltäglich. Das gelang nicht ganz, aber der Kleine konstatierte erfreut die Bemühung.

»Man behauptet«, ging der Diktator sogleich auf den Kern der Sache los, »Sie könnten mit Hilfe Ihres Apparates die Intelligenz eines Menschen ziffernmäßig messen und abgrenzen.« Er saß massig hinter dem gewaltigen Schreibtisch, aber die Stimme kam leicht aus dem gutgeschnittenen Mund. »Können Sie das?« fragte er beiläufig.

Professor Bl. erwiderte ebenso beiläufig: »Ja, das kann ich.«

Der Diktator war natürlich anfangs skeptisch gewesen. Das

Sachverständigengutachten, das vor ihm lag, war vielwortig, vorsichtig, weder zustimmend noch ablehnend. Vielleicht war es gerade der beiläufige, unwirsche Ton des Professors Bl., der seinen Unglauben wegschwemmte. »Das ist eine Fähigkeit«, sagte er höflich, »die für das Gedeihen des Staates und der Nation von großer Wichtigkeit werden kann.«
Professor Bl. schwieg, offenbar, weil er eine solche Konstatierung als zu banal einer Antwort nicht für wert hielt. Der Diktator fand es nicht leicht, sich mit diesem See-Igel zu unterhalten. Am einfachsten war es, wenn man ihm geradezu kam. »Können Sie also«, fragte er trocken, »wenn ich Ihnen gewisse Männer schicke, Analysen ihrer Intelligenz in klaren Formeln anfertigen?«
»Das kann ich«, erwiderte Professor Bl.
»Ich möchte Ihnen«, sagte der Diktator, »um Irrtümer zu vermeiden, noch mitteilen, was ich unter Intelligenz verstehe.«
»Teilen Sie mit«, sagte Professor Bl.
»Ich verstehe darunter«, sagte der Diktator, und er suchte die Worte und hatte plötzlich den Ausdruck eines beflissenen Schuljungen, »ich verstehe darunter die Fähigkeit, die Erscheinungen der Welt nach Ursache und Wirkung zu katalogisieren«.
»Das ist ganz plausibel ausgedrückt«, lobte Professor Bl. Den Diktator freute diese Anerkennung. Man verabschiedete sich befriedigt.
Es zeigten sich aber von da an überall, wo Professor Bl. kam, ging und stand, auffällige Männer mit steifen Filzhüten, die eifrig bestrebt waren, unauffällig zu erscheinen, und die auch von den Kindern mit den Worten begrüßt wurden: »Guten Tag, Herr Geheimagent.« Dem Professor Bl. machten sie viel Spaß. Außer seiner Frau waren sie die einzigen Menschen, die von sich behaupten durften, Professor Bl. habe sie mit einer gewissen Freundlichkeit behandelt.
Bald darauf auch erschienen im Laboratorium des Professors die Herren, die sich dem Wunsch des Diktators gemäß seiner Analyse zu unterziehen hatten. Das Verfahren dauerte nicht lang und war schmerzlos; dennoch machten die Herren nicht immer freundliche Gesichter. Es waren sieben Herren, die der Diktator im Lauf von zwei Wochen schickte. Der Profes-

sor tat seine Arbeit, zeichnete seine Formeln auf, fügte eine kurze, deutliche Erklärung bei. Die Formeln von sechs der Analysen nahm er präzis und richtig auf, die Formel der siebenten drehte er willkürlich ins Gegenteil.

Einen Monat darauf berief der Diktator den Professor Bl. ein zweites Mal. Diesmal amtlich und mit Gepräng. Ringsum kurbelten beflissene Männer den Professor, wie er klein und unwirsch zwischen den salutierenden, repräsentativen Garden des Diktators die monumentale Treppe des Schlosses hinaufstieg. Dann waren die beiden allein, und es wurde nicht mehr gekurbelt.

Der Diktator blieb herzlich. Laut, schlau und vergnügt fragte er: »Warum haben Sie mich denn hereinlegen wollen, Professor, mit der Analyse No. 7?« Er lachte fröhlich, und auch Professor Bl. lachte.

Von dem Ergebnis der Audienz berichteten die Zeitungen. Der Diktator, las man, interessiere sich persönlich aufs lebhafteste für die Forschungen Professor Bl.'s. Der Diktator habe sich entschlossen, die Tätigkeit des großen Gelehrten als für die Nation von Nutzen für den Staat zu monopolisieren.

Es wurde nun dem Gehirnphysiologen Bl. in der Hauptstadt ein angenehmes Haus und ein üppiges Laboratorium eingerichtet. In schmeichelhaften Wendungen wurde ihm vom Unterrichtsministerium eröffnet, seine Dienste seien dem Staat so wichtig, daß man bestimmt damit rechne, er werde die Hauptstadt nicht verlassen, ohne dem Minister davon Mitteilung zu machen. Die Herren mit den steifen Hüten hatten sich um zwei vermehrt.

Die Tätigkeit Professor Bl.'s war nicht anstrengend. Dann und wann kamen Persönlichkeiten, deren Intelligenz er im Auftrag des Diktators zu analysieren hatte. Was mit diesen Analysen geschah, blieb dem Professor und der übrigen Welt unbekannt. In der Umgebung des Diktators hielt man es für eine Art bösartigen Spaß, wenn einen der Diktator zur Analyse schickte, für eine elegante Art der Bestrafung. ›Jemanden zu Professor Bl. schicken‹ wurde zu einer Lieblingswendung des Landes, man gebrauchte sie als scherzhafte, zuweilen auch als ernste Warnung.

Ein Jahr verging und noch eines. Der Diktator gewann immer

mehr Routine in der Handhabung aller Attribute der Macht; es gab auf dem Planeten nur zwei Männer außer ihm, die ebensolche Gewandtheit hatten. Er hatte eine gut organisierte Armee, eine vortreffliche Polizei, alle Ämter und wichtigen Arbeitsstellen des Landes waren mit Leuten besetzt, die Jahr um Jahr daraufhin geprüft wurden, ob sie ihm auch anhingen. Wenn er sah, was er gemacht hatte, durfte er sich sagen, daß er es gut gemacht hatte. Dennoch schlief der Diktator nicht gut, denn so gut, wie er es gewollt hatte, hatte er es nicht gemacht. Nur seinen Anhängern nämlich ging es gut, nicht aber dem Land, und ursprünglich hatte er gewollt, daß es allen gut gehe.

Er besuchte immer öfter den Gehirnphysiologen Bl., und es kostete ihn kaum mehr Schwierigkeit, im Umgang mit ihm schlicht und menschlich zu sein. Er lachte viel, wenn er mit Professor Bl. zusammen war. Niemand, der nur das eherne Gesicht des Diktators kannte, ahnte, wie gut der Mann zu lachen verstand. Professor Bl. lachte mit. Wahrscheinlich lachten auch die Herren mit den steifen Hüten, die vermutlich die Unterredung irgendwo anhörten.

Gegen Ende des zweiten Jahres, als der Diktator bei ihm zu Abend gegessen hatte, nach einer Minute des Schweigens, sagte der Professor plötzlich in seiner unwirschen, hänselnden Art: »Sagen Sie doch geradezu, was Sie von mir wollen. Jetzt drücken Sie schon zwei Jahre herum.« Da runzelte der Diktator die Stirn, und es hätte wenig gefehlt, er wäre dem Forscher ehern gekommen: aber fing sich rechtzeitig wieder ein und blieb schlicht und menschlich.

Im dritten Jahr, an einem Sommerabend, die Frau des Professors war in ein entferntes Bad gefahren, sagte der Diktator: »Wie wäre es, wenn Sie einmal eine Analyse meiner Intelligenz machten?« Professor Bl. wurde einen Schatten bleicher.

»Ist es also so weit?« erwiderte er.

»Tun Sie es nicht gern?« fragte der Diktator.

»Ich tue es ungern«, erwiderte Professor Bl.

Der Diktator schaute ihn an, so herzlich und von Mann zu Mann hatte er nie gesprochen. »Sie können ja schwindeln«, sagte er lächelnd, aufmunternd, vertraulich.

»Ich glaube«, erwiderte der Professor, und auch er lächelte, so daß seine großen, gelben Zähne aus dem Bart heraus-

kamen, »ich glaube«, sagte er, »es hätte keinen Sinn, zu schwindeln. Ich glaube, Sie würden mir daraufkommen.«
Professor Bl. nahm also die Analyse vor, die der Diktator wünschte. Das erforderte nicht sehr lange Zeit, es kam auch dem Diktator nicht lange vor, aber dann, in der Erinnerung, kam es ihm doch lange vor, denn es war ihm, als sei er während dieser Zeit jung gewesen und wieder alt und wieder jung und wieder alt. Der Professor, während er seine Messungen vornahm, sagte nur das Notwendige. Er schrieb seine Formeln auf ein Blatt. Dem Diktator waren diese Formeln geläufig; er wußte, daß sie mit kleinen Buchstaben und Ziffern geschrieben und daß es dreiundzwanzig Formeln waren.
Der Professor schrieb seine letzte Formel und gab das Blatt dem Diktator. Der Diktator sagte: »Ich danke Ihnen«, nahm das Blatt, faltete es zusammen, ungelesen, bat um einen Umschlag, steckte das Blatt hinein, klebte den Umschlag zu, schüttelte dem Professor Bl. die Hand, ging.
Professor Bl., nachdem der Diktator ihn verlassen hatte, fühlte sich ein wenig erschöpft, ja, die Beine waren ihm unangenehm schwer und zitterten; aber er dachte nicht daran, still zu sitzen und zu atmen. Vielmehr ging er durch das Laboratorium, auf, ab, streichelte seine Apparate, ging durch das ganze Haus, auch durch den Garten. Sonst, wenn Menschen kamen, störten sie ihn, und er suchte sie rasch los zu werden. Heute fand er, daß es ein großes Haus war und ein großer Garten und eigentlich verdammt leer. Er versuchte mit seiner Frau zu telephonieren, mit seinen Assistenten, aber es erwies sich, daß keiner zu erreichen war. Das hätte er sich denken können. Er wäre froh gewesen, wenn er auch nur mit einem von den auffälligen Herren mit den steifen Filzhüten einige Worte hätte sprechen können, aber selbst von denen war heute keiner da.
Zuletzt fand er seinen alten Laboratoriumsdiener. Der war nun seit zwanzig Jahren um ihn, und Professor Bl. kannte genau die Haut des Mannes, die Beschaffenheit seines Blutes, seines Herzens und seiner Nieren. Heute zum ersten Mal fragte er ihn nach seinen Meinungen. Er fragte ihn, was er von Gott halte und vom Jenseits. Es zeigte sich, daß der Laboratoriumsdiener viel davon hielt. »Ich bin ein Mann, gemacht, zu glauben«, sagte er.

Dem Professor Bl. gefiel diese Äußerung, er fand sie gerade und vernünftig. Er saß jetzt auf der Terrasse, die hinunter zum Garten führte, seine Rastlosigkeit war vorbei. Es wäre vielleicht ganz gut, noch einmal durch die Straßen zu gehen, aber dann, nahm er an, würden die steifen Filzhüte gleich dasein, und die wollte er jetzt nicht mehr haben, und er blieb sitzen. Er dachte an die Menschen, die in dieser letzten Zeit um ihn gewesen waren, an seine Frau, an seine Assistenten, und sie gefielen ihm. Er war einverstanden mit ihnen. Selbst mit dem Diktator war er einverstanden. Der Mann handelte nach seinen Notwendigkeiten. Es war freilich ein bißchen viel verlangt, daß er sich auch noch von ihm bestätigt wissen wollte.

Am gleichen Abend, ehe seine Frau zurück war, auch bevor er mit seinen Assistenten gesprochen hatte, erkrankte Professor Bl. Es sei eine ernstliche Erkrankung, berichteten die Zeitungen am Morgen, von einer sehr ernstlichen Erkrankung berichteten sie am Mittag, und am andern Morgen, noch ehe seine Frau ihn wiedergesehen hatte, war Professor Bl. gestorben. Der Diktator hatte ihn im Laufe des Tages besucht und stündlich Erkundigungen nach seinem Befinden einziehen lassen.

Die Bestattung des großen Forschers geschah auf Staatskosten, mit viel Gepräng.

Zwei Wochen später jährte sich zum zehnten Mal der Tag, an dem der Diktator die Macht ergriffen hatte. Es war ein Tag großen Glanzes, seine Feinde haßten ihn mit besonderem, gutem, begründetem Haß; denn sie hatten wenig Aussicht mehr, ans Ziel zu kommen. Und viele von ihnen haßten ihn nur, weil sie nicht mehr seine Anhänger werden durften. Denn er hatte die Reihen seiner Anhänger schließen müssen: es waren zu viele, als daß er für noch mehr hätte sorgen können.

Früher hatte der Diktator solche Tage großer Repräsentation geliebt, sie waren ihm Stütze gewesen und Bestätigung. Jetzt durchlebte er sie mit leiser Ungeduld, sie waren nurmehr politische Mittel, er brauchte sie nicht mehr für sein Herz. Am liebsten war ihm die kleine Weile am frühen Nachmittag, die er für sich allein hatte. Die Hälfte dieser Zeit machte er gymnastische Übungen mit seinem Trainer; dann, nach der Massage, lag er allein in dem kleinen, kühlen Zimmer, in dem nur ein Ruhebett stand, ein Schreibtisch und ein Sessel, und das niemand betreten durfte außer einem einzigen Sekretär.

Er lag da, ausgeschöpft, leer, in wohliger Mattheit, entspannt von allem Ehernen. Gedämpft herauf zu ihm drangen die Kommandos der Abteilungen, die auf dem großen Platz aufmarschierten, um ihm zu huldigen. In zweiundzwanzig Minuten wird er auf dem Balkon stehen und eine Ansprache halten, er weiß nicht genau, was er sagen wird, aber er weiß, es wird das Richtige sein, und die ganze Welt wird an Lautsprechern seinen Worten zuhören.

Er stand auf. Im Frottiermantel ging er hinüber zu dem Schreibtisch. Hier eingeschlossen lagen Erinnerungen; kleines, läppisches Zeug, nur für ihn bestimmt. Ein paar Briefe, ein Knopf einer Uniform, platt durch einen Schuß, eine alte Photographie. Er liebte diese Erinnerungen, er kramte gern darin herum, er fühlte sich stärker, wenn er den Zusammenhang mit seinem Früher körperlich fühlte.

Er holte einen Schlüssel hervor und noch einen und dann aus einem letzten Schubfach einen verschlossenen Umschlag, erst vierzehn Tage alt, er wußte genau, was darin war; vielleicht war es nur wegen dieses Umschlags, daß er an den Schreibtisch gegangen war.

Er hielt die verschlossenen Formeln des toten Professors Bl. in der Hand, minutenlang. Dann nahm er ein Falzmesser. Es war interessant zu wissen, was in dem Umschlag war, Nutzen und Weisheit, es gab da gewisse Theorien. Der Professor Bl., der nun tot war, hatte einiges darüber gewußt, nur angedeutet. Es wäre nicht unmöglich gewesen, den Professor Bl., der nun tot war, dahin zu bringen, daß er ihm mehr davon gesagt hätte. Der Diktator war kein törichter Mann, und der Professor hatte ihn nicht für unbegabt gehalten. Historische Notwendigkeit hatte ihn mit Macht belastet, und Macht verdummt. Aber wenn er nicht ein mächtiger Mann geworden wäre, wäre er vielleicht ein großer Mann geworden.

Von unten kam der Lärm der Menge. Er muß sich ankleiden lassen, in vierzehn Minuten muß er seine Ansprache halten. Für seine Ansprache wird es bestimmt nicht gut sein, wenn er weiß, was in dem Umschlag steht. Der Diktator legte das Falzmesser zurück, unbenutzt. Zerriß den Umschlag und seinen Inhalt in kleine Fetzen.

Ging in den großen Empfangssaal, auf den Balkon. Hielt seine Ansprache.

Die Witwe Capet
(1952)

Szene aus dem gleichnamigen Schauspiel

Solange das Ancien Régime als vorhandene Weltordnung mit einer erst werdenden Welt kämpfte, stand auf seiner Seite ein weltgeschichtlicher Irrtum, aber kein persönlicher. Sein Untergang war daher tragisch.

Marx, Zur Kritik der Hegelschen Rechtsphilosophie

Dieses Schauspiel ist entstanden aus einem innern und einem äußern Anlaß.

Die Hintergründe des Prozesses der Marie Antoinette blieben lange undurchsichtig. Später haben französische Forscher die verwickelten Tatbestände so deutlich gemacht, daß der Verlauf jedes einzelnen Fadens verfolgt werden kann. Wir können jetzt klar erkennen, warum die Leiter des revolutionären Frankreich diesen Prozeß so lange nicht führen wollten und warum sie ihn dann so schlampig, überhastet und ungeschickt führten, daß noch heute die Gegner des Fortschritts nicht ganz mit Unrecht auf die »Barbarei« des Tribunals hinweisen.

Der Staatsanwalt der Republik, Fouquier-Tinville, konnte die Schuld Marie Antoinettes, ihren Hochverrat, nicht mit juristisch zulänglichen Gründen erweisen, er mußte sich zumeist auf tönende Phrasen beschränken. Heute ist diese Schuld, ist Marie Antoinettes Hochverrat durch Dokumente und Briefe, die in später zugänglich gewordenen Archiven aufgefunden wurden, einwandfrei festgestellt. Anderenteils geht aus zahllosen Dokumenten ebenso unwiderleglich hervor, daß sich Marie Antoinette bis zuletzt im Recht fühlte, daß sie subjektiv unschuldig war.

Was mich an dem Gegenstand reizte, war gerade dieser Gegensatz zwischen subjektiver Unschuld und objektiver Schuld: die Dialektik, die das Wesen so vieler politischer Prozesse ausmacht.

Das ist ein gefährliches Thema insofern, als es nur von einem reifen Publikum verstanden werden kann. Ich habe deshalb auch lange gezögert, mich ans Werk zu machen. Es geschah auf das Drängen einer großen Schauspielerin, daß ich das Stück schließlich doch schrieb.
Es hatte sich indes, als das Drama fertig vorlag, die politische Situation hierzulande* so verdunkelt, daß das Stück bestimmt mißdeutet worden wäre. Ich mußte befürchten, daß die Sympathien mit dem Unglück der Marie Antoinette – gerade da sie von einer großen Schauspielerin gespielt werden sollte – die Verstandesgründe, die gegen die Schuldige sprechen, überschwemmen würden. Deshalb verschob ich die Aufführung des Stückes auf eine ruhigere Zeit.
»Die Witwe Capet« stellt das Schicksal einer nicht eben bedeutenden Frau dar, die das Unglück hat, Königin zu sein, und die in dieser Funktion, ohne es zu wollen, viel Schuld auf sich lädt. Sie glaubt, unschuldig zum Schafott zu gehen, und erkennt bis zuletzt nicht, daß sie zu Recht verurteilt ist.
Wer »Die Witwe Capet« liest, kann, scheint mir, diesen Sinn des Stückes nicht mißverstehen.

DRITTER AKT
In der Conciergerie

Eine sehr kleine Zelle, schmal, sargartig. Den einzigen Zugang bildet eine Treppe mit ausgetretenen Stufen, die oben durch ein Gitter abgeschlossen ist. Hinter dem Gitter ein enger Korridor, in dem ab und zu ein bewaffneter Soldat sichtbar wird. Es wird angenommen, daß dieser Korridor von einer Tür abgeschlossen ist, die hinaus in einen helleren Raum führt, so also, daß, bevor die jeweils Auftretenden sichtbar werden, der Korridor oben sich erhellt. Die Zelle selber hat ein kleines, vergittertes Fenster, eingelassen in eine sehr dicke Mauer. Boden, Decke, Wände der Zelle sind nackter Stein. Der nackte Fußboden zeigt ein verwittertes Fischgrätenmuster. Ein schäbiger, geraffter Vorhang läßt eine Nische mit

* In Amerika, wo der Dichter zur Zeit lebt.

einem eisernen, schäbigen Bett sehen. Sonst enthält die Zelle nichts als einen einfachen Tisch und Stuhl. Es ist früher Nachmittag, doch ziemlich dunkel.

5. Szene

(Mehr Licht von oben. Das Gitter öffnet sich, und im Licht steht, jung, strahlend, elegant, Saint-Just.)

Antoinette ist zurückgewichen.
Sie sind es –

St. Just: Ich bin hier, Antoinette Capet, um Ihnen Ihr Urteil zu verkünden.

Antoinette: Ich weiß das Urteil, da Sie gekommen sind.

St. Just: Es war Sache des Revolutionstribunals, darüber zu befinden, ob Sie Verbrechen verübt haben gegen die Gesetze der Republik. Es gibt indes noch andere Gesetze als die im Buch verzeichneten. Wie es Gesetze der Natur gibt, so gibt es solche des historischen Ablaufs. Diesen haben Sie sich in den Weg gestellt.

Antoinette: Wozu erzählen Sie mir das, Monsieur? Mag sein, daß die Dinge, die ich tat, Schuld gewesen wären, wenn Männer des neuen Frankreich sie getan hätten. Da ich sie tat, sind sie keine Schuld. Ich würde sie heute, wissend um den Ausgang, genauso tun und reiner Seele hintreten vor die Menschen und vor Gott.

St. Just: Nun das souveräne Volk gesiegt hat, Madame, hat es Ihr Wesen und Ihre Handlungen gewogen und sie zu leicht befunden. Ihnen das zu erklären, hat man mich geschickt.

Antoinette: Ich weiß nicht, ob ich Sie auffordern darf, sich zu setzen. Hier sind wohl Sie der Hausherr. (Sie setzt sich aufs Bett.)

St. Just (bleibt stehen, zieht seine Handschuhe aus.)

Antoinette: Glauben Sie, Sie werden mich jetzt in wenigen Minuten davon überzeugen, daß mein tausendjähriges Königsrecht Unrecht ist? Sie, Abgeordneter des (mit ungeheurer Verachtung) souveränen Volkes?

St. Just: Ja, ich spreche zu Ihnen als Abgeordneter jener fünfundzwanzig Millionen, die sich von Ihrer Herrschaft frei gemacht haben. Sie höhnen, Madame. Sie können sich eine Welt nicht vorstellen, in welcher nicht Kirche und Adel dem Volk auf dem Rücken hocken, bequem und drückend. Aber diese neue Welt ist: der geduldige Lastesel hat seine freche Last, die zweitausend Privilegierten und Profitierer, abgeworfen.

Antoinette: Und meine Schuld ist es, daß ich dabei nicht mithalf?

St. Just: Es gab unter Ihrem Regime »eine Art scheuer Tiere, fahl, schmutzig, ausgedörrt. Sie lebten die meiste Zeit auf der nackten Erde, in der sie mit erstaunlicher Beharrlichkeit wühlten und gruben. Sie verfügten über etwas wie eine artikulierte Stimme und ein menschenähnliches Gesicht. Sie ersparten den übrigen Menschenwesen die Mühe des Säens, Pflügens und Erntens. Sie selber aber lebten von schwarzem, mit Kleie vermischtem Brot, von Wasser und von Wurzeln.« Ich zitiere einen Ihrer Lieblingsschriftsteller, Madame. Sie haben ihm ein Denkmal gesetzt.

Antoinette: Die Institutionen, von denen dieser Schriftsteller spricht, sind tausend Jahre alt. Wollen Sie mir mitteilen, Sie kluger junger Herr, wie ich sie hätte ändern können, wenn ich auf die verrückte Idee gekommen wäre, sie ändern zu wollen?

St. Just (triumphierend): Wir haben sie geändert. Wir haben in drei Jahren gutgemacht, was eure tausend Jahre schlecht und verbrecherisch gemacht haben. Heute gibt es in Frankreich keine Fron mehr, keine Salzsteuer, keine Grundsteuer, keine großen Herren, die einen Bauern auspeitschen lassen und auf Jahre ins Gefängnis werfen, wenn er seinen Acker vor dem Wild schützt. Heute werden keine siebentausend Kinder mehr vor den Findelhäusern ausgesetzt, in Paris allein. Heute gibt es fünfundzwanzig Millionen französische Bürger, frei alle und ein jeder gleichen Rechtes.

Antoinette: Nur ich nicht. Nur wir nicht, die wir die Schuld begingen, hoch oben geboren zu sein und gute Manieren zu haben.

St. Just: Richtig, Sie nicht. Sie können nicht verlangen, Madame, gerichtet zu werden wie die andern. In der Republik sind der König und die Seinen der Feind. Sie haben, seitdem Sie dieses Land betraten, einen Kampf geführt gegen uns, gegen das Volk, auf Leben und Tod. Nun Sie besiegt sind, haben Sie kein anderes Recht als das, zu sterben.

Antoinette: Sie haben Ihre Rhetorik gut studiert, Monsieur. Wohl noch in einer Schule des verderbten despotischen Regimes?

St. Just: In Versailles, Madame, wäre Ihr Witz die rechte Antwort gewesen auf meine Argumente, hier in der Conciergerie ist er fehl am Ort. Ich bin von Adel, Madame, nicht von so hohem Adel, daß Sie mich jemals der Gnade Ihres Anblicks gewürdigt hätten, aber doch von Adel. Ich habe sogar Beziehungen zu Ihnen selber, Madame.

Antoinette: (verständnislos.)

St. Just: Als ich – ich war damals sehr jung – zum ersten Mal in der Oper war, zeigten Sie sich in Ihrer Loge. Die Pariser jubelten. Einer aber pfiff. Dieser Eine war ich.

Antoinette: Ich erinnere mich nicht.

St. Just: Wohl aber gaben Sie mir Ursache, mich zu erinnern. Ein Sonderbefehl Ihres Mannes sperrte mich in die Bastille.

Antoinette: Ich wußte nichts von Ihrer Kundgebung, nichts von Ihrer Bestrafung. Ich wußte nichts von Ihrer Existenz.

St. Just: In Ihrem Namen, für Sie, wurden Verfügungen getroffen, immerzu, die Unzählige ins Unglück stürzten. Und Sie wußten nicht einmal darum.

Antoinette: Wie hätte ich mich um all das kümmern können? Sie verlangen Unmögliches. Sie sind sehr jung, Monsieur.

St. Just: Ich bin jung und also näher der Natur. Im übrigen gereichte mir die Haft zum Segen. Ich las. Las Rousseau, und die Einsamkeit der Bastille und der Geist Rousseaus erfüllten mich mit Erkenntnis und mit tiefem Haß gegen die Tyrannei.

Antoinette: Sie sprechen in einem Atem von Haß und Erkenntnis.

St. Just: Erkenntnis ist wertlos, wenn sie sich nicht bemüht, Leben und Wirklichkeit zu werden. Erkenntnis, Liebe zur Freiheit und Haß gegen die Unterdrücker sind Eins und Unteilbar wie die Republik.

Antoinette: Auch ich habe Rousseau gelesen. Aber ich habe keinen Haß aus ihm gelernt. Vielleicht waren ich und mein Trianon dem Rousseau näher als Sie und Ihre starre, maskenhafte Tugend.

St. Just: Nehmen Sie den Namen Rousseau nicht in den Mund, Antoinette Capet. Es ist Lästerung. Sie und die Ihren haben bewirkt, daß er, der gütigste der Menschen, eifern mußte für die Todesstrafe.

Antoinette (schweigt).

St. Just: Die Monarchie hat, um die Privilegien der wenigen zu wahren, Jahr für Jahr fünfzehnhundert Menschen gehängt und dreitausend gerädert. Soll die Republik das Leben eines einzelnen sparen, nun es um die Freiheit aller geht? Sie haben den Feind ins Land gerufen. Sie haben es so weit gebracht, daß Humanität für alle nur mehr erreicht werden kann auf dem Wege über den Schrecken. Und Schrecken ist nichts anderes als schnelle, strenge, unbeugsame Gerechtigkeit.

Antoinette (springt plötzlich voll Entsetzen auf und drückt sich in den äußersten Winkel): Sie wollen mich umbringen, hier, jetzt.

St. Just: (verächtlich): Die Republik mordet nicht in Kellerwinkeln. Sie vollstreckt ihre Urteile im hellsten Licht. Seien Sie sicher, es werden viele Tausend Augen auf Sie schauen, wenn die Republik Sie richtet.

Antoinette (hat sich gefaßt): Verzeihen Sie, aber ich kann es noch immer nicht fassen, wozu Sie gekommen sind.

St. Just: Ihnen zu zeigen, was Ihre Schuld ist: die wahre Wahrheit hinter der juristischen. Begreifen Sie endlich, da die Zeit nurmehr kurz ist.

Antoinette: Die Zeit – ist kurz?

St. Just: Als ich sehr jung war, lebte ich in der gleichen fröhlichen Ruchlosigkeit, in welcher Sie Ihr Leben verbrachten. Mit ungeheurer Anstrengung habe ich mich herausgearbeitet aus dem Laster und gelernt, rein und streng zu leben, wissend zu leben. Sie, Madame, haben es abgelehnt, zu wissen. Rings um Sie standen tausend Mahnungen. Hat man Ihnen nicht in die Ohren geschrien: »Madame Defizit«? Aber Sie wollten nicht hören. Sie gefielen sich in dem schillernden Urwald Ihrer Unwissenheit. Ein Leben in

Unwissenheit ist kein Leben. Wer unwissend ist, der atmet nur. Wissen und leben, das ist Eines.

Antoinette: Wollen Sie behaupten, ich hätte nie gelebt?

St. Just: Wie Sie vor dem Tribunal standen, Antoinette Capet, hochmütig, töricht und verspielt, da wurde mir klar: Sie stellen in Wahrheit dar, was an Ihrer Zeit und Ihrer Herrschaft gefährlich war, verderblich, reif zum Untergang. Sie haben nichts gelernt als Genießen.

Antoinette (mit höflichem Hohn): »Ein Leben in Unwissenheit aber ist kein Leben.« Selbst wenn das eine Wahrheit sein sollte, Monsieur, was soll ich damit anfangen, jetzt?

St. Just: Es hat keinen Sinn gehabt, daß ich zu Ihnen kam. (Er zieht seine Handschuhe an.)

Antoinette: Sie finden, ich sollte die Zeit, die mir noch bleibt, wissend durchleben?

St. Just (sieht sie an, antwortet nicht; er wendet sich, zu gehen).

Antoinette: Sie haben vergessen, mir mein Urteil mitzuteilen.

St. Just: Sie kennen es doch.

Antoinette: Und wieviel Zeit bleibt mir?

St. Just: Der Rest des Tages, die Nacht und noch ein Morgen.

Francis Bacon
Versuch einer Kurzbiographie
(1930)

Francis Bacon war ein Zeitgenosse der Königin Elisabeth von England, Philipps II. von Spanien, des Sternforschers Galilei, auch des Dichters William Shakespeare. Er verlangte als 25jähriger, subalterner Advokat in einem Memorandum an die Königin forsche Maßnahmen gegen die Katholiken, auch die Hinrichtung der Maria Stuart, verlor im 61. Lebensjahr als Großkanzler von England Ämter und Würden und starb infolge eines Experiments, wie man ein frischgeschlachtetes Huhn durch Kälte konservieren könne. Er war der erste Schriftsteller seiner Epoche. Sein Leben und sein Werk haben seine Zeitgenossen und viele Spätere ungeheuer interessiert. Es schrieben über ihn unter anderen Ben Jonson, Macaulay, der Philosoph Kuno Fischer und der Erfinder eines beliebten Fleischextrakts, Justus von Liebig. Viele rühmten ihn bis in die höchsten Himmel, einige erklärten ihn für identisch mit Shakespeare, viele schalten ihn bis in den letzten Abgrund. Verstanden haben ihn nicht viele.

Er war geboren in London als Sohn des höchsten britischen Justizbeamten, 3 Jahre vor dem Tod Michelangelos und der Geburt William Shakespeares, 1 Jahr nach der Einführung des Rauchtabaks und der Pfeife. Ein schwächliches Kind, altklug, körperlicher Betätigung abgeneigt, skrupellos praktisch in der Behandlung seiner Mitmenschen, erwiderte der Achtjährige auf die Frage der Königin nach seinem Alter: »Zwei Jahre jünger als Ew. Majestät glückliche Regierung.« Überzeugt von der Unnützlichkeit dessen, was er lernte, ohne Glauben an seine Lehrer, bezeigte er ihnen großen Respekt und war ein ausgezeichneter Schüler. Seine Mutter, ein weinerlicher Blaustrumpf, verfaßte eine »Apologie der Kirche«: der junge Francis interessierte sich mehr für die realpolitischen Unterweisungen des italienischen Schriftstellers Machiavelli, für die schwer feststellbaren Ursachen eines be-

stimmten Echos und für die wissenschaftliche Analyse der Taschenspielerei.
Der Tod seines Vaters erweist, daß die ökonomische Lage des jungen Herrn sehr eng ist. Er will, seinem Vater folgend, die Karriere des Staatsmannes einschlagen. Alle Welt ist überzeugt von seiner außerordentlichen politischen Begabung; nur leider nicht derjenige, auf den es ankommt, sein Onkel, Lord Burleigh, der erste Mann im Staat. Der erklärt ihn für einen »Theoretiker«, ungeeignet für die politische Praxis. Es bleibt dem jungen Francis nichts übrig, als seufzend die langwierige Karriere eines privaten Rechtsanwalts einzuschlagen.
Nebenher beschäftigt er sich mit literarischen Plänen. Er hat eine große, sehr kühne Idee, einen erfinderischen Einfall, geeignet, das Wissen der Zeit zu revolutionieren. Er will nämlich nachweisen, daß es klüger sei, Wissenschaft nicht um ihrer selbst willen zu betreiben, sondern um praktischer Zwecke willen. Verhöhnten bisher unter dem Beifall von zwei Jahrtausenden die Professoren diejenigen, die Gelehrsamkeit zum Zweck der Nutzanwendung trieben, so fordert dieser pietätlose junge Mensch von der Wissenschaft praktische Methoden, Fortschritt, »Frucht und Licht«, Erfindungen. Die Professoren der Epoche lehren, der Sinn alles Studiums bestehe darin, dem Menschen die abstrakte, ewige Wahrheit zu vermitteln: dieser junge Literat erdreistet sich, alle Wissenschaft, die nicht den Nutzen und die Annehmlichkeit der Menschen fördert, für Gequassel zu erklären. Mit scharfer Logik verhöhnt und zerstört er die »Kulissenwelt« der bisher verbreiteten Philosophen. Während die Schulweisheit der Zeit spitzfindige Untersuchungen anstellt über die Grenzen des Guten und des Bösen, mit Hohn herabblickend auf alles Mechanische, glorifiziert dieser pietätlose Bursche Naturwissenschaften, verherrlicht als erster die Maschine. Die Staatslehre der Professoren sah Zweck und Ziel der Gesetze in der Tugend, das Glück der Staaten in der Herrschaft der Philosophie; der junge Frechdachs Francis Bacon sieht das Ziel der Gesetzgebung im Wohlstand der Staatsangehörigen, sieht »das Wichtigste« keineswegs in der Philosophie und der Tugend, sondern verkündet nüchtern: »Heutzutage und zumal in Europa ist ›das Wichtigste‹ Seemacht, wie wir

sie jetzt in Großbritannien haben. Denn erstens liegen die meisten Reiche Europas an der See, und zweitens fallen die Reichtümer beider Indien derjenigen Macht zu, welche das Meer beherrscht.«
Alle seine Ideen fügen sich dem jungen Menschen zu einem großen System. Er ist überzeugt von der Genialität seiner »Neuen Methode«; aber er will dieses Riesenwerk, sein System, die »Große Erneuerung der Wissenschaft«, diese »Größte Geburt der Zeit« nicht in einer ärmlichen Dachkammer austragen. Er ist kein Dachkammerphilosoph, das gehört zu seiner Methode. Er will Geld, Macht. Solange er das nicht hat, muß das große wissenschaftliche Werk warten.
Es muß sehr lange warten. Denn trotz seiner Begabung und Bemühung geht es weder mit der juristischen Praxis noch mit der Politik des jungen Advokaten voran. Er hat zwar seinen Sitz im Parlament und gilt als ausgezeichneter Redner. Aber das trägt wenig Geld, und der junge Herr liebt Komfort, einen prunkvollen Haushalt, eine erlesene Küche. Die Livreen seines zahlreichen Personals sind aus sehr guten Stoffen; er kann den Geruch schlechter Kleider nicht vertragen. Selber häßlich, unscheinbar, umgibt er sich mit hübschen, gutaussehenden Pagen. Schulden häufen sich. Zudem leistet er sich im Parlament eine schwerverständliche Dummheit: er hält eine männliche, demokratische Rede. Verlangt Verweigerung einer Sondersteuer, die die Königin gefordert hat, trotzdem er weiß, daß die unausbleibliche Folge ihre Ungnade sein wird. Die Königin wendet sich denn auch sehr nachdrücklich von ihm ab, Bacon rutscht immer tiefer. Es kommt so weit, daß ein ungeduldiger Gläubiger ihn auf offener Straße verhaften läßt.
Um diese Zeit taucht groß ein neuer Stern auf am Hofe der Elisabeth, ein sehr glänzender Militär und der Königin wohlgefällig: der Graf Essex. Bacon schließt sich sogleich dem jungen Favoriten an. Die beiden Männer sind die äußersten Gegensätze: Essex ist Offizier von Elan und großem Glanz, eine strahlende Erscheinung, der geborene Held, Bacon unscheinbar, ziemlich häßlich, durchaus Zivilmensch, äußerst unheldisch. Bacon alle Pläne bis ins kleinste Detail vorausbedenkend, dann zäh und geschmeidig daran festhaltend; Essex handelt nach den Launen des Augenblicks, stürmisch in der

Initiative, wankelmütig und hysterisch in der Ausführung. Bacon leidenschaftlicher Literat, aller körperlichen Betätigung abgeneigt, Essex ein großer Sportsmann, gänzlich ungeistig, Militär vom Scheitel bis zur Sohle.

Es ist seltsam, daß trotz seines Ungeistes dieser Offizier eigentlich der erste ist, der die Größe Francis Bacons erkennt. Er unterstützt ihn finanziell, setzt sich, der sanguinische Herr, mit stürmischem Elan für den begabten Advokaten ein, um dem endlich die ersehnte Stellung zu verschaffen. Plädiert, den Ärger der Königin mißachtend, immer von neuem für seinen bewunderten Freund. Der seinesteils unterstützt den mit allen Gaben außer eben denen des Verstandes Gesegneten mit seinem eigenen scharfen Intellekt.

Zunächst geht auch alles gut. Der junge General, 34 Jahre jünger als Elisabeth, 6 Jahre jünger als Bacon, setzt sich immer tiefer im Herzen der alten, gescheiten Königin fest. Steigt strahlend hoch. Wird Kommandant der Kavallerie, Mitglied des Staatsrats, Feldzeugmeister im Kriege gegen Spanien. Es glückt ihm, die Stadt Cadiz zu nehmen. Streng genommen freilich war der Sieger von Cadiz nicht er, sondern der Admiral Walter Raleigh; aber weil Essex sich sehr ritterlich zeigte, besonders weil er dreitausend Nonnen nicht vergewaltigen ließ, huldigte ihm die Menge mit hemmungsloser Bewunderung.

Verblendet durch diese unbegrenzte Anbetung, hört sich der törichte Heros die Ratschläge seines klugen Freundes Bacon zwar weiter aufmerksam mit an, befolgt sie aber nicht, sondern tut das Gegenteil. Es kommt so weit, daß er nach einer durch seine Unfähigkeit mitglückten Expedition gegen das rebellierende Irland endlich in Ungnade fällt. Wütend über sich, schreibt der geschlagene General in raschem Wechsel der Königin galante, überaus devote Briefe und andere, in denen er sich um die Fortdauer seines Süßweinmonopols bewirbt. Er kriegt das Monopol nicht, flucht wüst über die Königin, nennt sie ein »verdrehtes altes Knochengerüst«. Unternimmt einen sinnlosen Putsch, eigentlich nur eine Demonstration, von vornherein zum Scheitern bestimmt. Wird verhaftet, wegen Hochverrats vor Gericht gestellt.

Bacon, als Anwalt der Krone, soll gegen ihn plädieren. Das ist nicht angenehm. Bisher war Essex der einzige, der sich selbst-

los und restlos für Francis eingesetzt hat. Aber wenn Bacon sich weigert, die Anklage mit zu vertreten, dann wird eben ein anderer berufen, und Essex ist sowieso verloren. Bacon übernimmt also den Auftrag, ja, er wird, höflich, eiskalt, zum weitaus gefährlichsten Gegner des törichten Generals. Mit messerscharfer Logik beweist er, daß jener Putsch, den der Angeklagte als harmlose Demonstration hinstellen will, planvoller Hochverrat war. Am 19. Februar wird Essex zum Tode verurteilt, schon am 25. läßt das »verdrehte alte Knochengerüst« das Urteil vollziehen.
Ob Bacon der Hinrichtung beiwohnte, bei der sich übrigens Essex durchaus heldisch benahm, wissen wir nicht. So viel steht fest, daß er auf Wunsch der Regierung, die die unwillige Öffentlichkeit besänftigen wollte, eine logisch glänzende »Darstellung der Ränke und Verrätereien, verursacht durch Robert weiland Grafen Essex« publizierte. In dieser Broschüre beweist der Verfasser des Essays »Freundschaft« aus den Akten, daß sein Freund Essex ein großes, todeswürdiges Verbrechen begangen hat, daß er ein hinterlistiger Verräter war. Der talentierte Autor erhielt dafür aus der Schatulle der Königin 1200 Pfund.
Er verstand nicht, daß seine Haltung von einigen als nicht fair empfunden wurde, und fühlte sich zu einer Rechtfertigung gedrängt. Die Argumente dieser »Rechtfertigung« sind schlagend. Er hat den törichten Offizier immer richtig beraten, politisch und juristisch. Ist es seine Schuld, wenn der unkluge Mann ins Verderben rennt? Soll er, Bacon, sich bei der Königin in die Nesseln setzen, indem er sein Amt als Kronanwalt schlecht versieht? Wenn man dann ihn als besten Kenner der Materie auffordert, den Fall darzustellen, soll er, der lebende Bacon, der Schriftsteller Bacon, diese literarische Aufgabe schlecht besorgen, um des toten Essex willen?
Übrigens bessern sich seit seinem unsentimentalen Verhalten im Falle Essex seine Verhältnisse. Elisabeth stirbt. Er stellt sich sofort auf den neuen König Jakob Stuart um, schmeichelt ihm in seiner gewohnten servilen Art. Sich der Zeit anpassen; sich auf den Boden der Tatsachen stellen ist ihm philosophisches Prinzip. Die Wahrheit ist die Tochter der Zeit, lehrt er. Niemand besser als er wußte die öde Pseudogelehrsamkeit des geistig kahlen neuen Königs zu durchschauen:

aber in Briefen, selbst an Vertraute, rühmt er mit ernster Miene die ungeheuren Fähigkeiten des Königs, ja, er verhunzt zynisch sein Hauptwerk, indem er darin diesen läppischen, unfähigen Monarchen als Beispiel anführt, wie richtiges, methodisches Wissen eines Herrschers Volk und Staat fördere.

Es folgten jetzt Jahre des Glücks, des äußern und innern Erfolgs. Seine Unsentimentalität, sein positiver Skeptizismus, seine zynische Verachtung der Ehre, der Menschenwürde, des Nachruhms, sein prinzipieller, grenzenloser Servilismus trägt Früchte. Unter König Jakob beginnt Bacon Karriere zu machen. Erlangt endlich, mit 46 Jahren, durch Vermittlung des geistig armseligen Günstlings Buckingham sein erstes Staatsamt. Er schreibt, sicherlich aus äußeren Gründen, für diesen Günstling Buckingham eine Anweisung, in der er Art, Wesen, Bedeutung, Pflichten eines Favoriten wissenschaftlich auseinandersetzt. Er schreibt freilich auch, sicherlich aus inneren Gründen, eine hymnische Abhandlung über die »glückliche Regierung der Königin Elisabeth«, die ihn immer hat abseits stehen lassen, und über die Gutes zu sagen am Hofe König Jakobs nicht beliebt ist. Ja, er verlangt in seinem Testament mit Nachdruck die Publikation gerade dieser Schrift. Der Philosoph Bacon hat offenbar zuweilen das dringende Bedürfnis, zu sagen, was ist.

Unter unentwegten Schmeicheleien an die Adresse des Günstlings klettert er höher, wird Großsiegelbewahrer, Großkanzler. In diesen Jahren, während er in schwieriger Zeit die Geschäfte des Reichs führt, das sich eben anschickt, die Weltherrschaft anzutreten, vollendet er, 60jährig, das »Novum Organon«, die »Neue Methode«, sein großes Hauptwerk, in dem er jene Prinzipien, die er 40 Jahre vorher entdeckt hat, zu einem genialen System ausweitet. Er zerfetzt die alte Methode der Wissenschaft. Revolutioniert die Philosophie. Spielt gegen eine verblasen hochmütige Metaphysik die Zivilisation aus, gegen eine leere, formalistische Logik den gesunden Menschenverstand. Legt das wissenschaftliche Fundament jener Eigenschaften, die später den Angelsachsen die Weltherrschaft brachten. Verkündet: Wissen ist Macht. Fügt als erster Fortschritt, Medizin, Sachlichkeit zu einem einheitlichen Weltbild zusammen.

Das Glück des Großkanzlers Francis dauert nicht lange. Es rollt ein Staatsprozeß gegen ihn an, ein politischer Tendenzprozeß von ungeheurem Ausmaß. Bacon habe, lautete die Anklage, als Richter Geldgeschenke angenommen, Bestechungen. Das hatte er. Aber es war üblich, und er hatte es in einwandfreier Form getan, erst nach gefälltem Urteil. Er hätte sich mühelos, wirksam verteidigen können. Allein er war Realpolitiker, er wußte, daß das Haus der Lords in ihm die Krone und das gesamte Verwaltungssystem treffen wollte, und ohne weiteres willfahrte er der Bitte des angstschlotternden Königs, sich um Gottes willen nicht zu verteidigen, auf daß die Sache nicht Kreise ziehe. Bacon hielt es mit seinem großen Zeitgenossen Montaigne, der dem Beschuldigten eines politischen Prozesses anrät, wenn man ihn verklage, er habe das Louvre in die Tasche gesteckt, solle er sich schleunigst davonmachen. Francis Bacon also, Baron von Verulam, Viscount von St. Albans, Lordkanzler von England, anerkannt erster Schriftsteller seiner Zeit, bekennt mit großartiger Verachtung der öffentlichen Meinung, der Ehre, des Nachruhms, mündlich und schriftlich, er sei schuldig, er bekenne das aus dem Grund seines Gewissens, und er bitte Ihre Lordschaften, Barmherzigkeit zu haben mit einem gebrochenen Rohr. Im übrigen legte er sich ins Bett. Er wurde verurteilt zu einer riesigen Geldstrafe, zum Verlust seiner Ämter und Würden und, solange es König Jakob beliebe, zur Einkerkerung im Tower.

Es beliebte König Jakob zwei Tage. Auch sonst bemühte er sich seinem Versprechen gemäß, Bacon so bald wie möglich wiederherzustellen. Berief ihn wieder ins Oberhaus, gab ihm eine Pension von 1200 Pfund. Der rastlose Bacon, politisch lahmgelegt, füllte die erzwungene Muße mit einer heftigen, umfangreichen, glänzenden literarischen Tätigkeit. Die meisten seiner Werke fallen in die wenigen Jahre nach seinem Sturz. Es sind dies Werke, die ihn zum ersten jener angelsächsischen Schriftsteller machen, deren Bücher die Welt veränderten.

Er blieb bis zuletzt erfüllt von positiver Skepsis, taub gegenüber großen Worten, doch sie selber, wenn er sich Nutzen davon versprach, unbedenklich anwendend, gänzlich unsentimental, ohne Rachsucht, ohne Gefühl für Würde, sehr geneigt zu Prunk und Komfort, von starker Vitalität, von souveränem Servilismus, von großartiger Gleichgültigkeit gegen seinen Nachruhm und seine Stellung in der Geschichte. Er brachte bis zuletzt Moral in eine vorurteilslos glückliche Verbindung mit Erziehung, Soziologie, Medizin. Er blieb höflich von Manieren, generös, niemals kleinlich, sehr empfänglich für Kunst, ohne Pietät, sachlich.

Er starb an einer Grippe, die er sich holte bei der Bemühung, ein Huhn zu Zwecken der Kälteforschung mit Schnee zu stopfen. In seinem letzten Brief verglich er sich mit dem älteren Plinius, der auch über naturwissenschaftlichen Forschungen sein Leben einbüßte. Er verglich sich mit einem Forscher des Altertums, weil er, im Jahre 1626, bei all seinem Wissen dies nicht wissen konnte: daß er als erster das Weltbild des 20. Jahrhunderts geformt hatte.

NACHWORT

Als ich diese, zum Teil sehr frühen, Kleinwerke durchblätterte, schienen mir viele fremd. Immer wieder fragte ich mich: Hast du das geschrieben? Hast wirklich du das geschrieben? Und: Wie konntest du das nur schreiben, mein Lieber?

Dann, langsam, erinnerte ich mich, unter welchen Umständen ich dies und jenes geschrieben hatte und zu welchem Zweck. Ich war ein Handelnder gewesen damals, ich hatte mit dem und jenem Artikel etwas bewirken wollen. Mir fiel ein der Goethesche Satz: ›Der Handelnde ist immer gewissenlos, Gewissen hat niemand, nur der Betrachtende‹, und als ich nun kopfschüttelnd betrachtete, was ich damals handelnd hervorgebracht hatte, spürte ich oft Reue, manchmal auch Genugtuung.

Die meisten dieser Erzeugnisse entstammen einer Zeit, da man annahm, binnen sieben Jahren würden sämtliche Zellen des menschlichen Leibes durch neue ersetzt, so also, daß nach Ablauf der sieben Jahre von dem alten Körper nichts mehr übrig sei. Heute erklären die Biologen, diese Verwandlung vollziehe sich in zwei Jahren. Aber so wie die meisten, die den Schreiber jener frühen Artikel damals von Angesicht zu Angesicht kannten, ihn heute noch in mir wiedererkennen würden, so gewiß, glaube ich, ist trotz aller Veränderungen mein Wesen im Grunde das gleiche geblieben. Die Wellen sind immer andere, der Fluß ist der gleiche.

Ich möchte nicht, daß jemand gerade dieses Buch als erstes meiner Erzeugnisse lese. Es ist ein Buch nur für meine Freunde. Sie werden hier auf manche Frage Antwort finden.

Ein eifriger Forscher, der das wohl besser konnte, als ich es gekonnt hätte, hat hier meine Vergangenheit aus alten Kleinwerk neu aufzubauen versucht. Das meiste, was er in dieses Buch sammelte, hatte Sinn, als es entstand. Unfreundliche

Beurteiler haben zuweilen frühe Sätze von mir aus ihrem Zusammenhang gerissen, um sie gegen mich anzuführen. Hier sind jene frühen Erzeugnisse vereinigt, und nun gibt wohl eines dem andern das rechte Licht.
Ich möchte dem Buch einen Spruch Kleists auf den Weg mitgeben:

›Glaubt ihr, so bin ich euch, was ihr nur wollt;
recht nach der Lust Gottes,
Schrecklich und lustig und weich:
Zweiflern versink ich zu nichts.‹

Lion Feuchtwanger

QUELLENNACHWEIS UND ANMERKUNGEN

(lat. = lateinisch; gr. = griechisch; it. = italienisch)

Die Quellen des »Faust«-Vorspiels. Vossische Zeitung vom 4.5.1912. 11

Heinrich Heine und Oscar Wilde. München: Der Spiegel, Nr. 12, 30.9.1908. 17
– propter vitam vivendi perdere causas (Juvenal, 8, 84): »um das liebe Leben hier
des Daseins Ziele aufzugeben«. – fanfaron de vice: ein Mensch, der sich schlech-
ter macht, als er ist. – tiers état: der dritte Stand. – épater le bourgeois: den braven
Bürger verblüffen, in Erstaunen versetzen.

Das historische Urbild des Landvogts Geßler. Frankfurter Zeitung vom 31
29.10.1910.

Was bedeutet journalistisch? Das literarische Echo, 1.8.1911. Historie criti- 43
que des journaux: Kritische Geschichte der Journale. – Histoire politique et litté-
raire de la presse en France: Politische und literarische Geschichte der Presse in
Frankreich. – Bibliographie historique et critique de la presse périodique fran-
çaise: Historische und kritische Bibliographie der periodisch erscheinenden fran-
zösischen Presse. – Goedekescher Eifer: Karl Goedeke, Literarhistoriker, schuf
mit seinem »Grundriß zur Geschichte der deutschen Dichtung« das bibliographi-
sche Standardwerk der deutschen Literaturgeschichte. – Myriade: Zahl von
10000, Riesenzahl, Unzahl. – Un journal est un ouvrage periodique ... usw.: Ein
Journal ist eine periodisch erscheinende Veröffentlichung, die Auszüge aus neu
erschienenen Büchern enthält, sowie einzelne Meldungen über Entdeckungen,
die man täglich in den Künsten und Wissenschaften macht. – gazette ... cahier,
feuille volante ... usw.: Die Gazette ist ein Heft, eine Art fliegendes Blatt, das
man an bestimmten Tagen der Woche erscheinen läßt und das Neuigkeiten aus
verschiedenen Ländern enthält. – Journal se dit particulièrement ... usw.: Unter
Journal versteht man im besonderen (wobei an die Bedeutung Tagebuch gedacht
ist) ein täglich oder periodisch erscheinendes Werk, das in Einzelblättern oder
Nummern herausgegeben wird und das, entweder durch einfache Mitteilungen
oder durch kritische Artikel, Neuigkeiten auf politischem, wissenschaftlichem,
literarischem Gebiet, neue Bucherscheinungen etc. vermittelt. – Hendiadyoin
(gr. = eins durch zwei): Verdoppelung, zwei Verben für eines. – Epithetum or-
nans: schmückendes Beiwort. – ephemer (gr.): für einen Tag, kurzlebig. – in nuce
(lat.): kurz gefaßt. – summum principium: oberster Grundsatz.

Die deutschen Reimchroniken des 14. und 15. Jahrhunderts. Frankfurter 53
Zeitung vom 4.8.1912. – Chronicon terrae Prussiae: der genaue Titel ist: Chroni-
con Prussiae atque Ordinis Teutonici: Chronik Preußens und des deutschen Rit-
terordens (1326) von Peter von Dusburg, das bedeutendste Denkmal der älteren
preußischen Geschichte.

Die politischen Sprüche und Lieder der Deutschen im Mittelalter. Frank- 65
furter Zeitung vom 15.9.1912. – Viri, matronae, pueri innuptaeque puellae ex-
clusi Caesaris carmina cantant: Männer, Frauen, Knaben und Mädchen singen
(Spott-)Lieder auf den ausgeschlossenen Kaiser.

Die Ahnfrau des modernen Feuilletons. Vossische Zeitung vom 23.9.1913. – 75
Théophile Gautier (1811 bis 1872): franz. Schriftsteller und Kritiker, Begründer

des l'art pour l'art. – femme comme il faut: mustergültige Frau. – Le dernier jour de Pompéi: der letzte Tag von Pompeji. – École des journalistes: Schule der Journalisten. – style parlé: »gesprochener« Stil, Plauderstil.

83 Das Erlebnis und das Drama. Die Schaubühne, 5. Jg. Nr. 7, 18.2.1909. – δυναμις: die Möglichkeit, etwas zu tun oder zu werden. – Bilse: Verfasser eines Schlüsselromans aus einer kleinen preußischen Garnison.

92 Dichter und Deklamator. Frankfurter Zeitung vom 24.4.1909.

95 Schauspielkunst und Religiosität. Die Schaubühne, 5. Jg. Nr. 48, 25.11.1909. – nunc plaudite: nun klatscht Beifall! – credo quia absurdum est: ich glaube es, weil es widersinnig ist. – Melpomene: Muse der Tragödie.

102 Shylock auf unseren Bühnen. Frankfurter Zeitung vom 15.9.1909 – Summum jus summa injuria (Cic., De off. 1, 10, 33): Das auf die Spitze getriebene Recht ist (oft) das höchste Unrecht. – Shakespeare, comme Michel-Ange, semble avoir été créé ... usw.: Shakespeare, wie Michelangelo, scheinen erschaffen worden zu sein, um das schwierige Problem zu lösen, dessen einfacher Wortlaut absurd erscheint: – immer im Natürlichen bleiben und es doch manchmal verlassen. Ganz wunderbar – die Macht des Dichters! Er tut größere Dinge als wir, und sie leben wie wir. – vertus de ses vices: die Tugenden seiner Laster, d.h. das menschlich Verständliche seiner Fehler.

112 Die Anfänge der französischen Theaterjournalistik. Die Schaubühne, 6. Jg. Nr. 13, 31.3.1910. – Le Pour et le Contre: Für und Wider. – Les Spectacles de Paris ... usw.: Die Pariser Theateraufführungen oder historischer und chronologischer Kalender der Theater. – Petites Affiches: Wochenblatt, Anzeiger, Stellennachweis. – L'Observateur des Spectacles ... usw.: Beobachter der Theateraufführungen oder Unterhaltsame Mitteilungen aus dem Theaterleben, regelmäßig erscheinende Zeitschrift. – Toujours prét à me rendre ... usw.: Immer bereit, mich euren gerechten Gründen zu unterwerfen, gebe ich euch einen Rat und keine Belehrungen. – Le nouveau Spectateur ... usw.: Der neue Zuschauer oder Prüfung der neuen Stücke sowohl des französischen und des italienischen Theaters als auch der Oper, mit Aufführung der in Noten gesetzten Arien. – Lettres de Monsieur Le Hic à Madame Le Hoc: Briefe des Herrn X. an Frau Y. – par une société d'amateurs et de gens de lettres les plus distingués: durch eine Gesellschaft von Liebhabern und ausgezeichnetsten Schriftstellern. – cum ira et studio: wörtlich = mit Zorn und Vorliebe; Umkehrung des taciteischen sine ira et studio: keinem zu Lieb und keinem zu Leid. – Incedo per ignes – Suppositos cineri doloso (Horaz, carm. II 1, 6–8): Ich schreite über Feuersgluten, die verborgen glimmen unter trügerischer Asche. – Je suis ce téméraire, ou plutôt ce vaillant: Ich bin dieser Waghals oder eher dieser Mutige. – Si fractus illabatur orbis, Impavidum ferient ruinae (Horaz, Oden, III, 3, 7): Ja, wenn der Weltbau krachend einstürzt, Treffen die Trümmer ein Herz voll Ruhe. – Amicus Plato, sed magis amica veritas: Plato ist mir lieb, aber die Wahrheit ist mir noch lieber. – Journal anglais, italien et français dramatique, lyrique et politique: Englisch-französisch-italienische Zeitschrift für Bühne, Poesie und Politik. – Mémoires secrets: Geheime Erinnerungen.

118 Der Wald- und Wiesenregisseur. Münchner Neueste Nachrichten vom 13.9.1919. – Kothurn: seit Aischylos der hohe Schuh des tragischen Schauspielers, seit der hellenistisch-römischen Zeit stelzenartig gehoben.

125 Zur Psychologie der Bühnenreform. München: Der Spiegel, Nr. 5/6, 15.6.1908 – et si est vita, non est ita (vita) (Zitat?): Und wenn es Leben ist, dann ist es nicht auf diese Weise (Leben). καθαρσις: nach der Poetik des Aristoteles die »Reinigung« der Affekte oder Lösung von den Affekten durch das tragische Spiel. – Benno Becker: ein Maler und Architekt, der in jener Zeit sehr bekannt war.

131 Reinhardts Feldzug an der Isar. München: Der Spiegel, Nr. 7, 15.7.1908 – ουτις: Niemand, nach Homer, Odyssee IX, 366. – crasso filo (lat.): grobfädig. –

Sokkus: leichte Sandale des Komödien-Schauspielers. – Thalia: die Muse der Komödie. – August Scherl: Gründer des Verlags, der seinen Namen trägt. – Rosinante: Name von Don Quixotes Pferd, sprichwörtlich für Klepper. – Bucephalus: Streitroß Alexanders des Großen. – Hans Ferdinand Maßmann (1797–1874): Germanist und Turner, sehr deutschtümelnd. Von ihm stammt das Lied »Ich hab mich ergeben«. Heine hat ihn mit Leidenschaft aufs Korn genommen und vor allem – ohne jeden Grund – wieder und wieder behauptet, dieser Germanist könne kein Latein.

Die Braut von Messina. Schaubühne, 5. Jg. Nr. 32/33, 12.8.1909. – Kothurn: vgl. Anm. zu S. 118 – Hendiadyoin: vgl. Anm. zu S. 43. – Karnation: Fleischton. – Hybris: die Selbstüberhebung. – panegyrisch: festlich, prunkend, lobrednerisch. – Dithyrambus: Festlied in stürmisch bewegten, freien oder strophisch gebundenen Rhythmen. 136

Judith. Die Schaubühne, 5. Jg. Nr. 36, 2.9.1909. – Prokrustes: ein von Theseus bezwungener Unhold, der vorbeiziehende Wanderer auf ein Bett legte und ihre Glieder so lange ausreckte oder verstümmelte, bis sie in das Bett paßten. – Entelechie: das, was die Vollendung in sich hat. – Dynamis: vgl. Anm. zu S. 83. – Polytheismus: Vielgötterei; Monotheismus: Eingottglauben. – cum grano salis: mit einem Körnchen Salz, d. h. mit verständiger Abwägung der Begleitumstände. – Daimonion (gr. = Göttliches): die von Sokrates vernommene innere Stimme, die ihn vor unrichtigen Lebensentscheidungen warnte. 144

Hanneles Himmelfahrt. Die Schaubühne, 5. Jg. Nr. 39, 23.9.1909. – ενστασις: in diesem Zusammenhang etwa »Insichversponnensein«. – more geometrico: auf geometrische Art. – suo more: auf seine Art. 151

Die schöne Helena. Die Schaubühne, 7. Jg. Nr. 30/31, 3.8.1911. – ihm waren sie Hekuba: ihm waren sie gleichgültig (nach Shakespeare, Hamlet, II, 2). – Buffo-Opern: von ital. buffo = komisch. – Pamphletist: Schreiber einer Schmähschrift. – Melos (gr.): Lied, Gesang, Melodie. – heis koiranos esto (gr.): (Niemals frommt Vielherrschaft im Volk); nur Einer sei Herrscher (Homer, Ilias, 2, 204 f.). 156

Reinhardts Orestie. Die Schaubühne, 7. Jg. Nr. 38, 21.9. und Nr. 39, 28.9.1911. – Feuchtwanger will die über Vollmoellers Übersetzung aufgestellten Behauptungen erweisen: »Damals war mir zum ersten Mal der Gedanke gekommen, ›Die Perser‹ zu übersetzen, und bei diesem Anlaß wollte ich ausführlich auf Vollmoeller eingehen. Als ich aber dann zu Beginn des Krieges ›Die Perser‹ in der Tat übersetzte, hatte ich im Vorwort anderes, Wichtigeres zu betonen« (Feuchtwanger an den Herausgeber, Brief vom 7.2.1955). – Areopag: Gerichtshof in Athen, nach dem Ares-Hügel benannt, auf dem er tagte. – Epitaph: Grabplatte mit Inschrift, daher auch Grabschrift. – eklektisch: überkommene Lehren, Formen und Stile ohne organische Einheit verbindend. – Konjekturen: in der Textkritik Bezeichnung wahrscheinlicher Lesarten, die der Herausgeber verderbter oder lückenhafter Handschriften vorschlägt. – Stichomythie: das Hersagen und Antworten Zeile für Zeile oder Vers auf Vers. – Demos (gr.): Gesamtgemeinde, Volk. – Himation: leichtes Kleidungsstück der alten Griechen. – Choreut: Chor- und Reigentänzer. – Oxymoron: geistreiche, doch töricht erscheinende Verbindung eines Begriffs mit einem ihm dem Wortsinn nach widersprechenden, z. B. geschäftiger Müßiggang. – Erinnyen: Rachegöttinnen. 162

Aischylos, Syrakus und Reinhardt. Die Schaubühne, 10. Jg. Nr. 20, 14.5.1914. 172

Klassische Spiele im antiken Theater von Syrakus. Münchner Neueste Nachrichten vom 7.5.1914. – Die Rezension ist am 17.4.1914 in Syrakus geschrieben. 175

Die Perser des Aischylos. Die Schaubühne, 10. Jg. Nr. 41, 15.10.1914. – Agon: Wettkampf. – Nemesis: in der griechischen Mythologie Personifikation des göttlichen Unwillens über menschliches Übermaß jeder Art. – Senar: älterer 179 römischer Vers aus 6 Jamben, der im Gegensatz zur griechischen Technik nach Versfüßen gemessen wird.

184 Sophokles und Hofmannsthal. Die Schaubühne, 6.Jg. Nr. 46, 17.11.1910. – Travestie (it. travestire = verkleiden): Dichtart, macht den erhabenen Gegenstand eines Dichtwerks dadurch lächerlich, daß es ihn in kleinbürgerliche, allzu menschliche Sphären oder andere Zeiten zieht; das Kehrbild der Parodie. – Moira: das über den Göttern stehende Schicksal. – Divina commedia: Dantes »Göttliche Komödie«.

191 Vasantasena. Die Schaubühne, 11.Jg. Nr. 29, 22.7.1915. – Sakontala: Drama des indischen Dichters Kalidasa. – Euphuismus: nach John Lylys Roman »Euphues« (= der Wohlerzogene) Bezeichnung für den gekünstelten elisabethanischen Stil, weithergeholte Wendungen, pseudopoetische Vergleiche.

199 König Johann. Die Schaubühne, 5.Jg. Nr. 21, 27.5.1909 (unter dem Titel: Aus München). – troublesome Raigne: »The Troublesome Raigne of John« ist 1591 anonym erschienen; viele Shakespeare-Forscher nehmen an, das Stück sei eine von Shakespeare selber herrührende frühe Fassung jenes Werkes, das später als »König Johann« gespielt wurde und erschien.

201 Coriolan. Die Schaubühne, 5.Jg. Nr. 15, 15.4.1909 (unter dem Titel: Coriolan in München).

204 Maß für Maß. Die Schaubühne, 5.Jg. Nr. 3, 21.1.1909. – Euphuismus: vgl. Anm. zu S. 191. – sine ira cum studio: vgl. Anm. zu S. 112. – vanitas: Eitelkeit, Vergänglichkeit.

209 Die natürliche Tochter. Die Schaubühne, 5.Jg. Nr. 37, 9.9.1909.

212 Maria Stuart. Die Schaubühne, 5.Jg. Nr. 12, 25.3.1909 (unter dem Titel: Vom münchner Hoftheater). – Der Belhomme der Bühne ist ungefähr eindeutig mit dem Bonvivant (dem »Schwerenöter«).

214 Die Hermannsschlacht. Die Schaubühne, 5.Jg. Nr. 41, 7.10.1909. – Der Komponist Adolf Hartmann-Trepka hat später zu Feuchtwangers Pantomime »Pierrots Herrentraum« (erschienen im Drei Masken Verlag, München 1916) die Musik geschrieben. – Tyrtäus: athenischer Elegiker und Kriegslieddichter des 7. Jg. v. Chr.

216 Ein Bruderzwist in Habsburg. Die Schaubühne, 5.Jg. Nr. 4, 28.1.1909. – Cave canem: Hüte dich vor dem Hunde! – Janus: der Gott Janus wurde doppelgesichtig dargestellt.

219 Ernst Possart und Clara Ziegler. Die Schaubühne, 6.Jg. Nr. 7, 12.2.1910. – bel canto (it. = schöner Gesang): Bezeichnung für eine Gesangsmethode, die in erster Linie Wert auf schöne Tonbildung legt. – Tout ce qui est cérémonie est sûr de n'être jamais ridicule en Allemagne: Alles Zeremoniöse ist in Deutschland vor der Lächerlichkeit sicher. – (Est modus in rebus,) sunt certi denique fines (Horaz, Satiren I, 1, 106): (Es ist Maß und Ziel in den Dingen,) es gibt gewisse Grenzen.

225 Ernst Possart. Zum 70. Geburtstag. Die Schaubühne, 7.Jg. Nr. 19, 9.5.1911. – Histrione: Schauspieler im alten Rom. – cum grano salis: vgl. Anm. zu S. 144. – perpetuum mobile (lat. = dauernd beweglich): eine Vorrichtung, die dauernd Arbeit leistet, ohne der Zufuhr von Energie zu bedürfen. – Tout ce qui est cérémonie ... usw.: vgl. Anm. zu S. 219.

227 Münchens Hoftheater und das Zentrum. Die Schaubühne, 8.Jg. Nr. 16, 18.4.1912. – ein Quidam (lat.): ein gewisser, jemand. – Travestie: vgl. Anm. zu S. 184.

232 Oberammergau. Die Schaubühne, 6.Jg. Nr. 15, 14.4. und Nr. 16, 21.4.1910. – Kundiger Thebaner: einer, der sich auskennt, beschlagen ist. Geflügeltes Wort nach Shakespeares »König Lear« III, 4 mit Anspielung auf den das Sphinx-Rätsel lösenden Ödipus von Theben. – blasphemisch: gotteslästerlich. – Retardierendes: Aufhaltendes, Verzögerndes. – ecclesia militans: die streitende Kirche. – Trivialität: Plattheit. – Vasthi: persische Königin, erste Frau des Königs Ahas-

verus (Buch Esther 1,9–2,1). – die Propheten-Mörderin: gemeint ist Jerusalem, mit Bezug auf Matth. 23, 37–39 (Parallelstelle Lukas 13, 34–35). – Epitheton: Beiwort eines Substantivs. – Doge: in den Republiken Venedig und Genua bis 1797 das Staatsoberhaupt. – Barnum (1810–91): weltberühmter amerikanischer Zirkusdirektor. – Zephyr: in der Antike der warme, sanfte Südwestwind des Mittelmeergebietes.

Der Retter Oberammergaus. Die Schaubühne, 6. Jg. Nr. 19, 12.5.1910. 244

Oberammergau 1910. Die Schaubühne, 6. Jg. Nr. 22/23, 2.6.1910. – Three cheers for the splendid Master Barabbas: Ein dreifaches Hoch dem prächtigen Meister Barabbas! – Invektive: Schmähung. 246

Glaube und Heimat. Die Schaubühne, 7. Jg. Nr. 12, 23.3.1911. – Exerzitien: geistliche Übungen. – credo quia absurdum: vgl. Anm. zu S. 95. – Diminutivum: Verkleinerungswort. – Bramarbas (span. bramar = brüllen): Prahlhans. – Idolatrie: Abgötterei, Götzenanbetung. 251

Die Tragödie eines Volkes. Die Schaubühne, 7. Jg. Nr. 37, 14.9.1911. – Tirade: pathetischer Wortschwall. – Feuchtwanger hat Arthur Müllers Stück »Ein feste Burg ist unser Gott« im selben Jahr für die Bühne bearbeitet und neu herausgegeben (erschienen bei Jos. C. Huber, Diessen b. München 1911). 257

Zur Aufführung des »Baumeister Solneß«. München: Der Spiegel, Nr. 1/2, 30.4.1908. – Didaktik: hier das Belehrende, Lehrhafte. – μανία: Begeisterung. – σωφροσύνη: Besonnenheit, Maßhalten; eine der vier Haupttugenden. – hyperpsychologisch: alles Psychologische überbetonend, überbewertend. – deus irae: Gott des Zorns. – Nicolaitismus: bezieht sich auf Chr. Friedrich Nicolai, der seit den Xenien Goethes und Schillers als Typ des philisterhaften, kleinlich nörgelnden, pedantischen Literarhistorikers gilt. – Düntzer redivivus: wiedererstandener Düntzer, Heinrich Düntzer, ein Goethephilolog, wurde wegen seines pedantischen Fleißes von Fr. Th. Vischer verspottet. 263

Zum Gastspiel der Triesch im Münchener Volkstheater. München: Der Spiegel, Nr. 11, 15.9.1908. – Kroki (frz.): Skizze. – Corethas: in der griech. Mythologie ein Hirte, der das Orakel von Delphi entdeckte. – Parnaß: im Altertum Sitz des Apollo und der Musen. – chthonisch (gr.): unterirdisch. – Medusa: eine der Gorgonen, weibliche Schreckgestalt, geflügelt, mit versteinerndem Blick. 271

Nordische Heerfahrt. Die Schaubühne, 6. Jg. Nr. 51, 22.12.1910. 278

Die junge Welt. München: Der Spiegel, Nr. 3, 15.5.1908. – Hausse (frz.): an der Börse starke Nachfrage mit preissteigernder Wirkung. – Stichomythie: vgl. Anm. zu S. 162. 280

Die Spielereien einer Kaiserin. Die Schaubühne, 7. Jg. Nr. 21, 25.5.1911. 282

Die Kinder. Die Schaubühne, 7. Jg. Nr. 2, 12.1.1911. – Homunculus (lat. = Menschlein): in Goethes »Faust II« ein nach Paracelsus' Lehre auf chemischem Weg erzeugter Mensch. – ad absurdum führen: als sinnlos erweisen. 286

Cäsar und Cleopatra. Die Schaubühne, 7. Jg. Nr. 10, 9.3.1911. – Lustrum: ein Zeitraum von 4 oder 5 Jahren. – Hyperbel: in der Rhetorik vergrößernde oder verkleinernde Übertreibung im Ausdruck. – Akribie (gr.): Genauigkeit, Gründlichkeit. 289

Montsalvat und Monte Carlo. Berliner Tageblatt vom 30.1.1913 (unter dem Titel: Der heimliche Parsifal). – Je ne sais rien: ich weiß nichts. – simple et pur: einfältig und rein. – Korso (it.): langsam durch die Straßen sich bewegender Zug geschmückter Wagen, deren Insassen sich Blumen zuwerfen, besonders beim italienischen Karneval üblich; auch bei Saisonfesten internationaler Kurorte. 293

Strindberg-Zyklus in München. Die Schaubühne, 11. Jg. Nr. 22, 3.6.1915. – Marginalien (lat. margo = Rand): Randbemerkungen. – Apokalypse: Offenbarung. – danse makabre (frz.): Totentanz. – Erinnyen: Rachegöttinnen. – Gorgo: in der griechischen Mythologie weibliche Schreckgestalt, geflügelt, mit versteinerndem Blick. 296

305 Der Kirschgarten. Die Schaubühne, 12. Jg. Nr. 34, 23. 8. 1916. – Chauvinist: engstirniger, hetzerischer Nationalist. – Gioconda: Name der rätselhaft lächelnden Mona Lisa vonLionardo da Vinci. – Areal (lat.): Flächenraum oder -inhalt. – die Bonne (frz.): Kindermädchen. – Stanislawski: russ. Schauspieler und Bühnenleiter. Seine Schauspiel- und Opernregie erstrebte ein ausgewogenes Ensemblespiel.

317 Ketzerisches über Leo Tolstoi. Sinn und Form, 5. Jg. Heft 5, 1953.

319 Über R. L. Stevenson. Die Weltbühne, 22. Jg. Nr. 38, 21. 9. 1926. – Piedestal (frz.): Fußgestell für eine Säule, Statue. – Endimanchiert (frz. endimancher = die Sonntagskleider anziehen): also etwa ›steifleinen‹. – empirisch: ganz aus der Erfahrung gewonnen. – skurril (lat.): possenhaft.

325 Eduard von Keyserling. Die Schaubühne, 11. Jg. Nr. 19, 13. 5. 1915. – soigniert (frz.): gepflegt. – pointiert (frz.): scharf zugespitzt. – Aphorismus (gr.): kurzer Denkspruch, Gedankensplitter. – Sentenz (lat.): Sinnspruch.

329 Die drei Sprünge des Wang-lun. Die Schaubühne, 12. Jg. Nr. 37, 12. 9 1916 (unter dem Titel: Alfred Döblins Roman).

333 Das Gänsemännchen. Die Schaubühne, 12. Jg. Nr. 1, 6. 1. 1916. – Traktat (lat.): eine Abhandlung, Schrift, kleines Buch. – Engelhorn-Buch: es gab eine »Engelhorns allgemeine Romanbibliothek«, die meist Unterhaltungsromane für die Damen der besseren Gesellschaft brachte.– Doktrin: Lehre, wissenschaftliche Theorie; abwertend: einseitiger theoretischer Gesichtspunkt. – Surrogat: Ersatz, Nachahmung.

338 Christian Wahnschaffe. Die Schaubühne, 15. Jg. Nr. 27, 26. 6. 1919. – Cortesia (it.): Herzenshöflichkeit, der Takt des Herzens. – Thais: athenische Hetäre, im Troß Alexanders des Großen, die nach dem Tod Alexanders dessen Freund und Leibwächter Ptolemaios I., den Gründer des ägyptischen Ptolemäerreiches, heiratete. – de excelsis in profunda: aus den Höhen in die Tiefe.

343 Der Sergeant Grischa. Berliner Tageblatt vom 9. 11. 1927.

349 Flucht aus Tunis. Die Schaubühne, 10. Jg. Nr. 39, 1. 10. 1914. – À terre! À terre les Allemands!: Nieder! Nieder mit den Deutschen! – Kustos: Museumsbeamter.

354 Versuch einer Selbstbiographie. Die Literatur, 29. Jg., S. 569f. – Das von Feuchtwanger erwähnte Revolutionsgedicht trägt den Titel »Lied der Gefallenen«; es ist übrigens erst im Febr. 1915 in der »Schaubühne« veröffentlicht worden. (Vgl. S. 567 unserer Auswahl.)

356 Selbstdarstellung. Die literarische Welt, 27. 1. 1933. – Syntax: Lehre vom Bau des Satzes. – Der Roman, den Feuchtwanger »in jenen Jahren« schrieb, trägt den Titel »Der tönerne Gott« (1910), das an derselben Stelle erwähnte Drama den Titel »Julia Farnese« (1915). – das erste revolutionäre Gedicht: vgl. Anm. zu S. 354.

362 Bin ich deutscher oder jüdischer Schriftsteller? Revue Politique et Littéraire, Revue Bleue, 71e A., 15. avril, 1933.

365 Der Autor über sich selbst. Der Artikel erschien erstmalig in der Frankfurter Zeitung vom 18. 3. 1928, wurde sehr oft und in veränderten Fassungen nachgedruckt. Die vorliegende Fassung stammt aus der »Internat. Literatur«, 1935.

373 Wie ich meine erste Dichtung schrieb. Die literarische Welt, 4. Jg. Nr. 16, 20. 4. 1928. – Assoziation: die Erscheinung, daß ein Vorstellungsinhalt einen anderen wachruft. – Das kleine Stück in Versen trug den Titel »Philalethes« (= »Freund der Wahrheit«). Wie Feuchtwanger mitteilt, ist es »erfreulicherweise nicht erhalten«.

375 Warren Hastings. Selbstanzeige. Vossische Zeitung vom 22. 10. 1916. – Thomas B. Macaulay (1800/59): englischer Staatsmann und vielgelesener Historiker. – Cant (engl.): scheinheiliges Wesen. – Adept (lat.): Eingeweihter, Jünger (einer geheimen Kunst). – esoterisch (gr. esoteron = Inneres): geheim, wissenschaftlich, gelehrt. – Theosophie: Weltanschauung, die die Erkenntnis Gottes mittels

dem Menschen angeborener göttlicher Kräfte unmittelbar durch Schauung Gottes zu gewinnen sucht. – Rabindranath Tagore: indischer Dichter und Weltweiser, geb. 1861, Nobelpreisträger 1913.

Über »Jud Süß«. Freie Deutsche Bühne (Das blaue Heft), 11. Jg. Nr. 1, 379
5. 1. 1929. – Apologie (gr.): Verteidigung, Rechtfertigung. – Über den Jud-Süß-Film vgl. Aufsatz S. 526.

Zu meinem Stück »Die Petroleuminseln«. Die Weltbühne, 23. Jg., 383
18. 10. 1927.

Ratschläge für die Lektüre meiner »Angelsächsischen Stücke«. Die litera- 386
rische Welt, 5. Jg. Nr. 13/14, 28. 3. 1929. – Es handelt sich um das Vorwort zur 2. amerikanischen und 1. englischen Ausgabe. – Anachronismus (gr.): Zeitirrtum, Widerspruch mit den Zeitverhältnissen. – »Drei deutsche Stücke«: gemeint sind die Dramen »Die Kriegsgefangenen«, »Thomas Wendt« (oder »1918«) und »Der holländische Kaufmann«. Sie wurden 1934 in England und Amerika in englischer Übersetzung veröffentlicht unter dem Titel »Three Plays« (vgl. S. 391).

Mein Roman »Erfolg«. Es handelt sich um das letzte Drittel des Aufsatzes 388
»Was bedeutet der Weltkrieg dem deutschen Romanicer?«, erschienen in der Neuen Freien Presse, Wien, 10. 5. 1931. – Robin Hood: englischer Sagen- und Balladenheld, Bogenschütze, edelmütiger Räuber, verkörperte den Widerstand des angelsächsischen Volkes gegen die normannischen Eroberer. – irrelevant: unbeträchtlich, belanglos, unwirksam.

Vorwort zu den »Drei Stücken«. Amsterdam: Die Sammlung, 1. Jg. Heft 11, 391
Juli 1934. – Zu dem Gedicht »Wir warten« (= »Lied der Gefallenen«) vgl. die Anm. zu S. 354.

Zu meinem Roman »Waffen für Amerika«. Neue Deutsche Literatur, 2. Jg. 394
Heft 7, Juli 1954. – Der Roman »Waffen für Amerika« ist in der DDR unter dem Titel »Die Füchse im Weinberg« erschienen. – lend-lease: Leih- und Pachtgesetz, am 11. 3. 1941 zwischen den USA und Großbritannien in Kraft getreten.

The Essentials of German Character. New York, The New Republic, 55. 405
vol., p. 223.

Die Konstellation der Literatur. Berliner Tageblatt vom 2. 11. 1927. 408

Der Geschmack des englischen Lesers. Berliner Tageblatt vom 1. 12. 1927. Es 411
handelt sich um einen Vortrag, den Feuchtwanger im Londoner Rundfunk gehalten hat. – hypothetisch: bedingungsweise, auf einer Annahme beruhend, auf eine Setzung sich beziehend. – »Leben Eduards II. von England« (Nach Marlowe). – Historie von Bert Brecht (mit Lion Feuchtwanger). G. Kiepenheuer, Potsdam 1924.

Von den Wirkungen und Besonderheiten des angelsächsischen Schrift- 417
stellers. Berliner Tageblatt vom 29. 3. 1928. – subtil: zart, fein. – militaristisch-imperialistischer Dichter: gemeint ist Rudyard Kipling.

Der Roman von heute ist international. Berliner Tageblatt vom 26. 9. 1932. 422

Die Verjudung der abendländischen Literatur. Der Spiegel, 2. Jg. Nr. 14/15, 431
1920. – cum grano salis: vgl. Anm. zu S. 144. – κα εζογὴν: vorzugsweise.

Gespräche mit dem Ewigen Juden. Erstmalig veröffentlicht in dem Bändchen 437
»An den Wassern von Babylon. Ein fast heiteres Judenbüchlein«. Georg Müller, München 1920, S. 52/92. – Kabbalist: Vertreter der Kabbala, der jüdischen (spekulativen) Mystik. – Jargon: verächtlicher Ausdruck für das Jiddische, das Judendeutsch. – Zwerg Perkeo: Zwerg und Hofnarr des Kurfürsten Karl Philipp von der Pfalz (1716/42). – Distichon (gr. = Doppelzeile): zweizeilige Strophe, besonders die Verbindung des Hexameters mit dem Pentameter. – père noble: »Heldenvater«, Darstellerfach beim Theater. – Irredenta (lat. terra inredempta = unerlöstes Land): unter Fremdherrschaft stehende Volksteile. – der Rembrandt-Deutsche: der Kulturkritiker August Julius Langbehn (1851 – 1907), so genannt nach seinem anonym erschienenen Hauptwerk. – Bardit: bestimmte altertümelnde Form des kriegerischen Liedes. – Schuhfabrikant von Beruf: im Volks-

buch vom Ewigen Juden trägt dieser den Namen Ahasverus und ist Schuhmacher. – Gloria in excelsis Deo: Ehre sei Gott in der Höhe! – Judaeus ex machina: im antiken Theater wurde drohendes Unheil häufig durch einen mit einer Maschine auf die Bühne herabgelassenen Gott (= Deus ex machina) zum Guten gewendet. Ein Judaeus ex machina ist demnach ein in besonderer Notlage zu Hilfe kommender Jude, in Feuchtwangers Gesprächsbüchlein der den Alldeutschen als Sündenbock gelegen kommende Jude. – Ambition (lat.): Ehrgeiz, Ehrfurcht.

460 Der historische Prozeß der Juden. Jüdisches Gemeindeblatt, Berlin, 20. Jg. Nr. 10, Oktober 1930.

467 Nationalismus und Judentum. Erstmalig veröffentlicht in der Broschüre »Die Aufgabe des Judentums«, herausgeg. mit Arnold Zweig. Europäischer Merkur, Paris 1933. – die Hasmonäer: bekannter unter dem Namen der Makkabäer. – König Agrippa: gemeint ist Agrippa II, der im Jahre 66 n. Chr. in einer in Jerusalem gehaltenen Rede das jüdische Volk von einem sinnlosen Aufstand gegen die römische Besatzungsmacht abzuhalten suchte. – Ratio: Vernunft, Überlegung. – Emanzipation: die bürgerliche Gleichberechtigung der Juden. Sie erfolgte zuerst in Nordamerika. 1791 in Frankreich, 1812 in Preußen; sie wurde in Deutschland 1848 und 1869 vollendet. – consensus omnium: Übereinstimmung aller. – Hegemonie (gr.): politische Vormachtstellung. – sublimiert: verfeinert, geläutert.

491 Offener Brief an den Bewohner meines Hauses Mahlerstraße 8 in Berlin. Zuerst englisch veröffentlicht, dann im Pariser Tageblatt vom 20. 3. 1935.

494 Vom Sinn und Unsinn des historischen Romans. Moskau: Internationale Literatur. Nr. 9, September 1935.

502 Gedanken an Gorkis Todestag. Moskau: Das Wort, 1. Jg. Nr. 3, Sept. 1936. – Gorki starb am 18. Juni 1936 in Gorki bei Moskau. – Feuchtwanger inszenierte Gorkis »Nachtasyl« im Jahre 1918.

505 Der Ästhet in der Sowjetunion. Moskau: Das Wort, 2. Jg. Nr. 2, Februar 1937.

509 Über »Haben« von Julius Hay. Moskau: Das Wort, 2. Jg. Nr. 7, Juli 1937.

517 Der Abgrund. Moskau: Das Wort, 2. Jg. Nr. 6, Juni 1937. – Anthologie (gr. = Blütenlese): Sammlung ausgewählter Dichtungen unter bestimmten Gesichtspunkten. – Torso: das Rumpfbruchstück eines körperhaften Bildwerks, dessen Gliedmaßen weggebrochen sind; übertragen: unvollendetes Werk.

520 An meine Sowjetleser. Moskau: Das Wort, 3. Jg. Nr. 7, Juli 1938. – russische Gesamtausgabe: eine solche Ausgabe war wohl geplant, ist aber, wie sich aus Mitteilungen der Leninbibliothek ergibt, nicht zustande gekommen. Doch liegen alle wichtigen Werke Feuchtwangers auch in russischer Übersetzung vor. – Roman »Rückkehr«: dieser Roman ist bis heute nicht geschrieben worden. Die drei vorher genannten Romane sind zur Trilogie »Der Wartesaal« zusammengefaßt worden. – apperzipieren: eine Vorstellung bewußt, aufmerksam erleben.

524 Dem toten Ernst Toller. Die Neue Weltbühne, 35. Jg., 8. 6. 1939. – Ernst Toller erhängte sich am 22. 5. 1939 in seinem New Yorker Hotelzimmer.

526 Offener Brief an sieben Berliner Schauspieler. Zuerst englisch veröffentlicht im »Atlantic Monthly« April 1941; deutsch im »Aufbau« (New York) vom 4. Juli 1941. Nachgedruckt u. a. in der Weltbühne, 2. Jg. Nr. 17, 1. Sept. 1947. – Das Zitat »Lebt man, sieht man die Menschen ...« stammt von Chamfort: »En vivant, en voyant les hommes, il faut que le cœur se brise ou se bronze«.

533 Der Schriftsteller im Exil. Es handelt sich um einen Vortrag, den Feuchtwanger auf dem Schriftsteller-Kongreß von Los Angeles im Jahre 1943 gehalten hat. Erstdruck unter dem Titel »Arbeitsprobleme des Schriftstellers im Exil« in »Proceedings of the Writers' Congress, Los Angeles 1943«. Nachdruck in »Das goldene Tor«, Monatsschrift f. Lit. und Kunst, Schauenburg 1947, Heft 2, S. 142/47. – Basic English: Zum Zweck der leichteren internationalen Verständigung

geschaffene Kunstsprache, die im wesentlichen ein vereinfachtes Englisch darstellt.

Bertolt Brecht. Die Weltbühne, 24. Jg. Nr. 36, 4.9.1928. 541

Heinrich Mann. Aufbau, Berlin, 2. Jg. (1946), Heft 4. – le vieux coquin: der alte 547
Schurke.

Friedrich Wolf. Aus dem Band »Ein Dichter seiner Zeit«, herausgeg. von 551
A. Kantorowicz, Greifenverlag, Rudolfstadt 1948.

Johannes R. Becher. Aufbau, 7. Jg. (1951), Heft 5. 554

Arnold Zweig. Sinn und Form, Sonderheft Arnold Zweig, Nov. 1952. 555

Der Karneval von Ferrara. München: Der Spiegel, Nr. 14, 17.10.1908. – Lo- 563
dovico Ariosto (1474–1533): berühmter italienischer Renaissance-Dichter; Hauptwerk das epische Gedicht »Der rasende Roland«. – Baccalaureus: seit dem 13. Jg. Bezeichnung des niedersten akademischen Grades. – triumviri amoris: vermutlich sind die drei berühmtesten Dichter der Liebeselegie, Tibull, Properz und Ovid gemeint. – Demosthenes (384–322 v. Chr.): größter Redner des griechischen Altertums, bedeutender Staatsmann Athens im Kampf gegen Mazedonien.

Lied der Gefallenen, München: Die Schaubühne, 11. Jg. Nr. 8, 25.2.1915. 567

Höhenflugrekord. Die Erzählung ist, nach Angaben Feuchtwangers, erstmalig 568
im Jahre 1932 im »Berliner Tageblatt« erschienen und dann unzählige Male nachgedruckt worden. Sie steht in der Sammlung »Marianne in Indien« (Europäischen Merkur, Paris 1934), S. 35/41. »Höhenflugrekord habe ich aus späteren Sammlungen meiner Erzählungen weggelassen, da sich der Inhalt der Erzählung gemessen an späteren Berichten über Flugrekorde ausnahm wie ein Droschkengaul vor einem Cadillac von 1952« (L. F. an den Herausgeber, Brief vom 31.1.1952).

Geschichte des Gehirnphysiologen Dr. Bl. Die Erzählung ist, nach Feucht- 572
wangers Angaben, Ende der zwanziger Jahre zuerst im »Berliner Tageblatt« abgedruckt worden. Sie steht in der Sammlung »Marianne in Indien« (vgl. S. 568) und in »Venedig (Texas«) (Aurora-Verlag, New York 1946), S. 51/59. Der in der Erzählung auftauchende Diktator ist Mussolini.

Die Witwe Capet. Erscheint im Jahre 1956 im Greifenverlag zu Rudolstadt. 580

Francis Bacon. Zuerst erschienen in der Berliner Illustrierten. Nachgedruckt 587
u. a. in der Neuen Freien Presse, Wien, 13.7.1930, in der Königsberger Hartungschen Zeitung vom 24.8.1930 und in Das Wort, Moskau, November 1936.

fi 191/2